ANHUI SHIFAN DAXUE NIANJIAN
2018

安徽师范大学年鉴

2018

《安徽师范大学年鉴》编纂工作委员会 编

安徽师范大学出版社
· 芜 湖 ·

图书在版编目(CIP)数据

安徽师范大学年鉴.2018/《安徽师范大学年鉴》编纂工作委员会编.—芜湖:安徽师范大学出版社,2020.4
ISBN 978-7-5676-4596-7

Ⅰ.①安… Ⅱ.①安… Ⅲ.①安徽师范大学—2018—年鉴 Ⅳ.①G659.285.4-54

中国版本图书馆CIP数据核字(2020)第095556号

ANHUI SHIFAN DAXUE NIANJIAN 2018

安徽师范大学年鉴(2018)

《安徽师范大学年鉴》编纂工作委员会编○编

责任编辑:刘 佳 王 贤　　责任校对:房国贵
装帧设计:桑国磊　　责任印制:桑国磊
出版发行:安徽师范大学出版社
芜湖市九华南路189号安徽师范大学花津校区
网　　址:http://www.ahnupress.com/
发 行 部:0553-3883578 5910327 5910310(传真)
印　　刷:江苏凤凰数码印务有限公司
版　　次:2020年4月第1版
印　　次:2020年4月第1次印刷
规　　格:880 mm × 1230 mm　1/16
印　　张:22.5　　插　　页:6
字　　数:670千字
书　　号:ISBN 978-7-5676-4596-7
定　　价:130.00元

▲省委书记李锦斌教师节前专程来校看望慰问师生

▲省委副书记信长星专题调研我校思想政治工作

▲省委常委、宣传部部长虞爱华一行来校调研部校共建工作

▲省高校思想政治工作调研组来校调研指导工作

▲学校召开2017年工作布置会

▲学校召开2017年党风廉政建设工作会议

▲学校举行2017级新生开学典礼暨军训动员大会

▲学校召开第十届党代会第四次会议暨第八届教代会第三次会议

▲学校召开人才工作会议

▲学校召开思想政治工作会议

▲学校成立“习近平新时代中国特色社会主义思想研究中心”

▲学校举行本科教学工作审核评估专家组评估考察见面会

▲2017国际体育历史与文化学术大会在我校召开

▲第六届全国高校辅导员职业能力大赛第六赛区复赛在我校举办

▲我校学子王春雨(右)勇夺第十三届全运会女子八百米冠军

▲我校在2016年度省委综合考核中获得“优秀”等次

《安徽师范大学年鉴(2018)》编纂工作委员会

主　　　　任:顾家山　张庆亮

副　主　任:李琳琦　程　度　朱家存　毕明福　陆　林　彭凤莲

委　　　　员(以姓氏笔画为序):

马　林　马三保　马广见　马陵合　王　刚　王　峰　王如意
王爱民　王继民　王景旭　方　青　方　泓　孔德新　史铁杰
台启权　朱为民　朱礼长　任　永　刘东合　刘晓宇　江家发
孙成岗　严　宏　苏　勤　李　娟　李裕鑫　杨柏岭　吴孝兵
吴春雷　余　捷　余大芹　余国升　汪俊武　沈　洪　张师帅
张廷龙　张奇才　张建华　张树文　张德让　陈文兵　陈孔祥
陈秀庆　陈树贤　邵登辉　郁培林　罗永龙　季爱新　周守标
周端明　郑贤锋　赵　红　胡　靖　胡和平　胡金戈　费太秀
袁兴龙　袁德水　贾冠忠　顾　凌　徐　彬　高　飞　高　峰
高正礼　席玉宝　席贻龙　唐俊生　桑青松　黄　强　黄圣炯
梁　燕　蒋学波　程文海　傅绪中　储泰松　曾黎明

《安徽师范大学年鉴(2018)》编辑部

编辑部主任:曾黎明

编辑部副主任:张　伟　张　顺

成　　　　员(以姓氏笔画为序):

于珊珊　王少仁　朱露露　孙　静　孙月婷　孙良林　李　晨
吴青山　黄振新　程紫丹　雷　桁　熊伯能　操伊芬

编辑说明

《安徽师范大学年鉴(2018)》收录了2017年1月1日至2017年12月31日期间学校的重大活动、事件和各部门、各单位的主要工作情况,反映了学校2017年在党的建设和人才培养、科学研究、社会服务、文化传承创新、国际交流合作等方面取得的进展和成就。2017年是学校实施“十三五”规划、深化综合改革、推进“双一流”建设的重要之年。这一年,全校上下以习近平新时代中国特色社会主义思想为指导,深入学习贯彻党的十八大和十九大精神,以“双一流”建设为牵引,以高水平大学为目标,以立德树人为根本,深化综合改革,坚持内涵发展,有力推进了“五个师大”建设。在这样的背景下,本着“以史为鉴、深化内涵、面向未来、开拓进取”的目的,我们开始了年鉴编纂工作,对2017年学校各方面工作和取得的成绩进行总结和回顾,为学校今后发展规划、决议决策、管理运行提供依据,为学校各单位、各部门交流信息与经验提供平台,同时将其作为向广大校友和关心支持学校建设发展的社会各界人士宣传学校的重要资料。

本年鉴以文章和条目为基本载体,全书共分基本情况、机构与人员、重要文件与领导讲话、教育教学工作、师资队伍、学科建设与科学研究、社会服务、对外交流与开放办学、党建与管理工作、图书档案与出版编辑工作、学院工作、皖江学院工作、附属单位工作、大事记、获奖情况、附录等栏目。所刊内容由各单位确定专人负责提供,并经编辑部审定。

在年鉴的编纂过程中,学校领导及时给予了积极指导,各部门、各单位也给予了大力支持,在此谨表衷心感谢!对于年鉴中存在的错漏和不妥之处,敬请大家批评指正。

《安徽师范大学年鉴》编辑部

目　录

一、学校基本情况

（一）学校概况

【概　况】 安徽师范大学是安徽建校最早的高等学府。学校坐落在具有“徽风皖韵、千湖之城”美誉的国家级开放城市——芜湖，濒临浩瀚长江，傍依灵秀赭山，集江南自然之神秀，汇安徽人文之灵杰，是安徽省人民政府与教育部共建高校、国家“中西部高校基础能力建设工程”项目建设高校，是安徽省委省政府优先建设的省属重点综合性大学和安徽省“地方高水平大学”项目建设高校。

学校前身是1928年创建于安庆市的省立安徽大学，1946年更名为国立安徽大学，1949年12月成建制迁至芜湖。后又经历安徽师范学院、合肥师范学院、皖南大学（刘少奇同志题写校名）、安徽工农大学等几个办学阶段。1972年，经国务院批准，正式定名为安徽师范大学（郭沫若同志题写校名）。2005年，芜湖师范专科学校整体并入安徽师范大学。

在80多年的办学历程中，刘文典、周建人、郁达夫、苏雪林、陈望道、朱湘、朱光潜、王星拱、杨亮功、程演生、陶因、张慰慈、丁绪贤、项南、许杰等一大批知名的专家学者、社会贤达先后汇聚在菱湖之畔、镜湖之滨，著书立说，弘文励教。经过一代代师大人潜心耕耘、励志践行、培育后学、薪火相继、言传身教，砥砺出“厚重朴实、至善致远、追求卓越、自强不息”的精神，积淀出“严谨治学、敬业奉献、教书育人、为人师表”的教风，培育出“勤学慎思、质朴谦逊、知行合一、求实求新”的学风，凝练出“厚德、重教、博学、笃行”的校训。建校以来，累计为国家培养全日制高等专门人才20余万名。

学校现有文学院、马克思主义学院、法学院、经济管理学院、音乐学院、美术学院、历史与社会学院、教育科学学院、外国语学院、体育学院、新闻与传播学院、数学计算机科学学院、物理与电子信息学院、化学与材料科学学院、国土资源与旅游学院、生命科学学院、环境科学与工程学院等17个学院，以及继续教育学院、国际教育学院，并办有安徽师范大学皖江学院、附中、附小和附幼。

学校学科门类涵盖文学、历史学、哲学、经济学、管理学、法学、教育学、理学、工学、农学、艺术学等，形成了“博士—硕士—学士”教育等不同层次，全日制高等教育、成人高等教育、留学生教育等不同类型的完整的人才培养体系。现有5个博士学位授权一级学科，25个一级学科硕士学位授权点，12个专业硕士学位授权点，5个博士后流动站，18个省级重点学科，3个省级学科建设重大项目，88个本科专业。有1个教育部省部共建高校人文社会科学重点研究基地，1个教育部重点实验室，2个安徽省“2011协同创新中心”，5个安徽省高校人文社会科学重点研究基地，5个安徽省重点实验室，3个安徽省高校重点实验室，1个安徽省工程技术研究中心，1个安徽省高校工程技术研究中心，1个安徽省科技创新公共服务平台。

学校现有教职工2 400余人，其中专任教师1 504余人，副高以上专业技术职务者800余人，拥有国家级教学团队4个，“万人计划”国家级人选1人，文化名家暨“四个一批”人才1人，“百千万人才工程”国家级人选3人，教育部“新世纪优秀人才”支持计划7人，“皖江学者”特聘教授、讲席教授9人，省学术与技术带头人40人、省学术与技术带头人后备人选79人。各类在籍学生39 300余人，其中，研究生4 900余人，普通本科生21 800余人，留学生200余人，成人本专科生12 000余人。

校园占地总面积195.25万平方米，建筑面积90.62万平方米，仪器设备总值4.75亿元。学校图书馆是全国古籍重点保护单位，藏书丰富，种类齐全，现有图书293万册，古籍善本600多种，其中《洪武正韵》为国内唯一不配不补全本，元刻明递修《通志》、明嘉靖刻本《李太白全集》、《杜工部集》均为海内珍本，还拥有国内外主要网络资源及数据库，馆藏资源基本实现了数字化。学校主办有安徽师范大学出版社；编辑出版《安徽师范大学学报》《高校辅导员学刊》《学语文》《安徽师大报》等多种公开发行的学术期刊和报纸。

学校是全国首批获准招收公费留学生的高校之一，也是国家华文教育基地、安徽省汉语国际推广中心。学校先后接收了30多个国家和地区的长短期进修和学历教育留学生3 000多人次，与美国、英国、德国、芬兰、澳大利亚、新西兰、韩国、日本、越南等国家和地区的几十所高等院校、科研机构、学术团体教育机构建立了长期友好合作与学术交流关系，并与澳大利亚查尔斯·达尔文大学共建了孔子学院。

学校还是教育部高校辅导员培训和研修基地、教育部中小学骨干教师国家级培训基地、国家社会工作专业人才培训基地、安徽省高校师资培训中心、安徽卓越司法人才培养基地、安徽省专业技术人员培训基地、安徽省教育管理干部培训基地、安徽省高中骨干教师培训基地、安徽省旅游中职骨干教师培训基地。

春华秋实，桃李芬芳。为迎接高等教育蓬勃发展带来的机遇和挑战，学校正在围绕“特色鲜明的高水平大学”建设目标，在更高的起点上大力实施“质量立校、特色兴校、人才强校、学科领校、开放活校、依法治校、文化荣校”战略，坚持科学发展、内涵发展、和谐发展，不断提高学校的核心竞争力和综合实力，积极为经济社会发展和现代化五大发展美好安徽建设做出新的更大的贡献。

（二）基础数据统计

【学生情况】 学校共有各类在籍学生39 321人，包括研究生4 965人，其中全日制博士研究生269人，全日制学术学位硕士研究生2 680人，全日制专业学位硕士研究生1 451人，在职专业学位硕士研究生565人；本科生21 810人，成人教育学生12 249人，留学生297人。

【教职工情况】 学校现有教职工2 438人，其中专任教师1 504人，教授292人，副教授511人，拥有博士学位635人，硕士学位721人，拥有博士生导师128人、硕士生导师586人。

【学科专业情况】 学校拥有博士学位授权一级学科点5个，博士学位授权二级学科点（不含一级学科覆盖点）3个，硕士学位授权一级学科点25个，硕士学位授权二级学科点（不含一级学科覆盖点）9个；普通本科专业88个；成人教育专科专业23个，本科（含专升本）专业36个；省、部重点学科18个，其中A类重点学科1个。

【科研平台】 学校拥有教育部省部共建高校人文社会科学重点研究基地（1个）：中国诗学研究中心；教育部重点实验室（1个）：功能分子固体教育部重点实验室；安徽省“2011协同创新中心”（2个）：安徽省教师教育协同创新中心，皖江城市带退化生态系统的恢复与重建协同创新中心；安徽省高校人文社会科学重点研究基地（5个）：马克思主义研究中心，皖南历史文化研究中心，旅游发展与规划研究中心，安徽创意产业发展研究中心，教育改革与发展研究中心；安徽省重点实验室（5个）：安徽省重要生物资源保护与利用研究重点实验室，安徽分子基材料省级实验室，安徽省自然灾害过程与防控研究省级实验室，安徽省电器设备电磁兼容（EMC）实验室（校企共建），安徽省粉末涂料实验室（校企共建）；安徽省高校重点实验室（3个）：功能性分子固体安徽省重点实验室，生物环境与生态安全安徽省重点实验室，化学生物传感安徽省重点实验室；安徽省高校工程技术研究中心（1

个）：资源环境与地理信息工程安徽省工程技术研究中心；安徽省科技创新公共服务平台（1个）：安徽省生物标本数字化公共服务资源平台；安徽省工程技术研究中心（1个）：安徽省中药日化产品工程技术研究中心。

【办学条件】 学校占地面积1 952 538平方米，产权建筑面积906 214.25平方米，其中教学及辅助用房404 383.55平方米、行政办公用房48 050.76平方米、生活用房401 434.78平方米、教工住宅14 458.19平方米、其他用房37 886.97平方米，拥有教学用计算机9 172台、图书293万册，教学科研仪器设备总值29 272.65万元，拥有固定资产总值178 204.07万元。

二、机构与人员

（一）学校党政领导

党委书记　顾家山　主持学校党委全面工作。分管组织建设与干部工作、保密、国家安全、维护稳定等工作。分管办公室（党委办公室、校长办公室）、组织部（党校）。联系音乐学院、数学计算机科学学院。

校长、党委副书记　张庆亮　主持学校行政全面工作。分管审计、外事、留学生教育与管理、继续教育、附属学校、董事会、基金会、独立学院等工作。分管审计处、国际教育学院（外事办公室）、继续教育学院、教育集团、附中、附小、附幼、董事会、基金会、皖江学院。联系文学院、新闻与传播学院。

党委副书记　李琳琦　分管宣传、统战、机关、精神文明建设、学生思想政治教育与管理、思想政治理论课建设、人民武装、共青团、档案管理等工作。分管宣传部（新闻中心）、统战部（港澳台侨事务办公室）、机关党委（机关工作处）、学生工作处（学工部、人武部）、团委、档案馆、教育部高校辅导员培训和研修基地管委会办公室（《高校辅导员学刊》编辑部）。联系马克思主义学院、物理与电子信息学院。

纪委书记　程　度　主持纪委工作。分管离退休、工会、教代会、关心下一代等工作。分管纪委办（监察处）、离退休工作处、工会、关工委。联系美术学院、化学与材料科学学院。

副校长　王绍武　分管发展规划、人事、财务、高校师资培训、校友会等工作；代管学科建设、科学研究、社会服务、学报、对口帮扶等工作。分管发展规划处（校友工作办公室）、人事处（人才交流服务中心）、财务处、省高等学校师资培训中心；代管科研处、学报编辑部。联系历史与社会学院、外国语学院、环境科学与工程学院。

副校长　朱家存　分管本科教学、学位与研究生教育、招生、体育等工作；代管资产管理、产业、网络、信息、图书资料、出版等工作。分管教务处（招生办）、研究生院（研究生工作部）、体委；代管资产管理处、信息管理中心、图书馆、出版社。联系经济管理学院、体育学院、生命科学学院。

副校长　毕明福　分管安全保卫、后勤、基建、医疗、卫生、计划生育、综合治理等工作。分管保卫处（综合治理办公室）、后勤管理处、基建处（科创房地产开发有限公司）、校医院、计生委、爱卫会。联系法学院、教育科学学院、国土资源与旅游学院。

（二）中共安徽师范大学第十届委员会

书　　记：顾家山

副 书 记：张庆亮　李琳琦

常务委员会：顾家山　张庆亮　李琳琦　程　度　王绍武　朱家存　毕明福

委　　员(以姓氏笔画为序):
马三保　王如意　王绍武　毕明福　朱为民　朱家存　李琳琦　余大芹(女)
张庆亮　张奇才　陆　林　陈文兵　季爱新　胡传志　顾家山　席贻龙
黄　强　程　度　曾黎明

(三)中共安徽师范大学第十届纪律检查委员会

纪委书记:程　度
纪委副书记:陈文兵
委　　员(以姓氏笔画为序):
马　林　马陵合　王爱民　方　青　李子华　吴春雷　赵　红(女)　袁兴龙
高正礼

(四)机构设置及负责人名单

党政管理机构及负责人名单

机构名称	职　务	姓　名
办公室(党委办公室、校长办公室)	主　任	曾黎明
	副主任	张伟、张师帅、张顺
纪委办公室(监察处)	纪委副书记、主任、处长	陈文兵
	副主任	李叶青、王俊恒
组织部(党校)	部　长	季爱新
	副部长	谢超峰
	组织员	胡培亮(正处级)
宣传部(新闻中心)	部长、主任	李裕鑫
	副部长	詹剑锋、徐成进
统战部(港澳台侨事务办公室)	部长、主任	王如意
机关党委(机关工作处)	书记、处长	方　泓
	副书记、副处长	张继红(正处级)
发展规划处(校友工作办公室)	处长、主任	王　刚
	副处长、副主任	江宁、陈刚锋
人事处(人才交流服务中心)	处长、主任、组织部副部长	朱为民
	副处长、副主任	姜长付
	副处长	王　标
教务处(招办)	处长、主任	席贻龙
	副处长	黄亮、李汪根
	副处长、副主任	宋　波

续 表

机构名称	职 务	姓 名
学生工作处(学工部、人武部)	处长、部长	台启权
	副处长、副部长 就业中心主任	聂全高
	副处长	张玉新、杨一飞
保卫处	处 长	孙成岗
	副处长	崔世兵、谭志安
科研处	处 长	陆 林
	副处长	耿保友、戴兆国、谭书龙
研究生院(研究生工作部)	院长、部长	胡传志
	副院长	商永嘉
	副院长、副部长	步献新
财务处	处 长	王爱民
	副处长	张明、周玉柱、王成新
审计处	处 长	吴春雷
	副处长	郑继辉
资产管理处	处 长	袁兴龙
	副处长	朱棣、吴杰
离退休工作处	处 长	张树文
	副处长	孙玉英
后勤管理处	处 长	邵登辉(挂职)
	副处长	孔德新、叶丹、唐俊生、徐成文
基建处	处 长	黄 强
	副处长	罗 振

群团组织及负责人名单

机构名称	职 务	姓 名
教育工会	主 席	赵 红
	副主席	牧运前
校团委	书 记	梁 燕
	副书记	张园园、汪凯、刘长生

校直单位及负责人名单

机构名称	职 务	姓 名
信息管理中心	主 任	史铁杰
	副主任	李士松
继续教育学院	院 长	胡金戈
	副院长	王学灵、贾会明
图书馆	书记、副馆长	程文海
	馆 长	方 青
	副馆长	施才玉、刘和文

续 表

机构名称	职 务	姓 名
档案馆	馆 长	陈孔祥
学报编辑部	主 任	马陵合
安徽师范大学出版社	社 长	张奇才
	总编辑、副社长	侯宏堂
	副总编辑	吴顺安
校医院	院 长	唐俊生
	副院长	王政霖(正科级)、段萍(副科级)、项红雨(副科级)
教育集团	主任、总经理	江家发
	副主任、副总经理	孔 文
附属中学	书记、副校长	胡和平(正处级)
	校长	马 林(正处级)
	副校长	吴树烈、程六三、张祥云
附属小学	书记、副校长	费太秀(副处级)
	校 长	郁培林(副处级)
	副校长	茆家祥(副科级)
	副校长	骆正位(副科级)
附属幼儿园	园 长	余 捷(副处级)
	副园长	陈海燕(副科级)
皖江学院	书 记	马三保
	院 长	李子华
	副书记、副院长	王传辉
	副院长	叶旭萍
教育部高校辅导员培训和研修基地管委会办公室、《高校辅导员学刊》编辑部	主 任	高正礼
	副主任	陈九如
安徽省高等学校师资培训中心	常务副主任	朱礼长

(人事处供稿)

(五)学院设置及负责人名单

学院及负责人名单

学院名称	职 务	姓 名
文学院	书 记	余大芹
	院 长	储泰松
	副书记	戴和圣
	副院长	俞晓红、王昊、陈爱兰

续 表

学院名称	职 务	姓 名
马克思主义学院	书 记	傅绪中
	院 长	高正礼
	副书记	梁齐军
	副院长	汪盛玉、姚宏志、潘新安、陈九如
法学院	书 记	马广见
	院 长	彭凤莲
	副书记	屈光峰
	副院长	严宏、周俊强
经济管理学院	书 记	陈秀庆
	院 长	周端明
	副书记	李海燕
	副院长	张廷龙、马骥、张立新
音乐学院	书 记	王景旭
	院 长	张建华
	副书记	奚泰来
	副院长	程炳杰、汪海元、汪建萍
美术学院	书 记	王继民
	院 长	高 飞
	副书记	张 韬
	副院长	陈琳、陈克义、刘曼玉
历史与社会学院	书 记	顾 凌
	院 长	徐 彬
	副书记	胡悦超
	副院长	赵怀娟、刘道胜、陈挚
教育科学学院	书 记	刘晓宇
	院 长	桑青松
	副书记	张如华
	副院长	李宜江(挂职)、聂竹明、何海燕
外国语学院	书 记	余国升
	院 长	张德让
	副书记	汪贻洋
	副院长	詹蓓、张孝荣、吴世红、李碧鹰
体育学院	书 记	袁德水
	院 长	席玉宝
	副书记	黄德春
	副院长	余涛、金涛、高升、钟晨

续 表

学院名称	职 务	姓 名
新闻与传播学院	院 长	汪家驷
	书 记	胡 靖
	执行院长	杨柏岭
	副书记	宋 静
	副院长	沈正斌、马梅、赵昊、周伍
数学计算机科学学院	书 记	陈树贤
	院 长	任 永
	副书记	喻 娜
	副院长	罗敏、罗永龙、储倩
物理与电子信息学院	书 记	李 娟
	院 长	崔执凤
	副书记	吴长义
	副院长	崔光磊、郑贤锋、张其芳
化学与材料科学学院	书 记	汪俊武
	院 长	高 峰
	副书记	余妍霞
	副院长	张小俊、周双六、刘桂云
国土资源与旅游学院	书 记	贾冠忠
	院 长	苏 勤
	副书记	乔 静
	副院长	方凤满、王朝辉、赵冬梅
生命科学学院	书 记	蒋学波
	院 长	吴孝兵
	副书记	刘振杰
	副院长	胡好远、朱国萍、王立龙
环境科学与工程学院	书 记	王 峰
	院 长	周守标
	副书记	杨友谊
	副院长	昝逢宇、杨如意、甘为民
国际教育学院(外事办公室)	院长、主任	黄圣炯
	副院长、副主任	刘东和、杜俊

(人事处提供)

（六）各级党委委员、纪委委员、人大代表、政协委员名单

安徽省第十届纪委委员

序　号	姓　名	职务、职称
1	顾家山	安徽师范大学党委书记，研究员

第十二届安徽省人大代表

序　号	姓　名	职务、职称（含社会职务）	党　派
1	李　晋	省人大常委，民革安师大支部主委，生科院副教授	民　革

第十五届芜湖市人大代表

序　号	姓　名	职务、职称（含社会职务）	党　派
1	周向华	图书馆公共事业部主任、研究馆员	民　盟
2	郑筱妍	市人大常委、九三学社芜湖市委副主委，教科院副教授	九三学社
3	谢美华	化材学院教授	九三学社

第十六届镜湖区、弋江区人大代表

序　号	姓　名	职务、职称（含社会职务）	党　派
1	胡荣华	镜湖区第十六届人大代表，教科院副教授	民　进
2	殷晓斌	弋江区第十六届人大常委，致公党安师大支部副主委，数计学院教授	致公党
3	陈孔祥	弋江区第十六届人大代表，档案馆馆长	中　共

第十一届安徽省政协委员

序　号	姓　名	职务、职称（含社会职务）	界　别
1	郝家胜	生科院教授	民　革
2	孙国正	民盟中央委员，市政协副主席，民盟芜湖市委主委，数计学院教授	民　盟
3	李　平	文学院教授	民　盟
4	沈世培	农工党安师大支部主委，历社学院教授	农工党
5	周守标	农工党芜湖市委副主委，环工学院院长、教授	农工党
6	崔执凤	市政协副主席，致公党安徽省委常委及芜湖市委主委，物电学院院长、教授	致公党
7	许　勇	民建安师大支部主委，数计学院教授	科　协
8	张　毅	省政协常委，音乐学院教授	文　艺
9	朱昌青	化材学院教授	教　育
10	彭凤莲	民进安徽省委委员及芜湖市委副主委，法学院院长、教授	教　育
11	席玉宝	市知联会副会长，校知联会会长，体育学院院长、教授	体　育
12	余国升	外国语学院党委书记（原校党委统战部部长）	特　邀

续 表

第十二届芜湖市政协委员

序 号	姓 名	职务、职称(含社会职务)	界 别
1	孙国正	民盟中央委员,市政协副主席,民盟芜湖市委主委,数计学院教授	民 盟
2	叶世勇	化材学院教授	民 盟
3	程炳杰	民盟安师大委员会副主委,音乐学院副院长、副教授	民 盟
4	彭凤莲	市政协常委,民进安徽省委委员及芜湖市委副主委,法学院院长	民 进
5	周守标	农工党芜湖市委副主委,环工学院院长、教授	农工党
6	王彦章	农工党安师大支部副主委,历社学院副教授	农工党
7	崔执凤	市政协副主席,致公党芜湖市委主委,物电学院院长、教授	致公党
8	朱昌青	市政协常委,化材学院教授	致公党
9	张国棣	市政协常委,体育学院副教授	九三学社
10	胡庆十	九三学社安师大基层委副主委,经管学院副教授	九三学社
11	郑 艳	九三学社安师大基层委副主委,生科院教授	九三学社
12	杨高升	九三学社安师大基层委主委,化材学院教授	九三学社
13	陶松涛	市政协常委,物电学院副教授	无党派
14	宋卫东	数计学院教授	教 育
15	马乃玉	致公党安师大支部主委,学报编辑部副编审	社 科
16	王中结	物电学院教授	科 协
17	杨安娜	生科院副教授	少数民族
18	燕 杨	音乐学院艺术实践教研室副主任	少数民族

第七届弋江区政协委员、第八届镜湖区政协委员

序 号	姓 名	职务、职称(含社会职务)	界 别
1	詹绪左	第七届弋江区政协常委,文学院教授	民 革
2	冯明荣	第七届弋江区政协委员,新传学院教授	民 革
3	王国凡	第八届镜湖区政协委员,民盟安师大委员会主委,体育学院教授	民 盟
4	李茂国	第七届弋江区政协常委,民盟安师大委员会副主委,化材学院教授	民 盟
6	王正华	第八届镜湖区政协委员,民进安师大支部副主委,化材学院教授	民 进
7	胡志恒	第八届镜湖区政协常委,出版社文学编辑室主任	九三学社

三、重要文件与领导讲话

安徽师范大学2017年党政工作要点

师发〔2017〕1号　2017年2月16日

2017年学校工作的总体要求是：深入学习贯彻党的十八大、十八届历次全会精神和习近平总书记系列重要讲话精神，贯彻落实全国、全省高校思想政治工作会议精神，坚持内涵发展、注重质量提升、深化综合改革，稳中求进、积极作为、务实担当，加快推进"五个师大"建设，不断开创高水平大学建设的新局面，以优异的成绩迎接党的十九大胜利召开。

1.加强党的领导，不断推进全面从严治党

（1）强化理论武装。严格执行校院两级党委中心组学习和教职工政治理论学习制度，深入学习宣传贯彻党的十八大、十八届历次全会精神，大力开展习近平总书记治国理政新理念新思想新战略专题宣传教育活动。

（2）加强宣传思想工作。深入学习宣传贯彻全国、全省高校思想政治工作会议精神，召开学校思想政治工作会议，加强师生员工思想政治教育，加强思想政治理论课和思想政治工作队伍建设，推动思想政治工作传统优势同信息技术高度融合，深化中国梦宣传教育，推进社会核心价值教育落细、落小、落实。积极宣传一线典型人物和事迹，着力构建校院联动的网络宣传机制。

（3）抓好领导班子和干部队伍建设。做好中层领导班子和领导人员调整，完成科级干部任期考核与调整工作。加强和完善干部教育培训体系，分类分层开展干部专题教育培训。严格干部日常管理，强化监督考核。做好离退休干部和关心下一代工作。

（4）加强基层党组织和党员队伍建设。持续推进"两学一做"学习教育和"讲看齐、见行动"学习讨论。扎实开展院级党组织书记抓党建述职评议考核，严格落实"三会一课"制度，组织开展党支部标准化建设与考评。广泛开展分类、分层、分批次党员教育培训。做好党内评优评先工作。

（5）深化党风廉政建设。继续做好巡视整改工作和"管党治党宽松软问题"专项治理，巩固巡视整改成果。召开全校党风廉政建设工作会议，加强党风廉洁建设考核，进一步落实"两个责任"。深化党规党纪宣传教育，加强领导干部勤政廉政教育，推进校园廉政文化建设。认真做好信访办理和纪律审查工作，严肃查处违反中央八项规定精神和六大纪律等问题，切实加强重点领域和关键环节的监督。

（6）做好统战群团工作。加强党外代表人士队伍建设，支持各民主党派开展品牌特色活动。建立健全教代会工作机制。支持共青团开展改革，加强全国"青马工程"研究培训基地建设。指导学生会等学生组织加强自身建设，鼓励学生自我教育、自我管理、自我服务。

2.坚持内涵发展，提高办学综合实力

（1）实施"十三五"规划。开展规划实施情况年度评估，推进规划执行。推进地方高水平大学建设项目，认真做好项目的监督评估和总结验收工作。继续推进省部共建、部校共建工作。

（2）推进人才队伍建设。召开全校人才工作会议，完善人才稳定、引进、培养等相关制度，大力引进领军人才和高层次人才，注重青年教师能力提升。加强师德师风建设，开展第十次校“三育人”评选活动，做好第33个教师节纪念庆祝表彰活动。

(3)加强本科教学工作。召开本科教学工作会议，继续推进教学管一体化改革，建立健全课堂教与学活动评价体系，开展优秀课堂教学奖和“最受欢迎的教师”评选活动。做好迎接本科教学工作审核评估工作。加强创新创业教育和公共体育艺术教育。支持皖江学院加强内涵建设，不断提高人才培养质量。

(4)推进学位与研究生教育。继续开展学位点动态调整和合格评估，做好新一轮学位点申报准备工作，发布各学位点年度建设报告。实施研究生导师考核制度和淘汰机制。规范研究生教育教学工作，完善学术型研究生培养方案，优化培养过程管理，把好研究生论文质量关。

(5)扩大继续教育和留学生教育。召开继续教育工作会议，加快继续教育远程教学课程资源和系统平台建设，精心做好“国培计划”项目，拓展培训渠道，提高社会效益和经济效益。巩固和扩大国外招生基地建设，不断提高留学生生源质量和培养质量。

(6)做好招生就业工作。进一步加强招生宣传工作力度，切实提高生源质量。根据培养能力、参考社会需求，调整研究生招生结构。加强校院两级校园招聘服务工作，推进个性化就业指导，加大各类特殊群体学生就业帮扶，落实毕业生面向基层就业的相关政策，做好大学生应征入伍工作。实施大学生创业扶持计划。

(7)加强学生教育管理服务。召开学校学生工作会议，修订出台《学生管理规定》，全面实施学生多元评价体系和激励机制，探索构建学生成长过程评价与考核制度，组织开展学生年度表彰活动。实施文明修身计划，做好学生精准资助工作，完善心理健康教育工作体系。

(8)提升学科建设和科研工作水平。召开学校科研工作会议，以“双一流”建设为牵引，形成学科分类建设方案，加强优势特色研究领域建设，完善学科建设与科研工作绩效评价机制。提高学术期刊办刊水平。

(9)强化社会服务。加强社会服务能力建设，打造优势特色社会服务领域，调整政策鼓励学院开展社会服务工作。筹建安徽教育研究院、安徽教育技术研究院、安徽教育课件制作中心、教育与培训中心，着力提升学校引领服务区域教育发展的能力。加强出版社、高师中心、辅导员基地建设。发挥“三附”品牌优势，推进教育集团及小教集团、幼教集团工作。做好对口帮扶工作。

(10)推进开放办学。召开学校外事工作会议，开展中外合作办学项目申报，继续做好教师与干部国(境)外培训工作。推进学校与地方政府、科研院所、行业企业和兄弟高校之间的交流合作。加强校友信息管理系统建设，加快省外校友聚集城市校友会、省内各地市校友会建设。做好教育基金会工作。

3.推进依法治校，提高办学治校水平

(1)规范工作运行。坚持和完善党委领导下的校长负责制，进一步完善制度建设，强化制度执行。严格文件会议管理，强化工作运行。探索建立工作评估与决策评价机制。出台学校教授委员会章程，充分发挥教授委员会的作用。

(2)推进综合改革。开展综合改革任务分解，推进任务落实。深化校院两级管理体制改革，下放相关部门管理职权，根据实际情况逐步减少部门编制，合理配备管理人力资源，推动部门职能向政策制定、指导服务、督促检查、评估评价转变。扩大学院自主权，完善学院治理结构，逐步形成学院的自主运行机制和相关工作范式。

(3)规范人事管理。修订考核评价体系和考核办法，完善绩效考核机制，探索建立能上能下、能进能出的聘用机制。改革校内绩效工资发放，进一步规范校内劳务费发放，不断提高教职工福利待遇。

(4)严格财务管理与审计。加强内部控制体系和制度建设，进一步加强“三公经费”管理，规范经济行为，降低行政运行成本。加强预算项目库建设，开展绩效评估试点，提高经费使用效益。做好审计整改工作。加强校内常规审计和重点审计工作。

(5)加强资产管理。积极推进资产信息化管理。盘活存量资源，做好空置、闲置资产的调配和处置工作，开展资产使用绩效评价工作。加强和完善公共用房、经营性资产管理。

4.加强校园建设,提高服务保障能力

(1)深化信息化建设。转变信息管理中心职能,实施信息化建设规划。建设规模化、标准化、智能化、虚拟化云数据中心,升级现有网站群管理平台,加快建设移动门户。继续加强有线和无线网络建设,实现有线和无线网络全覆盖。

(2)加强校园基本建设。完成实习实训中心全部建设任务,分步做好物电学院和化材学院搬迁以及赭山校区办学资源统筹调配工作。实现文科综合大楼开工建设。启动花津校区5栋学生宿舍楼建设。

(3)推进校园文化建设。启动90周年校庆前期准备工作和《安徽师范大学校史(2008—2017)》编写工作,完善校史馆、博物馆等场馆功能,传承弘扬师大精神。加强校园文化品牌建设,开展优秀校园文化成果评选,认真落实各项行为公约,创建文明校园,争创省级文明单位。制订赭山校区皖江中学堂等历史建筑修缮保护方案,积极申报省级文物保护单位。

(4)做好图书档案工作。加强校本文献资源、馆藏特色资源和数字图书馆建设,提高馆藏资源使用效益。进一步加强图书馆文化建设和读者服务体系建设,强化运行维护,改善阅览环境。以档案资源体系建设为核心,构建校本档案目录,建立方便快捷的档案利用体系,开展校院两级档案工作评比。

(5)优化后勤保障服务。树立以提高服务育人功能和育人质量为核心的服务保障理念,调整工作思路、方法、标准、评价。完善修缮工程项目库建设,分批推进学生宿舍、实验楼、公共卫生间维修改造以及电力隐患整治,基本完成花津校区荒地治理。加强物业服务与监管,继续开展"满意食堂"创建,推行接待场所目标管理,提升校内保障服务能力。

(6)建设平安和谐校园。严格落实安全稳定工作目标责任制和安全生产责任制,强化校园节假日总值班工作。建立舆情信息快速反应机制。抓好师生安全教育,加强保密工作,做好校内交通环境整治和校园综合治理,推进花津校区视频监控"以租代建"工程。做好医疗保障、预防保健和计划生育工作,提高师生健康水平。

附件:

2017年学校着力推进的十项重点工作

(1)大力开展党的十九大精神和习近平总书记治国理政新理念新思想新战略专题宣传教育活动。

(责任领导:顾家山;牵头单位:宣传部)

(2)深化校院两级管理体制改革。

(责任领导:王绍武;牵头单位:人事处)

(3)召开学校思政、人才等系列工作会议。

(责任领导:相关领导;牵头单位:相关单位)

(4)做好迎接本科教学工作审核评估工作。

(责任领导:朱家存;牵头单位:教务处)

(5)以"双一流"建设为牵引制定学科分类建设方案。

(责任领导:王绍武;牵头单位:科研处)

(6)做好审计整改工作。

(责任领导:王伦;牵头单位:审计处)

(7)做好社保改革工作。

(责任领导:王绍武;牵头单位:人事处)

(8)实现文科综合大楼开工建设。

(责任领导:毕明福;牵头单位:基建处)

(9)实施信息化建设规划。

(责任领导:朱家存;牵头单位:信息管理中心)

(10)筹建安徽教育研究院。

(责任领导:王伦;牵头单位:人事处)

2017年学校认真做好的十件实事

(1)指导学生会等学生组织加强自身建设。

(责任领导:李琳琦;牵头单位:校团委、学生工作处、研究生院)

(2)运行学生事务综合服务中心。

(责任领导:李琳琦;牵头单位:学生工作处、研究生院)

(3)开展优秀课堂教学奖和"最受欢迎的教师"评选活动。

(责任领导:朱家存;牵头单位:教务处)

(4)加大各类特殊群体学生就业帮扶。

(责任领导:李琳琦;牵头单位:学生处)

(5)加强大学生心理健康中心建设。

(责任领导:李琳琦;牵头单位:学生处)

(6)做好物电学院和化材学院搬迁工作。

(责任领导:毕明福;牵头单位:后勤管理处)

(7)改革校内绩效工资发放。

(责任领导:王绍武;牵头单位:人事处)

(8)分批推进公共卫生间维修改造。

(责任领导:毕明福;牵头单位:后勤管理处)

(9)加强学校相关实验楼维修改造。

(责任领导:毕明福;牵头单位:后勤管理处)

(10)推进花津校区视频监控“以租代建”工程。

(责任领导:毕明福;牵头单位:保卫处)

中共安徽师范大学委员会关于进一步加强统一战线工作的意见（修订）

师发〔2017〕55号 2017年12月16日

为适应党对新时代高校统一战线工作的要求，全面贯彻落实《中国共产党统一战线工作条例（试行）》（中发〔2015〕14号）、《中共安徽省委贯彻〈中国共产党统一战线工作条例（试行）〉实施办法》（皖发〔2015〕22号）和《中共中央统战部、中共教育部党组关于加强新形势下高校统一战线工作的意见》（中办〔2016〕27号）等文件精神，进一步加强我校统一战线工作，现结合学校实际，特提出如下意见。

1.进一步明确统战工作的指导思想和工作对象

（1）学校统战工作的指导思想。全面贯彻党的十九大精神，深入学习贯彻新时代中国特色社会主义思想和中央、省委统战工作会议精神，全面落实中央、省委有关党的统一战线工作和高校教育工作方针政策，进一步创新思路、完善机制、改进方法，紧紧围绕学校中心工作，为促进学校改革、发展和稳定凝聚人心、汇聚力量，不断巩固和壮大新时代最广泛的爱国统一战线，努力开创学校统战工作新局面。

（2）学校统战工作范围和重点对象。主要是各民主党派成员，无党派知识分子，出国和归国留学人员，少数民族师生，有宗教信仰的人士，在校工作和学习的港澳同胞、台湾同胞及其亲属、海外侨胞和归侨侨眷等。重点对象是学校担任各级人大代表和政协委员的党外人士，高层次人才中的党外人士，担任中层以上领导职务的党外人士，民主党派组织负责人，以及其他有成就、有影响的党外人士。

2.进一步明确统战工作的重要意义和作用

（1）学校统战工作的重要意义。统战工作是党的特殊政治工作和群众工作，是党的工作的重要组成部分。高校是党的统战工作的传统阵地，高校统战工作是党的统战工作的重要基础。高校的党外知识分子相对集中，汇集了党外各方面的代表人物，是统一战线培养、选拔党外代表人士的源头和战略基地。做好统战工作，对于坚持和完善中国共产党领导的多党合作和政治协商制度，推进学校的民主政治建设，推动学校的改革、发展和稳定工作具有重要意义。

（2）学校统战工作的重要作用。做好统战工作，加强与党外代表人士的团结合作，充分发挥统一战线协调关系、沟通思想、增进共识、理顺情绪、化解矛盾的优势，有利于学校“质量立校、特色兴校、人才强校、学科领校、开放活校、依法治校、文化荣校”七大发展战略的顺利实施，有利于学校“实力师大、特色师大、活力师大、开放师大、幸福师大”五大发展目标的有效推进，有利于特色鲜明的高水平大学建设目标的成功实现。

3.进一步明确统战工作的基本原则和要求

（1）学校统战工作的基本原则。新时代现阶段学校统战工作的基本原则为“八个坚持”，即坚持党对统一战线的领导，坚持服务学校的中心工作，坚持高举爱国主义、社会主义旗帜，坚持大团结、大联合的主题，坚持发扬社会主义民主，坚持求同存异、体谅包容，坚持团结—批评—团结，坚持以人为本、照顾同盟者利益的原则。

（2）学校统战工作的基本要求。新时代现阶段学校统战工作的基本要求为“三个必须”，即必须掌握规律、把握原则、讲究方法，必须正确处理一致性和多样性的关系，必须善于联谊交友、寻求最大公约数、画好最大同心圆、巩固共同的政治思想基础，为学校的发展大局和中心工作服务。

4.进一步明确统战工作的主要任务

（1）着力加强党外知识分子思想政治工作。开展多种形式的理论学习、实践锻炼、社会服务，帮助和引导学校党外知识分子自觉接受中国共产党的领导，培育和践行社会主义核心价值观，树立国家至上、民族至上、人民至上的理念，不断增强中国特色社会主义道路自信、理论自信、制度自信、文化自信。坚持政治上充分信任、思想上主动引导、工作上创造条件、生活上关心照顾,及时了解和反映党外知识分子思想动态和意见建议,支持他们发挥自身优势,勇于担当、敢于创新,服务社会、报效祖国。坚持凝聚共识和求同存异相结合、引导教育和自我教育相结合、解决思想问题和解决实际问题相结合,积极搭建线上线下互动交流平台和载体,运用沟通、协商、谈心等方式,加强同党外知识分子的思想交流,做好引导工作,促进他们对党的理论和路线方针政策的内心认同。

(2)着力加强党外代表人士队伍建设。发挥学校培养和选拔党外代表人士的重要基地作用,将党外代表人士队伍建设纳入学校干部队伍建设和人才工作总体规划,认真贯彻执行把一部分优秀人士留在党外的政策规定,建设一支政治坚定、素质优良、数量充足、结构合理、作用突出的党外代表人士队伍。学校、学院领导班子、教职工代表大会及其主席团等一般要有党外代表人士。积极举荐优秀党外代表人士担任各级人大代表、政协委员、政府参事、文史馆员、特约人员等。加强对学校党外代表人士的日常管理,促进党外代表人士健康成长。密切党委同党外知识分子的联系,为他们的成长进步创造条件,帮助他们在各自的专业领域和社会政治生活中发挥更大的作用。

(3)认真做好民主党派工作。进一步加强和改善党的政治领导,贯彻党对民主党派的各项方针政策。支持和帮助民主党派基层组织加强建设,健全规章制度,提高其成员的政治素质。支持和协助民主党派基层组织做好组织发展工作,规范发展程序。注重物色适合在党外发挥作用的年轻优秀人才,及早发现和培养,针对党外人士不同特点分类培养,对专业人才、参政议政人才、民主党派党务人才,采取各具特色的培养方式,帮助他们提高能力素质。加强民主党派基层组织领导班子建设,支持民主党派积极开展活动、发挥作用。

(4)着力加强无党派人士工作。发挥党委统战部在无党派人士工作中的牵头协调作用,加强校无党派知识分子联谊会建设,为无党派人士履行职能、发挥作用提供必要的支持和保障。加大对无党派人士中代表人士的选拔培养使用力度,做到早发现、早培养、早使用,形成相对稳定的无党派代表人士队伍。加大培训力度,提高他们的参政议政能力,扩大他们的社会影响力,鼓励他们为学校和地方经济社会发展献计出力。

(5)重视出国和归国留学人员工作。贯彻落实党和政府关于出国和归国留学人员工作的方针政策,做好留学人员团结引导工作,吸引和鼓励出国留学人员回校或以多种形式为校、为国服务。加强对留学人员的国情和形势政策教育,增进他们对新时代中国特色社会主义的认同。引导支持他们发扬留学报国传统,积极投身学校建设和发展。增强服务意识,为他们发挥作用营造良好环境。积极培养和推荐留学人员中的党外人士,重视对留学归国青年教师的关心、帮助和引导工作。注意研究、采纳和反映留学人员的卓识良策。

(6)加强民族团结进步教育。全面正确贯彻党的民族政策,加强马克思主义民族观、党的民族政策和法律法规的宣传教育;建立民族团结教育常态化机制,积极开展民族团结进步教育活动,引导各族师生不断强化“五个认同”和“三个离不开”的思想认识,尊重少数民族的风俗习惯,促进各民族师生充分交往交流交融。

(7)重视民族学生的教育培养。加强少数民族学生的教育管理服务,全面了解并及时解决他们思想、学习、生活、心理、就业等方面的困难和问题。创造条件组织学生参加弘扬中华优秀文化、体验改革开放成果、参观爱国主义和民族团结教育基地等活动,鼓励少数民族学生积极参加社团活动,充分利用节假日开展联谊、公益活动,促进各族学生在共同学习生活、共同参加的活动中加深了解、增进感情。建立帮扶机制,对学业基础相对薄弱的学生开展“一对一”辅导,帮助学好国家通用语言文字、专业基础知识和技术,通过多种形式,为民族学生排忧解难。建立就业创业帮助常态化机制,不断提高少数民族毕业生离校前就业率,加强离校后就业创业帮扶工作。

(8)重视宗教工作。坚持党的宗教工作基本方针,对师生进行新时代中国特色社会主义宗教理论、政策和国家相关法律法规宣传教育,加强马克思主义无神论教育,开展宗教常识教育，引导学生树立科学的宗教观，正确认识和对待宗教问题。坚持教育与宗教相分离的原则，教育引导师生自觉遵守法律法规和校纪校规，坚持“三个严禁、一个不得”的要求，严禁在校园设立宗教活动场所、开展宗教活动，严禁在校园成立宗教组织、发展教徒，严禁在校园传播宗教，不得在校外参加非法宗教组织和非法宗教活动。坚决防范和抵制各种邪教。建立统战、学工和保卫部门牵头负责，有关职能部门各司其职、协调配合的民族宗教工作机制，坚决抵制境内外各种势力利用民族、宗教问题进行渗透、破坏、分裂活动。

(9)重视港澳台侨方面的工作。做好在校工作学习的港澳台侨师生工作，有针对性地加强中华文化、中国国情等教育，引导他们树立正确的历史观、民族观、国家观，增进国家认同和中华民族共同体意识。积极开展同港澳台学界的交往交流，加强与港澳台侨专业界人士和青少年群体的联系。加强对赴港澳台和海外的交换生、访问学者的思想教育和管理服务，支持他们发挥积极作用，防范和抵御境外敌对势力的拉拢渗透。

(10)进一步加强网络统战工作。加强网络政治引导，注重网络舆情和网络调查，适时了解统战成员的思想动态。利用“两微一端”等平台，开展经常性的网上互动交流，注重用“网言网语”宣传党的统战理论和方针政策，对各种政治性、原则性、导向性问题保持敏锐性，鼓励党外人士对意识形态领域的一些问题主动发声，有效凝聚和释放正能量。加强对网络宗教的引导和管控，不断提高知网、懂网、用网能力，推动网络统战工作开展。

(11)加强统战理论政策研究学习。结合新形势下的新情况和新问题，加强统战理论和政策的研究。坚持马克思主义指导地位，在积极开展理论创新的同时，对涉及政治和政党制度、民族和宗教等领域的研究、教学和论坛讲坛严格把关，确保正确政治方向。切实抓好统一战线知识进校园工作，把中央关于统一战线的方针政策和国家相关法律法规融入学校思政理论课教材，将统一战线知识纳入教师培训内容。

(12)做好统战宣传和信息工作。加强对各民主党派、知联会及统战团体活动开展情况的宣传，加大对统战系统典型人物和典型事迹的宣传力度。做好统战工作信息库的日常管理、更新和维护工作，规范文档管理、注意信息安全、做好信息报送，加强内外联系，不断扩大学校统战工作的影响。

5.进一步健全和落实统战工作机制

(1)健全和完善学校统战工作联动机制。不断健全和完善党委统一领导，统战部牵头协调，相关职能部门、群团组织及院级党组织积极参加、密切配合、相互支持、各司其职的统战工作联动运行机制，着力构建学校大统战工作格局。

(2)健全和落实同党外代表人士联谊交友机制。校院党政领导班子要强化联谊交友意识，按照主要领导抓关键、分管领导抓重点、班子成员人人有朋友的原则，每位党员领导干部都要主动与党外代表人士交朋友。其中校领导每人联系1~2名校民主党派基层组织、无党派知识分子联谊会负责人或其他党外代表人士，每年至少要与联系人交谈或听取意见1~2次。院级单位党组织负责人，每人联系本单位1~3名党外代表人士，沟通思想，增进共识。坚持在重大节日走访、看望和慰问党外代表人士。统战干部要与党外人士加强日常联络，经常谈心交心。

(3)健全和落实征求党外代表人士意见机制。学校党委每年应召开1—2次座谈会，邀请学校各级人大代表和政协委员、基层民主党派负责人、无党派代表人士等参加的情况通报会或座谈会，通报学校的教学、科研、管理、党风廉政建设等方面的重大事项，听取意见建议。涉及学校发展的重大决策、涉及教职工切身利益的重要举措出台和调整前，应征求党外代表人士的意见建议。学校二级党组织也应采取相应形式，建立健全向本单位的党外人士通报情况、征求意见制度。进一步健全和完善对党外代表人士意见建议的处理反馈机制。

(4)健全和落实传达重要文件和邀请参加重要会议机制。要按照中央和上级党委的有关规定，及时向民主党派基层组织负责人、无党派代表人士及党外干部传达中央和上级党委有关重要文件及会议精神，及时向他们通报党和国家的大政方针及社会生活中的重大事项。学校举行的党代会、教职工代表大会、有关大型活动或庆典等重要会议和活动，应视情况邀请党外代表人士参加。

（5）健全和落实支持党外人士发挥作用机制。支持和引导民主党派基层组织和无党派知识分子联谊会按照其上级组织的要求开展工作。支持和引导党外人士立足本职岗位做好教学科研和管理工作，为推进“高水平大学”建设做出积极贡献。支持和引导党外人士积极开展国情考察、专题调研、社会服务，围绕高校和地方经济社会发展积极建言献策。支持党外代表人士参加多党合作、政治协商、民主监督方面的重要会议和活动，参加统战系统的重要会议、活动和学习培训。有关部门和单位要积极支持和协助民主党派和知联会搞好参政议政专题调研工作。学校的各级人大代表和政协委员、民主党派组织负责人、党外代表人士参加必要的社会工作和社会活动，应给予时间保障和必要支持，并作为业绩考评、职务评聘的重要参考。把党外代表人士参政议政、建言献策的突出成果纳入工作业绩评价体系，并以适当方式给予表彰奖励。

（6）坚持和完善党外干部选拔任用的联动工作机制。在党委统一领导下，由组织部门与统战部门共同协商，合理配置学校的政治资源，既要重视党建工作，把大批优秀知识分子吸收加入中国共产党，也要重视党外代表人士队伍建设，有计划地将一部分优秀知识分子留在党外。学校对于党外人士的政治安排和实职安排，应当征求统战部门和党外代表人士的意见。统战部要积极推荐党外干部人选，会同组织部共同做好培养、考察等工作。

（7）坚持和完善民主监督制度。支持党外人士就学校的党风廉政建设，民主政治建设，以及师生员工普遍关心的热点、难点问题进行民主监督，鼓励他们进行调研，积极反映情况，勇于提出意见和建议。根据学校实际，建立健全由党外人士参加的党风党纪监察员、特约审计员、教学督导员制度。学校组织的干部推荐与测评、年度绩效考核、党建和事业发展考核等，要邀请省级以上人大代表、政协委员、民主党派基层组织负责人、无党派代表人士参加。

（8）坚持和完善学习调研制度。统战部每年组织1~2次基层民主党派、无党派知识分子联谊会的代表人士以及各级人大、政协委员参加的党的路线方针政策和新时代统战理论知识学习。定期组织民主党派成员、无党派代表人士围绕学校和地方经济社会发展中的重点、难点及热点问题，外出考察调研。

6.进一步加强党对统战工作的领导

（1）进一步明确统战工作领导小组的职责。学校成立由党委统一领导，统战部门牵头，办公室、组织、宣传、学工、人事、教学、科研、财务、保卫、工会、共青团、国际教育等部门参加的统一战线工作领导小组，进一步明确相关部门和单位的工作职责，做到分工负责，团结协作，形成统战工作合力。

（2）进一步凸显统战工作地位。学校党委要把统战工作摆在重要位置，切实做到“四个纳入”，即纳入重要议事日程，纳入校、院两级党政领导班子工作考核内容，纳入宣传工作计划，纳入学校党校教学内容。校党委每年至少召开一次专题会议，听取统战部门工作汇报，研究部署学校统战工作，解决统战工作中的有关问题。

（3）切实履行工作的主体责任。学校党委和行政要高度重视、关心、支持统一战线工作。校党委书记是统战工作的第一责任人，要亲自研究部署重要工作、推动解决重要问题，同时明确一位党委负责人分管统一战线工作。校党政领导班子成员要高度重视和关心支持统战工作，联系指导院级党组织开展统战工作，切实做到“三个带头”，即带头学习宣传和贯彻落实统一战线政策法规，带头参加统一战线重要活动，带头广交深交党外朋友。

（4）加强对院级党组织统战工作的领导。各院级党组织要设立统战委员和统战干事，统战干事可由党委秘书兼任，院级党组织书记是本单位统战工作的第一责任人。各院级党组织的年度工作计划和总结均应体现统战工作方面的内容。各单位对本单位民主党派基层组织和无党派知识分子联谊会的活动要提供必要的支持。加强对院级党组织工作责任和工作成效的考核，充分发挥院级党组织在学校统战工作中的基础性作用。

（5）积极为统战工作提供保障。统战工作经费应列入学校的经费预算。要为民主党派基层组织和党外知识分子联谊会等统战团体开展工作提供必要的经费支持。按照有关规定明确统战工作经费使用办法，为统战部门走访慰问党外代表人士，组织党外人士开展国情考察、主题实践、革命传统教育等活动，提供必要的人、财、物支持和政策保障。坚持尊重和照顾同盟者的利益原则，按规定切实解决党外代表人士工作、学习和生活等方面存在的实际困难，积极为民主党派和统战团体、党外代表人士发挥作用、开展工作创造条件。

7.进一步加强统战部门自身建设

（1）进一步加强统战干部队伍建设。统战部是校党委开展统战工作的职能部门。校党委要进一步加强统战部及其队伍建设，选拔政治坚定、业务精通、作风过硬的同志充实统战干部队伍，不断提高统战干部的理论政策水平和实际工作能力，重视对统战干部的培养、教育和使用，积极打造一支"人品好、人缘好、形象好"的统战工作队伍。

（2）充分发挥参谋助手作用。认真贯彻落实党对高校统战工作的各项方针政策。帮助和指导基层党组织开展统战工作，积极支持和指导民主党派、无党派知识分子联谊会的工作，协助党委保持同各民主党派、无党派知识分子联谊会、侨联等统战团体和党外代表人士的密切联系，充分发挥党委统战部的参谋助手作用。

安徽师范大学校领导班子碰头会制度

师发〔2017〕37号 2017年10月24日

为进一步提高学校领导班子及成员议事效率和决策效能，加强信息互通和工作互动，充分发挥领导集体的智慧和力量，统筹协调推进学校各项工作，依照上级有关精神，结合学校实际，特制定本制度。

1.参加人员

(1)全体校领导；

(2)学校办公室主任；

(3)如有必要可安排有关人员参加。

2.会议安排

(1)原则上每周一上午召开。遇有紧急情况和急办事项可随时召开。

(2)会议由校党委书记或校长召集、主持。参加人员不能出席会议的，应向会议召集人请假。

(3)学校办公室负责会务工作。

3.会议内容

(1)通报上周工作进展情况；

(2)部署协调本周有关工作；

(3)督促推进重要工作；

(4)研究处理突发性事件；

(5)其他需要讨论研究的重要工作。

4.本制度自发文之日起试行，由学校办公室负责解释

安徽师范大学领导干部联系人才工作制度暂行规定

校人字〔2017〕77号　2017年12月22日

第一条　为深入推进人才强校战略，努力营造“尊重知识、尊重人才、尊重创造”的良好社会氛围，密切学校和与高层次人才的联系，进一步增强领导干部的人才意识，拓宽人才建言献策的渠道，充分发挥高层人才的积极性和创造性，经研究决定，建立领导干部联系人才工作制度。

第二条　参加联系的领导干部范围：学校领导班子成员，学校党委委员，各学院党政主要负责人。

第三条　联系的人才对象：教学科研取得突出成就的高层次人才。

第四条　校领导班子成员、校党委委员联系的人才对象由人事处会同教务处、科研处、研究生院等部门确定。各学院领导班子成员的具体联系人才对象由各学院自行确定，报校人才办备案。

第五条　学校领导班子成员联系的人才原则上结合分管和联系的单位确定，每年联系2人；校党委委员每年联系1人；学院党政主要负责人联系人数自行确定。领导干部联系的人才每3年更换一次。

第六条　联系的人才对象遵守“不重复联系”原则，每一位人才对象只安排一位领导干部联系。

第七条　联系内容：通报我校重要会议、决议决定精神和学校发展情况；了解学校人才政策落实情况，听取对人才工作和人才队伍建设等方面的意见和建议；了解对象的工作、学习、生活及家庭情况，帮助他们解决有关问题和困难；有针对性地做好思想政治工作，鼓励人才为我校学科建设和教学科研做出更大贡献。

第八条　联系方式：采取座谈、深入教学科研一线看望、利用节假日走访慰问、向人才寄发文件、简报等形式，与联系对象保持经常性联系，并征询有关意见和建议。

第九条　领导干部要加强与人才的联系沟通，每季度至少联系一次，每次联系都详细填写《领导干部联系人才记录卡》。联系人将联系对象的情况不定时向学院和校人才办通报，并提出改进建议。

第十条　校人才办会同有关部门认真整理人才提出的建议，以问题为导向提出解决办法，及时向学校汇报。

第十一条　联系人才工作产生的费用，由联系领导所在单位解决。其中，校领导慰问人才经费，从学校人才经费年度预算中列支。

第十二条　领导联系人才工作在校党委领导下，由相关责任部门负责日常联系服务、管理协调工作，校人才办负责督促检查。

第十三条　本规定由学校人才工作办公室负责解释。

第十四条　本规定自发文之日起实行。

安徽师范大学普通全日制本科毕业生学士学位授予办法(修订)

校学位字〔2017〕7号　2017年8月17日

根据《中华人民共和国学位条例》《中华人民共和国学位条例暂行实施办法》等有关规定，结合我校实际，特制定本办法。

第一条　同时具备下列条件的全日制本科毕业班学生，可授予学士学位：

(1)拥护中国共产党领导，拥护社会主义制度，遵纪守法，品行端正；

(2)业务上必须完成教育教学计划规定的各项要求，修满所学专业规定的学分，经审核合格准予毕业。各门课程、教育实习或专业实习、毕业论文(设计)的考核结果表明确已较好地掌握本专业所属学科的基础理论、专门知识和基本技能，并具有担负专门技术工作和从事科学研究工作的初步能力；

(3)必修课程的平均学分绩点达到2.0。

第二条　获得毕业资格，但有下列情况之一者，不得授予学士学位：

(1)违反国家法律，受到刑事处罚；

(2)因考试作弊受留校察看处分的；

(3)因考试作弊受记过处分已解除但无明显进步或突出表现的；

(4)严重违背学术诚信的；

(5)其他经校学位评定委员会审查认为不能授予学士学位的。

第三条　因考试作弊受记过处分解除后未再受任何处分，获得毕业资格并且符合以下条件之一者，在毕业当年的三月份由毕业生本人向所在学院教授委员会提出学位授予申请，经学院教授委员会审查，报校学位评定委员会审定通过后，授予学士学位。

(1)获得校级以上(含校级)“三好”学生、优秀学生干部荣誉称号之一的；

(2)获得校级以上(不含校级)其他荣誉称号的；

(3)参加与本专业相关的省级以上(含省级)级别的学科竞赛并获次高等级及以上奖励的；

(4)毕业前取得研究生入学复试资格者(以复试通知为准)的。

第四条　在规定学习年限内结业者，须在学校规定的最长学习年限内修完规定课程；达到学位授予条件后，向学校提出授予学士学位申请。逾期未申请者，视为自动放弃学士学位申请。

凡获得毕业证书的同时未达到学士学位授予条件者，将不再补授学士学位。

第五条　辅修专业的学生在获得主修专业学士学位的基础上，在最长学习年限内完成辅修专业教学计划规定的课程，获得相应学分，符合授予该专业辅修学士学位条件者，可授予相应学科门类的辅修专业学士学位。

第六条　学士学位的授予程序：

(1)学院教授委员会须负责逐一审核和认定本院毕业生的思想品德、学业成绩、毕业鉴定和学士学位申请等材料，提出拟授予学士学位和不授予学士学位的初步名单并公示一周，公示无异议后，经学院教授委员会主任签字后报校学士学位办公室；

(2)经校学位评定委员会批准授予学士学位的学生，由校学士学位办公室负责颁发学士学位证书。相关工作材料由校学士学位办公室归档。

第七条　学生对学位授予评审结果存在异议时，向校学位评定委员会提出申诉，按照相关程序和规定执行。

第八条　如发现有通过作弊、剽窃、抄袭等学术不端行为或者其他不正当手段获得学士学位的情况，经校学位评定委员会复议，对获得的学士学位证书予以撤销。

第九条　学位证书只发一次。如遗失或损坏，由本人登报声明作废，并提出书面申请。情况属实者，学校出具学位证明书，学位证明书与原证书具有同等效力。

第十条　校高等学历继续教育学生、港澳台侨学生、留学生等学士学位授予办法，参照本规定执行。

第十一条　本办法自颁布之日起施行。本办法由校学位评定委员会授权校学士学位办公室负责解释。

安徽师范大学普通全日制本科生学籍管理办法

校教字〔2017〕32号　2017年8月17日

第一章　总　则

第一条　为规范我校普通全日制本科生管理行为，维护学校正常的教育教学秩序，保障学生的合法权益，保证本科生的培养质量，依据教育法、高等教育法、普通高等学校学生管理规定、安徽师范大学章程以及有关法律、法规、规章，结合学校实际，制定本办法。

第二条　本规定所称学籍管理，是指对学生在校学习资格及在校学历的管理，包括入学资格审查、在籍注册、学习纪律、课程考核、学业成绩、学籍变更、毕业与学位资格审查、学历和学位证明颁发等事务。

第二章　入学与注册

第三条　按国家招生规定被我校录取的新生，应持录取通知书，按学校规定的期限到校办理入学手续。因故不能按期入学的，应当事先以书面形式并附相关证明向所属学院请假，由所在学院向教务处备案，假期一般不超过两周。未请假或请假逾期的，除因不可抗力等正当事由以外，视为放弃入学资格。

第四条　学院在新生报到时对新生入学资格进行初步审查。审查合格的予以办理入学手续，注册学籍；审查发现新生的录取通知、考生信息等证明材料，与本人实际情况不符，或者有其他违反国家招生考试规定情形的，由所在学院报学校招生办公室核实后取消入学资格。

第五条　新生因创业、参军、身体等原因可以申请保留入学资格，经所在学院审核并由学院报学校批准后执行。保留入学资格原则上为1年，参军入伍者可保留入学资格至退役后2年。

因创业需保留入学资格者，须附有家长意见、创业培训及创业证明材料。

因参军需保留入学资格者，须出具县级征兵办《入伍通知书》复印件等相关公函。

因身体原因保留入学资格者，须出具二级甲等以上医院（含二级甲等）诊断证明。

因其他原因需保留入学资格者，须提供相关证明材料。

申请保留入学资格等相关手续的办理见本办法第二十五条。

新生保留入学资格期间不具有学籍，不享受在校生待遇。新生保留入学资格期间，如有严重违法犯罪行为，一经核实，将取消其入学资格。

保留入学资格者，应在保留入学资格期满前向所在学院提出入学申请，经所在学院审核同意，报教务处审查合格后，在开学两周内办理入学手续。因身体原因保留入学资格者在保留入学资格期内康复的，应持二级甲等以上医院（含二级甲等）诊断证明，经校医院入学体检或校心理健康教育中心评估合格后，办理相关手续。审查不合格的，取消入学资格；逾期不办理入学手续且未有因不可抗力延迟等正当理由的，视为放弃入学资格。

第六条　学生入学后3个月内，学校按照国家招生规定进行复查，复查内容主要包括以下方面：

（1）录取手续及程序等是否合乎国家招生规定；

（2）所获得的录取资格是否真实、合乎相关规定；

（3）本人及身份证明与录取通知、考生档案等是否一致；

（4）身心健康状况是否符合报考专业或者专业类别体检要求，能否保证在校正常学习、生活；

（5）艺术、体育等特殊类型录取学生的专业水平是否符合录取要求。

复查中发现学生存在弄虚作假、徇私舞弊等情形的，确定为复查不合格，取消学籍；情节严重的，移交有关部门调查处理。

复查中发现学生身心状况不适宜在校学习，经学校指定医院诊断或校心理健康教育中心评估，需要在家休养治疗的，办理保留入学资格手续。保留入学资格等相关手续的办理见本办法第二十五条。

在保留入学资格期内经治疗康复，可在下一学年新生入学前向学校申请入学，出具二级甲等以上医院（含二级甲等）诊断证明，由校医院入学体检或校心理健康教育中心评估，符合入学指标要求，重新办理入学手续；如复查仍不符合学习条件者，由学校区别情况予以处理，直至取消入学资格；学生逾期不办理入学手续者，视为放弃入学资格。

第七条 每学期开学两周内，学生必须按学校规定到校办理注册手续。因故不能如期注册的，须办理书面请假手续，经学院审核报教务处备案，履行暂缓注册手续。

每学年第一学期开学时学生需缴纳本学年全部费用；未按学校规定缴纳费用或者有其他不符合注册条件的，不予注册。

学校按照国家有关规定为家庭经济困难学生提供教育救助；家庭经济困难的学生可以申请助学贷款或者其他形式资助，办理有关手续后注册。

第三章 考勤与纪律

第八条 学生应严格遵守学校的规章制度，按时参加人才培养方案规定和学校统一组织的各项活动。学生上课、实习、军训、社会调查等可采用多种方式实行考勤。考勤由任课教师组织实施，并定期将考勤结果报开课学院和学生所在学院。

第九条 因故不能参加校内外学习活动的学生，必须履行请假手续；未经请假或请假逾期者，以旷课论处。

学生请假应事先提出书面申请，因病请假须附医院证明。请假在三天以内的由辅导员审批，并报学院备案（在校外实习期间由带队老师审批）；三天以上、一周以内由学院分管学生工作的副书记审批；一周以上由学院分管学生工作的副书记审批后，报教务处备案。确因特殊原因不能亲自办理请假手续者，可委托他人在三天内将有关手续补齐。学生一律不得事后补假。

学生请假期满，应及时办理销假手续。如请假期满仍不能返校者，应按照上述规定办理续假手续。

第十条 学生旷课时数按下列规定计算：

旷课一天，按六学时计算；每天授课时数超过六学时的，按课程表上实际上课时数计算。对旷课的学生视其情节轻重，给予批评教育直至纪律处分。

第四章 考核与成绩记载

第十一条 学生应当参加学校教育教学计划规定的课程和各种教育教学环节（以下统称课程）的考核，考核成绩记入成绩册，并归入学籍档案。

考核分为考试和考查两种。考核成绩合格，获得相应学分；成绩不合格，不能获得学分，并应根据课程类别予以重修（重考）或改选其他课程。具体按照相关规定执行。

第十二条 学生思想品德的考核、鉴定，采取个人小结、师生民主评议等形式进行。

学生体育成绩根据考勤、课内教学、课外锻炼活动和体质健康测试等情况综合评定。身体异常、特型以及病、残、弱等学生，可申请学习健康与保健课程。

第十三条 学生可以申请辅修校内其他专业或者选修其他专业课程，可以申请跨校辅修专业或者修读课程，可以修读学校认可的开放式网络课程。所修读的专业和课程的成绩（学分），经学院审核同意后予以承认，报教务处备案。具体按照相关规定执行。

第十四条 学校鼓励、支持和指导学生参加社会实践、创新创业、文化艺术等活动，建立创新创业档案，设置创新创业学分。

学生参加创新创业、社会实践等活动以及发表论文、获得专利授权等与专业学习、学业要求相关的经历、成果，经学院审核同意可以折算为学分，报学校备案后，计入学业成绩。

第十五条 学校真实、完整地记载、出具学生学业成绩；对通过重修、重考获得的成绩，登记时予以标注。

学生所选课程一经选定，必须参加学习和考核。无故旷课累计超过课程学时的三分之一者不得参加该课程的考核，该课程成绩以零分记载。选课后无故不参加考核的学生，该课程成绩以零分记载。

违反考核纪律或者作弊的学生，学校视其情节给予相应的纪律处分，且该课程考核成绩以零分记载。受到警告、严重警告、记过及留校察看处分的学生，经教育表现良好，学校给予重修机会。

因退学等情况中止学业的学生，其在校学习期间所修课程及已获得学分，学校予以记录。重新参加入学考试、符合录取条件、再次入学的学生，其已获得学分，经学校认定的，予以承认。

第十六条 学校开展学生诚信教育，以适当方式记录学生学业、学术、品行等方面的诚信信息。对有严重失信行为的，学校按规定给予相应的纪律处分；违背学术诚信的，学校按照相关规定限制其获得学士学位以及学术、荣誉等称号。

第五章 转专业与转学

第十七条 有下列情形之一者，可以申请转专业：

(1)符合学校校内考核方式转专业的；

(2)学生入学后患有某种疾病或有生理缺陷(隐瞒既往病史入学者除外)，经学校指定医院证明不能在原专业学习，但可在学校其他专业学习并完成学业的；学生对其他专业有兴趣及特长，本人申请并经学校考核证实，转专业更能发挥其专长的；学生确有特殊困难，本人申请并经学校考核证实，不转专业无法继续学习的；

(3)学校根据社会对人才需求情况的发展变化对专业进行适当调整时，允许在读学生转到其他相关专业就读的；

(4)休学创业或退役后复学的学生，确需转专业学习的可按规定申请，同时提交相关证明材料，考核通过后同等条件下优先录取。

转专业按照学校相关规定执行。

第十八条 有下列情形之一，不得申请转专业：

(1)学生在校学习未满一个学期；

(2)入学当年的招生章程明确规定不能转专业的；

(3)正在休学或保留学籍的；

(4)招生时确定为定向就业的；

(5)身体条件不符合申请转入专业体检标准的；

(6)国家和学校规定的其他不允许转专业情况的。

第十九条 学生一般应当在本校完成学业。因患病或者有特殊困难、特别需要，无法继续在本校学习或者不适应本校学习要求的，经研究同意后可以申请转学。有下列情形之一者，不得转学：

(1)入学未满一学期或者毕业前一年的；

(2)高考成绩低于拟转入学校相关专业同一生源地相应年份录取成绩的；

(3)由低学历层次转为高学历层次的；

(4)以定向就业招生录取的；

(5)无正当转学理由的。

第二十条 转学由学生本人提出申请，说明理由，经所在学院和学校以及拟转入学校同意后，由转入学校负责审核转学条件及相关证明，并做出是否同意转学的决定。

转学按照相关规定执行。

第六章 休学与复学

第二十一条 学校实行弹性学习年限，学习年限分为基本学习年限和最长学习年限；学生在校学习年限从入学之日算起。学生应当在学校规定的最长学习年限(含休学和保留学籍)内完成学业。

我校学生基本学习年限为4年；除另有规定外，最长学习年限为6年。

学生因病等原因可申请休学，休学次数以2次为限，每次休学期限为1年。

因创业休学的学生，其休学次数和每次休学的年限经学校研究同意后可适当增加和延长，但最长学习年限不得超过8年。

第二十二条 学生有下列情况之一，应予休学：

(1)因伤、病经指定医院诊断，须停课治疗、休养时间占一学期总学时1/3以上者；

(2)一学期请假(包括病、事假)、缺课累计超过该学期总学时1/3者；

(3)因创业或出国留学申请休学者；

(4)因特殊原因或困难须中断学业，本人申请或者学校认为应当休学者。

休学时间及次数按本规定第二十一条执行。

第二十三条 在校学生应征参加中国人民解放军(含中国人民武装警察部队)，学校保留其学籍至退役后2年。

学生参加学校组织的跨校联合培养项目，在联合培养学校学习期间，学校为其保留学籍。

学生保留学籍期间，学校将与其实际所在

的部队、学校等组织建立管理关系。

第二十四条 休学学生离校前应当办理休学手续。学生休学期间，学校为其保留学籍，但不享受在校学习学生待遇。因病休学学生的医疗费按国家及当地的有关规定处理。

第二十五条 休学、保留入学资格、保留学籍手续按下列规定办理：

（1）学生应向所在学院递交《安徽师范大学学生休学、保留入学资格、保留学籍申请表》，并附相关证明材料，报学院和相关部门审批。

（2）学生在休学期间必须离校，不得来校上课，不得参加考试。若参加考试，成绩无效。学生休学期间，学校不保留其宿舍床位。

（3）休学期间的管理责任由学生本人及其家长负责，学校不承担责任。

第二十六条 休学期满后，复学手续按下列规定办理：

（1）学生应在学期开学两周内向所在学院递交《安徽师范大学学生复学申请表》，经学院和相关部门签署意见后到教务处办理复学手续。学校依照休学前学生修课情况将其编入原专业相应年级学习；如原专业已停止招生，则编入相近专业。不按期复学的，按相关规定处理。

（2）因伤病休学的学生申请复学时，须同时出具二级甲等以上医院（含二级甲等）病愈的诊断证明，经校医院及相关部门复查合格，方可复学。

（3）学生复学时，缴费的项目和额度按复学就读的年级、专业标准缴纳。

第二十七条 学生休学期间如有严重违法行为，一经核实，学校取消其复学资格，同时取消其学籍。

第七章 学业预警与退学

第二十八条 每学期结束时，教务处对学生的学业进行一次审核。对必修课程累计获得的学分未达到本专业已开设必修课程总学分75%的学生，给予学业预警。受到学业预警的学生可以申请降级试读。降级试读由学院审批，报教务处备案。

降级试读学生应异动学籍，编入其所在专业、年级的下一年级学习。试读时间计入在校学习年限。试读期间应按规定缴纳相关费用。

第二十九条 学生有下列情况之一者，可予以退学：

（1）学业成绩未达到学校要求或者在学校规定的学习年限内未完成学业的；

（2）休学、保留学籍期满，在学校规定期限内未提出复学申请或者申请复学经复查不合格的；

（3）根据学校指定医院诊断，患有疾病或者意外伤残不能继续在校学习的；

（4）未经批准连续两周未参加学校规定的教学活动的；

（5）超过学校规定期限未注册而又未履行暂缓注册手续的；

（6）其他不能完成学业、应予退学的情形。

学生本人申请退学的，经学校审核同意后办理退学手续。

第三十条 退学等处理程序及相关事宜规定如下：

（1）对学生的退学处理，由学生所在学院提出书面建议并附相关材料，报教务处审核；对学生作出取消入学资格、取消学籍、退学（不包括本人申请退学）处理事项，在合规性审查后，由校长办公会或者校长授权的专门会议研究决定；学生本人申请退学的，经学院、教务处、分管校长审核同意后，办理退学手续。

（2）学校出具退学决定，相关学院应当送达退学学生本人；因特殊情况无法送达本人的，由教务处在主页发布公告，自发布之日起至10个工作日止即视为送达，此后报上级教育行政部门备案并取消学籍电子注册。

（3）退学学生，应当在1周内办理退学和离校手续，学生档案由学校退回其家庭所在地，户口按照国家相关规定迁回原户籍地或者家庭户籍所在地。逾期不办的，由学校注销其在校各种关系。

（4）学生对退学处理等学籍管理措施有异议的，依照申诉相关条款办理。

第三十一条 取消入学资格、取消学籍、已退学的学生不得复学。

第八章 毕业与结业

第三十二条 学生毕业前，学校对其在校期间的表现作全面鉴定，鉴定内容包括政治思想、品德修养、学业成绩、遵纪守法等方面。

学生在学校规定学习年限内，修完教育教

学计划规定内容，成绩合格，获得规定学分，达到学校毕业要求的，学校准予毕业，并在离校前发给毕业证书。

学生提前完成教育教学计划规定内容，获得毕业所要求的学分，可以申请提前毕业。

第三十三条 在学校规定学习年限内，修完教育教学计划规定内容，但未获得规定学分，或者处分尚未解除等，作结业处理。

第三十四条 结业生离校后，在最长学习年限内，可申请参加课程重修或重考，成绩合格后取得相应学分，或处分已经解除，经全面鉴定达到毕业要求者，缴纳相应学分学费后可申请换发毕业证书；符合学士学位授予条件的，授予学士学位。毕业时间、获得学位时间按发证日期填写。超过最长学习年限仍未达到毕业要求者不得换发毕业证书。

凡获得毕业证书的同时未达到学士学位授予条件者，将不再补授学士学位。

第三十五条 对退学学生，如果累计在校学习时间超过1年，学校发给其肄业证书；累计在校学习时间不足1年，学校出具写实性学习证明。

第九章 学位与学业证书管理

第三十六条 取得毕业资格的毕业生，经学院审核凡符合《中华人民共和国学位条例》及我校有关规定者，根据《中华人民共和国学位条例暂行实施办法》，经学校学位委员会审查通过，授予学士学位。具体按照相关规定执行。

第三十七条 学校严格按照招生时确定的办学类型和学习形式，以及学生招生录取时填报的个人信息，填写、颁发学历证书、学位证书及其他学业证书。

学生在校期间变更姓名、出生日期等证书需填写的个人信息，应当有合理、充分的理由，并提供有法定效力的相应证明文件。学校将对此类情况进行审查，并在必要时请求学生生源地省级教育行政部门及有关部门协助核查。

第三十八条 学校严格执行高等教育学籍学历电子注册管理制度，按相关规定及时完成学生学籍学历电子注册。

第三十九条 对完成本专业学业同时辅修其他专业并达到该专业辅修要求的学生，学校发给其辅修专业证书。证书发放按照相关规定执行。

第四十条 对违反国家招生规定取得入学资格或者学籍的，学校取消其学籍，不发学历证书、学位证书；已发的学历证书、学位证书，学校将依法予以撤销。对以作弊、剽窃、抄袭等学术不端行为或者其他不正当手段获得学历证书、学位证书的，学校将依法予以撤销。

被撤销的学历证书、学位证书已注册的，学校将予以注销并报教育行政部门宣布无效。

第四十一条 学历证书和学位证书遗失或者损坏，经本人申请，学校核实后出具相应的证明书。证明书与原证书具有同等效力。

第十章 其 他

第四十二条 学校行政主要领导是学生学籍学历管理工作第一责任人，对学生学籍学历管理工作负全面领导责任；分管教学工作的校领导是学生学籍学历管理工作直接主管责任人，承担领导、协调和监管责任；教务处负责人承担组织实施责任；学院主要负责人是学生学籍学历管理工作直接责任人。

第四十三条 本规定自2017年9月1日起施行。原《安徽师范大学普通本科生学分制学籍管理规定》同时废止。

安徽师范大学研究生学籍管理办法

校研字〔2017〕19号　2017年8月29日

为规范研究生学籍管理，维护学校正常的教学教育秩序，保障研究生合法权益，培养高层次人才，依据教育法、高等教育法、普通高等学校学生管理规定（教育部41号令）、普通高等学校学生管理规定（教育部41号令）安徽师范大学实施办法以及有关法律、法规，结合学校实际情况，制定本办法。

第一章　入学与注册

第一条　按国家招生规定被我校录取的新生，应持录取通知书，按学校规定的期限到校办理入学手续。因故不能按期入学的，应当事先以书面形式并附相关证明向学校请假，假期一般不超过两周。未请假或请假逾期的，除因不可抗力等正当事由以外，视为放弃入学资格。

第二条　学校在报到时对新生入学资格进行初步审查，审查合格的办理入学手续，予以注册学籍；审查发现新生的录取通知、考生信息等证明材料，与本人实际情况不符，或者有其他违反国家招生考试规定情形的，取消入学资格。

第三条　新生因创业、参军、身体等原因符合以下条件之一，可申请保留入学资格：

（1）新生入学时，因身体原因不宜在校学习的，经学校指定的二级甲等以上医院（含二级甲等）诊断和校医院确认，可申请保留入学资格一年；

（2）新生应征参加中国人民解放军（含中国人民武装警察部队），并出具县级征兵办《入伍通知书》等相关公函，可申请保留入学资格至退役后2年；

（3）新生因开展创新创业实践需要并提供相关证明材料的，经学校审核批准，可申请保留入学资格一年；

（4）其它符合国家有关政策中关于新生保留入学资格规定的，可申请保留入学资格一年；

保留入学资格，需由本人申请，经所在培养单位同意，报学校审批并办理相关手续。

新生保留入学资格期间不具有学籍，不享受在校生待遇。新生保留入学资格期间，如有严重违法犯罪行为，一经核实，将取消其入学资格。

保留入学资格者，应在保留入学资格期满前向所在培养单位提出入学申请，经所在培养单位审核同意，报学校审查合格后，在规定时间内办理入学手续。因身体原因保留入学资格者在保留入学资格期内康复的，应持二级甲等以上医院（含二级甲等）诊断证明，经校医院入学体检或校心理健康教育中心评估合格后，办理相关手续。审查不合格的，取消入学资格；逾期不办理入学手续且未有因不可抗力延迟等正当理由的，视为放弃入学资格。

第四条　研究生入学后3个月内，学校按照国家招生规定进行复查。复查内容主要包括以下方面：

（1）录取手续及程序等是否合乎国家招生规定；

（2）所获得的录取资格是否真实、合乎相关规定；

（3）本人及身份证明与录取通知、考生档案等是否一致；

（4）身心健康状况是否符合报考专业或者专业类别体检要求，能否保证在校正常学习、生活；

（5）特殊类型录取的研究生专业水平是否符合录取要求。

复查中发现研究生存在弄虚作假、徇私舞弊等情形的，确定为复查不合格，取消其学籍；情节严重的，移交有关部门调查处理。

复查中发现研究生身心状况不适宜在校学习，经学校指定的二级甲等以上医院（含二级甲等）诊断，需要在家休养的研究生可以按照第三条申请保留入学资格。

学校成立研究生入学资格复查领导组，发布具体复查程序以及相关内容和要求，各培养单位成立相应的工作领导小组，在新生报到时现场核对身份信息，结合研究生档案材料，根据各类研究生报考要求复查学历学位等信息。

第五条 每学期开学两周内,研究生必须按学校规定到校办理注册手续。不能如期注册的,应当书面履行暂缓注册手续。研究生每学年第一学期开学时应缴纳本学年全部费用,未按学校规定缴纳费用或者有其他不符合注册条件的,不予注册。

家庭经济困难的研究生可以申请助学贷款或者其他形式资助,办理有关手续后注册。

学校按照国家有关规定为家庭经济困难研究生提供教育救助,完善学生资助体系,保证学生不因家庭经济困难而放弃学业(不含中外联合培养专业学生)。

第二章 考核与成绩记载

第六条 研究生应当参加学校教育教学计划规定的课程和各种教育教学环节(以下统称课程)的考核,考核成绩记入成绩册,并归入学籍档案。

考核分为考试和考查两种。考核成绩合格,获得相应学分;成绩不合格,不能获得学分,应根据课程类别予以重修或补考或改选其他课程。

学位课程考核以考试方式进行,75分以上(含75分)为合格。

非学位课程考核可以考试方式进行,60分以上(含60分)为合格;也可以考查方式进行,考查成绩分为不合格、合格、良好和优秀。

第七条 研究生思想品德的考核、鉴定,以《普通高等学校学生管理规定(教育部41号令)安徽师范大学实施办法》的相关条款为主要依据,采取个人小结、导师评价和培养单位鉴定等形式进行。

第八条 研究生可申请跨校修读培养方案规定的课程,或申请参加学校认可的开放式网络课程学习。研究生修读的课程成绩(学分),经学校审核同意后,予以承认。

研究生参加创新创业、社会实践等活动以及发表论文、获得专利授权等与专业学习、学业要求相关的经历、成果,可纳入培养环节考核,考核合格,可折算为相应学分,计入学业成绩。

学校鼓励、支持和指导学生参加社会实践、创新创业活动,建立创新创业档案,设置创新创业学分。

第九条 学校健全学生学业成绩和学籍档案管理制度,真实、完整地记载、出具研究生学业成绩,对通过重修、补考获得的成绩,予以标注。

第十条 研究生因病、因事已获准请假,不能在规定时间参加课程考核,可申请缓考。申请缓考须经培养单位、开课单位同意,报学校审批。

无故旷课累计超过课程学时三分之一的,该课程考核成绩记为零分。

无故旷考的,该课程考核成绩记为零分。

研究生严重违反考核纪律或者作弊的,该课程考核成绩记为零分,并视其违纪或者作弊情节,给予相应的纪律处分。给予警告、严重警告、记过及留校察看处分的,经教育表现较好,给予重修机会。

学位课程不合格不予补考,可申请重修。原成绩保留,重修成绩标注为“重修”。

非学位课程不合格可申请补考一次或重修。补考成绩覆盖原成绩,标注为“补考”。

如因课程设置调整无法重修同一门课程的,可修读相近课程代替原课程。

第十一条 研究生因退学等情况中止学业,其在学校学习期间所修课程及已获得学分,予以记录。研究生重新参加入学考试、符合录取条件,再次入学的,其已获得学分,经学校认定,予以承认。

第十二条 研究生应按时参加学校教育教学计划规定的活动。不能按时参加的,应当事先请假并获得批准。无故缺席的,将给予批评教育,情节严重的,将给予相应的纪律处分。

第十三条 学校开展研究生诚信教育,以适当方式记录研究生学业、学术、品行等方面的诚信信息。对有严重失信行为的,将给予相应的纪律处分;严重违背学术诚信的,对其获得学位及学术称号、荣誉等将按照相关规定作出限制。

第三章 转专业与转学

第十四条 研究生在校学习期间对其他专业有兴趣和专长,可以申请转专业。

学校根据社会对人才需求情况的发展变化,需要适当调整专业的,允许在读研究生转到其他相关专业就读。

休学创业或退役后复学的研究生,因自身

情况需要转专业的,学校优先考虑。

第十五条 研究生申请转专业,向所在培养单位提交转专业申请,经转出培养单位及其导师同意、拟转入专业的综合考核合格和拟转入培养单位及其新导师同意,报研究生院,经学校审批同意并公示后,方可转专业。

第十六条 研究生一般应在本校完成学业。如因患病或者有特殊困难、特别需要,无法继续在本校学习的或者不适应本校学习要求的,经研究同意后可申请转学。有下列情形之一,不得转学:

(1)入学未满一学期的或者应毕业前一年的;

(2)由低学历层次转为高学历层次的;

(3)以定向就业招生录取的;

(4)拟转入学校、专业的录取标准高于所学专业的;

(5)其他无正当理由的。

第十七条 研究生转学由研究生本人提出申请,说明理由。经所在培养单位和学校以及拟转入学校和转入专业导师同意,由转入学校负责审核转学条件及相关证明,并作出是否同意转学的决定。

第十八条 研究生转学申请经导师和所在培养单位审核同意后,由所在培养单位提交报告,学校核实转学理由并严格审核佐证材料的真实性,经同意并予以公示后,办理相关手续。

第四章 休学与复学

第十九条 学校实行弹性学习年限,学习年限分为基本学习年限(即学制)和最长学习年限,研究生在校最长学习年限从入学之日算起。除另有规定外,研究生应当在学校规定的最长学习年限(含休学和保留学籍)内完成学业。

第二十条 研究生基本学习年限为:学术型硕士研究生3年,专业学位硕士研究生2到3年,博士研究生3年;

最长学习年限为:3年制硕士研究生5年,2年制硕士研究生4年,普通博士研究生6年,硕博连读研究生博士阶段5年。

第二十一条 研究生可以分阶段完成学业,因身体原因不宜在校学习,以及创业、应征入伍等原因可申请休学。研究生申请休学或应当休学者,经学校批准,可以休学。

第二十二条 研究生每次休学时间以一年(两个学期)为单位,休学次数以两次为限,累计时间不得超过两年。

第二十三条 休学创业的研究生,可根据实际情况申请延长最长休学时间;休学申请经学校审批同意后,可再根据实际情况申请延长最长学业年限。

第二十四条 在基本学习年限内未完成学业的,可申请延期毕业,每次申请延期时间一般以学期为单位。

第二十五条 新生和在校研究生应征参加中国人民解放军(含中国人民武装警察部队),学校保留其入学资格或者学籍至退役后2年。

研究生参加学校组织的跨校联合培养项目,在联合培养学校学习期间,学校同时为其保留学籍。

研究生保留学籍期间,应与其实际所在的部队、学校组织建立管理关系。

第二十六条 研究生本人申请休学的,由研究生提出书面申请,经导师和所在培养单位审核同意、学校批准后可予休学。学校认为必须休学的,由学校发给研究生休学通知。

第二十七条 休学研究生应办理手续离校。研究生休学期间,学校为其保留学籍,但不享受在校学习研究生待遇。因病休学研究生的医疗费按国家及当地有关规定处理。

第二十八条 研究生休学期满,应提前一周持有关证明,提出书面复学申请,经所在培养单位同意、学校复查合格后,转入下一年级学习。

第五章 退 学

第二十九条 研究生有下列情形之一,学校可以予以退学处理:

(1)学业成绩未达到学校要求或者在学校规定的学习年限内未完成学业的;

(2)休学、保留学籍期满,在一周内未提出复学申请或者复学申请经复查不合格的;

(3)根据学校指定医院诊断,患有疾病或者意外伤残不能继续在校学习的;

(4)未经批准连续两周未参加学校规定的教学活动的;

(5)超过学校规定期限未注册而又未履行暂缓注册手续的;

(6)同一门学位课程两次考核不合格的,或一学期内学位课程(含重修课程)考核不合格达到两门的,或学位课程考核不合格累计达到三门的。

(7)培养单位经过考核认为不宜继续培养的;

(8)超过学校规定最长学习年限的;

(9)其他按学校规定不能完成学业、应予退学的情形。

第三十条 研究生本人申请退学的,经导师、所在培养单位和学校审核同意后,办理退学手续,并在15日内办理离校手续。

第三十一条 对研究生的退学处理,由研究生所在培养单位提出书面建议并附相关材料,经学校同意后办理离校退学手续。

学校出具的退学决定由研究生所在培养单位送交研究生本人;研究生拒绝签收的,可以以留置方式送达;已离校的,可以采取邮寄方式送达;难于联系的,可以利用学校网站、新闻媒体等以公告方式送达。

退学研究生应于退学决定下达后一周内办结离校手续。逾期不办的,由学校注销其在校各种关系。

第三十二条 退学的研究生,按已有毕业学历和就业政策可以就业的,由学校报所在地省级毕业生就业部门办理相关手续;在学校规定期限内没有聘用单位的,应当办理退学手续离校。

退学研究生的档案由学校退回其家庭所在地或档案接收函发单位,户口按照国家相关规定迁回原户籍地或者家庭户籍所在地。

第六章 毕业与结业

第三十三条 研究生在规定学习年限内,修完培养方案和教育教学计划规定内容,成绩合格,获得规定学分并通过毕业论文答辩,达到学校毕业要求的,学校准予毕业,在离校前发给毕业证书。

根据学校相关规定,符合学位授予条件的,颁发学位证书。

研究生毕业论文即为学位论文,两者合一。

研究生学位论文答辩通过被建议授予学位即视为毕业论文答辩通过。

研究生未通过学位论文答辩者,学位论文答辩委员会可以无记名投票方式对是否同意毕业作出表决,同意毕业并在答辩决议上签署明确意见的,视为毕业论文答辩通过。

未进行学位论文答辩或学位论文答辩未通过且未同意毕业的,不予毕业。

第三十四条 研究生在学校规定年限内,修完培养方案和教育教学计划规定内容,成绩合格,取得规定学分但未达到研究生毕业要求的,可予以结业,发给结业证书。

研究生结业后一年内达到研究生毕业要求者,可申请毕业,换发毕业证书,毕业时间按发证日期填写。

第三十五条 研究生提前完成培养方案和教育教学计划规定内容,获得毕业要求的学分,可以申请提前毕业。

研究生提前毕业除符合基本毕业条件外,还须具备以下所有条件:

(1)所有课程(含培养环节)考核成绩为85分以上(或优秀);

(2)研究生在申请答辩前须在学校认定的权威期刊上发表与本人学位论文相关,且以“安徽师范大学”为第一署名单位、本人为第一作者的论文(其中硕士研究生须发表三类以上论文1篇,博士研究生须发表二类论文1篇或三类论文3篇);

(3)学位论文质量高,外审专家评价均为优秀,学位论文答辩成绩优秀。

(4)已缴纳基本学习年限(学制)的全部学费。

(5)申请提前毕业时间须在学位论文答辩前6个月,学位论文开题报告通过时间须在学位论文答辩前12个月。

(6)提前毕业时间一般为一学期,最长不超过一学年。

第三十六条 退学研究生在校学习未满一年的,学校发给写实性学习证明;满一年以上的,且按时参加了教育教学计划规定的活动及课程考核,学校发给肄业证书。

第七章 学业证书管理

第三十七条 学校严格按照招生时确定的办学类型和学习形式,以及研究生招生录取时填报的个人信息,填写、颁发学历证书、学位证书及其他学业证书。

研究生在校期间变更姓名、出生日期等证书需填写的个人信息的，须有合理、充分的理由，并提供有法定效力的相应证明文件。学校将进行审查，必要时将联系研究生生源地省级教育行政部门及有关部门协助核查。

第三十八条 学校严格执行高等教育学籍学历电子注册管理制度，按相关规定及时完成研究生学籍学历电子注册。

第三十九条 对违反国家招生规定取得入学资格或者学籍的，学校取消其学籍，不发学历证书、学位证书；已发的学历证书、学位证书，学校将依法予以撤销。

对以作弊、剽窃、抄袭等学术不端行为或者其他不正当手段获得学历证书、学位证书的，学校将依法予以撤销。

被撤销的学历证书、学位证书已注册的，学校将予以注销并报教育行政部门。

第四十条 学历证书和学位证书遗失或者损坏，经本人申请，学校核实后出具相应的证明书。证明书与原证书具有同等效力。

第八章 附则

第四十一条 本办法自2017年9月1日起施行。原《安徽师范大学全日制研究生学籍管理规定》（校研字〔2014〕19号）同时废止。本办法由研究生院负责解释。

安徽师范大学本科生素质综合测评办法(试行)

校办字〔2017〕38号　2017年8月20日

第一章　总　则

第一条　为全面贯彻党的教育方针,建立科学的学生评价体系和激励机制,培养德、智、体、美、劳等方面全面发展的社会主义建设者和接班人,根据《普通高等学校学生管理规定》《高等学校学生行为准则》《安徽师范大学章程》等相关规定,结合我校实际,修订本办法。

第二条　学生素质综合测评(以下简称"综合测评")按学年对学生的基础素质、智育素质和发展素质等三个方面进行综合评价。

第三条　综合测评遵循德育为先、学业为本、全面发展和公平、公正、公开的原则,采取定量测评与定性评价相结合、过程测评与结果评价相结合、纪实测评与民主评议相结合的方法。

第四条　综合测评结果作为学生各类奖助学金评定、评优评先、推优入党、推荐免试攻读硕士学位、推荐就业、毕业鉴定等事项的重要依据。

第五条　本办法适用于全日制在校本科生。

第二章　测评内容及评分标准

第六条　综合测评成绩按百分制计分,计算方法为:综合测评成绩=基础素质测评成绩×15%+智育素质测评成绩×75%+发展素质测评成绩×10%。

第七条　基础素质

(1)基础素质是指学生应当具备的,能够适应终身发展和社会发展需要的基本素质能力。基础素质主要包括学生政治素质、道德品质、法纪观念、身心健康、科学人文素养等五个模块,测评应在学生形成性评价记录基础上进行综合评定。

①政治素质。

A.坚决拥护中国共产党的领导,牢固树立为共产主义远大理想和中国特色社会主义共同理想,坚定中国特色社会主义道路自信、理论自信、制度自信、文化自信,有为实现中华民族伟大复兴中国梦而不懈奋斗的信念和行动。

B.自觉践行社会主义核心价值观,弘扬和培育以爱国主义为核心的民族精神和以改革创新为核心的时代精神,具有团结统一、爱好和平、勤劳勇敢、自强不息的精神。

C.努力学习马克思列宁主义、毛泽东思想和中国特色社会主义理论体系,学会运用马克思主义立场、观点和方法认识问题、分析问题、解决问题,坚持理论学习,关注时事政治。

②道德品质。

A.遵守社会公德、职业道德和家庭美德,恪守学术道德,自觉加强个人品德和网络道德修养,具有高尚的道德情操和良好的行为习惯。

B.树立集体观念,能够正确处理国家、集体和个人三者之间的利益关系;明礼诚信,团结友善,坚持公平正义,具有仁爱之心;勇于担当社会责任,具有团队合作精神。

C.崇尚文明礼仪,注重仪表形象,积极参加文明校园、文明班级、文明寝室等文明修身活动,积极参加社会实践和志愿服务活动,具备良好的文明素养。

③法纪观念。

A.遵守宪法、法律和法规,正确行使权利,依法履行义务。

B.遵守各类场所管理公约,遵守公序良俗,具有较强的规矩、规则意识。

C.遵守学生相关管理规定和校规校纪,做到令行禁止。

④身心健康。

A.树立正确的健康观念,自觉养成文明健康的生活习惯,远离不良嗜好,洁身自爱。

B.树立正确的体育观念,自觉养成科学合理的体育锻炼习惯,积极参加课外体育锻炼和体育竞赛活动。

C.自觉养成自尊、自信、自强、乐群的心理品质,能够珍爱生命、健全人格、悦纳自我、接纳他人,具有较强的心理调适和社会适应能力。

⑤科学人文素养。

A.追求真理,崇尚科学,勇于探索,努力掌握现代科学文化知识和专业技能,具有一定的创新精神。

B.勤学善思，热衷阅读，积极实践，努力完善知识体系，优化知识结构，能运用科学的思维方式认识事物、解决问题、指导实践。

C.尊重中华民族优秀文明成果，弘扬中华优秀传统文化、革命文化和社会主义先进文化，努力培养个人的人文情怀和审美情趣。

(2)根据学生的现实表现填写《安徽师范大学本科生素质综合测评基础素质测评表》并进行评分，满分为100分，每个方面满分20分，评分按优、良、中、及格、差五级计分。优：19—20分；良：17—18分；中：15—16分，及格：13—14分；差：12分以下(含12分)。各学院结合本院实际制订基础素质测评细则与评分标准。

(3)学生基础素质评分采用“三评加权法”计算，三评(学生自评、测评组评、辅导员评)权重分别为0.2、0.5、0.3。

①全班同学对照基础素质评分标准进行自评，学生自评分记为D_1。

②测评组按评分标准对全班学生进行基础素质评分，采用稳健统计法(去掉20%最高分和20%最低分后平均)计算出每个学生的评分，测评组测评分记为D_2。

③辅导员按评分标准对全班学生进行基础素质评分，辅导员测评分记为D_3。

④测评组按以下公式计算出每个学生基础素质测评分(记为D)：

$D=E-\delta$(E为加权平均分，δ为修正值)

其中$E=0.2D_1+0.5D_2+0.3D_3$

$\delta=(D_1-E)\times0.2$(δ可正可负)。

(4)基础素质成绩加分适用条件和标准：

具有见义勇为、助人为乐、奉献爱心、自立自强、拾金不昧、孝老爱亲等实际行动，获得重要荣誉表彰或产生积极影响，有助于树立良好校风和社会风尚的行为，视事迹和影响力酌情加1—10分。

(5)基础素质成绩减分适用条件和标准：

①凡参与有损于国家尊严、荣誉、利益和危害社会秩序活动的，参加非法组织或参与其它非法活动的，经查实，除按有关规定依法处理外，视情节减30—50分。

②凡违反校规校纪，未受到学校通报批评或纪律处分的每次减1—10分，受到学校通报批评、警告、严重警告、记过和留校察看者，每次分别减10分、15分、20分、25分、30分。

③在家庭经济困难学生认定、综合测评、奖助学金评审和评优评先工作等中有弄虚作假行为，造成一定负面影响和不良后果的，经查实，视情节减10—20分。

④其它确需减分的，可参照上述减分标准予以减分。

(6)基础素质成绩=测评分(D)+加分-减分。超过100分的，按100分计；低于0分的，按0分计。

第八条　智育素质

(1)智育素质是指学生参加所修专业人才培养方案规定的各门课程所取得的考核成绩。智育素质测评成绩主要由通识教育课程(选修课是否纳入测评由学院视情况而定)、专业教育课程、集中性实践环节等课程考试(考查)等成绩综合评定，计算公式为：智育素质测评成绩=$(z_1m_1\delta_1+z_2m_2\delta_2+\cdots\cdots+z_nm_n\delta_n)/(m_1+m_2+\cdots\cdots+m_n)$。

其中：z_n为第n门课程的成绩，m_n为第n门课程的学分数，δ_n为第n门课程的权重系数。

(2)计分说明：

①各门课程考试成绩以百分制计算，若为五级记分，按优=95分、良=85分、中=75分、及格=65分、不及格=0分的标准计算；若为二级记分，按合格=85分、不合格=0分的标准计算。

②大学体育课程成绩纳入智育素质成绩。

③重考按原考试成绩计，缓考按缓考成绩计，重修成绩不计。

④学院可结合各专业人才培养方案对各类课程及权重系数作具体规定，若课程权重系数无特殊规定，δ_n设为常量1。

(3)第四学年智育素质成绩主要测评第七学期课程成绩。

第九条　发展素质

(1)发展素质是指学生在学习、工作和实践中所表现出的创新素养以及运用所掌握的知识分析和解决实际问题的能力。发展素质测评主要对学生在就业创业、科技创新、社会实践、文体艺术等四个模块所取得的荣誉、成绩和成果进行评定。

(2)计分说明：

①发展素质由班级测评小组在个人自评的

基础上评定。由学生个人提供证明材料，填写《安徽师范大学本科生素质综合测评发展素质测评表》并进行自评，经班级测评小组核查评定后，报学院审核。发展素质成绩=起评分+附加分。

A.发展素质起评分（50分）。

采用以下计分方式：

a.学年素质拓展总学分达到2个学分者即可获得起评分50分。

b.学年素质拓展总学分未达到2个学分者，起评分计算方式为：起评分=（素质拓展实际学分/2）×50。

毕业班学生发展素质起评分可均按50分计算。

B.发展素质附加分（50分）。

附加分为各模块得分总和，每个模块最高分值为25分，附加分累计最高分值为50分。

②发展素质成果仅限于学生在测评学年以安徽师范大学学生身份取得的成果。同一项发展素质成果带来的多种荣誉按最高项进行加分，不重复加分。学生对提供的证明材料真实性负责。

③学院根据本院实际情况和各专业学生发展的需要，参照附件3制订测评细则与评分标准。

第三章　测评程序及实施办法

第十条　学校成立学生素质综合测评工作领导组，组长由分管学生工作校领导担任，成员由纪委、教务处、学生工作处、保卫处、科研处、团委、校体委等部门主要负责人组成，负责统筹、研究、处理学生素质综合测评工作重大问题。领导组办公室设在学生工作处，具体负责组织综合测评工作。

第十一条　学院成立综合测评领导组，组长由学院党政主要领导担任，分管学生工作的院领导具体组织实施。综合测评以行政班级或同一年级专业为单位，由辅导员具体组织实施。班级成立测评组，成员由辅导员和民主选举的学生代表组成，一般为7人或9人或11人（班级干部占40%、寝室长和普通同学代表各占30%）。

第十二条　班级按照总积分名次顺序填写《安徽师范大学学生素质综合测评登记表》和《安徽师范大学学生素质综合测评成绩汇总表》，报学院审核公示后，由学院统一汇总报学生工作处备案。

第十三条　转专业学生在转入班级参加第一学年综合测评，原专业学业成绩原则上计入智育素质成绩。因病、入伍、创业等原因保留学籍或休学后复学的学生，在复学班级参加综合测评。因自身其他原因不能正常毕业而延长学习年限、未明确编入班级的学生，延长年限期间不参加综合测评。

第十四条　综合测评工作在每学年9月份进行，毕业学年在3月份进行。

第四章　附则

第十五条　本办法为指导性办法，各学院根据本办法结合学院特点和实际制订实施细则，经学院党政联席会议研究通过报学校备案后实施。

第十六条　本办法由学生工作处负责解释，自2017—2018学年开始施行，原办法同时废止。

安徽师范大学学生违纪处分规定(修订)

校办字〔2017〕39号　2017年8月20日

第一章　总　则

第一条　为维护学校正常的教育教学秩序和生活秩序,规范学校管理,保障学生合法权益,培养全面发展的社会主义建设者和接班人,依照《中华人民共和国高等教育法》《普通高等学校学生管理规定》《安徽师范大学章程》《安徽师范大学学生管理实施办法》等规定,结合学校实际,制定本规定。

第二条　本规定适用于在学校接受普通高等学历教育的研究生和本科学生(以下称学生),保留学籍的学生参照本规定执行。

第三条　学生应当坚持四项基本原则,增强法治观念,遵守宪法和法律、法规、规章,遵守公民道德规范,遵守高等学校学生行为准则,遵守学校管理制度,维护安定团结的政治局面和稳定的校园秩序,刻苦学习,勇于探索,积极实践。

第四条　学校给予学生处分,应当坚持教育与惩戒相结合的原则,尊重和保护学生的合法权利,与学生违法、违纪行为的性质和过错的严重程度相适应。学校对学生的处分,应当做到事实清楚、证据充分、依据明确、定性准确、程序正当、处分适当。

第五条　对有违反法律、法规、规章以及学校纪律行为的学生,学校给予批评教育,并视情节轻重,给予如下纪律处分:

(1)警告;

(2)严重警告;

(3)记过;

(4)留校察看;

(5)开除学籍。

学生有违反校规校纪的行为,但情节轻微不足以给予纪律处分的,应当由学生所在学院给予批评教育,督促其改正错误。

第六条　学生受处分的期限分别为:

(1)警告,6个月;

(2)严重警告,8个月;

(3)记过,10个月;

(4)留校察看,12个月。

学生在受处分期间受到新的处分的,其处分期为原处分期未执行部分累加新处分期。累加后处分期最长不超过18个月。

第七条　学生同时有两种以上违纪行为,应当先分别确定其处分,再合并执行处分,合并执行的处分应不低于应当给予的处分种类中最重的处分;学生同一违纪行为适用多个条款的,最终确定的处分为应当给予的各处分种类中最重的处分。

第八条　学生行为涉嫌违法犯罪的,学校移送公安或司法部门处理。若公安、司法部门对其已有明确处理结论,学校对其处分以本规定第十五条为依据;情节轻微、后果不严重,没有受到公安、司法部门相关处罚的,依照本规定其他条款给予的处分应不高于前项限度。

第九条　对学生在受处分期限内,可以给予如下附加处理:

(1)责令检讨悔过、赔礼道歉、赔偿损失、消除不良影响。

(2)取消可能影响公正或产生不良影响的荣誉、称号、奖励等评选资格;已取得的荣誉、称号、奖励等,应视情况予以撤销或追回。

(3)担任各级各类学生干部的,予以免职或建议辞职。

第十条　学生在校内违法违纪行为,依照本规定给予纪律处分。学生在校外参加教学实习、考察、社会实践等活动违法违纪行为,参照本办法给予纪律处分。学生在境外违法违纪行为,参照本办法给予纪律处分。

第十一条　学生违反校规校纪,有如下情形之一者,可以从轻、减轻或免予处分:

(1)情节特别轻微,危害后果较小的;

(2)主动认错、悔过,主动消除或减轻违纪后果,主动承担责任的;

(3)出于他人胁迫或诱骗违纪的;

(4)不明真相被裹挟参加违纪活动,经批评教育后确有悔改表现的;

(5)无主观故意,纯属过失或意外的;

(6)主动配合调查、主动检举揭发且对调查取证有贡献的;

(7)属见义勇为、好人好事、志愿服务、正当防卫等性质的;

(8)因精神疾病在不能辨认或者不能控制自己行为的时候违纪的,间歇性的精神疾病在精神正常的时候违纪的除外;

(9)属自然灾害、社会异常事件、政府或学校行为等不可抗力因素的;

(10)其他经认定可从轻、减轻或免予处分的情形。

第十二条 学生违法违纪,有如下情形之一者(本规定已有明确规定的除外),应当从重或加重处分:

(1)认错态度不好或拒不承认错误的;

(2)教唆、胁迫、诱骗他人违纪的;

(3)二人以上共同行为的策划者、组织者、骨干分子;

(4)对检举人、证人实施威胁、恐吓、打击报复的;

(5)故意隐瞒、歪曲事实,串供或做伪证,妨碍调查取证的;

(6)伙同校外人员,违反法律法规、校规校纪的;

(7)酒后滋事的;

(8)违反本规定两款以上行为的;

(9)受处分后,重复违纪的;

(10)其他经认定应当从重或加重处分的情形。

第二章 违纪行为和处分

第十三条 学生有下列情形之一,可以给予开除学籍处分:

(1)违反宪法,反对四项基本原则、破坏安定团结、扰乱社会秩序的;

(2)触犯国家法律,构成刑事犯罪的;

(3)受到治安管理处罚,情节严重、性质恶劣的;

(4)代替他人或者让他人代替自己参加考试、组织作弊、使用通讯设备或其他器材作弊、向他人出售考试试题或答案牟取利益,以及其他严重作弊或扰乱考试秩序行为的;

(5)毕业论文、学位论文、公开发表的研究成果存在抄袭、篡改、伪造等学术不端行为,情节严重的,或者代写论文、买卖论文的;

(6)违反本规定或学校其他规定,严重影响学校教育教学秩序、生活秩序以及公共场所管理秩序的;

(7)侵害其他个人、组织合法权益,造成严重后果的;

(8)屡次违反学校规定受到纪律处分,经教育不改的。

第十四条 对违反宪法,反对四项基本原则,组织和煽动闹事,扰乱社会秩序和学校秩序,破坏社会稳定和安定团结者,视情节给予如下处分:

(1)对煽动、策划、组织旨在反对国家的非法集会、游行、示威等扰乱社会秩序活动的策划者、组织者、骨干分子,给予开除学籍处分;参与者,视情节和认错态度,给予严重警告以上处分。

(2)对在开展境外合作或接受境外邀请、奖励、资助等活动中,有损国家利益或危害国家安全者,视情节给予记过以上处分;对携带非法书刊、音像制品、电子读物进入国(境)内者,给予记过以上处分;对在涉外活动中有不当言行者,视情节给予警告以上处分。

(3)对操纵、策划和组织非法组织的策划者、组织者和骨干分子,给予开除学籍处分;对参与非法组织活动者,视情节给予记过以上处分。

(4)对煽动、策划和组织罢课、罢考、罢餐等破坏学校正常秩序者,给予开除学籍处分;参与者,视情节和认错态度,给予严重警告以上处分。

(5)组织非法传销活动或诱骗他人参加非法传销者,给予留校察看以上处分,情节严重者,给予开除学籍处分。

(6)对在校内组织或开展宗教活动者,视情节给予警告以上处分;组织或参加邪教活动和封建迷信活动者,视情节给予记过以上处分。

(7)对出版、印刷、传播非法报纸、刊物等宣传品,散布有损国家、集体和他人声誉的言论者,给予记过以上处分。

(8)对编造或传播虚假、有害、违法信息,攻击、侵入他人计算机和移动通讯网络系统等违反国家和学校有关网络管理规定行为者,给予严重警告以上处分。

(9)未经批准成立校内学生社团或学生社团从事非法或未经批准的活动,造成不良影响的,对策划者、组织者、骨干分子,视性质、情节和后果给予严重警告以上处分。

(10)对其他扰乱社会秩序或学校秩序者,视情节给予警告以上处分。

第十五条 对触犯治安管理处罚法、刑法等法律、法规,受到司法或公安部门处罚者,视情节给予如下处分:

(1)被判处管制以上刑罚的,给予开除学籍处分;

(2)被判处独立适用附加刑的,给予留校察看或开除学籍处分;

(3)被处以行政拘留或司法拘留的,视情节给予留校察看或开除学籍处分;

(4)被处以警告或罚款治安管理处罚的,视情节给予记过以上处分;

(5)行为违法,被公安或司法部门作出不予处罚、免除处罚或免予刑事处罚的,视情节给予严重警告以上处分。

第十六条 对偷窃、冒领、诈骗、抢夺等侵占公私财物者,除追回赃物、赃款和赔偿损失外,视情节给予如下处分:

(1)数额较小(参照学校所在地公安部门掌握标准,下同)的,视情节给予警告、严重警告处分;数额较大的,视情节给予记过以上处分。

(2)作案两次以上者,不论价值多少,视情节给予留校察看以上处分。

(3)窝赃、销赃、转移赃物或提供作案信息、工具者,视情节给予警告以上处分。

(4)从事"校园贷"等非法金融活动者,视情节给予记过以上处分。

(5)以各种名义骗取学生财物或无偿占用他人劳动者,视情节给予严重警告以上处分。

(6)对将他人丢失物据为己有,拒不归还失主或上交相关部门者,视情节给予警告以上处分。

(7)对其他侵害国家、集体和他人财产权利的违纪行为者,视情节给予警告以上处分。

前款行为因非主观原因中止的,视为已遂;涉及暴力手段的,加重处分,直至开除学籍。

第十七条 对故意损坏公私财物者,除按价赔偿或按有关规定处以罚款外,视情节给予如下处分:

(1)对故意毁坏校园公共场所设施设备者,视情节给予严重警告以上处分;

(2)对故意毁坏学校消防、防盗、交通等安全设施设备者,视情节给予记过以上处分;

(3)对在实验、实习等实践教学中因违反操作规程或劳动纪律造成的人身伤亡、设备损坏等事故者,视情节给予严重警告以上处分;

(4)对其他故意损坏公私物品,造成不良后果者,视情节给予警告以上处分。

第十八条 严禁赌博行为,对参与赌博者,给予记过处分;对赌博赌资较大者、以营利为目的为赌博提供条件者、聚众赌博者、再次赌博者,或者勾结校外人员赌博者,给予留校察看以上处分。

第十九条 对寻衅滋事、打架斗殴者,给予如下处分:

(1)对打架者,视情节、后果给予严重警告以上处分,肇事或先动手者加重处分。

(2)对唆使、鼓动他人打架者,视情节、后果给予严重警告以上处分。

(3)对为他人打架提供凶器者,给予严重警告处分;造成后果者,给予记过处分。

(4)对持械打架者,视情节和后果,给予留校察看以上处分。

(5)对结伙斗殴的肇事者、组织者、召集者,给予留校察看或开除学籍处分;对参与者,视情节、后果给予记过以上处分。

(6)对纠集校外人员参与打架斗殴者,给予留校察看以上处分。

(7)对打架事件已经终止,事后报复打架者,给予留校察看以上处分,造成后果者,给予开除学籍处分。

(8)围攻或殴打学校教职员工的,加重处分。

打架致人受伤需接受治疗的,打人者还应承担受伤者的医药费、营养费、护理费、误工费、交通费等费用。

第二十条 有下列违反公民道德规范、有悖社会公序良俗或大学生行为准则行为之一者,视其性质、情节、后果,给予警告以上处分:

(1)在公共场所衣冠不整，言语粗俗，行为不雅，经教育不改或造成不良影响的；

(2)不尊重他人劳动成果，浪费粮食、水电及其他物品，经教育不改的；

(3)骚扰、猥亵他人或在公共场所故意裸露身体的；

(4)侮辱、谩骂、诽谤、诬陷、恐吓他人或组织，经教育不改或造成不良影响的；

(5)制作或传播淫秽视频、图片、刊物等信息的；

(6)隐匿、毁弃、非法占有或私拆他人信件(含电子信件)的；

(7)偷窥、偷拍、窃听、散布或者以其他方式侵犯他人隐私的；

(8)明知自身患有传染性疾病或有传染性危害，故意隐瞒不报，导致他人感染疾病等不良后果的；

(9)有吸烟、酗酒等不良嗜好，经教育不改或造成后果的；

(10)在兼职、勤工助学等工作中从事与大学生身份不符活动，经教育不改或造成不良影响的；

(11)其他违反公民道德规范、有悖社会公序良俗和大学生行为准则的行为。

第二十一条 违反教学、办公、学习、生活等公共场所管理规定，有下列行为之一者，除按有关规定处理外，视其性质、情节、后果给予警告以上处分：

(1)在课堂上无理取闹、随意走动、喧哗起哄、交头接耳、使用通讯电子产品等扰乱课堂纪律或从事其他与学习无关的活动，不听劝阻的；

(2)制造噪音、大声喧哗、起哄，干扰或影响他人工作、学习、生活，经批评教育不改的；

(3)不自觉排队、霸占公共资源、利用公共资源牟取私利等行为，经批评教育不改或造成不良影响的；

(4)在建筑物、文物古迹、公用设施设备上乱涂、乱写、乱画、违章张贴、乱挂条幅等的；

(5)践踏草坪、攀折花木等破坏校园育人环境，不听劝阻的；

(6)乱倒垃圾、乱泼污水、乱放物品、高空抛物等，影响校园环境卫生或安全的；

(7)寻衅滋事，干扰学校文艺、体育、集会等大型活动秩序的；

(8)在校园内燃放烟花爆竹或非教学、实验需要擅自使用明火的；

(9)未经批准在学校及周边开展各类经营活动的；

(10)其他干扰校园公共场所管理秩序的行为。

第二十二条 遵守公寓管理制度和宿舍公约，违者给予如下处分：

(1)对未经批准擅自租房住宿者，给予记过以上处分；

(2)对未经批准无故晚归者，给予警告以上处分，对夜不归宿者给予严重警告以上处分；

(3)对在异性宿舍留宿或在宿舍留宿异性者，视情节给予留校察看或开除学籍处分；

(4)对未经批准擅自出租、出借、调换宿舍床位或留宿本宿舍以外人员者，给予警告以上处分；

(5)对存放或使用热得快、电磁炉、电饭煲、电热杯、电热毯等学校明令禁止的电器或有私接电源等违章用电行为者，视情节给予严重警告以上处分；

(6)对存放或使用易燃、易爆、腐蚀、有毒等危化品及其他存在安全隐患物品者，视情节给予警告以上处分；

(7)对不履行宿舍内公共义务，不讲究卫生，不按规定作息，干扰他人学习生活，经教育不改者，给予警告以上处分；

(8)对饲养或收容猫、狗、仓鼠等宠物者，给予警告以上处分；

(9)对其他违反公寓管理制度行为者，视情节给予警告以上处分。

第二十三条 严禁学生擅自离校，对未经批准离校者(不区分节假日)，给予如下处分：

(1)离校时间在1天者，给予警告处分；

(2)离校时间在2至3天者，给予严重警告处分；

(3)离校时间在4至5天者，给予记过处分；

(4)离校时间在6至14天者，给予留校察看处分；

(5)离校时间在15天以上者，给予开除学籍处分。

学生因擅自离校受处分后，又继续擅自离

校，应累计处分前的离校天数。

学生擅自离校同时旷课的，对其处分以本条规定为准。

第二十四条 学生上课、实验、实习、设计或参加军训、劳动、社会实践、运动会等活动，均不得无故旷课。违者，视情节给予如下处分：

(1)一学期旷课累计(下同)1至9学时者，且认错态度不好者，给予警告处分；

(2)旷课10至19学时者，给予警告处分；

(3)旷课20至29学时者，给予严重警告处分；

(4)旷课30至39学时者，给予记过处分；

(5)旷课40以上学时者，给予留校察看以上处分。

学生因旷课受处分后，又继续旷课，应累计处分前的旷课学时数。

开学报到、实习结束、休学期满、请假期满等无故未按时返校者，均视为旷课(无论是否有课)。

旷课一天，按6学时计算；每天授课时数超过6学时的，按实际课时数计算。

第二十五条 参军入伍学生在服役期间受到军法军纪处分的，给予如下处分：

(1)受到警告、严重警告、记过、记大过处分的，分别给予警告、严重警告、记过、留校察看处分；

(2)受到除名和开除军籍处分的，学校予以开除学籍处分或取消入学资格；

(3)因个人思想原因拒绝服兵役等被部队退回的，学校视情节予以记过以上处分。

第二十六条 学生参加成绩考核(包括考试和考查等)，凡有作弊或违反考场纪律的行为者，除本课程考核成绩按零分计且不得参加重考外，并视情节给予如下处分：

(1)违反考场纪律(如大声喧哗、交头接耳、不按规定位置就座、不按规定清场等)，不听劝阻者，视情节给予警告以上处分；

(2)作弊或协同作弊者，给予记过处分，情节严重者，给予留校察看以上处分；

(3)代替他人或者让他人代替自己考试者，给予留校察看处分，情节严重者，给予开除学籍处分；

(4)组织作弊者，给予开除学籍处分；使用通讯设备或其他器材作弊，给予记过以上处分；

(5)向他人出售考试试题或答案牟取利益者，给予留校察看以上处分；

(6)以任何方式偷得试卷者，给予留校察看处分，造成影响者，给予开除学籍处分；

(7)干扰教师阅卷评分或无理纠缠者，经教育不改，给予警告以上处分；

(8)无故旷考者，给予严重警告处分；

(9)在校期间两次以上作弊者，给予留校察看以上处分；

(10)其他违反考试纪律或扰乱考试秩序者，视情节给予记过以上处分。

第二十七条 学生行为失信，欺骗组织或他人者，视情节给予如下处分：

(1)对在家庭经济困难认定、学生素质综合测评、奖助学金评审、研究生推免等涉及自身或他人利益的工作中弄虚作假者，给予严重警告以上处分；

(2)对在各类比赛、竞赛中有欺骗行为者，给予警告以上处分；

(3)对私刻公章、伪造证件，涂改或伪造成绩单、签字、印鉴等其他有关学业、学术水平证明者，给予记过以上处分；

(4)对毕业论文、学位论文、公开发表的研究成果存在抄袭、篡改、伪造、不当署名等学术不端行为者，视情节给予记过、留校察看、开除学籍处分；

(5)对代写论文、买卖论文者，视情节给予记过、留校察看、开除学籍处分；

(6)对违反保密原则，泄露因履行职责掌握的工作数据、个人隐私，造成不良后果者，视情节给予警告以上处分；

(7)对违纪违法行为知情者，不配合调查或者做伪证，隐瞒包庇的，视情节给予警告以上处分；

(8)对有支付能力的欠费者，经督促仍不履行缴费义务的，给予警告以上处分；

(9)对冒用学校或他人名义，侵害学校或他人权益者，视情况给予严重警告以上处分；

(10)对其他失信行为者，造成恶劣影响或不良后果，确应给予处分的，视情节给予警告以上处分。

第二十八条 对在校内违反校园交通安全

管理有关规定，违规驾驶、停放车辆者，视其性质、情节、后果，给予批评教育或警告以上处分。

第二十九条 对在校内违反校园消防安全管理有关规定者，视其性质、情节、后果，给予批评教育或警告以上处分。

第三章 违纪处分程序和审批权限

第三十条 根据违纪行为的内容、性质和违纪人身份，学生违纪处理实行归口部门主管，主管部门负责指导学院做好违纪处理。学生因违反校规校纪需给予处分，日常行为管理及思想品德教育方面的，由学生工作处、研究生院分别主管；学习及考风考纪方面的，由教务处、研究生院分别主管；治安、安全稳定以及涉及违法犯罪的，由保卫处主管。

第三十一条 违纪处分程序如下：

（1）调查取证。一般由学生所在学院负责学生违纪事件的调查和取证。职能部门已掌握违纪事实和证据的，应将有关情况和材料分别反馈给学生工作处或研究生院。涉及两个学院以上的或重大违纪事件，由有关部门和相关学院组成联合调查组进行调查。调查工作应当在7个工作日内完成，情况特殊需要延长的，经学校学生工作领导组批准可延长7个工作日。

调查结束后，学院或调查组应当将调查报告、相关证据和初步处理建议一并报学校主管部门。

（2）学校审核。学校学生工作领导组对学院或调查组提供的调查报告、相关证据和初步处理建议进行审核、作出处理决定。给予学生开除学籍处分时，由学校学生工作领导组研究，经法律顾问进行合法性审查后，提交校长办公会或校长授权的专门会议研究决定。

（3）处分告知。在对学生作出处分前，学校出具并由学院安排人员送达处分告知书，告知学生作出处分决定的事实和证据，处分的种类、依据、期限，申诉的途径和期限等必要内容，告知学生享有陈述和申辩的权利，听取学生的陈述和申辩。

（4）发文公布。以学校名义行文，违反学习纪律或学术诚信纪律以校教字文号行文，违反其他纪律以校学字文号行文，研究生违纪的以校研字行文。处分决定自作出之日起生效。处分决定除涉及个人隐私、敏感信息等特殊情况外，一般在学校办公系统内发布。

（5）处分送达。处分决定下达后，学院要在7个工作日内将处分决定送达学生，可同时以适当方式告知学生家长。要会同学生家长，做好受处分学生的思想工作，帮助学生积极悔过、改过。

第三十二条 如下各项证据，经过查证核实后，可以作为处分违纪学生的依据：

（1）书证；

（2）物证；

（3）证人证言；

（4）当事人的陈述；

（5）视听资料；

（6）鉴定结论；

（7）勘验笔录、现场笔录；

（8）学校有关部门提供的说明性材料；

（9）其他权威部门依法作出的鉴定性结论。

第三十三条 处分告知书和处分决定由学生所在学院直接送达学生本人签收。拒绝签收的，以留置方式送达；已离校的，采取邮寄方式送达；难于联系的，利用学校网站、新闻媒体等以公告方式送达。拒绝签字或因特殊情况不能签字的，学院分管领导及辅导员在送达后注明情况并签字后报送学校，学院记录在案。

第三十四条 参与学生违纪事件调查、处理的学生及工作人员，有下列情形之一的，应当提出回避申请；被调查的违纪学生有权要求其回避：

（1）与违纪学生是近亲属关系的；

（2）与违纪学生有利害关系的；

（3）与违纪学生有其他关系，可能影响公正处理的。

第三十五条 对违纪学生的处分，涉及公安、司法及其它部门鉴定意见或处罚结果的，在学校收到鉴定意见或处罚结果后的15个工作日以内处理结束；不涉及公安、司法及其它部门鉴定意见或处罚结果的，应在知悉其违纪行为发生后的30个工作日以内处理结束。学生提出申诉的，处理时间相应延长。

第三十六条 对学校给予的处分，学生享有进行陈述、申辩、申诉的权利。学生对学校给予的处分决定有异议的，可以在接到学校处理或者处分决定书或处分决定之日起10日内，向学校学生申诉处理委员会提出书面申诉。学生申诉按照学校学生申诉管理有关规定执行。

第四章　违纪处分的解除、更正和撤销

第三十七条　受警告、严重警告、记过和留校察看处分的学生,处分期限到期后,可以按学校规定程序申请解除处分。开除学籍处分不得解除。

第三十八条　解除处分后,学生获得表彰、奖励及其他权益,不再受原处分的影响。

第三十九条　学生处分期满,满足如下条件,可以按程序予以解除:

(1)认真悔过,自觉承担相应责任和履行相关义务,不定期向辅导员或导师汇报思想;

(2)遵纪守法,未受各类通报批评、处分或处罚;

(3)勤奋学习,热心集体事务和公益活动,综合表现有进步。

第四十条　学生毕业前(6月1日),处分未到期但已过三分之一,在符合本规定第三十九条规定条件的基础上,具备以下条件者,可申请提前解除处分:

(1)受到警告处分的,学习成绩进步,参加40小时以上志愿服务;

(2)受到严重警告处分的,学习成绩进步,参加60小时以上志愿服务或获得院级以上奖励;

(3)受到记过处分的,学习成绩进步,参加80小时以上志愿服务,获得校级以上奖励或公开发表省级以上论文、作品;

(4)受到留校察看处分的,学习成绩进步,参加100小时以上志愿服务,获得国家级以上奖励或公开发表国家级以上论文、作品或发明专利或有重大立功表现;

(5)其他经学校认定可以提前解除处分的情形。

第四十一条　处分解除程序:

(1)个人申请。学生违纪处分期限到期后7日内(若遇假期,则推迟到开学后7日内),学生本人须向学院提出书面申请,填写《安徽师范大学学生违纪处分解除申请表》并附个人思想汇报等相关材料;

(2)班级评议。辅导员或导师接到学生申请3个工作日内组织班委会召开专题会议,对违纪学生现实表现进行评议,并分别填写班级评议和辅导员或导师意见;

(3)学院初审。学院在接到班级评议意见5个工作日内初步提出同意解除或不予解除意见,并将《安徽师范大学学生违纪处分解除申请表》等材料报送学校审核部门;

(4)学校审核。学校主管部门研究决定是否给予解除处分。不符合按期解除处分条件的,学院应及时将不予解除决定告知学生。同意按期解除违纪处分的,由学校发文作出解除处分决定。若无特殊情况,解除处分决定须在10个工作日内完成。

解除处分决定应当包括原处分的种类、解除处分的依据,以及受处分的学生在受处分期间的表现情况等内容。解除处分决定自作出之日起生效。解除处分决定除涉及个人隐私、敏感信息等特殊情况外,一般在学校办公系统内发布。

第四十二条　已修完规定学分的学生,毕业时未解除处分的,在处分期满后,经本人申请,由所在单位或相关部门出具现实表现材料,证明确已悔改的,学校按程序予以解除,并按规定换发有关证书。

第四十三条　经学校学生申诉处理委员会或学校上级主管部门裁定,确有证据表明,学校对学生的处分错误或者不当,应按程序撤销或者更正对学生的处分。

第四十四条　对学生处分决定及解除处分材料应当真实完整地存入本人档案和学校文书档案。

第五章　附　则

第四十五条　对接受高等学历继续教育的学生、港澳台侨学生、留学生等其他学生的违纪处分参照本规定实施。

第四十六条　除前文已有明确规定的,本规定所称“以上”“以内”均包含本数在内,“屡次”指三次及以上。

第四十七条　本规定根据部门职责,相关条款对应由学生工作处、教务处、研究生院、保卫处负责解释。

第四十八条　本规定自2017年9月1日起施行,原规定同时废止。其他有关规定若有与本规定不一致的,以本规定为准。

安徽师范大学学生校内申诉管理办法(修订)

校办字〔2017〕40号　2017年8月20日

第一章　总　则

第一条　为了保护学生的合法权益,规范学生校内申诉制度,保证对学生处理行为的客观、公正、公平,保障学校依法按章行使职权,根据教育部《普通高等学校学生管理规定》和相关法律法规,制定本办法。

第二条　本办法所称的申诉,是指学生对学校作出的涉及本人权益的处理决定不服,向学校提出意见和要求。

第三条　本办法适用于安徽师范大学在籍全日制本科学生和研究生。

第四条　学生要坚持严肃、认真、诚实的原则提出申诉,学校应坚持公开、公正、实事求是和有错必纠的原则处理学生的申诉。

第二章　申诉的受理

第五条　学校成立学生申诉处理委员会,负责受理学生对处理或者处分决定不服提起的申诉。学生申诉处理委员会由主管监察的校领导担任主任,成员由监察处、教务处、学生处、研究生院、保卫处等部门负责人以及学校法律顾问、师生代表组成。委员会下设办公室,办公室设在监察处。

第六条　学生对学校作出的涉及本人权益的下列处理决定有异议的,可在接到学校处理或者处分决定书之日起10日内,向学校学生申诉处理委员会提出书面申诉。

(1)对本人作出的取消入学资格、取消学籍、退学处理等学籍处理决定;

(2)对本人作出的警告、严重警告、记过、留校察看、开除学籍等纪律处分;

(3)法律、法规规定可以提出申诉的其他处理决定。

学生涉及学位、学术方面问题的申诉,分别由校学位委员会、教授委员会负责受理并处理。

第七条　学生提出申诉时,应当向学生申诉处理委员会办公室递交申诉申请书,并附上学校作出的处理决定(复印件)。申诉书应当载明下列内容:

(1)申诉人的姓名、班级、学号、联系方式及其它基本情况;

(2)申诉的事项、理由及要求;

(3)提出申诉的日期。

第八条　对决定予以受理的申诉,学生申诉处理委员会应当在接到申诉申请书后的五个工作日内,启动申诉的复查程序,并在接到书面申诉之日起15日内作出复查结论并告知申诉人。情况复杂不能在规定限期内作出结论的,经学校负责人批准,可延长15日。学生申诉处理委员会认为必要的,可以建议学校暂缓执行有关决定。

第三章　申诉的处理程序

第九条　学生申诉处理委员会在决定受理申诉后,根据实际情况可采取书面审查或开听证会的方式处理申诉。采取书面审查方式的,学生申诉委员会也应当对相关当事人进行询问,开展必要的调查取证工作。决定采取听证会方式进行调查的,应按照第四章的有关规定和程序进行。

第十条　学生申诉委员会要根据实际情况提出处理意见,区别不同情况,作出下列决定:

(1)原处理决定正确的,维持原处理决定。

(2)原处理或者处分的事实、依据、程序等存在不当,作出撤销或变更的复查意见。对变更留校察看以下处分的,直接做出决定;对变更退学处理或开除学籍处分的,要求相关职能部门予以研究,重新提交校长办公会作出决定。

学生申诉委员会变更留校察看以下(含留校察看)处分的决定,以学校名义发布,为学校的最终决定。

第十一条　学生申诉处理委员会要将申诉处理决定书及时送达申诉人。送达方式可采取下列任何一种:本人签收;按申请书通讯地址邮寄并视情况在一定范围内公告。

第十二条　在申诉期间,原处理决定不停止执行。

第十三条　在未作出申诉处理决定前,学生可以撤回申诉。要求撤回申诉的，必须以书面形式提出。学生申诉处理委员会在接到关于撤回申诉的申请书后，可以停止受理工作。

第十四条 学生对复查决定有异议的，在接到学校复查决定书之日起15日内，可以向学校所在地省级教育行政部门提出书面申诉。

自处理、处分或者复查决定书送达之日起，学生在申诉期内未提出申诉的视为放弃申诉，学校或者省级教育行政部门不再受理其提出的申诉。

处理、处分或者复查决定书未告知学生申诉期限的，申诉期限自学生知道或者应当知道处理或者处分决定之日起计算，但最长不得超过6个月。

第十五条 学生认为学校及其工作人员违反本办法，侵害其合法权益的；或者学校制定的规章制度与法律法规和本办法抵触的，可以向省级教育行政部门投诉。

第四章 听证的规定和程序

第十六条 学生申诉处理委员会根据申诉人或代理人请求，或认为应该实施听证程序的，应实施听证；对没有请求的听证，在实施前应征得申诉人或代理人同意。听证主持人由学生申诉委员会成员担任。

第十七条 听证主持人就听证活动行使下列职权：

（1）决定举行听证的时间、地点和参加人员；

（2）决定听证的延期、中止或者终结；

（3）询问听证参加人；

（4）接收并审核有关证据；

（5）维护听证秩序，对违反听证秩序的人员进行警告，对情节严重者可以责令其退场；

（6）向学生申诉处理委员会提出对申诉的处理建议。

第十八条 听证主持人在听证活动中应当公正地履行主持听证的职责，保证当事人行使陈述权、申辩权。

第十九条 参加听证的当事人和其他人员应按时参加听证，遵守听证秩序，如实回答听证主持人的询问，依法举证。

第二十条 听证开始前，听证记录员应当查明听证参加人是否到场，并宣读听证纪律。

第二十一条 听证应当按照下列程序进行：

（1）听证主持人宣布听证开始，宣布案由；

（2）作出处分或处理的单位（部门）就有关事实和依据进行陈述；

（3）申诉当事人就事实、理由、证据或依据进行申辩，并可以出示相关证据材料；

（4）经听证主持人允许，听证参加人可以就有关证据进行询问，也可以向到场的证人发问；

（5）有关当事人作最后陈述；

（6）听证主持人宣布听证结束。

第二十二条 听证记录员应当将听证的全部活动进行笔录，并由听证主持人和听证记录员签名。

听证笔录还应当由当事人当场签名或盖章。

第二十三条 听证结束后，听证主持人应当主持形成听证报告和结论建议报告。

第五章 附则

第二十四条 安徽师范大学继续教育学生、留学生的校内申诉可参照本办法执行。

第二十五条 本办法由学生申诉处理委员会负责解释。

第二十六条 本办法自2017年9月1日起施行，原办法同时废止。

安徽师范大学引进高层次人才和团队实施办法(试行)

校人字〔2017〕75号　2017年12月22日

第一章　总　则

第一条　为推进我校“人才强校”战略，进一步加强我校高层次人才队伍建设，促进学科专业建设和学位点建设，结合学校实际，特制订本试行办法。

第二条　按照“学校推动、学院主动、典型带动、部门联动”的引才工作思路，坚持德才兼备、公开公正、全面评价、择优选聘的原则，大力引进重点学科、特色学科和“高精尖缺”的人才。

第二章　引进类别和条件

第三条　引进人才应热爱祖国，忠诚党和人民的教育事业，热爱学生，有较高的思想政治素质和遵守高等学校教师职业道德规范，学风正派，学术端正，身心健康，为人师表，教书育人、敬业乐业。

第四条　引进人才的类别和具体条件

(1)一类人才

具有世界一流学术水平，在本学科领域取得突出学术成就，年龄一般在65周岁以下，并符合下列条件之一：

①两院院士；

②国家“万人计划”杰出人才；

③经论证，海内外具有与以上人员相当学术地位和成就的专家学者。

(2)二类人才

学术造诣精深，在本学科领域具有重大影响，取得国(境)外公认的重大成就，自然科学领域人才年龄一般不超过50周岁、人文社会科学领域年龄一般不超过55周岁，并符合下列条件之一：

①全国杰出专业技术人才；

②中国青年科学家奖获得者；

③国家“万人计划”领军人才；

④国家“千人计划”长期项目入选者(含外专)；

⑤国家杰出青年科学基金项目获得者；

⑥中科院“百人计划”(A、B)人选；

⑦“百千万”人才工程国家级人选；

⑧教育部“长江学者奖励计划”特聘教授入选者；

⑨科技部“创新人才推进计划”入选者；

⑩中宣部文化名家暨“四个一批”工程入选者；

⑪国家级教学名师；

⑫国家级科研平台负责人；

⑬经论证，具有与以上人员相当学术地位和成就的专家学者。

(3)三类人才

在本学科领域具有较大影响，取得国(境)外公认的较大成就，自然科学领域人才年龄一般不超过45周岁、人文社会科学领域年龄一般不超过50周岁，并符合下列条件之一：

①国家“万人计划”青年拔尖人才；

②国家“千人计划”(短期项目、青年项目)入选者(含外专)；

③教育部“长江学者奖励计划”(青年学者项目)入选者；

④国家优秀青年基金获得者；

⑤国家“千人计划”外专项目入选者；

⑥经论证，具有与以上人员相当学术地位和成就的专家学者。

(4)四类人才

在本学科领域具有一定影响，取得国(境)外公认的成就，自然科学领域人才年龄一般不超过45周岁、人文社会科学领域年龄一般不超过50周岁，并符合下列条件之一：

①中科院“百人计划”(C)入选者；

②教育部“新世纪优秀人才支持计划”入选者；

③省部级青年科技奖获得者；

④“皖江学者计划”入选者(特聘教授)；

⑤省级“百人计划”入选者(含外专)；

⑥经论证，具有与以上人员相当学术地位和成就的专家学者。

(5)五类人才

近5年科研业绩成果不低于我校教授聘任

条件者,或学术成果达到我校教授聘任条件的应届博士。年龄一般在45周岁以下(其中人文社会科学一般在50周岁以下)。紧缺专业的人才,可适当放宽。

(6)六类人才

近5年科研业绩成果不低于我校副教授聘任条件者,或学术成果达到我校副教授聘任条件的应届博士。年龄35岁左右(其中人文社会科学一般在38周岁以下)。紧缺专业的人才,可适当放宽。

(7)七类人才

应届博士毕业生(或具有博士后经历的),年龄不超过35周岁。

第五条 特别优秀的人才年龄可适当放宽。学校支持和鼓励引进具有海外学习或工作经历(不少于1年)的高层次人才,实行“一人一议”,待遇从优,具体条件由学校组织专家进行评定。

第六条 积极鼓励引进创新学术团队,或领军人才引进后由其自主组建团队,实行“一事一策”,具体条件由学校组织专家进行评定。

第七条 学校、用人单位、课题组等多平台引进高层次人才,不能以全职引进的,可以“柔性”方式引进,采取契约化管理。主要包括特聘教授、兼职教授和客座教授等。具体引进待遇和工作职责等按双方协商签订的协议执行。

第三章 引进待遇和政策

第八条 对于全职引进的高层次人才,除享受工资待遇外,学校还提供安家费、科研支持经费等,标准如下(见表)(税前,单位为人民币,下同):

引进全职高层次人才的待遇和政策

人才类别	科研支持经费(万元)		工资福利待遇(万元/年)	安家费(万元)
	人文社会科学类	自然科学类		
一类人才	400~600	1500~2000	面 议	面 议
二类人才	150~400	800~1500	80~100	面 议
三类人才	50~150	100~500	40~60	不低于60
四类人才	30~50	50~100	30~40	50~60
五类人才	6	10~20	享受校内同等人员待遇	40~50
六类人才	4	5~10	享受校内同等人员待遇	30~40
七类人才	3	5	享受校内同等人员待遇	重点支持专业、紧缺专业20~30,一般专业10~20
海外人才	参照上述条件,一人一议			
学术团队	一事一策			

对于柔性引进高层次人才,实行“一人一议”。

第九条 引进人才人事关系(含人事档案)到校后,须与学校签订人才引进协议并全职在校工作,方可享受一次性领取安家费。

第十条 配偶安置:五类及以上人才若需配偶安置,学校相关部门协助用人单位落实其配偶的工作;六类人才若需配偶安置,学校可酌情解决,其配偶一般应具备硕士及以上学位;人才配偶没有工作,学校又不能解决配偶工作,给予10万—20万元的经济补助,实行有偿安置。七类人才学校原则上不予解决配偶安置。配偶调动须同时符合上级主管部门人员调动政策。

第十一条 引进人才子女就学,学校有关部门协调解决在学校附属幼儿园、附属中小学入托或上学。

第十二条 经费发放(拨付)方式。

(1)年薪制:实行分期发放,年薪按90%逐月发放,聘期期满考核合格后,补发所有年薪余额。

(2)安家费:人才到岗、档案到校且协议签订后一次性发放。个人所得税按国家相关政策规定执行。

(3)配偶有偿安置的经济补助金,根据人才服务年限折算按月发放。

(4)学术团队经费:根据具体工作情况,按年度拨付。

(5)科研支持经费由人才根据科研工作的需要,按年度申报拨付。

第四章 引进程序和考核

第十三条 引进程序

(1)制定计划。学院根据自身发展的需要制订计划,学校人才工作领导组根据办学定位和战略发展目标,结合学院人员编制计划和学科专业建设需要,编制引进高层次人才计划。

(2)发布公告。学校人才工作领导组办公室根据引进高层次人才计划和有关规定,面向社会发布招聘公告。

(3)组织考核。学院人才工作领导小组制定考核方案,经学院党政联席会审定,报学校人才工作领导组审批,由学院自主组织实施,学校纪委和人事部门参与监督。

(4)专家论证。对拟引进五类以上人才和学术团队进行综合评价和考核,学校人才工作领导组办公室会同学校、学院教授委员会组织专家面试,邀请应聘者进行公开学术答辩,必要时可采取组织校外专家进行行评或实地考察。

(5)审核确定。对拟引进的六类、七类高层次人才,由学校人才工作领导组办公室审定,五类及以上高层次人才报学校人才工作领导组或学校党委常委会审定。审定后进行体检、公示。

(6)正式聘用。体检、公示无异议后,人事处会同学院与引进人才签订聘用协议,明确相关岗位职责和工作目标。

第十四条 学校对高层次人才聘用实行协议管理,首个聘期一般为5年,服务期原则上不少于10年。

第十五条 对引进的高层次人才在服务期限内的考核,分为年度考核、聘期考核。年度考核、聘期考核结果均为合格以上,享受学校规定的优惠待遇且可续聘;年度考核结果为不合格,学校将调整岗位待遇;试用期和聘期考核结果为不合格,学校将解除合同,不兑现任何优惠待遇,并给予辞退。

第十六条 对四类以上人才仅实行聘期考核,考核可采取述职答辩、同行专家评议等多种形式;一类人才可免于考核;学术团队职责和考核另行制定。

第五章 组织保障

第十七条 高层人才引进与管理采取校院两级工作机制。

第十八条 学校人才工作领导组负责制定高层次人才引进与管理的有关政策及规划,人才工作办公室具体组织实施,有关部门协作配合。

第十九条 学院成立人才工作领导小组,主要负责人任组长,党政领导、教授委员会成员、有关代表任成员。按照学校统一部署,制定学院人才引进计划,负责人才考核与管理工作。

第六章 附 则

第二十条 学校设立专项经费,对引进高层次人才工作表现积极且取得显著成效的单位和个人给予适当经济奖励,引进三类、四类人才的,奖励5万元,引进二类及以上人才的,奖励10万元;引进四类以上高层次人才不占学院编制。

第二十一条 学校鼓励各用人单位根据实际情况积极筹措经费,作为引进高层次人才的配套优惠待遇。

第二十二条 本办法中涉及高层次人才学术成就、社会影响力,由学校、学院教授委员会认定。

第二十三条 本办法由人事处负责解释。

第二十四条 本办法自2018年1月1日起试行。原《安徽师范大学引进高层次人才和团队暂行办法》(校人字〔2013〕56号)同时废止。

安徽师范大学“人才储备计划”实施办法(试行)

校人字〔2017〕76号　2017年12月22日

第一章　总　则

第一条　为贯彻学校第十次党代会精神和“十三五”人才队伍建设规划，推进“人才强校”战略，拓宽人才培育和引进渠道，加强师资人才储备，学校决定实施“人才储备计划”，结合学校实际，特制定本办法。

第二条　学校遴选资助若干具有发展潜力的优秀人才，攻读国(境)外博士学位或在博士后流动站从事科学研究，为高水平大学建设提供后备人才支持。

第三条　由学校人才工作办公室会同相关部门组织实施。

第二章　遴选范围和资助类型

第四条　在全校范围内，遴选符合学校重点支持学科建设和学校事业发展亟须的优秀硕士、博士毕业生和优秀青年教师。

第五条　资助类型：资助优秀应届毕业硕士研究生攻读博士学位，应届毕业博士生出国(境)或在本校从事博士后研究，校内优秀青年教师攻读统招博士学位。

第六条　资助数量根据学校学科建设和当年实际研究确定。

第三章　遴选条件和程序

第七条　遴选条件：

(1)思想素质较高，无违规违纪、学术不端等行为。

(2)学业成绩或教学科研成果优异。

(3)录取学校为国内外高水平大学或科研院所。

(4)应届毕业硕士年龄在28周岁以下，应届毕业博士年龄在32周岁以下，在站博士后年龄在35周岁以下，优秀青年教师年龄在35周岁以下。

第八条　遴选程序：

(1)发布通知。学校结合事业发展需要发布资助通知。

(2)个人申请。申请人员自愿报名，并填写《安徽师范大学“人才储备计划”申请表》，经导师同意推荐后，向学院申请。

(3)学院推荐。学院对申请人员相关信息真实性、是否符合资助条件、思想表现等给予鉴定，提出推荐意见。

(4)遴选考核。由学校教授委员会对申请人员进行考核遴选，并报学校审定。

(5)公示签约。在全校公示拟资助人员名单，公示无异议后报学校审批，签订资助协议并办理相关手续。

第四章　资助方式和期限

第九条　学校设立“人才储备计划”培育资助专项经费，用于资助签约人员攻读博士学位期间的学费，鼓励推荐导师资助。

第十条　资助方式：应届毕业生由学校或推荐导师资助，国(境)外一年不超过10万人民币，国内一年不超过3万人民币；校内教师攻读统招博士学位的，按照学校当年在职攻读博士学位政策资助。

第十一条　资助期限：一般不超过四年。

第五章　管理

第十二条　签约人员须与学校、学院、推荐导师签订四方协议。

第十三条　获得资助人员在学习期间须每年以书面形式向学院报告思想、学习和生活等情况。期间必须严格遵守国家法律、法规和所在学校的规章制度，若出现违规违纪和行为不端等，学校将中止协议，并追回全部资助费用。

第十四条　获得资助人员博士毕业或博士后出站，须报名参加学校当年相关专业人才招聘考核，进校时补齐学校当年新进人员同等待遇的差额，服务期不少于10年。若获得资助人员违约，或考核不合格的，或不能如期毕业的，须在资助期满当年一次性全额退还资助费用。

第十五条　获得资助人员资助期内相关管理工作由所在学院负责，学院应主动服务，关心其思想、学习和生活，并积极为其融入学院科研团队创造条件。

第十六条　获得资助人员在国内外攻读博

士学位或从事博士后研究，学校外事办公室协助所在学院对签约人员进行管理。

第六章　附则

第十七条　本办法由人事处和研究生院负责解释。

第十八条　本办法自发布之日起试行。

安徽师范大学教职工因公出国(境)管理办法

校办字〔2017〕54号　2017年11月7日

为规范因公出国(境)管理工作,保证学校对外交流与合作工作健康、有序开展,更好地为建设高水平大学服务,根据中共中央办公厅、国务院办公厅《关于进一步加强因公出国(境)管理的若干规定》(中办发〔2008〕9号)等上级有关文件规定,制定本办法。

第一条　因公出国(境)界定

凡享受学校待遇、出国(境)经费由学校或政府承担的出国(境)执行访问、合作研究、实习培训、短期讲学、出席国际会议等任务均属因公出国(境)。

第二条　申报条件

(1)因公出国(境)必须有明确的公务目的和实质性内容。

(2)因公出国(境)必须在计划内并事先落实出访经费。

(3)申请出国(境)人员必须出具正式邀请函(有明确的出访目的、出访日期、停留期限及费用负担办法,有邀请人签字)、邀请函翻译件、详细日程安排及其它所必须的文件。[具体申请材料见安徽师范大学因公出国(境)系统]

(4)参加外单位组团出访的,还须提供组团单位的征求意见函、出访日程、出访费用预算、出国(境)任务通知书和出国(境)任务批件。

(5)除工作特殊需要外,领导干部一年内出访不得超过一次。

(6)有下列情形之一者,一般不予因公派出:

①出国(境)人员与出访任务不相符;

②出访经费过高的跨地区跨部门团组出访申请或由学会、协会、中心等所组织的访问考察、研讨会、培训班等出访申请;

③通过因私渠道申请同一国家签证已被拒签者。

第三条　申报程序

学校因公出国(境)工作由校外事办公室归口管理,组织部、人事处、科研处、财务、纪委办公室等部门和出国(境)申请人所在单位依职责权限按程序审批。

(1)因公出国(境)人员,须首先在安徽师范大学因公出国(境)网上申报系统中按要求提交申请,由所在单位领导进行审核,校外事办公室初审后,由人事处、财务处、纪委办公室、组织部、科研处等依据不同人员类型进行审签,最后校外事办公室签署意见后报校领导审批。

两人及以上出访团组还须出具出访论证报告(内容包括:出访时间、出访单位、出访人员及其出访任务和意义)并经校党委常委会研究决定。

(2)因私出国(境)仅限于自费旅游、探亲和处理其他个人事务,且须报组织部或人事处批准办理有关手续。因私出国(境)不得使用因公出国(境)证件。

第四条　回国任务

出国(境)人员在外期间要妥善保管证件,回国后必须在7日内将证件、10日内将出访总结以及经学校授权在外签订的交流合作协议、洽谈的合作项目书一并交至外事办公室,然后才能办理相关报销手续。

第五条　出访经费

(1)严格执行财政部、外交部《关于印发〈临时出国人员费用开支标准和管理办法〉的通知》(财行〔2001〕73号),财政部、外交部、监察部、审计署、国家预防腐败局《关于印发〈加强党政干部因公出国(境)经费管理暂行办法〉的通知》(财行〔2008〕230号)精神,省财政厅省外事办关于印发《安徽省省直党政机关因公临时出国经费管理办法》财行〔2014〕104号文,加强因公出国(境)人员的经费和外汇管理,不得突破经费预算,不得擅自扩大开支范围,提高开支标准。

(2)以政府和学校经费支付出国(境)费用的,须符合相关经费预算及其他管理规定要求。由外方提供资助的,若外方提供资助标准已超过国家财政部相应规定的,均不得再从学校经费中支付费用。未经学校批准出访的,一律不得在科研、行政等经费中报销出国(境)费用。

（3）因公出国（境）费用报销必须附出国（境）任务批件和校外事办公室预审意见并按财务有关规定办理。与公务无关的开支和超标准、计划外发生的费用不得核报。

（4）持因私出国（境）证件的出国（境）费用，一律不得在政府及学校经费中报销。

第六条　纪律与监督

（1）因公出国（境）人员出国（境）前须接受校外事办公室的行前教育并签署承诺书，要严守国家秘密，自觉遵守外事纪律，服从安排，自觉维护国家、学校和个人形象。

（2）因公出国（境）人员要选择经济合理的路线，所选航线有中国民航的应按规定乘民航班机，并尽可能购买往返机票。出国（境）后，一般不得改变出访路线、增加出访地点或延长出访时间。

（3）以政府和学校经费支付出国（境）费用、从事公务活动的，必须按规定办理审批手续，不得通过因私渠道办理出国（境）证件。否则，一律视为违纪行为，并追回报销的出国（境）费用，依法依纪追究责任。

（4）纪检、监察、审计、财务等部门要加强对因公出访人员出国（境）情况的监督和检查。严禁借出访之名，变相公费旅游，谋取私利。

第七条　生效与解释

（1）本办法自印发之日起施行，原《安徽师范大学因公出国（境）管理办法（试行）》（校外字〔2008〕45号）同时废止。

（2）本办法由校外事办公室负责解释。

安徽师范大学预防与处理学术不端行为办法

校办字〔2017〕3号　2017年1月13日

第一章　总　则

第一条　为有效预防和严肃查处学校发生的学术不端行为，维护学术诚信，促进学术创新和发展，根据《学位论文作假行为处理办法》《教育部关于建立健全高校师德建设长效机制的意见》《高等学校预防与处理学术不端行为办法》等政策文件，结合学校实际，制定本办法。

第二条　本办法所称学术不端行为是指学校教学科研人员、管理人员和学生，在科学研究及相关活动中发生的违反公认的学术准则和违背学术诚信的行为。

第三条　学校预防与处理学术不端行为，坚持预防为主、教育与惩戒结合的原则。

第四条　学校建设集教育、预防、监督和惩治于一体的学术诚信体系，建立由校长领导、职责分工明确的学风建设工作机制，负责学术不端行为预防与处理工作。发挥校、院教授委员会在学风建设方面的作用，支持和保障校教授委员会依法履行职责，调查和认定学术不端行为。

第二章　教育与预防

第五条　学校建立科学公正的学术评价和学术发展制度，部门配合联动，营造鼓励创新、宽容失败、不骄不躁、风清气正的学术环境。

第六条　学校将学术规范和学术诚信教育，作为教师校本、专题培训和学生思想教育的必要内容。

相关职能部门和学院在各自职责范围内负责对教学科研人员、管理人员和学生进行学术诚信教育培训工作。

教师加强对其指导的学生进行学术规范和学术诚信教育，对学生公开发表论文、研究和撰写学位论文是否符合学术规范、学术诚信要求，进行必要的检查与审核。

第七条　学校利用信息技术等手段，建立对学术成果、学位论文所涉及内容的知识产权查询制度，健全学术规范监督机制。

第八条　学校建立健全科研管理制度，在合理期限内保存研究的原始数据和资料，保证科研档案和数据的真实性和完整性。

学校完善科研项目评审、学术成果鉴定程序，结合学科特点，对非涉密的科研项目申报材料、学术成果的基本信息以适当方式进行公开。

第九条　学校遵循学术研究规律，建立科学的学术水平考核评价标准、办法，引导教学科研人员和学生潜心研究，形成具有创新性、独创性的研究成果。

第十条　学校建立教学科研人员学术诚信记录，在年度考核、职称评定、岗位聘用、课题立项、人才计划和评优奖励等方面实行“一票否决”。

第三章　受理与调查

第十一条　学校科研处负责受理社会组织、个人对本校教学科研人员和管理人员学术不端行为的举报；教务处负责受理社会组织、个人对本科生学术不端行为的举报；研究生院负责受理社会组织、个人对研究生学术不端行为的举报。

校教授委员会是学校最高学术审议机构，负责学术诚信和不端行为举报相关事宜的咨询、调查和认定等工作。

第十二条　对学术不端行为的举报，一般以书面方式实名提出，并符合下列条件：

(1)有明确的举报对象；

(2)有实施学术不端行为的事实；

(3)有客观的证据材料或者查证线索。

以匿名方式举报，但事实清楚、证据充分或者线索明确的，学校视情况予以受理。

第十三条　针对媒体公开报道、其他学术机构或者社会组织主动披露的涉及本校人员的学术不端行为，学校相关职能部门主动收集、整理相关材料，在初步审查的基础上，认为符合本办法第十二条相关条款规定的，交由校教授委员会按照相关程序组织开展调查。

第十四条　学校受理机构认为举报材料符合条件的，及时作出受理决定，并通知举报人。

不予受理的,书面说明理由。

第十五条 学术不端行为举报受理后,交由校教授委员会按照相关程序组织开展调查。

校教授委员会可委托有关专家就举报内容的合理性、调查的可能性等进行初步审查,并作出是否进入正式调查的决定。

决定不进入正式调查的,告知举报人。举报人如有新的证据,可以提出异议。异议成立的,进入正式调查。

第十六条 校教授委员会决定进入正式调查的,通知被举报人。

如被调查行为涉及资助项目的,受理部门同时通知项目资助方。

第十七条 校教授委员会组成调查组,负责对被举报行为进行调查;但对事实清楚、证据确凿、情节简单的被举报行为,也可以采用简易调查程序,具体办法由校教授委员会确定。

调查组不少于3人,必要时包括学校纪检、监察机构指派的工作人员,可以邀请同行专家参与调查或者以咨询等方式提供学术判断。

被调查行为涉及资助项目的,可以邀请项目资助方委派相关专业人员参与调查组。

第十八条 调查组的组成人员与举报人或者被举报人有合作研究、亲属或者导师学生等直接利害关系的,应当回避。

第十九条 调查可通过查询资料、现场查看、实验检验、询问证人、询问举报人和被举报人等方式进行。调查组认为有必要的,可以委托无利害关系的专家或者第三方专业机构就有关事项进行独立调查或者验证。

第二十条 调查组在调查过程中,认真听取被举报人的陈述、申辩,对有关事实、理由和证据进行核实;认为必要的,可以采取听证方式。

第二十一条 有关单位和个人为调查组开展工作提供必要的便利和协助。

举报人、被举报人、证人及其他有关人员如实回答询问,配合调查,提供相关证据材料,不得隐瞒或者提供虚假信息。

第二十二条 调查过程中,出现知识产权等争议引发的法律纠纷的,且该争议可能影响行为定性的,中止调查,待争议解决后重启调查。

第二十三条 调查组在查清事实的基础上形成调查报告。调查报告包括学术不端行为责任人的确认、调查过程、事实认定及理由、调查结论等。

学术不端行为由多人集体做出的,调查报告中应区别各责任人在行为中所发挥的作用。

第二十四条 接触举报材料和参与调查处理的人员,不得向无关人员透露举报人、被举报人个人信息及调查情况。

第四章 认 定

第二十五条 校教授委员会对调查组提交的调查报告进行审查;必要的,听取调查组的汇报。

校教授委员会可以召开全体会议或者学术道德专门委员会会议对被调查行为是否构成学术不端行为以及行为的性质、情节等作出认定结论,并依职权建议学校作出相应处理。

第二十六条 经调查,确认被举报人在科学研究及相关活动中有下列行为之一的,认定为构成学术不端行为:

(1)剽窃、抄袭、侵占他人学术成果;

(2)篡改他人研究成果;

(3)伪造科研数据、资料、文献、注释,或者捏造事实、编造虚假研究成果;

(4)未参加研究或创作而在研究成果、学术论文上署名,未经他人许可而不当使用他人署名,虚构合作者共同署名,或者多人共同完成研究而在成果中未注明他人工作、贡献;

(5)在申报课题、成果、奖励和职务评审评定、申请学位等过程中提供虚假学术信息;

(6)买卖论文、由他人代写或者为他人代写论文;

(7)其他根据学校认为属于学术不端的行为。

第二十七条 有学术不端行为且有下列情形之一的,认定为情节严重:

(1)造成恶劣影响的;

(2)存在利益输送或者利益交换的;

(3)对举报人进行打击报复的;

(4)有组织实施学术不端行为的;

(5)多次实施学术不端行为的;

(6)其他根据有关学术组织、相关科研管理机构制定的规则,属于学术不端的行为,造成严重后果或者恶劣影响的。

第五章 处 理

第二十八条 学校相关部门根据校教授委员会的认定结论和处理建议，依职权和规定程序对学术不端行为责任人进行处理。

第二十九条 经调查认定，不构成学术不端行为的，根据被举报人申请，学校通过一定方式为其消除影响、恢复名誉等。

调查处理过程中，发现举报人存在捏造事实、诬告陷害等行为的，认定为举报不实或者虚假举报，举报人承担相应责任。属于本校人员的，学校相关部门依职权和规定程序给予处理；不属于本校人员的，应通报其所在单位，并提出处理建议。

第三十条 参与举报受理、调查和处理的人员违反保密等规定，造成不良影响的，按照有关规定给予处分或其他处理。

第六章 复 核

第三十一条 举报人或者学术不端行为责任人对处理决定不服的，可以在收到处理决定之日起30日内，以书面形式向学校提出异议或者复核申请。

第三十二条 学校收到异议或者复核申请后，交由校教授委员会组织讨论，并于15日内作出是否受理的决定。

决定受理的，学校或者校教授委员会可以另行组织调查组或者委托第三方机构进行调查；决定不予受理的，学校书面通知当事人。

第三十三条 当事人对复核决定不服，仍以同一事实和理由提出异议或者申请复核的，不予受理；向有关主管部门提出申诉的，按照相关规定执行。

第七章 监 督

第三十四条 学校按年度发布学风建设工作报告，并向社会公开，接受社会监督。

第三十五条 校内单位和个人在受理、调查、认定和处理学术不端行为过程中有懈怠不作为、推诿塞责、隐瞒包庇、查处不力等情况的，学校将按照有关规定进行处理。

第八章 附 则

第三十六条 本办法自发布之日起施行，由科研处负责解释。

安徽师范大学财务管理暂行规定

校办字〔2017〕9号　2017年1月18日

第一章　总　则

第一条　为规范财务行为，加强财务管理和监督，提高资金使用效益，促进学校事业健康发展，根据《高等学校财务制度(2013年修订)》(财教〔2012〕488号)、《高等学校会计制度(2013年修订)》(财会〔2013〕30号)和国家有关法律制度，结合我校实际，制定本规定。

第二条　学校财务管理的基本原则是：执行国家和地方政府及行政主管部门有关法律、法规和财务规章制度；坚持勤俭办学的方针；正确处理事业发展需要和资金供给的关系，社会效益和经济效益的关系，国家、学校和个人三者利益的关系。

第三条　学校财务管理的主要任务是：合理编制学校预算，有效控制预算执行，完整、准确编制学校决算，真实反映学校财务状况；依法多渠道筹集资金，努力节约支出；建立健全学校财务制度，加强经济核算，实施绩效评价，提高资金使用效益；加强资产管理，真实、完整地反映资产使用状况，合理配置和有效利用资产，防止资产流失；加强对学校经济活动的财务控制和监督，防范财务风险。

第二章　财务管理体制

第四条　学校实行“统一领导、集中管理”为主的财务管理体制。对二级事业法人单位，实行“统一领导、分级管理”的财务管理体制，对学校独资设立或控股的企业单位和实行企业化管理的校内非独立法人单位，实行“统一领导、分级管理、集中核算”的财务管理体制。

第五条　学校财务工作实行校长负责制。

学校设置分管财务工作的副校长，协助校长管理财务工作。

学校对各级行政负责人实行经济责任制，即校长对学校财务工作全面负责，分管校领导、财务处长、二级单位负责人对其管理职责范围内的经济活动、财务收支的真实性、合法性和效益性负责。

第六条　学校设立财经工作领导组，负责审议研究学校重大经济事项，为学校相关经济决策提供审查意见。

学校年度财务预算、重大经济决策和重要投融资项目等，执行“三重一大”决策制度的有关规定，由校领导班子集体研究决定。

第七条　财务处是学校独立设置的、唯一的一级财务机构，是学校负责财务管理的职能部门。

校内具有事业法人资格的二级事业单位、校内非独立法人单位因工作需要设置的财务机构，为学校的二级财务机构。

校内非独立法人单位因工作需要设置财务机构，须经学校财务处审核同意，经校长批准。

二级财务机构遵守和执行学校统一制定的财务规章制度，并接受学校财务处的统一领导、监督和检查。

学校独资或控股的具有企业法人资格的企业设置的财务机构，在学校财务处管理下集中核算。

第八条　学校各级财务机构应当配备专职财会人员。财会人员应当具备与其工作岗位相适应的资格和能力。财会人员的调入、调出、专业技术职务评聘以及校内二级财务机构负责人的任免、调动或者撤换，由学校财务处会同有关部门办理。

财务处负责人的任免、调动或者撤换，应报上一级主管部门同意。

第九条　学校及所属单位的各项经费收支均需通过学校财务处或经批准设立的二级财务机构核算；学校及所属部门主办的文件，凡涉及财务收支等经济事项的，须由学校财务处主办或经财务处会签；凡涉及校产变动和学校权益的经济事项，财务处等有关部门应参与研究；有关经济合同或协议在正式签订前应征求财务处等有关部门的意见，经济合同或协议的副本报财务处备案。

第十条　按照全面性、重要性、制衡性和适应性原则，建立健全学校内部控制体制机制，保证学校经济和业务活动合法合规，资产安全和使用有效，财务信息真实完整，有效防范舞弊和预防腐败，提高资源利用的效率和效果。

第三章 预算管理

第十一条 预算是指学校根据事业发展目标和计划编制的年度财务收支计划。预算由校级预算和所属二级单位预算组成，内容包括收入预算和支出预算，学校的全部收入和支出都应当纳入预算。

第十二条 学校预算编制遵循“统筹兼顾、勤俭节约、量入为出、讲求绩效、收支平衡”的原则。收入预算编制应当积极稳妥；支出预算编制应当统筹兼顾、保证重点、勤俭节约、讲求绩效。

学校预算必须收支平衡，不得编制赤字预算。

第十三条 财务处参考以前年度预算执行、结转和结余情况，根据预算年度事业发展目标、计划与财力可能，以及年度收支增减因素，提出预算建议方案，经校领导班子集体审议通过后，由校长签发执行并报主管部门备案。

第十四条 校内各二级单位在学校下达的预算额度内，结合年度工作任务、目标，按预算编制规定编制年度细化预算方案，经单位领导班子集体审议通过后，报学校审核批准，由财务处下达并监督执行。

任何单位不得超学校下达的预算额度编制赤字预算。

第十五条 对基本支出以外发生的、为完成特定工作任务和事业发展目标的支出项目，包括基本建设、大型修缮、大型购置、大型会议、有关事业发展专项计划、专项业务等，学校根据当年财力情况，按轻重缓急、综合平衡原则列入年度预算。

第十六条 学校实行预算项目库管理制度。所有入库项目均应经过评估、论证，论证结果作为入库的重要依据。只有经批准立项、进入项目库的项目，才能编列预算。除紧急情况外，未入库的项目一般不予编列预算。

学校应对项目实施绩效进行考评，考评结果作为后续预算的重要依据。

第十七条 学校及所属二级单位应当严格执行批准的预算。学校建立预算执行全过程跟踪和考核机制、预算执行风险评估和预算执行分析与信息反馈机制，确保预算严格有效执行。

如事业计划有较大调整，或者根据国家有关政策增加或者减少支出，对预算执行影响较大时，可以按规定程序调整预算。

收入预算调整后，相应调增或调减支出预算，确保收支平衡。

第十八条 财务决算是指学校根据预算执行结果编制的年度报告。财务决算由校长签发，并向教代会或教代会执委会、党委常委会报告。

学校应当按照规定编制年度决算，加强决算审核和分析，保证决算数据完整、准确，真实反映学校财务状况；强化决算分析结果的反馈与运用，形成预算、决算相互反映、相互促进的机制。

第四章 收入管理

第十九条 收入是指学校开展教学、科研及其他活动依法取得的非偿还性资金。学校收入包括：

(1)财政补助收入，即学校从同级财政部门取得的各类财政拨款。包括：

①财政教育拨款，即学校从同级财政部门取得的各类财政教育拨款。

②财政科研拨款，即学校从同级财政部门取得的各类财政科研拨款。

③财政其他拨款，即学校从同级财政部门取得的本条上述拨款范围以外的财政拨款。

(2)事业收入，即学校开展教学、科研及其辅助活动取得的收入。包括：

①教育事业收入，指学校开展教学及其辅助活动所取得的收入，包括：通过学历和非学历教育向学生个人或者单位收取的学费、住宿费、委托培养费、考试考务费、培训费和其他教育事业收入。

按照国家有关规定应当上缴国库或者财政专户的资金，不计入教育事业收入；从财政专户核拨给学校的资金和经核准不上缴国库或财政专户的资金，计入教育事业收入。

②科研事业收入，指学校开展科研及其辅助活动所取得的收入，包括：通过承接科研项目、开展科研协作、转化科技成果、进行科技咨询等取得的收入。科研事业收入不包括按照部门预算隶属关系从同级财政部门取得的财政拨款。

（3）上级补助收入，即学校从主管部门和上级单位取得的非财政补助收入。

（4）附属单位上缴收入，即学校附属独立核算单位按照有关规定上缴的收入。

（5）经营收入，即学校在教学、科研及其辅助活动之外，开展非独立核算经营活动取得的收入。

（6）其他收入，即本条上述规定范围以外的各项收入，包括投资收益、利息收入、捐赠收入等。

第二十条 学校及所属单位组织收入必须合法合规。各项收费必须严格执行国家规定的收费范围和标准，并使用合法票据；各项收入必须全部纳入预算，统一管理，统一核算。任何单位和个人不得擅列收费项目或自购自制票据私自收费，不得隐瞒、滞留、截留、挪用、坐支及私分私存应由财务处或二级财务机构核算的收入。严禁设置“小金库”。

第二十一条 学校鼓励各单位在保证完成教学、科研等工作任务的前提下，在国家法律法规和政策允许范围内，利用学校人才、科技优势和仪器设备等资源，向社会提供有偿服务，增加学校收入。

学校及所属各单位在开展有偿服务时，必须合法合规，诚实守信，必须坚持社会效益与经济效益并重。

第二十二条 学校对按照规定上缴国库或财政专户的资金，按照国库集中收缴的有关规定及时足额上缴，不得隐瞒、滞留、截留、挪用和坐支。

第五章 支出管理

第二十三条 支出是指学校开展教学、科研及其他活动发生的资金耗费和损失。学校支出包括：

（1）事业支出，即学校开展教学、科研及其辅助活动发生的基本支出和项目支出。

基本支出是指学校为了保障其正常运转、完成教学科研和其他日常工作任务而发生的支出，包括人员支出和公用支出。

项目支出是指学校为了完成特定工作任务和事业发展目标，在基本支出之外所发生的支出。

（2）经营支出，即学校在教学、科研及其辅助活动之外开展非独立核算经营活动发生的支出。经营支出应当与经营收入配比。

（3）对附属单位补助支出，即学校用财政补助收入之外的收入对附属单位补助发生的支出。

（4）上缴上级支出，即学校按照财政部门和主管部门的规定上缴上级单位的支出。

（5）其他支出，即本条上述规定范围以外的各项支出。包括利息支出、捐赠支出等。

第二十四条 学校各项支出必须全部纳入学校预算，建立健全支出管理制度，不得无预算或超预算支出。

第二十五条 学校的各项支出必须严格执行国家和上级主管部门有关财务规章制度规定的开支范围和标准；国家和上级主管部门有关财务规章制度没有统一规定的，由学校结合实际规定，报主管部门备案。

第二十六条 学校从财政部门或主管部门取得的有指定项目和用途的专项资金，必须严格执行预算核定的开支范围、支出额度，专款专用、单独核算。项目完成后，及时报送专项资金支出决算和使用效果的书面报告，接受财政部门或主管部门的检查、验收。

第二十七条 严格执行国库集中支付制度、政府采购制度和公务卡管理制度等有关规定；依法加强各类票据管理，确保票据来源合法、内容真实、使用正确，不得使用虚假票据。

第二十八条 学校应当加强支出管理，规范支出行为，严格支出审核，保证各项支出真实、合法、合规，禁止虚列虚报；加强支出绩效评价，提高资金使用的有效性。

第二十九条 各部门、各单位的行政负责人为本部门、本单位的“一支笔”。学校实行单位负责人“一支笔”审批制度。在预算限额内，单位的各项支出必须经“一支笔”审批。“一支笔”必须严格执行财经纪律和财务报销的各项规章制度，加强支出真实性、合规性审核，对支出的真实性、合法性负责。

学院各项支出在提交“一支笔”审批前，应由行政副院长审核并签署意见。大额支出或超预算支出，应提交党政联席会议研究。

其他单位、部门的大额支出，除“一支笔”审批外，还需要分管校领导审批。

第六章　结转和结余管理

第三十条　结转和结余是指学校年度收入与支出相抵后的余额。

结转资金是指当年预算已执行但未完成，或者因故未执行，下一年度需要按原用途继续使用的资金。

结余资金是指当年预算工作目标已完成，或者因故终止，当年剩余的资金。

第三十一条　经营收支结转和结余是指学校从事非独立核算经营活动所产生的收支差额。

经营结转资金是指经营活动中未完成项目的经营收支结余结转下年继续使用的资金；经营结余资金是指本期经营结余弥补以前年度亏损后的余额。

经营收支结转和结余单独反映。

第三十二条　财政拨款结转和结余资金的管理，执行财政部门的规定。

第三十三条　非财政拨款结转按规定结转下一年度继续使用。非财政拨款结余可以按有关规定提取职工福利基金，剩余部分作为事业基金用于弥补学校以后年度收支差额；国家和上级部门另有规定的，从其规定。

第三十四条　学校加强事业基金管理，遵循收支平衡的原则，统筹安排，合理使用，支出不得超出基金规模。

第七章　专用基金管理

第三十五条　专用基金是指学校按照规定提取或者设置的有专门用途的资金。专用基金管理遵循先提后用、收支平衡、专款专用的原则，支出不得超出基金规模。

第三十六条　专用基金包括：

(1)职工福利基金，即按照非财政拨款结余的一定比例提取以及按照其他规定提取转入，用于单位职工的集体福利设施、集体福利待遇等的资金。

(2)学生奖助基金，即按照国家有关规定，按照事业收入的一定比例提取，在事业支出的相关科目中列支，用于学费减免、勤工助学、校内无息借款、校内奖助学金和特殊困难补助等的资金。

(3)其他基金，即按照其他有关规定，根据事业发展需要提取或者设置的其他专用资金。

各项基金的提取比例和管理办法，国家和上级部门有统一规定的，执行统一规定；国家和上级部门没有统一规定的，提取比例和管理办法由学校规定。

第八章　资产管理

第三十七条　资产是指学校占有或使用的能以货币计量的经济资源，包括各种财产、债权和其他权利。

第三十八条　学校的资产包括流动资产、固定资产、在建工程、无形资产和对外投资等。

第三十九条　流动资产是指可以在一年以内变现或者耗用的资产，包括现金、各种存款、零余额账户用款额度、应收及预付款项、存货等。

存货是指学校在开展教学、科研及其他活动中为耗用而储存的资产，包括各类材料、燃料、低值易耗品等。

学校要建立健全现金及各种存款的内部管理制度，确保资金安全。对应收及预付款项及时清理结算，不得长期挂账；对无法收回的应收及预付款项，查明原因，分清责任，按照规定程序批准后核销。对存货进行定期或者不定期清查盘点，保证账实相符。对存货盘盈、盘亏及时处理。

第四十条　固定资产是指使用期限超过一年，单位价值在1 000元以上(其中：专用设备单位价值在1 500元以上)，并在使用过程中基本保持原有物质形态的资产。单位价值虽未达到规定标准，但耐用时间在一年以上的大批同类物资，作为固定资产管理。

固定资产一般分为六类：房屋及构筑物；专用设备；通用设备；文物和陈列品；图书、档案；家具、用具、装具及动植物。

第四十一条　固定资产采用年限平均法或工作量法计提折旧。计提固定资产折旧不考虑残值。已提足折旧的固定资产，可以继续使用的，应当继续使用，规范管理。

文物和陈列品、图书、档案、动植物等，不计提折旧。

固定资产折旧不计入学校支出。

第四十二条　学校要建立健全固定资产内控体系，完善固定资产管理制度。单位负责人对本单位管理、占有、使用的固定资产负有管理责任，资产占有、使用人对资产的损毁、灭失承担直接责任。

财务部门负责固定资产的价值管理，资产管理部门负责固定资产的实物管理。财务部门与资产管理部门定期对账，做到账账相符；资产管理部门对固定资产定期或者不定期地进行清查盘点，保证账、卡、物相符。对固定资产的盘盈、盘亏按规定处理。

第四十三条 在建工程是指已经发生必要支出，但尚未达到交付使用状态的建设工程。

在建工程达到交付使用状态时，按照有关规定办理工程竣工财务决算和资产交付使用，及时结转固定资产。

第四十四条 无形资产是指不具有实物形态而能为使用者提供某种权利的资产，包括专利权、商标权、著作权、土地使用权、非专利技术以及其他财产权利。

学校通过外购、自行开发以及其他方式取得的无形资产应当合理计价，及时入账。学校转让无形资产，应当按照规定进行资产评估，取得的收入按照国家有关规定处理。学校取得无形资产而发生的支出，计入事业支出。

第四十五条 无形资产在其使用期限内采用年限平均法进行摊销。对于使用期限不确定的无形资产，摊销办法执行国家有关规定。

无形资产摊销不计入学校支出。

第四十六条 对外投资是指学校依法利用货币资金、实物、无形资产等方式向其他单位的投资。

学校严格控制对外投资。在保证学校正常运转和事业发展的前提下，按照规定可以对外投资的，应进行论证，经校领导班子集体研究决定，并履行有关审批程序。

学校不得使用财政拨款及其结余对外投资，不得从事股票、期货、基金、企业债券等投资。国家另有规定的除外。

以实物、无形资产等非货币性资产对外投资的，应按规定进行资产评估，合理确定资产价值。

第四十七条 资产处置遵循公开、公平、公正和竞争、择优的原则，严格履行相关审批程序。

学校及所属单位出租、出借资产，应履行有关审批程序。

第四十八条 学校对外投资收益以及资产出租、出借取得的收入，纳入学校预算，统一核算、统一管理。

资产处置收入实行收支两条线管理。

第四十九条 学校要建立健全资产管理制度，加强资产管理，按照科学规范、从严控制、保障事业发展需要的原则合理配置资产，建立资产共享、共用制度，提高资产使用效率。

第九章 负债管理

第五十条 负债是指学校所承担的能以货币计量，需要以资产或劳务偿还的债务。学校的负债包括借入款项、应付及预收款项、应缴款项、代管款项等。

借入款项是指学校向银行等金融机构借入的各类款项。

应付及预收款项包括学校应付职工薪酬、应付票据、应付账款、预收账款和其他应付款等款项。

应缴款项包括学校收取的应当上缴国库或者财政专户的资金、应缴税费，以及其他按照有关规定应当上缴的款项。

代管款项是指学校接受委托代为管理的各类款项。

第五十一条 学校对不同性质的负债分类管理，及时清理并按照规定办理结算，保证各项负债在规定期限内归还。

第五十二条 学校要建立健全财务风险控制机制，规范和加强借入款项管理，严格执行审批程序，不得违反规定举借债务和提供担保。

第十章 成本费用管理

第五十三条 学校根据事业发展需要，实行内部成本费用管理。

费用是学校为完成教学、科研、管理等活动而发生的当期资产耗费和损失。

成本核算是指按照相关核算对象和核算方法，对学校业务活动中发生的各种费用进行归集、分配和计算。

第五十四条 在支出管理基础上，将效益与本会计年度相关的支出计入当期费用；将效益与两个或者两个以上会计年度相关的支出，以固定资产折旧、无形资产摊销等形式分期计入费用。

第五十五条 费用按照其用途归集，主要包括：教育费用、科研费用、管理费用、离退休费用和其他费用。

教育费用是指学校在教学、教辅、学生事务和其他教育活动中发生的各项费用。

科研费用是指学校为完成所承担的科研任务而发生的各项费用。

管理费用是指为完成学校行政管理任务而发生的各项费用。主要包括：校级行政管理部门发生的各项费用，学校统一负担的工会经费、诉讼费、中介费、印花税、房产税和车船使用税等。

离退休费用是指学校负担的离退休人员社会保障和福利待遇方面的各项费用。

其他费用是指无法归属到本条上述费用中的其他各项费用。主要包括：对附属单位的补助、上缴上级支出、财务费用、捐赠支出等。

正确归集实际发生的各项费用；不能直接归集的，按照一定原则和标准合理分摊。

第五十六条 学校根据实际需要，逐步细化成本核算，开展学校、学院（系）和专业的教育总成本和生均成本等核算工作。科研活动成本的核算细化到科研项目。

学校要逐步实行内部成本费用管理，建立成本费用与相关支出的核对机制，以及成本费用分析报告制度。

第十一章　财务报告和财务分析

第五十七条 财务报告是反映学校一定时期财务状况和事业成果的总结性书面文件。学校定期向各有关主管部门和财政部门以及其他有关的报表使用者提供财务报告。

第五十八条 学校的年度财务报告包括资产负债表、收入支出表、财政拨款收入支出表、固定资产投资决算报表等主表，有关附表以及财务情况说明书等。

财务情况说明书，主要说明学校收入及其支出、结转、结余及其分配、资产负债变动、对外投资、资产出租出借、资产处置、固定资产投资、绩效评价的情况，对本期或者下期财务状况发生重大影响的事项，以及需要说明的其他事项。

第五十九条 财务分析是财务管理工作的重要组成部分。按照主管部门的规定，根据学校财务管理的需要，科学设置财务分析指标，开展财务分析工作。

财务分析指标主要包括反映学校预算管理、财务风险管理、支出结构、财务发展能力等方面的指标。

第十二章　财务监督

第六十条 学校财务监督的主要内容包括：

（1）预算编制、财务报告的科学性、真实性、完整性；预算执行的有效性、均衡性；

（2）各项收入和支出的合法性、合规性；

（3）结转和结余的管理情况；

（4）资产管理的规范性、有效性；

（5）负债的合规性和风险程度；

（6）对违反财务规章制度的问题进行检查纠正。

第六十一条 学校财务监督应当实行事前监督、事中监督、事后监督相结合，日常监督与专项检查相结合。

第六十二条 建立健全内部控制制度、经济责任制度、财务信息披露制度等监督制度，依法公开财务信息，依法接受主管部门和财政、审计部门的监督。

第十三章　附　则

第六十三条 学校基本建设投资财务管理，执行本制度。国家和上级部门另有规定的，从其规定。

第六十四条 本规定是学校财务管理的基础性文件，其他涉及财务的相关制度、办法必须符合本规定精神。

第六十五条 学校独资设立或控股的企业单位执行企业财务管理相关制度。

第六十六条 本规定自公布之日起施行。原《安徽师范大学财务管理暂行办法》（校财字〔2000〕6号）同时废止。

第六十七条 本规定由财务处负责解释。

安徽师范大学校级科研机构管理办法

校科字〔2017〕3号　2017年4月20日

为规范和加强科研机构管理，发挥科研机构在出成果、出人才、出经验方面的积极作用，结合学校实际，制定本办法。

第一条　本办法所指的校级科研机构包括由学校批准成立的各类研究所、研究中心等。科研机构不列入学校行政机构序列，以依托单位建设和管理为主，学校协助统筹管理。

第二条　科研机构设立坚持“科学设置、分类管理、突出特色、从严控制”的原则，分为基础研究型和应用开发型两类。

第三条　科研机构原则上须具备下列基本条件：

（1）科研方向应与依托单位学科建设方向相契合，有明确的中、长期规划及建设目标；

（2）有造诣较深的学术带头人和合理的学术团队，学术带头人和团队成员不得与其他科研机构交叉重复；

（3）具有承担和完成科研任务的能力。以基础研究为主的科研机构，三年内应主持国家级科研项目至少1项；以应用开发为主的科研机构，三年内横向科研到账经费总额在50万元及以上；

（4）科研机构成员发表研究成果时，应注明科研机构名称；

（5）依托单位给予稳定的经费支持，有健全的管理制度、独立的科研场所、良好的实验条件或充足的图书资料。

第四条　科研机构应按照以下程序申请设立：

（1）拟设立科研机构的依托单位向科研处提交申请论证报告；

（2）科研处进行审核，对符合条件的，提交校教授委员会进行论证；

（3）根据论证结果，科研处提出初步意见，经分管副校长批准和校长审核，报校长办公会议审批后设立。

第五条　科研机构设负责人一名，由副教授以上职称或具有博士学位的在职在编人员担任，机构人员的聘任与管理实行负责人制。

第六条　科研机构的名称统一规范为：安徽师范大学×××研究所或研究中心，由学校统一刻制公章。公章由依托单位保管，依据《安徽师范大学印章管理规定》和科研机构管理办法使用。

第七条　在科研机构工作的教师应按照学校的教学计划完成教学任务，鼓励科研机构为学生提供实习实训基地。

第八条　在分管副校长的领导下，科研处负责对科研机构实施管理、检查、评估等工作。

第九条　科研机构更名或撤销，应由依托单位提出书面报告，由科研处审查后，经分管副校长批准和校长审核，报校长办公会议审批后撤销。

第十条　科研机构所有经费须纳入学校专门账户统一管理。对于私设账户的科研机构，学校将依据相关规定严肃处理。

第十一条　科研机构的评估与考核：

（1）科研机构依据建设目标进行考核，建设周期为三年；建设期内每年须向科研处提交自查报告，一个周期结束后学校组织集中考核。

（2）对考核优秀的科研机构，学校给予表彰和奖励；对考核不合格的科研机构，由科研处责成依托单位进行整改，整改无效予以撤销。

第十二条　本办法自发布之日起执行，由科研处负责解释，原《安徽师范大学科研机构管理暂行办法》（校科字〔2007〕11号）同时废止。

安徽师范大学科研项目管理经费使用办法

校科字〔2017〕4号　2017年4月20日

为规范学校科研管理经费使用，提高经费使用效益，根据《关于加强中央部门所属高校科研经费管理的意见》《关于改革完善省级财政科研项目资金管理等政策的实施意见》等有关文件精神，结合学校实际，特制定本办法。

第一条　科研项目管理经费是指学校为项目研究提供条件和服务而提取的管理专项费用，包括实际到学校财务账户的纵向科研项目、横向科研项目以及科技成果转让等经费的提取部分。

第二条　科研管理经费实行校院两级管理，提取具体比例依据学校有关管理办法。

第三条　学校设立科研项目管理经费专门账户，专款专用，实行分类管理与使用。

纵向科研项目管理经费的支出主要包括项目评审费、结题验收费、成果检索费、成果鉴定费、咨询费、专用设备购置费、差旅费、会议费、培训费、办公费和劳务费等。

横向科研项目及科技成果转让经费的支出主要包括项目评审费、结题验收费、成果检索费、成果鉴定费、咨询费、专用设备购置费、差旅费、会议费、培训费、办公费、劳务费、考察费、公务接待费、其他商品和服务支出等。

第四条　科研项目管理经费使用单位负责人是第一责任人。

第五条　经费使用与报销须严格执行学校财务有关管理规定，任何单位和个人不得截留与挪用。

第六条　本办法自公布之日起施行，原《安徽师范大学科研项目管理经费使用暂行办法》（校科字〔2010〕17号）和《关于学校科研项目管理经费使用的暂行规定》（校科字〔2016〕9号）同时废止。

第七条　本办法由科研处负责解释。

安徽师范大学科研项目资金管理细则(试行)

校财字〔2017〕12号　2017年12月21日

第一章　总　则

第一条　为规范科研资金使用和管理,提高资金使用效益,根据《关于进一步完善中央财政科研项目资金管理等政策的若干意见》(中办发〔2016〕50号)、《关于改革完善省级财政科研项目资金管理等政策的实施意见》(皖办发〔2016〕73号)等文件精神,制定本细则。

第二条　科研资金是用于资助技术人员开展科学研究的专项资金,必须纳入学校财务统一核算、管理;科研资金使用必须符合财经法律法规和科研经费管理的有关规定。

第三条　项目负责人是项目资金使用的直接责任人,对资金使用的合规性、合理性、真实性和相关性承担法律责任。

项目负责人应当依法据实编制项目预算和决算,并按照项目批复的预算、计划书和相关管理制度使用资金,接受相关部门的监督检查。

第四条　项目依托单位和学校科研、财务、审计、监察等部门按照各自的职责和权限,加强对项目资金的管理和监督。

第二章　预算管理

第五条　科研项目获准立项后,项目负责人根据研究工作的实际需要,按照目标相关性、政策相符性和经济合理性原则,科学、合理、真实地编制项目预算。

第六条　跨单位合作的项目,确需外拨资金的,外拨资金部分应在项目预算中单独列示,并附外拨资金直接费支出预算。

第七条　在预算总额不变的情况下,因研究工作需要确需调整的,必须履行预算调整程序。纵向科研项目预算调整执行《安徽师范大学在研纵向科研项目预算调整办法》(校科字〔2016〕14号),横向科研项目预算调整执行《安徽师范大学横向科研经费管理办法(修订)》(校办字〔2017〕7号)。

第八条　项目预算(含调剂预算)经科研处审核批准,并通过科研经费管理系统提交财务处执行。

第九条　项目负责人必须严格按照批准的预算使用经费,不得无预算或超预算支出。

第三章　直接费用报销要求

第十条　直接费用包括:设备费、材料费、测试化验加工费、燃料动力费、差旅费、会议费、国际合作与交流费、出版/文献/信息传播/知识产权事务费、劳务费、专家咨询费、资料费、数据采集费及其他支出等。

第十一条　报销直接费用的材料要求

(1)设备费是指项目研究过程中购置或试制专用仪器设备,对现有仪器设备进行升级改造,以及租赁外单位仪器设备发生的费用。自然基金资助项目一般不报销通用办公设备。报销设备费应具备的材料:

①购置或租赁仪器设备费:购置或租赁仪器设备发票,购置设备的固定资产入库单,购置或租赁合同,采购申请表。

②试制专用仪器设备费用:试制专用仪器设备所购置的材料、元器件的发票及采购清单,试制的专用仪器设备固定资产入库单,材料、元器件的采购申请表。

办理试制专用仪器设备固定资产入库时,需要确认试制的专用仪器设备的价值。专用仪器设备价值=材料、元器件等成本+未抵扣的增值税+试制人员劳务费用。

③升级改造仪器设备费用:升级改造仪器设备所购置的材料、元器件的发票及采购材料清单,升级改造后的仪器设备的固定资产入库单,材料、元器件的采购申请表。

升级改造仪器设备所产生的费用,应计入升级改造后的仪器设备的价值,并办理固定资产入库手续。升级改造后的仪器设备价值=原仪器设备价值-累计折旧费+升级改造该仪器设备的支出。

(2)材料费是指项目研究过程中消耗的各种原材料、辅助材料、低值易耗品等的采购及运输、装卸、整理等费用。

报销材料费用应具备的材料:发票及采购

材料清单，单笔采购金额在3000元以上的，需材料验收入库单，单笔金额在2万元及以上的，需采购合同和采购申请表。

(3)测试化验加工费是指在项目研制过程中支付给外单位(包括学校独立经济核算单位)的检验、测试、化验及加工等费用。

报销测试化验加工费用应具备的材料：发票或经费划拨单(学校内部测试化验及加工)，金额在2万元及以上的，需附合同，学校内部检验测试化验加工的，可以不附合同。

(4)燃料动力费是指在项目研究过程中相关大型仪器设备、专用科学装置等运行发生的可以单独计量的水、电、气、燃料消耗费用等。

报销燃料动力费的材料：发票或经费划拨单及水、电、气消耗明细单。

(5)差旅费是指在研究过程中开展科学实验(试验)、科学考察、业务调研、学术交流等所发生的外埠差旅费、市内交通费等。

差旅费的开支范围和标准执行《安徽师范大学差旅费管理办法》(校办字〔2015〕16号)和《关于修改〈安徽师范大学差旅费管理办法〉部分条款的通知》(校财字〔2017〕2号)。特殊情况的处理方法如下：

①有往返车票、无住宿发票的差旅费报销：凭往返车票、依托单位分管科研的负责人签字确认的没有住宿费发票的情况说明，可以报销差旅费和出差期间的伙食补助、市内交通补贴。

②有往或返车票、无住宿发票的差旅费报销：凭往或返车票，依托单位分管科研的负责人签字确认的没有住宿费发票和车票不全的情况说明，可以报销差旅费和出差期间的伙食补助、市内交通补贴。

③无法取得住宿费发票(如野外考察等)的差旅费报销：凭载有住宿人数、天数、住宿标准、收款人姓名和身份证号的住宿费收款收据(条)和收款人手持身份证、收据(条)与付款人在居住地的合影，可以据实报销住宿费。

④无法取得交通费票据(如野外考察、标本采集等)的差旅费报销：凭载有收款人姓名和身份证号的收款收据(条)和收款人手持身份证、收据(条)与报账人在所乘用的交通工具前合影，可以据实报销交通费。

⑤通过公务用车平台租车的差旅费报销：公务用车平台提供的发票、公务用车申请单、公务用车结算单，住宿费发票和从开票系统打印出来的住宿明细，在用车后30天内，报销租车费、住宿费和限额(80元/天)内的市内交通费，并按规定发放出差期间的伙食补助。租车费、住宿费必须一起报销，不得分开单独报销。

⑥自驾车(距离在200公里以内，超过200公里应选择乘坐公共交通工具，下同)的差旅费报销：按城市间公共交通工具往返的费用标准报销交通费，凭住宿费发票和从开票系统打印出来的住宿明细报销住宿费，并按规定发放出差期间的伙食补助和市内交通补贴。

⑦无往返车票、住宿发票(如自驾车当天往返)的差旅费报销：提供报账人和自带交通工具在起点和终点(有明显标志)的合照，可按城市间往返交通费标准报销交通费，并按规定发放出差期间的伙食补助和市内交通补贴。

报销差旅费时，如所提供材料不能证明出差人数的，按一人计发伙食补助和市内交通补贴；不能证明出差天数，按一天计发伙食补助和市内交通补贴。

(6)会议费是指在项目研究过程中为组织开展学术研讨、咨询以及协调项目研究工作等活动而发生的会议费用。会议费开支范围和标准须符合《安徽省省直机关会议培训活动经费管理办法》(财行〔2013〕1607号)的有关规定。在未纳入会议定点管理范围的、价格低于会议综合定额标准的单位内部宾馆、培训中心、会议中心等场所举办会议，可以视为符合“会议场所定点管理”的规定。

报销会议费应具备的材料：发票及住宿费、伙食费、场地使用费等费用明细结算单，会议通知(会议天数、会议开支范围和标准)，参会人员签到表，合同(协议)。

受邀参加会议代表所发生的城市间交通费，原则上由代表所在单位报销。项目负责人邀请的国内外专家、学者和有关人员参加会议，确需负担的城市间交通费、国际旅费，可以在会议费中列支。报销特邀代表城市间交通费的，需提供特邀代表的车(机、船)票、城市间交通费、国际旅费等。

(7)国际合作与交流费是指在项目研究过程中项目研究人员出国(境)、国(境)外专家来

华(内地)工作的费用。报销国际合作与交流费应具备的材料:

①中外文邀请函,出国(境)任务批件(无批件的除外),出国(境)计划表,按期返校(入境)证明(归国凭证,在国际教育学院网站下载,下同),在国(境)外期间的汇率表,经校外事部门审核的有效的费用明细票据,包括国际旅费、国(境)外城市间交通费、住宿费、伙食费、公杂费和其他费用,开支范围和标准参照有关规定执行。

②国(境)外专家来校工作:往返国际旅费(机、车、船票),入境城市到学校的交通费,需要支付咨询费、劳务费的,执行咨询费、劳务费报销规定。

(8)出版、文献、信息传播、知识产权事务费是指在研究过程中,需要支付的出版费、资料费、专用软件购置费、文献检索费、专业通讯费、专利申请及其他知识产权事务等费用。报销出版/文献/信息传播/知识产权事务费应具备的材料:

①版面费:发票,用稿通知或期刊封面和目录的复印件。

②出版费:发票,出版合同。如需在著作出版前支付出版费,可以先借款,待著作出版后再报销。

③专利申请及其他知识产权事务费:发票,专利受理通知。

④专用软件购置费:发票,无形资产入库单;5万元及以上的,需附采购合同和采购申请单。

⑤文献检索费:发票,文献检索清单。

⑥专业通讯费:发票(含电子发票)或划拨单。

(9)资料费是指研究过程中需要支付的图书(包括外文图书)购置费,资料收集、整理、复印、翻拍、翻译费,专用软件购置费,文献检索费。报销资料费应具备的材料:

①图书购置费:发票及从开票系统打印出来的、加盖销售单位公章的书目清单,单笔金额在1000元及以上的,需提供盖有本单位公章或单位资料室入库登记章的图书入库清单。

②资料收集、整理、复印、翻拍、翻译费等:上述事项产生的劳务费,按报销"劳务费"的要求办理,产生的打(复)印费、印刷费,按本章第13款报销"打(复)印费、印刷费"的要求办理。

③专用软件购置费、文献检索费报销见"出版/文献/信息传播/知识产权事务费"相关要求。

(10)劳务费是指在项目研究过程中支付给参与项目研究的研究生、博士后、访问学者以及临时聘用人员、科研辅助人员的劳务费用。项目聘用人员劳务费开支标准参照芜湖市科学研究和技术服务业人员平均工资水平以及在项目研究中承担的工作任务确定,其社会保险补助费用纳入劳务费科目列支。

报销劳务费应具备的材料:劳务费发放表,包括劳务费发放对象的姓名、身份证号/学号、银行卡号、报账人联系电话等,劳务费直接打入收款人个人银行卡。

以现金方式支付的劳务费(不具备转账支付条件,如向导费),需提供载有收款人签名或手印、身份证号码的收款收据(条),收款人手持身份证、收款收据(条)与付款人的合影等。

(11)专家咨询费是指在项目研究过程中支付给临时聘请的咨询专家的费用。咨询费以转账方式或直接打入咨询专家的个人银行卡。

专家咨询费标准执行《中央财政科研项目专家咨询费管理办法》(财科教〔2017〕128号):高级专业技术职称人员:1 500~2 400元/天(税后);其他专业人员:900~1 500元/天(税后)。院士、全国知名专家,可按高级专业技术职称人员的专家咨询费标准上浮50%执行。

不同组织形式专家咨询费标准(摘自财科教〔2017〕128号)

会期组织形式	半天	不超过2天(含2天)	超过两天
会议	规定标准×60%	规定标准	第一、二天:按规定标准执行。 第三天及以后:按规定标准的50%执行。
现场访谈或勘察	按照上述以会议形式组织的专家咨询费相关标准执行。		
通讯	按次计算,每次按照规定标准的20%—50%执行。		

报销咨询费应具备的材料：咨询专家姓名，职称或学术称号，银行卡号，身份证号，咨询形式，咨询时间，执行标准，报账人联系电话。根据咨询组织形式不同，还需补充如下材料：

①以会议形式咨询的，需附会议通知、咨询专家签到表；

②以现场访谈或勘察形式咨询的，需注明访谈或勘察的时间、地点；

③以通讯形式咨询的，请提供信函或邮件截图复印件。

无论以何种组织形式咨询，咨询内容、结果或专家回复等材料均应留存备查。禁止以咨询费名义变相发放劳务费。

(12)数据采集费是指项目研究过程中发生的调查、访谈、数据购买、数据分析及相应技术服务购买等支出的费用。报销数据采集费应具备的材料：

①以调查、访谈方式采集数据费用：需要支付调查、访谈对象劳务报酬的，按报销劳务费要求办理；产生的交通费、住宿费执行差旅费报销规定。

②购买数据费用：按报销设备费或专用软件购置费的要求办理。

③购买数据分析及相应技术服务费用：发票，单笔金额2万元及以上的，需服务合同及采购申请表。

(13)印刷出版费是指研究过程中支付的打(复)印费、印刷费及阶段性成果出版费。报销印刷出版费应具备的材料：

①打(复)印费、印刷费：发票或划拨单，打(复)印或印刷材料清单(包括打印或印刷内容、数量、单价等)。

②发表论文的版面费、阶段性成果出版费的报销见“出版/文献/信息传播/知识产权事务费”的相关要求。

(14)外拨资金是指因合作研究需要拨付给合作研究单位的研究经费，包括转拨资金和外协经费。

①转拨资金是指多个单位(2个或2个以上)共同承担的项目，项目依托单位根据合作单位承担的研究任务，将合作研究资金划拨至合作单位。

转拨资金需具备的材料：合作项目合同或立项部门批准的计划任务书，项目预算书中列示的外拨资金预算，转拨额度、拨付方式、收款单位、开户银行和账号(必须与合同或计划任务书相符)，科研处审核批准文件。

②外协经费是指因项目研究需要，将部分研究工作以合同方式委托给其他单位所发生的支出。

拨付协作经费需具备的材料：发票，协作项目合同，收款单位及开户银行、账号，科研处的审核批准文件。

转拨资金或外协经费审批流程：转拨资金或外协经费5万元以下的，项目负责人所在单位分管领导审批后，提交科研处审核批准；5万元(含5万)至30万元的，项目负责人所在单位教授委员会审议和党政联席会议审核同意后，提交科研处审核批准；30万元以上(含30万元)的，项目负责人所在单位教授委员会和党政联席会议审核同意，报经科研处审核批准后，报主管校领导审批。

第十二条 报账人携带上述材料，按网上报销要求填写报销凭证，履行审批手续后到财务处报销。购买仪器设备、货物、软件或服务等，涉及政府采购的，请在报销时注明。

第十三条 设备费、大宗材料费和测试化验加工费、大额文印费、专家咨询费、劳务费等均采取转账的方式，直接将费用打到对方账户；会议费、差旅费、小额材料费和测试化验加工费等，执行公务卡结算规定；在不具备刷卡条件的偏远或农村地区，或小额零星支出，可以使用现金支付，但需要说明理由，由经办人、证明人签字，审批人签批，在确保真实性的情况下准予报销。

第四章 间接费用管理

第十四条 间接费用是指在项目实施过程中发生的无法在直接费用中列支的相关费用，主要用于补偿学校为项目研究提供的现有仪器设备及房屋、水、电、气消耗等，有关管理费用，以及绩效支出等。

第十五条 间接费用按《安徽师范大学纵向科研项目间接费用管理办法》(校科字〔2017〕12号)规定比例提取和分配。

第十六条 管理费用由学校统筹用于科研管理；间接成本在项目经费到账后提取，由学校统筹管理，主要用于补偿学校为项目研究提供的现有仪器设备及房屋、水、电、气消耗等。

第十七条 纵向科研项目绩效支出执行《安徽师范大学纵向科研项目间接费用绩效支出发放细则》（校科字〔2016〕13号），横向科研项目绩效支出执行《安徽师范大学发放横向科研项目间接费用绩效支出的实施细则》（校科字〔2014〕27号），由科研处统一审核、造册发放，科研项目绩效直接打入个人银行卡。

第五章 项目资金决算及结余资金管理

第十八条 项目研究结束后，项目负责人应根据财务系统打印的项目支出明细表，如实编制项目资金决算。任何人不得随意调账变动支出、随意修改记账凭证。科研、财务、审计等部门要对项目资金决算进行审核并签署意见。

第十九条 有外拨资金的项目，外拨资金决算经合作研究单位科研、财务、审计部门审核并签署意见后，由项目负责人汇总编制项目资金决算。

第二十条 项目完成并通过验收后，结余资金留归学校使用，在2年内由学校统筹安排用于基础研究或后续研究的直接支出；项目负责人在项目结题验收后如需继续使用结余资金，需提出申请，经批准后使用。2年后未使用完的，按原渠道退回。

第六章 附 则

第二十一条 本细则自颁布之日起执行。以前规定与本规定不一致的，以本规定为准。

第二十二条 本细则由财务处、科研处负责解释。

安徽师范大学专利管理规定

校办字〔2017〕32号　2017年6月13日

第一章　总　则

第一条　为进一步调动学校师生员工发明创造积极性，保护知识产权，维护学校合法权益，规范专利管理工作，根据《中华人民共和国专利法》《中华人民共和国专利法实施细则》《计算机软件保护条例》等，结合学校实际，制定本规定。

第二条　本规定适用于在学校任职的教师、职员、临时聘用人员、实习人员，以学校名义从事科研活动的博士后、访问学者和进修人员，以及在校学生等。

第三条　本规定所称的“专利”包括：

(1)发明专利，实用新型专利，外观设计专利。

(2)计算机软件著作权。

第二章　权利归属

第四条　学校师生员工执行学校的任务、履行工作职责或者主要是利用学校的名义、物质技术条件所完成的发明创造，应为职务发明创造。主要包括：

(1)在学校本职工作中作出的发明创造。

(2)履行学校交付的本职工作之外的任务所作出的发明创造。

(3)退休、调离学校后或者劳动、人事关系终止后1年内作出的，与其在学校承担的本职工作或者学校分配的任务有关的发明创造。

(4)主要是利用学校的资金、设备、材料、试验条件、场地或者不对外公开的技术资料等完成的发明创造，以及利用学校的名义获得的资金、设备、材料、试验条件、场地或其它物质技术条件所完成的发明创造。

第五条　学校师生员工完成的职务发明创造，其专利申请权及申请被批准后的专利权属于学校；未经学校许可，任何单位和个人都无权使用、许可和转让。

第六条　学校接受其他单位或个人委托开发所完成的职务发明创造，除另有协议外，其专利申请权及申请被批准后的专利权属于学校；学校与其他单位或个人合作开发完成的职务发明创造，除另有协议外，其专利申请权及申请被批准后的专利权属于学校和合作的单位或个人共有。

第三章　申　报

第七条　发明人或设计人申请专利时，须按要求填写《安徽师范大学专利申报审核表》，经所在单位负责人审核、单位盖章，报科研管理部门审批后，由学校委托专利代理机构办理专利申请，或自行办理专利申请。

第八条　发明人或设计人自行办理专利申请的，须在收到国家相关部门有关决定通知书、证书等文件材料后30个工作日内，将原件送交科研管理部门备案存档。

第四章　实施及收益分配

第九条　学校为权利人的专利技术的申请权转让、专利权转让、专利实施许可，由学校科研管理部门代表学校签约，并按有关规定办理登记、备案等手续，具体管理工作参照《安徽师范大学科技成果转让、许可管理细则》执行。

第十条　学校为权利人的专利技术转让、许可所得收益中，80%作为对发明人或设计人及转化工作中做出重要贡献人员的奖励（含税），10%作为发明人或设计人所在单位的发展基金，5%作为科研管理费，5%作为学校收益。

第十一条　学校为权利人的专利技术，作价投资入股实施转化，发明或实用新型或计算机软件著作权技术入股所占份额不得低于30%，外观设计技术入股所占份额不得低于5%。学校每年按股份所得收益参照第十条规定分配。

第十二条　学校为权利人的专利技术，由学校组织实施转化或与他人合作转化，在项目成功投产后，学校每年应当从实施该发明或实用新型或计算机软件著作权所得利润纳税后提取不低于10%的收益，或者从实施该外观设计所得利润纳税后提取不低于2%的收益，所得收益参照第十条规定分配。

第十三条　学校为权利人的专利技术，由发明人或设计人自行组织实施转化，在项目成功投产后，学校每年应当从实施该发明或实用新型或计算机软件著作权所得利润纳税后提取不低于5%的收益，或者从实施该外观设计所得利润纳税后提取不低于1%的收益；所得收益中，50%作为发明人或设计人所在单位的发展基金，5%作为科研管理费，45%作为学校收益。

第五章　资　助

第十四条　学校设立专利基金，用于资助学校职务发明创造技术成果的专利申请。发明人或设计人均为在校学生的专利申请，每位学生作为第一发明人或设计人可申请资助2件；其他人员作为第一发明人或设计人申请专利确有经费困难的，可申请资助1件。

第十五条　发明人或设计人申请专利资助时，须按要求填写《专利申请补助报告》，经所在单位负责人审核、单位盖章，报科研管理部门审批、备案。

第十六条　学校资助专利申请的相关费用，具体包括申请费、代理费、发明专利申请审查费、证书费、发明专利前5年年费、实用新型或外观设计前3年年费。

第十七条　学校资助的专利申请，在获得校外相关部门或机构专利资助与奖励后，资助与奖励资金拨入学校专利基金。专利授权后，根据学校规定，给予发明人或设计人奖励。

第六章　奖励与惩罚

第十八条　学校依法保护职务发明人或设计人的合法权益，按照国家规定给予奖励，并作为业绩考核和职称评定的指标之一。

第十九条　学校对职务发明人或设计人的专利奖励按照《安徽师范大学科研突出业绩奖励暂行办法》（校科字〔2012〕11号）执行，科研工作量认定按照《安徽师范大学科研工作量计算暂行办法》（校科字〔2010〕5号）执行；所获校外相关部门或机构专利资助与奖励资金的使用按照相应管理办法执行。

第二十条　学校保障特定情形下职务发明人或设计人获得奖励的权利。职务发明人或设计人与学校解除、终止劳动关系或者人事关系后，除与学校另有约定外，其从学校获得奖励的权利不变；职务发明人或设计人所获奖金可由继承人继承。

第二十一条　发明人或设计人应将专利奖励经费用于该专利权的维持，从专利授权之日起，3年内不得以经费不足为由放弃该专利权的维持。

第二十二条　存在下列情形之一，损害学校合法利益的，学校将根据有关规定严肃处理；构成犯罪的，依法追究其刑事责任：

（1）职务发明创造擅自或变相申报非职务发明专利。

（2）泄漏学校的技术秘密，造成学校资产流失。

（3）未征得学校同意，擅自转让、变相转让以及许可使用学校的职务发明专利。

（4）故意夸大技术水平、技术成熟度，引起专利转化合作纠纷。

第七章　附　则

第二十三条　本规定由科研处负责解释。

第二十四条　本规定自公布之日起实施。原《安徽师范大学专利管理暂行办法》（校科字〔2009〕15号）同时废止。

安徽师范大学科技成果转让和许可管理细则

校科字〔2017〕9号　2017年6月13日

为规范学校职务科技成果转让和许可工作，促进科技成果转化，根据《中华人民共和国促进科技成果转化法》《实施〈中华人民共和国促进科技成果转化法〉若干规定》等，结合学校实际，制定本细则。

第一条　本细则适用于学校职务科技成果的转让和许可。

第二条　本细则所称职务科技成果，是指本校任职的教师、职员、临时聘用人员、实习人员，以学校名义从事科研活动的博士后、访问学者和进修人员，以及在校学生等，因执行学校的任务、履行工作职责或者主要是利用学校的名义、物质技术条件所完成的科技成果，其知识产权归学校所有。学校承担其他单位或个人委托的，以及与其他单位或个人合作所取得的科技成果，其知识产权归属依据合同约定。

第三条　本细则所称科技成果转让和许可，包括专利申请权转让、专利权转让、专利实施许可及计算机软件著作权、技术秘密、版权等其他知识产权的转让和许可。

第四条　科技成果转让和许可应当遵守国家法律法规，依据公平公正原则签订书面合同，明确转让或许可的用途、范围、授权地区、授权期限及其他事项。

第五条　科研管理部门是学校科技成果转让和许可工作的归口管理部门，负责科技成果转让和许可合同的审批、报批及签署。

第六条　职务科技成果转让和许可价格，可通过以下任意一种方式进行确定：

(1)学校科研管理部门、科技成果完成人、受让方三方协议定价，并经公示环节进行确定。

(2)通过技术市场挂牌交易确定。

(3)通过技术拍卖交易确定。

(4)由第三方评估机构评估确定。

第七条　科技成果转让或许可前，学校须确认拟转让、许可的科技成果权属清晰，无知识产权纠纷；科技成果完成人意见统一；科技成果专利权(专利申请权)无放弃、终止或无效等情况。

第八条　科技成果完成人应拟定技术转让或许可合同，并填写《安徽师范大学科技成果转让和许可申请表》，经全体科技成果完成人确认，所在单位负责人审核、单位盖章后，携合同、成果简介、专利证书等材料报送科研管理部门审批。

第九条　科研管理部门和科技成果完成人与受让方洽谈时，须就所转让或许可的科技成果、定价方式、合同文本等取得一致意见。

第十条　协议定价的科技成果转让和许可，须在科研管理部门网站公示，公示内容包括成果信息、受让方和拟交易价格等，公示期为7天。

第十一条　对于公示期间实名提出异议的，科研管理部门应组织不少于3人的行业专家进行论证，并将论证结果反馈至科技成果完成人和异议提出者，如任何一方仍有异议，则应提交第三方评估机构进行评估，并以评估结论为准。

第十二条　单项科技成果转让和许可视金额按照学校相关决策规定履行程序。

第十三条　科技成果完成人应确保拟转让或许可的科技成果的真实性、完整性，并承诺未恶意侵犯第三方的知识产权。

第十四条　科技成果转让、许可所得收益中，80%作为对科技成果完成人及转化工作中做出重要贡献人员的奖励(含税)，10%作为科技成果完成人所在单位的发展基金，5%作为科研管理费，5%作为学校收益。

第十五条　因履行科技成果转让和许可合同发生纠纷，产生的赔偿费用，由学校、科研管理部门、科技成果完成人及所在单位按照第十四条约定的比例承担；因科技成果完成人故意或过失引起纠纷发生的赔偿费用，由科技成果完成人承担，并赔偿学校的经济损失。

第十六条　本细则由科研处负责解释，自公布之日起施行。

安徽师范大学基本建设管理暂行规定

校办字〔2017〕5号　2017年2月9日

第一章　总　则

第一条　为进一步规范和加强学校基本建设管理工作，提高决策水平，保证建设质量和投资效益，促进学校持续健康发展，根据《安徽省高校内部控制制度操作规程》（皖教财〔2016〕15号）和《安徽省教育厅直属学校基本建设管理办法》（皖教发〔2016〕8号）的相关规定，结合我校实际情况，制定本规定。

第二条　校园总体规划和校园基本建设规划的编制，校园各类建（构）筑物的新建及改扩建工程、水电气工程、绿化工程以及其它基础设施的维修装饰等基本建设项目，适用本办法。

第三条　基本建设管理必须坚持依法依规、安全优质、资源节约、廉洁自律的原则，全面贯彻“安全、经济、美观、绿色、适用”的建设方针，遵守程序，遵循规律，确保工程质量，最大限度发挥资金使用效益。

第四条　基本建设项目的决策必须严格执行“三重一大”制度。校园规划以及重大建设项目必须经过严格科学的可行性论证，经学校党委、行政集体研究决定。

第五条　学校要建立健全建设项目立项、招标、建设过程、工程验收等全过程管理制度，加强建设项目督查管理，强化建设项目全过程监控，防范廉政风险，确保工程项目的质量、进度和资金安全。

第六条　基本建设项目必须实行严格的预算管理和投资管理，积极争取中央预算内高等教育基本建设资金和省统筹教育专项资金补助的支持，积极探索资金筹措渠道和建设模式。

第二章　管理体系和职责

第七条　学校建立基本建设管理的议事决策机制，合理设置岗位，明确相关部门和岗位的职责权限，确保项目建议和可行性研究与项目决策、概预算编制与审核、项目实施与价款支付、竣工决算与竣工审计等不相容岗位相互分离。

第八条　校园总体规划、校园基本建设规划以及重大建设项目的立项、建设方案、投资计划和重大变更等，必须经学校党委常委会或校长办公会研究决定。

第九条　学校成立基本建设工作领导小组，作为学校基本建设有关重要事项的决策、监督和咨询机构，主要负责审核项目立项和准备阶段工作方案，审查项目招标方案、重要工程变更，监督项目质量、安全及完工进度，组织项目竣工验收工作。

第十条　学校基本建设项目领导小组的组长由分管基建工作校领导担任，成员由办公室、发展规划处、后勤管理处、基建处、财务处、审计处、资产管理处、保卫处、校工会、信息管理中心、档案馆等相关部门主要负责人和学院代表组成，领导小组下设办公室，办公室设在基建处。

第十一条　学校各职能部门根据职责分工负责基本建设的相关工作：

（1）办公室负责基本建设过程中涉及全校范围的组织协调工作。

（2）发展规划处负责组织确定学校各校区发展目标和具体功能定位，并对执行情况组织开展评价工作。

（3）财务处负责审查项目资金计划和资金筹集工作，监督工程资金使用情况，参与重大工程合同审查和工程竣工决算等。

（4）审计处负责项目建设全过程的跟踪审计检查，参与重大工程合同的审查工作，组织项目竣工决算审计，对完工项目进行投资评价等。

（5）资产管理处负责组织或委托建设项目的招标采购工作，包括政府采购和分散采购，参与重大工程合同审查。

（6）保卫处负责建设项目工程安全生产方案的审查，对安全文明生产措施的落实情况和校舍安全情况进行检查和监督。

（7）校工会负责组织教代会或教代会执委参与学校重大建设项目的论证工作，对基本建设项目的实施情况开展民主监督。

(8)信息管理中心负责基本建设项目中信息化建设内容的方案审查、建设协调和竣工验收工作。

(9)档案馆负责对基本建设项目实施全过程的档案建设工作进行检查指导,对档案的完整性进行界定并负责档案移交后的管理工作。

(10)后勤管理处负责校园总体规划的编制工作,负责改扩建及维修类项目的管理工作。

(11)基建处负责校园基本建设规划的编制工作,负责新建项目的管理工作。

第三章　校园总体规划和基本建设规划的编制管理

第十二条　校园总体规划是学校确定建设项目、开展基本建设的重要依据,具有前瞻性、稳定性和权威性,由相关职能部门根据学校中长期发展规划委托有资质的单位编制,不得随意更改。

第十三条　编制校园总体规划(含新编和修订,下同)必须坚持经济适用、美观大方、绿色低碳的原则,正确处理近期建设和远景发展的关系、改扩建校园和既有校园的关系,构建资源节约、绿色友好校园。

第十四条　编制校园总体规划必须做到与办学规模相匹配。校园建筑的规划指标应符合国家相关规定,要尊重标准、勤俭办学、把握节奏、保证安全,做到以人为本、统筹规划、实事求是、量力而行。

第十五条　学校对校园总体规划的编制实行信息公开制度,充分吸收师生员工参与,充分发挥校内各类决策咨询委员会的作用,尊重规划专业要求,遵守国家规划编制规范,尊重集思广益,做到科学决策、民主决策。

第十六条　学校每5年编制一次校园基本建设规划,确定5年内实施的建设工程,编制建设项目库滚动投资计划。确定年度基本建设项目,必须符合校园基本建设规划,未列入基本建设规划的项目,原则上不得申报立项。

第四章　建设项目前期管理

第十七条　学校对校园各类建(构)筑物的新建工程依法开展项目前期准备工作,制定校内立项管理办法,按照省发展改革委和省教育厅规定的程序办理立项审批或备案手续,制定规划设计、工程招标等方面的具体管理办法并严格执行:

(1)根据学校基本建设规划,项目使用单位在预期建设时间两年前向学校提出书面申请,经基建处牵头组织审核后报学校校长办公会或常委会研究决定。

(2)经学校同意立项的新建工程,由基建处按规定程序,委托有资质的单位编制项目建议书、可行性研究报告、方案设计和估算书、初步设计和概算书等报相关部门批准。

取得项目备案、审批文件的项目,如发生下列情形之一的,须重新办理建设项目备案、审批手续:

①建设地点发生变更的;

②建设内容发生较大变化的;

③建设规模或项目投资有较大变动;

④备案、审批文件有效期内未开工建设的。

(3)学校按照国家法律法规,对建设项目的勘察、设计、施工、监理、设备材料的采购、工程咨询及社会审计的委托、代建单位的选择等均依法实行招标。

第十八条　对于学校各类建(构)筑物的改扩建工程、水电气工程、绿化工程以及其它基础设施的维修装饰,根据项目实际情况和政府采购等相关政策规定,另行制定项目前期实施细则。

第五章　建设项目实施管理

第十九条　学校对建设项目依法实行合同管理制、招投标制、项目负责人和业主代表制、项目监理制。

第二十条　基建处或后勤管理处负责严格监督合同实施单位按照合同条款履行责任,完成合同规定内容,保护学校合法权益。合同履行完毕,基建处或后勤管理处应会同审计处、财务处等部门对合同履约和执行情况进行评估。

第二十一条　资产管理处负责建设项目的采购管理工作,招标范围和程序必须严格按照国家法律法规和学校有关规定执行。

第二十二条　建设项目实行项目负责人和业主代表制度。项目负责人由基建处或后勤管理处指定,对建设项目负主体责任;业主代表由项目使用单位指定,对建设项目负配合和监督责任。

第二十三条　新建工程和大型修缮工程严

格实行工程监理制度，由基建处或后勤管理处委托经过招标确定的监理单位对施工单位在质量、工期、进度、安全和资金使用等方面实施监督。

第二十四条 建设项目严格实行工程内容审签制度。基建处或后勤管理处按照立项和设计内容组织经过招标确定的施工单位开展建设工作，确需变更的，应当按照规定的权限和程序进行工程变更或现场签证审批。重大的项目变更应当按照项目决策和概预算控制的有关程序和要求重新履行审批手续。

第二十五条 建设项目的合理工期不得随意压缩或无故拖延。由于客观条件、不可抗力等原因导致工程停工的，由施工单位提交延期申请，经基建处或后勤管理处审查并报校基本建设项目领导小组审定。

第二十六条 学校制定并严格执行竣工验收决算审计制度。要求施工单位按时提交竣工决算书，经基建处或后勤管理处审核后交内部审计部门自行或委托会计中介机构对竣工决算进行审计。未实施竣工决算审计的建设项目，不得办理工程款结算手续。

第二十七条 工程竣工后施工单位应及时提交验收申请书，经监理单位审核无误后由基建处或后勤管理处组织相关单位共同进行验收。验收合格的建设项目经决算审计后编制交付使用财产清单，及时办理资产建账和移交手续。

第二十八条 档案馆负责建立健全建设项目档案管理制度，按照有关建设项目档案管理规定，由基建处或后勤管理处及时收集整理建设项目各环节的文件资料并报档案馆审查，建立完整的建设项目档案。

第二十九条 学校建设项目依法建立健全安全责任体系，明确各方的安全责任，确保施工现场和校园安全。

第三十条 学校依法完善工程质量控制体系，实行工程质量责任追究制度和工程质量终身负责制度，保证建设项目工程质量。

第三十一条 学校建立校舍安全隐患消除机制。对经排查鉴定存在安全隐患、影响安全使用的校舍，及时进行维修改造，排除隐患。

第六章 建设项目资金管理

第三十二条 学校基建财务必须纳入学校一级财务集中管理。财务处对基本建设的财务活动实施会计核算、财务管理和财务监督，实行基建资金的集中管理、基建财务规章制度制定和执行的集中管理，以及基建会计核算和会计事务的集中管理。

第三十三条 财务处对基本建设项目建设标准进行严格控制，积极筹措和落实已批准的基本建设项目资金，保证建设项目正常的资金需要，积极防范财务风险。

第三十四条 学校基建财务管理要坚持“三算”的基本要求，做到设计有概算，施工有预算，竣工有决算。要切实加强工程概预算管理和工程造价管理，加强对工程建设过程的监控，加强概预算的约束力，不得擅自变更项目概预算。

第三十五条 财务处制订和完善基本建设资金管理制度，建立健全工程款支付管理办法和审批程序。建设项目管理与财务管理分离，实施过程制度“两支笔”会签制度，按合同规定和工程进度支付工程款，确保基本建设资金规范运行、专款专用，提高建设资金使用效益。

第七章 监督与评价

第三十六条 学校建立健全建设项目廉政风险防控体系，建立健全建设项目的决策、管理、监督、制约机制和相关制度，制定廉政风险防控手册，加强对建设项目各个环节的监督管理，加大工程建设领域突出问题专项治理的工作力度，把廉政风险防控融入建设项目的日常管理工作之中。

第三十七条 学校按照省工程建设项目信息公开的要求，通过各级信息公开网络平台及时、准确地发布建设项目管理信息，勘察设计、施工、监理等单位的名称和责任人等信息应在施工现场显著位置公示，接受社会监督。

第三十八条 学校加强对项目招投标、建设监理、合同管理等关键环节的监督检查，各级领导干部要严格执行国家和省关于严禁领导干部违反规定插手干预基本建设工程项目管理行为的规定。学校纪委应当公布举报电话、设立信箱，受理对项目建设中违法违纪问题的举报。

第三十九条 学校对建设项目实行项目评

价制度，建立建设项目完工后评估制度，重点评价建设项目预期目标的实现情况等，并以此作为绩效考核和责任追究的依据。

第八章　附　则

第四十条　基本建设管理中的招标、合同、施工、变更、签证、财务、审计、竣工验收和移交、档案等管理细则另行制定。

第四十一条　若学校原有相关规定与本规定有不一致之处，以本办法为准。若本规定条款与国家、安徽省新颁布的法律、法规和规定不一致时，按国家和安徽省新颁布的法律、法规和规定执行。

第四十二条　本规定自发布之日起实施，由基建处负责解释。

安徽师范大学招标管理办法

校资产字〔2017〕7号　2017年6月19日

第一章　总　则

第一条　为进一步规范招标采购行为，建立规范有效的工作运行机制，提高工作质量和资金使用效益，维护学校的合法权益，根据《中华人民共和国招标投标法》《中华人民共和国招标投标法实施条例》等法律法规，结合学校实际情况，特制订本办法。

第二条　学校各单位使用财政性资金、贷款资金、捐赠资金、自筹资金以及科研经费等各类资金进行物资、工程和服务采购活动，根据《安徽师范大学采购管理规定》要求，需要采用招标方式采购的，均适用本办法。

第三条　招标工作必须坚持公开、公平、公正、诚信、竞争、择优、效益的原则，必须注重节俭办学、资源共享，做到计划管理与预算管理相结合，做到决策、执行和监督部门分工负责、相互协调。

第二章　招标组织机构和工作职责

第四条　学校成立招标采购工作领导组，领导组机构组成和主要职责参见《安徽师范大学采购管理规定》第六、第七条。

第五条　招标采购工作领导组议事原则：

（1）招标采购工作领导组召开招标工作会议，领导组成员具有平等发言权，充分发表意见。

（2）招标采购工作领导组会议进行实名投票表决，表决实行一人一票制。表决时，参加会议的成员须达到应参会成员三分之二以上人数，表决票中以二分之一以上有效票通过为有效决定。

（3）所议议题如经表决未通过，应暂缓讨论议题，待下次会议讨论后作出决定。

（4）招标采购工作领导组成员对会议决定可保留个人意见。领导组应将保留意见记录在案，保存备查。

（5）招标采购工作领导组成员对招标决定、评标会决定及评标结果有意见的，应记录在案，保存备查。

（6）招标采购工作领导组对重大、疑难或专业性较强议题的讨论，可采取专题研究会的形式进行，必要时邀请有关专家或专业人员参加，并作出决定。

第六条　学校建立评标专家库，设立评标专家组，明确职责和要求，加强对评标专家的管理，保证评标的公平与公正。建立科学的评标办法和评审程序，对评标的相关事项进行具体规定，提高评标质量，维护招标投标活动中当事人的合法权益。

第七条　招标采购工作领导组下设招标采购办公室，办公室机构组成参见《安徽师范大学采购管理规定》第六条；主要职责依据《安徽师范大学采购管理规定》第八条，具体完成以下招标管理工作：

（1）审核确定招标采购项目；

（2）审核招标采购项目参数，制定招标采购文件；

（3）发布招标公告，接受投标人在规定时间内送达的投标文件；

（4）负责开标、评标、定标的材料准备和会议组织；

（5）根据需要组织对投标人进行资质、业绩审查和项目考察，发布中标公示和中标通知书；

（6）建立健全评标专家库，负责专家培训和组建评标专家组；

（7）负责流标后采购方式的变更和非招标采购方式组织监管；

（8）负责招投标文件、开评标记录和中标合同书等资料的归档工作。

第三章　招标组织形式及方式

第八条　学校招标采购分为自行招标和委托招标。学校自行招标由招标采购办公室按照本管理办法组织实施，校招标采购领导组会议负责定标；委托招标由招标采购办公室按照委托招标的有关规定和程序组织办理委托招标事宜，招标采购结果向校招标采购领导组汇报备案。

第九条　学校自行招标分为公开招标和邀

请招标。

（1）公开招标。

公开招标是指学校以招标公告的方式邀请不特定的供应商或施工方投标的招标方式。此方式适用于一切采购项目。一般情况下都必须首先采用公开招标的方式进行采购。

（2）邀请招标。

邀请招标是指学校以投标邀请书的方式邀请三个以上特定的供应商或施工方投标的招标方式。满足以下条件之一的经过核准或备案可以采用邀请招标。

①施工（设计、货物）技术复杂或有特殊要求的，符合条件的投标人数量有限。

②受自然条件、地域条件约束的。

③如采用公开招标所需费用占施工（设计、货物）比例较大的。

④涉及国家安全、秘密不适宜公开招标的。

⑤法律规定其他不适宜公开招标的。

第十条 投标人不足三家或开标后符合投标资质及投标文件要求的投标人少于三家时，原招标工作终止。由招标采购办公室再行决定采购方式。

第十一条 对因特殊情况不宜采取公开招标的项目，应由项目建设（使用）单位提出书面申请，归口管理部门提出初审意见，经招标采购办公室审批后报学校招标采购工作领导组组长签字实施，重大项目需上招标采购工作领导组会议讨论。

第十二条 学校国有资产的报废处置按照国家、省及学校有关规定和程序执行，适用于招标的应采取招标方式处置。

第四章　公开招标的工作程序

第十三条 公开招标采购方式按以下程序进行：

（1）制定招标文件。

招标文件应当包括招标项目的名称、实施地点、技术要求、投标人的资格审查标准、标价含义、评标时间、评标标准、特殊项目标段的划分、工期的确定等所有实质性要求和条件，以及拟签订合同的主要条款。招标文件的编制要严密、科学、合理，使投标单位投标价具有合理性和可比性，以便评标。对特殊工程，在招标文件中可明确规定项目主要材料及规格。

项目建设（使用）单位提出招标文件初稿（重点是技术和商务要求），经归口管理部门审核无问题后报招标采购办公室，招标采购办公室按照招标文件的规范要求编制招标公告。

（2）发布招标公告。

招标采购办公室在安徽师范大学网站（分散采购在安徽省政府采购指定网站，委托代理采购在代理机构的招标采购网站）发布招标公告，接受投标人报名。对已发出的招标文件需要进行必要的澄清或修改的，招标采购办公室依法以书面形式通知所有招标文件收受人。该澄清或修改的内容为招标文件的组成部分。招标采购办公室可以根据潜在投标人的要求，对招标文件的相关问题进行书面答疑或组织潜在投标人踏勘项目现场。该答疑文件或踏勘记录应当以书面形式发至所有招标文件收受人，并为招标文件的组成部分。

（3）接受投标人投标。

投标人是响应招标、参加投标竞争的法人或其他组织，应当具备承担招标项目的能力。投标人投送标书必须符合下列规定：

①投标人应当按照招标文件的要求编制投标文件，并对招标文件提出的条件和要求作出实质性响应。

②投标人应当在招标文件要求提交投标文件的截止时间前，将投标文件送达规定地点。在招标文件要求提交投标文件的截止时间后送达的投标文件，招标采购办公室应当拒收。

③投标人在招标文件规定的投标截止时间前，可以补充、修改或撤回已提交的投标文件，并书面通知招标采购办公室。补充、修改的内容为投标文件的组成部分。

（4）组成评标专家组评标。

①评标专家组由项目建设（使用）单位代表以及有关技术、经济等方面的专家组成，成员人数为5人及以上单数，其中专家不得少于成员总数的三分之二。招标采购办公室在评标专家库中抽取技术专家，组建评标专家组，组织开标和评标。

②评标专家组在评标之前，必须认真学习《评标管理规定》、商讨评标办法及实施细则，签署《评标廉政责任书》。

③评标专家组采取实名的方式，依据招标

文件确定的评标标准和方法，对实质上响应招标文件要求的有效投标文件进行评审，以方案可行性、质量可靠性、技术先进性、报价合理性和售后服务承诺等为依据，采用招标文件规定的评标办法确定中标候选人，并提交固定格式的书面评标报告。

A.具有通用技术、性能标准或者项目建设(使用)方对其技术、性能没有特殊要求的一般性工程建设、货物和服务采购项目，应当采用最低投标价法，对经评审能够满足招标文件实质性要求、投标价最低的投标，应当推荐为中标候选人。被专家组认为有恶意竞争嫌疑的除外。

B.技术要求复杂的工程建设、货物和服务采购项目，一般应当采用综合评分法。最大限度满足招标文件各项综合评价标准的投标人，应当推荐为中标候选人。被专家组认为有恶意竞争嫌疑的除外。

④评标专家组经评审，发现投标文件不真实、不合法或不符合招标文件要求的，可以取消该单位参加本次招标活动的资格。

⑤如评标专家组建议对入围单位进行考察或进一步开展商务谈判，则由招标采购办公室负责相关组织工作，并提出书面考察报告。

(5)学校招标采购工作领导组审定。

学校招标采购工作领导组召开会议，听取评标专家组组长关于评标情况的汇报、招标采购办公室对整个招标程序和相关情况的说明以及组织的考察情况报告，领导组成员经过提问、核查、审议，以票决制方式确定项目中标人。票决未通过的项目，可以要求评标专家组复议或者重新组织招标。

(6)发布中标公告。

①根据学校招标采购工作领导组的审定结果，招标采购办公室在安徽师范大学网站(分散采购在安徽省政府采购指定网站，委托代理采购在代理机构的招标采购网站)发布中标公告。如出现异议，由招标采购办公室牵头按照相关程序组织调查并做出结论，问题复杂或严重的必须上报招标采购工作领导组会议审议。

②公示无异议或调查结论确定无问题后，招标采购办公室向中标方发出中标通知书，双方应在自中标通知书发出之日起的15日内，按照招标文件、中标人的投标文件和书面承诺订立书面合同，并将书面合同送交相关部门审阅会签，重点项目合同事先应送学校法律顾问审核。书面合同必须包含廉政责任的内容。

③中标人不按时签订书面合同或中标人自动放弃中标的，投标保证金不予退还并取消其中标资格，招标采购办公室可以确定排名第二的中标候选人为中标人。

④中标人应当按照合同约定履行义务，完成中标项目。中标人不得向他人转让中标项目，也不得将中标项目肢解后分别向他人转让。

第十四条 在招标活动中，出现下列情形之一的，应予项目废标：

(1)有效投标人或者对招标文件作实质响应的投标人不足三家的；

(2)出现影响招标公正的违法、违规行为的；

(3)投标人的报价均超出了采购预算，采购人不能支付的；

(4)技术方案存在重大缺陷，不宜继续招标的；

(5)因重大变故取消招标任务的。

第十五条 废标的处理：

(1)招标采购办公室将废标理由通知所有投标人；

(2)需要重新招标的，原则上应当重新组织招标；

(3)招标采购办公室或报请招标采购工作领导组确定其它采购方式。

第十六条 对投标人提出的质疑，由招标采购办公室按照《中华人民共和国招标投标法》《中华人民共和国招标投标法实施条例》等法律法规的相关规定处理，同时将处理情况向招标采购工作领导组及时汇报。对投标人提出的投诉，招标采购办公室必须配合纪委监察处及时处理、回应，并按照监察处处理结果执行。

第五章 招标工作相关经费

第十七条 招标采购收取的相关费用包括：

(1)投标人交纳的招标文件成本费；

(2)投标人交纳的投标保证金；

(3)投标人交纳的履约保证金。

招标文件成本费、投标保证金、履约保证金由投标人打入学校账户。

第十八条 学校设立采购专项经费，用于支付专家评审费、委托代理服务费、标书编制费、文件制作成本费及其他所需费用。

第六章 招标工作纪律

第十九条 学校招标活动要严格遵守以下工作纪律：

（1）参与招标的各级领导干部和工作人员，要严格遵守国家的法律、法规和学校有关规章制度，坚持原则，廉洁自律。严禁收受投标人的钱、物和有价证券等；严禁接受投标人或他人以投标人名义举办的宴请及娱乐活动；严禁利用工作和职务之便，徇私情、谋私利。参与招标考察项目的人员不得接受被考察对象的宴请、礼品和接待等，不得由被考察对象支付各项考察费用。

（2）校内各单位和个人，不得以任何理由、任何方式干预和影响学校的招标采购活动。

（3）招标采购项目具体负责人和相关工作人员不得作为评委参与评标，凡有配偶、子女和亲属参与投标的相关人员不得参与评标活动。

（4）禁止把招标项目化整为零，故意规避招标。

（5）严禁未经招标或集体研究，确定施工（供货）单位；严禁明招暗定，违规操作。

（6）评标专家要严格自律，履行职责，保证评标结果的客观公正，任何单位和个人不得非法干预或者影响评标过程和评标结果。

（7）所有参与学校招标活动的人员，要严格遵守保密纪律，严禁以任何方式向投标方或他人泄露应当保密的、与招标活动有关的信息和资料。

（8）校内各单位在采购活动中需要招标的，应当遵照本办法规定办理。任何单位和个人不得自行采购和招标，否则，学校不予办理付款、结算等手续。

（9）禁止中标单位将其中标的招标项目转包给他人，或分解后以分包的名义转包给他人。对利用围标、串标等不正当手段和竞争方式的投标人，一经查实，除取消其投标资格或已中标资格外，还将在安徽师范大学网站或其他媒体上公布其公司名单，并取消该投标人今后在我校一切招标项目的投标资格。

（10）对违反上述工作纪律和规定者，学校将根据国家有关法律、法规，追究直接责任人和有关领导的责任。根据情节轻重，给予党纪或政纪处分；触犯刑律的移交司法机关处理。

第七章 附 则

第二十条 后勤集团、出版社、教育集团（含“三附”）等独立核算单位的招标工作原则上按照本办法执行，纳入学校统一管理；皖江学院参照本规定自行组织招标采购。

第二十一条 本办法由学校招标采购工作领导组负责解释。

第二十二条 本办法自颁布之日起实施，《安徽师范大学招标管理暂行办法》（校资产字〔2012〕4号）同时废止。

安徽师范大学采购管理办法

校资产字〔2017〕6号　2017年6月19日

第一章　总　则

第一条　为加强和规范学校采购管理，提高采购工作效率和资金使用效益，维护学校利益，健全内控机制，促进学校廉政建设，根据《中华人民共和国政府采购法》《中华人民共和国招标投标法》《中华人民共和国合同法》《政府采购非招标采购方式管理办法》《安徽省高校内部控制制度操作规程》《关于改革完善省级财政科研项目资金管理等政策的实施意见》等法律法规，结合学校实际，制订本规定。

第二条　学校各单位使用财政性资金、贷款资金、捐赠资金、自筹资金等各类资金进行物资、工程和服务采购活动，均适用本规定。

第三条　采购工作必须坚持公开、公平、公正、诚信、竞争、择优、效益的原则；必须注重节俭办学、资源共享，做到计划管理与预算管理相结合；以“分事行权、分岗设权、分级授权”为主线，做到决策、执行和监督部门分工负责、相互协调。

第四条　采购项目按照采购内容分为货物、工程和服务类采购等。

本规定所称货物，是指各种形态和种类的物品，包括原材料、燃料、设备、产品等。

本规定所称工程，是指建设工程，包括建筑物和构筑物的新建、改建、扩建、装修、拆除、修缮等。

本规定所称服务，是指除货物和工程以外的其他政府采购对象。

第二章　组织机构及管理职责

第五条　学校采购工作实行“统一领导、归口管理、分级采购、管采分离”的管理制度，采购管理按照学校、归口部门和项目单位实行三级管理机制。

第六条　学校成立招标采购工作领导组，统一领导、协调、实施学校各类采购工作。组长由分管资产管理工作的校领导担任，领导组下设招标采购办公室，由资产管理处分管招投标工作的副处长兼任办公室主任，招投标及采购中心具体承担办公室日常工作；领导组固定成员为财务处、审计处、资产管理处、教代会执委会主要负责人，非固定成员为采购项目归口管理部门和项目建设单位负责人。纪委监察处负责采购纪检监察。

第七条　招标采购工作领导组主要职责：

(1)负责贯彻国家和各级各类采购工作法律法规，研究制定学校采购工作规章制度；

(2)负责校内采购监管、审定采购评议结果；

(3)负责审议采购过程中的重大事项、重大质疑和投诉。

第八条　招标采购办公室主要职责：

(1)负责学校招标采购日常管理工作，执行各级各类采购工作的法律法规和规章制度；

(2)负责组织实施年度采购计划；

(3)负责审批采购模式和采购方式，审核采购项目的立项论证、技术参数论证、评审办法论证等相关工作；

(4)负责监管学校法定代表人授权范围内的采购合同签订、履行及验收；

(5)负责处理采购过程中的质疑、投诉等相关问题，协助审计、纪委实施采购审计和违纪查处；

(6)负责学校采购平台系统与招标评审专家库的建设、管理和使用；

(7)负责各类采购资料的整理、归档和上传工作；

(8)负责各类采购活动的组织监管，加强内控建设。

第九条　项目采购的归口管理依据校内各职能部门的工作职责界定审核监管范围，行使归口管理职责。采购项目中含不同采购对象的，以项目属性或占项目资金比例最高的采购对象确定归口管理部门。

归口管理部门职责：

(1)负责采购项目的必要性、可行性等立项审批；

(2)负责采购过程中的技术支持，配合招投标及采购中心做好采购工作；

(3)负责主管经费的项目资金审批、合同商定及资金支付；

(4)负责归口项目的绩效评价和动态跟踪，配合招标采购办公室做好合同履约与验收监管；

(5)负责归口范围内协议定点供应商的履约监管。

第十条 项目单位的主要职责：

(1)提出采购需求和预(概)算，负责立项论证，保证采购项目的科学性、合理性；

(2)配合招投标及采购中心做好采购工作，负责采购项目的资金审批、参数编制、合同签订、履约、验收和支付；

(3)组织完成单位自行采购限额以下的相关采购工作，并对本单位自行采购工作负责；

(4)及时办理采购形成的资产入库，保证资产的安全完整和使用效益。

第十一条 财务处主要职责：

(1)负责审核并下达学校采购预算；

(2)负责通过省财政管理信息系统申报学校年度政府采购预算和任务书；

(3)负责采购资金核付，督促采购预算执行。

第三章 采购组织形式和采购方式

第十二条 采购组织形式分为政府集中采购、政府分散采购、学校集中采购和单位自行采购。具体如下：

(1)政府集中采购。

使用财政性资金采购在省级政府集中采购目录以内的采购项目执行政府集中采购，由政府采购委托代理机构集中采购。

(2)政府分散采购。

使用财政性资金采购在省级政府集中采购目录以外、限额标准以上的采购项目执行政府分散采购。因特殊情况经省财政部门批准调出集中采购预算的集中采购项目也可以执行分散采购。分散采购可以由学校自行采购，也可以委托代理机构采购。

(3)学校集中采购。

政府采购项目以外、学校集中采购限额标准以上的采购项目执行学校集中采购。学校集中采购可以由学校自行采购，也可以委托代理机构采购。

(4)单位自行采购。

学校集中采购限额标准以下的采购项目，一般由单位自行采购。工程类项目、省级批量采购及定点采购项目和学校定点采购项目，需要执行政府采购或学校集中采购，经归口部门和监管部门批准同意后方可进行单位自行采购。

第十三条 学校采购采用公开招标、邀请招标、竞争性谈判、竞争性磋商、单一来源、询价以及上级有关部门和学校认定的其他采购方式。各采购方式的适用范围按照国家有关法律法规及各级有关规定执行。重大项目以及有特殊要求的项目的招投标工作，学校可委托政府招投标部门代为招标。纳入省、市建设工程和政府采购招标的项目，依照省、市有关规定执行。

第十四条 省级政府采购公开招标数额标准以上的采购项目，原则上采取公开招标方式；凡涉及国家安全、国家秘密、抢险救灾以及其他特殊情况拟采用非公开招标采购方式的，必须组织论证、履行相关审批手续。

第十五条 采用竞争性谈判、竞争性磋商、单一来源、询价等采购方式，参照《政府采购非招标采购方式管理办法》《政府采购竞争性磋商采购方式管理暂行办法》组织执行。

第十六条 采购进口设备必须组织三个以上专家论证签字，项目单位申报、履行相关审批手续。

第十七条 因突发事件和紧急情况引发的学校自主采购项目，可以按照非招标采购方式进行应急采购预案处理。预算立项由项目单位或归口部门负责办理审批，重大项目按学校“三重一大”制度执行，采购方式由招标采购办公室或报请招标采购工作领导组审批后方可执行。

第四章 采购预算、立项及限额标准

第十八条 年初的年度采购预算由项目单位立项论证和预算申报，财务处牵头组织资产管理处、相关归口管理部门统一审核论证，形成采购预算计划，上报党委常委会审批。招标采购办公室统筹划分采购模式和采购方式，招投标及采购中心依据采购预算计划执行采购。

第十九条 年中的追加预算采购项目由项目单位办理立项论证和预算申报，财务处审批经费来源，归口管理部门审批立项，招标采购办公室负责采购执行审批。重要项目或50万以上采购项目按照学校“三重一大”决策制度执行。

第二十条 政府采购严格按照省级政府集中采购目录范围和限额标准执行，同时依据国家和安徽省出台的高校科研仪器设备采购管理文件规定作相应调整。

第二十一条 学校集中采购限额标准：物资类单项或批量采购预算金额5万元人民币，服务类单项采购预算金额5万元人民币，工程类单项采购预算金额10万元人民币。

学校集中采购限额及以上的采购项目，由项目单位填报《采购项目申请表》逐项审批，招投标采购中心组织集中采购。

第二十二条 对于第二十一条规定的限额标准以下的采购项目，项目单位填报《采购项目申请表》逐项审批后，由项目单位按下列要求组织采购，采购资料报招投标及采购中心备案：

（1）货物类和服务类。

①预算资金2万元至5万元之间的采购，招标采购办公室审批采购方式、指导项目单位自行采购。

②预算资金2万元以下的采购，由项目单位合理确定采购方式、组织三人以上采购小组自行采购。

（2）工程类。

①预算资金10万元以下的工程类项目，由招标采购办公室审批后、归口管理部门组织实施，确定施工企业。

②工程类项目预算申报应避免刻意规避政府采购和学校集中采购，采购方式原则上公开挂网。归口部门依据内部管理规定，可以批准项目单位自行采购工程项目，但要加强指导和监管。

第五章 采购过程管理

第二十三条 预算采购管理遵循以下程序：

（1）项目申请。

项目单位提交《安徽师范大学采购项目申请表》和立项论证，报告项目建设内容、论证材料、技术及商务要求、经费来源和完成时间要求等，完成逐项审批。

（2）立项启动。

①招标采购办公室审批采购模式和采购方式，按规定组织项目实施，确定项目承担单位；

②政府集中采购由归口管理部门、项目单位协助招投标采购中心负责项目申报，联系、配合政府集采机构做好政府集中采购工作。

（3）签订合同。

①招投标及采购中心发布中标公告、发放《中标通知书》确定项目承担单位，项目承担单位向学校缴纳项目履约保证金。

②归口管理部门（或项目单位）与项目承担单位签订合同，重点的项目合同事先应送学校法律顾问审核。合同必须包含廉政责任的内容。

③合同签订文本由招投标及采购中心、归口管理部门（或项目单位）、财务处分别备案。

④项目承担单位不按时签订合同或自动放弃的，由招标采购办公室和归口管理部门按程序处置，投标保证金不予退还并取消其项目承担资格，确定排名第二的项目候选人为项目承担单位。如未确定排序或再次出现取消资格情况的，则需重新确定项目承担单位。政府采购项目弃标需向政府采购监管部门申请处置。

（4）项目实施和验收。

①合同签字生效后，采购合同的履约由项目单位负责，归口管理部门负责合同履行情况过程和质量跟踪管理。

②项目实施过程中，如合同标的发生数量变更，可以与供应商协商签订补充合同，但所有补充合同的采购金额不得超过原合同采购金额的百分之十，由项目单位提出书面申请、相关部门审批后方可执行。

③项目合同执行完毕后，归口管理部门会同项目单位按照项目合同规定及时组织验收，重点项目由分管校领导主持验收。

（5）项目审计。

工程类项目验收合格后，审计处按照相关的法规制度对项目执行情况进行审计，招标采购办公室、归口管理部门和项目单位全力配合，按照审计要求及时提供相关材料。

（6）项目付款。

采购项目验收和审计完成后，归口管理部门或项目单位应及时向招标采购办公室提交结项申请，办理结项手续后履行付款责任。

（7）材料归档。

项目采购《申请表》、论证报告、采购文件、评审材料、上会材料、公示材料、交接材料以及合同文本等材料由招投标及采购中心负责归档。

第六章　采购监督与纪律查处

第二十四条　参与学校采购活动的各部门（单位）、评标专家和工作人员应严格遵守采购工作法律法规和相关政策，规范采购行为，严肃采购工作纪律。

（1）严禁违反程序和暗箱操作；

（2）严禁未经批准擅自采购；

（3）严禁将应当以政府采购或公开招标方式采购的项目化整为零或者以其他任何方式规避政府采购和公开招标；

（4）严禁委托不具备采购代理资格的机构代理采购业务；

（5）严禁在采购活动中私自接受或索取投标人（供应商）任何形式的财物及好处；

（6）严禁泄露影响公正、公平竞争的信息；

（7）严禁与供应商串通，签订虚假合同、套取资金等。

第二十五条　学校采购工作必须严格按照国家、安徽省和上级主管部门的内控建设要求，实施采购岗位职责和人员配备的内控分离，加强采购业务培训，规范采购活动监督。

第二十六条　审计处负责对学校采购工作进行审计监督。参与采购工作的各部门、单位和采购当事人应当自觉接受审计监督。

第二十七条　监察处负责对学校采购活动及其工作人员实施监察，对采购工作纪律执行情况进行检查。

第二十八条　学校采购工作接受上级部门以及社会的监督。任何单位和个人对学校采购活动中的违规违法行为，有权控告和检举。

第二十九条　学校采购工作实行回避制度。在采购活动中，采购人员及相关人员与供应商有利害关系的，必须回避。供应商认为采购人员及相关人员与其他供应商有利害关系的，可以申请其回避。

第三十条　学校采购工作实行追责制度。对参与学校采购活动的各部门、单位和工作人员不履行或不正确履行职责，造成重大失误，使学校利益受到损失的或不按规定擅自进行采购的，应当追究其相应责任；对滥用职权、玩忽职守、徇私舞弊、贪污受贿等违纪违法行为，将依纪依法追究责任。

第七章　附则

第三十一条　教育集团（含“三附”）、出版社等独立核算单位的采购原则上按照本规定执行，纳入学校统一管理；学校后勤餐饮原材料采购由后勤管理部门参照本规定制定相关采购管理办法，经学校批准后实施。

皖江学院参照本规定制定相关采购管理办法。

第三十二条　学校权限范围内的资产出租、资产处置、委托经营服务等公共资源交易项目管理和实施参照本规定。

第三十三条　学校使用国际组织和外国政府贷款或个人捐赠资金的采购项目，资金提供方与学校达成的协议对采购的具体条件另有规定的，可以适用其规定，但不得损害国家利益、社会公共利益和学校利益。

第三十四条　本规定实施后，其所依据的上位规范有新规定的，以新规定为准。

第三十五条　本规定由学校招标采购工作领导组负责解释。

第三十六条　本规定自发布之日起施行，《安徽师范大学采购管理规定（试行）》（校资产字〔2012〕3号）同时废止。

安徽师范大学修缮工程管理规定(修订)

校办字〔2017〕13号　2017年2月2日

第一章　总　则

第一条　为加强学校修缮工程管理,规范工作程序,提高维修质量,依据省市和我校基本建设管理有关规定,制定本规定。

第二条　本规定所指修缮工程包括学校公共建(构)筑物、水电管线设施、校园环境绿化等现有基础设施的改扩建及维修装饰。

第三条　本规定适用于学校教育事业经费及自筹经费安排的,预算经费在100万元以下的修缮工程项目。

第二章　机构与职责

第四条　学校修缮工程在校基本建设工作领导小组的领导和指导下开展工作。

第五条　后勤管理处是代表学校对全校修缮工程进行管理的职能部门,负责拟定修缮规划、年度计划、管理制度等;负责学校公共区域修缮工程的组织实施,负责二级单位自行承担修缮工程的项目审核与技术指导。

第六条　各二级单位所使用管辖区域的一般性修缮项目及自筹经费的修缮项目由所在单位负责组织实施,纳入物业服务范围的修缮工程由物业企业负责组织实施。

第七条　学校修缮工程实行项目负责人制,项目负责人全面负责工程的全过程工作,并对修缮项目终身负责。

第三章　工程分类与经费

第八条　本规定所指修缮工程按实施方式分为:

(1)立项修缮工程:指预算经费额度较大、以项目化形式组织实施的修缮工程,包括政府采购、校级采购、后勤自采等修缮工程项目。

(2)零星修缮工程:指预算经费额度较小、工程量较小、以非项目化形式组织实施的零星维修维护。

(3)应急抢修工程:指解决应急突发情况、提供应急保障而实施的修缮工程。

第九条　学校设立专项修缮经费、日常修缮经费等用以支持实施修缮工程,其中专项修缮经费主要用于支付大中型立项修缮工程费用,日常修缮经费主要用于支付中小型立项修缮工程、零星修缮工程、应急抢修工程等费用。

第四章　项目前期管理

第十条　立项修缮工程须经过立项审批、项目招标、合同签订、施工管理、结算审计等规定程序。立项对象、程序等参见《安徽师范大学修缮工程立项管理实施办法》。

第十一条　零星修缮工程实行随时报修、快速勘查、及时实施的管理程序。使用单位需将日常修缮申请报告,提交后勤管理处审批处理。

第十二条　设计单位和工程量清单编制单位确定:

学校通过公开招标确定具有相应资质的设计单位和工程量清单编制单位;工程设计图纸和清单编制应进行不同方案的比较复核。对于特殊工程项目,可由后勤管理处自主选择设计单位和工程量清单编制单位。

第十三条　学校建立修缮工程动态项目库,项目在完成方案论证、图纸设计、清单编制后即可入库,入库项目经学校批准即可启动实施。项目入库后即可支付一定比例的设计费和清单编制费用。

第十四条　施工单位确定:

(1)日常修缮工程和应急抢修工程,直接派工交由驻校施工企业组织实施。

(2)单项10万元以下的立项修缮工程,由后勤管理处采用现场询价或公开询价等方式确定施工单位。

(3)单项10万元(含)以上的立项修缮工程,由学校公开招标方式确定施工单位。

第十五条　项目管理费的预算与管理:

依据财政部《基本建设财务管理规定》(财建〔2016〕504号),按照工程项目投资额的2%编制项目管理费。该费用纳入项目总投资计划,与修缮经费一道下达后勤管理处,作为全校修缮工程项目的管理开支。

第十六条 任何单位和个人未经后勤管理处审批，不得擅自开展修缮工作。凡涉及消防及改变房屋原有结构和用途等修缮工程，还须经学校基本建设领导小组审批。

第五章 施工管理

第十七条 立项修缮工程施工之前须签订经济合同，内容包括工程内容、质量要求、施工期限、结算方式、审计规定、项目变更、安全责任、后期维护等条款。

(1)合同金额在10万元以下的修缮项目，由后勤管理处审核并签订经济合同；

(2)合同金额在10万元(含)以上的修缮项目经相关部门会签后，由学校签订经济合同。

第十八条 修缮工程实行开工备案制度。建设单位向工程所涉单位提交办理施工备案手续。未取得施工许可，建设单位不得擅自组织开工。

第十九条 项目负责人依据合同对施工进行全方位监督，对关键工序、隐蔽性部位即时检查验收，并认真做好影像等记录，合格后才能进入下一工序。

第二十条 项目实施过程中，涉及工程内容的增减量、增减项的，变更提出方须报告变更理由与论证，严格按照学校基本建设工程变更与签证办法规定的权限和程序进行变更和签证审批。

第二十一条 进场材料或设备须提前通知校方项目负责人进行复检，并出示完整的质量证明材料，复检合格后才能用于工程施工。

第二十二条 要严格管控工程工期，项目负责人对施工进度进行管控；由于客观条件、不可抗力等原因导致停工的，由施工单位提交延期申请，经审批后执行。

第二十三条 对维修改造工程中旧料残值的处理，按照学校国有资产管理规定办理。

第二十四条 施工单位用水用电应装表计量，缴纳水电费。不具备装表计量条件的，水电费按工程总价的7‰由建设单位在工程款中扣除。

第六章 竣工验收、工程结算与档案管理

第二十五条 严格执行工程竣工验收、决算审计制度，施工单位及时提交验收申请书，及工程竣工图、质量保证书等竣工资料，隐蔽工程还须提供影像资料、参数描述等。无竣工资料不办理竣工验收与工程结算手续。

第二十六条 修缮工程实行质保期制度。零星修缮工程的质保期一般为1年，立项修缮工程的质保期以合同约定为准。

第二十七条 零星修缮工程依据审结价结算工程款，审结后付至工程审计价款的95%；立项修缮工程验收合格且提交工程档案后支付合同价款的70%，审结后付至审计工程价款的95%。价款5%为质保金。支付比例、时间等另有约定的以合同为准。

第二十八条 修缮工程在竣工验收后2个月内须送审。未实施决算审计的修缮项目，不得办理工程款结算和验收移交手续。

第二十九条 项目报批文件、招标文件、投标文件、经济合同书、协议书、施(竣)工图纸、验收报告、签证单等应及时收集归档。后勤管理处负责修缮工程档案的管理工作，安排专人做好档案收集、整理、制卷、保管等工作，每年定期提交校档案馆。

第七章 附 则

第三十条 附中、皖江学院等参照本规定执行。后勤管理处可根据本规定，制定修缮工程立项审批、变更签证等实施办法。

第三十一条 本规定自发布之日起施行，学校原有其他相关文件自动废止。

第三十二条 本规定由后勤管理处负责解释。

安徽师范大学仪器设备处置管理办法(修订)

校资产字〔2017〕8号　2017年12月21日

第一章　总　则

第一条　为进一步加强我校仪器设备管理,规范仪器设备处置工作,维护仪器设备的安全和完整,提高仪器设备使用效益,根据安徽省教育厅有关国有资产处置要求,结合学校实际,特制定本办法。

第二条　学校仪器设备处置应遵循公开、公正、公平的原则,明确处置权限,严格审批手续,防止和杜绝国有资产的浪费与流失。

第三条　本办法中仪器设备是指作为固定资产建账入库并作为国有资产管理的仪器设备,适用于我校占有、使用仪器设备的所有单位和个人。

第二章　处置方式与范围

第四条　仪器设备处置是指学校对各单位占有、使用的仪器设备进行产权转让或者核销产权的行为,包括仪器设备的无偿调拨(划转)、出售、捐赠、报废和报损等。

(1)无偿调拨(划转),是指仪器设备在不变更所有权的前提下,以无偿转让的方式变更仪器设备占有、使用权的行为;

(2)出售,是指仪器设备以有偿转让的方式变更所有权或占有、使用权,并获取相应收益的行为;

(3)捐赠,是指仪器设备以无偿转让的方式变更所有权或占有、使用权的行为;

(4)报废,一般是指仪器设备达到使用年限,并经技术鉴定或按政府有关规定已不能继续使用,必须进行产权注销的行为;

(5)报损,是指仪器设备未达到使用年限、经技术鉴定已不能继续使用,或出现其他损失,必须进行产权注销的行为。

第五条　仪器设备处置的范围主要包括:

(1)无使用价值、长期闲置或已被新购置具有同类用途仪器设备替代的仪器设备;

(2)因单位分立、撤销、合并、改制、隶属关系改变等原因发生的仪器设备的转移;

(3)已超过规定使用年限且不符合安全要求、环保要求或主管部门要求强制报废的仪器设备;

(4)没有规定使用年限或未达到规定使用年限,因技术原因不能安全、有效使用,维修成本超过时价的1/3,无修理价值的,确需报废、淘汰的仪器设备;

(5)盘亏、呆账及非正常损失的仪器设备;

(6)依照国家有关规定需要进行仪器设备处置的其他情形。

第三章　组织机构

第六条　学校国有资产管理委员会代表学校负责学校仪器设备处置审核工作,国有资产管理委员会办公室(资产管理处)具体负责全校仪器设备处置的实施和管理;学校国有资产管理委员会成立仪器设备处置鉴定专家组,代表学校对各单位上报处置的有关仪器设备进行技术鉴定。

第四章　处置条件

第七条　学校仪器设备的各种处置,均需具备一定条件,不得随意进行。

第八条　仪器设备使用最低参考年限为:

(1)一般通用设备,6年;

(2)一般专用设备,10年;

(3)贵重仪器设备,15年;

(4)车辆和特种设备类,按照政府规定执行。

第九条　仪器设备符合下列条件之一的可进行无偿调拨(划转)处置。

(1)长期闲置不用、低效运转、超标准配置的;

(2)因单位撤销、合并、分立而移交的;

(3)隶属关系改变,上划、下划的;

(4)其他需调拨(划转)的。

第十条　仪器设备状态良好,校内无调剂接受需求,校外接收单位同意依据评估给予经济补偿的,可进行出售处置。

第十一条　仪器设备状态良好,校内无调剂接受需求,学校及校内部门(或单位)扶贫等相关联系单位需要的，可进行捐赠处置。

第十二条 仪器设备符合下列条件之一的可进行报废处置。

(1)超过使用最低参考年限、维修费用一次超过仪器设备原值40%的；

(2)主要零、部件损坏，长期无法补充的；

(3)结构陈旧或技术明显落后、性能达不到现有使用要求、无法改造的；

(4)严重影响使用安全、或严重污染环境成公害、或能耗太高(超过额定指标20%)的；

(5)达到国家有关部门强制报废要求的。

第十三条 仪器设备符合下列条件之一的可进行报损处置。

(1)因疏忽丢失，责任人给予相应价值赔偿的；

(2)被盗，公安保卫部门勘察确认的；

(3)人为损坏无法修复，责任人给予相应价值赔偿的；

(4)因自然灾害等不可抗拒因素造成损坏无法修复的。

第十四条 仪器设备符合报废报损条件，并履行了报废报损手续，校内有关单位有拆装教学、维修零配件需要的，可给予提供并比照捐赠处置履行手续。

第五章 处置程序与审批权限

第十五条 处置程序：

(1)学校各单位需处置仪器设备的，由仪器设备使用人提出申请，经本单位分管领导审核同意后，报资产管理处复核。

(2)单位原值在10万元以下的仪器设备，由设备使用单位负责人、资产管理员、具有高级技术职称的专业人员等组成鉴定小组，对拟报废、报损仪器设备进行技术鉴定后，报资产管理处办理相关手续；单位原值在10万元以上的(含)仪器设备由资产管理处组织仪器设备处置鉴定专家组进行技术鉴定。

(3)资产管理处汇总复核和鉴定的材料，按照规定的审批权限履行审批手续。

(4)资产管理处根据审批意见办理处置手续，并将处置结果报省教育厅备案。

第十六条 审批权限：

根据仪器设备原值的多少，实行逐级审批。一次性处置仪器设备原值在500万元以下的由学校自主审批，处置情况定期报省教育厅备案。一次性处置仪器设备原值在500万元以上的(含500万元)由学校审核后报省教育厅汇总并报财政厅审批。

(1)单位原值低于20万元或批量原值低于50万元的，由资产管理处主要负责人审批。

(2)单位原值高于20万元(含)低于100万元或批量原值低于100万元的，由资产管理处提出处置意见报分管校长审批。

(3)单位原值高于100万元(含)低于500万元或批量原值低于500万元的，由资产管理处提出处置意见报校长审批。

第十七条 资产处置时应提交的材料：

申报单位提交仪器设备处置审批表，并根据不同情况提交下列相关文件、证件及资料：

(1)能够证明仪器设备价值的有效凭证，如固定资产建账单等；

(2)预处置的仪器设备明细账；

(3)报损的仪器设备需提交相关单位的证明材料或处理意见；

(4)仪器设备处置的技术鉴定书。

第六章 处置管理

第十八条 仪器设备调拨管理：

(1)设备使用单位与校内其他单位之间调剂的应报资产管理处审批同意并及时做好资产信息维护；

(2)使用单位内部调拨由使用单位负责审批并及时做好资产信息维护。

第十九条 仪器设备报废管理：

(1)报废仪器设备由资产管理处归口统一管理；

(2)报废仪器设备应贯彻“先利用，后处理”的原则，如部分零件尚有使用价值的，单位可按程序申报经批准后拆零利用。经认定具有历史文物价值的由资产管理处负责留存，并及时移交档案馆；

(3)报废仪器设备采用拍卖、公开招投标等市场竞价方式公开处置，处置收入冲减相关费用后，上缴学校财务处专用账户。

第二十条 仪器设备报损管理：

仪器设备的报损须经有关专家论证确认和相关职能部门鉴证，凡系主观原因造成仪器设备损失和丢失的，当事人应承担相应责任并按学校有关规定进行赔偿。

第二十一条 出售、捐赠仪器设备管理：

(1)仪器设备出售必须进行资产评估，并逐级报批，采用拍卖、公开招投标等市场竞价方式公开处置，处置收入冲减相关费用后，上缴学校财务处专用账户。仪器设备出售价格低于评估价值90%的，应当暂停处置，在报经审批机关批准后方可处置；

(2)仪器设备对外捐赠坚持以无偿支援公益事业及扶贫、赈灾为主，必须严格履行报批手续，并完善捐赠协议和接受函等相关手续。任何单位和个人未经学校批准不得随意对外捐赠。

第二十二条 仪器设备处置完毕后，资产管理处、财务处及时调整仪器设备台账和资金账目，做到账账相符、账物相符。

第七章 处置责任

第二十三条 各仪器设备使用与管理部门应严格执行学校仪器设备的处置管理规定，防止国有仪器设备流失，维护学校合法权益。

第二十四条 任何单位和个人未经资产管理处同意，不得以任何方式擅自处理仪器设备或拆卸报废仪器设备中的零部件。

第二十五条 对违反本管理办法，擅自处置仪器设备的单位和个人，使学校仪器设备遭到损失的，将视情节轻重给予经济处罚直至行政处分。

第八章 处置时间

第二十六条 学校仪器设备处置原则上每半年集中进行一次，每年4—5月和9—10月为集中处置时间。各仪器设备占有、使用单位结合单位实际合理安排好处置事项。

第九章 附 则

第二十七条 本办法由资产管理处负责解释。

第二十八条 本办法自发布之日起实行。原《安徽师范大学仪器设备处置管理办法》(校设字〔2008〕4号)同时废止，其它国有资产处置有明确规定的按要求执行，没有明确规定的参照本办法执行，上级主管部门有新规定时按上级要求执行。

安徽师范大学档案管理办法

校办字〔2017〕25号　2017年5月2日

第一条　为规范学校档案工作，提高档案管理水平，有效保护和利用档案，根据《中华人民共和国档案法》及其实施办法、《安徽省档案条例》、《高等学校档案管理办法》、《安徽省高等学校档案管理实施办法》，结合学校实际，制定本办法。

第二条　本办法所称的学校档案是指安徽师范大学在建设和发展中直接形成的具有保存价值的各种文字、图表、声像、实物等不同形式、载体的历史记录。

第三条　档案工作是学校重要的基础性工作，也是学校各项工作的组成部分，学校把档案工作纳入总体发展规划和整体考核评估指标体系。

第四条　学校各类档案必须遵循统一领导、集中管理的原则，任何部门（单位）和个人不得将应归档的材料截留在本部门（单位）或据为己有。

第五条　学校档案工作由校长领导，分管档案工作的校领导协助校长负责档案工作。

第六条　学校成立由校长为主任委员、分管档案工作的校领导为副主任委员、各部门（单位）相关职能部门档案工作分管领导为成员的学校档案工作委员会，作为全校档案工作的组织、协调和咨议机构。

第七条　学校设立档案馆，档案馆为处级建制，既是学校档案工作委员会的执行机构和档案工作的职能管理部门，又是永久保存本校档案并提供使用和服务的部门，同时还肩负着爱国爱校教育、校史校情教育等任务。

第八条　档案馆根据工作需要，在馆内设立相应的科室，负责全校各类档案的接收、管理、利用、编研、数字化工作。校内各部门（单位）档案工作接受档案馆的业务指导、监督和检查。

第九条　档案馆馆长一般应具有高级以上专业技术职务任职经历。档案馆工作人员应具有本科以上学历和档案业务知识、现代化管理技能。新进档案馆工作人员须是中共党员，具有硕士研究生及以上学历。

第十条　档案馆工作人员列入学校事业编制。编制人数按照原劳动人事部和国家档案局颁发的《地方各级档案馆人员编制标准（试行）》确定。实行专业技术职务聘任制和职员职级制，享受学校教学、科研和管理人员同等待遇。

第十一条　学校各部门（单位）配备专职或兼职档案工作人员，实施学校档案工作计划、规划、收集、整理、立卷和向档案馆移交本部门、本单位形成的档案材料。

第十二条　学校对长期接触有毒有害物质的档案工作人员，按照法律法规的有关规定采取有效的防护措施防止职业中毒事故的发生，保障其依法享有工伤社会保险待遇以及其他有关待遇，并按国家和学校主管部门有关规定予以补助。

第十三条　学校建立、健全档案工作的检查、考核与评估制度，定期布置、检查、总结、考核、验收各部门（单位）档案工作。

第十四条　学校对纸质档案材料和电子档案材料同步归档。档案材料的归档范围和保管期限按《安徽师范大学各类档案归档目录和保管期限表》执行。

第十五条　学校加快推进数字档案馆建设，把数字档案馆建设纳入学校信息化建设的整体规划，以档案目录数字化为基础，以馆藏档案全面数字化为方向，切实推进档案存储数字化。

第十六条　学校实行档案材料形成部门（单位）、课题组立卷归档制度。各部门（单位）专兼职档案员应当按照归档要求，及时整理档案和立卷。立卷人按照纸质文件材料和电子文件材料的自然形成规律，对文件材料系统整理组卷，编制页号或者件号，制作卷内目录，交本部门（单位）档案工作分管领导检查合格后向档案馆移交。

第十七条　档案馆定期对馆藏档案进行鉴

定，将保管期限已满、已失去保存价值的档案，经有关部门鉴定并登记造册报校长批准后，予以销毁。未经鉴定和批准，不得销毁任何档案。

第十八条 档案馆采用先进的档案保护技术，防止档案的破损、褪色、霉变和散失。对已经破损或者字迹褪色的档案，应当及时修复或者复制。对重要档案和破损、褪色修复的档案应当及时数字化，加工成电子档案保管。

第十九条 学校各项活动中形成的，或者在学校对外交流中形成的有保存价值的实物，如荣誉证书、奖状、奖章、奖杯、礼品、锦旗、印信、名人字画及学校发展中有纪念意义的物品和有收藏价值的教学科研设备设施等，原则上由档案馆集中管理。

第二十条 档案馆对所存档案和资料的保管情况定期检查，消除安全隐患。档案工作如发生突发事件，按照《安徽师范大学档案馆应急预案》的规定及时处理。

第二十一条 档案馆要做好档案保护工作，建立库房管理和检查制度，实行专人负责，严格按照“九防”要求管理库房。未经批准，非本馆人员一律不得进入库房；未经批准，任何人员不得私自将档案携带出档案馆；涉密档案未经规定程序不得查阅；

第二十二条 档案馆要执行档案统计年报制度，并按照国家和主管部门有关规定报送档案工作基本情况统计报表。

第二十三条 档案馆要执行学校保密制度，在确保档案安全的前提下，经学校授权，按照国家有关规定公布档案。未经学校授权，其他任何组织或者个人无权公布学校档案。

第二十四条 凡持有合法证明的单位或者持有合法身份证明的个人，在表明利用档案的目的和范围并履行相关登记手续后，均可以利用已公布的档案。境外组织或个人利用档案的，按照国家有关规定办理。干部人事档案的利用，根据干部人事档案的有关规定执行。

第二十五条 档案馆为社会利用档案创造便利条件，用于公益目的的，不得收取费用；用于个人或者商业目的的，可以按照有关规定合理收取费用。学校各部门(单位)和个人利用其所移交、捐赠的档案，档案馆应无偿和优先提供。

第二十六条 学校档案利用涉及未公开的档案内容，经由档案形成部门(单位)或个人同意，必要时报请校长审批。需要利用的档案涉及重大问题或者国家秘密，应当经学校保密部门批准。

第二十七条 档案馆是学校出具档案证明的唯一机构。加盖档案复制专用章的档案复制件，与原件具有同等效力。

第二十八条 档案馆要采取多种形式(如举办档案展览、陈列、建设档案网站等)，积极开展档案宣传工作和校史研究工作。

第二十九条 学校确保档案工作和设备的经费需要，所需经费列入学校预算，单项专款由档案馆统筹安排。

第三十条 学校为档案馆提供专用的、符合档案管理要求的档案库房，库房面积应满足今后二十年档案工作发展的需要。为档案馆配置必要的设备和恒温、恒湿、防火、防渍、防有害生物、防磁等必要设施。

第三十一条 学校设立专项经费，为档案馆配置档案管理现代化、档案信息化所需的设备设施，加快数字档案馆建设，保障档案信息化建设与学校数字化校园建设同步进行。

第三十二条 学校对在档案工作中做出下列贡献的单位或者个人，给予表彰与奖励：

(1)被国家、省级行政部门表彰的档案工作先进集体和先进个人；

(2)被学校表彰的档案管理工作先进集体和先进个人；

(3)在档案学研究及档案史料研究工作中做出重要贡献的；

(4)将重要的或者珍贵的档案捐赠给档案馆的；

(5)同违反档案法律法规的行为作斗争，表现突出的。

第三十三条 有下列行为之一的，学校对责任人依规给予处分；构成犯罪的，由司法机关依法追究刑事责任。

(1)玩忽职守，造成档案损坏、丢失或者擅自销毁档案的；

(2)违反保密规定，擅自提供、抄录、公布档案的；

(3)涂改、伪造档案的；

(4)擅自出卖、赠送、交换档案的;

(5)不按规定归档,拒绝归档或者将档案据为己有的;

(6)违反规定出具档案证明的;

(7)其他违反档案法律法规的行为。

第三十四条 本办法适用于学校各部门(单位)。

第三十五条 本办法自发布之日起执行,由校档案馆负责解释。原《安徽师范大学管理办法》(校办字〔1998〕23号)同时废止。

深入学习贯彻党的十九大精神 开启高水平大学建设新征程

——在校十届党代会第四次会议暨八届教代会第三次会议上的报告

校党委书记　顾家山

（2017年12月29日）

同志们：

现在，我代表学校党委和行政向大会报告工作。

1.2017年主要工作回顾

2017年，在省委、省政府和省委教育工委、省教育厅的正确领导下，学校深入学习贯彻党的十八大和十九大精神，以习近平新时代中国特色社会主义思想为指导，全校师生迎难而上、积极进取，学校各项工作有亮点、有特色、有成效，平稳有序、可圈可点：成为安徽省特色高水平大学，1个学科入选省属高校世界一流学科建设行列、3个学科入选省属高校国内一流学科建设行列，在全省党建和事业发展综合考核中连续两年获优秀等次，顺利迎接了教育部本科教学审核评估，顺利迎接了“两学一做”、贯彻落实全国全省高校思想政治工作会议精神、管党治党宽松软问题专项治理等专项督查，成功举办了学校历史上首次两个校区、三个类型学生开学典礼，召开了全校人才工作会议和思想政治工作会议，推动优质教育资源下沉，与宿松县、六安市叶集区等地方政府合作挂牌成立了附属复兴中学和附属叶集中学……今年9月9日，省委书记李锦斌同志来校视察和慰问时，对我校工作给予了高度评价！

下面，我主要从3个方面简要汇报今年的工作：

(1)推进全面从严治党，党的建设工作取得新成效。

——以迎接十九大和学习宣传十九大精神为主线，思想政治建设得到全面强化。党的十九大是在全面建成小康社会决胜阶段、中国特色社会主义进入新时代的关键时期召开的一次十分重要的大会。学校把迎接十九大和学习宣传十九大精神作为年度首要政治任务来抓，立足早谋划、早部署、早行动，十九大前，学校深入开展学习习近平治国理政新理念新思想新战略、中国梦等专题教育，推出了“砥砺奋进的五年”专栏，深入宣传十八大以来党和国家取得了历史性成就以及学校取得的发展进步，在全校掀起了迎接十九大的热潮；十九大召开期间，学校组织集中收听收看十九大开幕式，分类别召开师生座谈会，广泛发动师生交流学习心得体会、热议十九大报告；十九大闭幕后，学校立即组织召开全校处级以上干部学习会传达党的十九大精神，在全省高校中率先成立了习近平新时代中国特色社会主义思想研究中心，推进习近平新时代中国特色社会主义思想进教材、进课堂、进头脑，制定学校学习宣传贯彻落实党的十九大精神实施方案和十九大精神宣讲活动方案，组建专家宣讲团广泛开展宣讲，在主流媒体推出了一批高质量的党建研究成果，运用新媒体推进线下线上同步学习，实现了十九大精神学习宣传的全覆盖。同时，学校还深入贯彻落实全国全省高校思想政治工作会议精神，承办了教育部“学习贯彻全国高校思想政治工作会议精神”高层研讨会，制定了学校加强和改进新形势下思想政治工作的实施方案，成立了党建和思想政治工作研究会、芜湖市反邪教研究中心，着力把党建和思想政治工作优势转化为学校发展优势，开创了学校思想政治工作的新局面。

——以推进“两学一做”学习教育常态化制度化为载体，基层党组织和干部队伍建设得到切实加强。扎实推进了“两学一做”学习教育常态化制度化和“讲政治、重规矩、作表率”专题教育、专题警示教育，广大党员、干部的“四个意识”和“四个自信”进一步增强。根据学校事业发展需要，交流轮岗处级干部4名、提拔副处级干部6名，完成了出版社班子换届调整及中层领导人员试用期考核等工作。分类分层开展干部教育培训，举办了中层领导人员学习贯彻党的十八届六中全会暨全国全省高校思想政治工作会议精神培训班、全体中层业务领导人员发展战略研修班、学校基层党务骨干“两学一做”党性教育专题培训班、党支部书记学习贯彻党的十九大精神专题培训班等，学校被国家教育行政学院评为高校干部网络培训工作“优秀组织单位”。制定了二级单位年度党建工作和事业发展“双百分”考核办法。积极推进学校基层党组织标准化建设，基层党建工作不断夯实。

——以落实“两个责任”为抓手，党风廉政建设得到强力推进。认真学习中央纪委、省纪委全会以及全省教育系统党风廉政建设工作会议精神，全校各级党组织开展警示教育和革命传统教育4000多人次。着力抓好巡视和审计整改，认真开展了劳务费集中清退、公务用车租赁改革等工作，对巡视整改、“小金库”排查中发现的相关责任单位领导班子和主要责任人进行了责任追究。严格执行中央八项规定精神和省委省政府“三十条”要求，扎实开展了“小金库”回头看、基建采购突出问题、高校科研经费规范管理、师德师风、教育扶贫领域突出问题等专项整治。综合运用监督执纪“四种形态”处理15人次。

——以中央群团工作会议精神为引领，统战群团工作得到明显增强。认真贯彻党的统战方针，成立了校统一战线工作领导小组，修订了学校关于进一步加强统一战线工作的意见，加强了“大团结”和“大联合”主题教育，积极发挥党外人士在参政议政、办学治校等方面的重要作用，推荐了省市两级人大代表、政协委员33名。深入开展“学习总书记讲话，做合格共青团员”教育实践活动，积极谋划共青团改革，充分发挥学生组织“四自”功能。组织开展了第十次“三育人”评选活动。深化二级教代会内涵建设，我校首个以“非在编职工”为主体的分工会召开了第一届会员大会，成立了首个“劳模创新工作室”，1个二级工会荣获省教科文卫体工会“模范职工小家”。加强离退休老干部、关工委、退教协等工作，1人被评为省离退休干部“正能量活动之星”。

(2)坚持内涵发展，学校核心竞争力得到新增强。

——以迎接教育部本科审核评估为契机，人才培养工作不断加强。修订或制定系列本科教学管理制度，进一步严格了学士学位授予条件和本科教学过程管理。组织开展了首届“最受欢迎的教师”以及首届“最美教室”“最美实验室”等评选活动。承办了全国高校体育教育专业学生基本功大赛和全省第三届普通高校青年教师教学竞赛。成功入选“教育部卓越中学教师培养计划实施院校”，成为安徽省唯一入选高校。挂牌成立了足球学院。获批“国家级大学生创新创业训练计划”项目209项，立项数再创新高，在全国同类高校中名列前茅。今年，本科招生计划完成率99.67%，为近年来最高。修订或制定研究生教育相关管理制度。其中《关于进一步加强专业学位案例库建设和案例教学工作的意见(试行)》，被全国教育专业学位教育指导委员会转发至全国各教育硕士培养单位。认真组织开展全国学位授权审核申报工作。继续实施研究生培养质量提升工程。启用了导师在线指导系统，实现了学位申请和论文质量监控在线流程化管理。据国务院学位办反馈，2017年我校博士学位论文抽检合格率为100%。

全年组织学生7000余人次参加各类学科竞赛，获得奖项1206项，其中国家级特等奖16项、一等奖22项、省级一等奖及以上548项。在全国师范院校师范生教学技能竞赛中，我校学生获一等奖1个、二等奖3个和三等奖2个，创我校参赛以来最好成绩；在全国大学生英语竞赛中，各等级获奖数均位居全省80所参赛高校之首，在全国名列前茅；在第十五届“挑战杯”全国大学生课外学术科技作品竞赛上，获二等奖1个、三等奖3个；6篇案例入选首届全国教育专业学位教学案例，入选数居全国44家参评单位中第二名；入选全国第五届优秀教育硕士专业学位论文2篇。

此外，皖江学院、附中、附小、附幼的人才培养水平也在不断提高。

——以提高办学国际化水平为目标，国际教育和交流合作不断扩大。2017年我校在校留学生共计305人，涉及13个学院30个专业。举办了学校首届国际文化节。在安徽省首届外国留学生中国文化风采大赛中，我校留学生获团体赛冠军。全年选派教师、干部因公出国(境)130批233人次，创历年来新高。接待境外友好访问、讲学、洽谈合作项目团组31批120人次。派出学生出国交流、培养、支教130人次。聘请外教20人次。新增国外友好大学5所。获国家汉办批准在乌克兰设立独立孔子课堂。顺利完成了国务院侨办2017“寻根之旅”冬令营、首届华文教师证书班等任务。获批中外合作办学本科专业5个，目前我校中外合作办学项目增至12个。现代教育技术学硕士合作项目有3名学生顺利获中美两校硕士学位证书，成为我校中外合作办学项目首批毕业生。

——以贯彻落实《普通高等学校学生管理规定》（教育部41号令）为抓手，学生日常教育管理服务不断提升。制定了《〈普通高等学校学生管理规定〉（教育部41号令）安徽师范大学实施办法》，修订了学生违纪处分规定、本科生素质综合测评办法、本科生德育形成性评价实施办法等系列文件。启用了“一站式”学生事务综合服务中心。实施了文明修身教育“双十计划”和优良学风培育计划，学生违纪78人次，违纪率0.36%，较去年有所降低。加强创新创业教育，涌现出省“三八红旗手”黄金花同学等一批创业典型。着力打造就业服务满意工程，本科毕业生初次就业率为93.92%。据高校应届毕业生专业网申平台“梧桐果”统计，我校跻身2017最受企业青睐高校第十位。学校获评“安徽省征兵工作先进集体”（全省3所高校），1个学院获“安徽省双拥工作先进集体”称号（全省3所）。加强辅导员队伍建设，1人获全国辅导员职业能力大赛二等奖，是我校和我省在该项赛事中的最好成绩；1人获“2016年全省高校辅导员年度人物”称号，1人获“2016年全省优秀辅导员”称号。

——以稳定和引进高层次人才为重点，人才队伍建设不断改善。2017年，引进高层次人才和紧缺专业博士人才52名（比去年增加13人），其中海外人才14名（比去年增加9人），具有博士学位的副教授以上7名；柔性引进10名高层次人才。加大教师培养培训力度，支持108人参加国内外进修、访学、培训。获批省“百人计划”1人，省学术技术带头人7人、后备人选7人；获批学术技术带头人（后备人选）资助6人；获批皖江学者1人、青年皖江学者1人，互聘新闻从业人员千人计划1人。加强师德师风建设，获批“全国高校黄大年式教师团队”1个、省先进工作者1人。

——以一流学科建设为牵引，学科科研工作不断强化。获批“光电材料科学与技术”“网络与信息安全”2个安徽省重点实验室和“安徽省水土污染治理与修复工程实验室”“伏尔加-第聂伯两江流域研究中心”教育部国别和区域研究平台。全年获批纵向科研项目251项，经费2 800多万元，其中，国家级项目63项、省部级项目88项，包括国家社科重大项目1项、国家社科重点项目1项、国家艺术基金集体项目2项，首次获得国家重大研究计划培育项目。国家社科基金年度项目立项全国排名第61位，全国高师院校排名第12位。国家社科基金年度项目和国家艺术基金项目均创历史新高。全年发表SCI（E），EI，MEDLINE收录论文325篇，出版各类学术著作76部。获第五届马克思主义研究优秀成果奖三等奖2项，2016年国家旅游局优秀研究成果奖3项，在“锂离子电池电极材料”“唐诗学研究”等领域取得一批重要进展。积极打造校院两级学术交流品牌，全校组织学术交流活动300余场次，一批教师参加全国性或国际性高级别学术活动。文科学报入选CSSCI（2017—2018）来源期刊目录，重新回到C刊。文、理科学报被新闻出版广电总局认定为首批A类学术期刊，并入选“RCCSE中国学术核心期刊”。

——以深化校地、校企合作为重点，社会服务能力不断增强。制定了引领服务安徽教师教育和基础教育改革发展的实施方案，与芜湖市人民政府达成进一步战略合作的意向，与六安市人民政府达成了《安徽师范大学与六安市教师教育合作支持方案》，与省旅游局、肥东县等政府部门和地方政府形成了合作办学计划。与中国建设银行安徽省分行签署了全面战略合作协议，获信息化建设专项赞助资金950万元。与江苏省沭阳县签订了校政合作协议，与安徽问天量子科技股份有限公司等企业签订了产学研合作协议。新增横向合作项目150项，到账经费2 080万元。获专利授权297件，其中发明专利88件，实用新型203件，外观设计6件。对继续教育函授教学点、专业结构进行了调整。作为发起单位之一，发起成立“全国高师院校继续教育信息化合作联盟”，率先在省内开展“学历教育学分互认和转换”改革试点工作。获批“国培计划”项目18个，经费1357万元。完成省培和地市培训项目60个，参训人数5 800多人，经费465万元。高师中心全年培训6 626人次，并在六安设立职业教育分中心。首次承办人力资源社会保障部国家级项目研修计划，成为安徽省四家入选国家级项目的单位之一。加强对口帮扶宿松县工作，选派了以黄德春为第一书记、队长，李靖宇为副队长，桂晓骏为专干的扶贫工作队，投入扶贫资金61万元，为宿松县培训师资1 000余人次，得到了省委、省政府的高度评价，并被多家主流媒体深度报道。认真组织14个学院800多名师生赴黟县、岳西、霍邱三县开展脱贫攻坚第三方监测评估，为我省脱贫攻坚事业做出了贡献。

(3)坚持依法治校，办学治校水平实现新提升。

——以强化工作运行为抓手，内部管理进一步规范。完善学校议事决策制度，建立了校领导班子每周碰头会制度。严格了会议管理、值班工作、干部阅文、干部请销假等制度，加强了“双十”工作、重大活动、重点工作的统筹协调，进一步规范了全校工作运行。切实加强工作督办，每季度对学校主要工作完成情况进行梳理，强化了对上级来文、领导批示、校内请示等工作的及时跟踪督查。加强学校、学院教授委员会建设，完成了学院教授委员会换届工作。认真推进学校“十三五”规划实施，首次开展了学校“十三五”规划2016年度执行情况检查评估。对特色高水平大学项目进行统筹谋划和系统设计，出台了学校特色高水平大学奖补资金使用方案。健全资产配置、管理、使用、处置以及招标采购等业务工作规程，修订或制定制度办法6个。加强了固定资产从配置到处置的全生命周期管理。完成了银湖南路1号楼11层分割分户并办理初始登记。认真开展了工程造价、领导干部经济责任等审计工作，首次完成了学校2016年度预算执行及财务收支审计。落实《安徽省高校内部控制制度操作规程》，加强了学校内部控制管理。强化了预算执行过程控制和政府采购预算执行目标责任制，开展了办学成本分析和资源利用效率分析。加强地区校友分会和专业性校友分会建设，首个校友分会驿站揭牌成立。经校友牵线，安徽文一集团向学校教育基金会捐赠1 000万元。

——以推进校园建设为重点，后勤保障进一步加强。完成了赭山校区学生公寓8号楼整体改造、花津校区清真餐厅改造等修缮工程及相关水电基础设施改造。稳步推进美丽校园建设，强化沿路、沿河、沿校园周边等环境治理，完成花津校区南大门、桃李苑北侧土坡等区域荒地的集中治理和绿化建设，花津校区校内荒地基本得到综合治理。对接推进芜湖市过境水系治理，校内部分水系状况得到明显改善。公共厕所分批维修改造任务已如期完成，国旅实验楼整体改造进入尾声。顺利完成物业服务招标交接和平稳过渡。加强了校园信息系统建设，组织开展信息化应用研究，努力改善网络服务质量。获批赛尔网络下一代互联网技术创新项目3项、经费20万元，获批项目数在全省名列前茅。学校荣获“安徽省教育和科研计算机网2017年度优秀主节点”称号。

——以文明单位创建为引领，校园文化建设进一步深化。扎实推进文明校园创建活动，学校被评为十一届安徽省文明单位。启动了建校90周年筹备工作，制定了校庆工作方案，发布了校庆公告。开展了口述校史工作，编印了《校史简明读本》《馆藏安徽大学校刊专辑》。加强了校本文献资源、馆藏特色资源和数字图书馆建设。为政府、企事业单位开展送文化进基层活动，组织学校交响乐团等高雅艺术进校园、进百姓、进县区、进军营30余场次。广泛开展志愿服务和社会实践活动，再次荣获全国暑期“三下乡”社会实践活动优秀单位，2支团队荣获社会实践“千校千项”、全国百强暑期实践团队，1人获全国暑期“三下乡”社会实践优秀个人。获第四届中国青年志愿服务示范项目创建提名奖1项，系全省高校唯一入围及获奖项目。我校青年法学社志愿普法师生群体入选“2017安徽首届十大法治人物”。

——以完善沟通交流和安全保卫机制为重点，平安和谐校园建设进一步加强。首次举办校长与青年教师、学生午餐会，面对面听取师生的意见建议，加强了与一线教师和学生的沟通交流。建立健全安全生产与管理规章制度，与二级单位签订了安全生产与管理责任书，逐级逐岗落实安全生产与管理责任。投入近400万元在花津校区用“以租代建”模式更新建设了视频监控系统，基本实现视频监控无盲区、全覆盖。完善了校园安全管理运行机制，建立了安全隐患排查整改机制、危机应急处置机制以及校警联防联动机制。建立网络安全责任体系，与二级单位签订了《网络安全责任书》。加强了校园网络舆情监控工作，提高了舆情处理速度和响应效率。加强十九大召开前后等重大活动和重要时间节点安全保障，确保了学校总体安全稳定。

——以增强师生的获得感为目标，民生保障力度进一步加大。做好全体在编教职工社保参保工作。积极筹措资金，发放文明城市创建奖励和2016年度考核优秀工作性奖励共计9 200多万元。创新健康教育形式，加强与有关市级以上医疗机构合作，提高了医疗保障水平。建成了省首批高校心理健康教育示范中心，荣获“安徽省2016—2017年心理咨询工作先进集体”称号。扎实推进精准资助工作，严格落实建档立卡家庭经济困难学生资助政策，加大各类特殊群体学生帮扶力度，学校连续三年在全省高校资助工作绩效考评中排名第一。经过学校锲而不舍努力，附属中学将自2018年起列入省财政预算供给单位。

2017年工作成绩的取得，是全校师生员工团结拼搏、共同奋斗的结果，是离退休老同志、广大校友和社会各界关心支持的结果，更是省委、省政府和省委教育工委、省教育厅正确领导的结果。一年来，省委书记李锦斌、省政协主席徐立全、省委副书记信长星、省委常委、常务副省长邓向阳、省委常委、宣传部部长虞爱华、省人大常委会副主任宋卫平等省领导先后来校调研指导，对学校工作给予了充分肯定、高度关心、大力支持，这是近年来省领导来校最密集的一年。在此，我代表学校党委、行政，向各级领导、全校师生、广大校友和所有为学校建设发展做出贡献的人士表示衷心感谢和崇高敬意！

当然，在工作中也还存在诸多问题和不足，比如，人才培养中心地位需要进一步巩固，教师教育缺乏整体观念、特色不够彰显，一流本科人才培养力度需要进一步加大；学科专业布局不够科学合理，一流学科、特色学科、优势学科较为缺乏；高端人才和领军人物还不多，高水平的教学、科研团队较少；一些规章制度执行不到位，工作协同力度和管理服务效能有待进一步提升；办学经费和资源保障的短板较为突出；政治生态建设需要进一步优化，基层党组织标准化建设有待进一步加强，“四风”问题整治还需要进一步改进，等等。这些问题，必须在以后的工作中着力加以解决。

2.2018年学校工作设想

2018年是贯彻党的十九大精神的开局之年，是实施学校“十三五”规划承上启下的关键一年，也是建校90周年。做好2018年学校工作，对于推进高水平大学建设具有十分重要的意义。

2018年学校工作的总要求是：全面贯彻党的十九大精神，以习近平新时代中国特色社会主义思想为指导，深入贯彻落实习近平总书记视察安徽重要讲话精神，加强党对学校工作的领导，坚持稳中求进的工作总基调，坚持新发展理念，紧扣新时代对教育改革发展的新需求，按照高质量发展的要求，遵循高等教育发展规律，坚持以一流学科建设和推进高水平大学建设为主线，以认真落实校第十次党代会部署和实施学校“十三五”规划为总抓手，大力推进内涵发展，大力推进依法治校，大力推进改革创新，大力推进开门开放，推动质量提升、效率提升、动力提升，更加注重“人才强校”，更加注重“开放活校”，更加注重“特色兴校”，加快推进“五个师大”建设，努力开创高水平大学建设的新局面。

提拎起来，就是要“学习新思想、贯彻新理念、落实总抓手、实现高质量”。

贯彻好上述指导思想，要把握好稳中求进的工作总基调，突出高质量发展的根本要求。要把稳和进作为一个整体来把握，该稳的要稳住，该进的要进取，既不能被动应付、不思进取，也不能违反规律、急于求成。目标设定要实事求是、科学合理，调门不要太高，指标不要太满，把握好工作的度，更加重视质的问题，在质的大幅提升中实现量的有效增长。

为此，我们要着重抓好以下几个方面工作：

(1)围绕学习贯彻习近平新时代中国特色社会主义思想，着力抓好党的十九大精神学习宣传贯彻落实工作。学习宣传贯彻落实党的十九大精神是当前和今后一个时期的首要政治任务，要牢牢把握在学懂弄通做实上下功夫的要求，深入推进党的十九大精神的宣传教育和研究阐释，组织开展十九大精神大学习、大宣讲、大培训、大调研、大落实，推动学习宣传贯彻落实工作往实里走、往深里走，引导广大党员干部和师生员工将思想和行动统一到党的十九大精神上来，始终同以习近平同志为核心的党中央保持高度一致，自觉维护党中央权威和集中统一领导。用习近平新时代中国特色社会主义思想武装头脑、指导实践、推动工作，牢记新时代赋予高等教育的新使命，深入推进习近平教育思想“五进”（进学术、进学科、进课程、进培训、进读本）工作，紧紧围绕“培养什么样的人、如何培养人以及为谁培养人”这个根本问题，深入思考“办什么样的安徽师大、怎样办”这个重要课题，始终坚持把立德树人作为根本任务，把提高质量作为战略主题，把内涵发展作为根本路径，切实把十九大作出的新部署新要求转化为谋划发展的正确思路，转化为抓好党建的具体举措，转化为推动工作的强大动力。

（2）围绕“双一流”建设导向，着力加强特色高水平大学建设。要认真落实并完善学校地方特色高水平大学建设方案，切实加强项目建设与管理，用好省部共建、部校共建等平台，确保学校特色高水平大学建设扎实有序推进。组织开展“学科建设年”活动，在全校范围内开展一流学科建设专题讨论。按照高水平大学建设的要求，紧扣国家和区域发展需求，结合学校发展实际，坚持特色发展、错位发展，做好学科建设顶层设计，以学科建设为引领，充分履行人才培养、科学研究、社会服务、文化传承创新、国际交流与合作等高校各项职能。加强科研组织与科研管理体制改革，打破学科之间的壁垒，推动学科资源共建共享，切实发挥学科带头人的作用，集中力量和资源分批分期重点建设若干有效支持特色高水平大学建设、具有比较优势的学科集群和研究平台。按照“以评促建、以评促改、以评促管、评建结合、重在建设”的方针，遵循教书育人规律和人才成长规律，逐条逐项抓好审核评估反馈意见整改，确保各项问题整改到位、取得实效。按照总书记提出的抓住全面提高人才培养能力这个核心点的要求，紧紧围绕“五个度”，不断优化办学定位和人才培养目标，更新教育教学理念，加强教学资源、培养过程、质量保障体系等建设，扎实开展学位授权点合格评估等工作，下更大气力打造一流的本科教育和国内同类院校领先水平的研究生教育。深入贯彻落实全国全省人才工作会议精神，切实树立强烈的人才意识和正确的人才观，认真落实校院两级党政联系人才工作制度，形成上下联动、齐抓共管的“大人才”工作局面。认真落实学校引进高层次人才和团队实施办法、“人才储备计划”、青年教师队伍建设意见等举措，培养关键人才、引进急需人才、用好现有人才、储备未来人才，构建可持续发展的人才团队和人才梯队。以加强效能建设为抓手，加强管理骨干队伍建设；以培育重大创新成果为抓手，加强高水平学术团队建设；以打造一流本科教育为抓手，加强一流教学团队建设，切实把教学、科研和管理“三个团队”的积极性都充分调动起来。

（3）围绕“四个服务”的发展方向，着力增强开门开放办学力度。要深入学习贯彻习近平总书记关于“四个服务”（为人民服务，为中国共产党治国理政服务，为巩固和发展中国特色社会主义制度服务，为改革开放和社会主义现代化建设服务）的思想，不断强化开放的意识，以国家和区域经济社会发展需求为导向，主动打开校门办学，以开放促改革、以服务求发展，进一步寻找发展机遇、拓展办学资源。建立健全学校与地方政府、行业企业合作机制，积极参与重大科技创新、重大区域发展，推动政产学研用协同创新，培育具有重大影响的知识创新成果、技术创新成果和哲学社会科学研究创新成果，培育一批适应产业发展需求的高素质人才。深入落实省委书记李锦斌同志调研我校时的重要讲话精神，着力推动教师教育改革创新，优化卓越教师选拔与培养机制，开展师范类专业认证，不断提高教师教育的发展质量。依托教育集团进一步整合教育资源优势，推动优质教育资源向基层倾斜，向基础教育和薄弱地区下沉，向省域内其他地市布局，强化对全省基础教育的辐射和带动作用。围绕一带一路、长江经济带发展战略，拓展国际交流合作渠道，扩大国际合作教育的规模，加强与国（境）外知名友好大学和学术机构的实质性合作。坚持请进来和走出去相结合，建立常态化的外出调研交流制度，学习借鉴先进的办学理念和经验做法。积极推动皖江学院转设工作。

（4）围绕庆祝建校90周年，着力优化学校发展环境。建校90周年是学校办学历史上具有里程碑意义的大事，做好90周年校庆工作意义重大、影响深远。学校已经制定了校庆筹备工作方案，明确了“新时代、新征程、新发展”的校庆主题，提出了“隆重、简朴、务实、创新”的活动原则，围绕“发展校庆、学术校庆、人文校庆、共享校庆”四条主线谋划了一系列校庆活动。下一步，全校上下要广泛发动起来、积极参与进来，认真落实学校校庆筹备工作方案，坚持传承历史与改革创新相结合、外塑形象与内促发展相结合、共谋大计与整合资源相结合，创造性地开展工作，高标准、高质量完成好各项目标任务，把校庆办成一次不忘初心、凝心聚力的盛典。要进一步加强办学思想、办学成就、办学经验的梳理和总结，广泛汇聚全校师生的智慧和力量，激发师生员工爱校荣校的情怀，增强建设高水平大学的信心和决心，进一步弘扬师大精神、凝聚师大力量、推动师大发展。要调动一切有利于学校发展的积极因素，广泛争取政府、校友和社会各界的支持，达成一批具有标志性的社会捐赠和合作项目，为学校发展争取更多的办学资源、营造良好的外部环境，不断提升学校办学美誉度和社会影响力。继续加强美丽校园建设，明确赭山校区功能定位，不断完善校园基础设施和功能配套，推动自然景观和人文景观升级改造，持续提升校园的育人功能和文化品位。进一步加强文明校园建设，做好校史编写、校园秩序整治、历史建筑保护等工作，不断涵养和提升师生的文明素养，着力营造文明高雅、平安和谐的校园氛围，持续提高师生员工的认同感、获得感、幸福感。

（5）围绕学校工作机构改革调整，着力提升工作运行和管理服务的效能。坚持依法治校，认真贯彻落实党委领导下的校长负责制和“三重一大”决策制度，进一步优化议事程序和决策规则，不断提高科学决策、依法决策、民主决策水平。继续推进校院两级管理体制改革，按照“小机关、大学院”的管理模式，进一步理顺和界定校院两级的责权利关系，继续完善学校内部治理结构，不断推动管理重心下移。根据学校事业发展目标和战略需求，开展新一轮机构调整工作，科学调整二级机构和核定人员编制。根据学科分类合理调整院系设置，推动学院加强内涵建设，探索学院党政联席会、二级教代会、教授委员会协调运行的工作机制，更好激发学院的办学活力和内生动力。进一步转变机关工作职能，构建精干高效的党政管理体系，不断提高工作运行的效率。着力精简会议文件、评比活动，改进文风会风，提高会议文件的质量。继续推进规章制度废改立工作，不断完善财务、资产、物业等各方面的规章制度，切实提升制度的执行力。实施精细化管理，注重开源节流，探索利用经济杠杆建立自我约束机制，优化资源配置、节约办学成本，把有限资源用到最有用的地方，管好用好每一分钱。适应数字化智能化时代要求，大力加强智慧校园建设，加快建成技术先进、资源丰富、应用广泛、安全高效的校园信息化体系，切实以信息化手段推动教学、科研、管理、服务的现代化，努力实现办学效益的最大化。

（6）围绕加强政治生态建设，着力推动全面从严治党向纵深发展。坚持以党的政治建设为统领，以坚定理想信念宗旨为根基，以调动党员干部积极性主动性创造性为着力点，全面推进党的建设，全面加强政治生态建设，不断将全面从严治党引向深入，为学校事业发展提供坚强的政治保证。要按照上级部署，深入推进“两学一做”学习教育常态化制度化，组织开展“不忘初心、牢记使命”主题教育。把党的政治建设摆在首位，旗帜鲜明讲政治，严格执行党章以及准则和条例，增强党内政治生活的政治性、时代性、原则性、战斗性。坚持正确选人用人导向，完善干部监督体系，着力选好人、用好人、树好人，进一步增强党员干部和师生员工干事创业的动力和能力，让想干事的人有机会、肯干事的人有舞台、干成事的人受重用，真正构建“能者上、庸者下、劣者汰”的体制机制。实施“基层党建质量年”行动，深化基层党组织标准化建设，确保70%以上基层党组织达标。牢牢把握意识形态领域的领导权，全面实施思想政治工作质量提升工程，不断巩固马克思主义在学校的指导地位，深入开展社会主义核心价值观教育，切实加强校风教风学风建设，不断完善全员、全过程、全方位育人的机制。认真贯彻落实习近平总书记关于纠正“四风”的最新指示精神，严格执行中央八项规定和省委省政府“三十条”，驰而不息加强作风建设，实践好监督执纪“四种形态”，持续推动形成风清气正的良好政治生态。

各位代表、同志们，历史只会眷顾坚定者、奋进者、搏击者，而不会等待犹豫者、懈怠者、畏难者。站在新时代的历史起点上，我们必须开启新征程、展现新作为。让我们积极行动起来，锐意进取、埋头苦干，以永不懈怠的精神状态和一往无前的奋斗姿态，不断谱写高水平大学建设的新篇章，以优异的成绩迎接建校90周年！

凝心聚力 再创辉煌

——在校十届党代会第四次会议暨八届教代会第三次会议上的总结讲话

校党委副书记、校长 张庆亮

（2017年12月29日）

各位代表，同志们：

2017年，在全校师生员工的共同努力和奋力拼搏下，学校各项事业都取得了可喜的成绩，呈现出良好的发展态势。即将到来的2018年是学校事业发展至关重要的一年，关于2018年的工作，顾书记在报告中作出了系统部署，提出了全年工作的主线、总要求、总基调，希望各位代表认真学习顾书记讲话精神，继续发挥表率带头作用，努力做好2018年的各项工作。

我到师大来工作快5个月了，这5个月来，通过到各单位、各学院调研学习，对学校有了更加深入的了解，了解了师大的历史、了解了师大的现状，让我深刻地感受到：师大在近90年的办学历程中，积淀了厚重的历史文化底蕴，形成了优良的办学传统；一代代师大人从来没有停止过追求卓越的脚步，坚持与时代同步伐、与国家共命运，始终在为国家经济社会发展作出师大的贡献。这是我们以新的姿态迈入新时代、有所新作为的肥沃土壤、历史根基和动力源泉。

下面，我结合调研学习的情况以及大家对学校事业发展提出的意见和建议，就落实本次会议精神、做好2018年的工作，讲四点意见：

1.认清形势，凝聚共识，以更加清晰的办学理念引领发展

当前，我国高等教育事业正在加速发展，一系列事关建设高等教育强国的重大战略已经全面启动，党的十九大为高等教育指明了发展方向，国家“双一流”建设战略全面推进，《中国教育现代化2035》即将颁布，我省科教强省战略、高教强省战略、建设地方高水平大学战略正在深入推进，等等。这些对我们来说，既是机遇，更是挑战，面对这些新形势、新任务、新要求，学校还有诸多急需破解的难题，比如顾书记在报告中指出的人才队伍建设的问题、学科建设的问题、资源整合的问题、管理决策的问题、执行力的问题等方面，还存在这样或那样的问题，都需要我们去深入思考。在这样一个机遇与挑战并存、战略转型与改革攻坚交织叠加的关键时期，全校上下要在继承优良传统基础上，进一步统一思想，凝聚共识，更加突出“特色、开放、创新”的办学理念，合力把学校建设发展好。

一是注重“特色”发展，不断提升核心竞争力。高校之间尤其是同类院校之间在人才、生源、资源等方面的竞争日趋激烈，要想走在同类院校的前列，必须要有自己的办学特色。经过90年的历史积淀和一代代师大人的不懈奋斗，学校形成了自己的办学特色和优良传统，这些都是师大核心竞争力所在，也是学校持续发展的独特优势。新时代学校更加需要重视特色发展，要充分认识到“特色”就是质量、“特色”就是生命力、“特色”就是竞争力。要在学科专业建设中打造特色，要在人才培养中打造特色，要在优势研究领域中打造特色，要在社会服务中打造特色，要在团学活动中打造特色，等等，努力形成更多、更具影响力的师大品牌和师大特色。

二是注重“开放”发展，不断激发办学活力。闭门造不出好车，开放才有出路，开放发展已经成为高等教育改革发展的大势。开放体现在开放的理念、开放的思想、开放的意识、开放的心态。开放发展就是要增强机遇意识，抢抓机遇，不能守株待兔、等天上掉馅饼；就是要增强忧患意识，居安思危，深刻了解外部世界的发展变化。开放包括对内开发，也包括对外开放，对内开发要打破校、院、系等壁垒，优化资源配置，提高设备和资源使用效率；对外要面向国内外，吸引外部资源，服务学校人才培养。要进一步强化国际化办学理念，建立健全对外交流与合作机制，坚持“请进来”和“走出去”相结合，真正做到“开门、开放”办学。要进一步拓宽人才培养的国际化渠道，推进与国（境）外高水平大学的实质性合作，加大对有国际知名大学教育背景人才的引进力度。同时也要加强与国内高水平兄弟院校的深度交流合作，学习借鉴他们先进的办学理念和典型的经验做法，激发办学活力。

三是注重“创新”发展，不断增强改革动力。创新是民族进步的灵魂，创新驱动是国家重大发展战略。同样，创新是引领学校发展的第一动力和破解难题的重要途径。特别是在“大智云物移”时代，唯有创新才能跟上时代的步伐。我们要切实增强创新意识，在传承既有的办学理念、文化传统和发展战略基础上，敢于创新、勇于创新、善于创新。要坚持目标导向、问题导向、质量导向、发展导向，围绕高水平大学建设目标，创新理念思路，全面深化改革，破解瓶颈难题，结合现实基础和时代特征，革除不适应科学发展要求的做法，破除束缚事业发展的体制机制障碍，进一步加强制度创新、管理创新、服务创新和人才培养模式创新，不断激发学校办学的生机活力。

2. 聚焦重点，保持定力，以更加务实的工作举措推动发展

目前学校正处在转型发展的关键时期，各方面的新情况、新问题、新挑战不断涌现，工作任务多、责任重、要求高，这就需要我们保持办学定力，抓住关键重点，始终坚持“高水平、双一流”作为发展主线，咬定青山不放松，持之以恒，久久为功。

一是以“双一流”为牵引，着力在一流学科和一流本科建设上花大力气、下大功夫。

围绕高水平大学建设的目标，面向安徽省努力建设一流高校和一流学科，面向全国着重打造一流学科和一流本科。

要在一流学科建设上求突破。全校上下要深刻认识学科建设对学校事业发展的极端重要性，充分认识学校学科建设的现状，在教育部公布的学科评估排名中，我校学科排名不太理想，全校都要高度重视和警醒，切实增强忧患意识和危机意识。学校将2018年定为学科建设年，将举办学科建设大讨论，全面推进学科建设。要按照有所为有所不为、有所先为有所后为的原则，强化顶层设计，明确学科建设的目标和举措，力争取得一流学科建设的新突破。学科建设要从四个方面着手：第一点，学科定位与特色。要明确学科建设的定位与方向，组织好学科建设大讨论，进一步明确学科建设的内涵和外延，深入思考如何冲击国家的一流、如何冲击全省的一流，通过什么样的举措来实施差异化的学科发展策略，怎样择优扶特、重点突破。第二点，学科队伍建设。学科建设要紧紧依靠人才队伍，要充分发挥学科带头人的主导作用，打造一批结构合理、业务精湛、作风优良、富有创新和团队精神的学科团队。第三点，科学研究。要用高水平的科研支撑学科建设，准备明年3月召开全校科研工作会议，全面系统地研究学校科研工作。科学研究要坚持“三个面向”，即面向学术前沿、面向人才培养、面向经济社会发展。要在“三个面向”的前提下，遵循科技创新规律，推进科研管理体制与评价机制改革，着力抓好“三高”，即高层次的研究平台，高水平的研究团队，高质量的研究成果。第四点，人才培养。学科是人才培养的基础和平台。要以学科建设统领人才培养，充分发挥学科建设对人才培养的支撑作用，用学科建设的创新成果提升人才培养。在此基础上，更加注重培育学科文化，学科文化是关于学科建设的系统思维、思想观念和价值取向，对学科建设发展有着潜移默化和深远持久的影响，要不断加强学科文化构建，努力凝练、总结和培育出独特的学科文化。

要在一流本科打造上出实招。没有一流本科，就谈不上建设一流高校、一流学科。全校上下要始终坚持“人才培养是核心，本科教育是基础”的理念，坚定不移地把本科教学作为最基础、最根本的工作来抓，不断巩固本科教学工作的基础地位，着力打造一流的本科教育，时时刻刻把本科教学捧在手里、抱在怀里、扛在肩上、顶在头上。要提炼人才培养目标，强化“国民表率、社会英才”的人才培养定位，努力将学生培养成为各行各业的骨干，特别是教育事业中的卓越教师英才。要努力打造人才培养特色，坚持“以学生为中心”的教育理念，始终将学生作为办学的主体，落实学生的自主选择权，倡导主动学习、探究式学习、案例式学习等，调动学生学习的主动性和积极性。要推进人才培养模式创新，优化多元人才培养机制，深入实施“卓越人才培养计划”，探索实施“卓越工程师培养计划”，推进专业认证，深化创新创业教育改革，持续培养学生的创新精神、实践能力和社会责任感。要优化专业结构布局，实施专业动态调整，要结合经济社会发展的市场需求，要关注新工科、新经管、新法学、新教育等办学前沿动态，进

一步优化专业结构，既精心打造好师范、艺体类等传统优势专业，又探索建设好数据科学与大数据技术、互联网金融等新兴本科专业。

二是以人才培养为中心，着力在“人”和“钱”的问题上想好法子、作好文章。

无论是高水平大学建设、“双一流”建设，还是质量提升、内涵建设，都要紧紧依靠“人”和“钱”，必须要不断夯实“人”和“钱”这两个最基础的支撑点。

要在“人”的问题上动脑筋。人是办学治校的主体，主要包括学生和教职工两个方面。一方面深入思考如何将学生培养好，要在招生、培养、就业各个环节上出实招。要从源头上提高生源质量，加强招生宣传，适度扩大招生规模，完善招生计划动态调整机制，专业招生人数一定要结合第一志愿填报率，主动适应市场需求。要在培养中强化质量提升，推进人才培养模式改革，坚持“四个课堂”联动育人，强化实践能力培养。要在就业中注重服务引导，提升学生的就业能力，开展就业帮扶，拓展就业市场。另一方面深入思考如何将教职工队伍建设好，坚持教学、科研和管理三支队伍同等重要，充分调动各类型、各层次教职员工的积极性和主动性，更加注重高端人才培育与引进。要积极探索人才培育的新举措，加强领军人才培养和后备队伍建设，实施“文津学者”、骨干教师等人才计划，要按照“分层、分类、分流”的发展方向，培养学校人才；大力支持教师参评高层次人才称号，列出人才称号清单和推荐名单，规范推选流程，组织专门会议研究推选工作。要探索人才引进的新举措，带着国际化的视野和开放的眼光，建立分类、分层的多元化引进机制，列出高层次人才引进清单和名单，明确责任分工，多途径引进高端人才，特别是进一步加大海外人才的引进力度。

要在“钱”的问题上求主动。资金是推进学校事业发展和保障工作有序运行的“血液”，近年来学校财务状况逐步好转，但与同类院校相比，资金依然相当匮乏。资金方面要思考的无非是“开源”和“节流”两种途径。一方面深入思考如何开源，努力为学校事业发展争取更多的资金和资源。要积极争取财政资金，充分运用国家和安徽省关于推动高校改革发展的相关政策，积极申报相关重要项目，提前建设好项目库，早作准备，努力争取更多的财政经费支持。要积极争取社会资金，完善捐资助学机制，特别是要把握好90周年校庆这一重要契机，充分挖掘校友资源和社会各种力量，募集社会化资金，2018年要把捐赠工作作为一项重点工作，同时推进社会捐赠工作常态化。进一步加强校企合作、校地合作，按照“但求所用，不求所有”的思路积极引入社会化资源。要提升学校资产运营的能力，办好校办企业，优化实体运行机制，遵循市场规律，加强资源整合，开展实体运行情况的评估和审计，努力为学校争取更多的创收。另一方面深入思考如何节流，实现最优化的办学投入产出比，不断提升办学治校的经济效益。要实施精细化管理，不断完善财务预算和管理制度，优化公共资源配置，探索公共资源成本核算和有偿使用，探索利用经济杠杆建立自我约束机制，提高资源使用效益。要加强办学成本控制，树立成本控制理念，主动适应智能社会和数字经济新时代，优化机构设置和人员编制，构建精干高效的行政组织体系，结合学校实际减人减事，提升工作效能，提升办公自动化水平，减少不必要的开支，提高办学综合效益。

3.优化机制，提升效能，以更加完善的管理体制助力发展

党的十九大报告中指出，要成立中央全面依法治国领导小组，依法治国战略将全面加强。对学校来说，必须坚持依法治校，不断完善内部运行与管理机制，努力提升治理水平和管理效能。

一是推进治理体系和治理能力现代化。要不断完善学校内部治理结构，努力构建更有活力、更有效率、更加开放、更加合理的管理体制和运行机制。要坚持落实党委领导下的校长负责制。按照党委领导下的校长负责制的要求和规定，建立健全党委统一领导、党政分工合作、协调联动运行的工作机制，坚持集体领导与个人分工负责相结合，加强党的领导，维护集体权威，完善现代大学制度。要构建科学化、民主化的治理体系。遵循高等教育发展规律，运用先进的管理理念，科学化决策，规范化管理，重大事项要做到决策前有专业论证、执行中有充分监管、完成后有绩效评估。要构建多方参与的

学校治理体系，充分发挥党代会、教代会、教授委员会以及民主党派等组织在学校治理中的重要作用，拓展师生员工参与民主决策、民主管理和民主监督的形式和载体。要规范内部运行与管理控制。突出问题导向，优化内部管理与运行机制，深入推进校院两级管理机制体制改革，科学调整二级机构设置和核定人员编制，提升管理效能。要优化综合考核评价机制，精简考核评比的数量，建立科学合理、分类多元、务实有效的考核评价体系。要建立健全决策合法性审查机制、申诉评议机制和纠错机制，不断提升学校治理风险的防控能力。

二是不断完善规章制度体系。科学规范有效的制度是贯彻落实依法治校的基本要求，是管理规范化的具体体现，是提升教育质量、实现内涵式发展的有效保障。要完善科学民主的决策制度。坚决贯彻落实"三重一大"决策制度，坚持党委常委会、校长办公会、部门部(处)长办公会、学院党政联席会等议事决策制度，提升依法决策、科学决策、民主决策的水平。要健全务实管用的工作制度。突出问题导向，不断完善学校各类别、各领域的规章制度，加强规章制度的废、改、立工作，确保各项制度切实可行。要规范日常校内会议制度。进一步精简会议、控制规模、改进会风，提高会议的质量和效率，多开研究解决问题的专题会，不开泛泛部署工作和提要求的会议。要执行常态化的调研学习制度。定期组织集体学习和专题学习，各学院和各部门每学期坚持外出学习调研1—2次，带着目标和问题去高水平兄弟院校学经验、作比较、找差距、明方向。

4.强化担当，真抓实干，以更加浓郁的干事氛围保障发展

团结奋进的干事环境、风清气正的创业氛围是学校做好一切工作的重要保障。一直以来，师大人在困难挫折面前从不退缩，总是迎难而上、负重前行，在大是大非面前从不含糊，总是同舟共济、携手并进。广大教职员工始终在用智慧和汗水，守护着师大这片美好的精神家园，正在以坚韧不拔的意志和自强不息的精神，迎接一个又一个挑战。我们要格外珍惜这样一个来之不易的精神状态和工作氛围，以更加强烈的责任、更加积极的态度、更加务实的作风，共同推进学校各项工作落到实处。一是要继续保持和巩固精诚团结、凝心聚力的干事创业氛围。加强合作，相互包容，围绕学校工作的总布局、总要求，心往一处想、智往一处谋、劲往一处使，难办的事情商量着干，重要的事情一起干，努力形成一股推进学校事业发展的强大合力。要做到分工不分家、补台不拆台、交心不多心，多一些谅解少一些误解、多一些行动少一些口号、多一些信任少一些猜忌，传递正能量，弘扬主旋律。二是要继续保持和巩固攻坚克难、敢于担责的干事创业勇气。责任担当是党员干部必备的基本素质，是衡量一个党员干部是否合格的重要标准。要敢想、敢做、敢当，勇于直面困难，主动接受挑战，大胆开拓创新，在关键时刻能够站出来，争做事业发展的"排头兵"，勇做改革创新的"先行者"。要想干、愿干、真干，积极思考，主动作为，从全校事业发展的全局高度，制定推进工作的时间表和任务图，以时不我待、只争朝夕的干劲，稳步推进2018年的各项工作。三是要继续保持和巩固求真务实、踏实苦干的干事创业作风。实干就是能力，落实才是水平。要工作务实，鼓足干劲，一件事情接着一件事情做，一项工作接着一项工作干，让脚踏实地、埋头苦干在校园内蔚然成风。要抓好落实，大力弘扬"真抓实干，马上就办"的务实作风，切实增强工作执行力，做到不推诿、不拖沓、不扯皮、不折腾。顾书记在报告中对2018年工作作了系统谋划、全面部署，接下来就是要让这些决策部署落地见效，做到事事有回音、件件有落实。

各位代表，同志们，"不畏浮云遮望眼，只缘身在最高层"。衷心地希望各位代表和全校师生员工不忘初心、牢记使命、凝心聚力、奋发图强、登高望远，撸起袖子加油干，继续向着建设一流学科、一流本科进发、继续向着建成特色高水平大学进发、继续向着再创辉煌的师大梦进发，再建新功，继续书写师大历史的新篇章。

最后，衷心祝愿各位代表和同志们新年快乐！吉祥如意！家庭幸福！

谢谢大家！

凝心聚力 改革创新 深入推进"人才强校"战略

——安徽师范大学人才工作会议工作报告

校长　张庆亮

（2017年9月30日）

各位老师，同志们：

下面，我代表学校向大会作人才工作报告，报告的主题是：凝心聚力，改革创新，深入推进"人才强校"战略。

1. 近年来人才工作的主要举措和成效

在校党委的高度重视和坚强领导下，学校认真贯彻落实上级文件精神和人才政策，紧紧围绕高水平大学建设目标，聚焦"人才强校"战略，紧紧抓住引进、培养、使用等关键环节，不断深化体制机制改革，着力加强人才队伍建设，取得了积极的工作成效。

（1）主要举措。

一是注重顶层设计。学校坚持党管人才原则，把人才工作纳入总体发展布局，系统谋划，整体部署，全面推进。校第九次党代会提出了"人才强校"发展战略；校第十次党代会进一步强调"把师资队伍建设作为学校最重要的基础性工作"；2016年，学校编制了《"十三五"人才队伍建设规划》，进一步确定了人才工作的路径和措施。

二是汇聚工作合力。成立了人才工作领导小组，统筹协调全校人才工作。积极推进人事管理中心下移，把人才引进和招聘下放到学院，建立了"分级管理、权责下移、校院联动"的工作格局。将人才工作列入年度绩效考核的重要指标，压实工作责任，形成了齐抓共管、合力推进的良好局面。

三是提升人才层次。制定了《引进高层次人才和团队暂行办法》，针对紧缺专业人才编制重点支持目录，加大经费投入（2012年以来累计投入人才引进经费3 600万元），大力引进国内外高校博士、高级职称和具有海外留学背景人才。积极组织申报"国家百千万人才工程""长江学者奖励计划"等高层次人才计划，取得"万人计划"国家级人选历史性突破。建立柔性引进机制，围绕优势学科和特色学科，组建了6个高端科研平台。

四是改革管理举措。强化聘约管理，2014年组织开展首轮聘期考核，2014年、2017年两次开展专业技术岗位分级聘任，探索建立能上能下、能进能出的聘用机制。加强培养培训，修订《教职工培养培训办法》，支持和鼓励教职工通过攻读学位、单科进修、出国访学、基层实践、国外研修等方式提高教学科研能力。先后举办10期国（境）外培训团、6期岗前培训、6期校本培训。实施分类评价，修订教学科研系列岗位职责，完善岗位考核办法，针对不同类型、不同层次教师，按照教学科研并重型、教学为主型、科研为主型、应用为主型岗位等类别，推动建立科学合理的分类评价标准。推进薪酬与绩效制度改革，以编制管理为依据，坚持"整体提高、保持可持续、缩小差距、向一线青年教师倾斜"的原则，推进分配制度改革，提高教职工福利待遇，实现校内津贴逐年稳步增长。全面落实了职工医疗保险，有序推进了养老保险工作。

五是强化师德师风。出台《构建师德建设长效机制实施办法》等制度，建立起教育、宣传、考核、监督、奖惩相结合的师德建设长效机制，评选终身成就奖人选4人，涌现出党的十八大代表房玫，全国师德标兵路丙辉，全国模范教师华田苗，全国五一劳动奖章获得者、全国先进工作者朱国萍，全国"三八"红旗手俞晓红等一批先进典型。强化师德考核结果运用，实行师德师风问题"一票否决制"。

（2）建设成效。

一是队伍结构进一步优化。目前，学校在职教职工2 335人（不含三附，其中在编2 181人、人事代理154人），专任教师1 507人，占教职工总数的64.54%。外聘教师264人，兼职教授93人，返聘退休专家28人，博士后流动站人员16人。师生比为1∶17.9。

——专任教师中教授297人，占19.71%；副教授518人，占34.37%。高级职称比例达54.08%。

——专任教师中具有博士学位的教师628人，占41.67%，博士化程度最高的学院为77.45%，博士化超过50%的学院有8个。

——45岁以下教师占专任教师的70.87%，成为主力军。50岁以上262人，占17.38%。专任教师年龄呈正态分布。

——20%教师具有国（境）外学习、攻读学位、项目合作研究、访学交流等经历。国（境）外经历教师占比超过学校平均水平20.24%的学院有9个。

二是队伍水平进一步提高。2012年以来，学校全职引进高级职称21人、博士179人；柔性引进院士、杰青、长江学者、国家“万人计划”等高层次人才55人。在职在岗教师获得省级以上荣誉称号和人才称号共计332人次，其中国家“万人计划”哲学社会科学领军人才1人，中宣部文化名家暨“四个一批”人才1人，“百千万人才工程”国家级人选3人，教育部“新世纪优秀人才”培养计划人选7人，国务院特殊津贴享受者9人、省政府特殊津贴享受者10人，省“百人计划”人选2人，“皖江学者”特聘教授5人、讲席教授4人，省学术与技术带头人28人、后备人选47人，省级教学名师24人、教坛新秀28人。拥有国家级教学团队3个、省级教学团队13个，省级以上科研团队32个。

(3)存在的问题和不足。

对照高水平大学建设需要，学校人才工作还存在一些不足，主要表现在以下五个方面：

一是重才引才用才的理念有待进一步强化。对人才重要性的认识需要进一步强化，尊重人才、崇尚学术的氛围需要进一步培育，引才的理念需要更加开放和包容，引才用才的积极性、主动性需要进一步增强。

二是人才队伍整体水平有待进一步提升。专任教师总量不足，国家级高层次领军人才缺乏，有待培育一批在国际上有较大影响力、有话语权的学术名师、大师和教育教学能力突出、深受学生喜爱的教学名师、大师，教师队伍的国际化水平有待进一步提高。

三是人才队伍内部结构不够理想。在学科、专业之间，人才结构分布不均，不同学科人才引进力度不平衡，部分新设专业人才紧缺，引进博士存在困难。教师队伍具有博士学历人数有待进一步提高。职称结构有待进一步优化。

四是人才工作体制机制亟需改革。在引进与稳定方面，引人渠道单一，高层次人才特别是海外高层次人才引进工作相对薄弱，高层次人才引进以学校层面为主，没有建立起校、院、学科、专家全方位的引才荐才渠道；稳定人才举措不够有力，既面临着引才难的问题，又面临着人才流失的压力。在培养培训方面，培养的针对性和精准性有待提高。在使用方面，存量人才的潜力没有得到充分挖掘。在考核评价方面，“岗位能上能下、待遇能高能低、人员能进能出”的机制有待进一步完善。

五是促进各类人才全面发展的体制机制不够完善。对不同类别的人才有效激励的管理体制尚不健全，促进各类人才脱颖而出的工作机制需要进一步完善。青年人才干事创业的科研平台、服务平台和工作环境需要进一步改善。对实验技术岗位、管理岗位，其它专技岗位人才的培养、交流机制还没有形成，不能完全适应高水平大学建设的需求。

2.今后人才工作的思路和举措

人才是最宝贵的财富，人才资源是第一资源。唯有人才领先，学校才能实现发展领先；唯有人才崛起，学校才能实现发展崛起。我们要认真贯彻以习近平同志为核心的党中央决策部署，按照省委书记李锦斌同志来校调研讲话要求，以推进“双一流”建设为引领，以改革创新为动力，以服务发展为己任，以党建和思想政治工作为保证，深入实施“人才强校”战略，认真落实学校《“十三五”人才队伍建设规划》，不拘一格地培养人才、吸引人才、用好人才，用强有力的人才支撑为学校建设发展注入蓬勃生机和强大动力。

(1)面临的形势。

首先，国家人才优先发展战略为学校人才工作提供了重要遵循。从“尊重知识、尊重人才”到“人才资源是第一资源”，从“走人才强国之路”到“深入实施人才优先发展战略”，党和国家一直高度重视、持续加强人才工作。尤其是党的十八大以来，以习近平同志为核心的党中央站在党和国家事业全局高度，把人才工作放在更加突出的位置。习近平总书记提及“人才”频率之高、思虑之深、着眼之远，都达到了空前的程度，人才的重要性在国家战略层面愈加凸显。经济发展、社会发展，归根到底是为了人的全面发展；硬实力、软实力，归根到底要靠人才的实力。人才优势，是最需培育、最有潜力、最可依靠的优势。学校要牢固树立“人才资源是第一资源”的理念，把“人才强校”战略作为第一战略、基础战略、核心战略，把人才工作摆在最为突出的位置。

其次，高等教育发展形势和高校之间的竞争对学校人才工作提出了新的要求。随着经济社会发展对科技创新和高素质人才需求的日益增加，高等教育正在走向社会的中心，角色定位从过去的支持服务逐步转向服务和引领同步。为了推动高等教育发展，国家推出了系列政策举措，尤其是印发了《统筹推进世界一流大学和一流学科建设总体方案》，着力推进“双一流”建设，9月20日已经公布了42所一流大学建设高校和95所一流学科建设高校名单。高等教育格局正在面临重大调整，高校之间的竞争日益激烈，高校之间新一轮的人才大战也进入白热化阶段。原来的“985工程”“211工程”高校本身就汇聚了大量的人才，具有先天优势；一些经济发达地区高校资金充足，具有地理位置优势和财力优势。在无比较优势的环境下，如何在夹缝中求生存，做大增量、激活存量、提升质量，最终破茧成蝶，成为摆在我们面前的重要课题。

最后，推进高水平大学建设迫切需要学校进一步加强人才队伍建设。校第十次党代会提出了“力争到建校100周年时，把学校建设成为全国同类院校一流、特色鲜明的高水平大学”的奋斗目标，它既是我们全体师大人坚持不懈、执着追求的共同梦想，也是激励我们主动作为、推动发展的强大动力。“十三五”时期是学校全面深化综合改革，推动内涵发展，提升办学质量，着力推进高水平大学建设的关键时期，能否实现新的跨越和突破，对于我们能否实现“师大梦”具有重要的影响。事业发展，关键在人，核心在人才。在学校改革发展的关键时期，我们对人才的渴求比任何时候都更加迫切，做好人才工作也比任何时候都更加重要。全校上下要统一思想，进一步增强做好人才工作的思想自觉和行动自觉，通过新一轮的人才体制机制改革创新赢得主动，真正打好人才队伍建设这场攻坚之仗。

(2)指导思想和主要目标。

人才工作的指导思想是：高举中国特色社会主义伟大旗帜，以邓小平理论、“三个代表”重要思想、科学发展观为指导，全面贯彻落实党的十八大和十八届三中、四中、五中、六中全会精神，深入学习贯彻习近平总书记系列重要讲话精神和国家、安徽省人才工作会议精神，坚持以“五大发展理念”为统领，遵循人才成长规律，牢固树立科学人才观，深入实施“人才强校”战略，破除束缚人才发展的思想观念和体制机制障碍，激发和增强人才活力，构建科学规范、开放包容、运行高效的人才工作体系，聚力打造人才高地，为特色鲜明的高水平大学建设提供坚强的人才支撑。

人才工作的主要目标是：至2020年，专任教师数量满足学校事业发展和学科建设的需要，人才队伍普遍具有良好的职业道德素养、先进的教育理念、扎实的专业知识和高水平的教学科研能力，人才队伍的年龄、学历、职称、学科结构更加合理，拥有一批在国内外有重要影响的学科带头人、学术骨干和一批高水平的创新团队，人才管理、评价、激励机制更加完善，建成一支规模适度、结构合理、素质优良、充满活力的一流人才队伍。

(3)战略重点。

一是推进引才育才机制改革，进一步提高人才质量。坚持“引”“育”并举，积极构建学校“人才金字塔”体系，实现高层次人才“塔尖凸显”，具有冲击力和带动力，中坚人才“塔身壮实”，充满活力和创新力，青年人才“塔基扎实”，富有发展潜力和持续动力。做到“开放引才”，进一步拓宽高层次人才引进视野，大力开发国际国内两种人才市场，重点支持一些重点学科、特色学科、新型交叉学科引进一批高端人才和团队，用一流的学科吸引一流的人才，用一流的人才打造一流的学科，努力实现高端人才汇聚和学科发展新的突破。坚持不求所有、但求所用，将柔性引进作为破解“引才难、留才难”问题的一个方法，围绕高端科研平台、协同创新中心、特色优势学科专业，非全职或柔性引进一批国内外知名学者，发挥他们的影响力和凝聚力，积极培育一批高水平的教学科研创新团队。在引进人才的同时，积极做好现有人才的稳定工作，制定具有吸引力的人才政策，分类别、分层次对现有高层次人才提供岗位补贴，提高人才待遇。加强“创新育才”，探索建立从“夯实基础”到“提升能力”再到“建设高端”体系完备的青年教师培养机制，实现从“新进教师”到“教学名师”“拔尖优青”的全过程培养，让更多青年人才尽快脱颖而出。加强团队建设，“十三五”期间，努力打造和培育20个左右高水平教学创新团队（A类和B类），每个A类、B类团队分别给予100万元和50万元建设资金和绩效奖励；打造20个左右高水平科研创新团队（A类和B类），每个A类、B类团队分别给予200万元和100万元建设资金和绩效奖励。鼓励支持相关人员申报国家和省重大人才工程项目，让更多人才冲击国家级、省级人才项目。探索实行人才“预聘”制度，对新引进或培养的学术潜力大、成果较为显著的优秀博士或博士后，择优聘任为教授或副教授“预聘”岗位，兑现相应待遇，学院也可设置院级副教授“预聘”岗位，用学院相关经费兑现相应待遇。同时，我们必须进一步加强管理骨干和服务保障队伍建设，实现“三支队伍”协调发展，使不同类型人才都能各得其所、各尽其能、各展其长。

二是推进评价激励机制改革，进一步激发人才活力。能不能留住人才、用好人才，关键要靠正确的评价和充分的激励，让人才“名利双收”，做到“激励稳才”。科学设置考核内容，突出品德、能力和业绩评价，注重凭能力、实力和贡献度评价人才，克服唯学历、唯职称、唯论文倾向。探索建立分类分层评价体系，突出专业和学科特点，提高人才评价的科学性。改进考核方式，针对教学、科研、社会服务等不同岗位职责要求和工作特点，采取不同考核方式，基础研究人才以同行学术评价为主，应用研究和技术人才突出市场评价，哲学社会科学人才强调社会评价。对于长期潜心一线教学和从事基础研究的高层次人才，教学科研成效显著的，可免于考核，长期聘用。完善收入分配制度，构建以岗位绩效工资为主体，年薪制、协议工资制、项目工资制等并存的收入分配体系，绩效工资向关键岗位、高层次人才、业务骨干和做出突出贡献的人员倾斜，实现一流人才、一流业绩和一流报酬的结合。赋予高层次人才和团队负责人更大的人财物支配权。改革科研经费管理制度，探索实行充分体现人才创新价值和特点的经费使用管理办法。建立标志性成果激励机制，加大标志性成果奖励力度，对于获得具有标志性教学科研成果的个人和团队，给予一次性额外奖励。继续做好“终身成就奖”“卓越教学贡献奖”等评选表彰活动，让为学校建设发展做出贡献的人获得应有的荣誉。

三是推进人事管理体制改革，进一步用好用活人才。通过人事管理制度改革，进一步激发和增强人才活力，做到“科学用才”。推进人事管理中心下移，完善人才管理服务的权力清单和责任清单，建立以学院为主体的管理机制，让学院在人才引进、岗位聘用、职称评审、考核评价和津贴分配等方面享有更大的自主权。学院一定要主动出击、积极作为，坚持人才工作“一把手”工程，把人才引进作为学院头等大事抓实抓好。实施机构编制动态调整，根据学校教学科研和学科建设等需要，以提高效能为目标，适时调整机构设置和人员编制；重新核定各单位人员编制，优化人才配置，优先满足教学科研需求。完善全员聘用制度，按照“按需设岗、竞聘上岗、按岗聘用、合同管理”的原则，进一步完善以合同管理为基础的用人制度，推进全员聘用的规范化、制度化和常态化。推进职称制度改革，实现职称评审与岗位聘用有机结合，建立与考核评价相配套的退出机制。探索制定高层次人才、急需紧缺人才职称直接认定办法。合理界定和下放职称评审权限。

四是推进人才保障机制改革，进一步完善人才服务。进一步强化为人才服务的意识和理念，把人才的需求作为第一信号、第一选择，积极为人才做好服务。加强组织领导，坚持党管人才原则，创新党管人才的方式方法，建立校院两级人才工作领导小组，健全人才工作领导体制，形成以学校为主导、以学院为主体、部门协调、上下联动的工作格局。加大经费投入，根据学校事业发展需要，加大人才队伍建设投入预算，提高人才队伍建设经费投入在学校预算中的总体比例，加大对高层次人才引进和稳定的投入，分类建立灵活高效的人才经费投入机制。营造发展氛围，加强优秀人才和工作典型宣传，创建人人渴望成才、人人努力成才、人人皆可成才、人人尽展其才的浓厚氛围，形成鼓励创新、宽容失败的工作环境，待遇适当、无后顾之忧的生活环境，公正平等、竞争择优的制度环境，真正做到以事业引才、以情感聚才、以待遇和环境留才。强化督促检查，建立校、院党政领导班子和成员工作目标责任制，将人才工作作为领导班子评优、干部评价的重要依据，与年度绩效考核挂钩。设立“伯乐奖”，对引才工作成效显著、引进人才作用明显的单位和个人进行奖励。

老师们、同志们，人才资源是办学兴校的第一资源，“人才强校”战略是学校建设发展的第一战略。让我们以本次人才工作会议为新的起点，进一步解放思想、凝心聚力、改革创新，以更加开阔的视野、更加开放的胸襟、更加扎实的举措，奋力开创学校人才工作新局面，努力为建设“五个师大”奋力拼搏！

谢谢大家！

加强和改进学校人才工作 着力推动高水平大学建设

——在安徽师范大学人才工作会议上的讲话

校党委书记　顾家山

（2017年9月30日）

同志们：

今天是学校近年来第一次召开如此大规模、高规格的人才工作会议。上午，庆亮校长作了主题报告，全面总结了“十二五”以来学校人才工作取得的成绩，深入分析了学校人才工作存在的问题和面临的形势，提出了今后一个时期学校人才工作的目标和任务。会议期间，与会代表围绕庆亮校长的报告和相关文件讨论稿开展了分组讨论。刚才，泰松、徐彬、柏岭、任永、执风、高峰6位同志在就各个学院人才工作的经验和体会进行了交流，很多做法和思路都值得借鉴和推广。会议开得很好，大家参与的热情和发言的质量都很高，充分体现了同志们对学校人才工作的高度关注。可以说，本次会议既是我们推动人才工作的全面动员部署会，更是一次统一思想、集思广益、凝聚共识的民主决策。希望学校相关职能部门尤其是人事部门，认真做好会议代表意见建议的汇总和梳理工作，逐条加以认真分析研究，修改完善即将出台的各项人才工作举措。

一直以来，学校都高度重视人才工作，特别是自校第九次党代会以来，始终把“人才强校”战略作为优先发展战略加以实施和推进，学校的人才工作也取得了一定的成绩，为高水平大学建设提供了人才保障。当前，人才工作越来越成为影响学校事业发展的关键要素。如何对待人才工作、能不能做好人才工作，直接决定着学校高水平大学建设的成败。我也在多种场合多次强调，要坚定不移把人才资源作为办学兴校的第一资源，把“人才强校”战略作为办学兴校的第一战略，如果“十三五”只有一个发展战略，那就是“人才强校”战略。坚持深入实施“人才强校”战略，这既是学校多年来发展成就的经验体会，也是当前推进“双一流”建设的现实需求，更是立足长远建设高水平大学的必然选择。为更好地贯彻落实本次会议精神，切实推进学校人才工作，这里我再谈三点意见。

1.坚持人才优先，增强人才工作的责任感紧迫感

“国以才立，政以才治，业以才兴。”人才是立业之本、兴业之源、弘业之道。因此，人才问题始终是学校发展的头等大事，做好人才工作是促进学校改革发展的关键所在。我们要深刻认识做好人才工作的极端重要性，切实增强做好新形势下人才工作的责任感和紧迫感。

首先，做好人才工作是贯彻落实习近平总书记系列重要讲话精神、确保上级决策部署落地生效的客观需要。党的十八以来，以习近平同志为核心的党中央把人才工作摆在更加突出位置，采取有力举措加以推进。习近平总书记就人才工作作出了一系列重要指示和论述，深刻阐明了事关人才事业长远发展的一系列重大理论和实践问题；中央相继出台了《国家中长期人才发展规划纲要》《关于深化人才发展体制机制改革的意见》等文件，我省也制定了“人才30条”等政策，这些都为我们进一步做好人才工作提供了基本遵循和政策支持。我们一定要从战略和全局的高度，按照中央和省委的决策部署，始终把人才工作摆在突出位置，切实将“人才强校”作为优先发展战略落到实处，进一步释放政策红利。我们还要积极做好安徽省人才发展战略的贯彻落实以及与芜湖市人才战略的对接，进一步为人才做好服务。

其次，做好人才工作是适应高等教育改革发展形势、落实立德树人根本任务的现实需要。无论是“立德树人”根本任务的落实，还是科学研究、社会服务、文化传承创新、国际交流合作等职能的发挥，都和高素质的人才队伍密不可分。我们需要拥有、也必须拥有一支高水平的人才队伍，这样，才能“用最优秀的人培养更优秀的人”，才能真正落实立德树人根本任务，才能为经济社会发展作出更大的贡献。当前，随着国家深化高等教育综合改革、推进“双一流”建设等重大举措，新一轮高等教育改革发展热

潮正在全面展开，高校之间对人才的争夺异常激烈。如果我们工作跟不上，就会在新一轮的高校竞争中，特别是人才竞争中彻底陷于被动，错失发展良机。因此，我们要切实增强忧患意识和危机意识，始终坚持人才为先，大力实施"人才强校"战略，集聚更多优秀人才，为落实好立德树人根本任务和履行各项职能提供坚实的人才支撑。

最后，做好人才工作是推进学校事业发展、加快高水平大学建设的迫切需要。建设高水平大学是我们长期以来为之不懈奋斗的共同梦想。近年来，在全体师大人的共同努力下，学校的办学综合实力和核心竞争力在不断增强，贡献度、知名度、美誉度也在不断提升，一直稳居全国师范院校第一方阵、省属高校前列。这些成绩是有目共睹的，是来之不易的，也进一步增强了我们建设高水平大学的信心和决心。建设高水平大学关键就在于人才队伍，谁拥有拔尖创新人才，谁就能占领发展高地，引领发展潮流，获得发展优势。目前，我校与国内同类先进高校相比，在核心办学指标存在一些差距，根本原因就在于我们人才队伍整体水平不高，特别是高层次人才队伍不足。可以说，人才问题已经成为影响学校事业长远发展的最大短板，也是制约学校办学实力提升的最大瓶颈。对此，我们必须高度重视、认真面对，切实树立强烈的人才意识，强化"求贤若渴、爱才如命"的思想，有"愿为人才下跪"的胸怀，有"不拘一格、打破常规"的举措，不做"井底之蛙"，不搞"武大郎开店"，真心实意引人才、稳人才、爱人才，真心实意为人才着想、为人才服务，着力汇聚人才团队、打造人才高地，着力发挥人才第一资源的保障作用，不断把高水平大学建设推向前进。

2.坚持问题导向，全面提升学校人才工作科学化水平

树立问题意识、坚持问题导向，是破解工作难题、打开工作局面的突破口。十八大以来，习近平总书记所有的讲话都坚持问题导向，强化问题意识，梳理问题清单、任务清单、责任清单，并切实做好落实。上午庆亮校长报告中，指出了我校人才工作存在的一系列问题，集中起来可以归结为三个方面：一是理念、认识层面的问题。学校的人才工作思路是否科学、政策是否对路、制度是否有效，关键在于我们是否拥有科学的人才工作理念，是否树立了正确的人才观。什么是人才？谁是人才？师大需要什么样的人才？如何持续获取人才、稳定人才、用好人才？制约影响师大人才工作的内外部因素是什么？总之，只有认识和遵循了人才成长和人才工作的一般规律，只有想清悟透了人才工作的一揽子问题，才能谋定而后动，才能增强工作的科学性、针对性、实效性；二是质量、水平层面的问题，安徽师大有着深厚的办学底蕴和良好的社会声誉，最让我们引以为豪的是，学校曾经拥有一批学贯中西、潜心育人的名家大师。但近二十年来，由于办学区位、平台、资源等综合因素的影响，学校的人才资源流失严重，高层次人才引进与培育力度不够，人才队伍的整体水平不高，年龄结构、学历结构、职称结构、学科结构、学缘结构等都需要进一步优化。我们要在更高的起点上思考问题，谋划地方高水平大学的发展定位，围绕发展目标，凝聚共识，深化举措，在质量和水平层面进一步下好功夫；三是体制、机制层面的问题，在"双一流"建设的驱动下，人才资源作为高等教育稀缺资源正在加速整合、重新配置，在这场不公平但又无法回避的竞争之中，学校的人才工作不进则退，慢进也退。目前学校人才工作还缺乏完整系统的顶层设计，人才政策的灵活性、针对性、系统性不够，人才管理体制、培养支持机制、引进稳定机制、评价激励机制等都存在不够完善的地方。需要我们在体制机制上做好文章，在激活内生动力上下足功夫。

通过这次会议，我们对如何解决这些问题达成了一些共识。今后，全校人才工作要坚持以五大发展理念为引领，深入贯彻落实全国全省人才工作会议和高校思想政治工作会议精神，牢固树立科学的人才观，健全工作体制机制，培养关键人才、引进急需人才、用好现有人才、储备未来人才，全面提升学校人才工作科学化水平。为此，我们要正确处理三个关系，切实强化五个引领。

(1)正确处理三个关系。

一是引进和培养的关系。聚集人才无非两个途径，一个是外部引进(增量问题)，一个是内部培养(存量问题)。在引进上，要树立开放视

野和战略眼光，充分利用国内、国际人才资源，特别是对于学校学科专业建设急需而短期内无法自身培养的人才，一定要积极地引进、大胆地引进。特别是，随着经济崛起，中国的全球人才磁场效应开始显现，近年来，留学归国人员总数已达265.1万人，形成了新中国成立以来最大的“归国潮”，与此同时，外国人才的集聚效应也日益显现。我们必须抓住这一机遇，拓宽眼界和视野，畅通引才通道，大力引进一批通晓国际学术规则的人才，这样几年之后学校的学术氛围、学术生态都会得到改善。在培养上，要加强领军人才培养和高层次后备队伍建设，整合学校各类资源，对具有发展潜力的优秀学术骨干进行重点扶持，尤其要加大投入努力提升青年教师的学历层次和教学科研水平，为人才成长创造良好条件，自主培养出更多适应学校发展需要的人才。同时还要重视人才稳定工作，高度重视、充分爱护、用好盘活现有的人才，努力做到“事业留人、感情留人、环境留人、待遇留人”。

二是重点和整体的关系。从现实情况来看，高层次人才缺乏是学校的“致命伤”，同时，中青年教师已经成为学校教学科研的主力军。因此，学校人才工作的重点应该放在高层次人才、领军人才、重要的学术带头人和中青年教师两个大群体上。我们既要以超常规的热情、超常规的思路、超常规的举措抓好高层次人才队伍建设，发挥高层次人才的引领和带动作用，也要大力抓好中青年教师的培养培训，摒弃论资排辈、求全责备等陈旧观念，让更多中青年教师脱颖而出、勇挑大梁，构建学校的“人才金字塔”，形成青蓝相继、人才辈出的局面。同时，还要着眼于学校事业全局，统筹好教学、管理和服务“三支队伍”建设，推动专业技术岗位、管理岗位、工勤技能岗位协调发展，既要肯定教学科研人才对学校事业发展的显性贡献，也要肯定管理服务人才对学校事业发展的隐性贡献，把各个类型、各个层次人才的积极性都充分调动起来，实现学校人才队伍素质和能力的整体跃升。

三是个人与团队的关系。没有团队就没有高质量的教学和科研，很多优秀人才都是在团队中成长起来的，人才价值也通过团队得到了更好地体现和发挥。特别是在当前鼓励开展集中攻关、协同创新、团队作战的形势下，我们要树立一盘棋的思想，按照团队成长规律，出台一系列政策，坚持有所为有所不为，有所先为有所后为，切实加强团队建设。既要出台各种人才支持计划，分层分类支持具体人才的成长发展，做到一流人才一流待遇、特殊人才特殊待遇，让那些有真才实学、做出重要贡献的人才有成就感、有获得感。同时，也要出台团队支持计划，围绕特色优势学科和经济社会发展需求，创新体制机制，整合和加强各类实验室、研究基地等创新平台建设，培育和支持各类教学创新团队、科研创新团队的发展。对人才个人而言，不能仅仅靠个人本事单打独斗，而是要积极组建团队、融入团队，把握好自身在团队中的定位，在促进团队发展中更好地实现自身价值。

(2)切实强化五个引领。

一是强化政治引领，更加注重师德为先。教师承担着教书育人的神圣使命。习近平总书记指出，好老师必须要有理想信念，有道德情操，有扎实学识，有仁爱之心；教师要坚持教书和育人相统一、坚持言传和身教相统一，坚持潜心问道和关注社会相统一，坚持学术自由和学术规范相统一。我们要围绕“立德树人”这一根本，围绕“四有”这一标准，围绕“四个相统一”这一要求，在加强各类人才业务能力培养的同时，更加注重开展师德师风教育，更加注重做好人才的思想政治工作，更加注重师德师风评价考核，引导所有人才忠诚党和人民的教育事业、自觉加强学术自律、维护良好师德形象，既做学问之师，也做品行之师，实现人师和经师的统一，坚持师德问题“一票否决制”。

二是强化学科引领，更加注重团队发展。高水平大学建设是我们加强人才工作的指挥棒，学科发展的方向决定着人才队伍建设的方向，“双一流”建设牵引着人才工作的思路和举措。我们要围绕学科领校战略与人才强校战略的协同推进，围绕重点学科群、优势学科群、特色学科群、新兴学科群建设和高水平教学科研创新团队建设的实际需求，围绕探索打造以“学科特区”为依托的“人才特区”，科学制定人才培养和引进计划，充分发挥学科集聚效应和团队协同优势，增强人才工作的科学性、针对性、实效性。

三是强化质量引领，更加注重引育并举。质量是人才队伍建设的核心。我们要围绕学校建设发展的现实需要，围绕高端引领、整体提升的工作目标，围绕引进与稳定并重、培育和使用并举的工作思路，充分发挥校外同行专家在人才评价中的重要作用，科学评估校内外人才综合素质和能力水平，坚持公开择优，规范审核，积极引进高层次人才，大力培育现有人才，切实提高人才队伍质量。

四是强化价值引领，更加注重以用为本。不同岗位人才都有其价值所在。教学科研队伍的价值体现在育人质量和办学实力上，管理队伍的价值体现在效能和效益上，服务队伍的价值体现在保障和条件上。我们要围绕人尽其才、才尽其用、用当其时的要求，围绕激发人才为学校发展贡献力量的主动性、自觉性和积极性的目标，围绕发挥人才在高水平大学建设过程中重要作用的途径，认真做好人才使用工作，使各类人才都能为学校事业发展作出应有的贡献。这次会议提出了教学科研人才和团队的评价与激励的相关政策，对于管理和服务队伍，我们也要探索建立相应的评价方法和认定机制，对其绩效和成绩给予肯定，并体现到激励体系中来。

五是强化创新引领，更加注重分类施策。创造人才大量涌现和脱颖而出的良好制度环境，是做好人才工作的基础。我们要围绕人才管理体制改革，围绕人才工作机制创新，围绕以人才为核心的资源调节机制建设，破除一切不利于人才成长、人才流动、人才使用的思想观念和体制性障碍，建立健全科学的人才评价发现、选拔使用、流动配置和激励保障机制，坚持创新引领、分类施策、统筹兼顾、精准发力，既有超常规举措，又有个性化关照，在扶强扶优扶特的同时，形成争先进位、百花齐放的良好局面。

3. 坚持党管人才，着力构建学校人才工作新格局

习近平总书记强调，党管人才是人才工作的根本原则，也是中国特色人才制度优势的集中体现。坚持党管人才原则，就是要充分发挥学校党委的领导核心作用，进一步加强和改进党对人才工作的领导，切实做到人才有所呼、改革有所应，人才有所需、学校有所为，着力构建适应学校发展需要的人才工作新格局。

一要进一步完善人才工作体系。要树立人才工作全校一盘棋的理念，不断完善“大人才”工作体系和责任体系，形成上下联动、齐抓共管的良好局面。加强校党委对人才工作的统一领导，坚持管宏观、管政策、管协调、管重点、管服务，保证党的人才工作方针政策在学校全面贯彻落实。校人才工作领导组负责统筹全校人才工作，推动学校人才工作重大决策的贯彻落实。相关部门要按照职能做好人才工作的政策研究、举措实施、协同配合和指导监督。同时，要结合校院两级管理体制改革，扩大学院人才工作自主权，强化学院的人才工作责任，将人才工作纳入学院综合考核的重要内容，进一步发挥学院在人才工作中的主体作用。

二要进一步强化人才保障机制。要把人才建设经费列入学校经费预算优先保障，统筹学校各种财力资源，进一步加大对人才工作的投入，优先用于支持高层次、紧缺型人才的引进培养，努力构建人员、项目、资金等向优秀人才聚集的资源配置模式。要改革人才评价激励机制，注重凭实际业绩和贡献大小评价人才，进一步完善学校收入分配、高质量教学科研成果以及科技成果转化等各方面的奖励政策，千方百计提高高层次人才的收入水平，以效益体现价值、以财富回报才智，充分调动人才的积极性。要真心支持人才、真情关爱人才、真切服务人才，主动了解他们的发展需求、成长状况和学术进展情况，及时解决他们工作、生活中的困难和问题，让各类人才更加舒心地在师大奉献才智、贡献力量，让人才工作自信、精神自足。

三要进一步优化人才发展氛围。要千方百计鼓励人才干事业、支持人才干成事业、帮助人才干好事业，使各类人才创业有机会、干事有舞台、发展有空间。要积极宣传学校人才工作政策，大力挖掘各类优秀人才的创新成果和先进事迹，加大表彰奖励的力度，在全校营造尊重劳动、尊重知识、尊重人才、尊重创造的浓厚氛围。

同志们，人才工作是一项基础性、战略性、长期性工作。我们要坚持问题面前不回避，坚持困难面前不退缩，坚持人才面前不惜身，进一步解放思想、开拓创新、锐意进取，把“人才强校”战略作为学校优先发展战略，广开进贤之

路、广纳四方英才，为建设全国同类院校一流、特色鲜明的高水平大学提供强大的人才支持和不竭的发展动力，以优异成绩迎接党的十九大胜利召开！

谢谢大家！

提高政治站位 坚持立德树人 奋力开创学校思想政治工作新局面

——在安徽师范大学思想政治工作会议上的讲话

校党委书记　顾家山

（2017年10月20日）

同志们：

根据学校党委常委会研究决定，今天我们在这里召开学校思想政治工作会议。这是在全国上下热烈庆祝党的十九大胜利召开的关键时刻召开的一次十分重要的会议。会议的主要任务是，学习贯彻落实党的十九大精神和全国全省高校思想政治工作会议精神，认真落实省委书记李锦斌同志视察我校讲话精神，研究部署当前和今后一个时期学校思想政治工作，全面落实立德树人根本任务，奋力开创思想政治工作新局面，为推进特色鲜明的高水平大学建设提供强大动力支持。

长期以来，学校党委一直高度重视思想政治工作，坚持把立德树人作为办学治校的中心环节，坚持把思想政治工作贯穿教育教学全过程，思想政治工作呈现出持续加强、向上向好的良好态势。党建工作呈现新气象。学校党的建设不断加强，党建科学化水平不断提升，2015年、2016年连续两年在省属高校领导班子党建和事业发展考核中获得“优秀”等次，1个院级党组织获评“全省先进基层党组织”。思想政治教育取得新成效。学校成为全国首批10所部校共建新闻学院试点院校之一，获批全省第一批重点马克思主义学院，涌现出党的十八大代表房玫，全国“最美思政课教师”、全国师德标兵路丙辉，中国青年五四奖章获得者吴青山等一批师生典型，“108名学生十年爱心接力”事迹受到中央电视台专题报道。文化育人迈上新台阶。学校先后荣获“省第一届教育系统文明单位”“第十一届安徽省文明单位”称号；获得全国高校校园文化建设成果奖二等奖2项、三等奖1项，师生入选中国好人榜6名、安徽好人榜2名，位居全省高校前列。阵地建设实现新拓展。学校现有思政课名师工作室7项、辅导员名师工作室8项，立项数位居全省高校前列；新媒体入选2016年度网络影响力全国高校百强，位居全省第二；荣获全国“大学生心理健康教育工作优秀机构”称号。实践育人取得新突破。学校入围全国首批36所“第二课堂成绩单”试点高校；先后24年获评全国暑期“三下乡”社会实践活动先进单位；2016年，在中国青年志愿服务项目大赛中荣获3项金奖，位居全国高校之首。十八大以来，我校思想政治工作典型经验做法被《人民日报》《光明日报》等国家级媒体报道90余次，先后4次入选全国高校党建工作会议经验交流材料，并在全省高校思想政治工作会议上作交流发言。

对照党中央和省委的决策部署、对照高水平大学的建设需求，学校的思想政治工作还存在一些薄弱环节，如：在一定程度上存在重教书轻育人、重智育轻德育、重科研轻教学的情况；个别教师不能很好做到教书育人、为人师表；思想政治工作体制机制还不够完善；思想政治工作的吸引力、针对性和实效性有待进一步增强；思想政治工作合力尚未形成；思想政治教育方式方法需要进一步创新；等等。这些问题都在一定程度上制约了学校思想政治工作和高水平大学建设，我们必须高度重视、积极面对、认真研究、切实解决。为更好地贯彻落实全国全省高校思想政治工作会议精神，推进学校思想政治工作深入开展，下面我讲三点意见。

1.深入学习、提高站位，切实增强做好思想政治工作重要性的认识

习近平总书记在全国高校思想政治工作会议上的重要讲话，从坚持和发展中国特色社会主义、实现中华民族伟大复兴的全局高度，从实现党的执政使命、巩固党的执政地位的战略高度，全面阐述了加强和改进高校思想政治工作的重大意义、根本方向、目标任务和基本要求，具有很强的政治性、思想性和针对性，是指导我们做好新形势下思想政治工作的纲领性文献。我们要深刻领会、准确把握，切实把思想和行动统一到总书记重要讲话精神上来，增强做好思想政治工作的使命感和责任感。

第一，深刻领会、准确把握做好思想政治工作的重要意义。习近平总书记强调，“建设教育强国是中华民族伟大复兴的基础工程”；“我们对高等教育的需要比以往任何时候都更加迫切，对科学知识和卓越人才的渴求比以往任何时候都更加强烈”；“高校思想政治工作关系高校培养什么样的人、如何培养人以及为谁培养人这个根本问题”；“面对新形势新任务，高校思想政治工作只能加强不能削弱，只能前进不能停滞，只能积极作为不能被动应对”。这些新思想新论述深刻阐述了高校思想政治工作的地位和作用，阐明了思想政治工作对办学治校、育人育才的特殊重要性，把我们对思想政治工作的认识提升到了一个新高度。全校上下要站在政治的高度，站在全局的高度，充分认识做好思想政治工作的重大意义，切实履行好肩负的职责使命。

第二，深刻领会、准确把握坚持社会主义办学方向的原则立场。习近平总书记指出，“我们的高校是党领导下的高校，是中国特色社会主义高校”，“我国高等教育发展方向要同我国发展的现实目标和未来方向紧密联系在一起”，必须做到“四个服务”，即：高等教育要“为人民服务、为中国共产党治国理政服务、为巩固和发展中国特色社会主义制度服务、为改革开放和社会主义现代化建设服务”；必须做到“四个坚持不懈”，即：高校要“坚持不懈传播马克思主义科学理论、坚持不懈培育和弘扬社会主义核心价值观、坚持不懈促进高校和谐稳定、坚持不懈培育优良校风和学风”。这“四个服务”“四个坚持不懈”的新思想新论述深刻揭示了我国高校的社会主义性质，指明了高校改革发展和思想政治工作的方向目标。我们要坚持社会主义办学方向不动摇，把正确的政治方向、价值导向贯穿到立校办学、育人育才全过程，努力培养中国特色社会主义的合格建设者和可靠接班人。

第三，深刻领会、准确把握做好思想政治工作的重要任务。习近平总书记对做好大学生思想政治工作和抓好教师队伍建设进行了系统阐释，强调要引导学生做到“四个正确认识”，即：正确认识世界和中国发展大势，正确认识中国特色和国际比较，正确认识时代责任和历史使命，正确认识远大抱负和脚踏实地；要引导高校教师做到“四个统一”，即：坚持教书和育人相统一，坚持言传和身教相统一，坚持潜心问道和关注社会相统一，坚持学术自由和学术规范相统一。这“四个正确认识”“四个统一”的新思想新论述，对大学生普遍关注的深层次问题、教师教书育人的关键问题，作了鞭辟入里的回答。我们要坚持以师生为本，引导学生铸就理想信念、掌握丰富知识、锤炼高尚品格；引导广大教师以德立身、以德立学、以德施教，更好地担起学生健康成长指导者和引路人的责任。

第四，深刻领会、准确把握改革创新思想政治工作的基本要求。习近平总书记强调，“做好高校思想政治工作，要遵循思想政治工作规律、教书育人规律、学生成长规律，沿用好办法，改进老办法，探索新办法，不断提高工作能力和水平；要及时回应学生的真实困惑，真正为学生解答好人生应该在哪里用力、对谁用情、如何用心、做什么样的人；要用好课堂教学这个主渠道，加快构建中国特色哲学社会科学学科体系和教材体系，更加注重以文化人、以文育人，运用新媒体新技术使工作活起来”。这些新思想新论述为改革创新高校思想政治工作指明了正确路径和方法。我们要坚持因事而化、因时而进、因势而新，在继承学校思想政治工作优良传统的基础上，不断研究新情况、破解新课题，全方位推进思想政治工作改进创新，使我们工作更接地气、更有生气。

第五，深刻领会、准确把握坚持党对高校领导的政治要求。中国特色社会主义最本质的特征是中国共产党领导，中国特色社会主义制度的最大优势是中国共产党领导。习近平总书记反复强调，“党政军民学，东西南北中，党是领导一切的”，“坚持党对一切工作的领导”，“确保党始终总揽全局、协调各方”。贯彻落实全国全省高校思想政治工作会议精神，关键就是要加强和改进党对高校的领导，充分落实高校党委“管党治党、办学治校”的主体责任。习近平总书记指出，“办好我国高等教育必须坚持党的领导，牢牢掌握党对高校工作的领导权”，“要坚持党管办学方向，坚持党管高校改革发展，坚持党管干部原则，切实把党的领导在高校落到实处”，“保证高校正确办学方向，保证党的领导在高校工作中全面发挥作用，保证高校始终成为培养社会主义事业建设者和接班人的坚强阵地”。

这些新思想新论述深刻阐明了坚持党对高校领导的根本原则。我们要深刻认识坚持党对高校领导的重大意义和实践要求，切实把党的领导落实到办学治校的方方面面，坚持党委领导下的校长负责制，充分发挥党委把方向、管大局、作决策、保落实的领导核心作用，为学校高水平大学建设提供坚强的政治保证。

2. 凝心聚力、改革创新，全面提升学校思想政治工作科学化水平

加强和改进高校思想政治工作是一项系统工程，我们要按照中央和省委关于加强和改进高校思想政治工作的总体部署，认真落实中央31号文件和省委18号文件要求，抓住重点、精准发力，凝心聚力、改革创新，切实把学校思想政治工作推向新高度、新境界。当前和今后一个时期，学校思想政治工作要把牢“一个根本遵循”、聚焦“两大群体”、建好“三支队伍”、抓好“四个重点”。

第一，把牢“一个根本遵循”，就是要牢牢把握办好中国特色社会主义大学这一根本遵循。办学方向是立校之本、办学之要。习近平总书记强调，“加强高校思想政治工作，最重要的就是要在事关办学方向的问题上站稳立场”。在办学方向这个重大原则问题上，我们必须旗帜鲜明、立场坚定，确保学校置于党的领导之下，沿着社会主义办学方向前进。我们要按照习近平总书记“四个服务”和“四个坚持不懈”的要求，当好马克思主义科学理论的传播者。持续深化习近平总书记系列重要讲话精神学习教育，加强马克思主义学院、马克思主义理论学科和思想政治理论课建设，推动马克思主义中国化理论成果特别是习近平新时代中国特色社会主义思想进课堂、进教材、进头脑，引导广大师生增强“四个意识”、坚定“四个自信”。当好社会主义核心价值观的弘扬者。加强弘扬社会主义核心价值观“名师工作室”建设，扎实开展主题教育活动，以文明校园创建为抓手把社会主义核心价值观和师生教学、学习、生活紧密联系起来，推动广大师生做社会主义核心价值观的坚定信仰者、积极传播者、模范践行者。当好学校和谐稳定的维护者。切实增强政治敏锐性和政治鉴别力，高度警惕和防范各种错误思潮对学校的影响和渗透，确保学校意识形态阵地安全稳固，让教师静心从教、学生静心学习。

第二，聚焦“两大群体”，就是要坚持“以人民为中心的发展思想”，做好“学生”和“教师”两大群体的思想政治工作。习近平总书记强调要坚持以人民为中心的发展思想，在高校就是要充分尊重教师和学生的主体地位，发挥教师和学生在办学治校中的主体作用。一要提高学生思想政治素质。习近平总书记强调，思想政治工作从根本上是做人的工作，必须围绕学生、关照学生、服务学生，不断提高学生思想水平、政治觉悟、道德品质、文化素养，让学生成为德才兼备、全面发展的人才。我们要加强学生思想引领，通过完善思想政治教育工作方案和院系领导联系学生、定期面对面交流等各项制度，落实大学生马克思主义自主学习行动计划、开展“我的中国梦”主题教育等各种途径，切实提升学生政治素质，帮助学生系好“人生第一粒扣子”，自觉做到“四个正确认识”。要把解决学生的思想问题与解决实际问题相结合，有针对性地帮助学生解决学习成才、择业交友、生活困难、心理健康等方面的具体问题，将思想政治工作覆盖到每一个学生，延伸到学生的每一个需求，在精准施策中增强教育效果。二要加强师资队伍建设。习近平总书记强调，传道者自己要先明道、信道。作为高校教师，我们要坚持教育者先受教育，努力成为先进思想文化的传播者、党执政的坚定支持者。要按照习近平总书记提出的“四有好老师”标准和“四个统一”要求，通过健全教师政治理论学习制度、开展师德师风专题教育、加强教师教育管理和纪律约束等途径，把教师思想政治工作落实到教学科研之中，把师德规范要求融入到人才引进、课题申报、职称评审、导师遴选等评聘和考核各个环节，引导广大教师以德立身、以德立学、以德施教，既当传道授业的“经师”，更当为人师表的“人师”，努力用“最优秀的人培养更优秀的人”。要切实帮助教师解决好工作、生活中的实际困难，积极为教师的成长搭建平台、创造条件，提升广大教师的幸福感、获得感。

第三，建好“三支队伍”，就是要整体推进党政干部和共青团干部、思想政治理论课教师和哲学社会科学课教师、辅导员班主任和心理咨询教师三支队伍建设。习近平总书记强调，高

校思想政治工作队伍为高等教育事业发展作出了重要贡献，各级党委和政府及高校要像关心教学科研骨干的成长一样关心思想政治工作队伍成长，使他们工作有条件、干事有平台、待遇有保障、发展有空间。要将思想政治工作队伍纳入学校人才队伍建设总体规划。按照规定比例配备思想政治工作人员，完善选拔、培养、激励机制，形成一支专职为主、专兼结合、数量充足、素质优良的工作力量。青年教师晋升高一级专业技术职务（职称）须有至少一年担任辅导员或班主任的工作经历并考核合格；制定相关政策，鼓励、支持有影响力的教授、教学名师和校、院两级管理干部兼职担任辅导员或班主任。要推动思想政治工作队伍专业化职业化建设。探索职务职级“双线”晋升办法和保障激励机制，实行职务（职称）评审单列计划、单设标准、单独评审。落实辅导员岗位津贴，按照相关要求设立处级一线辅导员岗位；提高思想政治理论课教师待遇。要加强思想政治工作队伍培训。制定培训计划，完善有重点、分层次、多形式的培训体系，深化岗前培训、在职培训、课程轮训和骨干教师研修，支持进修访学和攻读博士学位。要进一步完善全员育人机制。加强全员育人工作的领导、考核、激励和保障，推动全员育人制度化、规范化、精细化，充分调动广大教职工的积极性、主动性、创造性，发挥教书、管理、服务育人的协同效应，形成全员育人的强大合力，使“思政队伍”向“队伍思政”转变。

第四，抓好“四个重点”，就是要大力推进课堂教学、阵地管理、文化育人和网络思政四项重点工作。一是用好课堂教学主渠道。要深入贯彻落实高校思政理论课建设体系创新计划，完善教材体系、丰富教学内容、改进教学方法，运用学生喜爱并接受的话语和活动方式，把我们想说的和学生想听的结合起来，把“大水漫灌”和“精准滴灌”结合起来，让马克思讲中国话，让专家教授讲家常话，把基本原理变成生动道理，更好地引导学生自觉地运用马克思主义立场观点方法分析问题、思考问题、解决问题，增强教学的吸引力、说服力、感染力，让学生真心喜欢、终身受益。要充分发挥哲学社会科学育人功能，深入挖掘各学科蕴含的育人元素、德育资源，使哲学社会科学成为思想政治教育的重要载体。要充分发挥学校学科齐全、人才密集的优势，着力打造具有时代特点、师大风格的课程体系，把做人做事的基本道理、把社会主义核心价值观的要求、把实现中华民族伟大复兴的理想和责任融入各类课程教学之中，推动各类课程与思想政治理论课同向同行、形成协同效应，各自守好一段渠、种好责任田。积极为构建中国特色哲学社会科学、创新思想政治教育提供独具特色的“师大方案”“师大样本”。二是筑牢意识形态主阵地。要牢牢把握意识形态工作的领导权管理权话语权，严格落实意识形态工作责任制。坚持课堂讲授有纪律、学术研究有底线、公开言论守规矩，确保所有教育教学和科研活动在合法合规范围内进行。严格执行讲座论坛报告会“一会一报”“一事一报”制度。加强校内刊物、网站、新媒体、学生自媒体的管理，落实实名登记制度和用网责任制度。做好重大活动和热点问题、突发事件的网上舆论引导，持续做好少数民族学生教育管理稳定工作，坚决守住安全稳定底线。三是弘扬文化育人主旋律。以文化人、以文育人是做好学校思想政治工作的重要途径。我们要进一步梳理、凝练师大特有的办学传统、精神品格、价值理念和人文典故，积极开发校本文化课程，进一步讲好师大故事，传播师大声音。要深入推进文明校园创建“五大工程”，贯彻落实各类文明公约，大力开展形式多样、健康向上、格调高雅的校园文化活动，构建和谐开放的文化育人环境。要进一步完善实践育人方案，推进实践教育课程化、项目化，加强实践教学基地建设，创建实践育人大舞台。四是拓展网络育人主战场。推动思想政治工作传统优势同信息技术高度融合，使新媒体成为推进思想政治工作的新引擎。要积极发挥“丙辉漫谈”的示范引领作用，进一步办好网上党建园地、网络思政、网上团校、网上论坛、“两微一端”等校内新媒体平台，实施“易班”、中国大学生在线共建共享等计划，形成有效传播的新媒体矩阵。要创新教育内容形式，遵循网络传播特点，用大学生喜欢的“网言网语”“微言微语”引领舆论，做到既“抓眼球”，又“触灵魂”，打造更多深受欢迎的新媒体品牌。要加强网络评论员队伍建设，打造以管理干部、思政课教师、辅导员、学生骨干等为主体的工作队伍，引导名师名家和优秀导师进网络，壮大网络舆论引导力量，将网络思想教育“主战场”变成学生爱进的“大市场”，形成良性互动的校园网络生态。

3.加强领导、强化责任，健全完善思想政治工作保障机制

正在召开的党的十九大是在全面建成小康社会决胜阶段、中国特色社会主义进入新时代的关键时期召开的一次十分重要的大会，是一次历史性大会。习近平总书记代表第十八届中央委员会所作的报告高举旗帜、立论定向，把握大势、总揽全局，提出了具有全局性、战略性、前瞻性的行动纲领，是一篇光辉的马克思主义纲领性文献。全校上下要把学习宣传贯彻党的十九大精神作为当前和今后一个时期最重要的政治任务摆上重要议事日程，坚持以习近平新时代中国特色社会主义思想武装头脑、指导实践、推动工作，推进学校工作不断向前迈进。

第一，要在加强领导上下功夫。高校思想政治工作是党领导高校工作的具体体现，是开展高校党的建设的重要抓手。校、院两级党委主要负责人作为思想政治工作的第一责任人，要负总责、亲自抓，班子其他同志要认真履行“一岗双责”，投入足够的时间和精力共同抓好党建和思想政治工作。要加强党的建设。尊崇党章，严格执行新形势下党内政治生活若干准则，用习近平新时代中国特色社会主义思想武装全党，全面提升政治领导本领、改革创新本领、科学发展本领、群众工作本领、狠抓落实本领，切实推动工作。要认真贯彻民主集中制。凡是涉及学校重要干部任免、重要人才引进使用、重要阵地建设，重大发展规划、重大项目安排、重大资金使用、重要评价评奖，都要经过学校党委常委会集体研究决定，形成党委统一领导、党政分工合作、协同运行的工作机制。要坚持从严治党、从严治校、从严治教、从严治学相结合。推进全面从严治党向纵深发展、向基层延伸，通过抓党风带校风正教风促学风，进一步严明校规校纪，强化干部选任、招生录取、基本建设、财务管理等重点领域和关键环节监管，营造风清气正的政治生态和校园环境。要加强党员教育和管理。扎实推进“两学一做”学习教育常态化制度化，严格落实“三会一课”、民主生活会、组织生活会等制度，优化党的支部设置，推进活动方式创新，充分发挥基层党组织的战斗堡垒作用和党员的先锋模范作用。

第二，要在协同育人上下功夫。各院级党组织和各职能部门要牢固树立“大思政”理念，紧紧围绕立德树人的根本任务，把该担的责任担起来，把该做的工作做到位，汇聚同频共振的工作合力，形成党委统一领导、党政齐抓共管、各职能部门和学院上下联动、积极参与的工作格局。扎实推进第一课堂“知识传授”、第二课堂“素质拓展”、第三课堂“社会实践”、第四课堂“网络育人”深度融合、协同联动，积极构建课内课外一体育人、校内校外协同育人、线上线下联动育人的工作机制。学校将对照中央、省委关于高校思想政治工作相关硬性规定和量化指标，按照“高效、节约、务实”的原则，加大思想政治工作经费保障力度，做到保基本工作、保重点任务、保品牌创建，努力提升思想政治工作实效。

第三，要在强化落实上下功夫。学校党委制定并将于近期印发《关于加强和改进新形势下学校思想政治工作的实施方案》，对加强和改进学校思想政治工作进行系统部署安排。各单位要充分把握学校现阶段思想政治工作的总体情况、基本问题和主要任务，系统梳理和认真拟定本单位的问题清单、任务清单和责任清单，搞清楚应该补哪些短板、抓哪些工作、谁来抓、怎么抓、怎么衡量和评价、怎么考核和奖惩，真正把中央精神在工作中落细、落小、落实。要进一步完善思想政治工作考评办法，建立全员育人工作量化考核机制，设置考核标准，考核结果和有关情况将作为领导班子、领导干部目标管理和实绩考核的重要内容。要加强检查督导，真正“虚”功“实”做，把“软指标”变成“硬约束”，畅通思想政治工作“最后一公里”，确保各项措施和重点工作落到实处，取得实效。

同志们，加强和改进学校思想政治工作是落实立德树人根本任务的重要内容，也是建设高水平大学的应有之义。让我们以更高的政治站位、更强的责任担当、更实的工作作风，深入贯彻落实中央、省委决策部署，坚持把立德树人作为中心环节，打造全员全过程全方位育人新格局，切实把思想政治工作优势转化为推动学校改革发展、加快高水平大学建设的优势，努力开创我校思想政治工作新局面！

在全校思想政治工作会议上的总结讲话

校党委副书记、校长　张庆亮

（2017年10月20日）

老师们，同学们，同志们：

在全国上下热烈庆祝党的十九大胜利召开之际，今天，我们在这里隆重召开全校思想政治工作会议，这既是全国全省高校思想政治工作会议精神的贯彻落实会，也是我校思想政治工作的总结研讨会，更是推进学校思政工作改革创新的动员部署会。总体来看，这次会议安排紧凑、内容丰富、成效明显。通过这次会议，大家进一步提高了对高校思想政治工作极端重要性的认识，进一步理清了学校思想政治工作的思路，进一步坚定了做好学校思想政治工作的信心和决心。

同志们，中央和省委关于加强和改进新形势下高校思想政治工作的部署要求已经十分明确，家山书记代表校党委对学校思想政治工作所作的布置安排也非常全面具体，下一步，我们工作的关键是要强化执行，狠抓落实，确保各项任务落到实处。下面，我就贯彻落实这次会议精神，进一步加强学校思想政治工作，讲三点意见。

1.深化认识抓落实，进一步增强做好学校思想政治工作的思想自觉和行动自觉

一要将加强学校思想政治工作与坚持社会主义办学方向结合起来。加强和改进思想政治工作，事关培养什么样的人、如何培养人以及为谁培养人的根本问题，事关党对高校的领导，事关中国特色社会主义事业后继有人，是一项重大的政治任务和战略工程。我们要以此次会议为契机，自觉将思想和行动统一中央和省委的决策部署上来，准确把握习近平总书记重要讲话的精神实质，全面贯彻党的教育方针，保持清醒头脑、增强政治定力，把正确的政治方向、价值导向贯穿到立校办学、育人育才全过程，做到“四个服务”和“四个坚持不懈”，确保始终沿着社会主义办学方向前进。

二要将加强学校思想政治工作与全面推进高水平大学建设结合起来。思想政治工作是学校党建和事业发展的重要内容，也是高水平大学建设的重要保证。在全校师生员工的共同努力下，今年暑期学校成功获批安徽省特色高水平大学奖补资金项目。无论学校办学经费，还是办学声誉，都得到了极大的提升和增强，进一步坚定了我们建设高水平大学的信心和决心。当前，我们要将思想政治工作与推进高水平大学建设紧密结合起来，引导全校师生员工凝心聚力、锐意进取，切实把项目建设推进好，确保特色高水平大学建设取得实效，不断开创党建和事业发展的新局面。

三要将加强学校思想政治工作与传承弘扬师大优良办学传统结合起来。一直以来，高度重视思想政治工作都是我们师大优良的办学传统，形成了独特的师大精神文化，为我们师大人克难奋进、砥砺前行提供了不竭动力。在高水平大学建设中，我们更应该守护好这个传统和这种精神。家山书记多次提出要“把党建和思想政治工作作为办学兴校的根本保证”，对此我非常赞同，也希望通过这次会议，进一步总结学校思想政治工作的好经验好做法，更好发挥学校在思想政治工作方面的传统和优势，将思想政治工作优势转化为学校的竞争优势和发展优势，不断将高水平大学建设推向前进。

2.强化举措抓落实，确保学校思想政治工作各项任务落地见效

一要坚持问题导向。习近平总书记重要讲话对当前高校思想政治工作存在突出问题作了翔实的列举和深入的分析，从上午家山书记的讲话中，我们可以看到，总书记指出的问题在我校也不同程度的存在，成为制约学校思想政治工作乃至事业发展的瓶颈短板。我们要坚持问题导向，列出问题清单、抓住症结所在，全面抓好问题整改。对于那些能够立即解决的问题，必须立说立行、马上整改；对于那些深层次、综合性问题，要加强研究、深入探索，不断创造新经验、取得新成果。尤其要注重从师生最现实、最直接、最迫切的问题入手，既解决思想问题也解决实际问题，使思想政治工作贴近实际、贴近

师生，更接地气、更暖人心。

二要创新方式方法。高校思想政治工作面向的是广大教师和学生，面对的是思想活跃、富有个性的知识分子，必须适应形势发展变化和师生思想特点，不断创新理念思路、内容形式、方式手段和制度机制，使思想政治工作因事而化、因时而进、因势而新。我们要围绕学生、关照学生、服务学生，在加强思想政治理论课建设、马克思主义学院建设、校园文化建设、工作阵地建设上下功夫，把我们想说的与学生想听的结合起来，把"大水漫灌"与"精准滴灌"结合起来，让马克思说中国话、讲家常话，让基本原理变成生动道理，让根本方法变成管用办法。特别是要注重推动思想政治工作传统优势与信息技术相融合，既能"面对面"，又会"键对键"，让思想政治工作联网上线，使新媒体新技术成为推进学校思想政治工作的新引擎。

三要抓好建章立制。要认真贯彻落实中央31号文件、省委18号文件精神，仔细研究其中的刚性规定和量化指标要求，结合学校实际，找准工作落点，进一步系统设计学校思想政治工作的工作思路。要对现有制度规范进行梳理，做好"废、改、立"的工作，健全完善各项规章制度，进一步扎紧制度篱笆，狠抓制度执行，及时出台学校"一总七分"制度文件，努力形成系统完备、管用有效的学校思想政治工作制度体系。要健全学校思想政治工作评价体系，明确师德规范、德育规范、队伍考核等标准要求和评价指标，加强监督检查，不断提高思想政治工作的制度化规范化水平。

3.压实责任抓落实，不断开创学校思想政治工作的新局面

一要健全工作机制。各部门单位要树立"全校一盘棋"的思想，自觉承担起思想政治工作责任，汇聚强大合力，形成党委统一领导、党政齐抓共管、部门协调配合、师生共同参与的"大思政"工作格局。要坚持三级联动，坚持和完善党委领导下的校长负责制，充分发挥党委领导核心作用；突出院级党组织政治功能，健全完善学院党政联席会议制度，在办学重大问题上把好政治关；推动基层党组织标准化建设，着力发挥党支部战斗堡垒作用。努力把思想政治教育融入教学、科研、管理、服务中，贯穿教育教学全过程各环节，形成全员全方位全过程育人的长效机制。

二要加强队伍建设。要将思想政治工作队伍与党务工作队伍纳入学校人才队伍建设总体规划，加强专业化职业化建设，整体推进党政干部和共青团干部、思想政治理论课教师和哲学社会科学课教师、辅导员班主任和心理咨询教师等队伍建设，形成一支专职为主、专兼结合、数量充足、素质优良的工作力量。要像关系教学科研骨干的成长一样关心思想政治工作队伍成长，使他们工作有条件、干事有平台、待遇有保障、发展有空间，最大限度调动他们的积极性、主动性和创造性。

三要坚持从严管理。要强化政治意识和责任意识，认真落实党委意识形态工作责任制，牢牢把握意识形态工作领导权话语权，敢管善管，加强正面引导、及时澄清谬误，不断巩固壮大校园主流思想舆论，坚持不懈促进学校和谐稳定。要严明课堂教学管理和教学秩序，完善课程设置、教学督导听课等制度，严格落实"一会一报""一事一报"等制度，加强对校园讲座论坛、报告会、研讨会以及校园自媒体的管理，绝不给违法有害言论提供传播渠道。加强校园内部安全管理和周边环境治理，加强少数民族学生管理与服务，防范校园传教，为学生健康成长营造良好的环境。

我就讲这些，谢谢大家！

努力成为国民表率、社会精英

——在2017级新生开学典礼上的讲话

安徽师范大学校长　张庆亮

（2017年9月12日）

亲爱的2017级新同学们，尊敬的老师们，各位来宾：

大家上午好！

今天，我们在这里隆重举行2017级新生开学典礼。首先，我代表学校，向2017级5380名本科生、1693名硕士研究生、65名博士研究生、103名留学生表示衷心的祝贺和热烈的欢迎！向辛勤培育你们的家长和老师们致以诚挚的谢意和亲切的问候！

同学们，正如刚才顾书记讲到的，今年是学校第一次将两个校区所有的本科生、研究生、留学生新生集中到一起举行开学典礼。对我而言，你们的到来也具有特殊的意义，因为，你们是我担任安徽师范大学校长职务后迎来的第一届学生。看到今天现场气氛这么热烈、这么喜庆，校园中又增添这么多充满朝气和活力的青春面孔，又有这么多新成员加入到师大这个大家庭，我感到由衷的高兴和自豪。此时此刻，我想到了中国古代圣贤孟子的一句话："君子有三乐"，其中之一便是"得天下英才而教育之"。因此，能够在这里相遇相逢相会，是我们共同的缘分；同时，让你们成长成才成功，也是我们共同的责任。学校将尽一切努力，为你们创造良好的学习生活条件，让你们享有更多人生出彩的机会！

在座的既有刚刚经历高考洗礼、初入大学校门的本科生，也有再入大学校门的研究生，还有离开自己的祖国、远渡重洋的留学生，大家都迈出了自己人生道路上极为关键的一步。今后，师大就是大家共同的家。对于即将开启的大学生活，大家一定充满希冀和期待，或许还有一些迷茫和困惑。那么，大学生活应该如何开始呢？我认为，大学生活的正确打开方式有很多种，其中一种是从了解你所在的大学开始的。在这里，我从3个方面简要介绍一下你们所选择的这所学校。

首先，这是一所有丰厚底蕴的大学。安徽师范大学是安徽建校最早的高等学府，她的前身是1928年创办的省立安徽大学，开创了安徽现代高等教育的先河。在长期办学过程中，文史大师刘文典、社会活动家周建人、语言学家陈望道、美学家朱光潜、经济学家陶因、化学家王星拱等一大批知名专家学者、社会贤达在此著书立说、弘文励教，学校曾有过"于京沪一带仅次于上海同济大学"的辉煌岁月，也曾有过20世纪七八十年代江淮英才咸集于斯的办学盛况，为安徽经济社会发展做出了重要贡献。目前全省33所公办本科院校中，有17所是在我校设立的分校或教学点的基础上发展起来的。全省中小学特级教师、基础教育管理骨干中各有70%是我校校友。学校因此被誉为安徽高等教育的"母体"和基础教育的"母机"。

其次，这是一所有担当情怀的大学。大学的情怀担当最主要的表现，就是培养优秀人才以服务社会、报效国家。自建校起，学校就一直致力于"兴学为民、为国育才"，累计培养全日制高等专门人才20余万人，为全省高校之最，涌现出了一大批遍布海内外、在社会各界有着重要影响的知名校友，如：3位十八届中央委员、5位两院院士、1位欧洲科学院院士、37位国家杰青、12位"长江学者"特聘教授，贡献度位居全国高校前列，省属高校之首。刚刚讲话的朱士信教授就是我校的优秀校友代表。最近"青塔"微信学术公众号公布了2017年国家杰青的本科培养学校，我校今年又有5位校友入选国家杰青，连续三年已经有12位，这一成绩仅次于几所顶尖名校，超过全国绝大多数985和211高校。在前不久举行的第十三届全运会上，我校学子王春雨勇夺女子800米冠军；在2016年第三届中国志愿服务项目大赛上，我校荣获3枚金牌，位列全国高校之首；今年五月，我校108位学子爱心接力事迹由中央电视台大型公益寻人栏目《等着我》播出，在全国引起广泛反响。在他们身上体现了师大人的情怀与担当。

最后，这是一所有雄厚实力的大学。学校早在1978年就被安徽省委省政府确定为优先建设的省属重点大学。近年来，又先后入选了安徽省人民政府与教育部共建高校、国家“中西部高校基础能力建设工程”项目建设高校、安徽省首批“地方高水平大学”项目建设高校和全国首批10所部校共建新闻学院试点高校。学校在各类大学排行榜中稳居全国师范院校第一方阵、全省省属高校第二位。我校化学学科连续多年稳居ESI全球前1%行列，并进入安徽省首批世界一流学科建设行列，另有3个学科进入首批国内一流学科建设行列。在刚刚过去的暑期，我校又成功获批安徽省特色高水平大学奖补资金项目，为学校推进“双一流”建设打下了良好基础。这些都进一步坚定了我们建设高水平大学的信心和决心。

同学们，这就是你们刚刚迈进的大学，你们将成为她的新主人，她今后的历史也将由你们接续书写。大学时光无疑是重要的，也是美好的。当你们跨入校门时，一定承载了许多人的期许，对于怎样过好大学生活，一定有很多人给过你们建议。虽然各不相同，但我想肯定都希望你们在大学期间学得充实、过得快乐、活得精彩。我相信，在座的每位同学也都怀有远大的抱负和理想，一定能够在师大校园里收获丰硕的成果，成就更好的自己！

刚才，优秀校友朱士信教授、教师代表陈文忠教授分别结合自身经历分享了自己的感悟，提出了对大家的建议。他们讲得都非常好，我非常赞同和钦佩。同时，我也一直在思考，作为你们的师长，我能给你们一些什么建议呢？思来想去，我想到八个字，就是：希望你们努力成为未来的“国民表率、社会精英”。所谓“国民表率”，就是作为国家公民，要具有高尚的德行和良好的素养，热爱祖国、热爱人民，在品行方面起到引领示范作用；所谓“社会精英”，就是作为社会成员，要有强烈的社会责任感，有奉献社会的担当精神和扎实本领，以实际行动推动社会发展和人类进步，成为社会的中坚骨干力量。这八字既是我个人对你们的希望，也是时代赋予你们的责任和使命。作为师范大学的学生尤其如此，因为，人们历来对师范大学的学生有着极高的期待，所谓“学为人师、行为世范”，说的就是这个道理。

那么，怎样才能成为“国民表率、社会精英”呢？在这里，我想谈三点建议，供大家参考。

第一，要有健全的人格。西方著名哲学家、心理学家埃里希·弗洛姆有一本书叫《健全的社会》，其中心思想可以概括为一句话，就是“一个社会要成为健全的社会，社会中的人必须拥有健全的人格”。对这个思想，不同的人可能有不同理解。我认为，健全的人格就是要对自然、社会、他人有正确的认知，坚持正确的世界观、人生观、价值观，拥有健康的心态、独立的精神、自由的思想，永远保持对真善美的不懈追求。希望你们积极参加各种形式的学习活动和文体活动，在集体活动中锤炼意志、锻炼品质、完善人格，自觉践行社会主义核心价值观，扣好“人生第一粒扣子”，做一个时时充满正能量的人，让每一位与你交往的人都能够感受到温暖和尊严。

第二，要有扎实的学识。古人常讲一句话：“腹有诗书气自华”。我自己把它翻译成一句话，叫“有学识的人自然就有气质，总是自带光环。”扎实的学识是知识、能力、素质的全面发展和有机融合，它来源于深厚的知识储备，来源于坚实的专业能力，来源于过硬的综合素质。而要拥有这一切，就必须把学习作为首要任务，作为一种责任追求，一种生活方式，勤于学习、善于钻研，敢于创新、勇于实践，不断掌握新知识、增长新才干、获得新本领，努力用才智回报社会，用学识赢得未来。尤其是当前世界已经进入了开放和创新时代，希望你们坚持理论联系实际，保持好奇心和想象力，独立思考、大胆探索、矢志创新，不断提高社会责任感、创新精神和实践能力。

第三，要有高雅的生活。我国近代人民教育家陶行知先生有一个著名观点，叫做“生活即教育”。就是说：生活与教育是同一过程，教育不能脱离生活，生活也不能脱离教育。其实，从本质上说，生活就是人的存在方式，我们时时刻刻都在面对生活，生活永远与我们相伴，只有会不会生活、好生活与坏生活的区别。在这个意义来说，生活是从来不会欺骗任何人的。你以什么样的态度对待生活，生活就会以什么样的方式回报于你。希望你们在校期间处理好学习与生活的关系，学会生活、热爱生活、享受生活，追求健康的生活情趣，养成良好的生活习惯，永葆积极的生活态度，在生活的历练中培养高尚品行、涵养宽广胸怀、提升人生境界。

同学们，我们师大人有一股“厚重朴实、至善致远、追求卓越、自强不息”的精神，它是我们师大人的文化根基和动力源泉。希望你们在今后的学习生活中大力弘扬师大的优良传统，珍惜韶华、放飞梦想，不忘初心、继续前进，努力创造更加精彩的未来！

谢谢大家！

在2017届研究生毕业典礼暨学位授予仪式上的讲话

校长　王伦

（2017年6月21日）

亲爱的同学们、家长们，老师们、朋友们：

大家好！

今天，我们在这里隆重举行安徽师范大学2017届研究生毕业典礼暨学位授予仪式。首先，我代表学校向即将毕业的22名博士和1 315名硕士表示热烈的祝贺！向为大家成长付出心血和汗水的家长、老师和同志们致以崇高的敬意！

几年来，同学们在师大涵养品德、研究学问、提升技能，这里记录了大家为理想拼搏奋斗的美好场景，承载着大家挥之不去的美好记忆。作为师大人，同学们始终与母校休戚与共、携手成长，亲身经历、共同见证了学校的进步与发展，也用自己的努力为学校改革、建设作出了不可替代的贡献。现在，你们学业有成即将离开。临别之际，我想和同学们交流三个方面的想法，希望对大家今后更好地学习和生活有所帮助：

一是希望同学们能够做一个纯朴、善良的社会人。纯朴、善良是人身上的美好的品质，是人性的闪光点。社会需要人们的纯朴和善良。但是令人遗憾的是，因为朴实、善良的人比较低调、比较谦和，不能独领风骚、也不会鹤立鸡群，没有耀眼的光芒，也没有无限的风光，所以，纯朴、善良的人往往不能引起注意、往往不被重视，有时还会被误解、被轻视，有时甚至需要更多的付出和牺牲。尽管如此，我想和同学们说的是，国无德不兴，人无德不立，纯真的品格是我们安身立命的根本。无论将来如何，希望大家都能保持住纯朴和善良，都能坚守住做人的定力，把真善美作为基本追求，在心中播撒仁爱的种子，永远做一个纯朴、善良、有利于社会的大写的人。

二是希望同学们能够做一个有目标、敢创新的职业人。同学们经过了研究生阶段的学习教育，具备了扎实的基础、睿智的思想和过硬的本领，是国家创新发展和引领社会进步的骨干和精英，因此理应担负起更大的社会责任。希望大家能够树立远大的目标，把个人的发展与国家的发展、民族的未来、人类的前途紧密相连，勇于突破、敢于创新，积极为人类社会进步贡献力量。首先，我们要学会观察世界，学会分析社会现象，学会独立思考，要具有研究、思考、分析、判断的能力，要具有独到的见解。其次，作为创新的人，不能随大溜，不能趋炎附势，不能不迷信权威，我们要勇于探寻真理、孜孜不倦地追求真理，不惜代价地捍卫真理。再次，我们要正确看待创新的结果，创新是追求真理，不是追求名利，也不是追求小集体利益的最大化。从成效来说，创新是时代某个时间点上的结果，创新的成果只能在某个时代众多创新人中的个别人身上得到体现，对于大多数人来说都只能是创新道路上的铺路石，包括我自己在内。所以，我们不要过于期望可以马上解决重大问题，不要过于期望在短时间内获得重大突破，不要过于期望出人头地、拿大奖。我们要能静下心来，脚踏实地地做事，相信水滴石穿、功到自然成。

三是希望同学们能够做一个健康、快乐的家庭人。作为受过良好教育的人，与一般人相比，同学们具有了更大的社会影响力。我们的“言”和“行”，我们的生活理念、生活态度、生活方式，不仅关系到我们自己，还会深深地影响到他人，这种影响首先就表现在对家人的影响。因此，除了我们自己要做一个健康、快乐的人，我们还要通过我们的影响，把这种健康、快乐传递给亲人、朋友以及社会上其他的人，这是我们价值的一个重要体现！希望大家能够认识到自己的这个身份特点，认识到自己肩上的责任，做一个值得亲近信赖的人，做一个给人温暖的人，做一个播散幸福和快乐的人。同时，在工作和生活中，我们也要积极践行社会主义核心价值观、传承中华优秀传统文化、传播社会正能量，用自己的品行引领社会风尚，推动社会文明进步，让我们的世界变得更加的美好。

以上是我个人的一些看法，与同学们做一个交流。上述的三句话表达了人品质中重要的部分，体现了人美的质感。社会上兼具这些品质的人很少，能够一生都践行这样品质的人几乎没有。几千年来，不同国家，不同民族都在歌颂这些品质。但是，同时又在活生生的现实中这些品质又被摧残、毁灭。如今中国发展到今天，全世界都在期盼着中国，都在呼唤中华民族所具有的美好品质再度绽放异彩，引领世界。希望这三句能给大家启发。

最后，我想说，经过师大的学习和生活，同学们身上都打上了师大人的烙印，都具有了师大人的精神和品格，希望大家在离开校园时将这些精神和品格带在身上，继续用师大精神滋润我们的心田，进一步将师大精神发扬光大。同时，无论你将来身处何时、身在何方，师大永远是你们事业发展的坚强后盾，是你们永远的精神家园，欢迎大家常回家看看！祝同学们平安健康、一生幸福！

谢谢大家！

四、教育教学工作

（一）本科生教学情况

【本科生招生】 2017年，我校共有76个专业（含专业方向）在全国25个省（市、区）录取新生5 482人。其中，安徽考生4 526人（文史1 327人，理工2 543人，其他656人），占总招生人数的82.56%；其他24个省（市、区）考生956人，占总招生人数的17.44%。

在皖录取普通文理科新生中（不含国家专项、地方专项、中外合作考生）文科最高分565分，最低分541分，最低分高出重点线26分，平均分547.29分，高出重点线32.29分；理科最高分562，最低分513分，最低分高出重点线26分，平均分523.38分，高出重点线36.38分。文理科最低分、平均分相较往年均有大幅度提高。

【本科教学工作审核评估】 11月6日—9日，本科教学工作审核评估专家组受教育部高等教育教学评估中心委托，对学校本科教学工作进行了全面深入地考察评估。考察期间，专家组与7位校领导深度访谈15次，全覆盖走访教学、教辅单位和职能部门86次，召开各类座谈会40次，考察所有教学科研馆室及8个校外实习基地，听课36节，看课近百门次，查阅31门课程2 494份试卷、21个专业1 259份毕业论文/设计，考察了学生宿舍、食堂、活动中心、图书馆、体育场馆等相关的办学场所或办学设施。针对评估专家组提出的问题与工作建议，学校召开专家意见梳理研讨会，制定了审核评估整改工作方案，认真落实各项整改工作。

【成功申报“教育部卓越中学教师培养计划实施院校”】 成功申报2017年全国“卓越中学教师培养计划实施院校”，我校为安徽省唯一入选高校。

【组织申报大学生创新创业训练计划项目】 2017年，学校共有209个项目获得“国家级大学生创新创业训练计划”立项，其中创新训练项目195项，创业训练项目14项，立项项目数再创新高，在全国同类高校中名列前茅。

【承办“安徽省第三届普通高校青年教师教学竞赛”】 承办了安徽省第三届普通高校青年教师教学竞赛。我校1位教师获一等奖一名、2位教师获二等奖，学校荣获“优秀组织奖”。

【组织评选首届“最受欢迎的教师”】 出台“最受欢迎的教师”评选办法，组织开展了首届“最受欢迎的教师”评选活动。经毕业班学生投票、学院推荐和学校评选领导组评审，共评选出17位“最受欢迎的教师”，并在教师节颁奖典礼上予以表彰。

【组织评选首届“最美教室”“最美实验室”】 推进教室、实验室（中心）文化建设，开展首届“最美教室”“最美实验室”评比活动，共评选出54间“最美教室”、11个“最美实验室（中心）”和5个“优秀组织奖”。

【统筹推进制度建设】 修订10项本科教学管理规章制度。修订《安徽师范大学普通全日制本科生学籍管理办法》，进一步彰显以生为本、尊重学生主体地位的办学理念；修订《普通本科毕业生学士学位授予办法》，严格学士学位授予条件；修订转专业、转学、辅修、成绩、考试和课程替代等过程化管理文件，进一步完善和优化教学管理体制机制。

【持续推进公共课改革】 开展艺体类大学英语课程教学改革，开设高年级英语选修课，保证英语学习四年不断线；将“阳光体育”锻炼纳入体育课程考核；大学语文开展翻转课堂改革试点，有效提高了学生课程学习参与度。

【开展通识教育选修课程教学改革】 按照“集中讲授、经典阅读、分组研讨”课程教学要求，遴选出“文学与人生”等25门通识教育课程进行建设，并面向学生开课。

【组织编写新版课程大纲】 按照“目标导向、过程规范、学生中心、注重成效”的基本原则，组织完成10门公共课程、3 825门专业课程的新版课程大纲编制工作。

【积极组织学生参加各类学科竞赛】 全年共组织7 000余人次参加各类学科竞赛，获得奖项1 206项，其中国家级特等奖16项、一等奖22项、省级一等奖及以上548项。在第五届全国师范院校师范生教学技能竞赛中，学校推荐参赛的6位学生获一等奖1个、二等奖3个、三等奖2个，为学校参赛以来最好成绩；在2017年全国大学生英语竞赛中，各等级获奖数均位居全省80所参赛高校之首；在安徽省师范生教学技能竞赛中，取得个人一等奖5个和团体一等奖的佳绩。

（教务处、招生就业处供稿）

（二）研究生教学情况

【概　况】 学校学位点涵盖哲学、经济学、法学、教育学、文学、历史学、理学、工学、农学、管理学、艺术学等11个学科门类。现有5个一级学科博士学位授权点，3个二级学科博士学位授权点，25个一级学科硕士学位授权点，8个一级学科硕士学位授权点，12个专业硕士学位授权点。（材料1：学校博士学位授权点一览；学校硕士学位授权点一览；学校专业硕士学位授权点一览）

2017年，学校各类在校研究生共计4 965人，其中全日制博士研究生269人，全日制学术学位硕士研究生2 680人，全日制专业学位硕士研究生1 451人，在职专业学位硕士研究生565人。

【完善制度建设】 修订了《关于进一步加强和改进研究生思想政治教育与管理工作的实施意见》《安徽师范大学研究生学籍管理办法》《安徽师范大学专业学位硕士研究生实践教学管理办法（试行）》《安徽师范大学研究生学位论文开题、评阅与答辩费用标准》，制定了《安徽师范大学研究生校外联合培养管理暂行规定》。

受全国教育专业学位教育指导委员会委托，制定了《安徽师范大学关于进一步加强专业学位案例库建设和案例教学工作的意见（试行）》文件，被其官网转发并在全国推广学习。

【完成全国学位授权审核申报】 2017年4月7日，学校召开全国博士、硕士学位授权点申报工作动员会，研究部署2017年全国博士、硕士学位授权审核工作。经学院申报、专家评审、校常委会审议、校学位评定委员会审核，本次学校共有9个一级学科博士点、1个专业博士，4个一级学科硕士点、3个专业硕士参加全国学位点申报。7月31日，学校将经公示无异议的17个学位点的材料上报省学位办。[材料2：2017年安徽省博士硕士学位授权点推荐名单（部分）]

【继续完善、深化专业学位工作】 完成教育硕士培养方案修订工作，通过会议研讨、专家论证等形式，对培养方案的撰写格式、课程安排、课时校对等具体事宜进行统一要求。完成首届全国教育专业学位教学案例申报工作，经全国教指委有关专家评审，共有6篇案例入选。协助全国教指委开展全日制教育硕士培养质量问卷调查工作，对我校2009至2015级全日制教育硕士培养质量进行追踪调研，共涉及2009至2014级102名毕业生、2015级在校生51人、校内导师（含任课教师）86人、校外实践教学基地指导教师102人以及毕业生所在单位负责人55人。

【研究生生源结构进一步优化】 2017年我校共录取1 713名硕士研究生，其中学术型904人，专业学位型809人；博士研究生66名。2017年全校硕士研究生总报考人数4 135人，较2016年上升26.7%（据教育部数据，2017年全国报考总人数为201万人，比2016年增长13.6%），其中上线生源1 574人，较2016年上升44.5%。复试录取阶段全校共发送复试通知1 203条，成功调剂619人，其中一本生源44.4%。2017年，全校录取考生生源分布情况为一本611人(35.7%)、二本807人(47.1%)、三本293人(17.1%，其中皖江学院考生166人，占9.7%)、高职高专2人(0.1%)。

【实施研究生培养质量提升工程】 立项研究生科研创新项目58项、学术交流项目122项，资助经费23万；举办第十届研究生科技文化艺术节，坚持“崇尚科学精神坚守学术道德”教育主题，开展研究生校园“十佳”歌手、“我和我的导师”羽毛球球团体比赛、全日制教育硕士专业学位研究生教学技能大赛、皖南高校研究生歌手大赛等系列活动；搭建学术交流与实践平台，继续开设“地域徽州”研究生暑期班；开展学校第二届教育硕士专业学位研究生优秀教学案例评选工作，共12篇优秀教学案例获选；学校3名研究生在全国教育硕士学科技能比赛中获奖；2篇教育硕士论文入选全国第五届优秀教育硕士专业学位论文；1名研究生获中国科协研究生科普能力提升项目资助。

【加强导师队伍建设】 学校全职在岗博士研究生指导教师数共128人，校外兼职博士研究生指导教师16人。全职在岗硕士研究生指导教师共586人，校外兼职在岗硕士研究生指导教师282人。加强研究生导师岗位培训，2017年共有49位研究生导师参加境外培训，90余人参加校内培训。启动全校所有在岗研究生导师考核工作，主要考核导师在2014年7月—2017年6月聘期内的德、能、勤、绩、廉等方面情况。

【加强教育教学质量监控】 在现有系统中新开发导师在线指导子系统，主要包容师生间的指导交互、指导过程信息统计和监控等功能，将指导过程作为开题、学位申请的前提条件，全面实现了开题报告、学位论文、课程作业、实践报告、学位申请等多种研究生培养过程的网络化管理，规范了程序，提高了监控质量。2017年在国务院学位办反馈的博士学位论文抽检中，合格率达100%。

(研究生院供稿)

(三)留学生教育情况

【概　况】 2017年内，来自俄罗斯、加拿大、韩国、摩洛哥、澳大利亚等46个国家297名外国留学生在我校接受博士、硕士、本科层次的学历教育和长短期汉语培训。除此之外，2017年我校有51名外国留学生分布在13个学院进行专业学习，涉及到11个本科专业和9个硕士专业以及10个博士专业。

【留学生奖学金】 学校共有中国政府奖学金、孔子学院奖学金和安徽省外国留学生奖学金等三种政府和部门奖学金。2017年，学校仍享受国家留学基金委支持地方项目政策，接收自主招生。

【招生与毕业】 2017年，学校有长期外国留学生297人，其中学历生164人，各类奖学金生116人；首次为30余名汉语言(对外)本科学位毕业生独立授予学位。学校所有专业均可接收外国留学生进行本、硕、博阶段学历教育，汉语专业还可接收长短期普通进修生和汉语研修生。我校文学院、法学院、经济管理学院、音乐学院、历史与社会学院、外国语学院、新闻与传播学院、数学计算机科学学院、物理与电子信息学院、化学与材料科学学院、国土资源与旅游学院、生命科学学院和国际教育学院等13个学院的30个专业都有外国留学生和中国学生一起进行着本、硕、博阶段学习，占全校学院总数的72%。

【留学生获奖】 11月4日至5日，由安徽省外国留学生教育管理学会和安徽省汉语国际教育研究会联合主办的安徽省首届“中华情”国际学生中国文化风采大赛在安徽大学磬苑校区举行。我校外国留学生获奖囊括了团体赛冠军、个人演讲二等奖和才艺展示三等奖多项，并获优秀组织奖。

【课程与师资队伍建设】 根据留学生实际

汉语水平，年内，国际教育学院开设了从初级上到本科四各年级专业课程，包括初、中、高级精读、听力、口语、阅读、写作、汉字入门、高级汉语、现代汉语语法、论文检索与写作、中国文化、中国民俗、现代汉语词汇、现代汉语修辞、现当代文学作品欣赏、中国文学史等专业课程。此外，还开设了HSK辅导、中国茶文化、太极拳、中国书法、中国绘画、中国舞蹈、中国诗歌、徽文化、中国歌曲、中国剪纸等选修课程。年内，国际教育学院教师发表科研论文二级2篇，四级1篇，五级1篇，六级1篇，引进青年教师3名。

【华文教育基地】 作为国务院侨办首批确立的华文教育基地，安徽师范大学华文教育基地于4月10日至27日承办了2017年国侨办“华文教育　华文教师证书”安徽师范大学班，集“培训、考核、认证”三位一体，对来自泰国、美国、匈牙利、南非、葡萄牙、巴西、赞比亚、印度尼西亚等八个国家的35名营员进行汉语语音、词汇、汉字、语法、修辞古汉语等基础知识和中华文化知识的课程培训，共同研讨汉语课堂教学的教材教法，并组织安徽师范大学附属中学教学观摩与座谈等活动。

10月14日至28日承办2017年海外华裔青少年“中国寻根之旅”冬令营安徽师范大学营项目，面向来自泰国、缅甸的90名华裔青少年集中开展了包括语音、词汇、语法的汉语言知识教学，以及包括中国书画、剪纸、武术、茶文化、民族舞蹈等特色文化课程学习，另外安排了中国家庭一日体验以及黄山等地的文化考察寻根活动。

【中国安徽师范大学·韩国忠清南道外国语教育院汉语教师培训基地】 1月8日—21日，培训基地对10位在韩国中小学教授汉语的老师进行集中培训。培训班开设语音、词汇、语法教学方法及汉语课堂教学技巧等方面的课程，安排了包括太极拳、中国书法、剪纸、中国结、中国民族舞蹈、扎染民艺等多种特色文化课程；参观了南京大屠杀纪念馆，游览了黄山、宏村及芜湖赭山公园、滨江公园等自然和人文景观。这是培训基地自2014年11月份挂牌后第二次完成韩国汉语教师培训任务。

（撰稿：张银丹　宛　勇　李振政　黎洪　审稿：刘东合）

（四）成人教育教学情况

【概　况】 继续教育学院率先在全省推广了课程资源共建共享和数字化服务中心建设，筹备安徽省高等学历继续教育学分互认与转换改革试点工作。2017年，我校高等学历继续教育招生的本、专科专业有31个，涵盖教育、经济、管理、法律等多科性学科，录取新生7 155人，成人高等学历继续教育学生毕业4 679名，高等教育自学考试学生毕业1 041名。（材料3：学校成人高等教育招生专业设置一览；学校高等教育自学考试专业设置一览）

（撰稿：姜永清　审稿：胡金戈）

材料1：

学校博士学位授权点一览

博士学位一级学科授权点：中国语言文学（0501）、中国史（0602）、化学（0703）、生物学（0710）、生态学（0713）

博士学位二级学科授权点（一级学科授权点之外）：马克思主义基本原理（030501）、思想政治教育（030505）、人文地理学（070502）

学校硕士学位授权点一览

硕士学位一级学科授权点：哲学（0101）、理论经济学（0201）、法学（0301）、政治学（0302）、马克思主义理论（0305）、教育学（0401）、心理学（0402）、体育学（0403）、中国语言文学（0501）、新闻传播学(0503)、中国史(0602)、世界史(0603)、数学(0701)、物理学(0702)、化学(0703)、地理学(0705)、生物学(0710)、生态学(0713)、统计学(0714)、计算机科学与技术(0812)、环境科学与工程(0830)、工商管理(1202)、音乐与舞蹈学(1302)、戏剧与影视学(1303)、美术学(1304)

硕士学位二级学科授权点(一级学科授权点之外):区域经济学(020202)、社会学(030301)、英语语言文学(050201)、材料物理与化学(080501)、材料学(080502)、应用化学(081704)、社会保障(120404)、土地资源管理(120405)

学校专业硕士学位授权点一览

应用统计硕士(0252)、法律硕士(0351)、社会工作硕士(0352)、教育硕士(0451)、体育硕士(0452)、汉语国际教育硕士(0453)、翻译硕士(0551)、新闻与传播(0552)、光学工程(0803)、会计硕士(1253))旅游管理硕士(1254)、艺术硕士(1351)

(研究生院供稿)

材料2:

2017年安徽省博士硕士学位授权点推荐名单(部分)

序号	学校代码	学校名称	新增学位点名称	类型
109	10370	安徽师范大学	理论经济学	博士
110	10370	安徽师范大学	马克思主义理论	博士
111	10370	安徽师范大学	教育学	博士
112	10370	安徽师范大学	体育学	博士
113	10370	安徽师范大学	世界史	博士
114	10370	安徽师范大学	数学	博士
115	10370	安徽师范大学	物理学	博士
116	10370	安徽师范大学	地理学	博士
117	10370	安徽师范大学	音乐与舞蹈学	博士
118	10370	安徽师范大学	教育	专业博士
119	10370	安徽师范大学	社会学	硕士
120	10370	安徽师范大学	材料科学与工程	硕士
121	10370	安徽师范大学	化学工程与技术	硕士
122	10370	安徽师范大学	公共管理	硕士
123	10370	安徽师范大学	林业	专业硕士
124	10370	安徽师范大学	工商管理	专业硕士
125	10370	安徽师范大学	公共管理	专业硕士

(研究生院供稿)

材料3:

学校高等学历继续教育招生专业设置一览

专升本:法学(函授、业余)、教育学(函授)、学前教育(函授、业余)、小学教育(函授)、汉语言文学(函授、业余)、英语(业余)、新闻学(函授)、音乐学(业余)、电子信息工程(业余)、计算机科学与技术(业余)、市场营销(业余)、会计学(函授、业余)、人力资源管理(业余)、财务管理(业余)、旅游管理(业余)、行政管理(业余)、秘书学(函授、业余)

高起本：学前教育（函授、业余）、市场营销（业余）、会计学（函授、业余）、计算机科学与技术（函授）、人力资源管理（业余）

高起专：学前教育（函授、业余）

学校高等教育自学考试专业设置一览

专科：汉语言文学、小学教育、学前教育、秘书学、旅游管理、心理健康教育

本科：汉语言文学、教育学、秘书学、旅游管理、心理健康教育、英语教育、历史教育、小学教育、学前教育

（继续教育学院供稿）

（五）学生工作情况

【本科生日常思想政治教育】 推进学生日常思政教育科学化。一是开展主题和专题教育。组织开展学习十九大精神、优秀传统文化、“中国梦”主题教育等主题教育活动，举办“名师谈大学”、市委书记进校园等专题报告会72场次、赭麓大讲堂5期，活动50余项，受益学生6万余人次，覆盖全体学生。继续与94655部队开展“社会主义核心价值观军地共建共育”工作。二是构建分类引导模式。出台少数民族学生和特殊群体学生教育方案，举办“与新疆学子面对面”等活动，完善特殊群体学生信息库和“成长档案”。三是创新教育项目载体。实施大学生文明修身计划，出台《文明修身“双十行动”实施方案》；实施学生德育评价改革，出台《学生德育形成性评价实施办法》；全面推进学生“寝室民主生活会”制度。四是强化网络育人功能。依托“学子心声”平台，畅通学生诉求渠道。平台得到各部门高度重视、高效执行，针对学生诉求，能够做到有问必答，有诺必办、有警必报。截至年底，收到有效咨询1 232条，回复1 205条，回复率98%，极大地畅通了学生利益诉求渠道。

探索思政教育新途径。探索构建大学生日常网络思想政治教育，统筹发挥微信公众号、微博等新媒体矩阵育人功能；编写“导生制”试点工作，选拔高年级学生骨干对口帮扶低年级学生，遴选优秀学生党员面向全体新生开展“两学一做”专题报告10余场；实施典型引领计划，加大各类学生典型选树与宣传力度，完善了学生年度颁奖典礼，组织评选出10个“先进班集体”、10名“大学生自强之星”、10项“感动师大”校园精神文明事迹、“师大骄子”十佳大学生，推荐4名同学获评安徽省优秀大学生；组织开展学生工作研究，指导辅导员名师工作室建设；举办“对话·成长——学生与校领导午餐会”，畅通学生与校领导面对面沟通交流的平台，鼓励学生为学校的发展建言献策；开展两期学生思想情况调研，梳理、分析学生利益诉求，整理“五特”学生信息，召开问题反馈会，推进学生困难和问题的解决。

承办全省大学生骨干培训班。举办“青年共产主义学校”培训班，开展第34期“青马工程”团学骨干培训班暨共青团干部学习党的十九大精神专题培训班、第14期学生干部培训班、新生团支部书记培训班，累计培训620余人次。校学生会主席在中国大学生骨干培养学校第十期培训班结业式上做交流发言，校学生会副主席参加省学联八届主席团七次会议并做交流发言，选派5名学生参加省青马骨干培训。

继续加强志愿服务组织文化建设和志愿者网络化管理服务。评选表彰第四届“爱暖师大”十佳青年志愿者，招募大众评审团，依据志愿服务时长及成效开展测评。立足校园开展青春“型”动志愿服务，在环境保护、光盘行动、文化宣传、网络文明、朋辈关怀、敬老爱老等7个领域共同设立志愿服务岗位，组织校园志愿服务集市，共有17个学院42支志愿服务队500多人参与，累计服务时长超过3 000小时。招募选派西部计划志愿者13名、中国扶贫接力计划2018—2019年度（第20届）研究生支教团志愿者13名，做好西部计划志愿者派遣服务、跟踪指导和表

彰奖励等工作。向张云云等50名同学颁发大益奖学金。组织2 274人次献血60.55万cc，获评芜湖市无偿献血工作先进单位。

【心理健康教育】 开展全员化心理教育。第一课堂主渠道普及知识，2017年共完成60余个教学班教学，召开备课会、交流会5场，组织听课、督查10余次。第二课堂重视宣传普及教育，举办以“做理性情绪的主人，做平和心态的使者”和“感恩有你，一路相伴，携手同行”为主题的“5·25”与“10·25”心理健康教育系列活动，累计参与学生5 000余人次。各学院以寝室为单位，全面开展寝室文化节活动，围绕寝室活动开展心理健康教育活动，校院联动，全面营造校园心理健康教育文化氛围。形成层级化工作网络，学校定期召开辅导站站长会议，跟踪指导辅导站建设。辅导站全年累计开展发展性个体辅导1 500余人次；每月上报危机学生约谈登记表，定期跟踪约谈危机学生1 000余人次；开展朋辈团体辅导7 000余人次；班级心理健康委员组织开展各类心理健康教育班级活动100余次。

推进标准化中心建设。2017年学校设立省示范中心专项经费，进一步推进中心场地、硬件与文化建设。在原有场地基础上，对中心环境进行优化，新建1间阳光房，并配备相关桌椅等设施；对中心顶楼两侧阁楼进行改造，成立读书文化角，营造温馨、舒适的工作氛围；购置心理自助系统、智能身心反馈训练系统、智能互动宣泄系统以及心理沙盘4套仪器设备，购置心理图书200余册。

实施规范化心理咨询与危机干预。一是做好个体咨询和团体辅导，全年接受个体咨询1 117余人次，开展5个专题团体辅导，累计团体辅导学生650余人次。二是扎实做好新生心理测量与约谈工作，2017年首次作为教育部试点单位申请使用中国大学生心理测评系统，完成5 375名新生测量工作，并依据测量结果，开展重点访谈，针对筛查学生逐一建立心理档案。三是建立全校危机学生干预库，形成红橙黄蓝四级干预制度，实施全过程危机干预心理危机预警，全年未发生一起因学生心理问题导致的学生恶性事件。

学校获批全省首批高校心理健康教育示范中心（共8所高校获批）；心理健康教育中心荣获安徽省2016—2017年心理咨询工作先进集体；金凤仙老师荣获心理健康工作普及先进个人；在安徽省首届心理健康教育微课大赛中，杨穆龙的《我是谁——大学自我意识与培养》获一等奖，朱雨雁的《情绪万花筒》和张虹的《情绪ABC理论》均获二等奖，学校荣获优秀组织奖。

【辅导员队伍建设】 分流选聘选配工作。公开选聘11名专职辅导员，完成17名专职辅导员进编考核工作，完成14名兼职辅导员的聘任工作；做好了130名专兼职辅导员的选配工作。培训与交流工作。组织开展了校第七届辅导员职业能力大赛，承办全省辅导员职业能力大赛决赛。举办6期辅导员工作论坛，选派863人次参加各类培训学习。

科研与获奖情况。2人获省辅导员职业能力大赛特等奖；2人分获华东赛区辅导员职业能力大赛一、二等奖；1人获全国辅导员职业能力大赛二等奖；对6个辅导员工作精品项目培育计划项目、19个学生工作校本课题给予立项培育。

【学生管理】 完善学生管理制度。印发《〈普通高等学校学生管理规定〉（教育部41号令）安徽师范大学实施办法》，修订《安徽师范大学本科生素质综合测评办法（试行）》和《安徽师范大学学生违纪处分规定（修订）》。重新修订编印《学生手册》。

表彰学生先进典型。营造典型育人氛围，隆重举行年度学生颁奖典礼、朱敬文奖助学金、荣芝奖学金颁发大会、叶圣陶奖学金颁发大会。继续设立“青春心语”，珍藏学子的青春梦想，精心制作《树人赤子心》等系列专题片。

规范学生行为管理。实施优良学风培育计划，继续推行辅导员跟班听课制度，完成了2万余名学生的测评评优工作。严格执行学生不归零点报告制度、违规电器查禁制度、外出离校登记制度、学生租房从严审批制度，处理各类违纪学生75人。全程做好6 418多名暑期留校学生管理工作。完成了新生档案接收和毕业生档案转递工作。

【学生事务综合服务中心工作】 4月24日，学校学生事务综合服务中心正式启用。中心建设面积354平方米，分为柜台服务区、互助服务区和自助服务区，首批共有教务处、学生工作处、保卫处、研究生院、后勤管理处、团委、信息管理中心、图书馆等8个部门、14个服务项目(包括5个常驻柜台、4个轮值柜台和5个自助服务项目)入驻中心,服务内容涵盖教务教学事务服务、教务信息自助打印、本科生学工事务、学生户籍服务、研究生事务、研究生自助打印服务、后勤服务、电费充值、共青团事务、校园网络服务、学生互助服务、校园卡自助充值服务、图书自助查询、汽车票自购服务等。截至12月,累计服务学生16 000余人次。

【人民武装工作】 学校荣获“安徽省征兵工作先进单位”称号,2017年全校参军入伍总人数58人,其中男兵50人、女兵8人。做好参军入伍学生的学费代偿补偿工作,全额发放补助资金95.9余万元。成立学校首支电磁频谱管控团队,代表安徽省参加教育部2017年度军事课教学展示电磁频谱管控竞赛,并荣获第二名。做好2017级新生军政训练工作,组织开展解放军条令条例教育、队列训练和内务整理等训练科目,完成军训工作任务,表彰了一批军训工作先进典型。开展校园升国旗活动,强化大学生国防教育。组织开展“八一”慰问活动,指导国旗护卫队、军事爱好者协会开展系列国防教育活动。

【学生资助工作】 完善规章制度。出台或修订了《安徽师范大学本科生资助经费管理办法》《安徽师范大学家庭经济困难学生认定办法》《安徽师范大学国家奖助学金评选办法》等8项制度。

做好贫困生认定和奖助学金评定、发放工作。共认定家庭经济困难本科学生5 605人,占在校本科生总人数的26.03%,其中“特殊困难”“困难”和“一般困难”分别占比为6.42%、8.05%、11.56%。共有37人获得“国家奖学金”,743人获得“国家励志奖学金”,4 590人获得“国家助学金”。发放国家奖学金29.6万元,国家励志奖学金371.5万元,国家助学金1 398.75万元(上半年710.25万元、下半年688.5万元)。发放优秀学生奖学金613.33万元。

实施社会助学工程。新增红安惠农公益基金会助学金、新尹奖助学金、“迎客松”助学金、金汇育才计划奖助学金4个资助项目,社会团体或个人在我校设立的各类奖助学基金达46项,社会助学总金额达375万元,比2011年增长204%。社会助学项目已成为学校资助体系的重要组成部分,年资助学生达1 886人次,占贫困生总人数的33.6%。

做好助学贷款与补助发放工作。为全校3 297名学生办理贷款2 610万元,风险补偿金支出22万元。推进温暖相伴工程,适时开展暖春、暖冬、暖学、暖途资助活动。畅通新生“绿色通道”,实施“四免两补一专项”,向240位贫困新生发放交通、生活补贴和“暖心”礼包,向每名新生饭卡充值100元,为9名孤儿新生免除学费,帮助1 037名家庭经济困难学生通过“绿色通道”办理入学,并设立新生特别助学金;为30名孤儿免收学费近14.09万元;向9 541名学生发放临时困难补助共计569.6万元。

开展勤工助学,加强资助育人教育。为经济困难学生设立固定勤工助学岗位600个,全年参与勤工助学学生1 077人,发放勤工助学补助243.1万元,同比增长33.3%。组织开展资助感恩、诚信教育活动,召开了感恩教育主题班会,举办自强讲坛、座谈会等,组织受助学生撰写《受助学生成长汇报》、给捐赠人写感谢信等;在毕业班开展“五个一”诚信教育活动;通过自强社开展爱心宿舍、感恩母亲节、环保知识宣传、“爱心包裹”项目等公益志愿服务。

全年累计发放资助资金3 619.4万元,获奖受助学生达11 625余人,占学生总数的53.6%,实现贫困生资助全覆盖和零差错、零投诉、零欠费的目标。资助绩效考评连续三年位列全省高校第一、资助宣传连续四年全省高校第一。

【就业与创新创业工作】 2017年,学校共有本科毕业生5 359人,其中,师范生1 444人,占毕业生总数的26.95%,非师范生3 915人,占毕业生总数73.05%;男生1 914人,占毕业生总数的35.72%,女生3 445人,占毕业生总数的64.28%。毕业生来自全国26个省、自治区和直辖市,主要集中在安徽省(4 424人),占毕业生总数的82.55%,其他省份生源排在前五位的分别是江苏省、山东省、河北省、江西省、浙江省。截至8月31日,本科毕业生落实就业去向5 033人,初次就业率为93.92%,其中,毕业生以签订就业协议(60.81%)形式就业为主,升学比例较大(29.95%,其中出国/境2.11%)。从签约形式来看,3 259人签订协议书或劳动合同就业,169

人通过其他方式灵活就业(含自主创业25人),共计3 428人,占本科毕业生总数的63.97%;从签约单位行业分布看,毕业生主要从事教育(45.32%),信息传输、软件和信息技术服务业(8.89%),文化、体育和娱乐业(7.56%),制造业(6.35%)等行业,与学校以教师教育为特色的综合性大学办学定位相一致;从签约单位地域分布看,1 999人选择在安徽(58.31%)工作,在省外签约就业毕业生1 429人(41.69%),省外签约地区以长三角地区为主;从考研(出国、出境)来看,有1 605名本科毕业生选择继续深造(含出国/境深造113人),同比增长3.92%,其中考取"985""211"高校800人,占升学总人数的49.84%;录取省属重点院校毕业生540人,占比33.64%;出国/境深造113人,占比7.04%。学校评选就业工作先进标兵学院5个、先进学院5个、先进个人20人,发放奖金27万元,并面向社会发布《安徽师范大学2017年毕业生就业质量年度报告》。

推进就业指导与就业服务。加强专业化队伍建设,聘任5名企业家担任大学生就业创业导师,选派33人次参加高校就业指导师、职业指导师等职业培训。组织6场就业创业系列讲座。学校获中国就业促进会职业指导成果和优秀论文评选优秀成果二等奖一项,优秀论文一等奖和二等奖各一项。继续推进精准帮扶"五送"工作,2017年,残疾毕业生就业率为100.00%、少数民族毕业生就业率为86.32%、困难毕业生就业率95.87%,均保持较高水平。积极引导和促进毕业生面向基层就业,其中特岗教师10人、三支一扶26人、应征入伍10人、选调生18人、西部计划13人,人数均居全省前列。为5 359名毕业生办理派遣手续,为1 444名师范毕业生办理了教师资格证。

拓展求职渠道。2017年,外出拓展市场8次,组织各类招聘活动192场,招聘单位1 795家,提供岗位58 750个(生均10个),首次组织校友企业专场招聘会。

组织学生参加第十五届"挑战杯"全国大学生课外学术科技作品竞赛决赛,获1个二等奖、3个三等奖。参加省第七届"挑战杯"竞赛,学生获1个特等奖、3个一等奖、1个二等奖、1个三等奖,学校荣获"优胜杯"。组织参加第三届中国"互联网+"大学生创新创业大赛,2项作品全获安徽省金奖(安徽省金奖共计30项作品),1件作品获大赛亚军。举办校第八届创新创业文化节,开展10余项创新创业活动,累计5 000余人次参与。运营管理好大益爱心茶室公益项目。

【素质拓展工作】 修订校院素质拓展活动项目体系,开设28项校级素质拓展活动和261项院级专业素质拓展活动课程;举办第二届"青春创意秀"素质拓展项目设计大赛,逐步推进学生主体成为素质拓展活动的设计者、组织者、参与者和评价者。全面推行"第二课堂"素质拓展信息管理系统,逐步推进系统数据分析、课程评价、成绩单等功能优化。组织2017届本科毕业生素质拓展学分审核。指导学生自编自导自演《第二课堂,享你所想》宣传视频,面向校内外全方位推介学校"第二课堂"工作。

【暑期社会实践】 暑期,学校以"喜迎十九大,青春建新功"为主题,组建国家级重点团队2支,校级重点团队111支、院级和班级团队454支,万余名志愿者走进社会基层,400余名实践导师全程指导,行程遍布10多个省市70多个县区。全面总结、宣传,固化实践成果,开展社会实践总结评比汇报会,拍摄宣传视频《社会实践,有"青"更精彩》,编印《向阳花》专刊画册,汇编社会实践优秀调研报告,举办暑期社会实践故事分享会。新建社会实践基地53个,续建基地133个。学校获评为"全国大学生社会实践先进单位"、2017年度全省大学生社会实践工作优秀组织奖,2支团队分获社会实践"千校千项"、全国百强暑期实践团队表彰,1人获评全国暑期"三下乡"社会实践优秀个人。社会实践活动受到了中青在线、人民网等主流媒体报道300余篇次。

【环保教育】 开展"美丽中国"环保实践活动。继续推进"生态安徽——江淮环保行"项目建设,共组建美丽中国环保实践团队64支,其中校级环保团队4支。开展评审第四届博爱环保奖学金。组织参加第四届中国青年志愿服务项目大赛暨2017年志愿服务交流会,蒲公英环保学校项目获第四届中国青年志愿服务示范项目创建提名奖,系全省高校系统唯一入围及获奖项目。学校化材学院环保项目获"阿克苏诺贝尔中国大学生社会公益奖"金奖。

(学生处、校团委供稿)

【研究生思想政治教育】 推荐选拔300名优秀研究生党员参加全国高校研究生党员骨干“严格党内政治生活”专题网络培训示范班。组织学习“十九大”报告，邀请马克思主义学院张正光为各学院研究生秘书、兼职辅导员、校院两级研究生会学生干部作专题报告。开展研究生暑期社会实践活动，成立32支实践团队。公开选聘27名高年级优秀研究生担任兼职辅导员。

【研究生奖助管理工作】 实现各类奖学金评审发放零投诉，全年累计发放各类奖助学金6 080余万元。发放国家助学2 307.51万元、国家奖学金199万元、学业奖学金2 161.2万元(其中学校配套777.64万)，发放优秀研究生、优秀研究生干部、优秀新生奖学金、科研与实践创新等校级奖学金188.5元，发放朱敬文奖助学金等社会捐助项目14.4万元，发放选调生基层项目生活补助0.4万元，发放研究生“三助”津贴1 209.64万元。完成了我校278名建档立卡研究生资助工作，实现全覆盖、最高档、无遗漏的目标。共有539名研究生办理国开行和农信社生源地助学贷款，贷款总额达575.243 5万。

规范开展奖助学金评审工作。2017年评选研究生国家奖学金获得者95人(其中博士9人，硕士86人)，研究生国家助学金获得者3 744人，2017级优秀研究生新生奖学金获得者130人，研究生学业奖学金获得者3 919人，研究生科研与实践创新奖学金24项，朱敬文奖助学金获得者63名，安徽省品学兼优毕业研究生52名。

【研究生就业创业工作】 加强就业创业指导。举办全日制教育硕士专业学位研究生教学技能大赛；推出“求职择业，你我同行”研究生就业指导系列服务活动，邀请校内外专家为毕业生开展就业咨询；开拓就业市场，组织邀请望江县教育局、桐城市教育局、江苏句容市教育局等用人单位来校开展校园专场招聘会，提供3 000余个就业岗位；加强研究生就业信息化建设，首次上线使用研究生就业信息管理系统。2017届毕业研究生共计1 362人，其中博士毕业研究生34人，硕士毕业研究生1 328人。截至9月30日，总体就业率为79%。从学科门类看，法学和文学博士毕业研究生的就业率为100.00%，占毕业研究生人数比例最高的教育学硕士研究生就业率为79.95%；从毕业生签约单位性质看，选择在高等教育单位就业的博士研究生占比75%，选择在高等教育单位和中初教育单位就业的硕士研究生占比48.6%；从毕业生签约单位行业分布看，毕业研究生主要从事教育工作(63.85%)，这与学校以师范教育为特色的综合性大学办学定位相一致；从毕业生签约单位地域分布看，安徽省内就业694人(64.50%)，省外就业382人(35.50%)，以长三角地区为主。学校评选毕业研究生就业工作先进单位5个，先进个人10人。

(研究生院供稿)

【校学生会】 安徽师范大学学生委员会(以下简称校学生会)是校党委、省学联直接领导和校团委具体指导下的全校本科学生的群众组织，是学生自我教育、自我管理、自我服务、自我监督的主体组织，是学校党政联系广大同学的桥梁和纽带，是尊重学生主体地位、完善学校内部治理结构的重要方面。校学生会设有办公室、组织部、宣传部、学习部、实践部、女生部、生活部、体育部、权益服务部、信息技术部等10个部门，下设17个院级学生分会。校学生会始终秉持“服务大局、服务同学”的理念，为广大同学提供交流展示的舞台。立足服务，建设学生之家。以“思想引领”为主线，开展“赭麓大讲堂”等榜样成长导航活动；以服务同学为己任，举办校园“跳蚤”市场，搭建“爱师大·易寻”失物招领平台，定制师大专属直达火车站专线，发起“晨起大作战”养成良好习惯，与学生社团一起面向新生募捐军训服装500余套，定点帮扶宿松县三德村，发布教室文明倡议、开展学风督查；以“文化活动”为载体，推进大学生节暨学生会系统交流晚会、女生节等校园文化活动，组织学生开展课外锻炼，举办“铿锵玫瑰”女子拔河比赛等活动。加强引领，搭建师生之桥。开展“对话成长”主题活动，配合开展“校长午餐会”。继续开展学期学生思想情况调研，形成本科学生诉求调研与反馈机制。注重培养，打造青马之校。开展校级学生组织主要学生干部公开选拔、换届竞聘，实现学生会组织覆盖全体同学。坚持校团委、学生会联席会议制度，加强校院沟通联系，形成学生组织工作合力。评选优秀学生会(学生会部门)、优秀学生会干部等123个(名)。推荐主要学生干部参加全国、全省大学生骨干培养学校学习，配合做好校级青马班的人员选拔、课程组织等。

【校研究生会】 安徽师范大学研究生委员会是在校党委领导和校团委指导下的研究生"自我教育、自我管理、自我服务"的群众性组织。以拥护党的领导、团结全体研究生、勤奋学习科学文化知识、积极建设研究生时代校园文化为宗旨，代表和维护研究生的正当权益和要求，热情为同学服务。定期举办学术交流、社会实践、校园文化等活动，沟通学校有关部门与研究生之间的联系，参与学校民主管理和民主监督，协助和促进学校的教育管理工作，为广大研究生提供施展各种才能的机会。研究生会设主席团、办公室、新闻中心、文艺部、生活部、科技部、实践部和体育部八个主要职能部门。

【校学生工作助理】 安徽师范大学学生工作助理是一支经学校公开选拔的本科学生干部队伍，在学生工作部(处)领导下开展工作，由学生工作部(处)统一聘任和管理，参与学生工作事务，协助做好学生教育、管理和服务工作，征集并反映广大学生在学习、生活中的问题和建议，完成有关部门交办的工作任务。2017年共选拔145名学生工作助理。

【校社团联合会】 安徽师范大学学生社团联合委员会(以下简称校社团联合会)，是在校党委领导和校团委指导下，本着自愿结合原则进行"自我服务、自我管理、自我教育"的学生社团联合体，现有花津校区、赭山校区2个分会。主席团统筹总体工作，设办公室、组织部、宣传部、会员部、财务与资产管理部、活动部、志愿者工作部等部门。2017年成立大学生舞蹈爱好者协会、青芒创客协会、射箭协会、无人机协会、蒲公英环保学校等5个学生社团，会员社团总数增加到72个，会员3万余人次，指导各类社团开展活动300余项。开展第14届社团文化节，评选第13届文化节精品活动，协助学校开展"西部计划"志愿者招募、爱心献血等多项青年志愿者行动和志愿者骨干培训工作。

【青年通讯社(青年传媒中心)】 安徽师范大学青年通讯社(青年传媒中心)是安徽师范大学团学系统的重要宣传阵地、是校学生会的重要组成部分、是全校团员青年的信息传播平台。青通社以马克思主义新闻观为思想武装，以"扬社会正气，传校园精彩，为青年发声"为宗旨，全面服务团组织引领青年的根本任务，全面履行学生组织自我教育的重要职能，接受校团委、学生会的领导和校团委宣传部的具体指导。社务委员会主持全社工作，由7名同学组成，社长、常务副社长由校学生会执行副主席兼任，下设办公室、总编室、校园新闻部、影像部、美工部等5个常设机构和微信工作室、微博QQ空间工作室两个项目工作室，各部门分校区开展工作。青通社采写校内新闻报道百余篇次，继续承担安徽师范大学共青团微信、微博的运营，开办安徽师范大学共青团官方QQ空间，承担了社会实践专刊《向阳花》的编辑任务。

【大学生艺术团】 安徽师范大学大学生艺术团是校团委指导下的大学生艺术爱好者团体，是大学生进行艺术实践的园地，是学校实施素质教育的重要阵地之一。大学生艺术团以"弘扬民族文化，倡导高雅艺术"为宗旨，始终致力于提高大学生艺术修养、丰富校园文化生活、传播优秀文化成果、引领校园文化风尚。艺术团下设办公室、歌唱队(合唱团)、舞蹈队、器乐队、综艺队、戏曲队。举办"高雅艺术进校园"系列活动，参与教师节颁奖典礼、学生系统颁奖典礼演出，配合学院承办文艺活动，实行"双迎"节目推送。编排舞蹈《青春筑梦》、合唱《古丈茶歌》等反映青年大学生追求梦想、传递青春正能量的节目，参与第五届全国大学生艺术展演取得优异成绩。

(学生处、校团委、研究生院供稿)

材料1：

2017年本科生国家、社会奖助学金设立情况

1.国家奖学金

设立者　教育部

奖助范围　品学兼优的在校学生

奖助金额　8 000元/年·人,37人,29.6万元

2.国家励志奖学金

设立者　教育部

奖助范围　品学兼优的在校家庭经济困难学生

奖助金额　5 000元/年·人,743人,371.5万元

3.国家助学金

设立者　教育部

奖助范围　在校家庭经济困难学生

奖助金额　人均3 000元/年·人,4 590人,1 377万元

4.师范生奖学金

设立者　教育厅

奖助范围　毕业后从事教育工作的师范类毕业生

奖助金额　2 000元/年·人,220人,44万元

5.朱敬文奖学金

设立者　香港朱敬文教育基金会

奖助范围　品学兼优的在校大学生

奖助金额　特别奖学金5 000元/年·人、奖学金2 000元/年·人,共274人,59.9万元

6.荣芝奖学金

设立者　香港荣芝基金会

奖助范围　品学兼优的在校大学生

奖助金额　特别奖学金5 000元/年·人、奖学金2 000元/年·人,共100人,23万元

7.叶圣陶奖学金

设立者　中国教师发展基金会

奖助范围　品学兼优的师范生专业本科生

奖助金额　奖学金3 000元/年·人,共17人,5.1万元

8.晨光奖助学金

设立者　晨光基金会

奖助范围　品学兼优家庭经济困难学生

奖助金额　2 500元/年·人,50人,12.5万元

9.华民慈善基金会大学生就业扶助项目

设立者　北京华民慈善基金会

奖助范围　家庭经济困难学生三年级学生

奖助金额　3 000元/年·人,100人,30万元

10.精锐奖学金

设立者　上海精锐国际教育集团

奖助范围　英语、数学、汉语言文学、学前教育专业品学兼优学生

奖助金额　特等奖5 000元/年·人,奖学金2 000元/年·人,共60人,15万元

11.杨燕制药助学金

设立者　芜湖杨燕制药有限公司

奖助范围　家庭经济特殊困难的全日制在读本科生

奖助金额　3 000元/年·人,50人,15万元

12.新生专项助学金

设立者　王大明先生

奖助范围　2014级家庭经济困难新生

奖助金额　800元/年·人,200人,16万元

13.博爱环保奖学金

设立者　翁盈盈女士

奖助范围　全日制二、三年级在校本科生

奖助金额　3 000元/年·人,10人,3万元

14.大益奖学金

设立者　大益爱心基金会

奖助范围　全日制二、三、四年级在校本科生

奖助金额　2 000元/年·人,50人,10万元

15.孙大光、张刚助学金

设立者　孙大光先生　张刚女士

奖助范围　安徽籍在校家庭经济困难本科

奖助金额　4 000元/年·人,4人,1.6万元

16.国元证券

设立者　安徽国元证券有限责任公司

奖助范围　经济管理学院、美术学院二至四年级家庭经济困难本科生

奖助金额　3 000元/年·人,100人,30万元

17.铭诚奖助学金

设立者　铭诚律师事务所

奖助范围　法学院家庭经济困难学生

奖助金额　1 000元/年·人,32人,3.2万元

18.国伦奖助学金

设立者　国伦律师事务所

奖助范围　法学院家庭经济困难学生

奖助金额　2 000元/年·人,12人,2.4万元

19.青云奖助学金

设立者　费介华、汪灵罡

奖助范围　法学院一至三年级在校本科生

奖助金额　1 000元/年·人,10人,1万元

20.纬伦奖助学金

设立者　纬伦律师事务所

奖助范围　法学院二至三年级在校本科生

奖助金额　1 000元/年·人,16人,1.6万元

21.零二经法助学金

设立者　我校02法学专业吴军和02经济学专业许思晗、梅秀宽

奖助范围　经济管理学院和法学院全日制在读二年级家庭经济困难学生

奖助金额　1 500元/年·人,18人,2.7万元

22.创晖奖助学金

设立者　广东创晖律师事务所

奖助范围　法学院二至三年级在校本科生、一、二年级研究生

奖助金额　1 000元/年·人,8人,0.8万元

23.顶峰教育奖助学金

设立者　安徽顶峰教育集团

奖助范围　美术学院家庭经济困难、品学兼优的全日制在读本科生

奖助金额　1 000元/年·人,1 200元/年·人,10 000元/年·人三个等级,20人,3万元

24.新尹奖助学金

设立者　安徽新尹教育投资管理有限公司

奖助范围　美术学院

奖助金额　共20人,2.8万元

25.晋涛助学金

设立者　晋涛先生

奖助范围　历史与社会学院体育学院、美术学院家庭经济困难学生

奖助金额　1 000元/年·人,8人,0.8万元

26.博望爱心奖助学金

设立者　博望区爱心助教协会

奖助范围　历社学院在校本科生

奖助金额　5 000元/年·人,20人,10万元

27.紫阳奖助学金

设立者　芜湖市朱子研究会

奖助范围　历社学院在校本科历史学专业学生

奖助金额　2 000元/年·人,10人,2万元

28.章道衡奖学金

设立者　章道衡先生

奖助范围　教科院一至三年级在校本科生

奖助金额　800元/年·人,人数根据本金利息确定

29.章韦云骞助学金

设立者　章韦云骞女士

奖助范围　教科院一至四年级在校家庭经济困难本科生

奖助金额　600元/年·人,人数根据本金利息确定

30.易通心理奖助学金

设立者　安徽易通心理咨询有限公司

奖助范围　教科院二至四年级心理学和应用心理学本科生

奖助金额　1 500元/年·人,10人,1.5万元

31.外国语学院爱心接力校友助学金

设立者　外国语学院校友

奖助范围　外国语学院在校家庭经济困难本科生

奖助金额　1 000元/年·人,20人,2万元

32.陶绍新助学金

设立者　陶绍新先生

奖助范围　体育学院二至四年级在校家庭经济困难本科生、一至三年级在校家庭经济困难研究生

奖助金额　3 000元/年·人,25人,7.5万元

33.思源助学金

设立者　物理与电子信息学院校友

奖助范围　物理与电子信息学院家庭经济困难学生

奖助金额　奖学金1 200元/年·人，助学金800元/年·人，80人，8万元

34. 昌华爱心助学金

设立者　我校物理系86级校友王平

奖助范围　化材学院、物电学院一至三年级在校家庭经济困难本科生

奖助金额　2 000元/年·人，25人，5万元

35.“化学80春雨爱心基金”梯尔希医药助学金

设立者　梯尔希（南京）药物研发有限公司

奖助范围　化材学院二、三年级在校家庭经济困难本科生

奖助金额　2 500元/年·人，60人，15万元

36. 弼兴爱心助学金

设立者　上海弼兴律师事务所

奖助范围　化材学院家庭经济困难的三年级全日制在读本科生

奖助金额　1 000元/年·人，20人，2万元

37. 雷忠平奖助学金

设立者　安徽省科蓝特铝业有限公司董事长雷忠平

奖助范围　地旅学院在校家庭经济困难本科毕业生和院十佳大学生

奖助金额　1 000元/年·人，30人，3万元

38. 庄严奖助学金

设立者　芜湖庄严基金会

奖助范围　地旅学院一至四年级在校本科生、二至四年级在校本科生

奖助金额　2 000元/年·人，4 000元/年·人两个等级，共40人，10万元

39. 明达奖助学金

设立者　深圳明达资产管理有限公司

奖助范围　地旅学院一至四年级在校本科生、二至四年级在校本科生

奖助金额　2 000元/年·人，3 000元/年·人两个等级，共45人，10万元

40. 安科生物奖学金

设立者　安徽安科生物工程（集团）股份有限公司

奖助范围　生命科学学院二至四年级在校本科生

奖助金额　一等奖3 000元/年·人，二等奖2 000元/年·人，三等奖1 000元/年·人，共50人，8万元

41. 康卫生物奖学金

设立者　芜湖康卫生物科技有限公司

奖助范围　生命科学学院品学兼优学生

奖助金额　一等奖3 000元/年·人，二等奖1 000元/年·人，共30人，5万元

42. 学院爱心助学金

设立者　芜湖康卫生物科技有限公司

奖助范围　生科院二至四年级在校家庭经济困难学生

奖助金额　800元/年·人，共44人，3.92万元

43. 小康药业奖学金

设立者　小康药业

奖助范围　生科院全日制在校本科生、研究生

奖助金额　2 000元/年·人，共10人，2万元

44.“迎客松”助学金(新增)

设立者　安徽中烟工业有限责任公司芜湖卷烟厂

奖助范围　芜湖、宣城、黄山、池州籍在校家庭经济困难本科生

奖助金额　2 000元/年·人,共48人,9.6万元

45.金汇育才计划助学金

设立者　安徽省金汇发展教育基金会会、中国人民银行芜湖市中心支行

奖助范围　2015级、2016级、2017级、2018级家庭经济困难“农村专招计划”本科生

奖助金额　70人,21万元

46.红安定向助学金

设立者　湖北省红安惠农公益基金会

奖助范围　音乐学院、美术学院

奖助金额　10 000元/年·人,共2人,2万元

材料2:

2017年研究生国家、社会奖助学金设立情况

1.研究生国家奖学金

设立者　教育部

奖助范围　品学兼优的在校研究生

奖助金额　博士30 000元/年·人,9人,硕士20 000元/年·人,86人,共199万元

2.研究生国家助学金

设立者　教育部、安徽省教育厅

奖助范围　全日制研究生(有固定工资收入的除外)

奖助金额　博士15 000元/年·人,硕士6 000元/年·人

3.研究生朱敬文奖助学金

设立者　朱敬文教育基金会

奖助范围　品学兼优的在校研究生

奖助金额　朱敬文特别奖学金5 000元/人,6人;朱敬文奖学金2 000元/人,17人;朱敬文助学金2 000元/人,40人

材料3:

各学生组织主要学生干部名单

校学生会主要学生干部名单

主　　席:蔡志鹏(14运训)

执行副主席:王　珅(15体教,兼任学生社团联合委员会主席)

刘小卉(15物流,兼任学生“第二课堂”服务中心主任)

刘成俊(14空乘,兼任学生工作助理总队总队长)

吴　梦(15空乘,兼任大学生艺术团团长)

副 主 席:刘　丹(15政教)　付鑫飞(15国画)

成　　员:魏鑫鑫(15汉非,文学院学生会主席)　陆书雷(15政教,马克思主义学院学生会主席)

吴　瑞(15法学,法学院学生会主席)　陶绘天(15物流,经管学院学生会主席)

姜一凡(15音乐,音乐学院学生会主席)　张　宁(15环艺,美术学院学生会主席)

刘金金(15历史,历社学院学生会主席)　张照辉(15应心,教科学院学生会主席)

周　干(15英语,外语学院学生会主席)　朱平林(15体教,体育学院学生会主席)

来好婷（15广告，新传学院学生会主席）　王　良（15数学，数计学院学生会主席）
陈昕雨（15通信，物电学院学生会主席）　刘　茹（15材化，化材学院学生会主席）
张流舰（15旅管，国旅学院学生会主席）　孙　凡（15生科，生科学院学生会主席）
李光宇（15环工，环工学院学生会主席）

安徽师范大学第二十二届研究生会干部名单

主　　席：王　玥（16文学）
常务副主席：郑梦娜（16教科）
副 主 席：刘毅阳（16新传）　于静静（16文学）
安　雪（16文学）　谢法璞（16法学）
徐炜红（16文学）

校学生工作助理主要学生干部名单

总 队 长：汪　沁（13理综卓越班）
副总队长：刘成俊（14空乘）　侯方媛（14卓越语文）　李航宇（14化材）　陈颖（14生科）
总队长秘书：张亚晴（14汉语言非师范）　戎绪龙（15计科）　宛　曼（15生科）

校社团联合会主要学生干部名单

主　　席：王　珅（15体教）
常务副主席：毕玉荷（15学前）
副 主 席：王　晨（15网新）　徐　淼（15播音）

校青年通讯社主要学生干部名单

副 社 长：黄龚添（15政教）　杨文静（15汉师）　彭丽华（15教技）
办公室主任：于宝钰（16物流）
总编室主任：蒋宇骏（16汉非）
校园新闻部主任：周赢赢（16汉教）
影像部主任：李文汇（16摄影）
美工部主任：肖　悦（16广告）
微信工作室主任：蒋笑言（16汉非）
微博工作室主任：朱　敏（16广告）

校大学生艺术团主要学生干部名单

团　　长：吴　梦（15空乘）
常务副团长：李文静（15生科）
副 团 长：程倩倩（15播音）　侯正伟（15休体）　高丽君（15汉教）
团长助理：桑　田（16播音）　岳　坤（16播音）　程　昱（16化材）

学生社团主要负责人名单

社团名称	负责人
汉语桥协会	黄玲玲（15汉教）
太阳话剧社	沈寅琪（16汉非）
五四爱心学校	黄思蕾（15秘书）

江南诗社	夏小燕(15汉师)
赭麓书画社	洪雅婷(16汉教)
德育研究会	杜正伟(15政教)
中国特色社会主义理论体系研究会	俞　璐(15政教)
爱智哲学社	陈院琴(15政教)
新国学社	浦仕芳(15政教)
青年法学社	张楠楠(15法学)
职业能力发展研究会	宋　杰(15法学)
外交与国际事务研究协会	孙　瑞(15法学)
经济学会	邹昱峰(15投资)
新雷锋青年志愿者协会	钟　杰(15投资)
职业规划与发展协会	虞晓飞(15经济)
创业协会	李癸葵(15人管)
自行车运动协会	黄　刚(15会计)
美术爱好者协会	王　鹏(15工美)
新青年器乐社	陈　扬(15油画)
赭山史学社	董　珂(15历史)
海星调查研究社	粱　颖(15社会)
公共关系协会	黄梦迪(15公管)
英语之角协会	胡　洁(15英非)
翻译协会	刘雅童(15英语)
模拟联合国协会	赵　翔(15英师)
武术与体育舞蹈协会	程　旭(16体教)
球类协会	方　涛(15体教)
棋类协会	马荣嫔(15政教)
星洲创业培训学校	张威威(15体教)
摄影爱好者协会	樊亚冲(15摄影)
普通话协会	徐　淼(15播主)
动漫爱好者协会	袁俊康(16动画)
up funky街舞社	陈　林(15人管)
马克思主义新闻观学习社	丁　纪(16新闻)
数学建模协会	祝兴宇(15统计)
计算机爱好者协会	许伟民(15计科)
开源软件协会	陈健飞(15计科)
就业促进与互助协会	吴梦菱(14秘书)
旅游爱好者协会	周　燕(15旅管)
爱心者协会	刘芷慧(15土管)
辩论协会	殷智华(15食安)
皖江知行社	吴　敏(15地科)
地理科普协会	王经波(15地科)
大学生生命科学协会分会	李　茹(15历史)
环境与健康协会	张倩倩(16食安)
食品安全与营养协会	张文艳(16食安)

轮滑协会	苏伟祥（16食安）
军事爱好者协会	江　琦（15网新）
新长城自强社	胡潇杨（16公管）
读者协会	王　茜（15行管）
大学生记者团	张书朋（14播音）
茶文化协会	周　肖（15人管）
戏曲爱好者协会	陈瑞菲（16地科）
发明创新协会	熊嗣源（15自动化）
江淮秘书社	周若贤（15秘书）
户外教育协会	周　瑜（14休体）
大学生社会工作协会	崔莹莹（15社工）
跑吧	李　祝（15地科）
德雅书苑	李　洋（17美学）
生命科学协会	谢思敏（15生技）
考研行动协会	邱彦清（15生科）
大学生保健协会	李媛媛（15应生）
心理研究会	徐　波（15应心）
环境保护协会	金思雨（15应化）
就业促进与互助协会	陈　玲（15化非）
音乐爱好者协会	陈玲玲（15音表）
电子爱好者协会	胡泓景（15自动化）
发明创新协会	洪发辉（14通信）
梦飞翔教育学社	徐正媛（15心理）
龙狮协会	徐继辉（15体表）
射箭协会	武　涵（16运训）
无人机协会	王宇瑶（15地信）
蒲公英环保学校	朱晓菊（15食科）
舞蹈爱好者协会	付　玉（15舞表）
青芒创客协会	宋玉洁（16教技）
军事爱好者协会分会	鲁　超（16心理）
新长城自强社分社	左梦杰（15心理）
读者协会分会	杜佳丽（15生科）
棋类协会分会	解光环（15应心）
计算机爱好者协会分会	彭　瑶（15教技）
皖江知行社分会	莫昌茹（15园艺）
爱心者协会分会	李　响（15应心）
德育研究会分会	林子平（15学前）
摄影爱好者协会分会	李　盼（15舞表）

（学生处、研究生院、校团委供稿）

五、师资队伍

（一）概况

【概　况】 截至2017年年底，我校专任教师1 504人，其中教授292人，副教授511人，博士学位635人，硕士学位721人。国家级教学团队4个，“万人计划”国家级人选1人，文化名家暨“四个一批”人才1人。“百千万人才工程”国家级人选3人，教育部“新世纪优秀人才”支持计划7人，安徽省“百人计划”2人，享受国务院特殊津贴9人，享受省政府特殊津贴10人。“皖江学者”特聘教授5人、讲席教授4人，省学术与技术带头人40人，学术与技术带头人后备人选79人。

（二）培养培训

【岗前培训】 进一步完善、落实“两段三级”岗前培训模式，采取专题教学、分组讨论、教学实践和户外拓展相结合的形式，完成了第七期新进教职工培训工作，培训人数117人。继续承担芜湖和宣城地区10所高校（含安徽师范大学皖江学院）新进教师的岗前培训和考点任务，培训人数483人，参加考试人数434人，组织11名教师参加岗前培训国培示范项目。同时，各学院根据“十三五”师资队伍建设规划，按照专任教师“人人进学科，个个定方向”的建设思路，结合学院的教学、科研工作特点，组织开展青年教师培养计划，配备青年教师导师，帮助青年教师成长。

【在职培养】 举办第三批赴俄培训团，共选派19名教师赴俄罗斯米宁大学参加为期15天的培训。完成第七批和第八批赴美培训团工作，累计选派37人赴美国各高校参加为期15天的培训，选派教师参加网络课程集中培训27人次。2017年，在职培养博士26人，博士后研究1人，单科进修1人，国外访学进修28人，国家留学基金委派出3人，境外访学16人，国内访学8人。落实了94名教师赴企事业单位挂职锻炼事宜。

（三）聘期考核与职称评聘

【聘期考核】 强化岗位意识，推进目标管理责任制，建立能上能下、能进能出的岗位聘用机制。组织进行了2016年聘期期满考核工作，执行相关考核待遇政策。考核人数202人，其中，校本部应参加考核197人，附属学校应参加考核5人。考核合格183人，不合格5人，延期考核14人。

【职称工作】 颁布实施《教师系列专业技术职务聘任条件（试行）》《实验系列专业技术职务聘任条件（试行）》，分类设置聘任标准条件，强化教学科研质量，科学合理制订下达指标的原则，实施“差额推荐”“竞争选拔”。本年度共聘任教授25人，副教授34人，高级实验师3人，讲师31人，实验师3人，助理实验师1人，助理研究员1人；聘任其他系列高级职称10人、中级职称8人。

（四）师德师风建设

【概　况】 广泛开展师德教育宣传活动，把教师职业理想、职业道德、学术规范等融入岗前培训、校本培训、职后培养和管理的全过程。引导广大教师持续向黄大年同志学习，努力打造高素质教师队伍。印发《关于开展“全国高校黄大年式教师团队”创建活动方案》，并在校内遴选了4支黄大年教学团队，其中“安徽师范大学习近平新时代中国特色社会主义思想教师团队”获批“全国高校黄大年式教师团队”。推荐新中国教育名家大师候选人7人、全国“教书育人楷模”1人、“最美教师”1人，获批省先进工作者1人。全年给予3名教职工开除处分，解聘1名教职工专业技术职务。召开第33个教师节颁奖典礼。

（人事处供稿）

材料1：

人才称号、荣誉名录（排名不分先后次序）

国家“万人计划”哲学社会科学领军人才（1人）
李琳琦
文化名家暨“四个一批”人才（1人）
李琳琦
百千万人才工程国家级人选（3人）
李琳琦　王绍武　陆　林
国务院特殊津贴享受者（9人）
王　伦　李琳琦　王绍武　庄华峰　阮成武　杨柏岭　陆　林　胡传志　倪永红
“新世纪优秀人才”培养计划人选（7人）
李琳琦　王绍武　马陵合　朱国萍　耿保友　高　峰　商永嘉
全国高校优秀教师（1人）
张　敬
全国模范教师（1人）
华田苗
全国五一劳动奖章（1人）
朱国萍
全国优秀教师（2人）
张园园　陆　林
全国师德标兵（1人）
路丙辉
“高校思想政治理论课教师2013年度影响力人物”（1人）
路丙辉
全国“三八”红旗手（1人）
俞晓红

全国先进工作者(1人)

朱国萍

全国优秀教育工作者(2人)

方 泓 徐成进

全国高校教师网络培训工作先进个人(1人)

孙忠保

安徽省政府特殊津贴享受者(10人)

方 青 王绍武 朱国萍 朱家存 阮成武 吴孝兵 李琳琦 耿保友 高 峰 彭启福

"皖江学者"计划特聘教授(5人)

王绍武 李琳琦 胡传志 翟 磊 杨柏岭

"皖江学者"计划讲席教授(4人)

吴孝兵 陆 林 席贻龙 聂刘旺

安徽省"百人计划"(2人)

许岳慷 郝二红

安徽省高校师资管理先进个人(1人)

孙忠保

安徽省优秀教育工作者(2人)

方 泓 程文海

安徽省"优秀德育工作者"(2人)

台启权 路丙辉

安徽省高校拔尖人才(7人)

朱家存 汤 敏 周守标 席玉宝 席贻龙 聂刘旺 崔执凤

安徽省文化领域拔尖人才(1人)

王习胜

安徽省文化领域青年英才(1人)

吴翠萍

安徽省高校优秀中青年骨干教师(67人)

万尚庆 马陵合 凤尔银 方凤满 王义德 王元航 王友保 王 昊 王绍武 刘咏莲
刘莉(音乐学院) 刘莉(数计学院) 华田苗 孙 妮 庄华峰 江守义 许新胜 齐学梅
严 平 何更生 何宗祥 吴 玲 张玉忠 张先燚 张建华 张 武 张德让 张燕华
李方明 李永新 李立群 杨周生 杨柏岭 沈剑英 陈怀军 周元琳 周晓梅 屈 军
郑贤锋 郑 艳 俞晓红 柯丽霞 胡传志 倪永红 唐业仓 桂守才 耿保友 聂刘旺
钱长炎 钱奇佳 陶秀成 高 飞 高正礼 高 峰 商永嘉 崔执凤 傅新球 储泰松
彭启福 程久苗 程先富 谢美华 熊仲儒 蔡亚非 潘红春 戴兆国 江家发

安徽省高校中青年学科带头人(39人)

马陵合 方 青 王 伦 王绍武 叶帮义 华田苗 孙国正 庄华峰 朱昌青 朱家存
许 勇 何更生 吴孝兵 张奇才 张建华 张 毅 李 平 李琳琦 杨周生 苏 勤
陆 林 周守标 欧阳俊玲 俞晓红 祝东进 胡传志 胡益民 郝家胜 席贻龙 桑青松
商永嘉 崔执凤 黄时中 彭凤莲 焦华富 葛明贵 鲁亚平 詹绪左 魏登云

安徽省教育系统先进工作者(6人)

孙国正 吴春玲 李 娟 周元琳 彭凤莲 曾小莉

安徽省模范教师(4人)

赵 平 王 伦 李琳琦 许 勇

安徽省五一劳动奖章获得者(1人)

王　瑜　朱国萍

霍英东高等院校青年教师奖(1人)

任　永

安徽省优秀教师(11人)

凤尔银　牛忠梁　吴孝兵　张小俊　张正光　杭后俊　聂刘旺　崔执凤　黄时中　葛明贵　戴兆国

安徽省"三八"红旗手(5人)

方凤满　朱国萍　吴　玲　李叶青　俞晓红

省级教坛新秀(25人)

牛　菲　王广凤　王　瑜　任　永　孙　影　朱鲲鹏　许新胜　何道江　余瑞兰　张雪莉　李　伟　李宜江　李　影　杜友武　芮　瑞　辛治洋　陆在春　陈建霞　饶宏泉　崔　静　梅晓娟　黄玉成　程瑶琴　葛　燕　路幸福

安徽省教学名师(14人)

凤尔银　方　青　孙国正　庄华峰　朱小芸　阮成武　李庆丰　杨高升　陆　林　周兴国　赵广超　聂刘旺　梁　军　詹绪左

安徽省师德先进个人(1人)

王　伦

安徽省先进工作者(2人)

李琳琦　夏云生

安徽省五一巾帼标兵(1人)

朱国萍

安徽省学术与技术带头人(40人)

马陵合　方　青　王习胜　王　伦　王绍武　王朝辉　卢　玉　申广君　任　永　刘道胜　庄华峰　朱国萍　朱家存　汤　敏　阮成武　吴孝兵　李琳琦　杨柏岭　汪海元　陆　林　罗永龙　胡传志　胡益民　赵广超　倪永红　夏云生　席玉宝　席贻龙　徐　彬　桑青松　耿保友　聂刘旺　郭淑新　高　飞　高　峰　储泰松　彭凤莲　彭启福　熊仲儒　戴兆国

安徽省学术和技术带头人后备人选(79人)

马陵合　王　伦　王　昊　王广凤　王习胜　王正华　王绍武　王朝辉　方凤满　方双虎　左新荣　石建平　卢　玉　申广君　宁利新　朱国萍　朱德义　任　永　华田苗　庄华峰　刘道胜　江守义　汤　敏　宇海银　许新胜　李永新　李宜江　李琳琦　杨世勇　杨兴柱　杨柏岭　吴先伍　吴孝兵　何　斌　余　涛　辛治洋　汪海元　张　毅　张小俊　张正光　张廷龙　张季谦　张建华　张德让　陆　林　陈付龙　陈冬生　罗永龙　周端明　赵广超　赵怀娟　郝二红　胡传志　胡好远　姚宏志　耿保友　聂刘旺　夏云生　倪永红　徐　彬　高　升　高　峰　席玉宝　席贻龙　桑青松　黄时中　梅晓娟　麻金继　商永嘉　彭凤莲　傅新球　焦华富　焦莉娟　储泰松　舒新文　谢美华　阚显文　熊仲儒　戴兆国

（人事处供稿）

材料 2：

博士生导师、硕士生导师名单

一、博士生导师名单(128人)

文学院(16人)

方维保　胡传志　江守义　李　平　潘务正　武道房　熊仲儒　杨柏岭　杨四平　詹绪左
张　勇　乔东义　王　昊　俞晓红　吴　微　吴振华

马克思主义学院(12人)

戴兆国　干成俊　高正礼　彭启福　汪盛玉　王习胜　吴先伍　姚宏志　张正光　胡安全
章征科　路丙辉

法学院(2人)

彭凤莲　周俊强

经济管理学院(4人)

龚基云　马陵合　周端明　伍旭中

历史与社会学院(10人)

方　青　傅新球　解光云　李琳琦　刘道胜　沈世培　汪效驷　吴晓萍　徐　彬　庄华峰

教育科学学院(11人)

葛明贵　阮成武　宣　宾　周兴国　朱家存　桑青松　赵必华　方双虎　辛治洋　李宜江
孙德玉

外国语学院(2人)

梅晓娟　张德让

数学计算机科学学院(3人)

任　永　汤　敏　罗永龙

物理与电子信息学院(7人)

崔执凤　凤尔银　宁利新　许新胜　张季谦　郑贤锋　吕建平

化学与材料科学学院(24人)

高　峰　耿保友　郝二红　胡益民　焦莉娟　李茂国　李永新　倪永红　商永嘉　王　伦
王绍武　夏云生　谢美华　杨高升　宇海银　张　武　张玉忠　朱昌青　阚显文　方　臻
王正华　张小俊　周双六　柴　卓

地理与旅游学院(11人)

程先富　方凤满　焦华富　陆　林　麻金继　苏　勤　王朝辉　杨效忠　杨　钊　曹卫东
杨兴柱

生命科学学院(20人)

蔡亚非　龚仁敏　郝家胜　胡好远　华田苗　阚显照　鲁亚平　聂刘旺　邵剑文　王友保
吴海龙　吴孝兵　席贻龙　严云志　张小平　朱国萍　杨世勇　张　方　许岳慷　肖家欣

环境科学与工程学院(3人)

杨周生　赵广超　周守标

新闻与传播学院(1人)

秦宗财

体育学院(1人)

席玉宝

音乐学院(1人)

汪海元

二、硕士生导师名单（586人）

文学院（44人）

陈元贵　储小军　崔达送　郭自虎　韩震军　何更生　侯宏堂　胡承佼　黄　静　荆　莉
李定乾　李建栋　李　伟　刘　萍　刘　颖　鲁华锋　陆昌萍　马长安　潘晓军　钱奇佳
乔东义　饶宏泉　芮　瑞　桑　农　汪红艳　王海洋　王茂跃　王　中　吴　微　吴振华
夏家顺　项念东　叶帮义　叶文举　叶永胜　张公善　张　华　张　磊　张　勇　章　池
周元琳　朱菊香　朱　蕾　邹春秀

马克思主义学院（24人）

陈旭东　方　敏　管月飞　郭　理　郭应传　胡梅叶　季爱民　解　莉　孔德萍　李祥兴
刘桂荣　牛　菲　佘　君　陶永华　王　艳　王振钰　吴兴华　宣庆坤　余亚斐　余在海
张奇才　张燕华　赵　冰　赵　平

法学院（21人）

陈旭玲　陈银珠　高永周　何源章　李光宇　李晓婧　刘晓峰　陆在春　万尚庆　汪维才
王义德　王宇松　吴俊明　奚　玮　徐步华　严　宏　雍自元　翟志文　张素凤　周仁标
周哨龙

经济管理学院（27人）

蔡　敏　戴家龙　韩玉刚　何凤平　何建华　胡庆十　胡小文　花冯涛　孔庆洋　冷　昕
刘　冰　刘永珍　马　骥　马长伟　闵继胜　潘施琴　钱瑞梅　汪　洋　吴秀莲　许仁青
姚国荣　张建华　张　琼　张廷龙　郑继辉　朱　兵　朱立冬

音乐学院（31人）

陈　星　程炳杰　戴剑武　耿劲松　韩　丽　何　静　黄　萍　金　莲　孔静柳　李　城
李红梅　李庆丰　李　蔚　刘咏莲　卢　鸣　吕　茵　马丽丽　邱　波　荣　蓉　孙艺辉
王　琳　许　凤　薛　军　杨留兵　叶长春　余　鑫　袁　泉　张建华　张旭良　周晓梅
朱小芸

美术学院（28人）

陈克义　陈　琳　戴家芳　邓艺梅　杜俊萍　凤文学　高　飞　贺　靖　胡祥龙　花　永
李方明　刘　莉　盛　容　宛俊勇　汪安康　汪　军　汪荣强　汪　洋　王　屹　吴冬生
杨晓芳　叶　勇　余　超　詹学军　赵文坦　赵　震　周　群　朱德义

历史与社会学院（27人）

安建增　陈爱如　陈九如　陈孔祥　仇凤仙　丁修真　杜　英　方国学　高修娟　韩家炳
何　晔　胡　宁　孔德新　梁仁志　刘灿华　路幸福　宋曲霞　孙　静　汪健萍　王德民
王旭东　王彦章　吴翠萍　奚庆庆　张金俊　张士昌　赵怀娟

教育科学学院（34人）

查晓虎　丁园园　段兆兵　葛金国　桂守才　何元庆　胡荣华　金维才　李　卯　李小平
李子华　刘和海　刘延华　马家安　聂竹明　全莉娟　陶金花　王成刚　王道阳　王　芳
王　清　吴　玲　吴支奎　许之民　严开胜　姚运标　袁晓斌　张更立　张克松　张新明
赵学菊　郑筱妍　周　策　周元宽

外国语学院（23人）

蔡　静　陈雪梅　顾发良　孔维晟　李光华　李为民　刘东合　欧阳俊玲　裴学梅　邱静娟
宋庆文　孙　妮　韦　虹　吴世红　谢劲秋　谢娅娴　许炳坤　叶旭萍　俞　珏　翟红梅
詹　蓓　张　荷　张孝荣

体育学院（40人）

柏友萍　陈建霞　陈香仙　崇玉萍　崔　琼　丁俊武　方　敏　付银鹰　高　升　高守东

花家涛　黄德春　黄徐根　金　涛　雷　震　李立群　梁　颖　刘　利　刘　应　卢　玉
戚玉楼　沈剑英　孙继龙　王国凡　王家忠　王建琴　王结春　王艺兰　王运良　魏本好
魏登云　杨向明　叶世俊　余　涛　袁海强　岳建军　赵　芳　周　坤　邹华刚　左新荣

新传学院(28人)

陈接峰　丁云亮　冯明荣　桂万保　胡　靖　焦庆争　李化来　林　燕　刘　刚　马　梅
秦　枫　芮宏明　邵振奇　沈喜彭　沈幼平　沈正赋　孙　亮　王友群　吴来安　肖叶飞
袁立庠　翟光勇　张　荻　张军辉　张泉泉　赵　昊　周建国　朱晓凯

数学计算机科学学院(62人)

曹明响　陈怀军　陈克胜　程美芳　程　智　储茂权　崔　建　崔　静　戴普庆　范锡良
方龙祥　费明稳　巩万中　郭明乐　郭要红　何春蕾　何道江　何宗祥　黄守军　黄旭东
李伯权　梁　峰　瞿　萌　申广君　宋卫东　宋贤梅　孙爱文　孙翠芳　孙国正　王华明
吴　俊　徐　林　严　平　殷晓斌　张道祥　张　慧　张　量　周　文　周在莹　朱春蓉
朱　敏　祝东进　卞维新　陈传明　陈付龙　丁新涛　方　群　郭良敏　杭后俊　接　标
李汪根　齐学梅　孙道清　孙丽萍　汪小寒　王涛春　王　杨　许　勇　张佩云　赵传信
郑孝遥　左开中

物理与电子信息学院(46人)

陈卫松　程小健　崔光磊　丁绪星　方明星　冯　霞　冯友宏　宫明艳　郭宏艳　何国栋
黄时中　黄万霞　黄武英　金　伟　梁　军　卢　宁　钱长炎　屈　军　曲立国　盛晓伟
石建平　舒新文　唐晓闩　汪慧兰　汪茂胜　汪志荣　王大理　王桂丽　王元航　王再见
王长江　王中结　姚关心　叶新荣　袁扬胜　张爱清　张持健　张开拓　张先燚　郑　睿
周　勇　周正仙　朱光来　朱仁贵　朱向冰　左则文

化学与材料科学学院(53人)

陈红旗　承　勇　程　林　杜金艳　杜　俊　房彩虹　谷翠萍　顾家山　何心伟　何月珍
黄家锐　黄玉成　季长春　贾卫国　江家发　李　兵　李世凤　李一梅　刘金水　刘小网
刘云春　罗时忠　彭银阙　荣　辉　桑　艳　沈业青　盛恩宏　孙礼林　孙　影　唐业仓
汪丰云　王广凤　王海燕　王素凡　王伟智　王秀华　王银玲　韦　芸　吴正翠　熊言林
晏利琴　叶世勇　云瑞瑞　翟慕衡　张洪涛　张丽军　张　莉　张明翠　章　青　周映华
朱先翠　朱英贵　卓淑娟

国土资源与旅游学院(32人)

蔡善柱　曹卫东　程久苗　胡春生　黄剑锋　黄薇薇　李俊峰　梁栋栋　凌善金　刘　丽
刘　莉　刘学梅　鲁成树　吕成文　沈　非　孙　鹏　汪　青　王　莉　王满银　王　群
王　咏　王　原　吴　立　吴庆双　徐光来　杨立辉　尹寿兵　余　健　张平究　张　运
赵春雨　朱永恒

生命科学学院(39人)

卜兴江　陈冬生　陈夫贵　陈明林　陈绍兴　程双怀　储　玲　葛雅丽　葛亚东　黄永杰
柯丽霞　李　恩　李　晋　李　君　李晓红　李　影　林　凌　刘爱民　刘再群　潘红春
钱叶雄　邵美玲　沈小鹏　孙庆艳　涂传林　汪　鸣　王宝娟　王　晖　王　鹏　温新利
项贤领　晏　鹏　杨安娜　杨红飞　张　杰　张盛周　张晓平　郑　艳　王　飞

环境科学与工程学院(19人)

曹玉红　陈广银　戴万宏　董宗木　段文松　方彩霞　刘　辉　陶海升　陶秀成　王　波
吴江平　吴　婷　伍永钢　武晓果　杨如意　杨文斌　杨艳芳　昝逢宇　左胜鹏

图书馆(7人)

董家魁　江增华　刘和文　潘杏仙　张　健　张霞云　周向华

国际教育学院（1人）
许凌虹

（研究生院供稿）

材料3：

正高级职称人员名单（排名不分先后次序）

文学院：
王　中　王　昊　方维保　叶文举　叶永胜　叶帮义　乔东义　江守义　李　平　李　伟
杨四平　吴　微　吴振华　何更生　张　勇　武道房　周元琳　项念东　胡传志　侯宏堂
俞晓红　郭自虎　崔达送　韩震军　储泰松　詹绪左　熊仲儒　潘务正
马克思主义学院：
干成俊　王习胜　吴兴华　余在海　汪盛玉　张正光　张奇才　陈九如　赵　平　胡安全
姚宏志　高正礼　陶永华　章征科　彭启福　路丙辉　戴兆国
法学院：
万尚庆　王义德　吴俊明　余　俊　汪维才　周仁标　周俊强　奚　玮　彭凤莲
经济管理学院：
张庆亮　马　骥　马陵合　孔庆洋　伍旭中　刘　冰　张　琼　张廷龙　周端明　姚国荣
龚基云　韩玉刚
音乐学院：
朱小芸　刘咏莲　李庆丰　汪海元　张　毅　张旭良　张建华　周晓梅　曹艺阐
美术学院：
叶　勇　朱德义　吴冬声　汪　军　汪　洋　陈　琳　陈克义　周　群　高　飞　詹学军
历史与社会学院：
李琳琦　王德民　方　青　方国学　庄华峰　刘道胜　吴晓萍　沈世培　赵怀娟　徐　彬
韩家炳　傅新球　解光云
教育科学学院：
朱家存　方双虎　阮成武　孙德玉　李子华　李宜江　杨晓奇　吴　玲　辛治洋　张更立
张新明　金维才　周兴国　赵必华　查晓虎　段兆兵　宣　宾　聂竹明　桂守才　桑青松
葛明贵　路宝利
外国语学院：
韦　虹　孙　妮　张德让　梅晓娟　谢劲秋　詹　蓓
体育学院：
王国凡　王建琴　王结春　方　敏　卢　玉　刘　应　孙继龙　李立群　余　涛　沈剑英
陈香仙　金　涛　周　坤　柏友萍　高　升　高守东　席玉宝　魏登云
新闻与传播学院：
马　梅　冯明荣　朱晓凯　刘　刚　杨柏岭　沈正赋　赵　昊　秦宗财　黎泽潮
数学计算机科学学院：
王　杨　方　群　方龙祥　左开中　申广君　任　永　齐学梅　汤　敏　许　勇　孙丽萍
孙国正　严　平　李汪根　吴　俊　何宗祥　何道江　宋卫东　张佩云　陈付龙　范锡良
罗永龙　祝东进　徐　林　殷晓斌　郭要红　黄守军　崔　静　梁　峰
物理与电子信息学院：
丁绪星　王大理　王中结　凤尔银　方明星　石建平　宁利新　吕建平　朱光来　朱向冰

许新胜　汪茂胜　张先燚　张季谦　张持健　郑贤锋　屈　军　钱长炎　崔执凤　崔光磊
梁　军　舒新文

化学与材料科学学院：

顾家山　王绍武　王　伦　王广凤　王正华　王素凡　王海燕　方　臻　叶世勇　朱英贵
朱昌青　刘桂云　江家发　宇海银　李永新　李茂国　杨高升　张　武　张小俊　张玉忠
张明翠　陈红旗　罗时忠　周双六　郝二红　胡益民　耿保友　夏云生　柴　卓　倪永红
高　峰　黄玉成　黄家锐　盛恩宏　商永嘉　程　林　焦莉娟　谢美华　阚显文

国土资源与旅游学院：

王　群　王朝辉　方凤满　吕成文　朱永恒　苏　勤　杨　钊　杨兴柱　杨效忠　张平究
陆　林　赵春雨　凌善金　曹卫东　麻金继　程久苗　程先富　焦华富

生命科学学院：

王友保　朱国萍　华田苗　严云志　杨世勇　肖家欣　吴孝兵　吴海龙　张　方　张盛周
陈明林　邵剑文　郑　艳　项贤领　郝家胜　胡好远　柯丽霞　聂刘旺　席贻龙　龚仁敏
鲁亚平　蔡亚非　阚显照　潘红春

环境科学与工程学院：

左胜鹏　杨文斌　杨如意　杨周生　吴　婷　周守标　赵广超　段文松　昝逢宇　陶海升
戴万宏

图书馆：

刘和文　江增华　潘杏仙　张　健　张霞云　周向华

档案馆：

陈孔祥

学报编辑部：

汪效驷　荣　梅　巩　劼

附中：

马　林

材料4：

副高级职称人员名单（排名不分先后次序）

学校领导：

程　度　毕明福

纪委办公室（监察处）：

陈文兵　李叶青　王俊恒

组织部（党校）：

谢超峰　胡培亮　朱　琳

宣传部（新闻中心）：

李裕鑫　叶荣国

统战部（港澳台侨事务办公室）：

王　方

机关党委（机关工作处）：

张继红

人事处：

朱为民　姜长付　王　标　孙忠保　章姗姗　李　艳　马三保　王传辉　叶旭萍

教务处(招办):

黄　亮　张　钢

学生工作处(学生工作部、人武部):

陶金花

保卫处:

孙成岗

财务处:

汪红弟　王成新　韦芝菊　吴彤珺

审计处:

缪红梅　王德荣　郑继辉

离退休工作处:

张树文

后勤管理处:

孔德新　吕幸华

基建处、科创房地产开发有限公司:

罗　振　於　敏

教育工会:

赵　红

团委:

汪　凯

信息管理中心:

史铁杰　李士松　袁学松　刘　鲲　杜文涛

图书馆:

王会梅　田迎玖　朱　敏　朱东妹　吴萍莉　张　翔　宛凤英　俞　力　高　洁　康　琳
章　丽　梁新潮　董家魁　魏雪苑

档案馆:

薛　芳　朱　力

学报编辑部:

马乃玉

校医院:

洪　虹　项红雨　杨红田

教育集团:

范代宏　孔　文　周惠强

国际教育学院(外事办公室):

黄圣炯　荆　莉　许凌虹　俞　燕

附中:

马学东　王　飞　王广宇　王义忠　王为民　王永龙　王国勇　王金华　王春燕　毛宣海
方以龙　邓秀明　甘本娟　石奇印　朱　力　朱俊林　朱德松　安福高　许成启　孙中水
孙海燕　严景东　李广琴　李红梅　李晓媛　李激扬　杨　蔚　杨支龙　杨朝霞　吴兴华
吴树烈　何永保　何晓霞　余　良　余学丽　余春荣　张红军　张家武　张祥云　范方洪
周　珏　郑继强　胡和平　袁金龙　桂国胜　夏吉中　徐　琼　奚边柳　高　伟　唐　俊
曹林翔　章志学　董晓华　程六三　程齐平　储银球　谢　健　阚政平　阚道银　翟　佳
熊慧平　潘劲松　潘雪融

附小：

蔡水澜　陆　军　汪叔康

附幼：

钱和平　尹　芳　余　捷

文学院：

马长安　王海洋　朱　蕾　朱菊香　刘　萍　刘　颖　许　德　芮　瑞　李定乾　李建栋
杨荣贤　吴怀志　邹春秀　汪亚君　汪红艳　张　华　张　磊　张公善　张雪莉　陆昌萍
陈元贵　胡承佼　饶宏泉　夏家顺　钱奇佳　郭传梅　桑　农　黄　静　章　池　储晓军
鲁华锋　戴长江

马克思主义学院：

王　艳　王振钰　牛　菲　方　敏　孔德萍　乐　程　刘桂荣　许　磊　李祥兴　佘　君
余亚斐　沈燕培　张燕华　陈旭东　季爱民　单传友　赵　冰　赵凤伟　胡梅叶　宣庆坤
郭　理　郭应传　葛为群　解　莉　管月飞　戴家芳

法学院：

王宇松　邓劲松　朱启友　刘名成　刘晓峰　严　宏　李光宇　李晓婧　余筱兰　张素凤
陆在春　陈旭玲　陈国强　陈银珠　周哨龙　徐步华　高永周　郭敬东　雍自元　翟志文

经济管理学院：

马长伟　朱　兵　朱立冬　刘永珍　江争红　许仁青　花冯涛　杨　康　吴秀莲　吴春玲
何凤平　何建华　闵继胜　汪　洋　张建华　陈秀庆　胡小文　胡庆十　钱瑞梅　蔡　敏
潘施琴　戴家龙

音乐学院：

马丽丽　王　琳　方权一　孔静柳　石　磊　卢　鸣　叶长春　冯　杰　吕　茵　刘　莉
许　凤　孙艺辉　李　城　李　蔚　李红梅　杨留兵　邱　波　何　静　余　鑫　汪健萍
张晓琳　陈　星　荣　蓉　袁　泉　耿劲松　黄　萍　韩　丽　程炳杰　薛　军　戴剑武

美术学院：

王　屹　王　霖　邓艺梅　刘　莉　刘坛茹　刘曼玉　花　永　杜俊萍　杨晓芳　余　超
汪安康　汪荣强　张学峰　宛俊勇　赵　震　赵文坦　胡祥龙　施兴国　贺　靖　钱　昀
盛　容　裘　凤

历史与社会学院：

丁修真　王彦章　仇凤仙　卢建英　刘　丽　刘灿华　安建增　孙　静　孙华莹　杜　英
吴翠萍　何　晔　沈喜彭　宋曲霞　张士昌　张金俊　陈爱如　周　军　胡　宁　胡　婷
徐尚平　奚庆庆　高修娟　梁仁志　蒋道霞　路幸福

教育科学学院：

丁园园　丁晓云　马家安　王　芳　王　萍　王　清　王成刚　王道阳　尹建锋　朱立新
全莉娟　刘延华　刘和海　刘晓宇　许之民　严开胜　李　卯　李小平　吴支奎　吴文涛
何元庆　张克松　罗兴根　周　策　周元宽　郑筱妍　赵学菊　胡荣华　姚运标　袁晓斌
谈力群　梅养宝　葛金国　童慧玲

外国语学院：

王　菲　王木春　孔维晟　吕　瑛　任立侠　许炳坤　李光华　吴世红　邱少波　邱静娟
汪春娣　宋庆文　张　荷　张孝荣　张晓花　陈雪梅　俞　珏　俞维玲　顾发良　徐建国
谢娅娴　蔡　静　裴学梅　翟红梅

体育学院：

丁俊生　丁俊武　王　莹　王卫荣　王艺兰　王少军　王方春　王运良　王家忠　贝迎九

方斌 尹文 叶世俊 朱怀远 朱奋飞 刘波 许杰 许俊柱 孙影 孙家明
花家涛 严珺 李天珍 李伟勇 杨彬 杨向明 杨勇杰 何也明 邹华刚 沈建文
张清 张毅 陈建霞 陈晓明 岳建军 周燃 赵芳 赵俊红 郝利玲 钟晨
郜贻红 娄道舰 宣海德 袁健 袁海强 袁铜墙 郭小苏 黄徐根 黄德春 曹中江
戚玉楼 崔琼 崇玉萍 董满秀 蒋先军 鲁建仁 曾小莉 魏本好

新闻与传播学院：

丁薇 丁云亮 王友群 王宜春 冯霞 孙亮 芮宏明 李楠 李化来 肖叶飞
吴浚 吴来安 沈幼平 张荻 张军辉 张泉泉 陈接峰 邵振奇 林燕 罗铭
周建国 胡靖 胡亚宾 秦枫 桂万保 焦庆争 翟光勇

数学计算机科学学院：

丁新涛 王华明 王涛春 王敏生 王翠莲 韦静华 牛忠梁 卞维新 冯年荣 巩万中
朱敏 朱春蓉 伍长荣 刘莉 刘晓 孙玉香 孙爱文 孙道清 孙翠芳 李杰
李玉洁 李伯权 何春蕾 汪小寒 宋贤梅 张量 张慧 张道祥 陈传明 陈克胜
陈怀军 杭后俊 周文 周在莹 郑孝遥 赵传信 胡兰英 俞庆英 费明稳 秦忠基
秦殿英 徐静 郭良敏 郭明乐 接标 黄旭东 曹明响 崔建 喻娜 程智
程美芳 程桂花 储倩 储茂权 雷震 瞿萌

物理与电子信息学院：

王元航 王长江 王再见 王桂丽 王家驷 左则文 卢宁 卢自宝 叶新荣 冯霞
冯友宏 曲立国 朱仁贵 朱慧霞 仲志平 许长安 吴长义 何国栋 余瑞兰 汪千凯
汪志荣 汪慧兰 张开拓 张爱清 陈瑾 陈卫松 金伟 周正仙 郑睿 宫明艳
姚关心 秦正波 袁扬胜 高伟 高爱英 高菲菲 郭宏艳 唐晓闩 陶松涛 黄万霞
黄武英 黄佩俐 盛晓伟 彭湘 喻其山 程小健 蔺玉柱

化学与材料科学学院：

王伟智 王秀华 王银玲 韦芸 云瑞瑞 叶寅 朱先翠 朱琼霞 刘小网 刘云春
刘金水 孙影 孙礼林 孙军勇 杜俊 杜金艳 李兵 李世凤 吴凤兮 吴正翠
何月珍 何心伟 余妍霞 谷翠萍 汪丰云 沐小龙 沈业青 张莉 张萍 张小璇
张丽军 张洪涛 陆晓晶 陈华茂 卓淑娟 季长春 周映华 房彩虹 承勇 贾卫国
晏利琴 唐业仓 陶贵德 桑艳 章青 彭银 阙荣辉 翟慕衡

国土资源与旅游学院：

王咏 王莉 王原 王晓铃 王满银 方叶兵 尹寿兵 刘莉 刘学梅 孙鹏
孙叶根 李俊峰 杨立辉 吴立 吴九兴 吴庆双 余健 汪左 汪青 沈非
张运 苗雨青 胡春生 费罗成 徐光来 徐致云 黄剑锋 黄薇薇 梁栋栋 韩卢敏
鲁成树 蔡善柱

生命科学学院：

卜兴江 王晖 王鹏 王立龙 王宝娟 王源秀 朱波 刘再群 刘爱民 孙庆艳
李君 李晋 李恩 李影 李全发 李晓红 杨安娜 杨红飞 汪鸣 汪建中
张杰 张莉 张晓平 陈夫贵 陈冬生 邵美玲 林凌 晏鹏 钱叶雄 高轩
涂传林 黄永杰 葛亚东 葛雅丽 程双怀 储玲 温新利 谢湘玉

环境科学与工程学院：

王波 王峰 方金武 方彩霞 伍永钢 刘辉 杨耿 杨艳芳 吴江平 陈广银
武晓果 杭华 周宏标 孟菁 赵娟 昝树婷 夏传俊 徐苗青 陶秀成 曹玉红
董宗木 程新峰 鲍士宝

材料5：

兼职教授、客座教授名单（排名不分先后次序）

丁光涛　芜湖市人民政府副市长
卜宪群　中国社会科学院历史研究所研究员、所长、所学术委员会委员、专业技术资格评审委员会委员，中国社会科学院文史哲学部史学专业技术资格评委会委员，中国社会科学院研究生院教授、博士生导师，中国秦汉史研究会副会长兼秘书长
王　斌　一级作曲家，中国音乐家协会会员，安徽省民族管弦乐协会副会长
王大明　香港宝文置业集团公司董事长
王从信　三维动画教育专家，环球数码媒体科技研究有限公司创始人
王贵杰　中共池州市委常委、九华山风景区党工委书记、九华山风景区管委会主任
尹韵公　中国社会科学院新闻所所长、研究员
叶秀友　浙江沁园水处理科技有限公司总经理
田鹏颖　教授，沈阳师范大学马克思主义学院院长
邝　实　国家一级演员，中国音乐家协会会员，安徽省音乐家协会会员
刘　建　一级美术师，中国美协办公室主任，《美术家通讯》主编
刘廷龙　一级美术师，安徽省书协理事、省青年书协副主席
江鲲池　安徽省关工委副秘书长
许继伟　高级经济师，中共黄山市委常委，黄山风景区管委会党委书记、副主任
李向伟　教授，南京师范大学美术学院院长，全国艺术硕士专业学位教育指导委员会委员
杨国新　一级美术师，安徽省美协会员，阜阳师范学院美术学院兼职教授
时白林　著名黄梅戏作曲家，中国戏曲音乐学会会长
吴　笛　教授，浙江大学世界文学与比较文学研究所所长
吴元迈　教授，中国社会科学院名誉学部委员
何　斌　安徽省教育图书发行中心高级经济师
汪　斌　芜湖市财政局副局长，安徽省第六届财政学会常务理事
汪小全　中科院植物研究所研究员，系统与进化植物研究中心主任
张　冰　中科院武汉物理与数学研究所研究员
张　松　一级美术师，中国美协理事、安徽省美协秘书长
张卫明　中华全国供销合作总社南京野生植物综合利用研究院研究员，中华全国供销合作总社理事
张光世　芜湖市政府副秘书长
张望梅　新安传媒有限公司党委书记、董事长
张慧琴　著名钢琴演奏家，中央音乐学院声歌系教授，中国音乐家协会会员
陈泽坚　埃泰克公司总经理
范　阳　安徽国贸集团控股有限公司董事长
金　浩　安徽睿仪通讯技术有限公司CEO
金　燕　安徽省教育厅副厅长
周建春　高级工程师，安徽省长江河道管理局局长
赵登营　教授，中国音乐家协会会员
施昌旺　研究员，中共安徽省委党史研究室一处处长
娄晋生　恒鑫纸塑有限公司设计总监、总经理助理
洪　凌　中央美术学院教授，中国美术家协会会员

洪永平　省社科联党组成员、副主席
柴学友　省检察院党组成员，原公安学院高级讲师
徐　刚　中国作家协会会员、中国环境文学研究会理事、环境保护部特聘环境使者
徐昌俊　教授，中央音乐学院副院长
徐登科　国家级裁判员
陶雪芬　高级经济师，中国人寿保险公司宣城分公司党委委员
桑建国　江苏省国画院画师
盘　龙　一级作曲，中国音乐家协会会员，省艺术系列职评评委
彭　斌　国家一级演员，中国音乐家协会会员，安徽省艺术系列职评评委
葛　莹　埃泰克公司技术部长
傅爱国　巢湖学院教授，省书法协会副主席
谢地坤　教授，中国社会科学院哲学所副所长、中华外国哲学史学会理事长
甄　奎　高级记者，合肥晚报副总编辑
Travis Glenn　博士，佐治亚大学
陶雪芬　中国人寿保险公司宣城分公司高级经济师
吴　浩　安徽省旅游局副译审、巡视员
张雪平　安徽省旅游局副局长　安徽省旅游协会副会长
李　想　副教授、国际旅游研究所副所长，美国南卡罗来纳大学酒店、餐饮及旅游管理系　艾尔弗雷德·斯隆旅行旅游业中心副主任，国际旅游研究所副所长
乔耀章　苏州大学政治与公共管理系主任，教授，博导
望月久　主编、理事长，北京国际研修大学客座教授
叶萍生　著名企业家
刘达政　爱国华侨、联合国前高级专员高级翻译家
汪芜生　世界著名摄影家
张　红　荷兰Amsterdam大学分子化学研究所教授
罗雪儿　中国扶贫基金会困难学生资助者
郜少华　教授，中国美术家协会会员
徐燕婷　著名画家、知名公益环保活动家
翁盈盈　联合国人事司副司长
唐金海　复旦大学中文系教授，中国新文学学会副会长、茅盾研究会常务理事、巴金研究会顾问兼职教授
曾　亮　国际著名计算机软件专家
廖僖芸　香港注册会计师
章于炎　副教授、主任编辑，密苏里新闻学院国际项目中心中国项目部主任（专职）
周巧龙　安徽华冶律师事务所所长，安徽省律师协会常务理事，马鞍山市律师协会副会长
时林华　高级经济师，安徽省旅游局副局长
王希萌　教授，美国加州州立大学化学系教授兼美国加州化工公司总裁
李　彤　经济学讲座教授，美国范德堡大学
胡俊武　安徽移动芜湖分公司人力资源部门经理
姜兑昨　客座教授，韩国世宗大学（中国大学协力交流）
李亚栋　清华大学化学系教授，博士生导师，中国科学院院士
周　密　副教授，团省委副书记省少工委主任
何　涛　Andrew I.Cooper教授和Steven P.Rannard教授，英国利物浦大学化学系（与联合利华合作）

李　红　高级工程师,共青团安徽省委书记、党组书记
张保生　教授,中国政法大学副校长、2011计划司法文明协同创新中心联席主任
葛立三　国家一级注册建筑师、注册规划师、高级建筑师,芜湖市规划院总顾问
詹福瑞　教授,国家图书馆党委书记、常务副馆长
沈　浩　正高/总工,六国化工总工程师
周　杰　教授,高工(总经理),芜湖融汇化工有限公司总经理
胡云腾　教授,最高人民法院审判委员会委员、研究室主任
王凤雨　长江学者特聘教授,北京师范大学数学系博士生导师
黄胜利　高级研究员,慕尼黑大学,生物学(偏向遥感)
蔡利平　普渡大学饭店与旅游管理系副教授,普渡大学旅游与饭店管理学院旅游与饭店研究中心教授、主任,普渡大学健康与人类科学学院副院长,普渡大学中国研究中心创始人、主任
周晓平　国家一级指挥,安徽省艺术研究院副院长
张恒山　博士生导师、教授,中央党校政法部主任
史际春　中国人民大学教授、博士生导师,中国法学会经济法学研究会副会长、北京市人大常委会及法制委员会委员
刘　芳　二级演奏员,安徽省歌舞剧院
宋小刚　二级演奏员,安徽省歌舞剧院
光　明　中国证监会武汉稽查局局长
倪进祥　解放军原总后勤部政治部文艺创作室创作员
王一涵　中国国际画廊博览会董事长、总经理
傅中望　一级美术师,湖北美术馆馆长
方力钧　国家画院当代艺术研究中心主任
林金来　芜湖华仁科技有限公司技术总监
翟　磊　Carnegie Mellon University(卡耐基梅隆大学),国际期刊*Materials Express*编辑,国际期刊*International Journal of Polymeric Materials and Polymeric Biomaterials*编委
王启华　博士生导师,数学与系统科学研究院创新基地研究员
赵世杰　国家一级美术师,中国美术家协会会员,中国油画学会理事,辽宁美术家协会副主席,辽宁油画艺术委员会常务副主席,盘锦市文联副主席,盘锦市美术家协会主席。
陈尚胜　教授,中外关系史学会理事、中国海外交通史研究会副会长
汪家驷　高级记者,高级编辑安徽省委、省政府直接联系专家,省记协主席,安徽省情研究会副会长,安徽省新闻工作者协会第五届理事会主席,中国报协常务副理事长
杨　正　共青团安徽省委副书记、党组成员
韩　斌　中国科学院院士,中国科学院国家基因研究中心主任,中科院上海生命科学研究院植物生理生态所副所长,科技部863生物领域专家组成员
汪国建　研究员,第三届宣城市"十佳科技工作者"
徐国琦　香港大学历史系教授,西方研究中国国际化历史的著名学者
赵占良　历任生物室编辑、副编审、编审、副主任、主任,课程教材研究所副研究员、研究员等职
应天齐　广东现代出版印刷集团艺术总监、西安美术学院客座教授
龙腊生　教授,国家杰出青年基金获得者(2008)。现为中国晶体协会理事(2009),中国《无机化学学报》编委(2010),美国*Cryst. Growth Des.*专题编辑(Topic Editor,2012)
葛　毅　上海音乐学院系主任
舒咏平　华中科技大学

陈正华　华东师范大学编辑部编审，中国教育学会常务理事
刘　杰　二级正高，原人民日报安徽分社社长
陈妙林　高级经济师，开元旅业集团董事长，中国旅游协会副会长
向红军　安徽特诺物联网有限公司总经理
侯卫国　高级工程师，芜湖赛宝信息产业技术研究院
刘锋杰　苏州大学教授，中国文艺理论学会常务理事等
许　结　南京大学教授，中国赋学会会长等
张　根　深圳市诺贝尔科技服务有限公司总经理
Peter J Sadler　英国皇家科学院院士，爱丁堡大学化学院首席教授
李　军　香港大学教育学院副教授，香港教育研究学会主席
王苏生　一级教师，香港亨文国际舞蹈有限公司，香港国际体育舞蹈协会副秘书长，中国少年舞蹈艺术基金会副秘书长
戴小华　马来西亚著名作家
陶维龙　美国俄亥俄州立大学音乐学院
张　强　北京师范大学教授，民政部/教育部减灾应急管理研究院副院长，环境演变与自然灾害教育部重点实验师主任
冯春霞　国家一级演员，中国歌剧舞剧院
吴庆东　副高，中国歌剧舞剧院
毛跃新　国家二级，中国歌剧舞剧院
岳晓航　教授，美国威斯康星大学密尔沃基分校
李正强　中科院百人计划，中科院遥感与数字地球研究所
刘明达　深圳市明达资产管理有限公司
张　杰　南京师范大学教授
John Hughes　教授，英国班戈大学校长

（人事处供稿）

六、学科建设与科学研究

（一）学科建设与科研平台建设

【学科建设】 召开ESI学科建设工作会，专题谋划ESI潜力学科建设。完成省属公办普通本科高校一流学科奖补资金项目申报工作，共申报8项，获批4项，其中世界一流学科1项，国内一流学科A类1项，国内一流学科B类2项；协助做好特色高水平大学奖补资金项目申报，完成特色高水平大学奖补资金一流学科建设经费使用方案编制工作；邀请科学数据机构针对我校学科发展情况作专题讲座，推进学科绩效平台建设工作，构建学科投稿指南系统，实时发布ESI学科排名报告、软科一流学科排名简报和CSSCI学科排名报告。

【科研平台建设】 获批“光电材料科学与技术”“网络与信息安全”2个安徽省重点实验室、“安徽省水土污染治理与修复工程实验室”“伏尔加-第聂伯两江流域研究中心”教育部国别和区域研究中心。加强科研平台内涵建设。完成霍英东教育基金会“青年教师基金和青年教师奖”申报、2013年度高等学校博士学科点专项科研基金资助课题结题、2012年新世纪优秀人才支持计划项目验收、安徽文化发展研究院6个课题组织实施工作、2个省重点实验室在研科技计划项目执行情况中期检查工作；完成中央引导地方科技发展专项资金绩效评价、省重点实验室三年定期绩效评价工作，“分子基材料安徽省重点实验室”评估获“优秀”等级。强化校级科研机构管理，设立维多利亚研究中心等校级科研机构。加强科研实验室安全管理，成立安徽师范大学科研实验室安全督查组，落实科研实验室安全暨危化品管理及安全检查工作。完成化材学院、物电学院科研实验室搬迁工作。（材料1：安徽师范大学省级以上重点学科一览表；材料2：安徽师范大学省部级科研机构一览表；材料3：安徽师范大学高端科研平台一览表；材料4：安徽师范大学校级科研机构一览表；材料5：安徽师范大学校级“2011”协同创新中心一览表；材料6：安徽师范大学特色优势研究领域一览表；材料7：安徽师范大学校级智库一览表）

材料1：

安徽师范大学省级以上重点学科一览表

名　称	分　类	负责人
中国语言文学	省级重大	丁　放
化　学	省级重大	王绍武
地理学	省级重大	陆　林
化　学	省属公办普通本科高校世界一流学科	王绍武
中国史	省属公办普通本科高校国内一流学科	李琳琦
中国语言文学	省属公办普通本科高校国内一流学科	胡传志
马克思主义理论	省属公办普通本科高校国内一流学科	彭启福

续 表

名　称	分　类	负责人
中国语言文学	A类	胡传志
中国古代文学	B类	胡传志
马克思主义哲学	B类	张传开
汉语言文字学	B类	储泰松
教育学原理	B类	周兴国
生态学	B类	张小平
有机化学	B类	王绍武
人文地理学	B类	陆　林
中共党史	B类	王先俊
课程与教学论	B类	阮成武
体育教育训练学	B类	魏登云
中国现当代文学	B类	方维保
音乐学	B类	张建华
专门史	B类	徐　彬
应用数学	B类	祝东进
分析化学	B类	王　伦
自然地理学	B类	程先富
生物化学与分子生物学	B类	朱国萍

材料2：

安徽师范大学省部级科研平台一览表

序　号	项目类别	名　称	负责人
1	教育部基地	教育部高校辅导员培训和研修基地	高正礼
2	教育部省部共建高校文科重点研究基地	中国诗学研究中心	胡传志
3	教育部重点实验室	功能分子固体教育部重点实验室	王绍武
4	教育部国别和区域研究中心	伏尔加-第聂伯两江流域研究中心	张德让
5	省部共建省级重点实验室(培育)	分子基材料省重点实验室(省部共建重点培育)	王绍武
6	安徽省2011协同创新中心	皖江城市带退化生态系统的恢复与重建协同创新中心	席贻龙
7		安徽省教师教育协同创新中心	王　伦 阮成武
8	安徽省重点智库	安徽文化发展研究院	李琳琦
9	省级人文社会科学重点研究基地	马克思主义研究中心	高正礼
10		皖南历史文化研究中心	徐　彬
11		旅游发展与规划研究中心	陆　林
12		创意产业发展研究中心	秦宗财
13		教育改革与发展研究中心	王　伦
14	安徽省重点实验室	重要生物资源保护与利用研究安徽省重点实验室	吴孝兵
15		分子基材料安徽省重点实验室	王绍武
16		自然灾害过程与防控研究安徽省重点实验室	方凤满
17		光电材料与技术安徽省重点实验室	崔执凤
18		网络与信息安全安徽省重点实验室	罗永龙

续 表

序 号	项目类别	名 称	负责人
19	安徽省工程实验室	安徽省水土污染治理与修复工程实验室	周守标
20	安徽普通高校重点实验室	生物环境与生态安全安徽省高校重点实验室	席贻龙
21		化学与生物传感安徽省高校重点实验室	王 伦
22		功能性分子固体安徽省高校重点实验室	王绍武
23	省工程技术研究中心	安徽省中药日化产品工程技术研究中心	郑 艳
24	省高校工程技术研究中心	资源环境与地理信息工程安徽省工程技术研究中心	麻金继
25	省科技创新公共服务平台	安徽省生物标本资源数字化公共服务平台	席贻龙
26	高校科研平台创新团队建设项目	蛋白质工程及生物制药	朱国萍
27		生物分析化学	高 峰
28		能源与催化纳米材料	耿保友
29		地理空间信息应用	麻金继
30	高校智库建设项目	安徽旅游发展研究中心	陆 林
31		安徽教育发展研究中心	王 伦

材料3：

安徽师范大学高端科研平台一览表

序 号	平台名称	平台主任	牵头学院
1	纳米科技交叉科学研究中心	李亚栋	化材学院
2	中国区域文化研究院	卜宪群	历社学院
3	中国诗学资源发掘与利用研究中心	詹福瑞	文学院
4	法治中国建设研究院	胡云腾	法学院
5	随机分析与数理金融研究中心	王凤雨	数计学院
6	生命组学与健康研究中心	韩 斌	生科院

材料4：

安徽师范大学校级科研机构一览表

序 号	机构名称	依托单位	负责人	机构性质
1	语言研究所	文学院	熊仲儒	基础研究型
2	古籍整理研究所	文学院	俞晓红	基础研究型
3	伦理学与道德教育研究所	马克思主义学院	赵 平	基础研究型
4	国学研究所	马克思主义学院	郭淑新	基础研究型
5	马克思主义哲学研究所	马克思主义学院	干成俊	基础研究型
6	诠释学研究所	马克思主义学院	彭启福	基础研究型
7	地方治理研究中心	法学院	王义德	基础研究型
8	经济法研究所	法学院	王宇松	基础研究型
9	诉讼法研究所	法学院	奚 玮	应用开发型
10	企业发展研究中心	经济管理学院	张廷龙	应用开发型
11	中国特色社会主义政治经济学研究中心	经济管理学院	伍旭中	基础研究型
12	音乐研究所	音乐学院	汪海元	基础研究型
13	美术研究所	美术学院	高 飞	基础研究型

续 表

序 号	机构名称	依托单位	负责人	机构性质
14	设计研究院	美术学院	陈克义	应用开发型
15	地区与国别研究中心	历史与社会学院	傅新球	基础研究型
16	社会调查研究中心	历史与社会学院	方 青	应用开发型
17	社区发展研究中心	历史与社会学院	陈爱如	基础研究型
18	文化产业研究与开发中心	历史与社会学院	梁仁志	基础研究型
19	现代教育技术研究所	教育科学学院	许之民	应用开发型
20	高等教育研究所	教育科学学院	王 伦、阮成武	应用开发型
21	教育科学研究所	教育科学学院	周兴国	基础研究型
22	教育信息化研究所	教育科学学院	张新明	基础研究型
23	心理健康教育研究所	教育科学学院	何元庆	基础研究型
24	心理应用研究中心	教育科学学院	罗兴根	基础研究型
25	心理咨询研究所	教育科学学院	方双虎	基础研究型
26	外国语言文学研究所	外国语学院	韦 虹	基础研究型
27	传媒与文化创意研究中心	新闻与传播学院	丁云亮	基础研究型
28	媒体技术研究实验室	新闻与传播学院	焦庆争	应用开发型
29	视觉传达文化研究所	新闻与传播学院	赵 昊	基础研究型
30	计算机科学与技术研究所	数学计算机科学学院	王 杨	基础研究型
31	瑞信软件研究所	数学计算机科学学院	许 勇	应用开发型
32	高性能计算研究中心	数学计算机科学学院	张佩云	应用开发型
33	数学研究所	数学计算机科学学院	宋卫东	基础研究型
34	网络与信息安全工程技术研究中心	数学计算机科学学院	罗永龙	基础研究型
35	光电技术研究中心	物理与电子信息学院	朱向冰	应用开发型
36	物联网工程技术研究中心	物理与电子信息学院	丁绪星	应用开发型
37	原子与分子物理研究所	物理与电子信息学院	崔执凤	基础研究型
38	智能测控技术研究中心	物理与电子信息学院	张持健	应用开发型
39	食品营养与安全检测中心	化学与材料科学学院	朱昌青	应用开发型
40	江淮流域气候变化与水资源研究中心	国土资源与旅游学院	高 超	基础研究型
41	土地评价与规划研究中心	国土资源与旅游学院	鲁成树	应用开发型
42	城市与区域规划研究中心	国土资源与旅游学院	曹卫东	基础研究型
43	饵料生物繁育研究中心	生命科学学院	席贻龙	基础研究型
44	林业调查规划设计院	生命科学学院	吴孝兵	应用开发型
45	野生动植物及其产品鉴定中心	生命科学学院	吴孝兵	应用开发型
46	分子生物学及生物技术研究所	生命科学学院	朱国萍	基础研究型
47	园艺研究所	生命科学学院	肖家欣	基础研究型
48	生物信息研究所	生命科学学院	阚显照	基础研究型
49	中药资源研究所	生命科学学院	郑 艳	基础研究型
50	生物教育研究中心	生命科学学院	鲁亚平	基础研究型

续 表

序 号	机构名称	依托单位	负责人	机构性质
51	环境科学研究中心	环境科学与工程学院	杨文斌	应用开发型
52	分析测试中心	环境科学与工程学院	陶海升	应用开发型
53	功能性食品研究所	环境科学与工程学院	杭 华	基础研究型
54	环境工程研究所	环境科学与工程学院	杨如意	应用开发型
55	水体整治与生态修复工程技术研究中心	环境科学与工程学院	段文松	应用开发型
56	大学就业研究中心	学生工作处	台启权	基础研究型
57	女性研究会	教育工会	俞晓红	基础研究型
58	校园文化研究中心	校团委	李琳琦	应用开发型
59	文献资源保护与利用中心	图书馆	方 青	基础研究型
60	校史研究中心	档案馆	陈孔祥	基础研究型
61	青少年研究所	学报编辑部	叶松庆	基础研究型
62	考试研究中心	出版社	张奇才	应用开发型
63	基础创新人才培养研究中心	教育集团	江家发	基础研究型
64	维多利亚研究中心	外国语学院	蔡玉辉	基础研究型

材料5：

安徽师范大学校级“2011”协同创新中心一览表

序 号	中心名称	负责人
1	安徽文化资源传承与利用协同创新中心	李琳琦
2	皖江城市带区域发展协同创新中心	苏 勤
3	新材料研发与应用协同创新中心	耿保友
4	安徽旅游发展研究院协同创新中心	王朝辉
5	安徽省小微企业成长协同创新中心	张廷龙

材料6：

安徽师范大学特色优势研究领域一览表

序 号	领域名称	所在学院
1	中国语言文学传承与创新	文学院
2	徽学研究	历史与社会学院
3	马克思主义中国化理论与实践	马克思主义学院
4	教师教育研究	教育科学学院
5	稀土金属有机化学与材料	化学与材料学院
6	皖南国际文化旅游示范区协同创新研究	国土资源与旅游学院
7	长江中下游濒危物种致濒机制及保护生物学研究	生命科学学院
8	体育社会资源综合研究	体育学院
9	媒介文化与传媒产业发展研究	新闻与传媒学院
10	安徽地方音乐文化研究	音乐学院
11	安徽产业升级与小微企业发展	经济管理学院
12	随机分析与数理金融	数学计算机科学学院
13	原子分子光谱及动力学	物理与电子信息学院

材料7：

安徽师范大学校级智库一览表

序　号	智库名称	依托学院
1	中华传统文化研究院	文学院
2	当代中国政治与地方治理研究中心	马克思主义学院
3	社会治理研究中心	历史与社会学院
4	教育改革与发展研究中心	教育科学学院
5	媒介文化与传媒产业发展研究中心	新闻与传播学院
6	旅游发展与规划研究中心	国土资源与旅游学院
7	区域发展研究中心	国土资源与旅游学院

（二）科学研究

【科研体制机制建设】 进一步推进科研领域重点改革和重点工作。对照巡视和审计整改要求，认真推进科研领域综合改革，着力提高自主创新和承担国家与地方发展重要任务的能力；编制学科建设大讨论方案；做好校领导班子考核科研材料、省财政资金科研经费使用和管理自查和迎检工作等；继续完善科研项目经费管理信息系统；推进教育部学科评估和安徽省一流学科建设奖补资金项目申报，完成教学单位学科与科研业绩指标体系制定。进一步完善科研管理制度体系。编制《安徽师范大学预防与处理学术不端行为办法》《关于进一步完善学校科研项目资金管理的若干意见》《安徽师范大学横向科研项目管理办法（修订）》《安徽师范大学关于促进科技创新与成果转化的实施意见》《安徽师范大学学术伦理委员会章程》《安徽师范大学专利管理规定》等6个校办字文件；编制《安徽师范大学校级科研机构管理办法》《安徽师范大学科研项目管理经费使用办法》《安徽师范大学纵向科研项目结余资金管理办法》《安徽师范大学科技成果转让和许可管理细则》等4个校科字文件；编制《安徽师范大学科研处部门采购招标管理办法》。

【科研项目管理】 科研项目申报与立项。全年共立项纵向项目423项，其中，国家级项目立项59项，立项经费4 507.76万元；立项横向项目150项，到账经费2 080万元。组织申报40类哲学社会科学研究项目527项，获国家级项目立项26项，省部级项目立项55项，资助总经费1 115万元（材料8：安徽师范大学2017年哲学社会科学研究厅级以上立项项目一览表）。组织16类自然科学研究项目360项的申报，其中国家级项目177项，省部级项目122项、厅局级重点项目53项，其他项目8项。获得资助项目84项，其中国家级项目33项，省部级项目27项，厅局级项目24项，资助经费1 698.76万元。（材料9：安徽师范大学2017年自然科学研究立项项目一览表）申报学科平台科研项目79项，立项54项。年度各类学科平台（基地、实验室、智库、团队）经费1 694万元。（材料10：安徽师范大学2017年学科平台科学研究立项项目一览表）全年完成厅局以上纵向科研项目结项161项，其中，国家自然基金项目结项38项，国家社科基金项目结项15项。完成项目开题中检114项，年检162项，其中，2项国家社科基金项目结项等级为“优秀”。

【专家推荐与宣传】 报送国家社科重大项目选题4项，报送全国教育科学规划重大重点项目选题5项。推荐全国艺术科学专家库专家19位，推荐全国教科规划学科组入库专家11位，推荐安徽省教育科学研究项目工作专家库人选5人，报送省社科联专家库人员信息，推荐人文社科正高169人，副高及以上586人。先后有专家2次被评为全国哲学社会科学规划办“认真负责的鉴定专家”。新增安徽省科技管理系统专家信息库32人。中共安徽省委宣传部“一周一星”分期宣传报道我校陶富源、张传开、王世华、李琳琦、房玫5位教授。

【科研成果与获奖】 全年学校师生有2 634篇论文被知网收录。据中国科学技术信息研究所科研机构论文检索报告显示，2017年学校有264篇科技论文被SCIE收录，158篇被EI收录，99篇被Medline收录，4篇被SSCI收录；JCR一区论文40篇。全年出版各类著作76部，决策咨询报告14篇。获省部级以上科研成果奖3项，其中，2017年安徽省科学技术奖(自然科学奖)三等奖1项，第五届马克思主义研究优秀成果奖三等奖2项。(材料11：安徽师范大学2017年省部级科研成果奖一览表)。

【学术道德和学术交流工作】 学习贯彻党的十九大精神、“科技三会”精神和习近平同志关于科学道德和学风建设的重要指示精神，组织师生收看2017年全科学道德和学风建设宣讲教育报告。进行“师德师风”专项治理，开展“弘扬科学道德、遵守科研纪律”专题教育活动，通过宣传部署、自查自纠、重点检查等阶段工作推进学术道德建设。全年举办全国性学术研讨会26场，学术讲座295场；邀请6位院士、5位长江学者、6位杰青，273位知名教授、学者来学校讲学。打造学术交流品牌，投入60万元支持举办文津论坛，形成行知论坛、生命论坛等院级学术交流品牌20个。

【科研经费管理】 开展“科研经费”专项治理活动，落实中央、省级财政科研资金使用管理政策。学校纪检、财务、审计、科研处等部门联合开展1 200项科研项目专项审计。全面深入执行科研经费预算管理，加强对学院科研经费预算的审核和指导。全面运用科研经费预算信息系统，保证每个项目经费必须先预算、后使用，保障科研项目经费管理的制度化、规范化。做好全年科研项目经费下单建账工作。规范科研项目管理经费的使用，提高经费的使用效益。

材料8：

安徽师范大学2017年哲学社会科学研究厅级以上立项项目一览表

国家级项目

序　号	项目名称	主持人	项目来源	项目批准号	资助经费(万元)
1	辞赋艺术文献整理与研究	许　结	国家社科基金重大项目	17ZDA249	80
2	力冈译文全集	张奇才	国家出版基金资助项目		90
3	西方古代城邦调适贫富差距的理论与实践研究	解光云	国家社科基金重点项目	17ASS002	35
4	“互联网+社区”的城镇居家养老服务社会化路径研究	吴翠萍	国家社科基金一般项目	17BSH124	20
5	第一代农民工可持续生计研究	仇凤仙	国家社科基金一般项目	17BSH137	20
6	加拿大与美国多元文化主义民族政策比较研究	韩家炳	国家社科基金一般项目	17BSS048	20
7	我国体育用品标准化体系建设研究	席玉宝	国家社科基金一般项目	17BTY006	20
8	共享发展理念下我国农村民俗体育利益实现研究	余　涛	国家社科基金一般项目	17BTY035	20
9	民族民间体育社区治理研究	花家涛	国家社科基金一般项目	17BTY113	20
10	习近平总书记关于中国道路思想研究	胡安全	国家社科基金一般项目	17BKS048	20
11	伦理共识研究	王　艳	国家社科基金一般项目	17BZX095	20
12	罗国杰伦理思想研究	赵　冰	国家社科基金一般项目	17BZX129	20
13	明清时期江南徽商的文化适应研究	秦宗财	国家社科基金一般项目	17BZS112	20
14	文化强国背景下国家形象广告对中国传统文化的承载与传播研究	吴来安	国家社科基金一般项目	17BXW091	20

续 表

序　号	项目名称	主持人	项目来源	项目批准号	资助经费（万元）
15	明清以来徽州家谱所录文书整理与研究	董家魁	国家社科基金一般项目	17BZS144	20
16	清诗总集叙录	刘和文	国家社科基金一般项目	17BZW009	20
17	治理体系现代化视野下社会组织党建研究	严　宏	国家社科基金一般项目	17BDJ025	20
18	低威胁高恐慌性食品风险的有效公共沟通模式研究	李小平	国家社科基金一般项目	17BSH151	20
19	《老子》在法语世界的译介研究	胡　迅	国家社科基金一般项目	17BZW075	20
20	后理论时代的文学批评新范式研究	张公善	国家社科基金一般项目	17BZW070	20
21	当代未成年人价值观的变化与教育策略——基于11年的实证分析	叶松庆	国家社科基金后期资助项目	17FKS018	25
22	全球经济治理体系的基本内容和面临的问题	周端明	国家社科基金研究专项		1
23	铁骨画魂铸新梦——芜湖铁画艺术作品全国巡展	高　飞	国家艺术基金项目		80
24	徽州砖雕创意设计人才培养	高　飞	国家艺术基金项目		80
25	六尺巷	郭兵要	国家艺术基金项目		20
26	梦回徽州	巫　澜	国家艺术基金项目		20

省部级项目

序　号	项目名称	主持人	项目来源	项目批准号	资助经费（万元）
1	高校形势与政策课的协同建设研究	顾家山	教育部示范优秀教学科研团队建设项目	17JDSZK002	40
2	脑刺激技术对语言学习的促进	薛红莉	教育部人文社科青年基金项目	17YJC190027	8
3	陶行知德育思想的心学渊源及当代价值研究	金维才	教育部人文社科规划基金项目	17YJA880036	10
4	我国农副产品包装设计发展与创新对策研究	杨晓芳	教育部人文社科规划基金项目	17YJA760071	10
5	人口老龄化背景下社会养老设施需求预测及空间布局优化研究	杨成凤	教育部人文社科青年基金项目	17YJC790185	8
6	“偿二代”体系下几个与保险风险管理有关的最优控制问题	徐　林	教育部人文社科青年基金项目	17YJC910009	8
7	可靠性数据的统计建模及其客观贝叶斯分析	何道江	教育部人文社科青年基金项目	17YJC910003	8
8	高校思想政治工作者科学思维素养研究(9)	陈　勇	教育部人文社会科学思想政治工作专项	17JDSZ1001	10
9	安徽汉语方言调查——泾县	朱　蕾	中国语言资源保护工程专项任务调研类	YB1713A003	8
10	安徽汉语方言调查——枞阳	徐　建	中国语言资源保护工程专项任务调研类	委托项目	8
11	董必武法学方法论对中国特色社会主义法治理论的贡献和影响	余　俊	法学会部级专项课题	CLS(2016)ZX03	3
12	日本民事再审事由研究——以判例分析为中心	翟志文	法学会	CLS(2017)HQZZ09	5
13	《八述奇》校注	王彦章	全国古委会古籍整理项目	1705	3
14	《古赋辨体》校注	程　维	全国古委会古籍整理项目		2
15	军事课教学学术带头人培养方案研究	台启权	国防教育和学生军事训练专项	委托项目	5

续 表

序 号	项目名称	主持人	项目来源	项目批准号	资助经费（万元）
16	基于科学情境的生物学试题的命题策略研究	韩 菲	国家教育考试科研规划2017年度课题		2
17	安徽加快商务平台建设	朱立冬	安徽省经济社会发展重大课题		6
18	安徽文化产业政策创新研究	秦宗财	安徽省领导圈定课题		2
19	马克思主义理论的高端智库功能研究	王习胜	安徽省社科规划项目	AHSKZ2017D12	5
20	意大利作曲家贝里奥的人声音乐创作	程炳杰	安徽省社科规划项目	AHSKZ2017D13	5
21	安徽省医护人员职业倦怠的现状调查与正念干预	何元庆	安徽省社科规划重点项目	AHSKZ2017D14	5
22	广学会西学译述与晚清社会的互动关系研究	梅晓娟	安徽省社科规划重点项目	AHSKZ2017D15	5
23	南宋理学家张文学思想与诗文创作研究	叶文举	安徽省社科规划重点项目	AHSKZ2017D16	5
24	家庭贫困对青少年问题行为影响研究	孙文强	安徽省社科规划一般项目	AHSKY2017D41	2
25	"一带一路"战略背景下的安徽省优势产能云服务推荐方法及应用研究	王 杨	安徽省社科规划一般项目	AHSKY2017D42	2
26	文化社会学视域下的传媒乡土书写研究	翟光勇	安徽省社科规划一般项目	AHSKY2017D43	2
27	文化通变视野中的"晨报副刊"研究	张泉泉	安徽省社科规划一般项目	AHSKY2017D44	2
28	文化生态学视阈下的安徽庐剧音乐现状考察与对策研究	余 鑫	安徽省社科规划一般项目	AHSKY2017D45	2
29	安徽文化发展背景下青年交响乐团建设的研究	袁 泉	安徽省社科规划一般项目	AHSKY2017D46	2
30	安徽十兽灯非物质文化遗产的数字化传承与开发研究	邓艺梅	安徽省社科规划一般项目	AHSKY2017D47	2
31	"健康中国"战略背景下广场舞文化的建设路径研究	崇玉萍	安徽省社科规划一般项目	AHSKY2017D48	2
32	安徽体育竞赛表演业集约化发展的人才资源支持	高 升	安徽省社科规划一般项目	AHSKY2017D49	2
33	高校协同育人模式选择与机制创新研究	查晓虎	安徽省社科规划一般项目	AHSKY2017D50	2
34	《〈左传〉动词研究——基于汉语词汇研究的系统性视角》	杨荣贤	安徽省社科规划一般项目	AHSKY2017D51	2
35	20世纪中国文学中的城市经验与日常生活研究	许 德	安徽省社科规划一般项目	AHSKY2017D52	2
36	陀思妥耶夫斯基"五经"的记忆书写	张 磊	安徽省社科规划一般项目	AHSKY2017D53	2
37	十八大以来党的集中统一领导新经验研究	沈燕培	安徽省社科规划一般项目	AHSKYG2017D143	2
38	奥斯维辛之后恶的问题研究	陈旭东	安徽省社科规划一般项目	AHSKYG2017D144	2
39	宋代经学的美学诠释研究	乔东义	安徽省社科规划一般项目	AHSKYG2017D145	2
40	公众参与农村环境治理的困境与应对机制研究	吴金芳	安徽省社科规划一般项目	AHSKYG2017D146	2
41	我国混合所有制企业劳资关系调整模式改进研究	龚基云	安徽省社科规划一般项目	AHSKYG2017D147	2
42	徽州传统体育与文化旅游融合发展研究	卢 玉	安徽省社科规划一般项目	AHSKYG2017D148	2
43	英汉阻隔性句法结构的对比研究	张孝荣	安徽省社科规划一般项目	AHSKYG2017D149	2
44	国家发展优势向思想政治工作话语优势转化研究	陈 勇	安徽省社科规划青年项目	AHSKQ2017D38	1

续　表

序　号	项目名称	主持人	项目来源	项目批准号	资助经费（万元）
45	"左联"皖籍知识分子群体与马克思主义的中国传播	魏正山	安徽省社科规划青年项目	AHSKQ2017D39	1
46	电子商务环境下的合作广告协调机制研究	周尔凤	安徽省社科规划青年项目	AHSKQ2017D40	1
47	董事会文化对企业技术创新的影响研究　——以安徽省为例	罗　昆	安徽省社科规划青年项目	AHSKQ2017D41	1
48	浦东派琵琶在安徽的传承发展研究	张迎春	安徽省社科规划青年项目	AHSKQ2017D42	1
49	安徽省体育产业与旅游业协同治理路径研究	刘　利	安徽省社科规划青年项目	AHSKQ2017D43	1
50	基于语料库检索的英语短语动词神经加工机制研究	俞　珏	安徽省社科规划青年项目	AHSKQ2017D44	1
51	庭审多模态互动中法官身份构建研究	张　荷	安徽省社科规划青年项目	AHSKQ2017D45	1
52	民国时期安徽银行业研究	王平子	安徽省社科规划青年项目	AHSKQ2017D46	1
53	理学道德的社会化——基于宋元明清时期徽州社会的研究	王建辉	安徽省社科规划青年项目	AHSKQ2017D47	1
54	帛书老子注译	刘名成	安徽省社科规划后期资助项目	AHSKHQ2017D04	3
55	周而复《上海的早晨》政治修辞研究	郭传梅	安徽省社科规划后期资助项目	AHSKHQ2017D05	3

厅级项目

序号	项目名称	主持人	项目来源	项目批准号	资助经费（万元）
1	基于新型农业经营主体的安徽产业扶贫模式研究	路幸福	安徽省教育厅人文社科重大项目	SK2017ZD20	5
2	安徽省高校体育与大学生体质健康促进研究	卢　玉	安徽省教育厅人文社科重大项目	SK2017ZD21	5
3	安徽师范大学图书馆藏盛宣怀“愚斋图书”整理与书志撰写	张霞云	安徽省教育厅人文社科重大项目	SK2017ZD22	5
4	两宋经学的诗学诠释研究	乔东义	安徽省教育厅人文社科重大项目	SK2017ZD23	5
5	关系构建：传统电视转型升级研究	陈接峰	安徽省教育厅人文社科重大项目	SK2017ZD24	5
6	爵士乐本土化及其与中国音乐元素融合的研究	陈　晞	安徽省教育厅人文社科重点项目	SK2017A0238	2
7	城乡基层社会组织参与社会矛盾治理的路径研究	朱丽霞	安徽省教育厅人文社科重点项目	SK2017A0243	2
8	宗族社会的消解：以1950年《婚姻法》在徽州的实施为视点	宋曲霞	安徽省教育厅人文社科重点项目	SK2017A0249	2
9	“立德树人”视域下中国古代书院的历史教育研究	王德民	安徽省教育厅人文社科重点项目	SK2017A0251	2
10	徽派版画中的园林艺术研究	王瑞云	安徽省教育厅人文社科重点项目	SK2017A0252	2
11	徽州砖雕传承人口述史整理与研究	郭兵要	安徽省教育厅人文社科重点项目	SK2017A0253	2
12	科学教科书中所呈现的科学——基于科学史的反思	韩　菲	安徽省教育厅人文社科重点项目	SK2017A0254	2
13	中外门户网站奥运报道的比较研究	朱凯迪	安徽省教育厅人文社科重点项目	SK2017A0255	2
14	“健康中国”战略下我国全民健身与体育产业协同治理机制研究	刘　利	安徽省教育厅人文社科重点项目	SK2017A0256	2

续 表

序 号	项目名称	主持人	项目来源	项目批准号	资助经费（万元）
15	生态马克思主义视阈下的英美荒岛小说研究	周 玲	安徽省教育厅人文社科重点项目	SK2017A0258	2
16	冷战前后英国小说人物价值取向研究	陈 丽	安徽省教育厅人文社科重点项目	SK2017A0259	2
17	俄罗斯后现代作家索罗金小说中的中国形象研究	任立侠	安徽省教育厅人文社科重点项目	SK2017A0260	2
18	唐诗法译美学研究	胡 迅	安徽省教育厅人文社科重点项目	SK2017A0261	2
19	中国当代作家易性写作研究	朱菊香	安徽省教育厅人文社科重点项目	SK2017A0262	2
20	安徽省城乡基本公共服务均等化过程中的制度一体化研究	陈国强	安徽省教育厅人文社科重点项目	SK2017A0266	2
21	海外中华文化教学现状考察与策略研究——以大洋洲为例	马晓娜	安徽省教育厅人文社科重点项目	SK2017A0267	2
22	三四线城市商品住宅去化与安居工程保障的协同机制——铜陵例证	王满银	安徽省教育厅人文社科重点项目	SK2017A0268	2
23	中日幼儿教师工作压力应对的比较研究	王路曦	安徽省教育厅人文社科重点项目	SK2017A0271	2
24	大学考风消极演化的社会心理机制	舒首立	安徽省教育厅人文社科重点项目	SK2017A0273	2
25	做市商制度对新三板流动性的影响研究	汪 洋	安徽省教育厅人文社科重点项目	SK2017A0276	2
26	CFO履职环境、离职事件与会计信息质量影响研究	徐 飞	安徽省教育厅人文社科重点项目	SK2017A0277	2
27	塞缪尔·理查逊与书信体小说	李 菊	上海外语教育出版社外语类委托研究项目	SK2017A1053	1.5
28	基于语料库的英汉新闻框架对比与翻译研究	吴晓燕	上海外语教育出版社外语类委托研究项目	SK2017A1054	1.5
29	文化生态视域下徽州民俗体育旅游开发模式研究	余 涛	安徽省体育局社会科学重点项目	皖体政〔2017〕20号	0.5
30	安徽省全民健身与全民健康深度融合研究	赵 武	安徽省体育局社会科学重点项目	皖体政〔2017〕20号	0.5
31	安徽省体育与旅游产业深度融合的研究——以开展黄山国际马拉松赛事的可行性分析为例	李立群	安徽省体育局社会科学重点项目	皖体政〔2017〕20号	0.5
32	安徽省特色小镇体育文化资本化实证研究	戚玉楼	安徽省体育局社会科学一般项目	皖体政〔2017〕20号	0.3
33	体育公共服务法理研究	王 兰	安徽省体育局社会科学一般项目	皖体政〔2017〕20号	0.3
34	传统女性道德的家族书写与代际传承——以徽州家谱为中心	王建辉	2017年度安徽省社会科学创新发展研究课题	2017CX063	0.5
35	中学生学习习惯不良问题的家校互动干预实务研究	王 杰	中国社会工作教育协会学校与青少年社会工作实务研究课题		0.3
36	安徽省“全面两孩”政策下学前教育保障配套机制创新研究	王成刚 胡桂芳	安徽省教育科学研究项目	JKZ1701	0
37	基于语文核心素养培养的高中语文教学内容确定研究	何更生 李 勇	安徽省教育科学研究项目	JK17005	0
38	健康中国背景下安徽省学生体质健康促进与实施路径	蒋 莹 卢 玉	安徽省教育科学研究项目	JK17006	0
39	高中生物定量实验的开发与应用研究	韩 菲 鲁亚平	安徽省教育科学研究项目	JK17007	0

材料 9：

安徽师范大学2017年自然科学研究立项项目一览表

国家级项目

序　号	项目名称	主持人	项目来源	项目批准号	批准经费（万元）
1	瞬态红外吸收光谱研究表面缺陷态存在的H-TiO2载流子动力学	左万龙	国家自然科学基金青年科学基金项目	11704004	24.00
2	格点玻色系统的新奇输运特性的量子蒙特卡洛模拟	吕建平	国家自然科学基金面上项目	11774002	60.00
3	单原子催化剂M(Pt/Pd)/MOF(金属有机框架化合物)的可控制备及催化机理研究	柳守杰	国家自然科学基金青年科学基金项目	21701002	25.00
4	氮氧化物作为亲电胺源的钯催化不对称异腈插入反应研究	王　见	国家自然科学基金青年科学基金项目	21702003	24.00
5	稀土-后过渡金属杂双核配合物的合成、结构及反应性研究	崔　鹏	国家自然科学基金青年科学基金项目	21702004	26.00
6	廉价金属催化的基于碳氢键活化的不对称串联反应	张继坦	国家自然科学基金青年科学基金项目	21702237	24.00
7	具备催化与过程指示双功能金属掺杂碳点的制备及应用研究	杜金艳	国家自然科学基金青年科学基金项目	21705003	22.00
8	卟啉基2D金属有机框架纳米片的制备、生物功能化及生物传感	凌平华	国家自然科学基金青年科学基金项目	21705004	25.00
9	基于外来入侵植物功能化改性的磁性生物质吸附剂的制备及其对水中重金属吸附机理研究	方彩霞	国家自然科学基金青年科学基金项目	21707001	23.00
10	基于芳基对二甲酸的MOFs后功能化的过渡金属配合物催化有机膦降解的性能研究	周映华	国家自然科学基金面上项目	21771004	64.00
11	多反应中心卡宾中间体参与的环状化合物的高效合成反应研究	商永嘉	国家自然科学基金面上项目	21772001	64.00
12	单一纳米尺寸电极在单细胞/单纳米粒子分析中的应用研究	李永新	国家自然科学基金面上项目	21775003	64.00
13	各向异性金纳米粒子的可控组装、多元信号输出及其体外诊断应用	夏云生	国家自然科学基金面上项目	21775004	65.00
14	Rhodococcus sp.CD-9降解丙草胺代谢途径及N-脱烷基酶基因克隆的研究	刘洪明	国家自然科学基金青年科学基金项目	31700097	24.00
15	不同林龄杉木林土壤有机碳稳定性对氮沉降的响应机制	袁　野	国家自然科学基金青年科学基金项目	31700415	25.00
16	低氧下miR-322/-503通过调节Celf1介导的RNA降解影响心肌细胞分化的机制研究	沈小鹏	国家自然科学基金青年科学基金项目	31701289	25.00
17	基于代谢组学和ROS代谢研究加压惰性气体对鲜切紫甘蓝花青素降解的调控作用及机理	孟祥勇	国家自然科学基金青年科学基金项目	31701663	24.00
18	视觉对比度检测的脑机制研究	华田苗	国家自然科学基金面上项目	31771181	60.00
19	不同产权制度安排下的古村镇旅游地空间生产及机制研究	韩卢敏	国家自然科学基金青年科学基金项目	41701157	22.00
20	典型溴化阻燃剂和重金属联合作用对微生物反硝化的影响及机理研究	万　锐	国家自然科学基金青年科学基金项目	41701577	26.00
21	城市更新背景下中国大都市旅游空间格局演化及效应测度——以上海市为例	王朝辉	国家自然科学基金面上项目	41771166	60.00
22	农村转移人口城市空间融入的测度、过程与机理——以合肥、南京为例	赵春雨	国家自然科学基金面上项目	41771177	60.00
23	巢湖沉积记录的末次冰盛期——早全新世气候事件及响应机制研究	吴　立	国家自然科学基金面上项目	41771221	70.00

续 表

序　号	项目名称	主持人	项目来源	项目批准号	批准经费（万元）
24	末次冰盛期以来青藏高原西北部阿克赛钦湖古水热变化及对气候的响应	汪　勇	国家自然科学基金面上项目	41771228	70.00
25	典型富硒高镉土壤——水稻系统中硒、镉的迁移、转化规律及其健康风险研究	杨如意	国家自然科学基金面上项目	41771355	63.00
26	时空轨迹数据挖掘及其隐私保护方法研究	俞庆英	国家自然科学基金青年科学基金项目	61702010	26.00
27	射频供电物联网的能量分配与终端调度技术研究	何　昕	国家自然科学基金青年科学基金项目	61702011	26.00
28	面向隐私保护的地理社交网络个性化推荐方法研究	郑孝遥	国家自然科学基金面上项目	61772034	16.00
29	定向传输干涉的长焦深表面等离激元纳米光刻技术研究	石建平	国家自然科学基金面上项目	61775002	62.00
30	血管组织Ly6C+DC亚型的区域免疫特性及其抑炎机理	许岳慷	国家自然科学基金重大研究计划培育项目		58.00
31	类星体和星际介质研究	舒新文	973计划项目合作课题（中国科学技术大学）	2015CB857005	39.60
32	酸催化葡萄糖异构制取果糖的研究	章　青	国家重点研发计划项目合作课题（中科院福建物质物质结构研究所）	201604	30.46
33	黄淮海集约化生猪养殖污染防治技术模式研究与示范——农业面源和重金属污染农田综合防治与修复技术研发	陈广银	国家重点研发计划项目合作课题（北京市农林科学院）	2017YFD0801403	42.00

省部级项目

序号	项目名称	主持人	项目来源	项目批准号	批准经费（万元）
1	分数布朗运动驱动的几类随机系统的可控性及相关问题研究	崔　静	安徽省自然科学基金面上项目	1708085MA03	8
2	纤维素临氢解聚制取生物液体燃料的研究	章　青	安徽省自然科学基金面上项目	1708085MB39	8
3	钳形钌配位化合物的合成及性质研究	贾卫国	安徽省自然科学基金面上项目	1708085MB44	8
4	基于碳点材料体系荧光探针的构筑及其性能研究	刘金水	安徽省自然科学基金面上项目	1708085MB48	8
5	外源扰动对挺水植物化感抑藻的影响机理	左胜鹏	安徽省自然科学基金面上项目	1708085MC59	8
6	温度胁迫下不同品系转轮虫有关抗逆基因的差异表达及适应性进化机制	项贤领	安徽省自然科学基金面上项目	1708085MC79	8
7	基于凤丹放线菌的中药材道地性研究	郑　艳	安徽省自然科学基金面上项目	1708085MC80	8
8	长江安徽段中微塑料分布和对重金属和持久性有机污染物的富集研究	武晓果	安徽省自然科学基金面上项目	1708085MD88	8
9	过完备稀疏表示在指纹识别中的应用研究	卞维新	安徽省自然科学基金面上项目	1708085MF145	8
10	可充电无线传感器网络资源调度与分配协同优化研究	赵传信	安徽省自然科学基金面上项目	1708085MF156	8
11	空铁竞合选择：基于博弈和多目标规划理论的研究	张　琼	安徽省自然科学基金面上项目	1708085MG173	8
12	动态Bayes变量选择	周在莹	安徽省自然科学基金青年项目	1708085QA14	8
13	发展并行的含时波包动力学模拟程序研究气相化学反应	周　勇	安徽省自然科学基金青年项目	1708085QB41	8

续 表

序 号	项目名称	主持人	项目来源	项目批准号	批准经费（万元）
14	贪铜菌DT-1降解3,5,6-三氯-2-吡啶酚的机制研究	陆 鹏	安徽省自然科学基金青年项目	1708085QC67	8
15	基于空间自适应三重马尔可夫场模型的SAR图像分割算法研究	甘 露	安徽省自然科学基金青年项目	1708085QF133	8
16	机器人虚拟现实结构体系平台的研发	郑 睿	安徽省重点研发计划项目		40
17	黄酒糖肽缓解精诱导肝细胞损伤的作用机制及其构效关系研究	孟祥勇	国家重点实验室开放基金	sklf-kgf-201703	8
18	含吲哚官能化氮杂卡宾配体稀土金属配合午的合成及性能研究	王绍武	国家重点实验室开放基金		4
19	酸催化葡萄糖异构制取果糖的研究	章 青	国家重点实验室开放基金	201604	11
20	基于达曼光栅的高阶贝尔光束在光通信中的应用	袁扬胜	国家重点实验室开放基金	SKLST201608	5
22	新型太阳电池光活性层微结构及光电特性	崔光磊	国家重点实验室开放基金	M30004	3
23	低维锑纳米材料的电子和光学性质的理论研究	卢 宁	国家重点实验室开放基金	M30011	2
24	Ag-Ag2S三棱柱型纳米粒子近场性质的理论和实验研究	周 勇	国家重点实验室开放基金	SKLMRD-K201709	5
25	硫醇保护贵金属（金银铜）纳米团簇自组装过程的气相合成、电子谱学表征及光物化性质理论研究	秦正波	国家重点实验室开放基金		13
26	基于片上集成MDM超表面对分子发光的调控	李宽国	国家重点实验室开放基金	SKLST201707	5
27	淮河流域水文干旱驱动因子定量识别及响应研究	孙 鹏	国家重点实验室开放基金		

厅局级项目

序号	项目名称	主持人	项目来源	项目批准号	批准经费（万元）
1	安徽师范大学标本馆标本数字化与共享	邵剑文	国家科技基础条件平台项目-国家标本资源共享平台植物子平台（中科院植物研究所）		2.7
2	上转换荧光相关光谱单分子检测（FCS）系统的研究	陈红旗	教育厅自然科学重大项目	KJ2017ZD25	20
3	抑癌药物生长抑素类似物的合成改造及功能鉴定	朱国萍	教育厅自然科学重大项目	KJ2017ZD26	20
4	偏微分方程在供应链系统中的应用	程美芳	教育厅自然科学重大项目	KJ2017ZD27	20
5	煤矸石山矸石风化物的碳库特征及其与矸石风化成土的关系	余 健	教育厅自然科学重点项目	KJ2017A308	6
6	高质量界面铋基异（同）质结光催化剂的设计合成	彭 银	教育厅自然科学重点项目	KJ2017A309	6
7	介孔混合过滤金属氧化物纳米材料的制备和储能研究	王 露	教育厅自然科学重点项目	KJ2017A313	6
8	基于杂环分子的双功能金属有机凝胶的合成、表征及其水处理应用研究	承 勇	教育厅自然科学重点项目	KJ2017A314	6
9	典型溴化阻燃剂对微生物反硝化的影响及机理研究	万 锐	教育厅自然科学重点项目	KJ2017A316	6
10	超滤解析城市黑臭水体溶解性有机物特性及膜污染过程研究	段文松	教育厅自然科学重点项目	KJ2017A317	6
11	安徽定远盐矿不同深度微生物群落结构分析	陈绍兴	教育厅自然科学重点项目	KJ2017A318	6

续 表

序　号	项目名称	主持人	项目来源	项目批准号	批准经费（万元）
12	miR-322/-503通过调控Celf1影响Ⅰ型强直性肌营养不良症中骨骼肌细胞发育和状态的机制研究	沈小鹏	教育厅自然科学重点项目	KJ2017A319	6
13	皖南不同林龄杉木林土壤有机碳稳定性对氮添加的响应及其机制研究	袁　野	教育厅自然科学重点项目	KJ2017A322	6
14	物联网中基于UHF-RFID被动定位与追踪模型及应用研究	程桂花	教育厅自然科学重点项目	KJ2017A323	6
15	Heisenberg群中的等周问题和定量等周不等式	何国庆	教育厅自然科学重点项目	KJ2017A324	6
16	基于能量转移的无线传感网络k-边界覆盖技术研究	祝玉军	教育厅自然科学重点项目	KJ2017A325	6
17	B样条方法造型技术研究	杭后俊	教育厅自然科学重点项目	KJ2017A326	6
18	时空轨迹数据分析及其隐私保护方法研究	俞庆英	教育厅自然科学重点项目	KJ2017A327	6
19	不同运动方式在老年期肥胖大鼠减肥过程中对胰岛素抵抗调节的机制	柏友萍	教育厅自然科学重点项目	KJ2017A328	6
20	基于信号特征分析的MIMO雷达目标参数低复杂度估计算法研究	陈　浩	教育厅自然科学重点项目	KJ2017A329	6
21	专用车辆智能锂电动力源研究	李　辉	教育厅自然科学重点项目	KJ2017A330	6
22	神经网络社团结构与动力学行为的环境因素反馈研究	黄守芳	教育厅自然科学重点项目	KJ2017A331	6
23	车联网的系统集成与平台研发	郑　睿	芜湖市产学研合作计划项目	2017yf26	10
24	芜湖国家自主创新示范区支撑体系探索——子课题五：基于“互联网+”新业态创新模式分析与探索	冯明荣	芜湖市软科学计划项目	2017rkx2-5	2

材料10：

安徽师范大学2017年学科平台科学研究立项项目一览表

序　号	项目名称	主持人	项目来源	项目批准号	资助经费（万元）
1	大陆与台湾诗学关系资料汇编	胡传志	教育部省部共建人文社科重点研究基地项目	16JJD750001	80
2	近代徽州宗族与乡村社会变迁和转型研究	刘道胜	教育部省部共建人文社科重点研究基地项目	16JJD770003	60
3	积极心理学视角下工科大学生情商培育研究	张　婷	省教育厅人文社科重点研究基地项目	SK2016A0080	1
4	积极心理学视角下工科大学生情商培育研究	汪　隽	省教育厅人文社科重点研究基地项目	SK2016A0011	1
5	中国优秀传统文化融入大学生思想政治教育研究	门　亮	省教育厅人文社科重点研究基地项目	SK2016A0156	1
6	十八大以来中国特色社会主义理论创新研究	岳柏冰	省教育厅人文社科重点研究基地项目	SK2016A0295	2
7	读图时代文学经典的有效传播	黄平飞	省教育厅人文社科重点研究基地项目	SK2016A0343	2
8	高职院校学生思想、心理和行为特征的调查与研究	叶苗苗	省教育厅人文社科重点研究基地项目	SK2016A0359	1
9	动画片对农村留守儿童健康成长影响的研究——以皖北地区农村为例	姜　皖	省教育厅人文社科重点研究基地项目	SK2016A0379	2
10	皖南国际文化旅游示范区产业品牌发展研究	王玉洁	省教育厅人文社科重点研究基地项目	SK2016A0399	2

续 表

序 号	项目名称	主持人	项目来源	项目批准号	资助经费（万元）
11	公益广告的区域传播与文化创意研究	吴来安	省教育厅人文社科重点研究基地项目	SK2016A0400	2
12	视觉转向中的媒介文化传播形态研究	张泉泉	省教育厅人文社科重点研究基地项目	SK2016A0412	2
13	生态导向型皖南地区乡村建设路径研究	白　雪	省教育厅人文社科重点研究基地项目	SK2016A0368	2
14	新文化地理学视角下文化旅游地建筑景观的地方建构及空间认知	余伶莲	省教育厅人文社科重点研究基地项目	SK2016A0408	2
15	国际旅游传播翻译中的文化再生产特征与机制研究——以皖南国际文化旅游示范区为例	张　玥	省教育厅人文社科重点研究基地项目	SK2016A0413	2
16	城镇退休的优秀教师到乡村学校支教讲学的政策保障研究	徐　赟	省教育厅人文社科重点研究基地项目	SK2016A0402	2
17	中小学教师无校籍管理的政策实践研究	张冬梅	省教育厅人文社科重点研究基地项目	SK2016A0410	2
18	徽州名族个案调查与研究:以祁门县为中心	陈　琪	省教育厅人文社科重点研究基地项目	SK2016A0417	2
19	高等教育综合改革与高校辅导员职业化专业化建设研究	汤小宾	省教育厅人文社科重点研究基地项目	SK2016A0393	1
20	女大学生自我保护现状的调查研究	杨　静	省教育厅人文社科重点研究基地项目	SK2016A0404	1
21	皖南地区古遗址的保护与开发研究	卢建英	省教育厅人文社科重点研究基地项目	SK2016A0385	2
22	徽州地域文化和美术遗产关联性研究	陈　琳	省教育厅人文社科重点研究基地项目	SK2016A0371	2
23	明清徽州妇女贞节资料选编	张　健	省教育厅人文社科重点研究基地项目	SK2016A0411	2
24	中国优秀传统文化融入大学生思想政治教育研究	戴和圣	省教育厅人文社科重点研究基地项目	SK2016A0374	1
25	民间意识与晚清民初诗学思想的演进	刘　颖	省教育厅人文社科重点研究基地项目	SK2016A0384	2
26	神话意象与中国现代汉诗用典实践研究	叶永胜	省教育厅人文社科重点研究基地项目	SK2016A0407	2
27	接受视阈下大学生思想政治教育有效性研究	叶荣国	省教育厅人文社科重点研究基地项目	SK2016A0406	2
28	高校辅导员职业守则内化及其促进机制研究	陈九如	省教育厅人文社科重点研究基地项目	SK2016A0370	1
29	苏霍姆林斯基劳动教育思想对我国当代青少年劳动教育的启示研究	戴家芳	省教育厅人文社科重点研究基地项目	SK2016A0375	2
30	近二十年来海外毛泽东研究中的控诉思潮研究	罗智国	省教育厅人文社科重点研究基地项目	SK2016A0386	2
31	中国传统人文精神与社会主义核心价值观研究	宣庆坤	省教育厅人文社科重点研究基地项目	SK2016A0403	2
32	安徽省高校优秀辅导员的工作案例研究	金文斌	省教育厅人文社科重点研究基地项目	SK2016A0547	1
33	“新常态”下乡村旅游小企业创新驱动机制与模式选择研究——以皖南国际文化旅游示范区为例	陶　云	省教育厅人文社科重点研究基地项目	SK2016A0395	2
34	地方高校创新创业教育生态系统研究	王岭梅	省教育厅人文社科重点研究基地项目	SK2016A0585	1
35	皖南国际文化旅游示范区旅游流网络特征及空间扩散路径研究	沈姗姗	省教育厅人文社科重点研究基地项目	SK2016A0390	2

续 表

序号	项目名称	主持人	项目来源	项目批准号	资助经费（万元）
36	教师仁爱之心养成机制与培育路径研究	张 翔	省教育厅人文社科重点研究基地项目	SK2016A0657	2
37	高校辅导员在大学生创新创业教育中的角色与责任研究	房 燕	省教育厅人文社科重点研究基地项目	SK2016A0660	1
38	中小学学校文化建设与内涵发展研究	强晓华	省教育厅人文社科重点研究基地项目	SK2016A0682	2
39	中国优秀传统文化融入大学生思想政治教育研究	张 晖	省教育厅人文社科重点研究基地项目	SK2016A0759	1
40	“互联网＋”大学生管理平台的设计与应用研究	范玉朋	省教育厅人文社科重点研究基地项目	SK2016A0800	1
41	中小学生法治意识形成与教育研究	杨铁冰	省教育厅人文社科重点研究基地项目	SK2016A0821	2
42	承继与变迁：近代徽州灾害与社会应对（1840—1949）	李曼曼	省教育厅人文社科重点研究基地项目	SK2016A0803	2
43	团体辅导提高大学生生命意义感的实证研究——以马鞍山师范高等专科学校为例	袁 焱	省教育厅人文社科重点研究基地项目	SK2016A0907	1
44	优秀班集体建设在大学生心理危机干预中的作用研究	崔晓霞	省教育厅人文社科重点研究基地项目	SK2016A0949	1
45	徽州传统山林经济产权形态研究	康 健	省教育厅人文社科重点研究基地项目	SK2016A0380	2
46	区域地理空间影响下的扶贫机制研究	赵春雨	省教育厅人文社科重点研究基地项目	SK2016A0415	2
47	不对称钳形钌卡宾配合物的合成与性质研究	贾卫国	省高校重点实验室项目	KJ2016A845	6
48	基于荧光增强效应的核-壳-冠组装体的构筑及应用研究	唐业仓	省高校重点实验室项目	KJ2016A846	6
49	氟掺杂的碳材料——过渡金属氧化物的制备及其氧还原催化性能的研究	王银玲	省高校重点实验室项目	KJ2016A847	6
50	多种肿瘤标志物的电化学免疫传感器的制备	张玉忠	省高校重点实验室项目	KJ2016A848	6
51	巢湖微生物宏基因组及氨氧化菌多样性研究	刘小锦	省高校重点实验室项目	KJ2016A849	6
52	环境变化对苔藓植物物种多样性的影响——以黄山为例	师雪芹	省高校重点实验室项目	KJ2016A850	6
53	水文干旱成因分析及对气象干旱的响应特征——以淮北平原农业区为例	孙 鹏	省高校工程技术研究中心项目	KJ2016A851	6
54	数字城市CAD二维图纸室内外三维建模关键技术研究	吴庆双	省高校工程技术研究中心项目	KJ2016A852	6

材料11：

安徽师范大学2017年省部级科研成果奖一览表

奖项类别	成果名称	获奖等级	成果类型	获奖人	主办单位
安徽省科学技术奖	廉价过渡金属催化的有机反应研究及其应用	三等奖	论文	商永嘉、张武、何心伟	安徽省人民政府
第五届马克思主义研究优秀成果奖	当前思想政治教育的主要矛盾与发展趋向	三等奖	论文	王习胜	中国马克思主义研究基金会
第五届马克思主义研究优秀成果奖	马克思主义哲学理论结构的生态维度	三等奖	论文	胡梅叶	中国马克思主义研究基金会

（科研处供稿）

七、社会服务

（一）产学研合作情况

【概　况】 学校以经济社会发展和科技创新需求为导向，围绕安徽“三个强省”战略，贯彻落实人才强省、强校战略，大力推动各类要素向应用研究集聚，逐步凝练一批学科特色鲜明、发展潜力良好、发展势头迅速、具备市场竞争力的社会服务优势领域，重点建设一批满足地方经济社会发展需要的社会服务团队，加速建成一批省内知名的研究机构或创新平台，形成优势领域与研究平台互补共进的良好局面。

安徽师范大学社会服务资质一览表

序　号	资质名称	级　别	依托单位
1	国家建设项目环境影响评价证书	国家级	环境科学与工程学院
2	全国土地规划甲级资质证书	国家级	国土资源与旅游学院
3	全国旅游规划甲级资质证书	国家级	国土资源与旅游学院
4	国家职业技术鉴定站	国家级	经济管理学院
5	安徽省清洁生产资质证书	省　级	环境科学与工程学院
6	林业调查规划设计资质证书	省　级	生命科学学院
7	安徽省社会工作专业人才培训基地	省部级	历史与社会学院
8	食品检验机构资质认定	省　级	化学与材料科学学院
9	资质认定计量认证证书	省　级	化学与材料科学学院
10	分析测试中心	校　级	化学与材料科学学院

【产学研合作】 学校与江苏省沭阳县签订校地合作协议，与安徽问天量子科技股份有限公司等企业签订产学研合作协议，就平台共建、人才培养、项目攻关以及成果转化等方面开展合作。

安徽师范大学2017年10万元以上横向项目情况一览表

序　号	项目名称	负责人	合同金额（万元）	所在单位
1	芜湖经开区人民法院司法公信力第三方评价报告	彭凤莲	10.00	法学院
2	基于空间可视化生态信息模型的阿哈湖国家湿地公园生态保护探索	王　原	13.87	国土资源与旅游学院
3	铜陵市义安区老洲乡旅游发展总体规划	尹寿兵等	14.00	国土资源与旅游学院
4	城镇化和人口政策变化对合肥市城乡义务教育资源的影响	焦华富	16.00	国土资源与旅游学院
5	明光市八岭湖景区旅游发展总体规划	杨兴柱	17.00	国土资源与旅游学院

续　表

序　号	项目名称	负责人	合同金额(万元)	所在单位
6	六安市金寨县面冲村和渔潭村乡村旅游扶贫规划	杨效忠	17.50	国土资源与旅游学院
7	灵璧县旅游局休闲农业与乡村旅游规划	王朝辉	18.89	国土资源与旅游学院
8	环巢湖乡村旅游休闲美食示范村改造提升整体策划项目	王朝辉	19.90	国土资源与旅游学院
9	安徽旅游市场开拓引导专项资金分配改革方案	王朝辉	19.90	国土资源与旅游学院
10	芜湖市中心城区存量土地梳理	程久苗等	25.00	国土资源与旅游学院
11	霍山茶谷暨淠河生态经济建设概念性规划设计	包善驹等	26.00	国土资源与旅游学院
12	宿松县小孤山旅游区控制性详细规划	杨兴柱等	26.00	国土资源与旅游学院
13	安徽省六安市绿色城南产业发展战略研究	陆　林	27.50	国土资源与旅游学院
14	五河县大巩山樵子涧旅游度假区控制性详细规划	王朝辉	29.00	国土资源与旅游学院
15	六安茶谷舒城段概念性规划	杨效忠	29.50	国土资源与旅游学院
16	寿县乡村旅游发展总体规划	苏勤等	29.80	国土资源与旅游学院
17	铜陵市义安区旅游发展总体规划	尹寿兵等	30.00	国土资源与旅游学院
18	五河县沱湖湿地风景区控制性详细规划	王朝辉	39.00	国土资源与旅游学院
19	阜阳市颍州区旅游发展及扶贫总体规划	王朝辉	40.00	国土资源与旅游学院
20	芜湖县旅游发展总体规划(2016—2030)修编和芜湖县“十三五”旅游发展规划编制	杨钊等	41.00	国土资源与旅游学院
21	《繁昌县孙村等五镇土地利用总体规划》修改	程久苗等	44.00	国土资源与旅游学院
22	洪河分洪道地城段旅游发展总体规划、万亩藕塘景区开发规划	杨钊等	52.50	国土资源与旅游学院
23	月潭湖旅游发展总体策划	陆林等	72.00	国土资源与旅游学院
24	中华人民共和国标准地名词典(安徽卷)编纂项目	曹卫东	95.00	国土资源与旅游学院
25	半汤国家级旅游度假区总体规划	王朝辉	112.00	国土资源与旅游学院
26	舒城县万佛山风景区旅游详细规划方案与施工图设计	王朝辉	168.00	国土资源与旅游学院
27	皖北生态文化旅游区、全省文化旅游、山地旅游、旅游小镇及温泉旅游专项规划编制	陆林等	175.00	国土资源与旅游学院
28	凤阳县全域旅游规划	杨　钊	178.00	国土资源与旅游学院
29	动力电池用多层热断路型锂电池隔膜	罗时忠	20.00	化学与材料科学学院
30	芜湖市保兴埠水系综合治理方案(科研部分)	段文松	12.80	环境科学与工程学院
31	漳河上游一级蓄水闸以上650平方公里流域面积内污染物控制规划	杨文斌	19.50	环境科学与工程学院
32	芜湖市市区生态红线区域保护规划	段文松	38.00	环境科学与工程学院
33	幼儿园办园行为分类评估指标和实施细则研究	桑青松	18.00	教育科学学院
34	2017年中国社会状况综合调查(CSS)项目执行	陈爱如等	12.38	历史与社会学院
35	2017年中国综合社会调查(CGSS)	路幸福等	12.40	历史与社会学院
36	临泉县农村危房改造评估项目	王杰等	15.00	历史与社会学院
37	皖南医学院弋矶山医院院史编撰	王彦章等	19.80	历史与社会学院
38	徽水河特有鱼类国家级水产种质资源保护区鱼类及水生生物调查评估	严云志等	10.00	生命科学学院
39	铜陵市西湖湿地公园资源现状调查与分析报告	吴海龙	10.00	生命科学学院
40	安徽省大沙河治理工程、桐城市鲁䃼山水库工程水生生态现状调查和评价	周科等	10.00	生命科学学院

续 表

序 号	项目名称	负责人	合同金额(万元)	所在单位
41	贵池鸟类图志	吴海龙	13.90	生命科学学院
42	安徽六安淠河国家湿地公园综合科学考察报告	陈明林等	16.00	生命科学学院
43	安徽省第二次全国重点保护野生植物资源调查检查验收项目	邵剑文	19.50	生命科学学院
44	广德县十三五生态建设和环境保护规划	王友保	20.32	生命科学学院
45	安徽省青阳县芙蓉湖省级湿地公园综合科学考察、总体规划和生物多样性检测报告(2017—2019年度)编制项目	吴海龙	28.60	生命科学学院
46	芜湖市陆生脊椎动物资源本底调查	吴海龙等	46.00	生命科学学院
47	芜湖市"金土工程"系统安全软件项目	胡桂银等	34.60	数学计算机科学学院
48	医用热塑性弹性体材料的研发	丁绪星	10.00	物理与电子信息学院
49	航空航天飞行器用电缆技术研究	丁绪星	10.00	物理与电子信息学院
50	15-35Kv电压互感器的研发	丁绪星	10.00	物理与电子信息学院
51	高温耐弯曲移动用瞬时抗拉电缆的研制	丁绪星	10.00	物理与电子信息学院
52	卫星遥感云识别算法构建	陶圣荣	15.00	物理与电子信息学院

【智库建设】 学校建有1个安徽省重点智库,2个省高校智库,7个校级智库。我校教师撰写的《外省脱贫攻坚的主要经验》《外省严重精神病患者救治救助和服务管理工作的主要做法及启示》等7项研究成果被采纳,相关建议被报送省委省政府。

(科研处供稿)

(二)知识产权管理情况

【概 况】 学校重视师生科技创新和专利申报工作,开展学生"三项大赛"宣讲活动,为师生培训专利政策和实务。做好知识产权分类统计工作。建立科技成果转移转化工作公示制度及异议处理办法。设立专利基金,资助师生申报专利或维持专利权。2017年,申请专利总数为673件,其中发明专利276件,实用新型394件,外观设计3件;专利授权总数为297件,其中发明专利88件,实用新型203件,外观设计6件;进入实质审查程序的发明专利268项;注册登记软件著作权81项;专利转让1件。

安徽师范大学2017年授权专利情况一览表

序 号	专利名称	授权号	发明人	类 型	依托单位
1	一种基于隐私保护的信任评估系统及其构建方法	201310469909.7	罗永龙等	发明	数学计算机科学学院
2	一种纳米氧化铜复合材料及其制备方法、超级电容器电极及超级电容器	201310485716.0	张小俊等	发明	化学与材料科学学院
3	一种能耗约束的虚拟机博弈重放置方法	201310710108.5	郭良敏等	发明	数学计算机科学学院
4	隐私保护的两层传感网Skyline查询系统及方法	201310731280.9	左开中等	发明	数学计算机科学学院
5	一种铁锡氧化物纳米材料及其制备方法、锂离子电池正极及锂离子电池	201410058297.7	黄家锐等	发明	化学与材料科学学院
6	宿主图像的水印嵌入方法及含水印图像的水印提取方法	201410200438.4	何国栋等	发明	物理与电子信息学院
7	一种基于模糊控制的信任评估系统构建方法	201410235751.1	罗永龙等	发明	数学计算机科学学院
8	一种基于模糊过滤的信任评估方法	201410235773.8	罗永龙等	发明	数学计算机科学学院

续　表

序　号	专利名称	授权号	发明人	类　型	依托单位
9	一种钴/贵金属/氢氧化钴纳米复合材料、制备方法及其应用	201410250091.4	耿保友等	发明	化学与材料科学学院
10	一种指令诊断方法	201410284152.9	谢小娟等	发明	物理与电子信息学院
11	一种芳卤衍生物及其合成方法	201410293039.7	李立冬等	发明	化学与材料科学学院
12	一种带环外双键二氮杂螺[4.5]癸烷衍生物及其合成方法	201410293047.1	李立冬等	发明	化学与材料科学学院
13	一种电容软屏三维信息的计算方法及其检测显示系统	201410319328.X	张持健等	发明	物理与电子信息学院
14	电化学传感器及其制备方法和应用	201410400472.6	刘云春等	发明	化学与材料科学学院
15	一种串口仪表检测系统及其调试方法	201410454949.9	丁绪星等	发明	物理与电子信息学院
16	一种1、3、5-三嗪类衍生物的合成方法	201410458244.4	张武等	发明	化学与材料科学学院
17	一种确定演化域的最小生成工作流网方法	201410567556.9	章昭辉等	发明	数学计算机科学学院
18	片状多孔碳包覆ZnO纳米复合材料及其制备方法与应用	201410572493.6	方臻等	发明	化学与材料科学学院
19	一种电化学生物传感器及其制备方法和用途	201410591901.2	王广凤等	发明	化学与材料科学学院
20	一种适配体电化学生物传感器、其制备方法以及用途	201410591942.1	王广凤等	发明	化学与材料科学学院
21	一种就地冷铣刨热再生沥青道路修复技术	201410611423.7	孙益民等	发明	化学与材料科学学院
22	一种钴酸锌@二氧化锰核壳异质结构纳米管阵列材料、制备方法及其应用	201410626011.0	张小俊等	发明	化学与材料科学学院
23	一种钴酸镍@钼酸镍核壳结构纳米材料、制备方法及其应用	201410626013.X	张小俊等	发明	化学与材料科学学院
24	一种碳纳米管@锰酸镍核壳异质结构、其制备方法及应用	201410626056.8	张小俊等	发明	化学与材料科学学院
25	一种吸附剂的制备方法及其应用	201410635549.8	刘金水等	发明	化学与材料科学学院
26	中草药洗手液及其制备方法	201410712852.3	郑艳等	发明	生命科学学院
27	一种芴酮衍生物及其制备方法、以及合成芴酮的氧化还原方法	201410725048.9	胡琼等	发明	化学与材料科学学院
28	一种安息香肟衍生物及其制备方法	201410728358.6	胡益民等	发明	化学与材料科学学院
29	一种肉桂酸酯类衍生物及其制备方法	201410728360.3	胡益民等	发明	化学与材料科学学院
30	罗汉果萃取抑藻剂及其制备方法和应用	201510007207.6	张庭廷等	发明	生命科学学院
31	罗汉果浸提液抑藻剂及其制备方法和应用	201510007221.6	张庭廷等	发明	生命科学学院
32	便捷式个人落水救生方法及设备	201510009727.0	陶海升等	发明	环境科学与工程学院
33	一种 $Bi_{12}O_{17}Br_2$-$Bi_{24}O_{31}Br_{10}$ 异质结光催化剂及其制备方法	201510019634.6	彭银等	发明	化学与材料科学学院
34	一种基于社会网络节点寻优的可信服务扩散方法及装置	201510023305.9	张佩云	发明	数学计算机科学学院
35	一种 $Bi_2O_2CO_3$-$Bi(OHC_2O_4)\cdot 2H_2O$ 异质结、其制备方法及用途	201510030292.8	彭银等	发明	化学与材料科学学院
36	聚对氨基苯磺酸/印迹聚邻苯二胺修饰电极及其制备方法和应用	201510051048.x	阚显文等	发明	化学与材料科学学院
37	蓝莓植株的培育方法	201510054414.7	肖家欣等	发明	生命科学学院
38	一种金属/氧化锌纳米异质阵列的制备方法及应用	201510056475.7	刘小网等	发明	化学与材料科学学院
39	一种球形多孔钛酸锂/二氧化钛复合材料、制备方法及其应用	201510058986.2	耿保友等	发明	化学与材料科学学院

续 表

序 号	专利名称	授权号	发明人	类 型	依托单位
40	一种限制液晶屏视角的背光模块	201510063586.0	邢晓雨等	发明	物理与电子信息学院
41	一种适用于小批量电路的封装工艺	201510063587.5	朱家俊等	发明	物理与电子信息学院
42	果糖的制备方法	201510067512.4	李兵等	发明	化学与材料科学学院
43	石墨烯量子点及其制备方法和尿素的检测方法	201510091353.1	邵太丽等	发明	化学与材料科学学院
44	一种旅游路径规划方法	201510098619.5	孙丽萍等	发明	数学计算机科学学院
45	嗜硫色谱材料及其制备方法和应用	201510112932.x	刘云春等	发明	化学与材料科学学院
46	一种工业废气的喷淋法治理设备	201510116679.5	陶海升等	发明	环境科学与工程学院
47	β-环糊精/聚乙烯亚胺/氧化石墨烯复合材料及制备方法、组合物和检测方法	201510121550.3	台德艳等	发明	物理与电子信息学院
48	一种壳聚糖复合材料的制备方法及应用	201510136411.8	刘金水等	发明	化学与材料科学学院
49	一种聚吡咯/银@硫化银核壳结构纳米线及其用途和制备方法	201510140376.7	张小俊等	发明	化学与材料科学学院
50	稀土金属配合物、催化剂组合物及其制备方法和异戊橡胶的制备方法	201510145439.8	王绍武等	发明	化学与材料科学学院
51	一种氧化锌@二氧化锰@聚吡咯三元核壳异质结构纳米棒阵列材料、制备方法及其应用	201510153048.0	张小俊等	发明	化学与材料科学学院
52	吡啶-金刚烷胺配合物/β-环糊精包合物及其制备方法和应用	201510156150.6	周映华等	发明	化学与材料科学学院
53	一种硫酸铝/凹凸棒土复合吸附剂、制备方法及其应用	201510160747.8	段文松等	发明	环境科学与工程学院
54	交通拥堵的协调控制方法及其协调控制系统	201510164646.8	章昭辉等	发明	数学计算机科学学院
55	一种卟啉镍的可控纳米结构制备方法	201510166560.9	孙健等	发明	化学与材料科学学院
56	一种荧光生物传感器、其制备方法以及用途	201510179272.7	王广凤等	发明	化学与材料科学学院
57	一种单芯光纤通信和传感装置	201510185541.0	周正仙等	发明	物理与电子信息学院
58	定位型光纤光栅传感装置	201510185790.X	周正仙等	发明	物理与电子信息学院
59	提高乌饭树种发芽率的方法	201510188399.5	肖家欣等	发明	生命科学学院
60	拉伸钱袋	201510234055.3	沈 炎	发明	科研处
61	半夹心钌配位化合物及其制备方法和应用	201510236736.3	贾卫国等	发明	化学与材料科学学院
62	一种2-吲哚酮衍生物及其制备方法	201510253974.5	张武等	发明	化学与材料科学学院
63	一种异靛衍生物及其制备方法	201510253982.X	张武等	发明	化学与材料科学学院
64	一种茶树根际促生细菌粘质沙雷氏菌及其应用	201510260536.1	刘辉等	发明	环境科学与工程学院
65	一种手性六氢吡咯并吲哚类化合物的制备方法	201510262771.2	柴卓等	发明	化学与材料科学学院
66	一种多功能教学仪器	201510320992.0	杨 洁	发明	物理与电子信息学院
67	一种芳香聚酰胺复合正渗透膜的制备方法	201510341178.7	宇海银等	发明	化学与材料科学学院
68	基于水生植物的除藻剂及其制备方法和应用	201510354527.9	左胜鹏等	发明	环境科学与工程学院
69	一种大孔树脂微球及其制备方法及应用	201510368798.X	罗时忠等	发明	化学与材料科学学院
70	一种基于DNA-金纳米粒子构建网状结构修饰电极的方法及其应用	201510491487.2	王广凤等	发明	化学与材料科学学院
71	一种定点突变的大肠杆菌DNA光修复酶及其构建方法	201510511411.1	文斌等	发明	生命科学学院
72	一种大肠杆菌DNA光修复酶及其构建方法	201510511413.0	徐蕾等	发明	生命科学学院
73	碲化镉纳米线的制备方法	201510518668.X	叶莉等	发明	化学与材料科学学院

续 表

序号	专利名称	授权号	发明人	类型	依托单位
74	扬子鳄山地丘陵和农耕区野外栖息地以及栖息地食物链的构建方法	201510536753.9	吴孝兵等	发明	生命科学学院
75	GeO2/Ge/C蜂窝状纳米材料及其制备方法和应用	201510537177.X	方臻等	发明	化学与材料科学学院
76	用于罐头瓶盖的启瓶器	201510539351.4	沈　炎	发明	科研处
77	一种基于间接竞争酶联免疫法定量检测80nmAuNPs的方法	201510567972.3	张明翠等	发明	化学与材料科学学院
78	一种植物源抑藻剂及其制备方法	201510609321.6	张庭廷等	发明	生命科学学院
79	一种荧光生物传感器的制备方法及其应用	201510613897.X	王广凤等	发明	化学与材料科学学院
80	一种基于甘露醇溶液的正渗透膜生物反应器驱动液、生化池污水的处理方法	201510676749.2	段文松等	发明	环境科学与工程学院
81	β-环糊精-金纳米粒子的制备方法以及胆固醇的检测方法	201510751473.X	夏云生等	发明	化学与材料科学学院
82	一种Ppy/MoS2/Ni3S2复合材料的制备方法及应用	201510752176.7	王秀华等	发明	化学与材料科学学院
83	一种Mn2O3及其制备方法以及在ORR中的应用	201510779849.8	耿保友等	发明	化学与材料科学学院
84	拉曼光纤测温装置及其测温方法	201510889987.1	刘冲冲等	发明	物理与电子信息学院
85	一种1、5-二羰基衍生物及其制备方法	201510896115.8	孟祥珍等	发明	化学与材料科学学院
86	一种铜纳米簇溶液的制备方法及应用	201510896430.0	刘金水等	发明	化学与材料科学学院
87	睡布袋无菌苗的培养方法	201510896688.0	李真等	发明	生命科学学院
88	原子冷却用二维纳米局域光场的构建系统和方法	201511023484.2	石建平等	发明	物理与电子信息学院
89	一种电磁感应辅助的危化品焚烧炉	201610016610.X	陶海升等	发明	环境科学与工程学院
90	有机配体BDPO、用于检测罗丹明B的金属有机框架化合物及其制备方法和应用	201610025223.2	江亚沁等	发明	化学与材料科学学院
91	嗜硫多孔材料及其制备方法和应用	201610069456.2	刘云春等	发明	化学与材料科学学院
92	一种二苯硒醚衍生物及其制备方法	201610070522.8	胡益民等	发明	化学与材料科学学院
93	一种金纳米双锥的制备方法	201610170031.0	房彩虹等	发明	化学与材料科学学院
94	荧光碳点及其制备方法以及催化对硝基苯酚降解的监测方法	201610235327.6	赵云等	发明	化学与材料科学学院
95	动物保定盒	201610325743.5	华田苗等	发明	生命科学学院
96	一种TiO2单晶空心四方纳米锥材料、制备方法及其应用	201610605542.0	吴正翠等	发明	化学与材料科学学院
97	一种用于宿舍床铺的懒人桌	201620259815.6	方慧敏等	实用新型	经济管理学院
98	无线智能视频监控系统	201620331203.3	左开中等	实用新型	数学计算机科学学院
99	伸缩文件夹	201620345977.1	许光大等	实用新型	法学院
100	一种后备式不间断变频电源	201620358548.8	杨洁等	实用新型	物理与电子信息学院
101	一种基于慢脉冲的可在线调试式充电电路	201620358631.5	杨洁等	实用新型	物理与电子信息学院
102	一种新型粉笔擦装置	201620394293.0	朱金凤	实用新型	数学计算机科学学院
103	一种无线便携式PID整定器	201620427997.3	张志豪等	实用新型	物理与电子信息学院
104	一种安全热水瓶	201620466430.7	袁　珂	实用新型	物理与电子信息学院
105	一种可烘干的晾衣装置	201620466844.X	张瑞骐	实用新型	物理与电子信息学院
106	一种相框	201620466845.4	沈素丽	实用新型	物理与电子信息学院
107	一种学生听课装置	201620468639.7	朱金凤	实用新型	数学计算机科学学院
108	一种检测昆虫对不同波长光线敏感度的装置	201620528654.6	金慧敏等	实用新型	物理与电子信息学院

续 表

序　号	专利名称	授权号	发明人	类　型	依托单位
109	一种可定时开断的电源延长线	201620577941.6	杨　洁	实用新型	物理与电子信息学院
110	一种削皮器	201620615499.1	陈传明等	实用新型	数学计算机科学学院
111	一种独立分成式教学箱	201620618424.9	徐玲等	实用新型	物理与电子信息学院
112	一种多功能教学桌	201620618541.5	徐玲等	实用新型	物理与电子信息学院
113	新型笔	201620693453.1	黄嘉福	实用新型	历史与社会学院
114	一种疲劳驾驶预警系统	201620700260.4	郑孝遥等	实用新型	数学计算机科学学院
115	无线心率监护仪	201620714569.9	章恒靖等	实用新型	数学计算机科学学院
116	一种包装膜整平热封装置	201620729997.9	李伟等	实用新型	环境科学与工程学院
117	一种半自然护坡砖	201620737293.6	陈小燕等	实用新型	环境科学与工程学院
118	计算机外设输入设备	201620748343.0	刘阳等	实用新型	物理与电子信息学院
119	刺激电极装置	201620750245.0	华田苗等	实用新型	生命科学学院
120	一种用于进行黑臭水体预处理的实验装置	201620760510.3	段文松等	实用新型	环境科学与工程学院
121	分根系统	201620794511.X	左胜鹏等	实用新型	环境科学与工程学院
122	植物根系分泌物的化感测试装置	201620818359.4	左胜鹏等	实用新型	环境科学与工程学院
123	植物挥发物的化感测试装置	201620821587.7	左胜鹏等	实用新型	环境科学与工程学院
124	一种基于无线传感器网络的鱼塘投料机控制系统	201620827703.6	汪淑萍等	实用新型	数学计算机科学学院
125	植物水淋溶物化感测试装置	201620864353.0	左胜鹏等	实用新型	环境科学与工程学院
126	水生植物化感抑藻测试装置	201620865363.6	左胜鹏等	实用新型	环境科学与工程学院
127	生活污水处理装置	201621051235.4	左胜鹏等	实用新型	环境科学与工程学院
128	新型水杯	201621051737.7	黄嘉福	实用新型	历史与社会学院
129	一种高压导线取能系统	201621069824.5	宋凤楼等	实用新型	物理与电子信息学院
130	基于光纤通信的架空高压输电线路电流在线监测系统	201621069884.7	宋凤楼等	实用新型	物理与电子信息学院
131	半自动安全笔杆	201621081381.1	黄嘉福	实用新型	历史与社会学院
132	砂纸剪裁器	201621081516.4	华田苗等	实用新型	生命科学学院
133	一种防水地面铺设结构	201621095809.8	汪金宝等	实用新型	数学计算机科学学院
134	一种儿童防抓伤保护贴	201621098691.4	汪金宝等	实用新型	数学计算机科学学院
135	一种电渗析预处理装置	201621103042.9	昝逢宇等	实用新型	环境科学与工程学院
136	新型安全保温瓶	201621104346.7	黄嘉福	实用新型	历史与社会学院
137	一种安全电源插座组件	201621104930.2	王再见等	实用新型	物理与电子信息学院
138	圆型盲插USB接口	201621110764.7	张紫阳等	实用新型	数学计算机科学学院
139	一种可无线传输的USB闪存盘	201621114755.5	冯友宏等	实用新型	物理与电子信息学院
140	一种黑臭水生物净化体的处理装置	201621118204.6	段文松等	实用新型	环境科学与工程学院
141	迎风浪可折叠式藻样采集装置	201621151829.2	左胜鹏等	实用新型	环境科学与工程学院
142	太阳光聚热杀藻装置	201621151918.7	左胜鹏等	实用新型	环境科学与工程学院
143	一种水体污染物处理罐	201621163010.8	吕静雅等	实用新型	环境科学与工程学院
144	一种多功能环保水坝	201621164016.7	蔡敏娟等	实用新型	环境科学与工程学院
145	一种基于COMS摄像头的导航帽	201621168739.4	徐琴琴等	实用新型	物理与电子信息学院

续 表

序 号	专利名称	授权号	发明人	类 型	依托单位
146	一种基于语音控制的飞行器控制系统	201621168893.1	高红立	实用新型	物理与电子信息学院
147	一种语音控制的机器人	201621169506.6	高红立	实用新型	物理与电子信息学院
148	一种语音控制的3D打印机	201621169509.X	高红立	实用新型	物理与电子信息学院
149	垃圾恶臭综合处理系统	201621175110.2	左胜鹏等	实用新型	环境科学与工程学院
150	单位面积底泥水华藻爆发量测试装置	201621175125.9	左胜鹏等	实用新型	环境科学与工程学院
151	一种分布式光纤振动传感系统	201621194495.7	刘冲冲等	实用新型	物理与电子信息学院
152	一种公用交通工具求助器	201621194546.6	冯友宏等	实用新型	物理与电子信息学院
153	一种具有无线充电功能的无线遥控系统	201621194548.5	冯友宏等	实用新型	物理与电子信息学院
154	一种室内快速定位的快递管理系统	201621194549.X	胡桂银等	实用新型	数学计算机科学学院
155	一种具有隐私保护的快递短信扫码发送系统	201621194620.4	胡桂银等	实用新型	数学计算机科学学院
156	一种带夜光的插头	201621226577.5	方慧敏等	实用新型	经济管理学院
157	一种多功能寝室床上书架	201621226578.X	方慧敏等	实用新型	经济管理学院
158	一种甘蔗自动切断机	201621228598.0	吴长义等	实用新型	物理与电子信息学院
159	一种气囊枕芯	201621230918.6	李亚等	实用新型	物理与电子信息学院
160	一种高架桥护栏检测车	201621230919.0	李亚等	实用新型	物理与电子信息学院
161	一种带检测识别系统的试管净洗机	201621231514.9	吴长义等	实用新型	物理与电子信息学院
162	一种甘蔗自动切断去节装置	201621231556.2	吴长义等	实用新型	物理与电子信息学院
163	一种步进式试管净洗机	201621231557.7	吴长义等	实用新型	物理与电子信息学院
164	一种甘蔗切断机的甘蔗节位置检测装置	201621231598.6	李亚等	实用新型	物理与电子信息学院
165	一种底栖生物采样装置	201621243963.5	周科等	实用新型	生命科学学院
166	一种组合汤勺	201621250708.3	方慧敏等	实用新型	经济管理学院
167	一种基于射频识别的小区停车场管理系统	201621258500.6	王再见等	实用新型	物理与电子信息学院
168	一种新型车牌	201621258928.0	王再见等	实用新型	物理与电子信息学院
169	用于水华藻沉降速率估算的测试装置	201621270603.4	左胜鹏等	实用新型	环境科学与工程学院
170	燃料电池	201621306332.3	贾韧等	实用新型	物理与电子信息学院
171	用于钓鱼的线组	201621320484.9	邵中国	实用新型	图书馆
172	一种用于客车的自动逃生车窗	201621320745.7	陈　鹏	实用新型	物理与电子信息学院
173	一种用于儿童安全座椅上的报警装置	201621326452.X	徐玲等	实用新型	物理与电子信息学院
174	一种具有油门控制装置的方向盘	201621332102.4	陈　鹏	实用新型	物理与电子信息学院
175	一种窄脉冲产生装置	201621345425.7	邹翔等	实用新型	物理与电子信息学院
176	便捷千斤顶	201621358046.1	陈传明等	实用新型	数学计算机科学学院
177	一种高浓度有机废水处理系统	201621383402.5	段文松等	实用新型	环境科学与工程学院
178	一种基于无线传感器网络的农业大棚监测系统	201621409175.9	崔壮壮等	实用新型	数学计算机科学学院
179	多功能书桌	201621425573.X	王中原等	实用新型	教育科学学院
180	多功能读书器	201621431386.2	柏安璇	实用新型	教育科学学院
181	太阳能智能农田防晒捕虫系统	201720041147.4	张　娟	实用新型	物理与电子信息学院
182	打印机	201720077451.4	徐玲等	实用新型	物理与电子信息学院

续 表

序 号	专利名称	授权号	发明人	类 型	依托单位
183	一种基于无线网络的校园智能终端系统	201720099430.2	虞 飞	实用新型	物理与电子信息学院
184	一种红外传感捕鱼器	201720099436.X	张子枫	实用新型	物理与电子信息学院
185	一种带有吸盘的镜子	201720103473.3	吴迎红	实用新型	物理与电子信息学院
186	一种基于直线型Sagnac干涉和Φ-OTDR的分布式振动定位传感系统	201720109653.2	刘冲冲	实用新型	物理与电子信息学院
187	一种基于双波长光源的分布式光纤振动定位传感系统	201720110050.4	刘冲冲	实用新型	物理与电子信息学院
188	一种水浴自动控温系统	201720119369.3	杨国慧等	实用新型	化学与材料科学学院
189	一种黑臭水体底泥的原位处理装置	201720130556.1	段文松等	实用新型	环境科学与工程学院
190	方向盘套	201720138718.6	郑艳等	实用新型	生命科学学院
191	一种构建局部清洁环境保护薄膜生长的装置	201720149255.3	黄振侠等	实用新型	物理与电子信息学院
192	一种锂电池管理系统	201720159014.7	光昌国等	实用新型	物理与电子信息学院
193	一种基于可见光通信的显微镜	201720163061.9	黄荟云等	实用新型	物理与电子信息学院
194	一种显微镜光源装置	201720166169.3	刘阳等	实用新型	物理与电子信息学院
195	一种试管清洗装置	201720166916.3	徐蕾等	实用新型	化学与材料科学学院
196	一种可自动跟踪太阳光的晒鞋装置	201720166918.2	孙丽丽等	实用新型	法学院
197	一种电源逆变器	201720166922.9	刘阳等	实用新型	物理与电子信息学院
198	带卷发功能的吹风机	201720169172.0	叶品等	实用新型	教育科学学院
199	吹风机	201720169174.X	叶品等	实用新型	教育科学学院
200	带有头发钩的排水管盖	201720169192.8	章威等	实用新型	教育科学学院
201	用于高跟鞋的鞋套	201720169193.2	陈靖仪等	实用新型	教育科学学院
202	防水鞋罩	201720169200.9	陈靖仪等	实用新型	教育科学学院
203	鞋刷	201720169201.3	刘 玲	实用新型	教育科学学院
204	插座	201720169203.2	伏勇丽	实用新型	教育科学学院
205	防磨手指套	201720169204.7	王思梦等	实用新型	教育科学学院
206	水瓶运输架	201720169361.8	黄 霄	实用新型	教育科学学院
207	插座保护盖	201720169364.1	伏勇丽	实用新型	教育科学学院
208	一种家用太阳能供电系统	201720182115.6	光昌国等	实用新型	物理与电子信息学院
209	一种CAN总线收发系统	201720182175.8	光昌国等	实用新型	物理与电子信息学院
210	一种可绕线的手机壳	201720191246.0	方慧敏等	实用新型	经济管理学院
211	儿童用新型卷帘	201720193906.9	余 露	实用新型	教育科学学院
212	交通十字路口的安全系统	201720194016.X	徐彪等	实用新型	物理与电子信息学院
213	货车防碾压装置	201720194017.4	胡明辉	实用新型	物理与电子信息学院
214	鞋垫	201720195109.4	马舒婷等	实用新型	教育科学学院
215	鞋子挡泥板	201720195165.8	张文菁	实用新型	教育科学学院
216	暖脚器	201720195718.X	卫晓林	实用新型	教育科学学院
217	护膝	201720195719.4	钱会等	实用新型	教育科学学院
218	防风门夹	201720195917.0	骆 洁	实用新型	教育科学学院
219	一种多功能奶粉盒	201720196386.7	徐 彪	实用新型	物理与电子信息学院

续 表

序 号	专利名称	授权号	发明人	类 型	依托单位
220	推车	201720200429.4	冯秦娜	实用新型	教育科学学院
221	伸缩式黑板擦	201720201488.3	徐明芳	实用新型	教育科学学院
222	帽子	201720206861.4	赵斯萌等	实用新型	教育科学学院
223	干发器	201720206863.3	温梓漪	实用新型	教育科学学院
224	水杯	201720206883.0	金宁龙	实用新型	教育科学学院
225	用于洗衣机的排水桶机构	201720206890.0	胡张梦等	实用新型	教育科学学院
226	鞋刷	201720206899.1	汪歆玥等	实用新型	教育科学学院
227	手推车	201720207488.4	李 琴	实用新型	教育科学学院
228	基于水生植物-底栖动物的污水净化装置	201720207615.0	左胜鹏等	实用新型	环境科学与工程学院
229	一种防止瓶盖丢失的水瓶	201720208098.9	方慧敏等	实用新型	经济管理学院
230	一种套在眼镜腿上的蓝牙耳机	201720210793.9	方慧敏等	实用新型	经济管理学院
231	一种新型头戴式伸缩耳机	201720210795.8	方慧敏等	实用新型	经济管理学院
232	一种风力悬浮控制装置	201720215619.3	颜宋宋等	实用新型	物理与电子信息学院
233	超声波灭鼠盆栽	201720215631.4	王谓芬	实用新型	物理与电子信息学院
234	一种基于stm32的车载酒精检测系统	201720215956.2	王震宇	实用新型	物理与电子信息学院
235	一种功率因数的测量装置	201720216378.4	吴萌等	实用新型	物理与电子信息学院
236	一种汽车ABS防抱死系统的电子控制系统	201720216380.1	黄娜君等	实用新型	物理与电子信息学院
237	一种焊接贴片元件的镊子	201720218650.2	杨乐等	实用新型	物理与电子信息学院
238	微塑料分离富集的装置	201720218759.6	左胜鹏等	实用新型	环境科学与工程学院
239	用于植物培养的小型人工温室	201720222745.1	王会梅	实用新型	图书馆
240	脚掌护具	201720222762.5	干天爵等	实用新型	化学与材料科学学院
241	多功能伞	201720222772.9	彭 瑶	实用新型	教育科学学院
242	吸粉笔末设备	201720224673.4	朱丹丹等	实用新型	教育科学学院
243	一种集成芯片存放盒	201720228802.7	魏元奥等	实用新型	物理与电子信息学院
244	一种基于FPGA的以太网音频传输系统	201720230067.3	朱骞等	实用新型	物理与电子信息学院
245	一种投影仪自动对焦装置	201720236637.X	刘阳等	实用新型	物理与电子信息学院
246	一种新型的投影图像水平校正装置	201720236639.9	刘阳等	实用新型	物理与电子信息学院
247	一种新型的医疗监护系统	201720236656.2	刘阳等	实用新型	物理与电子信息学院
248	一种新型的无线键盘	201720236665.1	刘阳等	实用新型	物理与电子信息学院
249	多功能整理箱	201720239340.9	罗艺茹	实用新型	教育科学学院
250	爬梯整理箱	201720239351.7	罗艺茹	实用新型	教育科学学院
251	多功能充电转换装置	201720240688.X	王海曼等	实用新型	教育科学学院
252	一种防缠绕、防折断的入耳式耳机	201720254170.1	徐琴琴	实用新型	物理与电子信息学院
253	一种可部分更换的导线	201720254207.0	徐琴琴	实用新型	物理与电子信息学院
254	基于STM32的侦查球型机器人	201720254349.7	王凯明等	实用新型	物理与电子信息学院
255	一种易移动的取暖火桶	201720257382.5	毕 健	实用新型	物理与电子信息学院
256	一种智能插座	201720259569.9	光昌国等	实用新型	物理与电子信息学院

续　表

序　号	专利名称	授权号	发明人	类　型	依托单位
257	一种中高档电机组件	201720259632.9	光昌国等	实用新型	物理与电子信息学院
258	无线输电的智能搬运系统	201720261998.X	张绅等	实用新型	物理与电子信息学院
259	一种根系分泌物采集装置	201720268195.7	左胜鹏等	实用新型	环境科学与工程学院
260	一种解魔方机器人系统	201720276081.7	黄俊超等	实用新型	物理与电子信息学院
261	蚯蚓盒	201720276291.6	沈　炎	实用新型	科研处
262	一种逆变电源系统	201720276305.4	黄莹等	实用新型	物理与电子信息学院
263	一种空气开关	201720276311.X	产秀秀	实用新型	物理与电子信息学院
264	鱼竿架	201720276586.3	许光大	实用新型	法学院
265	便于混料的饵料盒	201720276587.8	邵中国等	实用新型	图书馆
266	一种手机外壳	201720276696.X	徐晔晔	实用新型	物理与电子信息学院
267	鱼线盒	201720276963.3	沈　炎	实用新型	科研处
268	钓鱼桶	201720279153.3	邵中国等	实用新型	图书馆
269	试验容器	201720280602.6	李　燕	实用新型	教育科学学院
270	一种家用防粘防盗衣架	201720285476.3	张　娟	实用新型	物理与电子信息学院
271	一种物联网智能保健鞋	201720286052.9	祝玉军等	实用新型	数学计算机科学学院
272	一种车辆主动安全预警系统	201720286053.3	祝玉军等	实用新型	数学计算机科学学院
273	具备加湿功能的蚯蚓盒	201720286255.8	许光大	实用新型	法学院
274	用于钓鱼竿的卡夹机构	201720286263.2	邵中国	实用新型	图书馆
275	用于钓鱼竿的固定架	201720286264.7	邵中国等	实用新型	图书馆
276	蚯蚓盒	201720286296.7	许光大	实用新型	法学院
277	一种智能围栏	201720293320.X	檀　雪	实用新型	物理与电子信息学院
278	一种永磁同步电机启动、制动下的电流回馈装置	201720293322.9	程靖等	实用新型	物理与电子信息学院
279	一种基于FPGA的停车管理系统	201720293323.3	檀　雪	实用新型	物理与电子信息学院
280	一种低温燃烧催化剂的评价设备	201720318882.5	徐姝玮等	实用新型	环境科学与工程学院
281	一种可杀毒的密码U盘	201720325463.4	赵秋宁等	实用新型	物理与电子信息学院
282	一种多功能程序下载器	201720325482.7	周琦等	实用新型	物理与电子信息学院
283	一种基于TCL脚本对多路FPGA测试板上位机	201720325485.0	周　立	实用新型	物理与电子信息学院
284	一种玉石材料种类检测装置	201720325853.1	李辉等	实用新型	物理与电子信息学院
285	一种双路FPGA的VLC图像匹配系统	201720326055.0	周立等	实用新型	物理与电子信息学院
286	一种玉石检测装置	201720326614.8	李辉等	实用新型	物理与电子信息学院
287	一种远距离监测危险报警式耳机	201720326783.1	章雯等	实用新型	物理与电子信息学院
288	一种室内空气净化盆栽	201720326784.6	高红立	实用新型	物理与电子信息学院
289	一种嵌入式人机语音交互系统	201720331275.2	王晓冉	实用新型	物理与电子信息学院
290	一种控鱼器	201720337986.0	许光大	实用新型	法学院
291	一种通用型鱼竿固定架	201720340724.X	王士武	实用新型	科研处
292	康复背心	201720351821.9	王国凡	实用新型	体育学院
293	康复哑铃	201720351825.7	王国凡	实用新型	体育学院

续 表

序　号	专利名称	授权号	发明人	类　型	依托单位
294	一种实验室浮游动物培养装置	201720356874.X	葛雅丽等	实用新型	生命科学学院
295	一种基于磁耦合共振传输的无线充电系统	201720357103.2	马赟馨等	实用新型	物理与电子信息学院
296	一种折叠伸缩式晒被架	201720378928.2	过劲劲	实用新型	物理与电子信息学院
297	一种寝室防火报警系统	201720379319.9	过劲劲	实用新型	物理与电子信息学院
298	一种助听器	201720390707.7	马振等	实用新型	物理与电子信息学院
299	一种温度可调的空气调节器温控装置	201720390709.6	陈彪等	实用新型	物理与电子信息学院
300	一种新型水晶头结构	201720400336.6	丁　磊	实用新型	物理与电子信息学院
301	一种智能发电式行李箱	201720406717.5	王若等	实用新型	物理与电子信息学院
302	一种LED发光羽毛球	201720407233.2	陈春莲	实用新型	物理与电子信息学院
303	一种智能耳机	201720407238.5	黄智超	实用新型	物理与电子信息学院
304	一种基于单片机的自动追踪用户的风扇	201720407714.3	王若等	实用新型	物理与电子信息学院
305	一种自动寻光太阳能电池板	201720426436.6	过劲劲等	实用新型	物理与电子信息学院
306	低成本定位型光纤振动传感装置	201720429922.3	周正仙等	实用新型	物理与电子信息学院
307	多功能混料器	201720430399.6	沈　炎	实用新型	科研处
308	一种药液反应实验设备	201720438479.6	蒋婷婷等	实用新型	物理与电子信息学院
309	一种大学物理电学实验台	201720438480.9	蒋婷婷等	实用新型	物理与电子信息学院
310	一种大学教学用实验设备	201720438548.3	蒋婷婷等	实用新型	物理与电子信息学院
311	绿植攀援支架	201720438658.X	邵中国等	实用新型	图书馆
312	一种智能四足机器人	201720445975.4	赵安等	实用新型	物理与电子信息学院
313	一种振动传感器	201720463848.7	李改有等	实用新型	物理与电子信息学院
314	一种共享单车的供电系统	201720464778.7	李改有	实用新型	物理与电子信息学院
315	一种宽带噪声频谱检测装置	201720475181.2	李辉等	实用新型	物理与电子信息学院
316	无线网络化管理的智能航标灯装置	201720475486.3	刘鲲等	实用新型	信息管理中心
317	抗干扰锂电池内阻检测装置	201720479114.8	刘鲲等	实用新型	信息管理中心
318	防风固定门形展架	201720504694.1	姚莉莉	实用新型	科研处
319	一种自动断电装置	201720521200.0	沈素丽等	实用新型	物理与电子信息学院
320	一种头戴式智能鼠标	201720521212.3	李睿智	实用新型	物理与电子信息学院
321	伞	201720524395.4	华田苗等	实用新型	生命科学学院
322	可铺设公路桥的河流水坝	201720526971.9	孔祥瑞等	实用新型	环境科学与工程学院
323	施肥装置	201720535663.2	邵中国	实用新型	图书馆
324	引体向上运动器材	201720545653.7	宁云等	实用新型	体育学院
325	一种牙刷	201720559632.0	洪发辉等	实用新型	物理与电子信息学院
326	精确计步器	201720562831.7	张紫阳等	实用新型	数学计算机科学学院
327	一种通用的嵌入式视频采集系统	201720570002.3	汤萍萍等	实用新型	物理与电子信息学院
328	一种手机闪光灯身份认证系统	201720571547.6	颜宋宋等	实用新型	物理与电子信息学院
329	一种基于智能手机APP配合蓝牙模块移动示波器	201720571928.4	颜宋宋等	实用新型	物理与电子信息学院
330	一种新型智能化控制人形机器人	201720574208.3	颜宋宋等	实用新型	物理与电子信息学院

续 表

序 号	专利名称	授权号	发明人	类 型	依托单位
331	一种可见光通信系统	201720579078.2	李辉等	实用新型	物理与电子信息学院
332	高空采样剪	201720579529.2	李光宇等	实用新型	环境科学与工程学院
333	一种分布式无线手机充电装置	201720589657.5	周 琦	实用新型	物理与电子信息学院
334	一种物品找寻定位系统	201720608876.3	张勤等	实用新型	物理与电子信息学院
335	一种基于STM32的酒精测试仪	201720609531.X	檀 雪	实用新型	物理与电子信息学院
336	一种可做发绳的耳机	201720632057.2	张 娟	实用新型	物理与电子信息学院
337	一种停车场指示装置	201720637223.8	张 娟	实用新型	物理与电子信息学院
338	霍尔摇杆鼠标	201720641986.X	陈彪等	实用新型	物理与电子信息学院
339	一种用于邮寄档案登记的扫描装置	201720650907.1	齐怀峰	实用新型	学生工作处
340	一种共享单车管理系统	201720653477.9	黄俊超等	实用新型	物理与电子信息学院
341	一种基于STM32芯片的测距仪	201720653479.8	黄俊超等	实用新型	物理与电子信息学院
342	一种基于物联网的高校后勤管理系统	201720661465.0	高红立等	实用新型	物理与电子信息学院
343	一种用于污泥比阻测定的蜂窝式计量筒	201720707731.9	罗晗倬等	实用新型	环境科学与工程学院
344	一种基于AT89S51的智能防盗报警器装置	201720715791.5	章欢欢	实用新型	物理与电子信息学院
345	3D无线鼠标	201630269216.8	张鹏飞等	外观设计	物理与电子信息学院
346	酒瓶贴	201630545500.3	吕静雅等	外观设计	环境科学与工程学院
347	酒瓶贴	201630545506.0	吕静雅等	外观设计	环境科学与工程学院
348	酒盒(蜂蜜酒)	201630577355.7	吕静雅等	外观设计	环境科学与工程学院
349	酒袋	201630577371.6	吕静雅等	外观设计	环境科学与工程学院
350	酒盒(红粬酒)	201630577388.1	吕静雅等	外观设计	环境科学与工程学院

(科研处供稿)

(三)各类考试基地工作情况

【招生办各类考试阅卷工作】 2017年,我校继续承担音乐、美术、体育类的全省统考和阅卷任务以及普通高考文科综合、理科综合阅卷工作。还承担了全省播音与主持艺术专业专业课统考及运动训练专业单独招生文化课全国统考工作,各项招生考试工作均顺利完成。其中,高考文、理综合科目网上评卷是我校第九次承担此项工作。此次网上评卷,学校共组织抽调评卷教师1 000余人,工作人员200余人,配备计算机约1 300台套,成立了评卷工作领导组,顺利完成了评卷任务。

(招生就业处供稿)

【研究生院各类考试阅卷工作】 2017年,我校继续负责组织全省研究生统考科目阅卷工作。共扫描23个统考科目251 667份试卷,共评阅全省24个招生单位,19个统考科目,49 917名考生的125 089份试卷。评卷工作实现零差错。

(研究生院供稿)

（四）各级各类考试培训工作

【组织部干部培训工作】 加强省干部培训高校基地建设，加大宣传，提升培训能力。承办阜阳幼儿师范高等专科学校46名中层干部管理素养提升培训班、池州学院40名教研室主任岗位能力提升专题培训班。

（组织部供稿）

【继续教育学院培训工作】 国培计划。成功申报教育部示范性国培项目、安徽省中西部及幼师国培项目。承担名师高端研修项目2项100人（小学语文100人、小学英语50人），教育部教师工作坊高端研修项目初中英语坊主21人、学员2 100，教育部跨年度递进式研修项目2项100人（小学数学50人/2年、初中语文50人/3年），教育部示范性综合改革项目初中英语50人。安徽省乡村教师（校园长）培训团队研修2项768人（中小学幼儿园教师培训团队467人、中小学校长培训团队301人），乡村教师访名校短期集中培训项目11项，参训人员1 009人。

省培计划。赴合肥异地承担安徽省2017年教育管理干部和骨干教研员专题研修班。其中，政府分管领导研修班130人，教育局局长研修班260人，示范高（完）中校长（书记）研修班300人。承担安徽省第5期教育管理干部高级研修班50人、安徽省第24期高（完）中校长提高培训班80人、安徽省第15期高（完）中骨干校长高级研修培训班50人。承担安徽省幼儿园骨干教师访名校培训项目178人，安徽省中等职业学校教师省级培训计划中职班主任培训班100人。

委托培训。共承接各地市县教育部门培训项目22班次，参训人数1 433人；承接其他行业人员综合素养和业务素质能力提升培训5班次，培训学员350人。

（撰稿：姜永清　审稿：胡金戈）

【辅导员基地培训工作】 日常培训。承办教育部第180期全国高校辅导员示范培训班暨网络思想政治教育专题培训，培训学员82人。承办中共安徽省委教育工委委托的5期高校辅导员培训，包括2期上岗培训、2期专题培训、1期高级研修，共培训辅导员1 098人。承办桐城师范高等专科学校、皖西卫生职业学院、淮南联合大学委托举办的委托培训，培训学员124人。

科学研究及人才培养。根据《安徽省教育厅关于开展2017年度高校科学研究项目申报工作的通知》文件要求，基地组织了2017年度安徽高校人文社会科学重点研究基地招标项目评审。基地评审了5个重点项目，上报教育厅并全部获得立项。辅导员基地自筹10万元，按2万元/项对立项项目进行资助。根据《教育部思政司关于做好2017年高校辅导员在职攻读博士学位招生工作的通知》文件精神，基地依托安徽师范大学思想政治教育博士点，2017年招收辅导员在职攻读博士学位4人，完成了教育部下达的4个辅导员博士专项计划。自2010年起开始招收辅导员在职攻读思想政治教育专业博士研究生以来，基地至今已招收8届27人，截至2017年底，9人毕业，18人在读。

决策咨询服务。搭建高校辅导员工作信息交流和共享平台，为高校开展辅导员队伍建设和辅导员工作研究提供基地数据和信息资料。加强基地与高校学工部（处）、科研部门的重要信息交流、科研项目选题的磋商及工作中的合作。起草《2017年安徽省高等学校辅导员培训工作方案（建议稿）》，获得省委教育工委的认可并正式发文。受安徽省教育厅思政处的委托开展高校思想政治工作专题调研和全省高校辅导员工作专题调研，撰写并提交《安徽省高校辅导员队伍建设现状研究》。受教育部思想政治工作司和安徽省教育厅思政处的委托，开展关于开展“全国高校辅导员年度人物评选”与“全国高校辅导员职业能力大赛”工作书面调研。

承办活动。受安徽省教育厅思想政治工作处委托，5月16日召开“加强和改进安徽省高校辅导员工作”研讨会，探讨加强和改进安徽省高校辅导员能力建设和高校辅导员培训工作。承办第六届全国高校辅导员职业能力大赛第六赛区复赛，来自上海、江苏、浙江、安徽等四个省(市)的39名选手参加了本次大赛，来自全国各地400多人到场观摩。承办安徽省2017年高校辅导员职业能力比赛，来自24所高校的30名优秀辅导员参加决赛。承办2017年全省高校辅导员优秀论文评比活动，共收到来自全省57所高校(其中本科高校35所，高职高专22所)134篇论文，共评出一等奖3名、二等奖7名、三等奖10名、优秀奖10名以及优秀组织单位4名。

基地建设。推进辅导员培训师资库建设，新增6名校外专家学者和2名校内专家学者担任基地辅导员培训主讲教师。推进基地专家库建设，邀请省内多名专家担任基地学术委员会委员。推进辅导员培训教学实践基地建设，加强与4个校外辅导员培训教学实践基地的联系，积极拓展新的辅导员培训教学实践基地。

(辅导员基地供稿)

【高师中心培训工作】 2017年，安徽省高等学校师资培训中心坚持以提升教师教育教学能力为核心，以促进教师发展为重点，依托省内重点高校和优势学科，紧紧围绕加强师资队伍建设这一主线，积极拓展培训业务，全年共培训6 890人次，被安徽省继续教育协会授予“全省继续教育先进单位”，被省人力资源和社会保障厅授予“安徽省专业技术人员继续教育基地”。

岗前培训。全年共有3 298名高校教师新入职教师参加了岗前培训。岗前培训工作继续采用“集中培训、校本培训和在线学习”三者有机结合的方式，较往年相比，在今年的集中培训中突出对新教师教学实践技能的培训。

省培计划项目。落实安徽省高职院校“省培计划”实施和管理机构职责，认真组织实施培训项目，加强实训基地建设，科学设置培训课程，建立培训反馈机制，增强培训的针对性，确保培训质量。全年共培训高职院校教师2 254人次，较往年有较大幅度提升。

中西部高校新入职教师国培示范项目。承担了教育部中西部高校新入职教师国培示范项目，共培训新入职教师102名。该班采用“专题讲座+实践教学+返岗教研”相结合的混合式培训模式，以专题讲座为基础，以实践教学为重点，以返岗教研为延伸，强化新入职教师教育水平和能力，在教育部组织的专家飞行检查中获得好评，并在教育部举办的“培训者培训”会上做经验介绍。

“双师型”教师认定工作。开展了安徽省高等职业院校第二批“双师型”教师认定工作，经过初评、复评、公示三轮环节，共评出高级、中级、初级“双师型”教师1 457名。

访问学者工作。在派出端，派出教育部青年骨干教师国内访问学者66名；在接收端，中心协调中国科技大学、合肥工业大学、安徽大学、安徽师范大学接受全国范围内教育部青年骨干教师、访问学者和一般项目访问学者150余人。其中协助安徽师范大学接受国内访问学者32人。

启动高职国培项目。为贯彻落实习近平总书记关于教师工作的系列重要指示精神，全面加强职业院校“双师型”教师队伍建设，切实提升职业院校教师素质能力，安徽省高等职业院校教师素质提高计划(2017—2020)国家级培训工作正式启动。2017年度，我省计划投入经费1 200万元，规划实施高职国培项目33个，培训高职院校教师960人。

职教分中心揭牌。3月31日，安徽省高等学校师资培训中心职业教育分中心在六安职业技术学院揭牌，省委教育工委副书记王佩刚、安徽师范大学党委书记顾家山等出席揭牌仪式。

高级研修班。2017年7月，人力资源和社会保障部专业技术人才知识更新工程国家级项目——“大数据时代现代物流创新发展高级研修班”在安徽师范大学举办，共70人参加培训。

(高师中心供稿)

(五)教育集团工作

【概　况】 2017年，学校对内认真做好附属学校的宏观管理和教职工入学升学的服务工作，对外做好合作办学和教育培训工作，稳健发展，为高水平大学建设提供优质服务和保障条件。

【持续提升附属学校品牌】 2017年,附中高考再续辉煌,芜湖市文、理科状元双星闪耀,理科一本达线率85.3%,文科一本达线率83.5%。保送清北学生数位列芜湖市第一。在全国五大学科竞赛500强学校中排名第31位,附中的美誉度持续攀升。"小教集团"集团化优质资源办学影响不断扩大,形成"1总7分"的格局,弋江区附小东、西两个校区大大缓解了政府压力。"幼教集团"成立3年来,不断探索连锁管理、政府委托托管、大学附属公办园和民办园等不同性质幼儿园的管理模式,成为安徽省学前教育集团化办学的标杆,9月9日,省委李锦斌书记专门考察了文津幼儿园,并给予高度评价。幼教集团在全国同行的影响不断扩大,福建师大幼儿园派人跟园学习一年,并和上海荷花池幼儿园、深圳实验幼儿园互派教师跟班教研,提高了幼教集团教师的业务水平。

【教职工子女升学渠道畅通】 2017年,共摸底登记教职工子女(孙子女)小学升初中、初中升高中信息132条,召开政策解读会1次。及时出台相关会议纪要,积极主动协调市政府及相关学校的关系,最大程度地满足教职工子女的升学需求。先后向市政府教育局递交专题报告6份,重点解决了65名教职工子女(孙子女)"初升高"的疑难问题。

【凸显集团化办学优势】 集团化办学对芜湖基础教育起到了引领与带动作用。托管的萃文中学办学水平逐年提升,2017年满员招生12个班,同比2016年扩了4个班。2017年中考状元和第四名均出自于萃文中学,省示范高中达线率47.6%。安徽师范大学第二附属中学在招生和教学质量上稳步提高,社会效益和经济效益均在稳步增长。2017年293人参加高考,109人被本科院校录取,其中一本11人,本科录取率37.2%。芜湖市第二批名校长工作室落户二附中,二附中已成为芜湖市民办高中办学的旗杆。集团化办学经验被国内同类多所高师院校效仿。福建师大后勤集团特派1名幼儿园副园长跟班学习管理经验半年,阜阳师范学院2次派团队了来校考察调研。

【稳健推进优质教育资源下沉】 2017年,学校与宿松县人民政府签订"安徽师范大学附属复兴中学"合作办学协议,该校占地173.47亩,投资1.58亿。与马鞍山安徽致远教育发展有限公司签订"安徽师范大学附属郑蒲港学校"合作办学协议,该校占地400亩,投资4.85亿。与六安市叶集区人民政府签订"安徽师范大学附属叶集中学"合作办学协议,该校占地272亩,投资3.0亿。

【打通基础教育国际升学通道】 2017年,"安徽师范大学卡迪夫国际预科中心"输送"1+3"学制学生7名到英国、澳大利亚、加拿大高校学习,开启了基础教育国际名校直升通道。招收"1+3"和"1+1"学制学生18人。

【超额完成年度经济目标任务】 2017年,附中合作办学收入400万元,"小教集团"合作办学收入420万元。"幼教集团"连锁管理费收入173万元。集团超额完成100万元的年度经济目标任务。

(教育集团供稿)

八、对外交流与开放办学

（一）对外交流与合作

【友好大学的建立与来访】 新增国(境)外5所友好院校。规范外宾团组的来访接待,完成了美国、韩国、英国等相关机构的友好访问、讲学、洽谈合作项目的接待工作。创造机会让外宾实地接触和考察各院系,深入探讨各项合作事宜。接待国(境)外团组31个,共120人次。

【出国境访问、访学、培训】 学校对外交流人数持续增加。交流领域涵盖教学、科研、管理等方面,交流人员包括教师、干部、学生,交流方式有访问、访学、会议、培训、互办学生春(夏)令营等。互办学生夏(冬令营)两次,赴俄罗斯和美国开展教师团组培训共3次。年内,因公出国境人数202人,应邀赴中国台湾地区人数30人(其中学生10人)。

【引智工作】 继续聘请语言外教共8名,其中英语外教2名、日语外教1名、俄语外教1名、法语外教1名、韩语外教3名。邀请了海外友好院校的教师来我校教授中外合作办学项目的各类专业课程。

【中外合作办学项目】 推动各领域中外合作办学项目的开展,环境艺术设计、法语、化学、人力资源管理、新闻、生物科学6个中外联合培养专业获教育部备案审批。2015级学前教育、动画、酒店管理、英语、俄语、会计学学士学位联合培养项目共86名学生赴国外合作院校就读。现代教育技术硕士中外合作办学项目3名学生顺利毕业,6名学生赴合作院校就读。

【孔子学院】 澳大利亚查尔斯·达尔文孔子学院自2012年挂牌以来发展态势良好。3月7日,国家汉办同意我校与乌克兰扎波罗热国立大学建立独立的孔子课堂,我校派一名教师前去担任汉语教师。

2017年因公出国(境)名单

序　号	姓　名	单位及职务	出国(境)事由	访问国家或地区	组团单位	出访时间
1	凤尔银	物理与电子信息学院教师	交流学习	美国	安徽师范大学	2017.1
2	王义德	法学院教师	交流学习	美国	安徽师范大学	2017.1
3	崔　健	数学计算机科学学院教师	交流学习	美国	安徽师范大学	2017.1
4	高　超	国土资源与旅游学院教师	交流学习	美国	安徽师范大学	2017.1
5	罗时忠	化学与材料科学学院教师	交流学习	美国	安徽师范大学	2017.1
6	李　平	文学院教师	交流学习	美国	安徽师范大学	2017.1
7	何　斌	体育学院教师	交流学习	美国	安徽师范大学	2017.1
8	丁修真	历史与社会学院教师	交流学习	美国	安徽师范大学	2017.1
9	芮宏明	新闻与传播学院教师	交流学习	美国	安徽师范大学	2017.1
10	吴　婷	环境科学与工程学院教师	交流学习	美国	安徽师范大学	2017.1
11	张克松	外国语学院教师	交流学习	美国	安徽师范大学	2017.1
12	张孝荣	外国语学院教师	交流学习	美国	安徽师范大学	2017.1

续 表

序 号	姓 名	单位及职务	出国(境)事由	访问国家或地区	组团单位	出访时间
13	谢娅娴	外国语学院教师	交流学习	美国	安徽师范大学	2017.1
14	何建华	经济管理学院教师	交流学习	美国	安徽师范大学	2017.1
15	李庆丰	音乐学院教师	交流学习	美国	安徽师范大学	2017.1
16	胡祥龙	美术学院教师	交流学习	美国	安徽师范大学	2017.1
17	路丙辉	马克思主义学院教师	交流学习	美国	安徽师范大学	2017.1
18	肖佳欣	生命科学学院教师	交流学习	美国	安徽师范大学	2017.1
19	马广见	法学院教师	交流学习	美国	安徽师范大学	2017.1
20	陶 佳	教育科学学院教师	交流学习	美国	安徽师范大学	2017.1
21	周 军	历史与社会学院教师	访学	美国	安徽师范大学	2017.1
22	叶 超	外国语学院教师	访学	爱尔兰	安徽师范大学	2017.1
23	徐 飞	经济管理学院教师	访学	中国台湾	安徽师范大学	2017.1
24	汪 洋	经济管理学院教师	访学	中国台湾	安徽师范大学	2017.1
25	姚 韬	经济管理学院教师	访学	美国	安徽师范大学	2017.1
26	周尔凤	经济管理学院教师	访学	美国	安徽师范大学	2017.1
27	范 劼	音乐学院教师	访学	美国	安徽师范大学	2017.1
28	李子华	皖江学院院长	访问	法国、英国	安徽师范大学	2017.1
29	胡一鸣	皖江学院教务处	访问	法国、英国	安徽师范大学	2017.1
30	刘玉龙	皖江学院教师	访问	法国、英国	安徽师范大学	2017.1
31	单传友	马克思主义学院教师	访学	中国台湾	安徽师范大学	2017.1
32	项念东	文学院教师	访学	中国台湾	安徽师范大学	2017.1
33	朱光来	物理与电子信息学院教师	访学	美国	安徽师范大学	2017.1
34	王华明	数学计算机科学学院教师	访学	中国台湾	安徽师范大学	2017.1
35	陶永华	马克思主义学院教师	访学	中国台湾	安徽师范大学	2017.1
36	陶金花	学生工作处心理健康中心主任	访学	中国台湾	安徽师范大学	2017.1
37	接 标	数学计算机科学学院教师	访学	美国	安徽师范大学	2017.1
38	王 蕾	外国语学院教师	交流学习	美国	安徽师范大学	2017.2
39	杨瑾瑜	新闻与传播学院教师	访学	中国台湾	安徽师范大学	2017.2
40	徐 赟	教育科学学院教师	交流学习	澳大利亚	安徽师范大学	2017.2
41	花家涛	体育学院教师	访学	中国台湾	安徽师范大学	2017.2
42	曹明响	数学计算机科学学院教师	访学	美国	安徽师范大学	2017.2
43	陈久如	马克思主义学院教师	交流学习	俄罗斯	安徽师范大学	2017.2
44	王 峰	环境科学与工程学院教师	交流学习	俄罗斯	安徽师范大学	2017.2
45	吴 微	文学院教师	交流学习	俄罗斯	安徽师范大学	2017.2
46	朱启友	法学院教师	交流学习	俄罗斯	安徽师范大学	2017.2
47	孔庆洋	经济管理学院教师	交流学习	俄罗斯	安徽师范大学	2017.2
48	李 城	音乐学院教师	交流学习	俄罗斯	安徽师范大学	2017.2
49	赵文坦	美术学院教师	交流学习	俄罗斯	安徽师范大学	2017.2
50	王彦章	历史与社会学院教师	交流学习	俄罗斯	安徽师范大学	2017.2
51	金维才	教育科学学院教师	交流学习	俄罗斯	安徽师范大学	2017.2

续 表

序 号	姓 名	单位及职务	出国(境)事由	访问国家或地区	组团单位	出访时间
52	胡 讯	外国语学院讲师	交流学习	俄罗斯	安徽师范大学	2017.2
53	方 敏	体育学院教师	交流学习	俄罗斯	安徽师范大学	2017.2
54	冯明荣	新闻与传播学院教师	交流学习	俄罗斯	安徽师范大学	2017.2
55	王 杨	数学计算机科学学院教师	交流学习	俄罗斯	安徽师范大学	2017.2
56	高 伟	物理与电子信息学院教师	交流学习	俄罗斯	安徽师范大学	2017.2
57	方 臻	化学与材料科学学院教师	交流学习	俄罗斯	安徽师范大学	2017.2
58	吴 立	国土资源与旅游学院教师	交流学习	俄罗斯	安徽师范大学	2017.2
59	李 恩	生命科学学院教师	交流学习	俄罗斯	安徽师范大学	2017.2
60	杭 华	环境科学与工程学院教师	交流学习	俄罗斯	安徽师范大学	2017.2
61	夏吉中	安徽师范大学附属中学教师	交流学习	俄罗斯	安徽师范大学	2017.2
62	茆家祥	安徽师范大学附属小学教师	交流学习	俄罗斯	安徽师范大学	2017.2
63	何心伟	化学与材料科学学院教师	访学	美国	安徽师范大学	2017.2
64	张佩云	数学计算机科学学院教师	参加学术会议	意大利	安徽师范大学	2017.2
65	张德让	外国语学院教师	交流学习	美国	安徽师范大学	2017.3
66	方 泓	文学院助理研究员	交流学习	美国	安徽师范大学	2017.3
67	柏友萍	体育学院教师	交流学习	美国	安徽师范大学	2017.3
68	卢 玉	体育学院教师	交流学习	美国	安徽师范大学	2017.3
69	孙国正	数学计算机科学学院教师	交流学习	美国	安徽师范大学	2017.3
70	李 杰	数学计算机科学学院教师	交流学习	美国	安徽师范大学	2017.3
71	郭明乐	数学计算机科学学院教师	交流学习	美国	安徽师范大学	2017.3
72	张先燚	物理与电子信息学院教师	交流学习	美国	安徽师范大学	2017.3
73	梁 军	物理与电子信息学院教师	交流学习	美国	安徽师范大学	2017.3
74	唐业仓	化学与材料科学学院教师	交流学习	美国	安徽师范大学	2017.3
75	倪永红	化学与材料科学学院教师	交流学习	美国	安徽师范大学	2017.3
76	麻金继	国土资源与旅游学院教师	交流学习	美国	安徽师范大学	2017.3
77	鲁成树	国土资源与旅游学院教师	交流学习	美国	安徽师范大学	2017.3
78	聂刘旺	生命科学学院教师	交流学习	美国	安徽师范大学	2017.3
79	柯丽霞	生命科学学院教师	交流学习	美国	安徽师范大学	2017.3
80	周守标	环境科学与工程学院教师	交流学习	美国	安徽师范大学	2017.3
81	杨文斌	环境科学与工程学院教师	交流学习	美国	安徽师范大学	2017.3
82	张泉泉	新闻与传播学院教师	访学	美国	安徽师范大学	2017.3
83	詹学军	美术学院	访问	美国	安徽师范大学	2017.3
84	王 霖	美术学院	访问	美国	安徽师范大学	2017.4
85	李 颖	美术学院	访问	美国	安徽师范大学	2017.4
86	舒新文	物理与电子信息学院教师	进行合作研究	中国台湾	安徽师范大学	2017.4
87	周尔凤	经济管理学院教师	学术会议	美国	安徽师范大学	2017.5
88	程 智	数学计算机科学学院交市	访学	加拿大	安徽师范大学	2017.5
89	王建琴	体育学院教师	参加研讨会	中国澳门	安徽师范大学	2017.5
90	康 健	历史与社会学院教师	参加工作坊	中国台湾	安徽师范大学	2017.5

续 表

序　号	姓　名	单位及职务	出国(境)事由	访问国家或地区	组团单位	出访时间
91	刘　畅	环境科学学院教师	参加学术会议	西班牙	安徽师范大学	2017.5
92	吴翠萍	历史与社会学院教师	参加研修班	中国香港	安徽师范大学	2017.5
93	郭淑新	马克思主义学院	参加学术会议	德国	安徽师范大学	2017.5
94	陈付龙	数学计算机科学学院教师	参加夏日学校	瑞典	安徽师范大学	2017.5
95	余　涛	体育学院教师	交流学习	俄罗斯	安徽师范大学	2017.6
96	高　升	体育学院教师	交流学习	俄罗斯	安徽师范大学	2017.6
97	高首东	体育学院教师	交流学习	俄罗斯	安徽师范大学	2017.6
98	沈剑英	体育学院教师	交流学习	俄罗斯	安徽师范大学	2017.6
99	蒋　莹	体育学院教师	交流学习	俄罗斯	安徽师范大学	2017.6
100	张公善	文学院教师	访学	中国台湾	安徽师范大学	2017.6
101	张志华	教育科学学院教师	访学	中国台湾	安徽师范大学	2017.6
102	刘　利	体育学院教师	参加学术会议	泰国	安徽师范大学	2017.6
103	王学灵	继续教育学院副院长	访问	加拿大	安徽师范大学	2017.6
104	吴兆峰	继续教育学院国际合作部主任	访问	加拿大	安徽师范大学	2017.6
105	胡承佼	文学院教师	访学	日本	安徽师范大学	2017.6
106	黄徐根	体育学院教师	访学	美国	安徽师范大学	2017.6
107	薛红莉	教育科学学院教师	参加学术会议	加拿大	安徽师范大学	2017.7
108	宣　宾	教育科学学院教师	参加学术会议	加拿大	安徽师范大学	2017.7
109	余伶莲	国土资源与旅游学院教师	访学	加拿大	安徽师范大学	2017.7
110	邵剑文	生命科学学院教师	进行学术研究	英国	安徽师范大学	2017.7
111	戴兆国	科研处副处长	学习交流	丹麦、瑞典、荷兰	省社科联合会	2017.7
112	孟祥勇	环境工程与科学学院教师	参加学术会议	美国	安徽师范大学	2017.7
113	叶文举	文学院教师	参加学术会议	德国	安徽师范大学	2017.7
114	张　勇	文学院教师	参加研讨会	韩国	安徽师范大学	2017.7
115	耿保友	科研处副处长	参加学术会议	澳大利亚	安徽师范大学	2017.7
116	郭良敏	数学计算机科学学院教师	访学	美国	安徽师范大学	2017.7
117	柳丽娜	教育科学学院教师	访学	中国台湾	安徽师范大学	2017.7
118	罗永龙	数学计算机科学学院副院长	执行培训任务	美国	安徽师范大学	2017.7
119	石建平	物理与电子信息学院教师	执行培训任务	美国	安徽师范大学	2017.7
120	管玲玲	外国语学院教师	参加夏令营	俄罗斯	安徽师范大学	2017.7
121	张孝荣	外国语学院副院长	交流学习	美国	安徽师范大学	2017.7
122	李晓博	教育科学学院教师	交流学习	美国	安徽师范大学	2017.7
123	耿保友	科研处副处长	执行培训任务	日本	安徽师范大学	2017.7
124	张　方	生命科学学院教师	学术交流	美国	安徽师范大学	2017.7
125	余晓红	文学院副院长	参加学术会议	德国	安徽师范大学	2017.7
126	陈秀庆	经济管理学院党委书记	带学生学习	美国	安徽师范大学	2017.7
127	于　琼	经济管理学院辅导员	带学生学习	美国	安徽师范大学	2017.7
128	奚庆庆	历史与社会学院教师	访学	英国	安徽师范大学	2017.7
129	骆正位	附属小学副校长	交流学习	澳大利亚	安徽师范大学	2017.7

续 表

序 号	姓 名	单位及职务	出国(境)事由	访问国家或地区	组团单位	出访时间
130	葛爱莲	附属小学教师	交流学习	澳大利亚	安徽师范大学	2017.7
131	宋 玲	附属小学教师	交流学习	澳大利亚	安徽师范大学	2017.7
132	姚金中	附属小学教师	交流学习	澳大利亚	安徽师范大学	2017.7
133	蔡水澜	附属小学教师	交流学习	澳大利亚	安徽师范大学	2017.7
134	肖 荣	附属小学教师	交流学习	澳大利亚	安徽师范大学	2017.7
135	王军霞	附属小学教师	交流学习	澳大利亚	安徽师范大学	2017.7
136	周 蓉	附属小学教师	交流学习	澳大利亚	安徽师范大学	2017.7
137	杨柏岭	新闻与传播学院教师	交流学习	美国	安徽师范大学	2017.7
138	顾 凌	文学院教师	交流学习	美国	安徽师范大学	2017.7
139	武道房	文学院教师	交流学习	美国	安徽师范大学	2017.7
140	江守义	文学院教师	交流学习	美国	安徽师范大学	2017.7
141	干俊成	马克思主义学院教师	交流学习	美国	安徽师范大学	2017.7
142	胡安全	马克思主义学院教师	交流学习	美国	安徽师范大学	2017.7
143	周俊强	法学院教师	交流学习	美国	安徽师范大学	2017.7
144	雍自元	法学院教师	交流学习	美国	安徽师范大学	2017.7
145	冷 昕	经济管理学院讲师	交流学习	美国	安徽师范大学	2017.7
146	张廷龙	经济管理学院教师	交流学习	美国	安徽师范大学	2017.7
147	刘咏莲	音乐学院教师	交流学习	美国	安徽师范大学	2017.7
148	薛 军	音乐学院教师	交流学习	美国	安徽师范大学	2017.7
149	邓艺梅	美术学院教师	交流学习	美国	安徽师范大学	2017.7
150	郭兵要	美术学院讲师	交流学习	美国	安徽师范大学	2017.8
151	仇凤仙	历史与社会学院教师	交流学习	美国	安徽师范大学	2017.8
152	张新明	教育科学学院教师	交流学习	美国	安徽师范大学	2017.8
153	李光华	外国语学院教师	交流学习	美国	安徽师范大学	2017.8
154	丁云亮	新闻与传播学院教师	交流学习	美国	安徽师范大学	2017.8
155	袁扬胜	物理与电子信息学院教师	参加学术会议	新加坡	安徽师范大学	2017.8
156	朱为民	人事处处长	参加研讨会	中国台湾	省教育厅	2017.9
157	费明稳	数学计算机科学学院教师	参加学术会议	加拿大	安徽师范大学	2017.9
158	王再见	物理与电子信息学院教师	学术交流	澳大利亚	安徽师范大学	2017.9
159	张庭廷	生命科学学院教师	学术交流	美国	安徽师范大学	2017.9
160	张 勇	文学院	参加研讨会	中国台湾	安徽师范大学	2017.9
161	奚 晨	外国语学院	访学	日本	安徽师范大学	2017.9
162	彭凤莲	法学院院长	参加学术会议	中国台湾	安徽师范大学	2017.9
163	赵文珍	外国语学院教师	访学	日本	安徽师范大学	2017.9
164	郭 理	马克思主义学院教师	访学	中国台湾	安徽师范大学	2017.9
165	沈剑英	体育学院教师	执行裁判任务	韩国	安徽师范大学	2017.9
166	师学芹	生命科学学院教师	访学	美国	安徽师范大学	2017.11
167	汤 敏	数学计算机科学学院副院长	访问	英国	安徽师范大学	2017.10
168	陈付龙	数学计算机科学学院教师	访问	英国	安徽师范大学	2017.10

续 表

序 号	姓 名	单位及职务	出国(境)事由	访问国家或地区	组团单位	出访时间
169	何道江	数学计算机科学学院教师	访问	英国	安徽师范大学	2017.10
170	王 菲	外国语学院教师	访学	美国	安徽师范大学	2017.10
171	魏巢凤	外国语学院教师	访学	美国	安徽师范大学	2017.10
172	陈亚君	外国语学院教师	访学	美国	安徽师范大学	2017.10
173	周 玲	外国语学院教师	访学	美国	安徽师范大学	2017.10
174	窦玉玉	外国语学院教师	访学	美国	安徽师范大学	2017.10
175	屈 军	物理与电子信息学院教师	参加学术会议	新加坡	安徽师范大学	2017.10
176	冯友宏	物理与电子信息学院教师	参加学术会议	新加坡	安徽师范大学	2017.10
177	万 锐	环境工程与科学学院教师	访学	新加坡	安徽师范大学	2017.10
178	张立新	经济管理学院副院长	参加论坛	中国台湾	安徽师范大学	2017.10
179	王朝辉	国土资源与旅游学院副院长	参见学术会议	美国	安徽师范大学	2017.11
180	朱礼长	高师培训中心主任	访问	中国台湾	省教育厅	2017.11
181	赵 红	工会主席	访问	中国台湾	省工会	2017.11
182	丁修真	历史与社会学院教师	访学	中国台湾	安徽师范大学	2017.11
183	史后波	经济管理学院教师	访学	美国	安徽师范大学	2017.11
184	陈海燕	安师大附属幼儿园副园长	参加艺术展演	新加坡	安徽师范大学	2017.11
185	杨春燕	安师大附属幼儿园教师	参加艺术展演	新加坡	安徽师范大学	2017.11
186	韩 艳	安师大附属幼儿园教师	参加艺术展演	新加坡	安徽师范大学	2017.11
187	束 磊	安师大附属幼儿园教师	参加艺术展演	新加坡	安徽师范大学	2017.11
188	刘大庆	安师大附属幼儿园教师	参加艺术展演	新加坡	安徽师范大学	2017.11
189	潘学成	安师大附属幼儿园教师	参加艺术展演	新加坡	安徽师范大学	2017.11
190	余筱兰	法学院教师	访学	美国	安徽师范大学	2017.11
191	余在海	马克思主义学院教师	访学	美国	安徽师范大学	2017.11
192	江永霞	外国语学院教师	访学	美国	安徽师范大学	2017.11
193	李汪根	计算机科学学院副院长	访学	澳大利亚	安徽师范大学	2017.11
194	马 原	新闻与传播学院教师	访学	新加坡	安徽师范大学	2017.11
195	李光宇	法学院教师	访学	中国台湾	安徽师范大学	2017.11
196	李建栋	文学院教师	访学	中国台湾	安徽师范大学	2017.11
197	吴文涛	教育科学学院教师	访学	中国台湾	安徽师范大学	2017.11
198	程新峰	环境工程与科学学院	访学	澳大利亚	安徽师范大学	2017.11
199	王 露	化学与材料科学学院教师	访学	英国	安徽师范大学	2017.11
200	庄微微	外国语学院教师	参加冬令营	俄罗斯	安徽师范大学	2017.11
201	席玉宝	体育学院院长	学术交流	美国	安徽师范大学	2017.11
202	金 涛	体育学院副院长	学术交流	美国	安徽师范大学	2017.11
203	黄徐根	体育学院教师	学术交流	美国	安徽师范大学	2017.11
204	胡传志	研究生院院长	参加研讨会	中国台湾	安徽师范大学	2017.11
205	林 凌	生命科学学院教师	访学	德国	安徽师范大学	2017.11
206	徐玉婷	国土资源与旅游学院教师	学术会议	美国	安徽师范大学	2017.11
207	胡益民	化学与材料科学学院教师	学术会议	西班牙	安徽师范大学	2017.11

续 表

序 号	姓 名	单位及职务	出国(境)事由	访问国家或地区	组团单位	出访时间
208	刘云霞	国土资源与旅游学院教师	访学	澳大利亚	安徽师范大学	2017.11
209	吕 军	教务处教师	访学	澳大利亚	安徽师范大学	2017.11
210	冯友宏	物理与电子信息学院教师	访学	澳大利亚	安徽师范大学	2017.11
211	尹寿兵	国土资源与旅游学院教师	访学	澳大利亚	安徽师范大学	2017.11
212	王 伦	校长	访问	英国、法国、瑞士	安徽师范大学	2017.11
213	胡传志	安徽师范大学研究生院院长	访问	英国、法国、瑞士	安徽师范大学	2017.11
214	陆 林	安徽师范大学科研处处长	访问	英国、法国、瑞士	安徽师范大学	2017.11
215	韩 笑	安徽师范大学外事办公室秘书	访问	英国、法国、瑞士	安徽师范大学	2017.11
216	牛 林	音乐学院教师	访学	中国台湾	安徽师范大学	2017.11
217	胡益民	化学与材料科学学院教师	参加学术会议	越南	安徽师范大学	2017.11
218	顾家山	校党委书记	访问	俄罗斯、乌克兰	安徽师范大学	2017.11
219	吴世红	外国语学院副院长	访问	俄罗斯、乌克兰	安徽师范大学	2017.11
220	桑青松	教育科学学院院长	访问	俄罗斯、乌克兰	安徽师范大学	2017.11
221	苏 勤	国土资源与旅游学院院长	访问	俄罗斯、乌克兰	安徽师范大学	2017.11
222	王 刚	发展规划处处长	访问	俄罗斯、乌克兰	安徽师范大学	2017.11
223	杜 俊	安徽师范大学办公室副主任	访问	俄罗斯、乌克兰	安徽师范大学	2017.11
224	吴翠萍	历史与社会学院教师	访学	中国台湾	安徽师范大学	2017.11
225	吴杰的	新闻与传播学院教师	访学	中国台湾	安徽师范大学	2017.12
226	汪荣强	美术学院教师	访学	中国台湾	安徽师范大学	2017.12
227	王 咏	国土资源与旅游学院教师	访学	美国、古巴	安徽师范大学	2017.12
228	钱 璐	国土资源与旅游学院教师	访学	美国、古巴	安徽师范大学	2017.12
229	王 萍	教育科学学院教师	交流学习	美国	安徽师范大学	2017.12
230	黄薇薇	国土资源与旅游学院教师	执行培训任务	法国	省旅游局	2017.12
231	聂竹明	教育科学学院副院长	参加学术会议	日本	安徽师范大学	2017.12
232	王路曦	教育科学学院教师	参加学术会议	日本	安徽师范大学	2017.12

(国际交流合作处供稿)

(二)校友工作

【完善校友信息数据】 推进校友信息系统的改版升级,加强对学院校友信息维护工作的培训和指导,校友信息完整率、准确率不断提高。新增校友信息7 000余条,校友信息总量突破10万条。梳理重点校友1 000余条信息,校友信息利用率不断提高。

【开展校友寻访活动】 制定《寻访校友典型事迹方案》,依托"师大印迹"校友工作志愿者服务队和各学院暑期社会实践小分队,赴全国各地寻访校友,搜集校友典型事迹,拍摄图片、视频,形成文字成果。

【加强校友宣传】 牵头建立或参与校友交流微信群60余个。积极运用学校公众号和校友会公众号推送学校最新发展和校友最新成就,校友工作的感染性和凝聚力进一步增强。

【校友品牌活动】 校院两级举办形式多样、内容丰富的校友论坛已形成机制,校友论坛成为校友与母校互动的重要载体。近40家校友企业为学生带来就业岗位1 000余个，校友企业专场招聘会成为校友直接服务母校的重要平台。全年共有69批3 828名校友返校聚会，校友返校聚会成为校友对母校表达情感的重要方式。在2017届毕业生中选聘了198名校友联络员，校友联络员成为加强学校校友工作开展的重要支撑。

（三）教育基金会工作

【概　况】 2017年，学校教育基金会积极开展各项公益爱心助学活动，安全有效运作基金，自觉接受社会监督，接受各类捐赠合计人民币1 168.65万元，公益支出合计326.93万元，年末基金余额2 944.38万元。

【公益活动】 2017年，基金会共开展各类公益资助活动24项，公益性支出合计人民币326.93万元。其中：

1. 发放奖助学金合计人民币181.50万元，资助学生共计926名，包括：

（1）2017年2月，从“国元证券奖助学金”中拨付人民币30万元，资助家庭经济困难且品学兼优的本科学生100名（经济管理学院和美术学院各50名），每人资助3 000元。

（2）2017年4月，从“化学80春雨爱心基金”梯尔希医药助学金中拨付人民币15万元，资助化学与材料科学学院2014级、2015级好学上进的家庭经济困难学生共60名。

（3）2017年5月，从“精锐奖学金”中共计拨付人民币15万元，奖励汉语言文学、英语、数学与应用数学和学前教育等4个师范本科专业2—4年级的优秀学生共60名。

（4）2017年5月，从“迎客松助学金”中拨付人民币9.2万元，在全校范围内资助芜湖市、宣城市、池州市、黄山市在籍贫困生46名。

（5）2017年6月，从“安科生物奖学金”中拨付共计人民币8万元，资助生命科学学院本科生、研究生共50名。

（6）2017年6月，从“昌华助学金”中拨付共计人民币10万元，资助物理与电子信息学院、化学与材料科学学院贫困本科学生共50名。

（7）2017年6月，从物理与电子信息学院“思源奖助学金”中拨付人民币8万元，奖助学生共80名。其中，奖学金奖励物理与电子信息学院2—4年级本科生和2—3年级研究生共40名，每人1 200元；助学金资助物理与电子信息学院2—4年级本科生和2—3年级研究生共40名，每人800元。

（8）2017年7月，从“明达奖助学金”中拨付10万元，奖励国土资源与旅游学院2—4年级成绩优异学生10名，每人3 000元；资助经济困难学生35名，每人2 000元。

（9）2017年9月，从“陶绍新助学金”中拨付共计人民币7.5万元，资助体育学院贫困本科学生25名，每人3 000元。

（10）2017年12月，从“宝文基金”新生助学金中拨付共计人民币16万元，资助全校200名家庭经济困难的2017级本科新生。

（11）2017年12月，从“杨燕制药助学金”中拨付共计人民币15万元，资助全校贫困本科生50名。

（12）2017年12月，从“新尹奖助学金”中拨付人民币2.8万元，奖助美术学院学生共20名。其中，资助一年级家庭经济困难学生18名，每人1 000元；资助孤儿学生2名，每人5 000元。

（13）2017年12月，从“顶峰教育奖助学金”中拨付人民币3万元，资助美术学院在读本科生共20名。其中，奖励优秀学生10名，每人1 200元；资助家庭经济困难学生8名，每人1 000元；资助孤儿学生2名，每人5 000元。

（14）2017年12月，从“弼兴爱心助学金”中拨付人民币2万元，资助化学与材料科学学院贫困本科学生20名，每人1 000元。

（15）2017年12月，从“国元证券奖助学金”中拨付人民币30万元，资助家庭经济困难且品学兼优的本科学生100名（经济管理学院和美术学院各50名），每人资助3 000元。

2.2017年4月，从“宝文基金”中拨付人民币

1万元，资助患有急性髓系白血病的2014级生物科学专业王晶同学；2017年10月，从“宝文基金”中拨付人民币1万元，资助被确诊为背部软组织恶性肿瘤的2015级法学专业刘玲玲同学。

3.2017年4月，拨付人民币3万元，第二次资助学校俄语专业建设专项。

4.2017年5月，拨付人民币5万元，第三次资助学校学生工作处主办的“就业指导课程教学大赛和职业规划大赛”活动。

5.2017年5月，向安庆市社会（儿童）福利院无偿捐赠幼儿图书读物220册，合计价值人民币1.10万元。

6.5月19日，与华为技术有限公司签订捐赠协议，设立大学生竞赛活动项目。12月，拨付人民币23.59万元，资助学校学生竞赛活动共计22个。

7.2017年9月10日，与文一投资控股集团签订捐赠协议，向我校捐赠1 000万元人民币，设立“文一最美教师公益基金”，用该集团2017年捐赠的人民币100万元，奖励本年度由教育厅公开评选出的“安徽最美教师”100名，每名教师奖励人民币1万元。

8.2017年10月，从“宝文基金”中拨付人民币6万元，资助美术学院77级校友出版画册、举办建校90周年画展等。

【专项基金】 1.2017年2月19日，著名画家、我校兼职教授应天齐先生与基金会签订协议，设立“程容因基金”（不动本基金），该基金每年增值的收入，用于奖励优秀学生和开展美术教育交流、绘画作品展览等公益活动。

2.2017年3月，同意教育科学学院的申请，设立“教育科学学院树人爱心基金”。“教育科学学院树人爱心基金”的来源主要为历届教育科学学院毕业的校友，以及社会企事业单位和爱心人士的捐赠，主要用于教育科学学院奖优助困、人才培养和学院建设。

3.2017年6月，同意幼教集团的申请，设立“幼儿教育发展基金”。“幼儿教育发展基金”主要来源为社会各界尊师重教、支持办学的无偿资助，社会贤达爱心人士的无偿捐赠，地方政府、主管单位给予的专项补助，爱心助学及其他合法收入。主要用于资助幼教集团及所属幼儿园校舍维护、硬件添置、人员培训，以及开展教学研究和对外交流活动等。

4.2017年6月，同意物理与电子信息学院的申请，设立“物理与电子信息学院思源爱心基金”。“物理与电子信息学院思源爱心基金”的来源主要为历届物理与电子信息学院毕业的校友，以及社会企事业单位和爱心人士的捐赠，主要用于物理与电子信息学院奖优助困、人才培养和学院建设。

5.2017年6月，同意附属中学的申请，设立“萃文基金”。“萃文基金”主要来源为社会各界尊师重教、支持办学的无偿资助，校友、社会贤达爱心人士的无偿捐赠，地方政府、主管单位给予的专项补助，爱心助学及其他合法收入。“萃文基金”主要用于资助附属中学校舍维护、硬件添置、人员培训、教师培养、特色学生的培养、优秀师生的奖励、特困师生的资助，以及开展教学研究和对外交流活动等。

6.2017年9月，省教育厅、安徽师范大学和文一投资控股集团三家商定，由文一投资控股集团捐资在我校设立“文一最美教师公益基金”，用于奖励安徽省教育厅评出的“安徽最美教师”。

【认定慈善组织情况】 基金会自2011年12月注册成立以来，连续7年通过第三方审计和省级年检合格。2017年10月23日，基金会被安徽省民间组织管理局认定为“慈善组织”。

【理事会人员变动情况】 1.2017年11月3日，召开第二届理事会第五、第六次会议。会议研究决定，方百盈同志不再担任基金会理事、秘书长，叶连顺同志不再担任基金会理事、资金管理部长。增加贡植斌同志、侯培勇同志为本届基金会理事。会议正式选举通过贡植斌同志担任本届基金会秘书长。

2.2017年11月10日，学校党委常委会研究决定，校纪委副书记不担任校内相关监事会监事，建议安徽师范大学教育基金会监事由校审计处处长吴春雷同志担任，按相关规定报上级主管单位审批。

【其　他】 1.2017年5月，经省教育厅、民政厅审查，安徽师范大学教育基金会2016年度工作年检合格，并于2017年10月公布。

2.2017年5月15日，朱典淼先生捐赠藏品精粹展开展仪式在校博物馆举行。2016年年底，朱典森先生将自己珍藏多年的名人字画与砚台共72件(书画作品31件、砚台41方)全部无偿捐献给基金会,由基金会无偿移交学校博物馆收藏。

3.2017年10月17日,安徽财经大学教育基金会理事长孙学斌,基金会秘书长、校友联谊总会常务副秘书长张金标,基金会财务部副部长李肖琦等一行专程来我校基金会考察交流。

4.2017年10月27日,基金会资助项目——1977级美术专业校友画展在美术学院开展。

5.2017年11月16至18日,中国高等教育学会教育基金工作研究分会第十九次年会在北京召开。基金会理事长沈洪、项目管理部长郑金泽参加会议。在这次年会上,沈洪同志被评为中国高等教育学会教育基金工作研究分会2017年度"教育基金工作先进个人"。

【安徽师范大学教育基金会组织机构】

理事长(法人代表):沈　洪

副理事长:王大明

理　　事:沈　洪　王大明　贡植斌　朱建彬　郑金泽　王振新　侯培勇

秘 书 长:贡植斌

监　　事:陈文兵

法律顾问:万尚庆

办事机构:

1.办公室

主任:贡植斌(兼)

2.项目管理部

部长:郑金泽

3.资金管理部

部长:叶连顺

4.驻合肥办事处

主任:蒋建国

(教育基金会供稿)

九、党建与管理工作

（一）党建与思想政治工作

【基层党组织和党员队伍建设】 推进“两学一做”学习教育常态化制度化和“讲重作”专题教育。制定出台《关于推进“两学一做”学习教育常态化制度化的实施方案》《关于在推进“两学一做”学习教育常态化制度化中开展“讲政治、重规矩、作表率”专题教育的方案》和《关于在全校党员干部中开展“讲政治、重规矩、作表率”专题警示教育的实施方案》。通过中心组学习、支部党员大会等形式，开展教育常态化制度化工作文件和会议精神、习近平总书记在全国高校思政工作会议和视察中国政法大学讲话精神专题学习以及“讲政治，我们怎么讲”“重规矩，我们怎么做”“作表率，我们怎么办”等3个专题研讨。通过院级党组织负责人学习会、推进会、实地督导、半月报、纪实评价系统网上调研等多种方式，推进各级党组织深入开展政治理论学习、专题研讨、“三个一”活动、红色主题实践活动、警示教育以及问题查摆与整改等工作，加强对各院级党组织特别是基层党支部的督查指导，开展警示教育100余场次，参加党员2 300余人次。学校工作受到省委和省委教育工委督导组的肯定，安徽先锋网30余次报道我校的做法。

以标准化建设为抓手，提升基层党建工作水平。制定学校基层党组织标准化“1+3”文件，即1个实施意见，3个建设标准（院级党组织、教工党支部、学生党支部）。细化不同类型党组织建设的具体标准和推进措施，出台《关于建立党员活动日制度的意见》，统一发放了党徽、《党委会会议记录本》和《党支部工作记录本》，统一规范了党员活动室标牌、院级党组织、基层党支部组织架构、工作制度，统一规定了学校《基层党组织标准化建设材料清单》。组织开展基层党组织标准化建设培训，先后针对院级党组织书记、基层党支部书记、院级党组织秘书分类开展3次培训，指导各基层党组织开展调查摸底，逐级建立台账，加强分类分层分阶段开展达标创争建设，认真做好实地验收。截至年底，学校已建设达标的院级党组织9个，基层党支部66个，院级党组织达标率为34.6%，党支部达标率为22.9%。做好院级党组织主要负责人抓党建述职评议考核，指导开展基层党支部书记抓党建述职评议考核和部分党支部换届选举等工作，认真落实“三会一课”、民主评议党员等制度，加强对组织生活制度落实情况的督查，进一步提升基层党建工作水平。

开展教育培训。与国家教育行政学院合作，举办研究生党员骨干“严格党内政治生活”专题网络培训示范班，在全校范围内推选300名研究生党员骨干参加学习。组织开展第四期全校学生党员教育培训工作，指导各分党校共培训学员1 551名，结业1 535名，对75名学员进行了表彰。组织开展第55期大学生入党积极分子培训工作，指导各分党校共培训学员2 271名。举办第九期教工入党积极分子培训班，培训学员21人，集中举办两期发展对象集中培训班，共招收学员1 432名，1 411名学员顺利结业。开展党内评优评先活动。评选表彰15个“先进基层党组织”，113名“优秀共产党员”和18名“优秀党务工作者”。

落实基层党建重点工作。抓好学校党组织和党员信息采集、不按规定缴纳党费留存党费使用等重点工作任务，完成省委组织部和省委教育工委党建重点任务落实情况督查小组3次来校督查的迎检工作。

加强党员发展教育管理与服务。落实《发展党员工作细则》，开展发展党员工作检查，制定2017年发展党员指导性计划，加强党籍材料的抽查审核，深入基层党支部列席发展党员大会，指导院级党组织从严从实做好党员发展工作。全年共发展党员1 347人，其中研究生170名、一本918名、三本248名，教职工党员11人（含高知群体3人），完成省委教育工委下达的学生党员和高知群体党员发展计划指标。做好党员组织关系转接工作。全年共转出党员1 813名，接收党员451名，取消预备党员资格2名，处置不合格党员1名。

做好党代会年会和其他相关工作。会同有关部门做好校第十次党代会第四次会议的代表补选、组织协调和会务工作。按照上级部署，做好党的十九大代表推选工作。研究制定《党内激励、关怀、帮扶实施意见》，开展困难党员、老党员慰问工作，慰问金额21.2万元。组织开展2017年党建研究项目申报与立项评审。

截至2017年年底，学校共有25个院级党组织，其中院级党委21个、党总支2个、直属党支部2个，基层党总支8个、基层党支部284个；共有党员5 595名，其中在职教工党员1 935人、离退休教工党员653人、学生党员3 007人（含皖江学院385人）。

【干部队伍建设】 做好干部选拔任用。开展了6名副处级干部的民主推荐、组织考察和任职工作。做好出版社班子换届调整工作。做好4名处级干部的交流轮岗工作，做好40名中层领导人员的试用期（参照）考核，完成300余名科级干部的任期考核工作，组织开展53名科级干部的晋级选拔工作。

加强干部教育培训。举办中层领导人员学习贯彻党的十八届六中全会暨全国全省高校思想政治工作会议精神培训班，通过专题报告、在线学习和交流研讨等方式，提升干部党性修养和政策理论水平，其中194人顺利结业；在上海复旦科技园进修学院举办全体中层业务领导人员发展战略研修班，43人顺利结业；在井冈山革命传统教育研究院举办学校基层党务骨干“两学一做”党性教育专题培训班，51人参加了本次培训；在全校284名党支部书记中，举办学习贯彻党的十九大精神专题培训班。此外，还举办了8次院级党组织主要负责人学习会，开展党的十八届六中全会、十九大精神闭卷测试，选派37人次干部教师，参加中央党校、省委党校、省教育行政学院等单位的调学调训工作。选派19名干部教师到教育部、团中央等单位挂职锻炼和扶贫攻坚。学校被国家教育行政学院评为高校干部网络培训工作“优秀组织单位”。

强化干部管理监督。落实学校《关于加强中层领导人员日常管理监督的实施办法》和《中层以上领导人员兼职管理暂行办法》，严格领导人员出国（境）、校外兼职和外出请假等审批手续。贯彻新修订的领导干部报告个人有关事项规定及查核结果处理办法，做好23名干部个人事项报告查核工作，加大提醒函询诫勉力度。会同有关部门开展5名重点领域和重点岗位的中层领导人员届中经济责任审计。会同有关部门广泛调研，研究制定二级单位年度党建工作和事业发展“双百分”考核办法。落实机关部门党员主要负责人党建工作第一责任人职责，组织开展年度二级单位党建工作考核和中层领导班子及成员考核。

做好选调生和其他相关工作。做好选调优秀毕业生到基层培养锻炼工作，为考生提供全程式跟踪服务，18名毕业生成功考取选调生，位居全省同类院校之首。配合做好校领导班子和成员综合考核以及学校干部工作“一报告两评议”工作。会同有关部门抓好重点人才工作。会同有关部门做好老干部工作。

【机关工作】 抓好理论学习。在机关党委中心组、机关各党支部重点开展了五项学习：一是关于全国、全省高校思想政治工作会议上精神的学习，二是习近平总书记在省部级主要领导干部学习贯彻十八届六中全会精神专题研讨班开班式上的重要讲话精神的学习，三是关于省教育工委书记张岳峰在全省教育系统党风廉政建设工作视频会议上的重要讲话精神及《省委教育工委2017年党风廉政建设工作要点》的学习，四是围绕《关于推进“两学一做”学习教育常态化制度化的意见》系列内容的学习，五是全面深入开展党的十九大精神学习宣传教育活动。

推进学习教育活动。落实《关于推进"两学一做"学习教育常态化制度化的实施方案》和《关于在推进"两学一做"学习教育常态化制度化中开展"讲政治、重规矩、作表率"专题教育的方案》和《关于在全校党员干部中开展"讲政治、重规矩、作表率"专题警示教育的实施方案》精神及任务要求，开展专题研讨，举办专题党日活动，召开专题组织生活会和民主生活会，加强学习宣传教育，推进"两学一做"学习教育常态化制度化。

夯实基层党支部建设。一是保证支部党建有计划、活动有方案、落实有保障、工作有实效；二是做好基层党支部换届，共有15个党支部按期完成了换届任务；三是组织对21个党支部的标准化建设情况开展了摸底自查和达标验收；四是组织开展机关支部书记述抓党建工作述职，机关21个党支部书记均按要求进行了书面述职，有7位支部书记进行现场述职交流；五是举办了机关基层党务工作者学习培训班，对机关21个党支部的全体支委成员进行了一次集中的党务工作培训。

强化作风效能建设。一是配合人事处试行机关打卡考勤制度，严格机关工作人员离岗告知制度；二是组织开展第三届"机关作风与效能建设十佳案例"征集评选表彰活动；三是开展机关"三育人"评选与表彰活动，共评选机关"三育人"先进工作者15人，其中校级"三育人"先进工作者5人。

加强文化建设。一是构建关怀机制，全年共探望慰问退休党员、患病职工和家庭困难党员32人次，慰问金额1.5万余元；二是举办了"我与春天有个约会"三八妇女节庆祝活动，参与了学校第六届"教职工文化体育活动节"系列活动，机关教工在篮球赛、排球赛、乒乓球赛中均获佳绩，并再次拔得校运会教工团体总分头筹。三是组织开展机关科级干部论坛活动，围绕学习全国全省高校思想政治工作会议精神交流心得体会，强化机关干部职工育人意识，分享管理育人、服务育人体验。

（组织部供稿）

【党风廉政建设】 全面从严治党。对照"两个责任清单"和处级领导班子任期目标"七个方面廉政责任要求"，修订党风廉政建设考核指标，开展督查考核，推动落实党风廉政建设主体责任和监督责任。通过召开"新年第一会"、专题会议、校纪委扩大会议等形式，学习贯彻十八届六中全会、中央纪委全会关于全面从严治党新要求。要求各院级党组织开展学习，将党风廉政建设融入本单位工作之中，坚持分管工作和党风廉政建设"两手抓、两促进"。推进"管党治党宽松软问题"专项治理，建立对账销号、周报、月总结和定期推进制度，持续开展督查，汇总工作周报16次。针对校党委书记在省纪委全会上述职述廉评议反馈的四点意见全面进行整改。对省管干部和校管干部在民主生活会上说明谈话函询等问题的落实情况进行检查、汇总上报。抓好巡视和审计整改督查工作，巩固整改成果。上半年，会同人事、财务部门对违规发放的职工劳务费集中开展清退工作，共清退劳务费3 076 750.20元，加上2016年年年底学校领导和有关单位已清退节日慰问等费用，累计清退3 611 130.20元。开展对"两学一做"常态化制度化推进以及"讲重作"专题警示教育的督导。加强对巡视整改、审计整改等重大决策部署落实情况的监督检查。接受省委考核组党建考核，书面报告学校党风廉政建设情况。根据省委巡视办要求，针对巡视反馈问题相关责任单位和责任人在工作中存在的执行制度不严格、决策程序欠规范、审计整改未到位等问题，经校纪委核查，并报校党委常委会批准，对4个单位领导班子和5名主要责任人实施了责任追究。

强化党内监督。开展执纪审查安全自查自纠。按时报送党内问责情况季报告，以及纪律审查统计、处分执行和监督执纪四种形态等情况报告。及时召开问题线索排查会，统筹运用通报、诫勉、组织调整、组织处理、纪律处分等问责方式，追究主体责任、监督责任，追究领导责任、党组织的责任，落实"一岗双责"，强化"一案双查"。全年运用监督执纪"四种形态"处理15人次，适用第一种形态的10人次，适用第二种形态的3人次，适用第三、第四种形态的2人次。严格执行《安徽师范大学纪委对反映党员领导干部问题线索进行谈话函询的暂行办法》，坚持关键节点提醒谈话、重要事项关爱谈话、苗头性问题警示谈话、提拔交流任前谈话、咬耳扯袖重点谈话。针对师生反映的校园热点问题，继续推进纪检监察“监督建议书”制度。共发出整改通知书3份，开展专项谈话32人次。

抓作风建设。紧盯年节假期和“关键少数”，运用纪检通报、群发短信、文件通知，加强教育预防和警示提醒。及时传达通报全省教育系统违反中央八项规定、违反财经纪律、私设“小金库”以及违纪违法典型案例，发挥其警示和震慑作用。加强对机关各部门、各二级单位落实八项规定精神情况和省纪委“禁酒令”的监督检查。每月按要求上报党风政风监督工作情况统计信息，促进中央八项规定精神贯彻落实的常态化、长效化。开展教育扶贫领域突出问题专项整治和“酒桌办公”再排查，出台实施方案，按时上报工作进展。推进芜湖师源物业公司审计整改和注销工作。配合开展“小金库”回头看、基建采购突出问题、高校科研经费规范管理及师德师风等专项治理。组织开展对五个专项治理的督查和问题线索延伸调查，推动问题得到切实整改。

坚持标本兼治。严肃党内政治生活，落实个人事项报告、经济责任审计、述职述廉、日常监督管理等制度，抓住关键少数，扎紧制度笼子，强化以制度管权管事管人。2017年，纪检监察部门收到干部职工主动上交的购物卡、现金共计15 000元，追缴违纪款28 200元，按规定登记并交财务部门入账。强化对招生考试、基建工程、物资采购、干部人事、经费管理、学术诚信、校办企业、评先评优等重点领域和关键环节，以及涉及师生切身利益突出问题的监督检查，推动内部控制制度建设，从源头防控廉政风险。深化招生“阳光工程”，加强纪律教育，严格执行保密、回避和科技防控等制度，不断完善特殊类型招生考试监管机制，抽调专职或兼职纪检人员全程监督全省音乐、美术、体育、播音主持、研究生、高考网评等各类招生考试及阅卷工作。参与人才引进、毕业生选留、政治辅导员招聘、教学基本功大赛、科级干部晋级等考核与公示环节的监督，配合有关部门严把资格审查关、程序关和党风廉政意见回复关，不断提高工作公信力。纪检监察部门全年共参与对各类工作监督达60多次，认真履行了纪律监督与行政监察责任。

严格执纪问责。畅通信访监督渠道，受理涉及党员、党组织及行政监察对象的控告和申诉。建立健全问题线索处置报告机制，强化学校党政主要领导听取汇报、校纪委领导靠前指挥、协调解决疑难问题的工作格局，严格规范处置反映领导干部问题线索，不断提升办结质量。坚持依纪依规办理群众来信来访来电，完善信访情况回复制度。全年共办理各类信访31件次，其中上级主管部门转办9件，学校纪检监察部门直接受理22件；处置问题线索11件，其中立案3件，给予党纪政纪处理3人次，诫勉谈话3人次，书面函询1人次，批评教育、责令检查8人次。坚持挺纪在前，加大对领导干部约谈提醒、函询诫勉工作力度。坚持“一案双查”，在开展纪律审查工作的同时，既追究当事人的责任，又分清相关领导责任。开展以案说纪和警示教育，及时通报曝光违纪违规问题，进一步发挥治本功能和教育作用。

抓好廉政教育。加强对领导干部的理想信念教育和党纪党规教育，把廉政教育纳入党员干部教育培训计划，通过专项教育、网上在线学习、讲授党课等形式有针对性地开展勤政廉政教育。组织专职纪检监察干部深入院级党组织开展党风廉政专题讲座4次，给校院两级党校师生、党员干部讲授专题党课15次。及时更新警示教育片资料库，供各单位下载观看。为校领导订阅《党风廉政建设》等反腐倡廉类报刊杂志。组织开展第六届全国高校廉政文化作品大赛作品推荐选送工作，征集优秀作品26件。落实全校党员订阅关注“安徽纪检监察”客户端、微信、微博工作。配合组织部门，督导各级党组织运用红色资源开展警示教育和革命传统教育达4 000多人次。围绕“讲政治、重规矩、作表率”主题和优良政治生活、政治文化、政治生态的构建，以陈树隆、杨振超、周春雨案以及部分省管干部和教育系统何根海案等违纪违法典型案例为反面教材开展专题警示教育。发放《警示教育材料》270余本，协同开展民主生活会意见征集等工作，督促处级以上干部撰写警示教育心得体会194篇。

加强自身建设。协助学校党委抓好党风廉

政建设，认真落实监督责任。严格执行纪委全委会、部门工作例会和纪检监察干部业务学习制度。落实校纪委委员联系院级党组织工作制度，推进执纪监督向基层延伸。参加各类业务培训，加强实战锻炼，向兄弟高校学习，寻求地方纪检监察机关的支持和合作。派员参加中央纪委举办的高校纪委纠正“四风”工作实务培训，参与教育部纪检组第一片组党风廉政理论课题研究工作，参加省纪委执纪审查工作专题培训，参加省属高校执纪审查协作组，参加皖南片高校执纪审查工作座谈会，锻炼队伍，培训骨干，不断提升执纪监督工作水平。

（撰稿：王俊恒　审稿：陈文兵）

【思想政治工作】 组织全校集中收听收看十九大开幕式，分类别召开师生座谈会，交流学习心得体会。召开全校处级以上干部学习会，学习传达党的十九大精神；制定学校学习宣传贯彻落实党的十九大精神实施方案，组建专家宣讲团，制定十九大精神宣讲活动方案，组织开展宣讲活动，做好省委教育工委宣讲团成员来校宣讲十九大精神，实现宣讲活动全覆盖；围绕中央、省委重要决策部署，开展校党委中心组专题学习12次，邀请校内外专家学者做辅导报告2次，完成“五一个”实践教育，编印学习辅导材料11期，集中为全校党员干部购置学习材料；成立习近平中国特色社会主义思想研究中心，聘任首批32名专家担任研究中心研究员，《光明日报》刊发研究员文章1篇；成立党建和思想政治工作研究会，召开皖南片思政研究会，加强兄弟院校之间的交流和总结。制定学校学习贯彻全国全省会议精神方案，开展学习宣传贯彻省委书记李锦斌视察学校讲话精神活动；召开学校思想政治工作会议，制定《加强和改进新形势下思想政治工作的实施方案》《网络思想政治工作阵地建设实施办法》等制度；围绕省委督查组来校专项督查思政工作，完成专项督查工作方案制定，做好学校贯彻落实会议精神总结报告；围绕校史校情、扶贫攻坚和学前教育等专项内容，制作迎接省委书记李锦斌来校调研宣传展板，制作《不忘初心，立德树人——安徽师范大学思想政治工作概览》，获省委副书记信长星等领导肯定。贯彻执行学校意识形态工作责任制实施细则，加强马克思主义意识形态教育，完成社会主义核心价值观名师工作室项目结项和中期检查验收工作执行教职工政治理论学习制度，强化教职工理论学习的督查考核，依托校园网每月发布学习热点，利用“微思享”开展全国思想政治工作会议精神、党的十九大精神知识测试；加强“行知讲坛”教育创新平台管理，“行知讲坛”累计开讲12场，推进习近平治国理政新理念新思想新战略等专题教育。依托学校专业优势，成立芜湖市反邪教研究中心，为芜湖市反邪教宣讲活动提供理论支持和智力支撑。

【宣传舆论工作】 组织策划“学习贯彻十九大精神”“贯彻高校思政工作会议精神”“评估进行时”“两学一做”等专题宣传39个、图片新闻报道13篇；推荐上报并专题宣传了“全国最美思政课教师”路丙辉，选树了安徽三八红旗手获得者、95后校园众筹女大学生黄金花，青年漫画家赵泽，乐于助人的泰国留学生王伟，无偿捐献珍贵藏品72件的耄耋老人朱典淼，省教育工委“文明家庭”获得者方凤满老师等一线典型师生等32人，策划宣传了“大学生理论宣讲团”“最美劳动者”“川皖学堂”“10年爱心接力守护折翼女孩的108位学子”等先进典型集体6个，在全校营造学习典型争当先进的良好氛围。全年累计接待各类媒体采访60余人次，组织策划了各级媒体对我校进行专题宣传报道，国家主流媒体报道109篇次，省级主流媒体报道375篇次，市级纸媒及官网报道1 460余篇次。其中，中央电视台报道1次，《光明日报》报道3篇，《中国教育报》报道6篇，《中国青年报》报道5篇，教育部官网报道1篇，《人民日报》社官微报道1篇。顺应“互联网+校园”潮流，持续强化学校新媒体平台建设，官方新媒体平台（官方微信、微博、校园公众号）累计用户实现8万+，累计在线服务师生30余万人次，全年阅读总量500万+，其中官方微信阅读量1万+素材7篇，官方微博阅读量10万+素材13篇。官微入围全国百强榜共计42次，最高排位第7名；官博入围全国百强榜共计29次，最高排位第10名；校园号最高排位第9位，并荣获腾讯2017年度QQ智慧百校迎新“全国示范院校”称号。同时，据清博大数据权威发布，学校新媒体2017年度网络影响力稳居全国高校百强，位居全省第二。坚持“夜审昼发”，校园网“师大新闻”和“校园动态”做到日日有更新，天天有新闻，全年审核新闻2 681条，师大要闻审核818条，发布725条；安徽省教育网发布新闻431条，首页显示69条。加强校园舆论引导，牢牢把握新闻舆论主导权，发布评论员文章17篇（含校报言论）；制作《师大新闻》视频7期；建设“学习贯彻十九大精神”“本科教学审核评估网“等专题网站。完成“献礼校庆89周年”“第33个教师节专题片”“大学生暑期社会实践”“2017毕业季”等4个专题视频的策划制作。

（宣传部供稿）

【统战工作】 主题教育实践活动。组织学校专兼职统战干部、各民主党派和知联会负责人参加“凝心聚力·巩固发展最广泛的爱国统一战线”专题网络培训，30名学员均按规定完成学习任务并顺利结业。3月和9月，召开2次党外代表人士校情通报会。12月，开展解读党的“十九大”精神专题讲座。本年度，共举办主题教育活动23次，党外人士356人次参加。提交校思政工作会议交流材料1篇。组织党外代表人士一行15人赴河南省兰考、安阳及其所属林州市调研考察，学习和感受焦裕禄、红旗渠精神。组织统战人员参加芜湖市统战系统“同心”运动会，首次获得特邀组拔河队冠军；另获得羽毛球团体第3名，1人获围棋个人第6名。

党外代表人士队伍建设。全年共选派统战代表人士16人次参加省委、市委统战部门和各党派组织的干部培训班。完成我校13名省政协委员、1名省人大代表和5名市人大代表、15名市政协委员的推荐、考察、公示和上报工作。

助推“五大发展行动”。支持统一战线成员共参与人大、政府和政协协商56次，提出议案、提案和建议23条。我校省政协委员《关于加大青少年体育经费投入建议》荣获2013—2017省政协优秀提案，校知联会会长席玉宝《加强苏浙沪皖联动促进长三角地区体育产业发展》的论文，参加11月在杭州召开的第九届苏浙沪皖知联会主题论坛；5位市政协委员的提案受到市政协表彰。支持统战成员参与脱贫攻坚，64人次赴无为高沟镇、和县、歙县等地，落实好帮扶、督查工作，21人次深入贫困乡镇，农户调研，获取第一手资料，相关党派共捐款助学10 600元。多名党派成员教师带领学生赴岳西、六安等地参加省第三方评估活动。统战成员共开展社会服务28次、52人次积极参与、服务群众约2 600人次。9月和12月两次分别向省委统战部、省教育工委上报《发挥统战优势，助推“五大发展行动”情况汇报》和《发挥统战优势，推动“五大发展行动”工作总结》及相关材料。

民族宗教工作。开展大学生马克思主义民族观宗教观的教育、宣传工作。推进与市民委、弋江区政府联合开展校地民族团结进步共建活动，上报省委统战部《安徽师范大学开展民族团结进步共建活动纪实》材料；组织156名少数民族学生赴芜湖大剧院观看由市民族宗教工作领导小组、市委宣传部和市委统战部主办的“喜迎十九大·民族一家亲”专场音乐会；首次组织30名少数民族学生代表市少数民族组队参加市第五届“同心”运动会；与校学工部、团委联合市民委、市民族团结进步事业促进会、弋江区委统战部80余人举行“起航——2018”校地共建民族团结进步交流联谊会活动。与市民宗局联合举办的首届宗教教职人员“历史教育”（专科）培训班46名学员顺利毕业。完成贯彻落实中央及省委关于宗教工作重大决策部署专项调研检查报告1份。

制度建设。出台《中共安徽师范大学委员会关于进一步加强统一战线工作的意见（修订）》，制订《中共安徽师范大学委员会统一战线工作责任清单》。成立校统一战线工作领导小组，进一步健全了大统战工作格局。在各级媒体上发表稿件40多篇次。承办芜湖市高校统战部部长联席会议。

材料1：

安徽师范大学各民主党派、知联会基层组织情况

党派名称	主委（会长）	副主委（副会长）	党派人数
民革安师大支部	李　晋	晏　鹏	23人
		汪红诚	

续 表

党派名称	主委(会长)	副主委(副会长)	党派人数
民盟安师大委员会	王国凡	周向华	110人
		王海洋	
		程炳杰	
		李茂国	
民建安师大支部	许　勇	孔庆洋	11人
民进安师大支部	杨　彬	王正华	29人
农工党安师大支部	沈世培	阚显照	26人
		王彦章	
致公党安师大支部	马乃玉	殷晓斌	28人
九三学社安师大基层委员会	杨高升	郑　艳	71人
		胡庆十	
校无党派知识分子联谊会	席玉宝	刘　冰	19人
		高　飞	

(撰稿:王　方　审稿:王如意)

【校园文明创建】 围绕省级文明单位和文明校园创建标准,制定学校文明校园创建活动实施方案、文明创建工作要点,参与省文明网“文明单位大展台”网站建设,推进文明校园创建活动,学校被评为十一届安徽省文明单位。制定学雷锋活动实施方案,推进“学雷锋”活动常态化。组织开展“2017安徽首届十大法治人物”评选推荐活动、申报“依法治省典型案例”,我校青年法学社志愿普法师生群体被评为“2017安徽首届十大法治人物”。学校在省“学宪法,讲宪法”演讲比赛活动中获二等奖。完成学校宣传片英文版制作工作,编辑出版《潜岳苍苍——师大故事合辑》。做好新中国成立以来的校报数字化工作和校歌改编完善工作;完成皖江中学堂暨省立五中的修缮保护工程细化方案工作;完成教学楼学校名师图片展示,做好发展大道道旗更新工作。推荐上报的作品荣获2017年安徽原创网络视听节目一等奖2项,三等奖3项,学校荣获优秀组织奖,是全省高校唯一获奖单位。召开文化景观规划设计项目论证会,做好花津校区文化景观详细性规划设计方案。制作党的十八届六中全会、党的十九大等专题宣传展板200余块,全年共更换阅报栏报纸11 000多张;全年完成各类大型活动音响服务20余次,氛围营造20余次,摄影、摄像近100余次,拍摄和整理照片14 000多幅。举办第24届大学生文化体育艺术节,第14届社团文化节,第9届“青春新秀”新生才艺大赛,第11届“青春华章”配乐诗文朗诵等校园文化精品活动;承办“高雅艺术进校园”安庆黄梅戏艺术剧院、浙江越剧团来校演出活动。新成立大学生舞蹈爱好者协会、青芒创客协会、射箭协会、无人机协会、蒲公英环保学校等5个社团。组织学生参加安徽省第二届“国学达人”挑战赛,1名同学以全省第三的成绩荣获大学组“探花”称号,学校获评“优秀组织奖”。组织师生参加安徽省第一届校园读书创作活动,获1个特等奖、1个一等奖、4个二等奖,学校荣获“优秀读书品牌活动奖”。完成全国全省第五届大学生艺术展演艺术表演(甲组)6件作品的排练、录制报送及8件艺术作品的遴选、指导上报工作,其中3件艺术表演作品、1件艺术作品已被推送至教育部参加全国比赛。会同相关学院推进校庆献礼剧编创工作。茶文化协会在2017中国(安徽)大学生茶文化创新大赛中获三等奖。

(宣传部、校团委供稿)

【团组织建设】 2017年,学校有18个学院团委(含皖江学院团委),679个团支部、32 123名团员青年(其中大学本部493个团支部、23 419名团员青年)。校团委下设办公室、组织部、宣传部、社团部、素质拓展部等部门,指导校学生会、社团联合会、青年通讯社、大学生艺术团、第二课堂学生服务中心等学生组织、开展工作。围绕共青团改革，在广泛调研的基础，发布《安徽师范大学共青团改革实施方案》。加强基层团组织建设，深入开展"学习总书记讲话，做合格共青团员"教育实践活动，做到支部全覆盖、团员全参与。2个团支部获评全国"活力团支部"。做好团员民主评议、团内评优工作，评选表彰优秀团支部、团小组、团干、团员等1 250(个)名。规范新生入团、团费收缴等基础团务，做好团学档案管理，移交档案210份。启用"智慧团建"信息系统，开办新生团支部书记"学习总书记讲话，做合格共青团员"培训班，加强团干队伍建设。坚持团委中心组学习制度，开展"两学一做""讲政治、重规矩、作表率"专题学习、主题讨论8次，实践学习2次。举办"团干开讲"活动，3名团干分享团学工作经验和思考。推进团干部联系团员"1+100"工作持续开展。配合党委组织部选派干部挂职锻炼。做好校园文化研究中心工作，评选立项校园文化研究课题9项，做好结题与成果固化。立项学院共青团创新试点项目20个，推进组织创新和工作创新。加强网络舆论阵地建设。建设网络舆论引导员队伍，指导"青年之声"网上舆论引导，参与全省网上舆论值班工作。加强对青年传媒中心指导，推进师大青年网站和团委官微(微信、微博)等网络平台建设，团委微博现有粉丝2万人，安徽师大共青团微信公众号现有用户2.4万人。2017年共发微博591条，微信共推送375条思想引导消息，其中原创作品192个。开展"青马工程培训满意度"调查，撰写调查报告，报上级主管部门参阅。

(校团委供稿)

(二)发展规划工作

【获批安徽省特色高水平大学项目】 学校成功成为全省特色高水平大学奖补资金项目的4所高校之一，获得每年3 000万元，连续4年，总计1.2亿元资助。9月份，首批3 000万元经费划拨到位。学校出台了《安徽师范大学特色高水平大学奖补资金使用方案》。组织开展了项目建设任务书和经费使用方案的制定，推进高水平大学项目建设。

【"十三五"规划执行情况年检】 首次开展规划实施年度检查，发布了规划执行情况年度检查评估工作的通知，形成了《安徽师范大学"十三五"规划2016年度执行情况报告》。《报告》从教学改革与发展、队伍建设、科学研究、社会服务、国际交流与合作等6大方面全面总结一年来规划的执行情况，对60余项核心任务指标进行了检查，指出了规划执行过程中发现的4个主要问题，提出了下阶段5个方面的工作建议。

【省属高校领导班子综合考核】 改进工作流程，把文字材料和支撑材料同步推进，提高工作精准度。先后对6大类19项55条考核指标开展了3轮大的审核修改，报送了《领导班子发展考核工作完成情况对照汇总表》和申请加分的报告。完成了考核材料的标签制作和支撑材料装盒、现场考核的服务联络、反馈意见的整改、工作总结等工作。注重加强档案建设，全套迎评材料已经整体移交档案馆。学校在本年度考核中获"优秀"等次。

【推进省部共建工作】 加强了省部共建工作研究，提交研究报告3篇。赴山东师大、华南师大、福建师大等省部共建高校开展调研交流。参与全国省部共建工作研讨，参加了师范类高校高峰论坛和全国省部共建高校研讨会，并作了分组讨论发言。

【对外合作】 加强内引外联，完成了对临泉教育局、阜阳幼专"十三五"规划制定工作的对口支援，开展与省体育局、肥东县、海螺集团、二院等政府、企事业单位的战略合作。联系文一投资控股集团捐资1 000万在我校设立安徽最美教师公益基金等。

【其他工作】 利用大数据开展省内外院校比较研究，立足区域选取了省内8所地方高水平大学，立足师范类选取了8所师范大学作为样本，开展了纵横向比较分析研究。用近千条数据对各高校发展状态进行了直观式呈现，对发展目标、发展思路、重大战略等进行了全景式扫描和立体式比较。现已形成《安徽省8所地方高水平大学办学情况对比分析报告》和《国内8所师范大学办学情况对比分析报告》。推进省质量工程重大项目《地方高水平大学院系办学质量绩效评估研究》实施。持续跟踪相关省份及兄弟高校最新发展动态。注重信息的指向性，分专题、有重点的编制发送了8期《高教动态》。

（发展规划处供稿）

（三）人事管理工作

【概　况】 学校不断规范人事管理，加强人事制度改革力度。深入推进校院两级管理体制改革，完善学院运行机制，进一步发挥学院教授委员会功能，17个学院成功完成教授委员会换届工作。完成绩效工资改革，提高广大教师工平时可支配性收入。完成教职工社保参保工作。截至12月31日，我校在编教职工2 438人，人事代理163人，劳务代理22人，合同用工547人，离退休1 452人。

【召开人才工作会议】 筹备召开全校人才工作会议，分20个小组召开座谈会，全面听取各单位意见。印发了《关于进一步加强和改进高层次人才工作的若干意见》《引进高层次人才和团队实施办法（试行）》《"人才储备计划"实施办法（试行）》《领导干部联系人才工作制度暂行规定》《关于加强青年教师队伍建设的实施意见》。

【人才引进和稳定工作】 引进高层次人才和紧缺专业博士人才52名（比去年增加13人），其中海外人才14名（比去年增加9人），调入具有博士学位的副教授以上7名；双聘高层次人才10人，其中二类及以上人才3人。开展新进人员"一站式"入职报到，及时兑现博士安家费1 582万元，下拨博士科研支持专项经费298万元。解决引进人才实际困难，共安置20名人才配偶上岗工作，其中以"人事代理"的方式安置12名人才配偶在校内工作，以"占编调入"的方式安置4名人才配偶在校内工作，成功推荐4名人才配偶在芜湖市工作。争取芜湖市高层次人才补贴118.3万元。

【人才称号和项目申报等工作】 组织申报各类人才称号，推荐省级以上人才人才称号86人；推荐省"百人计划"2人进入答辩环节，获批1人；获批学术技术带头人7人，后备人选7人；申报学术技术带头人资助10人，获批6人，获资助23万；申报皖江学者报送3人，获批1人，资助100万元；申报青年皖江学者2人，获批1人，资助50万元。组织各类人才项目申报工作，获批留学人才资助项目2人，资助15万元；发放2017年国务院特殊津贴26.12万元；宣传领域拔尖人才和青年英才继续获得资助9万元；推荐引进人才资助10人，获批8人，资助40万元；推荐引才平台2个，获批1个，资助50万元；振兴计划项目等结题18项，并报教育厅备案；互聘新闻从业人员千人计划1人。组织各类专家推荐工作，推荐第三届国家教育咨询委员会候选人1人、省督学1人、省文化产业专家库9人、名牌评价专家3人、正高级经济师评委库成员2人；外聘特聘教授、客座教授等28人；为外校遴选职称评审专家13人；返聘退休高级专家18人。

【各类考核工作】 开展教职工年度考核。2016年度学校参加考核教职工共计2 607人，考核优秀326人，考核合格2 228人，不合格2人，不参加考核12人，考核不定等次39人，其中2016年没有工作经历的新进人员38人，判处缓刑人员1人。组织二级单位绩效考核。完成2016年度二级单位考核工作，共评选出一等奖8个单位、二等奖12个单位，优秀奖2个单位；组织各考核部门撰写学院年度绩效考核反馈材料，对学院2016年工作指出问题和不足并提出建议和意见；启动2017年二级单位考核修订工作。会同有关部门，召开8次讨论会，对二级单位的考核指标进行修订。

【编外人员管理工作】 办理了1名在芜湖市人社局参保的合同制工人退休手续；完成新签、续签劳动合同151人次，办理用工备案151条、解聘备案27条。及时核算学校合同工及劳务代理人员工资及保险并通知财务处和劳务公司兑现。

【博士后工作】 与工作站联合招收3名博士后研究人员进站，单独新招收4名博士进站工作，均签订目标任务书。组织指导4名在站博士申报国家博士后基金。组织参加全省博士后管理人员培训会和博士后人员羽毛球赛，获全省第二名。

【工资性奖励发放工作】 发放行政事业单位干部职工奖励2 064.04万元，其中在编2 477人共发放1 948.07万元，代理159人共发放93.6万元，合同工91人共发放22.34万元；全校共发放4个月工作性奖励7 151.45万元（不含附小），其中在编2 472人共发放6 769.06万元，代理159人共发放312.77万元，合同工91人共发放69.61万元。

【机关事业单位养老保险工作】 录入养老保险数据采集系统数据9 800余条，召开参保工作布置会，组织学校2 385名在职在编教职工和1 384名在编退休教职工参加机关事业单位养老保险工作。自2018年1月起，芜湖市社保局通过退休教职工个人社保卡发放养老金。

【其他工资福利工作】 完成2016年校内津贴的发放工作，共发放教职工校内津贴及科研奖励等共计14 180.88万元（含2016年下半年劳务费）；及时完成了1 381名退休教职工退休金调整、申报和发放工作，人均月增资达212元；完成在职2 587人的公积金调标工作和2 421人的住房提租补贴调标工作；完成在职2 458人和退休1 332人的住房提租补贴调标工作（比例由3%调整为6%）；调整4 162名教职工2017年度社保缴费基数。做好36名教职工吊唁工作。

【人事档案工作】 完成2017年新进人员、调入人员以及由人事代理转为在编人员档案的分类、整理、编号、目录打印、装订、档案标签的粘贴等工作，共计73卷；完成250名科级干部的档案专项审核，录入全国干部人事档案专项审核工作专用《干部任免审批表》，此表经本人核对确认后签名已有274人。

【其他日常管理服务工作】 人事工作方面。办理辞职调出手续14人次、人员转岗手续10人次、出入境管理人员65余人次、因私出境手续140人次，报送招聘调配入编材料68人次，校长实名推荐优秀毕业生8人。师资工作方面。办理教师资格认定42人，完成84名中青年教师社会实践考核工作、81名教师的试用期满考核工作，选派97名教师参加社会实践、67位教师参加网络课程培训。劳资工作方面。完成了第一季度、第二季度劳务费审核发放工作。考核考勤工作方面。网上通报考勤情况11次，办理教职工请假97人次，执行请假扣款9次。档案管理工作方面。收集和归档各类档案材料6 740份，整理、完善2016年退休人员的档案46卷，完成在职攻读硕士、博士毕业人员学籍材料的完善工作29卷，转出档案27卷，日常档案的利用近1 400人次。全年共处理校内来文来报227件、上级来文114件。

（人事处供稿）

（四）财务与审计工作

【财务收支情况】 收入情况。2017年，我校财务总收入10.19亿元，较预算增加了2.25%。财政拨款6.46亿元，占总收入的63.39%；教育事业收入1.9亿元，占总收入的18.65%。其中，学费、住宿费收入1.55亿元，继续教育收入0.22亿元，各类考试培训收入0.13亿元。以上两项收入为我校主渠道收入，合计8.36亿元，占总收入的82.05%。科研事业收入0.5亿元，占总收入的4.9%；附属单位上缴收入0.5亿元，占总收入的4.9%；资产出租出借收入0.08亿元，占总收入的0.82%；理财收入0.08亿元，占总收入的0.8%；其他收入0.66亿元，占总收入的4.33%，其中各类捐赠收入0.03亿元。支出情况。2017年财务总支出11.31亿元，较预算增长13.53%。在职人员工资福利支出4.75亿元，占总支出的41.96%；对个人和家庭补助支出2.8亿元，占总支出的24.78%。其中，离退休人员支出0.99亿元，助学金0.94亿元，医疗费0.23亿元。以上两项是人员经费支出，合计7.55亿元，占总支出的66.74%，占财政拨款的117%。商品和服务支出2.37亿元，占总支出的20.96%，其中水电费0.16亿元，物业管理费0.17亿元，维修费0.27亿元；基本建设支出0.6亿元，占总支出的5.3%；其他资本性支出0.68亿元，占总支出的5.98%；建设性债务利息支出0.06亿元，占总支出的0.54%。当年未形成支出，须结转2018年支出的专项资金7 100万元。结余情况。2017年赤字1.12亿。赤字扩大的主要原因是发放2016年一次性工作奖励。资产负债情况。截至2017年12月31日，我校资产总计23亿元。其中，固定资产原值19.06亿元。负债总计4.87亿元，其中，银行贷款1.5亿元，代管专项、其他应付款3.22亿元。净资产总计18.14亿元。

【财务工作情况】 加强制度体系建设。根据《安徽省高校内部控制制度操作规程》，制定了《安徽师范大学内部控制建设工作实施方案》，完成了内部控制基础性评价、内部控制流程设计、风险点描述工作。修订《安徽师范大学财务管理规定》，确立了“统一领导、集中管理”为主、“分级管理”为辅的财务管理体制。对二级事业法人单位，实行“统一领导、分级管理”的财务管理体制，对学校独资设立或控股的企业单位和实行企业化管理的校内非独立法人单位，实行“统一领导、分级管理、集中核算”的财务管理体制。制定了《公派出国（境）留学经费管理暂行办法》《科研经费管理细则》《修缮工程款项支付审批办法（试行）》《财务档案管理办法》《关于修改〈安徽师范大学差旅费管理办法〉部分条款的通知》等，完善了财务管理的制度体系。多渠道筹集资金，学校收入有较大幅度增长。2017年获地方高水平大学建设、一流学科建设、足球学院建设等专项资金8 350万元。加强银校合作，获得银行对学校智慧校园建设资金支持。2017年8月学校与建行安徽省分行签署战略合作协议。建行安徽省分行在优先为学校提供优质、全面的金融服务的同时，支持学校智慧校园建设资金950万元，用于智慧图书馆建设和学校资产管理系统、财务管理系统升级。附属中学列入财政预算单位。省财政同意自2018年起以专项方式将附中经费列入年度预算。加强收入管理，增加收入1 320多万元。加强资金管理，实现理财收益840万元；回收各类资金1 002.8万元。加强预算控制，提高预算的科学性和执行力。完善校院两级预算管理体系，促进学院财务管理体系建设，促进事权财权紧密结合、预算与目标任务相匹配，提高了预算的精确性、约束力和执行力。建立政府采购预算执行定期协调推进机制，实行政府采购预算执行目标责任制，2017年我校政府采购预算执行情况良好。加强预算执行过程控制，维护预算的严肃性；严格预算调整程序，强化预算的约束力；加强基本支出预算和政府采购预算执行，2017年预算执行率在省属高校中名列前茅。加强支出管理，规范支出行为。严格执行《公务接待费用报销暂行办法》《关于规范学校公务用车租赁管理工作的通知》《安徽师范大学教职工校内劳务费发放管理办法》等规章制度，严格公务接待、公务用车、劳务费等支出审核，规范支出行为。严肃财经纪律。根据《“小金库”专项治理“回头看”工作指南》，开展“小金库”专项治理，发现并处理一批“小金库”问题。完成了“安徽师范大学2016年预算执行与财务收支审计”涉财事项的整改工作；完成2015年、2016年办学成本核算工作；配合地税稽查局开展2014年—2016年税务稽查。突出重点，努力保障重点建设的资金需求。制定了高水平大学和一流学科建设资金使用方案，优先保证高水平大学和一流学科建设、人才队伍建设资金需求，在政府采购、资金预算等方面提供高效服务。教职工福利待遇增加。2017年学校筹措资金，提租补贴由3%增加到6%，年增加支出1 000万元，兑现教职工2016年一次性奖励9 200万元。规范财务档案。完成2005年至2013年约7 500卷财务档案整理移交档案馆工作。

（财务处供稿）

【经济责任审计】 完成了2016年开展的23位处级领导干部经济责任审计工作，并出具了23份经济责任审计报告。审计金额30.2亿元，发现问题69个，管理不规范资金3 626万元，促进增收节支107.49万元，提出审计建议44条。新开展了5位处级领导干部经济责任审计工作，其中离任1位，任中4位。协调社会中介机构完成了安徽师范大学校友会会长（2010年10月至

2016年12月)的经济责任审计工作。

【财务收支审计】 完成了学校2016年度预算执行及财务收支审计工作,审计资金总额近11亿元,发现问题23个,提出建议4条。完成了学校2015—2016年结项的113项国家自然科学基金及国家社科基金科研项目的审计工作,审计资金总额近4 111.69万元,发现问题7个,提出建议2条。完成了学校工会2016年经费的年度审核工作。完成了江南片文教卫体系统12个单位工会经费审计工作,审计资金总额1 191.44万元,发现问题11个。开展了二附中财务收支审计。向校档案馆移交审计档案194件。

【项目造价审计】 完成工程造价审计195项,出具审计报告187份,审计资金总额2 943万元,审计核减490万元,核减率16.65%。

【审计整改】 完成省审计厅2016年对校长履行经济责任情况审计整改工作,形成了1.4万字的《安徽师范大学校长经济责任审计整改情况的报告》和4本附件材料,上报省审计厅。督促完成2016年开展的23位处级领导干部经济责任审计发现问题整改工作。

(审计处供稿)

(五)资产管理工作

【制度建设】 修订采购管理、招标管理和仪器设备处置管理等文件,制订通用办公设备家具配置标准、车辆报废处置、资产管理评优办法、资产定期清查盘点方案、固定资产出租出借管理办法等制度性文件,重新梳理资产配置、使用、处置等全生命周期管理以及采购业务工作流程,编制完成采购和资产管理内控手册。

【房产管理】 做好青年教师周转房服务,全年安排青年教职工入住、退房220人次,实行周转房安排2小时内完成,咨询、开锁、维修等服务“7×24小时”响应;改善周转房条件,翻新九华公寓3#、5#周转房46套,配备了空调、家具等基本生活设施;做好公共报告厅、会场日常管理,全年承接各类会议、报告、讲座共1 200多场次;完成银湖南路1#楼11层分割分户并办理了学校产权初始登记;推动公房使用许可、定额分配和有偿使用改革,完成了公房管理改革调研和办法起草工作。

【固定资产管理】 强化固定资产过程管理和使用情况监管,严格把好资产入库登记关,完成新增入库固定资产6 375件(套),价值原值6 956万元;严把处置审核关,完成固定资产处置49批次,17 834件(套),价值原值2 590万元,处置收入29.04万元;制定资产清查盘点工作实施方案,推动资产年度报告制度落实,开展资产清查工作;做好财政部资产统计报表、教育部实验室数据统计报表、国家数据平台本科数据库系统、事业单位年报等数据统计上报工作;办理进口货物免税登记手续21台(套);坚持以评促建、以评促改、以评促管,出台资产管理考评办法,努力促进以“物”为中心的静态管理向以“绩效”为重点的动态管理转变;更新升级资产管理系统,建设资产与财务数据互通平台,建立定期数据核实机制,确保账账相符;强化资产配置管理,制订办公设备家具配置标准,为优化配置、开展绩效分析奠定基础;做好相关设备储备管理工作。

【采购管理】 建立政府采购、学校自行采购、委托代理采购风险流程和防控矩阵图,进一步规范招标采购和资产处置风险防控管理,采购规范和监管的长效机制初步建立;完成招标委托代理入库遴选,实现政府属地采购、委托代理采购、校内集中采购、徽采商城采购、单位自购等多样化采购方式相结合,积极运用科研仪器采购新政策和库房集采划拨配置方式,提高采购质量、采购效率和采购灵活性;全年执行预算采购16 827.3万元,其中政府预算采购项目116个(申报23个政采任务书)、预算金额13 312.07万元,校内零星采购项目545个、预算金额3 515.23万元;全年校内评标60次,召开6次招标领导组会议,处理质疑投诉4个、合同违约1个(追回省财政资金168万元);完成物电化材暑期搬迁专项采购,组织参数审核2次,现场调研、协调推进7次;配合完成省教育厅招标采购专项治理受检工作。

【出租管理】 规范门面房出租管理,开展门面房第三方市场评估，按照公开招租方式确定门面房承租人和价格；强化商租户日常经营安全监管，坚持定期和不定期巡查，发现问题及时督促整改，全年无安全责任事故发生；加强合同租金催缴工作，完成年度收入预算任务。研究制定出租出借管理办法，进一步推动经营性资产统一归口管理体制改革。

（资产管理处供稿）

（六）后勤管理与服务

【概　况】 2017年，学校后勤管理与服务加强后勤服务与保障体系建设，推进美丽校园建设；加大基建维修力度，累计投入维修经费近1 986万元；加强水电基础设施改造和日常供应保障，推进节约型校园建设；加强物业监管考核，提供优质便捷的物业服务；打造质量安全、价格稳定、师生满意的食堂餐饮服务。2017年，营业收入达4 589万元，实现学校下达的经营目标。参与保障40项（次）学校重要活动。

【美丽校园建设】 建立绿化养护规范和时间表，划分绿化管护责任区，逐步实现责任到人，组织循环修剪草坪累计达520万平方米、树木9 000余棵。重点强化沿路、沿河、沿校园周边等环境营造，实施体育南馆周边荒地治理工程等绿化工程3项，新增绿化面积5.3万平方米，新植树木500棵、栽植临水植物3万余株，新植草坪3 000平方米。落实日扫日清日运卫生保洁制度，校园保洁面积累计达4亿平方米，全年清理外运垃圾8 500吨。开展卫生死角等专项清理6次，清理外运建筑垃圾等5 000立方米。开展除“四害”防治36次，校园蚊蝇等灭杀率控制在97%。开展爱国卫生宣传教育工作。

【基建维修】 实施各类修缮项目27项，开展零星派工维修580余次，维修房屋126间，道路2 216平方米，公共设施396个。加强前期设计、施工监管和后期管理，建立基建修缮滚动项目库，提升基建维修水平。

【能源管理】 优化水电气管理机制，继续推进能源设施设备管理包保责任制和定期巡检维护制度，实施两校区高压设备托管维护、花津校区第二开闭所主供电缆抢修、赭山校区东大门泵房设备维修、和节能智能化建设项目。推进节约型校园建设，加大“跑冒滴漏”监管，落实水电定额和水电费回收工作，共回收水电费928万元。

【物业管理】 完成两个校区100余座楼宇屋面全面清理。全年发放物业监管处罚文件20份，通报整改800余项，限期整改312项，累计处罚5.77万元。开展考核4次，整改约谈6次。负责两个校区教学设备运行保障，全年维修多媒体等设备157台（套）。

【学生公寓】 优化学生宿舍条件，全年清理清运生活垃圾4 490吨，受理报修1.3万件，出新维修宿舍1 672间；健全学生宿舍安全日常巡查和定期检查机制，每天巡查1栋学生宿舍楼，查获违规用电行为74起；完成假期留校学生管理、新生宿舍安排、卧具采购等专项工作，安排调整床位9 959个。

【学生食堂】 通过公开招投标，遴选学生食堂风味餐饮联合经营，丰富餐饮供给，提高饭菜质量，确保饭菜价格稳定。加强安全监管，学生通过视频厨房进一步了解食堂后场规范操作，督促员工更加遵守服务规规范。2017年就餐师生750万人次，每天平均加工1.5万千克食品原材料，提供150品种主食菜肴。开展学生满意食堂评优评先工作，促进餐饮服务水平提升。

【经营管理】 继续加强花津校区学生超市建设和赭山校区学生超市建设，开发、推广校园文化用品。在桃李苑、专家楼、五四堂餐厅、师缘餐厅全面推行目标管理。全年累计接待48.5万人次。学生超市巩固样板店评建成果，不断提升标准化建设水平。

（撰稿：赵　栋　审稿：叶　丹）

（七）信息化建设与管理

【概　况】 2017年，学校荣获2017年安徽省计算机教育科研网优秀主节点称号，信息管理中心党支部被评为机关先进基层党组织。

【网络信息安全建设】 开展信息系统安全自查。邀请金马电子信息有限责任公司对备案的四个二级系统进行了安全检测，并结合公安检查结果对存在的安全问题进行了处理。对学校的邮箱账户进行了清理，停用从未使用的非实名邮件账号4 913个，非实名登录过的邮件账户535个，确保了邮件用户实名制；通过查阅邮件系统日志及时排查被盗邮件账号并通知修改密码，禁止简单密码登录邮件系统；及时处理信息系统漏洞，做好突发事件预防工作。继续加强对全校158个弱电设备间定期开展检查及清理工作，加强数据中心网络机房、中心机房、托管机房、UPS机房的日常运维工作，根据机房的实际运转情况对机房内的照明、供电、空调、UPS等系统进行了必要的巡检及修缮。增强网络系统安全防护，实行7×24小时值班制度，加强网络信息安全巡查，实行零报告制度，保证了十九大期间的网络信息安全。

【网络信息服务建设】 完成了花津校区大学生综合事务服务大厅、实训大楼校园网络接入工作；完成了赭山校区及花津校区智能水表接入校园网的网络布线及设备调试工作；完成了人事处和皖江学院教务处三个校区考勤机的网络布线、安装、调试工作；完成了后勤员工宿舍光缆敷设工作；完成了后勤管理处53栋楼宇智能水表MAC地址更换工作；完成了赭山校区、花津校区能源中心开闭所光缆敷设及接入工作。协助保卫处做好校内监控系统综合布线及光缆敷设工作；协助教务处做好迎评工作期间的网络保障工作；做好学校视频会议室的检查和维护工作，提供了70余次会务的技术支持。

【完善网络基础保障体系】 完成了赭山校区及花津校区学生宿舍无线AP综合布线的整改工作；完成了校园网接入的特殊端口的梳理工作，回收部分不再使用的IP地址；完成了路西专家楼汇聚设备、花津校区一期院系楼汇聚设备的更换工作。对学生宿舍网络信息点进行了认真排查，共排查宿舍1 110间，对有问题的宿舍及时进行了维修。建立了跟踪回访机制，完成了全年6 000余件电话、网络报修的维修任务，全年无投诉事件发生。

【校园卡建设与管理】 继续拓展校园卡的管理服务。在原有系统上，增加了设备监控和数据分析功能，提供学校管理服务的基础数据和分析支持。增加自助补卡机一台，大学生事务中心校园卡自助设备上线运行，新增的农行、建行圈存机和补贴机均已安装调试完毕并正式运行。

【网络舆情监控】 组织招聘和培训舆情监控员学生队伍，随时监控学校网络舆情，每周整理发布舆情报告。本年度共发布舆情报告41份，反映问题470件。完善QQ舆情工作群，与宣传部联合下发了《关于要求指派专人加入安师大网络舆情工作QQ群的通知》，吸收相关部门人员进入QQ群，畅通了舆情传递途径。特别在每年的特殊时段承担了学校重要舆情的监控任务，及时提供舆情报告，供学校决策。

【信息化建设】 加强校园信息系统建设。改版了二级单位年度考核测评系统，可支持388个用户分别对学校31个单位进行评分；为方便教职工办理出国（境）相关手续，研发了安徽师范大学出国（境）申报管理系统。为教育基金会网站进行了重新设计改版，组织建设了实验室综合管理系统。继续组织学校有关单位积极申报赛尔网络下一代互联网技术创新项目，获批3项，获得经费支持20万元，获批项目数在全省名列前茅。组织专家修改制订信息化建设“十三五”规划和实施方案，对智慧校园建设进行了积极探索。

（信息管理中心供稿）

（八）基建工作

【制度建设】 制定出台了《安徽师范大学基本建设管理暂行规定》《安徽师范大学基建工程签证管理办法（试行）》《安徽师范大学基建工程变更管理办法（试行）》《安徽师范大学基建工程款支付管理办法（试行）》《安徽师范大学基本建设项目廉政风险防控手册》等5项基本建设管理方面的制度，为实现基建工程的内部控制管理打下了基础。

【完成在建工程】 完成实习实训中心建设任务，保证了物电和化材两个学院按期搬迁进驻。各项工程均已顺利验收通过，资金支付工作按计划按进度进展顺利，顺利完成与各部门和两学院的建设移交工作。

【启动拟建工程】 游泳馆建设。会同体育学院与芜湖市体育局进行接洽和商谈，最终形成了学校出地，芜湖市负责全部资金投入的一致意见。作为交钥匙工程由市重点局负责建设，建成后由学校运行管理。建设前期工作即将全面迅速铺开。足球学院建设。与体育学院和财务处一起紧密合作，已确定了足球学院的各类建设项目，前期准备工作已经开始。

【科创公司工作】 不断通知并协助业主办理房产证，售出的1 277户中，完成发放办证材料1 275户，已办理完成不动产证近1 200户。文津花园电力设施于9月24日顺利移交芜湖供电公司管理。截至12月初，收回各类资金总计达1 380万元，除个别项目待审计结束或等待诉讼结果外，清理了结拖欠工程款等各类款项800余万元。8月在老物业到期新物业还是空白的情况下，支持业主委员会工作，实现了平稳过渡。

【内部控制管理】 在工程推进过程中推行提前预判、主动管理的工作要求；在工程质量监管中实行责任到人、集体把关的工作机制；在工程变更签证中强化造价控制管理的地位和作用；在工程决算审计工作中加强审核主动作为。工程建设过程控制中资料齐备并逐步分类移交；工程造价控制收到明显成效；决算审计资料的提供进度大大加快。

【队伍建设】 通过每周的业务交流，业务实践水平有了明显提高；通过加强内部控制管理，项目管理能力有了明显加强；通过压实工作责任，现场指挥和决策更加自如；通过推行民主集中制，提出问题解决问题的积极性得到了发挥；通过加强对财务预算和招标采购业务知识的学习，对项目的安排和实施更加得心应手。

（基建处供稿）

（九）安全保卫工作

【制度建设】 2017年，先后制定了《安徽师范大学停车场收费使用办法（试行）》《安徽师范大学危险化学品安全综合治理工作方案》《安徽师范大学处置恐怖袭击事件工作预案》《关于开展以燃油助力车为重点的校园交通安全隐患专项治理工作实施方案》等文件制度；修订了《安徽师范大学校园公共区域安全保卫工作监督考核规程》。制定实施《保卫处岗位考核细则》，严格考勤制度，奖勤罚劣，对一名无故旷工达两个多月的职工做辞退处理。

【消防安全工作】 加强消防安全隐患排查与整治，定期对学生公寓、食堂、图书馆、电子阅览室、实验室等人员密集场所开展消防安全检查，特别是加大对重点部位和大型活动场所的检查力度，集中整治学生公寓使用违规电器现象和用电行为不规范问题。做好消防设施维护工作。2017年赭山、花津两校区新增灭火器970只、新增灭火器箱435个、灭火器换药剂1 760只、更换灭火器箱52个、更换室内消防栓箱玻璃71块、维修消防栓箱铝合金门套130个、更换水带250盘、补齐水枪36只，维修室外消防栓45个。

【交通安全管理】 做好外来机动车辆出入校园管理工作。投入经费6万元购置了一批交通减速带、交通锥桶、石球隔离桩。通过较长时间宣传和协调，对燃油车和助力车、共享单车乱停乱放等情况进行了长达7个月的集中整治，两校区交通秩序环境有了显著改善。

【综合治理工作】 通过政府采购招标，委托安徽中天保安服务集团有限公司驻校负责花津校区公共区域安保工作；通过校招投标中心网上公开招标，委托南京神龙保安服务有限公司驻校负责赭山校区公共区域安保工作；继续对校园内无主流浪狗进行集中整治。做好矛盾纠纷疏导化解工作，全年及时处置和化解各类矛盾纠纷4起，配合后勤管理处完成花津校区东南角围墙合围工程，12月与公安机关一道移除有关学院历史遗留的炮弹5发、处置步枪子弹30发。

【户籍管理工作】 2017年，共完成本科毕业生、硕(博)士研究生796人的户口迁移改派工作，录入2017级本科生、硕(博)士研究生户籍106人次，录入实有人口7 088人次；户政服务1 715人次。

【安全教育与检查】 安全教育。举办大学生安全知识讲座达21场次，利用宣传栏举办各类安全知识图片展7次，利用校园网络平台发布各类案情预警信息5期，编印《安徽师范大学校园安全形势通报》4期，先后在赭山、花津两校区开展防震、防恐、防火安全知识培训(演练)11场次。安全检查。坚持日巡查、月普检和重大事件通报制度，坚持重点部位定期检查与节假日或重大活动期间集中检查相结合、坚持学校检查与单位自查相结合，发现安全隐患，及时提出整改意见和防范措施。2017年共排查安全隐患7大类159处，完成整改任务143处。

【安全防范工作】 完成花津校区视频监控系统"以租代建"工程建设，实现了视频监控"三个全覆盖"即重点区域全覆盖、重点部位全覆盖、重点路口全覆盖。在增设停车泊位和校内停车场基础上，完善了包含车牌识别、超速报警在内的校园交通管理系统，并将这些系统整合到保卫处"校园110接报警指挥中心"，实现联网联动。由"校园110接报警指挥中心"负责接收各种安全信息和报警信息，按照学校各类预案和工作分工传递处理相关安全信息，建成现代化的校园安全预测、预防、预警和应急处置安全防范系统。加大了业务监管和违约处罚力度，并建立了两个校区物业公司安保服务监督与业务指导"日检查制度、周报告制度、月度例会制度"的三级管理模式。在赭山、花津校区实行固定值守与流动巡逻相结合的安全防范制度，组建学生安全员队伍，在校园内开展防范巡逻以及违规张贴"小广告"清理工作。2017年，赭山、花津两校区共接处警87次，协助公安机关破获各类案件8起，利用各种措施抓获各类违法犯罪嫌疑人3人。

(撰稿：冯　涛　审稿：孙成岗)

(十)离退休工作

【离休支部工作】 落实"两学一做"学习教育制度化常态化，学习党的十九大精神和党章、党规、十八届六中全会精神以及习近平总书记系列重要讲话精神。开展了送学上门和送会上门活动，深入老同志家中和医院宣讲十九大精神。开展冬送温暖、夏送清凉活动。举办了喜迎十九大征文和书画摄影展活动。方德乾同志荣获全省离退休干部正能量活动先进个人。

【关工委工作】 全校"五老"同志参与大学生日常思想教育，在青年学生中开展"放飞中国梦，传承红色基因"主题教育，培育和践行社会主义核心价值观，累计做了18场报告，听众1 850余人次。配合校团委组织开展了"放飞中国梦，传承红色基因"主题征文，共收到征文299篇。全校有近80位退休教师参与青年教师的培养教育，校关工委青年教师指导组(学校本科教学督导团)对近两年新入职的47位教师开展了随堂听课，并"一对一"给予指导。全年编印"工作简报”6期，刊发稿件百余篇，《印象关工》《安徽关工通讯》《安徽省教育厅关工委关工简讯》及教育厅关工委网站发布稿件10余篇。陈孔祥主持的教育部关工委理论中心课题顺利结题。关工委自身建设取得了新进展，朱平和黄时中分别担任副主任、报告团团长和青年教师指导组组长。

【退教协工作】 老年大学恢复招生，开设了书法、合唱、柔力球三个专业。开展多种类型的文体活动，丰富离退休干部的精神文化生活。组织开展了全校离退休女教职工庆祝三八妇女节、重阳节活动，举办了扑克牌、乒乓球、象棋、麻将等项目的比赛，举办了首届健康杯乒乓球团体赛，举办了两次新退休同志欢迎会和一次80寿辰祝寿座谈会。鼓励离退休老同志到芜湖市老年大学学习，对于上老年大学的费用一律给予报销。除国家法定的节日，离休干部活动室全天开放，退休干部活动中心每天下午开放，让老同志“老有所乐”。

【服务管理工作】 开展“迎接党的十九大做合格老干部工作者”主题实践活动，强化服务意识。全处工作人员定期走访老同志，慰问异地安置老同志，加强对退休困难职工的走访慰问，看望住院、特困、异地居住退休职工20多人次。

（撰稿：李　玲　审稿：张树文）

（十一）教代会、工会工作

【教代会工作】 召开学校第八届三次教代会年会，听取审议了校长《学校2017年度工作报告》，书面审议了学校《教代会执委会2017年度工作报告》《教代会提案工作报告》《2017年度财务工作报告》。

校教代会执委会履行监督职能，定期召开会议，听取学校改革发展和涉及教职工切身利益重要事项的通报。按程序调整教代会执委会主任，增补教代会代表。审议通过《学校2017年度经费预算编制》《教职工养老保险缴费基数方案》《进一步加强和改进高层次人才工作的若干意见》《“人才储备计划”实施办法》等规章制度，参与学校政策制度的顶层设计，从源头上维护和发展教职工的合法权益。做好教代会提案交办及答复工作。校八届二次教代会共收到来自12个代表团的提案16件，提案人和附议人39人次。经八届教代会提案工作委员会审核，报校党委常委会议审定，最后批准立案5件（含合并提案），建议7件。先后召开了八届二次教代会代表提案交办会、督办会、面对面答复会，提案的办复率为100%，提案人满意率和基本满意率达85%。评选奖励6个“优秀提案”、2个“优秀承办单位”。规范召开二级教代会年会。全校16个学院和附属单位先后召开了二级教职工代表大会年会，一些二级教代会执委会探索闭会期间的工作规程，发挥教代会民主监督和管理职能。校工会建立二级教代会考核评估机制，将二级教代会制度建设和院务公开情况纳入学院工会工作考评体系。

【校工会工作】 开展第十次“三育人”评选活动。评选出40名“三育人”先进工作者。其中，“教书育人”26人、“管理育人”9人、“服务育人”5人。“服务育人”中含有人事代理、非在编代表。会同教务处承办安徽省第三届普通本科院校青年教师教学竞赛，承办了安徽省教科文卫体工会对江南片高校工会经费年度审计工作。化材学院创建省教育工会“模范职工小家”工作顺利通过评估验收。我校首个安徽省教科文卫体系统“朱国萍全国劳模创新工作室”在生命科学学院揭牌成立。出版社作为学校第一个“非在编”人员加入工会的试点单位，成立了我校第一个以“非在编职工”为主体的分工会。开展校“优秀工会干部”“工会活动积极分子”评选表彰活动。评选出“优秀工会干部”29人、“工会活动积极分子”60人，并予以表彰。开展工会。经学校评审，确定了2017年度立项课题8项，其中2项为重点课题，6项为一般课题。从研究课题中选送了3篇论文参加江南片高校附院第十五次工会教代会工作理论研讨会交流，1篇获一等奖，2篇获二等奖。会同校团委、法学院，组织开展“尊法守法·携手筑梦”服务农民工法治宣传活动。做好“普惠慰问”工作。节庆期间，两次向全校2 600会员发放米、油，全年普惠慰问品达113.2万元。做好“送温暖慰问”工作。开展两节“送温暖”慰问36人次，慰问挂职锻炼教职工13人，“女性特别关爱慰问16人，劳模慰问22人次，高考子女慰问53人，“六一”节慰问附小附幼2次，金秋助学2人，离会人员慰问59人，职工互助互济慰问12人，校工会补充慰问26人，共计241人次，合计慰问金达29.01万元。组织教职工向岳西县三德村对口帮扶捐款，全校教职工共捐款8.325万元。校女工委作为安徽省教科文卫体工会组织的关爱农村留守儿童第二组成员，赴革命老区泾县，在稼祥中学开展“庆六一”关爱留守儿童慰问活动。首次组织离会人员秋游活动，继续开展教职工系列文体活动，丰富教职工业余文化生活。举办教职工通俗桥牌比赛、教职工乒乓球、羽毛球、排球团体比赛，参加校运会教工组趣味运动比赛等系列活动。

（撰稿：吴佑平　审稿：赵　红）

（十二）医疗卫生工作

【医疗管理与服务】 完成两个校区师生基本诊疗工作。全年门诊量为1.8万人次，急诊和出诊856人次，输液、注射、换药等治疗5 488人次，心电图、B超、化验、X光等各类检查9 188人次。强化“首诊负责制”和医疗质量管控，全年无一例医疗事故。完成在编职工及离休人员医疗费管理工作。依照程序，完成第二次在编职工医疗费补助和救助工作，共补助826人次，补助金额共计84.25万元。其中，大病救助22人，救助金额25.97万元。全年完成166人次离休职工门诊、住院医疗费报销工作，实际报销金额226.50万元。完成学生参保和普通门诊医疗费报销工作。全校自愿参保在校学生共计20.3万人，参保率为80%，放弃在芜湖市参保的5 214名学生中96.54%已在原户籍地参保。落实“享受助学金及助学贷款非在职在校大学生，个人缴费部分由各县区政府给予50%补助”政策，全校7 739名学生少缴参保费共计69.65万元；争取到38万元的大学生省级医疗调剂金。完成了1 582人次学生门诊医疗费报销工作，共报销金额52.55万元。每月固定21、22日两天协助市医疗保险经办机构来校现场办理学生住院与门诊慢性病医疗费报销。

【预防保健工作】 做好疾病预防工作。全年感染结核病7例，配合市、区疾病控制中心对密切接触者及时进行健康宣教和流行病学调查，完成了PPD实验检查563人次，组织学生去传染病医院拍摄胸片563人次，有效控制结核病的传播。协同资产管理处、保卫处、后勤管理处等部门多次对学生食堂以及小时代餐饮进行食品安全检查，确保校园食品安全。全年完成7 099名新生体检复查工作和5 305名毕业生体检工作。建立和完善了学生健康档案，及时发布我校学生体检报告，对有身体疾患学生进行了分类医学指导并提出处理建议381人次。对因病不能坚持学习者或根据医院检查结果可复学的，按照大学生学籍管理规定，提出休（退）、复学处理意见。完成教职工体检模式调研工作。校医院收到校工会转来教代会《教职工体检次数与形式调整》提案后，形成《关于开展教职工体检工作建议方案》，鉴于学校参检人数较多，所需费用较多，需要进一步论证并通过一定程序决策。完成学校大型活动医疗保障工作。承担新生报到、开学典礼、体育加试、高考网评、四六级英语考试、硕士研究生考试、运动会等大型活动以及相关单位要求的现场医疗保障40余次。每周一下午派1名医务人员去离退休工作处为老同志测血压及相关健康咨询服务。

【健康教育】 根据时间节点在学校网页及“健康师大”微信公众号上发布温馨提示35次，健康贴士103条，专题教育40次。利用结核病防治日、世界艾滋病防治日等举行了大型宣传和义诊活动7次，发放各类宣传材料1万余份，在大学生中开展传染病专题讲座8次。

强化与学生社团联动，推进健康教育。与保健协会合作，主持申请了芜湖市疾控中心同伴教育专项资金1.2万元、镜湖区艾滋病综合防艾示范专项基金1.8万元；指导新雷锋志愿者协会、大学生保健协会、卫生爱心服务团队分获安徽省百千万志愿者结核病防治知识传播行动大学生志愿者团体培育计划1.0、0.5、0.3万元的资金支持。承担教学任务，提升学生健康能力。完成全校《大学生健康教育》选修课的各项教学任务，共计48个学时，将预防艾滋病同伴教育引进课堂。承担了传媒学院航空专业课程，共计408个学时。开展了6场“健康生活”专题教育，实现本科生新生入学健康教育全覆盖。

【计划生育】 贯彻落实计划生育新政，规范计划生育管理服务工作。认真做好计划生育宣传员的培训工作，与各学院、各单位签订了计划生育目标责任书26份。协助研究生院完成了1 589名研究生婚育状况证明工作。完成92名女职工生育保险登记、审核和材料申报工作。全年，全校新出生人口86人，持证生育率达100%，晚育率达100%。

【队伍建设】 加强医院领导班子建设，发挥带头示范作用。加强医师、护理、医技队伍建设；通过建章立制和加强思想政治教育，规范职工职业道德；举办了急症救护、H7N9禽流感防控、结核病防控、《传染病防治法》培训工作；选派1名医师外出进修。维修改造了赭山校区医院化验室，新增进口全自动生化仪1台；加强花津校区放射科建设，新增DR机1台。辅助检查科室更加符合医学规范。

【制度建设】 做好制度的废改立，强化制度执行力。出台了各类办事流程17项，修订了《安徽师范大学在校大学生普通门诊医疗统筹基金管理暂行办法》。

【工作创新】 创新健康教育形式。创建“健康师大”微信公众号，全年发布医疗动态、健康资讯、讲座通知180条。建立医疗“绿色通道”。加强与有关市级以上医疗机构合作，建立师生员工急重病医疗与疾病防控通道。加入芜湖市第二人民医院“医联体”成员单位，与芜湖市疾病控制中心签订了合作协议。

（校医院供稿）

十、图书、档案与出版编辑工作

（一）图书工作

【概　况】 图书馆馆舍面积4.691 1万平方米，现有各类阅览室（库）27个、阅览座位3 656席。设有8部2室，办公室、文献资源建设部、参考咨询部、信息技术部、古籍部、花津校区读者服务一部和服务二部、赭山校区读者服务部及公共事业部（文献检索教研室）、科研与研究生秘书办公室。在岗职工95人，其中中级以上职称63人（含正高职称7人、副高职称14人），本科以上学历46人（含博士5人、硕士18人）。图书馆文献信息资源建设和服务处于安徽省高校图书馆先进行列，基本实现管理服务自动化、网络化和数字化，现为全国古籍重点保护单位、全国师范院校图书馆联盟首批成员馆、安徽省高校图书情报工作委员会常委馆、安徽省文献信息保障中心、安徽省高校教师教育数字文献信息服务中心，设有文献资源保护与利用专业硕士学位授权点。

【文献信息资源建设】 现馆藏纸质资源总藏量293.717 3万册，新增纸质图书4.117 3万册，数字资源库总量90个，新增数字资源库1个。

纸质资源建设。实行“减复本，增种类”图书采购原则，纸质资源复本减至3册，新购纸质图书增订电子版；完成实洋143.5万元中文图书、实洋50万元港台与外文原版图书招标；完成2018年邮发中文期刊1 266种（1 515份）、报纸66种（219份）实洋34万元的招标；完成2018年度实洋235万元外文原版期刊招标工作；完成3.565 7万册新书验收、分编和典藏；完成2016年4 180册中外文装订报刊ILAS加工和典藏；完成2005年以来近4万册中文期刊合订本的分类、回溯建库、排架工作。

数字资源建设。规范数字资源征订程序，加强读者推荐和采购论证工作；编写中外文数据库资源配置及采购申请表，完成46种（925.667 8万元）中外文数据库前期论证、采购和服务跟踪工作；新增纸电同步数字图书平台，纸本书电子化1.101万册；编制外文数据库可访问期刊清单列表并挂网，开通中外文试用资源57种。

特色资源建设。完成305种434册普通赠书分编、典藏，丰富经典阅览室馆藏；设立CA检索室，完成3 816册《化学文摘》（CA）合订本的搬移、清点和排架；重视善本古籍保护，购置防蠹纸2.2万张、除湿机9台、吸尘器4台、樟木书匣30个、文件柜10组、超低温冷冻柜1台、冷藏柜1台等古籍保护设备；完成善本库财产登记和善本书签制表工作，清点并登记善本库的部分图书，修改普查平台数据900余条，协助省古籍保护中心《慈溪黄氏日抄》修复项目的调研取样工作。

优化馆藏布局。配合物理与电子信息学院、化学与材料学院搬迁，完成化学、化工、物理、电子工程类图书5 000余册，化学文摘3 816册，中文期刊3 000余册的搬迁和1.11万册中外文合订本期刊内部调整。参与学校文化扶贫工作，剔除复本《中国大百科全书》《简明不列颠大百科全书》等图书251册，捐赠宿松县凉亭镇三德村光荣初级中学。

学院资源建设。继续开展全校文献信息资源共知、共建、共享工作，先后10余次深入学院指导编目工作。

【读者服务】 健全服务体系。继续做好年度读者阅读状况调查，读者不满意率仅2%，比较满意和很满意率达77.7%；发布《2016年图书馆文献资源利用报告》；继续推行暑期全时开放，接待读者143.122 1万人次，借出图书17.153 5万册，还回图书15.524 5万册；古籍文献阅览室接待读者接待读者1 552人次，调阅普通古籍92部、善本古籍13部；接待参观415人次；通过QQ在线咨询、面对面咨询、电话咨询、电子邮箱、学子心声等多种形式解答读者疑问，收发邮件234份；提供499篇文献传递服务，引导读者利用安徽高校资源共享服务平台；完成课题查新54项，查收查引文献147篇，学术论文查重1 399篇；推进学科服务，建立生科院数据库交流群，及时推送专业文献信息，提供文献传递368篇，挖掘并利用免费资源和试用资源。

加强读者培训工作。完善新生入馆教育在线培训和测试平台，培训达7 862人次。做好新生入馆教育工作。举办入馆教育讲座18场（4 337人），其中本科生11场（2 803人），研究生6场（1 534人），新进教师1场。开设文献检索课程4个班次。推进信息资源共享服务，有序开展三校区图书馆通借通还工作。完成附中、附小图书馆通借通还工作的培训。参与高校图书馆为社会读者服务战略，为校外191位读者办理临时借阅证，接待各类参观数千人次。

【书香校园建设】 举办10期敬文讲坛，邀请校外知名专家8人；编辑发行《读书人报》电子版4期、纸质刊2期，完成两校区图书馆宣传报栏设计与布展4期；举办真人图书馆1期，推出“敬文书话”活动2期，开展“心影相随，共赏经典”影视欣赏活动11期；举办以“玩转新媒体，体验趣悦读”为主题的第十一届读者服务宣传月活动，开展多种比赛，征集参赛作品150项，评出奖项58项；指导读者协会开展各项活动，完成“江城书会之我最喜欢的一本书推介交流”等活动，评选优秀会员15名；组织参加书香江淮第三届“品读经典对话信仰——弘扬社会主义核心价值观”互联网读书征文活动、第四届“万方杯”数据检索大赛、全国高校图书馆“外研讯飞”杯英文经典诵读大赛、高校“爱拼才会赢”大学生手机摄影比赛、安徽省第五届高校研究生信息素养夏令营活动，并获多项奖项；组织师生参加省校园读书创作、“诵读经典，飞扬青春”微阅读等活动；开展古籍开放周系列活动，展出元大德刻本《通志》等特色资源；迎接教育部评估，展出入选《国家级珍贵名录》的25部古籍及图片、皖人刻书等特色馆藏。

【基础建设】 推进智慧图书馆建设，引进座位管理系统、研究间管理系统；完成图书馆360全景视频建设项目；做好ILAS系统的维护及重要数据备份、自动化设备日常维护、两个校区图书馆各类维护维修等工作；充分论证和科学制定智慧图书馆建设规划，启动智慧图书馆建设；通过资产处调配，为赭山校图书馆安装空调13台，拆除旧空调4台；新增钢木书架58节，拆装和搬运钢木书架130余节，调整搬运旧目录柜100余个；添置雨伞架。

【队伍建设】 完成2016年聘期考核工作；安置人才配偶2人，调离图书馆1人；增补学术型导师1名；举办全员培训2次，参加培训20人次；鼓励开展科学研究活动，各类项目立项12项，其中国家社科项目2项，厅级重大项目1项，校级项目9项；出版著作3部，发表学术论文22篇，专利授权6项；荣获省社科联研究成果三等奖1项。

【学位点建设】 “文献资源保护与利用”硕士研究生第二届招生6人，完成2016级研究生的开题工作；鼓励研究生参与学术活动，获得科研创新与实践项目资助3人、学术交流项目资助2人，荣获2017年高校图书馆发展论坛征文三等奖2人，荣获优秀研究生新生奖学金1人，年度奖学金一等奖3人、年度奖学金二等奖9人。

【交流与协作】 先后组织职工参加全国师范院校图书馆联盟年会等学术交流20人次，接待兄弟院校考察交流4次，邀请校外学者来馆主办“学术讲座”“文津论坛”等活动，承办“2017年东南十一省（市）省属重点师范大学图书馆馆长协作会”学术会议。

【党建与管理工作】 加强理论学习。制定并落实中心组、党总支、党支部及职工学习计划，完成学习任务；开展“两学一做”学习教育常态化制度化工作，开展“讲政治、重规矩、作表率”专题警示教育和三个专题研讨；开展“三个一”活动，邀请张正光教授做“讲重作”专题辅导讲座；组织参观芜湖县廉政教育基地。组织领导班子民主生活会，明确问题清单和整改清单，对有关问题做到按期整改。组织党员赴泾县等地进行革命传统实践教育。先后到芜湖市儿童福利院、南陵弋江镇贫困家庭杨珺雯家开展帮扶活动。发展党员1名，培养入党积极分子2名。巩固“管党治党宽松软问题”专项治理成果，查摆问题7项，并进行专项整治。获校“优秀共产党员”称号2名、校“优秀基层党组织”称号1个。调整、优化党支部，将离退休教职工党员调整到4个教工支部。创新学习培训手段，选派3名支部书记参加党支部培训班学习；组织召开廉政建设专项会议2次；定期召开图书馆第二届教职工代表大会暨第六届工会会员代表大会年会，定期开展党政工联席会议、教代会执委会会议，对图书馆年度总结与学期工作要点、年终津贴分配与职工奖励方案、图书馆部门与职工评优等重大问题进行商讨，建言献策。组织元旦迎新、职工春游等活动；重视女教职工工作，落实女教职工的“五期”保健，维护女教职工的合法、特殊权益；积极开展帮扶与慰问活动，开展“六必访”，建立困难教职工建档、帮扶和回访制度，走访慰问离退休和生病住院的教职工，先后看望慰问教职工46人次，发放慰问金2.45万元。

（图书馆供稿）

（二）档案工作

【概　况】 档案馆内设业务指导、管理利用两个科室，在编专职档案人员7人，专兼职档案员81人。截至目前，集中统一管理全校党群、行政、教学、学籍、科研、基建、设备、出版、财会、外事、声像、实物、已故人事档案等13门类档案。2017年档案馆坚持科学管档，注重以法治档，着力创新活档，完善档案管理规范，推进校史馆建设，加快推进特色档案建设，取得明显成效。

【组织领导】 召开学校档案工作委员会第七次全体会议召开，对学校2016年档案工作的基本情况和2017年档案工作重点任务作了总结和部署。要求各部门、各单位要高度重视校本档案建设，推动校史研究工作，为迎接学校90周年校庆做好基础性工作。

【制度建设】 完成校院两级档案管理体系的构建与实施，建立校档案馆一级管理、院档案室二级管理的档案管理机制，加强对院级档案的管理。按照“一单位一归档目录”要求，遵循各部门、各单位档案形成的规律与成套性原则，分部门、单位编制校本档案目录，形成新版《安徽师范大学文件材料归档范围及保管期限表》，将于2018年印发后实施。全面修订并实施《安徽师范大学档案管理工作先进集体和先进个人评选办法》《安徽师范大学立卷部门档案工作检查评比标准》《安徽师范大学档案管理工作考核办法》《安徽师范大学档案管理办法》。

【业务指导】 举办全校专兼职档案员培训及工作交流会4场，对全校81名专兼职档案员进行了业务培训。与文学院、法学院共建档案馆、校史馆实习实训基地，根据需要设立本科生助学、研究生助研岗，集本科生实习、勤工助学、研究生助管为一体的实践平台日益走向成熟，全年接收文学院和法学院实习生17人、研究生助管18人、本科生勤工助学15人来馆学习、实习。

【档案收集与征集】 完成年内各立卷部门、单位档案材料的接收、整理、归档工作，接收全宗、党群、行政、教学、学籍、实物、财会、出版、设备、基建、外事、声像、已故人事各类档案共14 854卷（件），电子文件494.8GB。完善了馆藏档案管理系统检索目录编制。会同教育科学学院完成了我校20世纪60—90年代间的一批录影带等声像档案的数字化转化抢救工作。在名人档案规模化征集方面取得明显成效，安徽师范大学出版社捐赠的《力冈译文全集》一套共19种23册、力冈先生女儿王燕捐赠的“力冈先生译文手稿”极具代表性。

【档案信息化建设】 实施第四期档案数字化项目，完成40万A4幅面和6 000余张基建图纸的档案数字化扫描与目录索引，并将之转化为数字化存储，正确率达到90%工作。

【档案利用】 改善查档、阅档环境和条件，全年接待档案查阅利用1 053人次，查阅档案量1 543卷（件）、复制档案5 842页。承担了多次突击性的大量查档任务，完成了档案查档和服务工作。

【档案安全管理】 协助保卫处完成档案馆、校史馆视频监控系统的安装、测试与验收，全馆所有库房、门厅、办公室内都安装了视频监控装置，实现了馆藏档案全程安全管理。落实档案安全责任制，将档案责任人制度落到实处。修订完善档案安全应急预案，档案“九防”措施逐一落实。实行库房核库制度，完成了各类库房档案的核对、查漏补遗实时登记、纠错整改工作。

【业务交流】 召开首届芜湖高校档案论坛，开展务交流。参加安徽省高等学校档案工作协会三届二次常务理事会、华东地区第二届高校档案论坛、安徽省直单位档案工作第十五协作组第四次年会暨皖南片高校档案工作年会和安徽省高校档案工作协会2017年会，并先后多次作经验交流发言。组队参加市档案专业知识技能竞赛，获得二等奖。有4人次先后受到市档案局、省档案局、中高档协会的表彰。在安徽省高校档案项目成果评审及项目申报工作中，《安徽师范大学校史校情简明读本》、基于文化社会学视角的高校档案服务理念创新》分别荣获档案编研类一等奖、论文类一等奖；《“安徽师大”口述历史资料整理与研究》和《高校档案与校园文化品牌建设研究》《文化传承视觉下高校口述校史档案征集研究》分获重点研究项目和一般研究项目立项。

【校史研究】 组织编写《安徽师范大学校史》(2008—2017)。先后召开校史续编工作研讨会、校史续编提纲修订会、校史续编工作推进会、校史续编工作布置会。编写提纲、方案征得校党委常委会同意后，各参编单位按照分工组织撰稿人撰写书稿，共同完成了30万字的校史续编初稿。先后出版发行《安徽师范大学校史校情简明读本》《安徽师范大学馆藏安徽大学校刊专辑》(上、中、下)。完成了《安徽师范大学学生名录(1928—1949)》《安徽师范大学校史研究资料选编》《安徽师范大学历次党代会文件汇编》三部近60万字的书稿，安徽师范大学出版社已列入出版计划，将于2018年出版发行这三部书稿。开展了“安徽师范大学校史起始时间的考证”专项课题研究，形成《关于安徽师范大学校史起始时间的考证研究报告》。

【口述校史】 学校成立领导组和工作组，组建口述校史采访团队，实施口述校史项目。会同历史与社会学院、新闻与传播学院完成了40位离退休老教师口述校史档案资料采集，形成了40余万字的《赭麓记忆：安徽师范大学口述实录》书稿与80余小时的音像视频资料。

【校史展览与教育】 第二届庆祝“6·9国际档案日”“安徽师范大学档案馆历史档案图片展”和“校史与办学成就展”。实施校史馆改造项目，校史馆改造第一期工程——馆内装修已通过检查验收，第二期工程——展板设计、更新，馆内外形象墙设计、改造工程正在按计划实施。完成了校史馆布展所需要的90年校史资料、图片、实物的整理。做好校史馆参观接待工作，上半年累计接待各类参观30余场，近1 200人次。

【党支部建设】 完成支部换届选举工作。开展“两学一做”学习活动、“讲、重、作”专题警示教育。坚持每月一次专题研讨制度，使党的最新理论入脑、入耳、入心。先后举办了“党员组织生活日”“党员党课日”“党员议事日”“建党96周年党员活动日”“党员实践日”等系列党员活动，做实了“党员活动日”。“三会一课”制度得到全面落实，建立党员示范岗，明确岗位职责和要求。党支部被机关党委评为“优秀党支部”，1人被评为校级“优秀共产党员”。

（撰稿：侯　彤　审稿：陈孔祥）

（三）出版编辑工作

【安徽师范大学出版社】 图书出版。全年开印图书品种737个，其中新品种403个，重印图书334个。新出品种图书中，一般图书157个，教辅类图书品种246个。在新品种图书中，国家重点出版物规划选题1种23册，原创选题216种，占53.5%。策划了一批主题出版类重点选题，如迎接党的十九大的主题出版物《历史如何选择了中国共产党》，纪念改革开放40周年的主题出版物《改革开放以来党的法治思想研究》等。围绕安徽省三大出版工程规划，策划了《中国徽州博物馆馆藏徽州文书》(30册)、《安徽师范大学馆藏千年徽州契约文书集萃续编》(10册)、《王茂荫奏稿》(4册)、《徽州文化研究丛书》(12册)等。配合90周年校庆，推出了“安徽师范大学文学院学术文库丛书”“安徽师范大学传媒视界丛书”等系列，先后出版了《安徽师范大学校园变迁》《安徽师范大学校史校情简明读本》《安徽大学校刊专辑》等。

图书发行。参加了江苏、浙江、厦门、济南、合肥、苏州等图书订货会。2017年全社总码洋7 053万(出版社约1 469万，代办站约5 584万)，营销收入实洋4 945万(出版社725万，代办站4 220万)，实现营销纯利润100多万元。

队伍建设。完成出版社社委会领导班子和党支部换届。2017年新招聘员工3人。吴琼和刘佳两位编辑在安徽省青年编辑编校大赛中分别获得二等奖和三等奖，出版社荣获团体第三名。

重要活动与事件。成为企业组织加入学校工会的试点单位，成立学校第一个由“校编职工”和“社聘职工”共同组成的分工会。《力冈译文全集》(19种23册)入选国家“十三五”重点出版物规划选题、国家出版基金项目，资助金额90万元；同时入选安徽省文化强省资金项目，资助金额10万元。“清代徽州乡土文献萃编”(5卷6册)入选国家古籍出版基金项目，获资助金额18万元。《汪裕雄美学论集》入围2016年“十佳皖版图书”。《人民的力量——淠史杭工程纪实》选题获得安徽省主题策划选题大赛二等奖。

(撰稿：谢晓博　审稿：张奇才)

【学报编辑部】 制度建设。实施编辑部三审与同行专家双向匿名评审相结合的审稿制度，坚持编辑部会议定稿制度，发文必检，严格执行“三校一读”制度等。

文科学报刊文情况。文科学报发文105篇，其中校内作者43人，占41%。本年度作者中，教授64人，占50.8%，国家级基金46项，占44%。继续推出徽学和中国诗学研究栏目，并各别刊发二组经济史苑和社会治理的论文。截至11月底，人大复印资料全文转载10篇，在高校学报排名第81位。

理科学报刊文情况。理科年度发文105篇，校内作者39人，占37.15%；校外作者66人，占62.86%。作者中，教授16人，占15.24%；副教授21人，占20.00%；基金项目成果中，国家级63篇，占60%；省部级24篇，占22.86%。

数据库建设。文科、理科两刊均与中国知网签订了“优先出版”协议，继续借助采编系统，完成了刊发文章数字版在编辑部网站同步发表与免费阅读的任务；文科学报持续向“中国高校系列专业期刊成员刊”推荐稿件，持续加入“超星高校期刊数据库”“国家哲学社会科学学术期刊数据库”等数据库。文科学报成为人大复印资料重要来源期刊。

重要事件。2017年初，文科学报由CSSCI扩展版来源期刊重新回到CSSCI来源期刊。文科学报获得第六届华东地区优秀期刊奖。学报刊发专栏，庆祝创刊六十周年，记录办刊历程。

(撰稿：荣　梅　审稿：马陵合)

【《高校辅导员学刊》】 2017年，《高校辅导员学刊》出刊6期，发表论文143篇，其中高级职称作者论文45篇，正高职称约稿论文16篇，各类课题成果95篇。刊物发行近3 400份，发行收入人民币20万元。

栏目结构。在继续办好“大学生社会主义核心价值观教育”“优秀传统文化教育”“职业化、专业化研究”“创新创业教育”“大学生志愿服务”等固定栏目的同时，积极组稿、约稿，策划专题栏目。新增“习近平系列重要讲话精神与大学生思想政治教育”和“高校辅导员年度人物笔谈”2个特色栏目，丰富学刊的选题和内容，使学刊更具工作指导性和可读性。

学刊影响。作为面向全国高校辅导员和学生工作队伍的专业学术刊物，2017年《高校辅导员学刊》被中国社会科学院《中国人文社会科学期刊评价报告(AMI)》的引文数据库收录为来源刊，被“超星期刊域出版平台”全文收录，被《中国终身教育学术研究数据库总库》全文收录。据中国知网统计显示，学刊2015年下载量为4.26万次，2016年为4.32万次，学刊的期刊综合影响因子2015年为0.399，2016年为0.413。

对内服务。《高校辅导员学刊》利用学刊封二、封三的铜板彩色宣传页，分3期及时报道“学习贯彻全国高校思想政治工作会议精神”研讨会、“2017年安徽省高校思想政治理论骨干教师培训会”和“习近平新时代中国特色社会主义思想研究中心”成立大会，收到较好的社会反响和宣传效果。

对外交流。注重开门纳题，集思广益，多次组织召开专家学者座谈会，顺利召开“学习贯彻十九大精神暨《高校辅导员学刊》2018年选题策划会”。编辑部积极参与省出版局组织的“安徽省报刊出版单位互查互评互学互促”活动，同在芜高校的17家刊物编辑部座谈学习，交流经验。学刊编辑部还利用假期，参加“学习贯彻全国高校思想政治工作会议精神”研讨会，参与安徽省高校辅导员工作研讨会，参加安徽省高校学报研究会举办的编辑业务培训。

（《高校辅导员学刊》编辑部供稿）

十一、学院工作

（一）文学院

【概　况】 文学院的前身是1928年建立的省立安徽大学中国文学系，是安徽省高校办学历史最悠久的四个院系之一。中国语言文学学科2017年入选安徽省本科高校一流学科。现设有汉语言文学、秘书学、汉语国际教育、戏剧影视文学等4个本科专业。拥有教育部省属重点研究基地中国诗学研究中心，中国语言文学博士后科研流动站，中国语言文学博士学位授权一级学科、硕士学位授权一级学科；设有中国古代文学、汉语言文字学、文艺学、中国现当代文学、美学、中国古典文献学、语言学及应用语言学、比较文学与世界文学、中国文化研究以及戏剧戏曲文学、秘书学与应用写作学、课程与教学论（语文）等12个硕士学位授权点和学科教学（语文）、汉语国际教育2个专业学位点；1个国家级特色专业建设点（汉语言文学专业），1个国家级教学团队（中国古代文学），1个教育部卓越中学语文教师培养改革项目，2门国家级精品资源共享课程（文学理论、大学语文），1门国家精品视频公开课程（安徽名胜与古典诗词），1个首批省级教改示范专业（汉语言文学），2个省级特色专业建设点（汉语国际教育、秘书学），3个省级教学团队（中国现当代文学、文艺学、大学语文），1个安徽省A类重点学科（中国语言文学），3个安徽省B类重点学科（中国古代文学、汉语言文字学、中国现当代文学），1个安徽省学科建设重大项目，6门省级精品课程（文学理论、中国古代文学、中国现代文学史、古代汉语、秘书学概论、现代汉语），1门省级视频公开课程（20世纪中国文学经典重读），1个省级刊物（《学语文》）。学院现有教职工98人，其中专任教师79人，管理教辅等19人。博士生导师16人，教授29人，副教授31人，具有博士学历的教师54人。在校生2 267人，其中研究生602人（博士生39人，硕士生546人，留学生17人），本科生1 665人。

【教育教学】 本科生教学。整合骨干力量，做好审核评估工作。借审核评估契机，进一步完善各类教学管理制度和规定；配合教育部审核评估举措，制订迎评方案，认真做好评估各项工作。3—4月修订专业课程大纲342门，其中专业必修课155门、院系/专业选修课187门；5月3日召开本科教学审核评估动员大会，统一思想，明确目标，落实任务；6月完成各项评估材料的搜集、整理、印制、归档工作，完成专业自评报告5份、学院自评报告1份；9月完成评估必查档案（试卷、毕业论文）的整改工作；11月6—9日进行审核评估，教育部专家听课4节，听取院长报告，就本科教学进行深度交流，调阅汉语言文学专业一年来所有专业课程的试卷和2017届应届生毕业论文。以评促建，以评促改，以评促管，使本科教育教学质量再上新台阶。推进质量工程建设，培育优质教学成果。加强各类质量工程、振兴计划项目建设的过程管理，对项目给予经费上的大力支持，建立健全以本科教学为中心地位的激励机制。着力推进教育部“卓越中学语文教师培养改革”项目的建设；继续推进2016级戏剧影视文学专业的“项目制”指导机制；实施“名师工作室”计划，强调名师对青年教师专业发展的引领、指导作用，带队至方言区做区域方言与文化调查2次；加强精品资源课程的建设，“大学语文”慕课资源面向开课班级全线开放使用（包括视频学习、网上作文与讨论、无纸化考核等全部环节）；录制精品资源共享课“现代汉语”教学视频16节、精品视频公开课“中国现代文学经典重读”教学视频1节，继续推动“现代汉语”网络教学资源建设，充实电子题库；加强本科教学内涵建设，强化教学研究意识，促进教科研成果向课堂教学的渗透与转化，发表教学研究论文3篇；申报校级优秀教材奖1项；加强优质教材建设，出版本科生教材2部；出版本科生论文集1部。6个项目获省级质量工程立项。加强校际双向交流，推动新老专业建设。走出校门，向省内外同类院校相关专业学习办学经验，到青海师范大学、浙江师范大学、浙江传媒学院、华中师范大学、武汉大学、淮南师范学院等院校，分别调研汉语言文学、戏剧影视文学专业建设情况，接受同济大学国际文化交流学院、云南师范大学、广西师范学院、重庆科技学院、内蒙古科技大学、江苏大学等省外8所院校来我院调研秘书学、汉语言文学专业建设，促进校级交流，更新办学理念，拓宽专业建设视野。加强质量监控体系，完善教学督导机制。更新院督导组成员，聘请崔达送、方维保、吴微加入督导组，充分发挥资深教授对本科教学的指导、监督、促进作用；组织校院两级公开课观摩活动共计5次，进一步完善教学质量保障体系，接受校督导团的专业调研，促进“校院联督”新常态的建立；为提高命题与阅卷质量，加大力度实施教研室、专业主任、院专家组三级检查，提高了命题结构的科学性和合理性，有效控制了全院命题AB卷重复率和阅卷错误率。强化本科教学工作，提升课堂教学质量。坚持立德树人，从严治教，强化师生在教育教学中的主体地位；召开本科学生座谈会6次；在职教授为本科生授课率实现100%，其中教授主讲专业核心课程达到90%以上；返聘已退休的资深教授3人到教学岗，为本科生讲授专业核心课程4门，举行公开课共6次，分别安排1名助教、3—5名青年教师跟堂双向听课，旨在通过名师的示范和指导作用，激励和帮助青年教师成长；组织院内青年教师教学基本功大赛，评选出一等奖2名，二三等奖各3名；获校青年教师“教学基本功大赛”一等奖（第一名）1项，三等奖1项。发挥品牌讲座效应，推进双创教育改革。深化“学海导航”学术讲座内涵，邀请学术名家到院讲学20次；举办“名师导教”讲座6场，将中学名师的生动课例和教学理念引入高校课堂；举办“秘书实务”栏目讲座5场；重视双创教育，本科生获“大学生创新创业训练项目”立项39项，其中国家级15项、省级24项；规范本科生论文写作，重视选题与专业的结合度，坚持查重制度，获得审核评估专家好评；申报校级毕业论文培优计划28项；重视师范生教育教学技能培训，获全国师范生教学技能竞赛二等奖1项，获安徽省高等学校师范生教学技能竞赛二等奖1项，三等奖1项。由于重视第二课堂育人功能，借重各类教育资源，创新创业教育取得新的成效。推进教学资源建设，创新人才培养模式。加强“双师型”教师队伍建设，延请中学一线优秀教师唐俊、余夕标、侯远军、李庆虎等到本科课堂授课，同时加强院内师资与一线师资的互动交流；加强对实习指导教师的专业培训，选派两名教师去实习地做驻点指导教师，提升新进教师的指导能力；加大实习基地建设力度，淘汰、遴选一批实习基地；完成各专业实习；重视本科生各种类型学术论文的写作指导，加大教师参与指导的力度，签订教师、学生、学院三方协议，以使本科生获得更多的成长机会和能力发展空间，不断提升学生的创新精神和实践能力。

研究生教学。强化招生工作。加强招生宣传，规范招生程序，制定了《文学院2017年硕士研究生复试与录取实施细则》，共录取各类硕士研究生208人，博士生12人，招收俄罗斯等国孔子学院奖学金生16人。接收推免生3名。规范培养工作。修订了学科教学（语文）全日制、非全日制研究生培养方案。2名研究生参加校第二届教育硕士专业学位研究生优秀教学案例评选。参评全国第六届教育硕士优秀教师1人，参评全国第六届教育硕士优秀教学管理工作者1人；增补博士生导师6人；入选首届全国教育专业学位教学案例1篇；9位硕士生考上中国社会科学院、南开大学等名校博士；授予182人硕士以上学位。加强实践能力培养。举办研究生学术论坛、学术沙龙、教师技能大赛、读书报告会等活动。1人获全国第二届全日制教育硕士学科教学（语文）专业教学技能大赛二等奖；1人获全国“语文核心素养与课堂学习指导”2017研讨会暨中小学语文课堂学习指导优质课例竞赛一等奖；获校第三届全日制教育硕士专业学位研究生教学技能大赛一等奖1项，三等奖1项；获评2017年校级优秀学位论文10篇，其中博士论文1篇，硕士学位论文9篇；获校研究生学术交流项目5项，研究生科研创新与实践项目9项；组建校级暑期实践重点团队1个、一般团队2个，获校暑期社会实践活动优秀团队二等奖，"优秀组织单位"；3人获校研究生"校园十佳歌手"荣誉称号。继续优化专业学位研究生实习基地。17人赴澳大利亚、西班牙、俄罗斯等国家实习。研究生管理。选聘9人担任研究生兼职辅导员，奖助工作平稳开展。思想政治教育形式多样，安全稳定工作良好。开展"就业经验交流会""求职择业，你我同行"等系列活动，邀请各类专家做求职、创业讲座。年终就业率达到80%。

学生工作。思想政治教育成效显著。注重日常教育和专题教育相结合，充分利用班会、网站、自媒体等宣传阵地，着重抓实理想信念、新生入学、校规校纪、诚实守信、感恩爱校、心理健康、就业创业、文明离校等专项教育，着力打造思想政治教育专题化、主题化和"四进"工作机制。认真学习宣传贯彻党的十九大精神，推进"两学一做"学习教育常态化制度化，扎实开展"讲重作"专题教育和"社会主义核心价值观"主题教育实践活动。举办第八期"薪火团校"暨学生骨干培训班，分党校开展系列学习和实践活动。学院团委召开共青团工作改革学习会，全面推进改革攻坚、从严治团各项工作。学生日常管理严格规范。严格执行学生自查、辅导员抽查、辅导员听课等制度，健全学风建设的长效机制，推动课程群辅导室，推进教学管一体化建设。健全校园安全稳定、学生评优评先和评价激励机制，发挥学生干部的模范带头作用，提高日常管理的规范化水平。以学生寝室建设为重点，强化学生日常行为管理和规范养成，深入开展学生宿舍建设评比表彰工作。推出"最美地盘"系列活动，营造优良校园风气，全力迎接审核教学评估。拓展信息交流途径，充分利用班级QQ群、微群以及网上信息交流平台，及时了解学生动态。学生服务工作有序进行。紧紧围绕学生适应困难、经济困难、学习困难、心理问题、就业困难等主题，认真做好学生帮扶工作。关注"五特"学生，确保对每位特殊学生教育管理的实效性和针对性。扎实做好奖、助、补、勤、贷工作。建立贫困生档案，对贫困生进行摸底调查，及时予以援助。成立学习困难生帮扶小组，实现"一帮一，一对红"；发挥好"大学生发展辅导站"和"青春丝语"平台作用，及时对有心理障碍的学生进行积极的危机干预，定期开展心理咨询等相关活动。开展寝室文化节，助力营造和谐寝室氛围，全方位、多形式服务学生生活。学生就业能力明显提升。学院秉承"能力决定就业机会，素质影响就业质量"的工作理念，强化就业系统规划管理，整合校友资源，从学生实习工作、校友返校招聘、校友指导就业等多方面、多角度地促进学生就业；加强学生实习实训工作，全方位提升毕业生专业技能和就业技能。同时学院及时跟进市场就业信息收集，创造更多高质量就业机会。加强就业实习基地建设，就业质量稳步提升。举办学院专场招聘会，创业专题培训讲座，结合"双创"教育提升学生创新意识和就业能力。就业率92.5%。学工队伍建设得到加强。我院现有辅导员11人，其中专职7人，兼职4人。1人获安徽省首届大学生心理健康教育微课比赛一等奖；5人获校社会实践优秀指导教师；1人获校第七届辅导员职业能力大赛特等奖，学院获优胜杯。积极构建以共青团组织为主体，学生会，中国大学生在线校园通讯站、中青网校园通讯站，学生社团等为基础的"一体一会两站七社团"的学生工作格局。举办学院"薪火团校"和学生干部(骨干)专题培训班。教育部中国大学生在线校园网络通讯站共推送校院级各类稿件200余篇，助力安徽师大敬文图书馆荣获"2016年度十大最美校园地标"荣誉称号，通讯站被授予年度中国大学生在线"优秀校园网络通讯站"称号。中青网校园通讯站荣获"全国优秀通讯站"称号，1人获优秀指导教师，1人获优秀通讯员，1人获优秀原创奖；2017年全国大中专学生暑期"三下乡"社会实践活动中，发稿量位列全省第一、全国第四，1人获优秀指导教师，2人获优秀通讯员。文学院学生会获评校优秀学生会，2个部门获校优秀学生会部门，7人获校优秀学生会干部。五四爱心学校获校十佳学生社团，德雅书苑获感动师大十佳事迹。文化育人工作。联动三个课堂，深入推进素质拓展、社会实践和创新创业等工作。传承并发展好学院话剧汇演、诗文朗诵、双迎晚会、志愿服务等文化活动，努力形成具有学院特色的文化育人局面。专业技能方面，举办师范生技能大赛、中文技能大赛、汉语国际教育专业技能大赛、"书香校园"读书创作系列活动、考试经验交流会等活动，全方位提高学生专业技能。学生积极参加各级各类技能比赛并取得骄人成绩，1人获校第七届大学生职业生涯规划大赛一等奖，39个项目获得大学生创新创业训练计划省级及以上立项；28人荣获第十二届全国大学生文学作品大赛一、二等奖；1人获全国大学生英语竞赛特等奖，139人获全国大学生英语竞赛一、二、三等奖。文体活动方面，成功举办2017文学院毕业生典礼和"2017年迎新年迎新生文艺晚会"。学生在各类文体比赛中充分展示文院学子的风采，学生男女子足球队均进入全校前5名；获校46届运动会道德风尚奖和女子团体总分第一名；2014级汉语言文学非师范专业学生熊树星，荣获东方卫视原创文化节目《诗书中华》年度总冠军，2015级汉语言文学非师范专业学生郭精金荣获《中华好诗词》校园海选华东赛区冠军。暑期社会实践方面，共建立暑期社会实践基地14个；成功申报国家级实践团队1支、校级重点团队4支、院级团队40支，50支实践团队，820名大学生，全国50个城市乡村，义务支教4万多小时，形成教育札记1 600余份。印发各类宣传资料3 900份，为地方捐款捐物12 000元，援建共青书屋3个，捐书1 200余册；收到锦旗1面，匾牌1块，感谢信44封。团队实践事迹被外媒宣传报道2 362次，其中，中央级媒体报道167次，国家级647次，省级1 268次。2支团队分获校重点团队二等奖。38名同学获校"暑期社会实践优秀个人"。学院获评校暑期社会实践优秀组织奖。充分发挥"五四爱心学校"志愿服务品牌效应，增设教学点，拓展留守儿童亲情模式。发展壮大"五四爱心基金"，继续捐助贫困儿童，反响强烈。

【科研与社会服务】 获批国家社科基金重大项目1项，国家社科基金一般项目1项，国家社科基金重大项目子课题1项，教育部人文社科重大项目1项，省社科规划项目6项，全国古籍整理项目1项，国家语委项目2项。结项13项。发表学术论文122篇，其中一级论文6篇（A&HCI收录4篇），CSSCI以上论文63篇；出版著作11部。获校第六届本科生论文大赛二等奖2项，三等奖4项，优秀奖5项，学院获优秀组织奖。主办第二届汉语方言中青年国际高端论坛、中国李白研究会第十八届年会暨李白国际学术研讨会等学术研讨会7场。邀请詹福瑞、陈尚君、许结等国内外知名学者来院讲学；境内外学术交流活跃。与韩国外国语大学汉语教育系建立友好合作关系，自2017年开始互派教师研修或担任客座教授。

【学科与师资队伍建设】 学科建设工作。中国语言文学成功申报国内一流学科（安徽省）；特色高水平大学项目建设有序进行；省级学科重大建设项目进展顺利；诗学研究中心系统规划，凝练了4个教育部重大项目，目前获批2项（2017年1项）；重新整合科研创新团队，共整合组成12个团队，成功开展沙龙活动19次。师资队伍建设。8位青年教师赴国内、国（境）外访学，1位老师担任国外高校的客座教授；高端平台特聘教授履职正常。今年获聘教授2人、副教授各1人。选聘博士3人、辅导员1人。获聘博士生导师6人。返聘退休教师3人。完成了7位教师的聘期考核；实行了教师岗位分类。工作效能。加强制度建设，坚持制度先行，强化工作规程与劳动纪律，严格考勤，实行周签到制度。鼓励工作创新，凸显岗位特色。大力提升学院高效服务能力，实施学院秘书、辅导员周例会制度，院领导参与辅导员例会和联系年级制度。

【党建与管理】 加强制度建设。制定了《文学院领导班子成员分工联系各年级学生制度》《文学院构建师德建设长效机制实施办法》《文学院教职工理论学习制度》等新的规章制度，修订了《文学院党委关于"党风廉政建设责任制"的实施意见》《文学院党委委员分工联系党支部制度》《文学院中心组学习制度》等规章制度，切实强化制度执行，取得明显成效。加强党风廉政建设。积极开展《党内监督条例》等条规学习。采取健全师德建设宣传机制、强化师德建设监督机制、建立师德建设奖惩机制等办法加强师德师风建设。认真组织"讲重作"专题警示教育，取得明显成效。班子成员严格履行"第一责任人"责任，严格履行"一岗双责"。认真开展廉政风险点排查，结合学院实际制定防控措施。基层党建与组织工作。学院全年共研究党建重点工作8次。党员领导干部分工联系基层党支部、切实做好指导。注重党建工作经费保障和场所保障,学院各党支部都有固定的党员活动室和必要的学习资料。深入推进“两学一做”学习教育常态化制度化,扎实开展各项工作。组织党员赴安庆岳西县委党校、岩寺新四军军部旧址开展“重温入党誓词,传承红色基因”主题党日活动、渡江战役纪念馆和天长市抗大八分校等地开展主题教育活动。2017年纪实评价系统任务填报达到100%。坚持党政联席会议制度。配合做好各级干部的选拔任用工作,积极组织学院人员参加各类培训,民主生活会和领导干部报告个人有关事项工作规范严谨。积极推进基层党组织标准化建设工作,台账规范完善,学院党委、2个党支部申报达标,未达标的党支部均提交了《存在问题及整改措施》清单。制定并完成年度发展党员计划,2017年共发展党员93名,68名预备党员按期转正。共开设一期党员培训班和一期入党积极分子培训班,共培训251人次。组织关系转接工作规范,共转出148人次,接收39人次。学院党支部严格落实“三会一课”制度,党员领导干部严格执行双重组织生活制度,民主评议党员工作规范开展。认真做好思想政治和意识形态工作。2017年党委中心组共集中学习14次,教职工集中学习10次。积极参加学校“微思享”栏目的在线注册、学习交流和考核测试。积极宣传贯彻党的十九大精神,举办了多场次十九大精神学习报告会和专家报告会。举办了一期“行知讲坛”并及时做好宣传报道。积极参加学校党建与思想政治工作研究会论文征集等研究工作。严格执行哲学社科类报告会、研讨会、讲座、论坛等“一会一报”制。建立了网络舆情常态监测和预警机制。注重加强宣传报道工作,2017年在校园网上的新闻报道量达到270篇以上,2017年受到省级以上报纸、广播电台、电视台、网站报道近2 000篇次。德雅书苑等校园文化品牌建设不断加强并取得丰硕成果。德雅书苑入选省教育厅第四届“礼敬中华”优秀传统文化项目。举办系列“传统文化进校园”典型活动,皮影、剪纸、团扇、昆曲丰富校园文化生活。拓宽文化推广平台,与省朗诵艺术学会、省语委合办“经典诵读进校园”诗歌朗诵会。

(文学院供稿)

(二)马克思主义学院

【概　况】 2017年,马克思主义学院设有思想政治教育1个本科专业,马克思主义基本原理、思想政治教育2个二级学科博士授权点,马克思主义理论、哲学2个一级学科硕士授权点,马克思主义哲学、中国哲学、外国哲学、伦理学、马克思主义基本原理、思想政治教育、马克思主义中国化研究、中共党史、课程与教学论(政治学科)、学科教学(思想政治)等10个二级硕士学位授权点,1个马克思主义理论博士后科研流动站。拥有教育部高校辅导员培训和研修基地,《高校辅导员学刊》编辑部,安徽省高校思想政治理论课教师培训基地,安徽省高校人文社科重点研究基地——马克思主义研究中心,4个安徽省重点(基础)学科,2个省级重点建设学科,1个省级“国内一流”建设学科,7个国家级、省级教学团队、精品课程,4个省级教研和实践基地,9个省级名师工作室。学院教职工75人,其中专任教师62人,教授及相应职称18人,副教授及相应职称27人,具有博士学历教师45人(另有在读博士12人)。在校生701人,其中,研究生295人(博士生50人,硕士生245人),本科生406人。

【教育教学】 全面实施思想政治教育本科专业2016版人才培养方案、思想政治理论课“12+4”课程设置方案,深入开展思想政治理论课教学质量年活动,顺利通过教育部本科教学质量审核评估,面向本科生推出“青年博士论坛”,开展“全校师生共上一堂思政课”活动,组织教师参加全国高校思政课教学展示活动,成功申报教育部卓越中学教师(政治)培养项目,开展各项振兴计划综合改革项目的中检和结项工作，新增教研成果14项，编写出版教材3部，“形势与政策课”协同建设研究项目获教育部高校示范马克思主义学院和优秀教学科研团队重点项目立项。继续打造“理论宣讲”“丙辉漫谈”“超级演说家”“哲学沙龙”“青春有约”等精品项目，“七彩课堂”荣获学校2017年度校园精神文明十佳事迹称号，德育研究会和中研会荣获学校优秀社团称号，108位学子爱心助力残疾女孩朱麟洁成为作家的事迹在中央电视台“等着我”栏目中被专题播出。

学院10名学生获得全国大学生创新创业立项资助，4人在第六届校本科生论文大赛中获奖，1人参加挑战杯学术作品大赛获得校级二等奖。实施师范生技能提升计划，1人获得第八届安徽省教学技能比赛二等奖，21人次学生在2017年全国英语竞赛中获奖，5人在第七届华文杯比赛中获特等奖、一等奖。举办“求实杯”硕士生优秀论文大赛，编印一期《花津学术论丛》。组织学生参加“精锐杯”职业规划大赛，1人获得校级二等奖。2017级新生荣获校新生军训优胜奖和校规校纪考试一等奖。2014级本科1班荣获校十佳班集体荣誉称号。开展暖春、暖冬、暖途行动，对建档立卡户和生病住院学生专项资助，累计资助71 070元，实现对经济困难学生资助全覆盖。加大对2017届经济困难生毕业生的求职补助，累计发放求职补贴10 000余元。集中开展“5·25”和“10·25”心理健康月活动，开展个体辅导100次人次，组织活动14场，参与人数600余人次。加强就业指导，本科毕业生初次就业率96.12%，获评校就业工作先进单位。1名辅导员获得学校辅导员工作精品项目培育计划项目，1名辅导员获全省辅导员论文大赛一等奖，学院团委申报的以“理论宣讲”引导青年大学生践行社会主义核心价值观获校共青团创新试点项目立项。

【科研与社会服务】 全院教师共发表各类科研论文98篇，CSSCI和A&HCI论文46篇，学术著作9部。国家社科基金重大项目“建设文化强国背景下的社会主义核心价值体系研究”顺利结项，成为我校第一个结项的此类项目。成功获批省部级以上项目10项，其中，国家社科基金项目3项、教育部高校示范马克思主义学院和优秀教学科研团队建设重点选题1项、教育部人文社科专项任务（思想政治工作类）1项、安徽省社科规划项目5项，立项经费120万元。成立安徽省首家“习近平新时代中国特色社会主义思想研究中心”，会同芜湖市成立反邪教研究中心。举办全国规模学术研讨会2场，邀请国内外专家学者60余人次来院讲学。

举办教育部第180期全国高校辅导员骨干培训暨网络思想政治教育专题培训、2017年安徽省辅导员上岗培训、专题培训、高级研修、委托培训等系列培训，培训学员1 312人。完成了450余名高校思政课教师骨干和1 305名中小学教师的培训任务。成功申报国培计划项目2项、地市委托培养项目7项。承办第六届全国高校辅导员职业能力大赛第六赛区复赛、安徽省2017年高校辅导员职业能力比赛决赛。《高校辅导员学刊》出刊6期，处理来稿2 500余篇，发表论文143篇，新增“习近平系列重要讲话精神与大学生思想政治教育”和“高校辅导员年度人物笔谈”2个特色栏目。完成了全国研究生招生考试、全省普通和成人高考政治阅卷工作，积极参与安徽省教育厅、扶贫办组织开展的脱贫攻坚第三方评估工作。

【学科与师资队伍建设】 马克思主义理论学科被安徽省确立为首批“国内一流”建设学科，在教育部第四轮学科评估中获B等级。积极申报马克思主义理论一级学科博士学位授权点，召开各类论证会20余次，先后咨询校内外专家60多人次。

全年引进博士2人，2人考取博士研究生，2人晋升教授，1人晋升副教授，1人获评二级教授，6人出国（境）研修，30多人外出参加各类学术会议或短期培训。路丙辉获评全国首届最美思政课教师，李祥兴和张涛分获安徽省高校思政课影响力人物和提名人物，余在海获评学校首届最美思政课教师。

【党建与管理】 认真落实党政联席会议、党委中心组理论学习和教职工政治学习制度，扎实推进“两学一做”学习教育常态化制度化、“讲重作”专题教育、专题警示教育，广泛开展全国全省高校思想政治工作会议精神和党的十九大精神学习教育活动，组织师生党员赴金寨、泾县、南京等地接受革命文化熏陶。加强支部组织建设，增配支部纪检委员，健全支部组织设置，启动基层党组织标准化建设，设立支部党员活动日，落实支部活动场所和经费，进一步规范“三会一课”、组织生活会、民主评议党员等基本制度，开展支部书记述职评议考核。认真做好组织发展工作，坚持“双培训”和“双答辩”制度，培训入党积极分子77人、党员36人，发展新党员32人，30名预备党员按期转正。深入开展“争创先进党支部、争当优秀共产党员”活动，5人获评校优秀共产党员，本科生党支部获评校先进党支部。规范做好党员信息系统维护与更新、党费收缴与使用管理、组织关系结转等工作。落实党员帮扶联系制度，关心爱护离退休老同志，重视发挥关工委作用，获评校关工委先进集体。加强校友工作，接待5批校友返校。完成教授委员会换届选举，召开教代会年会，统筹做好档案、资产、安全等日常管理工作。

【重要活动和事件】 1.2月17日，学院成功举办“学习贯彻全国高校思想政治工作会议精神”高层研讨会，教育部思想政治理论课教学指导委员会委员、全国重点马克思主义院长与会，教育部思想政治理论课教学指导委员会主任顾海良，省委常委、宣传部部长虞爱华、教育部社会科学司司长刘桂芹等领导到会指导。

2.3月25日—26日，安徽省高校辅导员素质能力大赛决赛在我校举行。

3.3月29日，学院召开教授委员会换届选举大会，大会选举彭启福、张正光、高正礼、姚宏志、汪盛玉、王习胜、路丙辉7位教授为新一届教授委员会委员。在新一届教授委员会第一次会议上，彭启福、张正光分别当选教授委员会主任和副主任。

4.4月18日—19日，由教育部思想政治工作司指导，中国高教学会辅导员工作研究会主办，安徽省委教育工委、安徽省教育厅、安徽师范大学承办的第六届全国高校辅导员职业能力大赛第六赛区复赛在我校顺利举行。

5.5月1日，中央电视台一套《等着我》栏目播出我院108位学子爱心接力事迹“五·一”特别节目。

6.5月16日—18日，教育部第180期全国高校辅导员骨干培训暨网络思想政治教育专题培训班在我校顺利开班。

7.6月，学院马克思主义理论学科成功获批安徽省属公办本科高校一流学科奖补基金项目，项目类别为国内一流学科B类，建设周期内每年获取奖补基金100万元，是省内唯一获批该项目的马克思主义理论学科。

8.8月19日—20日，由中国人学学会、安徽师范大学马克思主义学院主办的“国家治理现代化与人的发展”研讨会暨中国人学学会第十九届年会在我校成功召开。

9.10月27日—30日，我院青年教师崔明海在教育部全国高校思政课教指委举办的全国高校思政课教学展示活动中脱颖而出，荣获“全国高校思想政治理论课教学标兵”称号。

10.12月28日，全国高校第四轮学科评估结果公布，马克思主义理论学科获评B级，进入全国前30%行列。

（马克思主义学院供稿）

（三）法学院

【概　况】 法学院有法学、行政管理、政治学与行政学3个本科专业，有法学、政治学2个学术型硕士学位授权一级学科，其中宪法学与行政法学、刑法学、诉讼法学、民商法学、法制史、政治学理论、地方政府学等7个硕士二级学科授权点招收培养研究生，另有法律硕士、教育硕士（司法服务方向）2个专业学位授权点（方向）。法学专业是校特优强专业、安徽省综合教改示范专业和安徽省卓越法律人才教育培养基地。行政管理专业是省级专业综合教改示范点。有“2011计划”司法文明协同创新中心设立的安徽卓越司法人才培养基地、“法治中国建设研究院”校级高端科研平台；有经济法、诉讼法、当代中国政治发展等3个研究所；设有安徽师范大学法律事务中心、普法学校、法律援助中心。有教学法庭（芜湖市中级人民法院第十六法庭）

和电子政务2个实验室。学院有教职工70人，其中专任教师56人，博士生导师2人，硕士生导师27人，教授9人，副教授23人，具有博士学历（含在读）的教师34人。在校生1 318人，其中硕士研究生200人，全日制本科生1 118人。

【教育教学】 落实《法学院本科生导师制实施办法》《法学院加强学科竞赛指导实施意见》《法学院课堂笔记管理办法》等制度。加强教学研究，做好教研项目的组织申报与结项工作，共有3项省级质量工程结题；推进课程改革，开设《法学专业导论》，课程及时吸收中国特色社会主义法治建设最新理论与实践成果，由学院名师联合讲授；开展学院优秀课堂笔记评比活动，50余名同学课堂笔记受到表彰；开展法学、公管读书会；遴选27名教师担任本科生导师，10余名教师参与学科竞赛指导；探索年级大会、主题班会、辅导员例会“三会”合一的协同教育体系；加强实习基地规范化建设，新建、续签6家实习基地，芜湖市中级人民法院在我院举办2次示范庭；实施学术名家、实务专家进课堂。

强化思想引领，以学风、班风、舍风“三风”建设为抓手，形成日常教育与专题教育相结合、线上教育与线下教育相结合、课上教育与课下教育相结合；完善就业指导服务，召开第三届实习就业基地建设研讨会暨招聘会，聘请8名就业创业导师。建设二级发展辅导站，构建三级心理健康教育与干预体系，聘请兼职咨询师1人，开展日常辅导50人次、危机干预3人次，实现零责任事故；制定《2017年法学院研究生学业奖学金评审细则》和《2017年法学院研究生国家奖学金评审细则》，将研究生日常表现、学业成绩作为评选的重要指标；重视研究生学术活动和实践能力培养，设立学院研究生创新项目，出版法学院第五期《赭津论坛》。

2017届本科毕业生考研率达42%，初次就业率达93%。蝉联安徽省未来律师辩论赛冠军，1人获本赛季唯一“最佳辩手”称号；获第一届“龙图杯”全国高校法庭辩论赛季军，1人获全程“最佳辩手”。获大学生创新创业训练计划项目国家级7项和校级35项。在2017年全国大学生英语竞赛中，获国家级特等奖1人、国家级一等奖1人、国家级二等奖14人、国家级三等奖22人、校级奖励32人。1人获省“学宪法 讲宪法”演讲比赛二等奖；2017届毕业研究生初次就业率达95%。4人获得研究生国家奖学金。获研究生校级项目立项19项。

学院暑期社会实践获校优秀组织奖，2支队伍获校优秀重点团队三等奖，30名学生获校先进个人称号。青年法学社获评2016—2017学年校“十佳社团”称号。1人获全运会、全国学生运动会女子800米冠军，学院在校第46届运会上打破3项记录，获得了男子团体第二、女子团体第三、总积分第一和道德风尚奖等多项殊荣；2014级卓越司法实验班获评2016—2017学年校“十佳班集体”称号，1人获评校“自强之星”，1人获校优秀青年志愿者。

【科研与社会服务】 举办学术讲座30余场，32人次教师参加国际国内各类学术会议。主办、承办张慰慈学术思想研讨会、“中共十八大以来中国的政治发展与政治学”学术研讨会暨中国政治学会2017年各地秘书长及团体会员代表联席会议、全国刑事法律文书高端论坛。国家社科基金年度项目立项1项，中国法学会后期资助项目立项1项，安徽省哲学社会科学规划后期资助项目立项1项。编写出版著作6部。全院教师在省级以上期刊上发表论文26篇，其中在CSSCI期刊上发表论文17篇（含法律核心期刊1篇、政治学核心期刊1篇）。3项横向项目获得立项、1篇咨询报告被安徽省委组织部采纳、7篇调研报告被政协安徽省委员会采纳。芜湖经开区法院司法公信力第三方评价报告获安徽省高级法院院长批示。出版《法治安徽建设年度报告（2016）》《地方治理研究报告》（第3辑）。整理、点校出版了张慰慈《政治学大纲》（外二种）、《市政制度》，《中国现代政治学史上的张慰慈》即将公开发行。积极组织申报安徽省社科联2017年度“三项课题”（重点学术课题、应用对策课题、社科普及课题）研究活动，徐步华老师撰写的《落实“四个全面”治国理政总方略增强县域治理创新活力》一文为二等奖，李宗楼老师和龚颖（研究生）撰写的《治国理政思想引领下的县级人大建设》一文为三等奖，纪媛媛老师撰写的《加强县域信息化建设提升信息服务能力》一文获优秀奖。

【学科与师资队伍建设】 学院专任教师博士化率达61%（含博士在读）。1人晋升教授、1

人晋升副教授，1人晋升讲师，2人获得博士学位，1人考取博士研究生，新增博士生导师1人，新增硕士生导师3人，新聘校外硕士生导师8人；着力拓展高层次人才资源，学院自主续聘特聘教授2人，续聘退休教授1人；着力引进高质量人才，引进教授1人、副教授1人、应届博士1人；加强教师培养，10人境内外访学，4人参加社会实践，组织7人次参加教育部、中国法学会等单位组织的课程培训，开展教师定期读经典沙龙活动，实行青年教师导师制，加强对青年教师教学指导，评选最受本科毕业生欢迎老师10名。1人获评省学术和技术带头人。1名教师获得校“三育人”荣誉称号，1人获校首届“最受欢迎的教师”称号，2人获校青年教师基本功大赛获三等奖，2人获优秀党员称号，1人获优秀党务工作者称号。

完成法学、政治学两个硕士一级学科的研究生培养质量报告的编写工作。组织遴选学术型硕士生导师4人，专业学位硕士生导师5人。制定教育硕士（司法服务方向）、非全日制法律硕士（法学）的培养方案，设立法务实践课程，邀请一级律师等实务专家10余人为法律硕士专业授课。新增法律硕士实践基地4个，安排3名研究生到最高人民法院第四巡回法庭作实习法官助理，3人均获“优秀实习生”称号，1人获“办案标兵”奖。

【党建与管理】 制定《法学院党支部工作手册》《法学院党员发展手册》和《“两学一做”学习教育常态化、制度化工作方案》。组织师生党员观看十九大开幕式，邀请周仁标、彭凤莲教授在全院宣讲，辅导员进班级宣讲；全年共召开党委中心组学习会12次；规范“三会一课”制度；落实党员活动日制度，师生党员先后深入社区、芜湖市司法局等进行志愿服务30余次；全年共发展党员57人，举办1期入党积极分子培训班、2期党员培训班，培训学员200余名，在研究生发展党员中实行“答辩制”；加强师德师风教育，全年共召开9次教职工政治理论学习会议，带领全体党员赴金寨进行学习教育，组织党员重温入党誓词。召开中宣部“马工程”教材《宪法学》修订征求意见座谈会，举办2期行知讲坛；高度重视统战、群团、关工委、校友工作，1人当选弋江区政协常委、1人成为芜湖市政协委员候选人；顺利完成教授委员会换届选举工作。

【重要活动和事件】 1.2月16日，最高人民法院司改办处长马渊杰做客法苑讲坛，在会议中心第三报告厅举行了一场题为《全面深化人民法院司法改革的总体思路和重点任务》的讲座。

2.3月9日，安徽师范大学法学院“国伦”奖助学金协议续签仪式在法学院行政楼三楼学生会办公室举行。安徽国伦律师事务所主任周守春、副主任戴林和法学院党政领导参加签约仪式。

3.3月13日，法学院与池州市中级人民法院合作签约、挂牌仪式在池州市中级人民法院举行。池州市中级人民法院党组书记、院长孙康与法学院院长彭凤莲签署了合作协议，并为“安徽师范大学法学院实习实践基地”“安徽师范大学法律硕士实习实践基地”揭牌。

4.3月24日，中国政治学会副会长、秘书长、博士生导师、中国社会科学院政治学研究所原副所长杨海蛟教授应邀来我校法学院讲学。讲座的主题是“政治学若干前沿问题”。彭凤莲院长主持了讲座，政治学学科的老师、研究生以及部分本科生聆听了此次演讲。

5.7月14日，张慰慈学术思想研讨会在法学院顺利召开。

6.7月15日，由中国政治学会主办、安徽师范大学法学院承办、安徽省政治学会协办的“中共十八大以来中国的政治发展与政治学”学术研讨会暨中国政治学会2017年各省市秘书长及团体会员代表联席会议顺利召开。

7.8月25日上午，《芜湖市快递管理办法》立项专家论证会于法学院召开。

8.12月10日晚上七点，中央党校一级教授、博士生导师张恒山在法学院开启了为期一周的“西方法学名著选读”系列讲座，法学院师生到场聆听。

9.12月24日，由中国法学会法律文书学研究会主办、安徽师范大学法学院承办、上海金茂凯德（芜湖）律师事务所协办的中国法学会刑事法律文书高端论坛在法学院召开。

（撰稿：瞿津津　审稿：马广见）

（四）经济管理学院

【概　况】 2017年，经济管理学院设有经济、投资、物流管理、人管、财务管理和会计6个系，经济学、投资学、物流管理、人力资源管理、财务管理、会计学6个本科专业，同时，与ACCA协会合作开设会计学ACCA方向班，与美国西东大学斯蒂尔曼商学院合作开设中美“2+2”会计学，与法国里昂社会经济发展高级学校合作开设中法人力资源管理本科专业。学院现有理论经济学和工商管理两个一级学科硕士授权点，区域经济学二级学科硕士授权点，财经商贸和会计专硕两个专业硕士学位点，新增工商管理专业硕士学位点（MBA），与安徽工商管理学院合作培养MBA。以安徽创新经济研究院、中国特色社会主义政治经济学、中国经济史、企业发展研究中心等科研平台抓手，积极开展科研团队建设。截至17年底，学院教职工总人数89人，博士生导师4人，硕士生导师27人，教授12人，副教授21人，具有博士学位教师33人。在校生2 138人，其中本科生2 010人，研究生128人。

【教育教学】 本科生教学。学院围绕本科教学的基本环节和日常工作，确保全年教学工作平稳、有序运行。老师排课、备课、授课，学生选课、听课和考核等基本教学环节有序开展，完成了毕业班学生的专业实习、毕业论文、学位审核等工作，完成了招生宣传和新生专业教育工作，完成了创新创业训练和优秀论文培育项目的申报、指导、评审等工作，组织教师参加学校观摩课、示范课、青年教师基本功大赛、新进教师教学能力考核等工作，积极开展督导听课、集中听课和评议工作等。优化了专业人才培养目标和规格，重新修订本科专业建设标准。2015级中美会计12名学生赴美学习，2017级中美会计招生24人，2017级中法人力资源管理招生23人，开设经济学和财务管理两个辅修专业。推进“计量经济学”“会计学原理”“政治经济学”“管理学原理”精品课程建设，开展了“创业管理”等共8门MOOC课程建设。“金融衍生品”“证券投资”和“项目投资实验课”等课程邀请银行证券的专家开展联合授课，“运营管理”开展基于移动端的混合式教学。新增“当代中国经济”和“中国经济的历史故事”通识课程。新增“全球案例发现系统”“万德数据库”“新帕尔格雷夫经济学大辞典”等教学资源。推进“基于目标导向的一体化教学体系”建设。邀请外籍教授开展课程教学1人、行业专家开展教育教学共12次。开展了大学生学习与发展调查，覆盖六个本科专业一年级到四年级，形成了全院和分专业的七份报告。顺利开设“企业家精神与创新”“创业管理”等创新创业课程，建成“起航创客空间”实验室，开展了第十届“创业计划大赛”、跨境电商培训和社会调研等项目。修订了《本科毕业论文（设计）实施方案》和《实习学分管理办法》，实施了“一专业一赛”制度。新增“物流管理仿真软件”和“人力资源综合设计与对抗比赛平台软件”，2016—2017学年开设实验教学790课时，61 044人学时。新增奇瑞新能源、芜湖博世汽车多媒体、芜湖碧桂园3家实践基地。新增质量工程项目5项，其中重大教研1项、MOOC课程1项、精品视频课程1项、智慧课堂1项、教学团队1项，教学成果奖省级三等奖1项。完成了系和专业的调整，从原来三个系调整为六个系。顺利完成本科教学审核评估工作。

研究生教学。学院党政联席会议齐抓共管并加大投入，利用多种渠道加大研究生招生宣传，各学位点研究生报考人数显著增加。生源质量逐步提高。一志愿达线率显著提高，二志愿多为一本类院校，且初试成绩较高，学院招生工作的前期宣传与复试工作起到了较好的成效。学院修订了新的研究生培养方案，强调研究生的学术水平、实践能力。强化课堂教学管理与期末考试管理，任课教师教学效果提升显著。加强学术交流，多次邀请国内外专家为研究生开专题学术讲座。积极推进研究生科研创新与实践项目和学术交流项目，全年立项9项。注重研究生的开题、答辩等主要教育环节，改革开题、中检与答辩制度，强化学位论文的“开题外审、论文查重与论文外审”三审制度，努力提升研究生学位论文质量。江江同学荣获校研究生优秀学位论文。2017届硕士毕业生就业率达100%，就业方向主要集中在各大银行、国有大中型企业、政府机关和事业单位等。

学生工作继续秉承"立德树人、育人为本"的工作理念，全面学习落实全国以及省、市、校思想政治工作会议精神、习近平总书记系列重要讲话精神及《普通高等学校学生管理规定》等上级部门新规定、新精神，增强了思想教育工作亲和力、吸引力及实效性，提升立德树人能力；以落实精准化管理服务为目标，进一步提升了学生管理与服务工作水平；以学生安全稳定为生命线，进一步做实了安全教育与防范工作；以大学生基础文明创建为抓手，进一步深化了学风建设。坚持内涵建设，坚持质量提升，坚持效能优先，全面推进发展型、服务型、创新型学生工作，较好地完成学生教育、管理、服务等各项工作。学院高度重视学工队伍建设，主动适应学生工作发展形势变化，继续巩固和强化辅导员工作的专业内涵和职业能力。组织学工团队赴华东师范大学、安徽农业大学等高校交流学习，4人参加心理咨询师培训班，2人参加高校教师岗前培训和辅导员岗前培训并顺利结业。梁倩老师荣获2017年校级优秀共产党员；吕洋获得2017年校第七届辅导员技能大赛二等奖，于琼、胡亮亮获三等奖；甘伟、胡亮亮荣获2017年暑期社会实践校级优秀指导教师。在全院上下营造"学赶帮超、争优争先"的良好氛围，相继开展院"菁英摇篮"十佳班集体评选、"魅力菁英"十佳大学生评选、优秀大学生事迹报告会、学院自强之星和优秀退役大学生士兵报告会等青春导航活动。2015级物流管理专业荣获校"优秀班集体"称号。学院坚持以学生成人成才成功为落脚点，扎实做好各项日常管理教育和服务工作，培育学生的科研能力和创新创业能力，提升学生的综合能力素养。

学院获"2017级本科新生校规校纪考试先进集体"称号、校第46届田径运动会学生男团第七、女团第四和道德风尚奖、方阵队表演获道德风尚奖、排舞比赛获第五名；2017年篮球联赛女篮亚军、男篮季军；校学生足球联赛女子冠军；校第十一届"铿锵玫瑰"女子拔河比赛获道德风尚奖；学院赴潜山县"青媒逐马"共产主义青年营实践团队获校级重点团队一等奖；学院第十三届学生会荣获校级"优秀学生会"称号，学生会生活部、文艺部获校"优秀学生会部门"称号，5人获校"优秀学生干部"荣誉称号；自行车运动协会、新雷锋青年志愿者协会斩获校"十佳社团"称号，经济协会、大学生职业发展与规划协会和创业协会荣获校"优秀社团"称号；2017年，新雷锋青年志愿者协会先后荣获百千万志愿者结核病防治知识传播行动省级优秀团体称号、获国家级一等奖励资助，第二届全国结核病防治知识网络竞赛省级一等奖，大学生志愿者SHOW先进集体，大学生志愿者省级先进集体奖和芜湖市高校精品学生社团称号；"你说我写"雷锋故事大赛、金融投资创新大赛、创业计划大赛、自行车义务维修活动获评校"第十三届社团文化节精品活动"称号。2013级会计专业孙雯同学荣获校第13届"师大骄子"十佳大学生称号，学院"116"工程荣获第14届"感动师大"校园精神文明十佳事迹，2014级经济学专业陈娇同学获评校第七届"自强之星"提名奖；44名学生获2017年全国大学生英语竞赛国家级奖项（其中国家级特等奖1项、一等奖5项）；1件作品荣获第七届"挑战杯"安徽省大学生课外学术科技作品竞赛特等奖、获第十五届"挑战杯"全国大学生课外学术科技作品挑战赛国家二等奖，同时我院荣获优胜杯、优秀组织奖；1件作品获2017年安徽省"互联网+"大学生创业大赛省级金奖，国家级铜奖；11件作品获校"第六届本科生科研论文大赛"奖，同时学院荣获优秀组织奖；本科生发表学术论文19篇；47人获2017年大学生创新创业训练计划项目立项（国家级25项）；49人获安徽师范大学2017年本科生优秀毕业论文（设计、创作）培育计划项目立项。

学院将学生奖助勤补工作与育人和日常管理教育结合，始终坚持"经济资助与精神帮扶""临时困补与长效资助""人文关怀与成才教育"相结合，严格执行落实国家、学校资助和奖助工作，扎实做好奖、助、补、勤、贷工作。2017年，共有1 357人次获得各类奖助学金，其中，3人获得国家奖学金、415人获国家助学金、66人获国家励志奖学金，多名学生获晨光助学金、杨燕制药助学金、荣芝奖学金的资助；做好学院国元证券奖助学金、"零二经法"助学金的评选认定工作。结合时间节点，做好暖春、暖途、暖学、暖冬及考研慰问工作，帮助学生解决实际困难，给学生家一般的温暖。加强本科生就业工作，2017届毕业生516人，考研率15.95%，派遣就业率83.65%，初次就业率93.97%，2人获就业先进个人称号。同时继续完善、拓宽学院就业专题网站，积极拓展就业市场，与多家企业建立了校企合作关系，筹备成立学院学生职业规划与发展中心，推进学生就业工作。

【科研与社会服务工作】 2017年度共申报厅局级以上纵向项目48项，立项15项，其中国家级子课题1项，省部级项目5项，立项总经费达46万余元；共发表论文91篇，其中三级以上论文27篇、SCI/EI英文收录论文6篇；出版学术专著5部。2017年继续本着“请进来走出去”的原则邀请专家作学术报告20余次，学院一线教师70余人次参加了全国及地方性学术会议19次，举办全国性学术会议2次。学院牢固树立“强化应用、服务社会”的办学理念，围绕国家和地区经济发展的实际需求，不断推进学院与企业、政府的合作，为企业、政府提供决策咨询服务，共参与横向课题研究5项，合同总经费达到167万元，学生获得发明专利6项。加大科研奖励力度，大力提高教师科研积极性，年终拿出近20万元奖励科研成绩突出者41人，其中论文成果6.83万元，著作1.59万，横向项目2.31万元、纵向项目7.75万元、研究报告奖励0.2万元。继续教育稳步发展；行业培训领域不断拓宽，在合作开办黄山、肥西、长丰等地税务干部培训班，淮南市八公山区教育系统党务人员、财务人员培训班的同时，开办了安徽六国化工股份有限公司中层管理人员培训班。首次承办人力资源和社会保障部2017年专业技术人才知识更新工程“大数据时代现代物流创新发展”高级研修班。

【学科与师资队伍建设】 引进高层次人才3人，其中全职引进1人，软引进2人。新引进博士4人。2017年度2人晋升教授，2人晋升副教授。全年共有11位老师出国（境）访问学习。目前学院的研究生导师（不包含外聘导师）总数为32+13名，其中工商管理12名硕导、理论经济学12+2名硕导、财经商贸13+6名硕导、会计11+5名硕导。2017年5月，学院教授委员会制定了经济管理学院研究生导师考核办法，2017年9月与12学院分别开展了学院与学校研究生导师分类考核工作，强化研究生导师职责，逐步形成了一支与学院研究生教育规模发展相匹配、整体实力较强的研究生导师队伍。

【党建与管理工作】 学院党委扎实推进“两学一做”学习教育常态化制度化工作，认真开展“讲政治、重规矩、作表率”专题警示教育。学习宣传贯彻十九大精神。推进党风廉政建设，坚持领导干部报告个人有关事项制度，贯彻落实中央八项规定精神和省委“三十条”。加强学院领导班子和干部队伍建设。坚持中心组学习和党政联席会议制度，认真开好民主生活会。配合学校完成了1名正科和2名副科干部的选拔任用工作，招聘专职辅导员1名。坚持立德树人，加强教职工理论学习，重视师德师风建设。调整支部设置，学生党支部按专业、教职工党支部按系部划分，选准配强12个党支部书记，加强党支部书记外出培训交流，启动和加强标准化建设。学院分党校举办1期入党积极分子培训班和1期党员培训班，共有94名学生党员和161名入党积极分子参加培训。本年度共发展党员91名，其中教职工1名，本科生86名，研究生4名。积极推进和谐学院建设。学院教师参与学院建设，积极参加分工会组织的各类活动，形成了学院的和谐文化氛围。认真听取老教师对学院发展的建议和意见，营造尊老敬老氛围。高度重视统战工作，积极开展校友工作，做好档案归档工作，1人获校“档案工作先进个人”称号。

【重要活动和事件】 1.6月2日，成功主办“第八届国际创新管理、信息与生产研讨会”。

2.2017年6月17日—18日，成功举办“第四届中国世界经济学科专家和中青年学者学术论坛——暨世界经济新格局、创新与中国经济增长”学术研讨会。

3.2017年成功申请到工商管理专业硕士学位点（MBA）。

4.2015级中美会计12位同学赴美西东大学学习，2017级中法人力资源管理顺利招生。

（撰稿：汪华伟　审稿：陈秀庆）

（五）音乐学院

【概　况】 安徽师范大学音乐学院现设有音乐学、音乐表演、舞蹈表演、作曲与作曲技术理论四个本科专业，现有1个一级学科硕士学位点（音乐与舞蹈学），2个专业学位授权点（艺术硕士、教育硕士）。拥有“音乐与舞蹈学”省级重点学科（B类），教育部和财政部第四批全国高等教育特色学科建设点、学校“特优强”专业——“音乐学”。学院现有在职教职工92人，其中专任教师85人，正高职称9人，副高级职称29人，具有博士学历的教师7人。共有在校生967人，共有在校生967人，其中研究生179人，本科生788人。2017年录取本科新生210人、硕士研究生54人。

【教育教学】 规范本科生、研究生教学和实践管理，认真落实“三教”。以国家级特色专业和省级优秀教学团队建设为主要基地，组织声乐、键盘舞蹈教研室赴兄弟院校开展业务交流和教学研讨活动。组织各类教学观摩课、示范课16场，规范专业舞蹈教学和交响乐团、民乐团教学实践工作。强化研究生专业技能培训，举办研究生毕业音乐会70余场。规范研究生学位管理，全年授予67人研究生学位，开题120人次，整理研究生学位档案60卷，音乐会光盘档案40份。

以生为本，学生系统围绕成长、成才、成功主题组织开展各类教育活动30余次，做好典型选树工作，完成学院第二届“十佳大学生”和“十佳志愿者”评选，2013级学生何可获评校第十三届“十佳大学生”提名奖，2013级学生王璐获评校第八届“自强之星”，2014级段传钦同学获校第四届“爱暖师大”十佳青年志愿者，10名同学获得由中国青年基金会授予的“优秀志愿者”称号。做好学生日常教育管理与服务，规范“奖助勤贷补”工作，实现学生工作“零欠费”，加强院企合作，提高就业质量，2017届毕业生就业率为92.1%（考研率31.5%）。

学院教师指导学生参加各专业技能竞赛共获省级以上奖项60余项。学生获省级以上奖项110余项，其中由中国民族管弦乐学会琵琶专业委员会主办的第三届“敦煌杯”，张沁钰同学荣获银奖，方梁倩玮、何梦颖同学荣获铜奖，王丽媛、梁莹莹、陈雅晨、汪媛、梁静怡荣获优秀演奏奖，“天荷”琵琶组合荣获职业重奏组铜奖，张迎春老师荣获优秀指导教师奖，为学院赢得了荣誉。2015级张雪琳、毕至娴同学获得了国家级大学生创新项目训练计划的立项资格。完成迎接教育部本科专业评估工作，组织“教风建设年”活动。

【科研与社会服务工作】 组织开展各级各类研究项目申报工作，获批省级科研项目项6、校级科研项目1项，资助经费12.5万元，申报2018年度国家艺术基金资助项目达到了20个，创历年新高，其中3个项目进入复评环节；共发表论文29篇，其中一级论文6篇，二级论文1篇，三级论文5篇，四级论文12篇，五级5篇。出版教材2部，译著1部，编著3部，主要有刘咏莲教授翻译的《土耳其音乐》、黄萍副教授编著的《琴弦上的歌：大提琴经典作品选》以及陆娟老师的《中外舞蹈名家传略》。

连续第九年圆满完成全省“高雅艺术进校园”活动任务，与芜湖市委、市政府共同进行高雅艺术进社区品牌活动建设，共同打造“欢乐芜湖”主题名片，代表学校赴武警芜湖市支队慰问演出，受到安徽电视台等多家媒体专访报道。完成校教师节颁奖晚会、学生颁奖典礼、新年音乐会等演出任务30余场。承担国家级培训项目2期，省级培训项目2期，地市级培训项目1期，连续第十六年完成了全省音乐统一招生考试专业加试和我校省外音乐类招生专业加试工作任务。校青年交响乐团、民族管弦乐团演出水平不断提升，成为学校服务地方经济社会发展，提升精神文化生活品质的重要载体。

【学科与师资队伍建设】 加大人才引进工作力度，2017年签约高层次人才2人，3名教师晋升副教授，2名晋升讲师。鼓励中青年教师外出学习进修，年内有9名教师进行国内外短期培训，3名教师先后赴中央音乐学院、上海音乐学院等院校访问学习。严格辅导员工作制度，固化业务培训会、研讨会等学习制度，切实提高辅导员业务能力。

【党建与管理】 学院现有9个支部，党员174人，其中在职教职工党员64人，离退休党员13人，本科生党员53人，研究生党员57人。坚持中心组学习“跟踪”制度，全年累计开展各类理论学习十余次。加强宣传工作，全年累计发布各类信息、新闻120余条，编制宣传专刊3期，规范做好归档管理工作。扎实开展“十九大精神”等主题学习实践活动和支部标准化建设工作，深入开展党风廉政建设。完成党支部换届工作，调整优化党支部设置，配齐配强支委，规范组织生活，开展了学生党员发展工作专项检查，完成了党内管理系统维护工作，年底前学生一支部、艺术团支部和教工器乐、声乐支部顺利完成支部达标。完成两期党校培训任务，全年发展学生党员41人。认真贯彻执行中央八项规定，扎实开展科研经费管理等专项整治工作，严格执行学校财务管理制度，坚决杜绝“小金库”，加强对招生、就业等重点领域的监管。坚持民主集中制制度，严格执行党政联席会议、名族生活会和“三重一大”议事等工作制度，充分发挥教代会、工会和关工委在学院建设和人才培养等方面的作用，重视党外人士参与学院民主管理等方面的作用，关心离退休老同志生活，充分发挥老同志在教学督导组、关工委中的传帮带作用，开展“空巢”离退休老同志帮扶活动。

【重要活动和事件】 1.3月8日，由芜湖市委宣传部主办，市妇联、市文化委、安徽师范大学音乐学院等单位承办的欢乐芜湖·2017庆“三八”民族管弦乐专场音乐会在芜湖大剧院举行。安徽师范大学大学党委书记顾家山，芜湖市政协主席胡邦明、市委副书记张峰、市委常委、宣传部部长段玉嘉等领导与来自全市的一线优秀女职工、三八红旗手、三八红旗集体、最美家庭等先进典型和女企业家、女知识分子以及社会各界代表1 000余人共同观看了音乐会。

2.3月24日上午，我院92届杰出校友，上海音乐学院党委副书记、副院长王瑞研究员应邀回母校指导音乐学科建设工作。

3.4月7日，学院成功举办2017年春季专场招聘会，学院邀请了阜阳科级工程学校、芜湖技师学院、安徽金寨职业学校、上海晓雯音乐培训学校，安徽蒙悦琴行、南京小银星艺术团等三十多家用人单位来学院参加此次专场招聘会。

4.5月26日，由声乐教研室主办的美国女高音歌唱家阿莉昂娜·加布蕾独唱音乐会在音乐学院音乐厅举行。我院艺术指导教师李春犁担任本场音乐会的钢琴伴奏，声乐教研室副主任戴剑武老师担任助演嘉宾。

5.6月5日晚，我院82届杰出校友，世界著名男高音歌唱家陶维龙先生来我院举办独唱音乐会。

6.5月27日，由安徽省音乐家协会和安徽师范大学音乐学院主办的“第十一届中国音乐金钟奖古筝比赛”安徽赛区选拔赛在我院音乐厅举行。

7.7月30日，“喜迎十九大，忠诚献给党”庆祝建军90周年专场音乐会在芜湖市大剧院举行。安徽师范大学党委书记顾家山，芜湖市委副书记、代市长贺懋燮，市政协主席胡邦明，安徽师范大学党委副书记李琳琦，市委副书记张峰，市委常委、宣传部部长段玉嘉，芜湖军分区司令员汤勇等领导和芜湖市驻芜部队官兵和基层干部群众代表千余人观看了此次音乐会。

8.8月14日至18日，由中国民族管弦乐学会琵琶专业委员会主办的第三届“敦煌杯”中国琵琶艺术精英展演在上海举行。学院的琵琶专业学生参加了职业青年C组比赛，张沁钰同学荣获银奖，方梁倩玮、何梦颖同学荣获铜奖，王丽媛、梁莹莹、陈雅晨、汪媛、梁静怡荣获优秀演奏奖，“天荷”琵琶组合荣获职业重奏组铜奖，张迎春老师荣获优秀指导教师奖。

9.10月10日至13日，由芜湖市委宣传部主办、安徽师范大学青年交响乐团承担了整场演出任务的“喜迎十九大”高雅音乐惠民活动走进芜湖县、繁昌县、无为县三地，安徽师范大学党委书记顾家山、芜湖市委常委、宣传部部长段玉嘉等领导慰问了演出队伍并观看了演出。

10.10月17日至10月21日，由省教育厅主办、安徽师范大学承办的以“喜迎十九大，共筑中国梦”为主题的“高雅艺术进校园”专场音乐会相继在安徽农大经济技术学院、安徽财贸职业学院、芜湖职业技术学院和皖南医学院四所学校举行。安徽师范大学音乐学院民族管弦乐团承担了整场的演出任务。

11.12月27日、28日晚，由中共芜湖市委宣传部主办，芜湖市文化委、安徽师范大学音乐学院承办的"讴歌新时代·开启新征程"2018芜湖新年专场音乐会于芜湖市大剧院举行。安徽师范大学党委书记顾家山、芜湖市政协主席胡邦明,芜湖市委常委、宣传部部长段玉嘉等领导与驻芜部队官兵代表、扶贫干部代表、劳动模范等社会各界人士千余人观看了演出。

(撰稿:张　淼　审稿:王景旭)

(六)美术学院

【概　况】 安徽师范大学美术学院创建于1943年,历经安徽学院艺术科,安徽师范学院艺术科,皖南大学艺术科,安徽艺术学院美术系,合肥师范学院艺术系,安徽工农大学艺术系,安徽师范大学艺术系、美术系、艺术学院等办学阶段。2001年经批准正式成立安徽师范大学美术学院。学院1984年经国家教委批准获全国首批美术学硕士学位授予权,1988年获批接受外国留学生,2009年获全国首批艺术硕士(MFA)全日制专业学位授予权。目前,美术学一级学科硕士点设有中国画、油画、美术理论、书法4个研究方向;艺术硕士(美术)专业学位设有中国画、油画、书法、艺术设计4个创作研究方向。现有美术学、绘画(包括中国画、油画、版画)、雕塑、视觉传达设计、环境设计(含中美"2+2"合作办学)、产品设计、工艺美术等7个本科专业。其中,美术学、工艺美术专业为省级特色专业;艺术设计专业为省级专业综合改革试点专业;工艺美术专业为省级特色专业建设项目,也是安徽省首个侧重培养徽派艺术应用人才的特色专业;雕塑专业于2013年成功申报并获准于2014年招生,是安徽省高校唯一的雕塑本科专业;绘画专业为校首批"特强优"专业;素描课程为省级精品课程。学院现有美术研究所、徽派艺术研究院、设计研究院等教学和科研机构。专任教师65人,其中教授8人,副教授20人,具有博士学位者7人,安徽省学术和技术带头人1人,安徽省学术和技术带头人后备人选1人。全日制在校生1 044人,其中,硕士研究生212人,本科生832人。学院拥有面积达13 500平方米美术楼和1 500平方米的研究生专业工作室,并建有中国画临摹室、素描基础实验室、油画材料实验室、雕塑工作室、陶艺工作室、视觉传达专业实验室,环境设计专业实验室,工艺美术专业实验室、电脑工作实验室、徽派艺术陈列园等实验室中心,美术馆、院藏作品陈列室面积达900多平方米。学院图书资料室现有各种藏书5万余册(包括中外画册),各类期刊共40个品种,非纸质资料近百种。

【教育教学】 本科生教学工作方面。扎实做好各项常规工作落实,认真完成本科审核评估相关工作。制定完善《美术学院迎评工作方案》,完成学院自评报告和支撑材料,落实"以评促建",圆满完成审核评估工作。举办"徽韵传承"美术学院艺术大展,"忆经典、塑当代、观未来"三个部分全方位地展示了美术学院本科教学成果、优秀办学理念和丰厚办学底蕴。首次采用分时段展出的展览形式,举办"春纪夏志"美术学院2017届美术学类、设计学类本科生毕业作品展。顺利完成环境艺术设计专业中美"2+2"合作项目。规划教学场所、改造育人环境。重新规划各类教学场所使用,完成对学院的教室门牌、整体导视系统等设计和改造,更好地凸显美院专业特色。修订本科教学管理规定。制定《美术学院大类招生专业分流管理办法(试行)》,举办专业周活动,开展多场、多层次的专业导航和宣讲,顺利完成198名学生九个专业方向的分流工作。建立实践教学规范与标准,完善教学质量保证体系,分层次开展各种形式的实践教学活动。初步建成漆艺工作室、油泥模型实验室、增材与精雕成型实验室、材料成型工作室、金工首饰工作室、版画工作室等。探索实践教学环节改革。设立创意工作坊。

研究生教学工作方面。加强研究生教学管理,组织各学位点负责人定期对各导师工作室的教学进行全面检查、考核和评估,完善研究生招生复试、专业学习、中期检查等各项日常教学及管理工作,完成"美术学院研究生教学管理规定"编写前期调研和准备工作。紧抓研究生培养关键环节,提升研究生培养质量。严格学位论文质量要求，加强学位论文指导过程管理和质量监控，实施学位论文定期检查和预答辩制度。推进研究生科研创新与实践能力培养，组织研究生参展参赛，全年共有120人次参加并入选省级以上展览和学科竞赛，省级展览（参赛）获奖50人次，15件研究生作品参加由上海大学美术学院承办的全国美术教育论坛展览，3人作品入选2017年全国大学生美术作品展，科研创新研究项目3项，对研究生科研进行年度评比及整理汇编。举办导师工作室开放周及师生展览，并使之制度化。制定导师遴选、考核、管理制度，提升导师学术水平和指导能力。完成美术学院《美术学（学术型）硕士研究生导师工作条例（讨论稿）》《美术专业学位硕士研究生导师工作条例（讨论稿）》《艺术设计专业学位硕士研究生导师工作条例（讨论稿）》等。实行新导师培训及实习期办法。

学生工作方面。坚持立德树人，构建学生成长思想保障。组建"我是红色接班人——红色故事讲解团"讲好身边红色故事。8名学生光荣入伍，超额完成学校下达的（3人）征兵任务。选树优秀典型，开展第四届"美院之星""优秀学生事迹展"等活动，营造积极向上的育人环境和氛围。强化队伍建设，提供学生成长人才支撑。实施辅导员能力提升计划。学生61人次获得省级及以上专业比赛奖励43项。24人次获得校"三项大赛"奖励。先后举办"与成长对话""艺术大讲堂"等专题讲座7场。学院获得"校级优秀学生会"、"校十佳事迹"、暑期社会实践优秀组织单位、校十佳班集体、"十佳自强之星"、"十佳志愿者"等荣誉称号。关注特殊群体，构建精准帮扶服务体系。做好"学生发展辅导站"，做到"五特"学生谈心谈话全覆盖。搭建困难帮扶体系，完善贫困生档案。2017年学院争取社会资金85.4万元，用于奖助品学兼优和家庭经济困难的学生。目前，在我院设立的爱心基金共有170.4万元。创新就业理念，提升创业就业指导能力。与上海壹秀教育集团合作，构建以连接长三角区域为主体的区域就业联盟；与安徽省美术教育协会、芜湖市装饰协会合作，构建行业就业联盟；与苏州工艺学院、安徽工程大学合作，构建校际就业联盟；通过在上海校友联系，构建了上海区域校友就业联盟；与芜湖凯德集团、安徽美术教育协会、卓克艺术网合作，构建校企创业联盟；成立"美术学院大学生创业孵化中心""学生文创中心""徽艺工作坊"构建创新创业联盟。2017年，共邀请140余家用人单位，提供就业岗位1 500余个。2017届毕业生初次就业率96%，获评学校就业工作先进学院。此外，在创新创业联盟的支持下，我院刘春亭、丁宁两位同学的2支创业团队获"校十佳创新创业团队"荣誉称号。

【科研与社会服务】 科研方面。牢固树立科研强院意识，制定了特色化的科研发展战略和规划，夯实美术研究所和设计艺术研究院两个科研平台，组建徽派艺术、铁画艺术和设计研究艺术三个研究团队。整合力量，积极申报科研项目，成绩显著。重要项目的立项数、覆盖面进一步扩大。其中徽派艺术、铁画艺术团队全年共获得国家艺术基金项目4项（集体项目2项），设计艺术团队获教育部人文社科研究项目1项，安徽省哲学社科项目1项，安徽省高校人文社科（重点）项目2项。国家艺术基金立项数在全国高校和文艺团体中位列第四。3个项目进入2018年度国家艺术基金复评。全年发表各类论文20篇，其中CSSCI期刊论文5篇（含CSSCI期刊扩展版1篇）；作品参展120人次，其中获奖15人次；另有其它各类科研成果多项。举办各类学术活动。先后举办国家艺术基金"芜湖铁画艺术人才培养"项目和"徽州髹饰漆艺高研班"学员结业作品展及学术研讨会。举办"美术学院1978级校友作品展"和"1977级校友作品展"。先后邀请中央美术学院叶南教授、中国艺术研究院侯样祥研究员、中国美术家协会漆艺艺术委员会副主任清华大学美术学院程向君教授、解放军艺术学院王天胜教授来我院做学术讲座多场。注重对科研工作的规范管理，对科研项目经费、教师科研行为自查自纠。开展师德师风系列教育活动，邀请名家举办专题讲座，开展科研自律的签名承诺活动，强化学术道德导向。拟定《美术学院科学研究突出业绩奖励暂行办法》。

社会服务方面。完成2018年安徽省普通高校美术招生艺术专业统一考试（美术类）评卷工作，完成2017年省外美术招生考试、阅卷工作。完成合肥市义务教育教师培训、阜阳市农村中小学骨干美术教师培训、全省自考阅卷和中小学新任教师公开招聘考试阅卷工作，做好2014级函授生面授工作，完成2018级工艺美术专业高中起点本科招生工作。利用暑期社会实践等活动，积极参与繁昌县、南陵县美好乡村建设等，取得良好成效。

【学科与师资队伍建设】 学科建设方面。培育学科特色，加强科研梯队建设，设立学科建设办公室，选拔有理论专长的老师兼任办公室秘书，专门负责学科规划、年度报告等工作。科研方向和突破口立足于扎根本土，挖掘传统的地方优质美术资源——芜湖铁画和徽派艺术研究，在课题申报、理论研究、论文专著撰写以及艺术创作方面都重点围绕这个方向，给予扶持。通过培育发展学科特色，锻炼人才队伍，形成科研梯队建设。以学位点评估为契机加强学位点建设。成立美术学院美术学学科评估组，启动一级学科美术学学位点评估及艺术设计专业学位点评估工作，对艺术设计导师工作室进行了初步建设。

师资队伍建设方面。2017年选聘2位博士毕业生，选派2位教师赴美国学习培训，1位教师赴中国台湾访学，多位教师国内短期学习交流培训。2017年晋升教授1人、副教授1人、讲师4人，高级职称比例占全院教师数的46.87%。

【党建与管理】 党建工作方面。抓学习，推进“两学一做”常态化。深入学习贯彻十九大精神和习近平新时代中国特色社会主义思想，持续开展“两学一做”教育实践活动。开展美术学院基层党务工作人员业务培训，学院邀请校纪委、组织部、宣传部、统战部等有关同志，开设6期讲座，对学院党委委员、党支部书记和支委成员进行培训。扎实开展“讲重作”专题教育。邀请全国人大代表、全国五四奖章获得者高亚飞做十九大精神报告。抓制度，推动党建工作规范化。完善发展党员“三级培养”制度，量化“三项积分”，落实“三级考察”制度。建立院党委委员联系支部、联系学生制度。抓平台，做好工作有机融合。充分发挥党校作用，主动走进社区，开设微党课，与老党员开展交流。发挥团学品牌活动平台作用，由学生党员组建美青红色文化宣讲团，赴芜湖市烈士陵园开展红色故事宣讲。发挥网络平台作用，做好学院和各支部党员微信群建设，推动党建工作。抓支部，筑牢党建工作阵地。做好基层党支部建设，按照专业横向划分学生党支部，有步骤地推进基层党组织标准化建设。严格党内组织生活，落实党支部"三会一课"制度。切实做好党风廉政建设，通报典型案件，赴岩寺新四军军部旧址等地开展专题警示教育活动，认真开展“管党治党宽松软问题”专项治理工作。抓保障，扎实做好群团工作。认真做好统战工作，支持学院分工会、团委、学生会、研究生会、学生社团依照章程积极主动开展工作。组织召开美术学院教代会第二次会议，审议通过《院长工作报告》《学院财务工作报告》。积极参加第六届教职工文化体育活动节系列活动。参加首届“书香天使”读书征文活动，获书画类优胜奖2个、优秀奖1个。做好“困难职工帮扶”和“送温暖”等慰问工作。完成全院教职工体检招标工作，安排职工在规定时间内体检。完成2016年度档案归档和2017年档案工作自查、评比工作。

管理工作方面。加强财务管理，完成2017年财务预算细化方案编制和政府采购预算申报以及2018年经费预算编制，做好学院“小金库专项治理”回头看工作。做好学院2017年二级单位年度绩效考核、2017年学院津贴年终分配工作。做好各类学术讲座、专家讲学、暑期教师外出写生等活动后勤保障工作。配合后产处完成美术学院教室改造工程和研究生楼插座、线路改造工程。加大徽园后续建设。强化安全稳定意识，落实逐级消防安全责任制和岗位消防安全责任制，明确逐级和岗位消防安全职责，岗位明确、责任到人。做好学院消防安全重点部位的隐患排查整改工作和防火日巡查工作，确保学院安全稳定。

【重要活动和事件】 1.3月31日，举办“安徽·苏州粉画作品邀请展”。

2.4月26日，举办“聚首初心·安徽师大美术学院1978级校友作品展”。

3.6月11日，国家艺术基金“芜湖铁画艺术人才培养”项目培训班开班。

4.8月31日，国家艺术基金2017年度资助项目公布，安徽省25个项目入选，其中安徽师范大学占4项，立项总数居于全国并列第四位。

（美术学院供稿）

（七）历史与社会学院

【概　况】 历史与社会学院现有在职教职工81人，其中专任教师64人、博士生导师12人（院内，含1名兼职博士生导师），教授及相应职称12人，副教授及相应职称26人，具有博士学历的教师42人（另有9人在读）。现有在校学生1 335人，其中研究生338人（博士生42人、普通硕士生278人、非全日制硕士生6人，教育硕士12人），本科生997人。

【教学工作】 提高教育教学能力。为5位青年教师配备指导导师。继续开展学院青年教师基本功竞赛，2人获校青年教师教学基本功竞赛三等奖，1人获安徽省青年教师教学基本功竞赛一等奖。继续开展教学观摩活动，全年共组织9次本科教学观摩课；以本科审核评估为契机，以评促建。借助评估契机，多次开展教研和教育思想讨论，巩固本科教育中心地位。完善教学机制以及各专业、教研室硬件保障，推进课程、教材、实验室、实习实训基地建设。规范做好2017届238名学生毕业论文（设计）工作，评选校级优秀论文6篇。加大"大学生创新创业训练计划""本科生优秀毕业论文（设计、创作）培育计划"的指导和督查，年度获省级创新创业项目32项、国家级12项；规范教学管理。全年学院督导听课80余节。探索社会学、世界史、社会工作三个专业的小班化教学和卓越培养模式改革。继续印发本科生必读书目，完善本科生书库建设，改进本科生导师制。分专业举行教学公开课和观摩课共9次；扎实推进实践教学。组织历史学专业赴南京从事专业考察。年度拓展开含山县博物馆和凌家滩遗址等实践基地4个，完善深圳四个社工实习基地建设和交流机制。完成4个本科专业赴省内外实习基地进行教育实习和专业实习。首次在南陵、广德、郎溪三个实习基地实施教师驻点指导工作。聘请中学一线高级教师和社工服务机构专家为本科专业授课。在第五届全国高师院校历史教育专业本科生教学技能竞赛中，获一等奖两个，三等奖一个。在第六届全国高校模拟谈判大赛中分别获"劳方""资方"二等奖和最佳组织奖。

【科研与社会服务工作】 学科学位点建设有新进展。中国史获批安徽省国内一流学科A类学科奖补资金项目。获批"安徽文化发展研究院"安徽省重点智库。完成了中国区域文化研究院辑刊《中国区域文化》第一、二辑的征稿编辑工作。启动了新采购的徽州文书整理工作，已经整理著录6 000余件。推进世界史特色研究领域和方向的凝聚，申报建设世界史一级学科博士点。推进社会调查、社会组织等研究领域和研究团队建设，获批社会学、公共管理一级硕士学位点；科学研究有新提升。年度国家社科基金立项4项（其中重点1项），立项数居各学院之首。获全国古籍出版项目1项、其他省部级项目15项。发表学术论文65篇（C刊以上论文31篇，其中二级以上论文12篇，有两篇被《新华文摘》网络版全文转载），三级以上论文数同比倍增。第一作者出版著作11部，参编1部，著作数同比倍增。获省社科联三项课题成果一等奖1项、二等奖2项、三等奖1项。9个省部级以上项目顺利结项；学术交流和社会服务有新局面。承办"第四届长三角美国史论坛"全国性学术研讨会。举办了"2017年安徽省史学年会暨安徽建省350周年学术研讨会"。组织开展系列报告活动，邀请国内外著名学者前来讲学27场。每年外出参加学术交流教师达60余人次。承接各类社会服务横向项目16项，年度横向经费创新高，达111万。

【师资队伍建设】 年度引进博士3人，1人为中国台湾地区博士，新增1人攻读校外博士学位，8位教师赴美国等国家或地区从事三个月以上访学交流，2位教师晋升教授、1位教师晋升副教授，师资队伍的职称、学历和学缘结构进一步优化。返聘退休教师3人。制订《历史与社会学院教师能力提升经费支持暂行办法》。高级职称比例达64%博士化比例达84%。1人获安徽省学术与技术带头人，1人获安徽省学术与技术带头人后备人选。

【学生工作】 建立学工系统分层学习机制，积极推进“学习型”学工队伍建设。完成校级党建理论研究课题1项，申报辅导员精品项目1项，成功申报厅级研究课题1项。宫超获全国第六届辅导员职业能力大赛中获全国二等奖，实现了安徽省辅导员在该项赛事中的新突破；利用党校、团校开展青马培训，全年培训学员近400人次。选树优秀学生典型，在本科生中选树先进集体和个人400余个。历史文化街获校“十佳事迹”，2013级社会学梅晶哲获得校“十佳大学生”，2016级社会工作冯钰峰获得校“优秀青年志愿者”等荣誉称号。2017级新生在校规校纪考试中获全校第二；加强与专业负责人的联系，落实本科生导师制，严格校规校纪和学籍管理，落实辅导员听课制度，实行家校联系制度。开展专业教师进寝室、师生见面会、专题讲座、专业考察等新生专业思想教育活动。开展教师资格证面试培训，开展小黑板粉笔字、课前十分钟口语表达等师范生技能训练。依托社会工作专业开展“社工伴学”活动。加强校园安全教育和安全管理，严格学校“四项禁令”。坚持寝室定期检查和辅导员进宿舍制度，开展安全教育，落实安全隐患排查；做好年度素质拓展活动规划。结合传统文化举办第九届“历史文化街”等校园文化活动。开展阳光体育系列活动。我院学生代表队获校男篮总冠军、女排总冠军，获校第46届田径运动会排舞第二、男团第六、总分第八。院学生会获校优秀学生会，赭山史学社获校十佳社团、大学生公共关系协会获校优秀社团。认真组织学生参加暑期社会实践活动，新增实践基地2个，申报7支校级重点团队，组建28支院级团队。获校暑期社会实践优秀组织奖。2篇报告代表学校参加省级评比，4篇报告分别被地市政府等单位参考、使用。人民网、中青网等校外各类媒体报道80余篇次。获“挑战杯”省二等奖1项；扎实做好学生奖勤助贷补。实地回访贫困生11户，开展“暖冬”行动，全覆盖309名贫困生。募集社会助学资金12万元，发放紫阳奖学金，博望助学金。关注“五特”学生。服务毕业生充分就业。开展就业指导，举办模拟招聘、简历设计大赛、职业规划大赛等。组织专业教师开展考研全程跟踪服务。举办学院专场招聘会。2017届本科生就业率达93%，考研率达35%。重视学院发展辅导站建设，印制心理健康知识600余册。邀请弋矶山医院医生来院开展生命教育。创新开展“知远面对面”活动。

研究生培养有新成效。全年论文查重、盲审、抽检结果总体良好。本年度研究生发表学术论文56篇(其中C刊9篇)。获校优秀硕士论文2篇，博士论文1篇。获第三届全国全日制教育硕士专业学位研究生教学技能大赛全国一等奖1名，三等奖1名，及优秀教学设计奖两名，2位老师获优秀指导教师称号。研究生共有“三助”岗位172个，研究生就业率达94.23%，获得学校年度研究生就业考评优秀等级。举办了第三届“地域徽州：经济·文化·社会”国际研究生暑期研习营。

【党建与管理工作】 抓党建责任落实，强化担当意识。落实院党委书记和支部书记的党建责任人职责，严格述职评议考核。落实“一岗双责”的要求，党委班子成员将抓党建和事业发展都作为主业。2017年学院党委被评为校先进基层党组织；抓思想引领，强化政治导向。重视思想政治工作队伍建设，获研究项目2项，获省级优秀论文奖、全国第六届辅导员职业能力大赛安徽省特等奖、全国二等奖等4人次。邀请安徽省委讲师团团长洪永平为师生宣讲十九大精神。召开安徽省历史学会学习十九大精神暨“纪念安徽建省350周年学术研讨会”，组织教师开展十九大精神研讨和课题申报。加强思想文化等新媒体平台建设和管理，做好学院网站和“历社新青年”微信公众号管理工作。选树“五一巾帼标兵”、“历社翘楚”优秀大学生、校“十佳大学生”、校“优秀青年志愿者”等先进师生典型。发挥历史学科优势，成立了中华优秀文化宣讲团。原创的徽文化纪录片《徽骆驼》入选安徽省新闻出版广电局、教育厅联合组织的“弘扬社会主义核心价值观共筑中国梦”主题原创网络视听节目优秀作品，并在安徽网络电视台上展播；抓班子和干部队伍建设，发挥“关键少数”作用。坚持中心组学习制度，召开10次学习会。坚持党政联席会议制度，召开30余次会议。坚持民主生活会制度，实现班子谈心谈话常态化。坚持党风廉政建设制度，落实“一岗双责”要求。严格执行“八项规定”及省、校有关规定，加强作风建设。重视保密安全工作；抓党支部和党员队伍建设，筑牢党建工作基础。定期召开支部工作学习布置会，召开会议10次，支部"三会一课"制度基本落实。支部开展"专业+党建"建设。公共事业管理专业(党支部)编写的《社会组织党建研究》等3部著作已正式出版、《社会组织与五大发展理念》丛书正在陆续出版之中。开展党支部书记述职评议考核和支部评优工作，评出教工和学生优秀党支部各1个。开办3期入党积极分子、党员培训班。完成54名预备党员发展和49名党员转正工作。制定《历史与社会学院2017年党支部组织生活安排意见》并实施，组织师生党员赴南京大屠杀纪念馆、岳西县委党校、芜湖县廉政教育基地开展理论和实践教育。做好81名毕业生党员管理工作，做好24名党员的组织关系转入、档案核查工作。全年共收缴党费27 846.5元；继续深入开展"两学一做"学习教育活动。开展"讲政治、重规矩、作表率"专题教育活动。党支部全面梳理排查问题19项，制定整改措施19条，已落实15项。开展"讲重作"专题警示教育活动。班子梳理问题11项，制定整改措施12条。班子成员梳理问题25项，制定整改措施27条。

加强考勤管理，出台《教职工考勤管理暂行办法》，在加强职工上下班、请假考勤方面严格要求。加强档案建设。四月份学院全员开展了"档案管理规范化建设月"活动。加强预算管理，据不完全统计，2017年行政接待"三公"经费开支总金额比去年下降18%左右；坚持院务公开。充分发挥学院工会作用。1名女教师(傅新球)获省总工会"五一巾帼标兵"称号(全校唯一)，学院教工男排队在校职工排球比赛中以六连胜战绩勇夺一等奖；继续做好社会工作师职业资格考试考前辅导，通过率达40%以上，远超全省20%比率。利用"全国社会组织教育培训基地""全国社会工作专业人才培训基地"两大平台，全年累计举办各类培训班、横向课题等26项；博物馆全年累计接待参观人数200余场次近5 000人。获4批新捐赠藏品数百件。举办了朱典淼捐赠物品展、舒凡捐赠钱币展等。举办第三届校博物"开放周"活动。积极参加全国高校博物馆论坛，公开展播我校博物馆精心制作的专题片；加大校友工作经费投入，整理校友信息600余条。年度拜访、邀请校友数十人次，提前谋划90周年校庆的宣传和外联，充分发挥杰出校友在学院内涵建设方面的作用。

【重要活动和事件】

1.6月20日，历史与社会学院召开全院教职工大会，进行学院教授委员会换届选举。大会选举出我院第二届教授委员会解光云、吴晓萍、徐彬、方青、沈世培、傅新球、丁修真、安建增、张金俊9位委员。

2.10月28日—29日，第四届"长三角"美国史论坛在我校召开。本次论坛由中国美国史研究会主办，安徽师范大学历史与社会学院承办。来自中国社会科学院、香港大学、光明日报社、《史学月刊》编辑部、《美国研究》编辑部等60余所高校、科研、出版机构的70余位专家学者应邀参加了此次活动。

3.12月22日—24日，"安徽省历史学会学习十九大精神暨纪念安徽建省350周年学术年会"在我校召开，本次年会由安徽省历史学会主办，安徽师范大学历史与社会学院、安徽师范大学中国区域文化研究院和安徽省重点智库安徽文化发展研究院承办。

(撰稿：胡　婷　审稿：顾　凌　徐　彬)

(八)教育科学学院

【概　况】 教育科学学院现建有教育学、学前教育、教育技术学、心理学、小学教育和中美学前教育6个本科专业，教育学、心理学2个一级学科硕士点，拥有教育管理、小学教育、现代教育技术、学前教育和心理健康教育5个方向的教育硕士专业学位授权点和中美现代教育技术硕士"2+1"合作培养项目。中国传统文化与教育发展、心理语言学2个二级学科博士点。学院在职教职工93人，教授22人，副教授35人，博士生导师13人，硕士生导师45人。享受国务院和省政府特殊津贴2人，安徽省学术和技术带头人4人，安徽省学术和技术带头人后备人选5人，省级教学名师3人。在读硕士研究生370余人，本科生1 000余人。拥有《公共教育学》《心理学》《教育原理》《教育发展史略》《小学生心理辅导》等国家级精品课程、国家级精品资源共享课程、教师教育国家级精品资源共享课程7门；教育学专业为国家级特色专业建设点，心理学、教育技术学、学前教育3个专业为省级综合改革试点专业；拥有教育学、心理学2个省级教学团队，拥有《普通心理学》等8门省级精品课程、1个省级实验实训示范中心；拥有教育学原理、课程与教学论等2个省级重点学科，建有安徽省高校人文社科重点研究基地——教育改革与发展研究中心，省级“2011协同创新中心”——安徽省教师教育协同创新中心，安徽省高校智库——安徽教育发展研究中心，安徽省少先队辅导员培训和研修基地。安徽省教育专业学位案例库和教学案例推广中心各1个。

【教育教学】 坚持立德树人，创新管理模式。推进“学院—专业—课程”的三级教学管理模式。加强队伍建设，优化学工团队。注重文化传承，营造育人氛围。打造“教授友约”活动品牌，邀请关工委老师讲好“三个故事”；开展心理健康教育活动月、心理健康文化节等活动；开展系列暖工程，坚持素质教育，擦亮专业品牌；27年坚持开展“素质教育活动月”系列活动，形成一专业一品牌；组建“青春型动”“守梦天使”志愿服务队；拓展“全心全益”社会实践品牌内涵，获校暑期社会实践优秀组织奖。

制作《教育科学学院宣传片》，加强招生宣传。获年度本科生、研究生就业工作获先进单位。小学教育专业2名研究生在第二届全国全日制教育专业教学技能大赛中获二等奖和优胜奖；推选国家奖学金获得者5人，朱敬文特别奖学金获得者1人，朱敬文普通奖学金获得者1人，获安徽省“品学兼优毕业生”荣誉称号3人。在校第四届全日制教育硕士专业学位研究生教学技能大赛中3人获奖。在读研究生获安徽省省科协年度研究生科普能力提升项目立项1项，校研究生科研创新与实践项目立项4项，学术交流项目立项11项。

召开专业负责人工作例会10次，邀请26名一线优秀教师、8名外教进课堂。《教育发展史略》和《小学生心理辅导》2门课程入选第二批“国家级精品资源共享课”，成功上线《爱课程网》。教师教育慕课网《中小学学科案例集锦》正式上线。连续9年编辑《国家级质量工程简报》51辑。建成微课制作实验室、数字化学习体验实验室、直流电刺激仪实验室、生理多道仪实验室、便携脑电实验室等7个先进技术实验室，心理学实验中心实现智能化管理。

举办学院第五届青年教师教学基本功大赛和第五届青年教师发展论坛，继续推进“青年教师导师制”，强化辅导员“四进”制度，加强学工队伍建设，服务学生全面成长。学生获批国家级大学生创新创业训练计划项目17项，省级25项。荣获安徽省首届校园读书创作活动特等奖1项，获全国第三届师范院校学前教育师范生专业能力竞赛邀请赛二等奖1项，获安徽省第七届高等学校师范生教学技能竞赛一等奖1项、二等奖1项。6个教育案例入选教育部案例中心案例库，获中国科协研究生提升类项目1项，获全国研究生专业技能大赛二等奖1项。

【科研与社会服务】 科研成果数量取得新突破。发表C刊以上论文48篇，完成年度目标240%。获各类项目15项，获国家知识产权局软件著作权成果2项。6项决策咨询报告被政府采纳；科研国际化进程步伐坚实。发表SSCI、SCI、EI期刊论文12篇，其中，SSCI论文8篇。22人次教师应邀在国际学术会议或国外大学做报告。巩固和拓展与约翰逊大学、布莱诺大学、查尔斯达尔文大学、米宁大学、奥尔登堡大学的项目合作；学术交流氛围日趋浓厚。承办中国教育学会教育基本理论学术委员会高峰论坛、中国教育学会教育社会学学术委员会理事会等全国性学术会议2次。举办学术活动周、院友博士论坛系列活动。海内外知名学者来院做学术报告58场，31人次参加国境外学术会议，新制定《教育科学学院横向科研项目管理办法》《教育科学学院科研平台管理办法》《教育科学学院关于预防学术不端的办法》等文件；科研服务社会能力持续提升：与弋江区等合作共建试验区，引领服务基础教育改革发展。研制幼儿园分类评估指标，完成69所中小学、幼儿园的第三方评估。完成上级组织委托的各类调研任务。拥有函授、自考等多层次、类别学历教育，承担校(园)长、骨干教师培训31个班次，完成全省中小学教师招考等阅卷任务。

【学科与师资队伍建设】 学科建设特色实力日益彰显。高质量完成教育学一级学科博士点与教育博士专业学位申报工作；教育学科入选“2017中国最好学科排名”前25%，在第四轮学科评估中获B-；新增职业技术教育学、比较教育学2个二级学科硕士点，4个专业学位非全日制招生方向；师资队伍整体水平不断提升。引进高层次人才教授2人，晋升教授职称3人，副教授职称3人，4位教师考取博士；增补博士生导师7人、硕士生导师7人；1人入选中国哲学社会科学一级学科最有影响力学者榜单，1人被中国心理学会认定为心理学家，5人当选国家级学会(分会)常务理事，1人被台湾中正大学聘为客座教授，1人获安徽省辅导员年度人物。

【党建与管理】 严格每月“123”学习制度。印制学习材料24套，购买学习资料近600册，组织党员逐字逐句学、原汁原味学，成立了“习近平新时代教育思想研究中心”，编印了《习近平教育思想读本》。举办四期“行知讲坛”，开展学习知识测试活动。编印《学院党建工作制度汇编》，刚性执行考勤写实性通报制。落实院党委委员联系基层党支部制度，重新调整学生党支部的机构设置。固化了入党教育培养各环节操作流程图，举办了分党校培训班。推行违纪党员《告诫通知书》和《党员发展“双答辩双公示”》制度。实行党建工作项目化，深化教工党员“双联双促”党建活动，新建泾县革命烈士陵园及南陵工山中学两个党员教育基地，开展党支部书记抓党建述职评议考核。组织党员干部赴芜湖市廉政教育基地参观学习，在金寨县红色教育基地开展了党员培训班和“讲重作”专题组织生活会。继续加强实验室安全管理，学院与有关人员签订《安全生产责任书》3份，年内无安全生产责任事故发生。年度学院档案工作又有新进展，对学院声像档案库房现保存的三千多盘学校各个不同时期重要活动记录的历史珍贵资料进行了整理和录入。学院工会积极为教职工办实事。从学院代管中拿出专项经费，通过招标为每一位在职和离退人员提供一次全面体检；获得校第六届教职工文化体育活动节优胜奖；院教代会执委参加2016年度绩效津贴方案制定会、2017年学院重点工作务虚会以及2017年学院经费预算编制会等，对涉及学院发展和教职工切身利益的重大事项，发挥了教代会的参与、监督与决策的功能，积极维护了教职工的合法权益。

(教育科学学院供稿)

(九)外国语学院

【概　况】 2017年，外国语学院设有英语、俄语、日语、法语等4个专业和大学外语教学部；拥有英语语言文学、比较文学与世界文学、课程与教学论(英语)、翻译硕士、学科教学(英语)等5个硕士学位授权点。学院现有在职教职工157人，退休教职工60人。其中专任教师138人，博士生导师2人，教授6人，副教授26人；省学术和技术带头人1名、省学术和技术带头人后备人选2名、省高校中青年学科带头人1名。在校学生1 123人，其中硕士研究生155人，本科生968人。

【教育教学】 本科教学工作。接受本科教学工作审核评估。制定外国语学院本科教学工作审核评估实施方案，填报全国高校教学基本状态数据库数据，撰写自评报告及支撑材料。进一步明确办学定位和人才培养目标，促进教学基本建设和管理工作，完善教学质量的自我保障和监控体系。主办教学大赛，成功承办2017年“外研社杯”安徽赛区大学生英语挑战赛，省内43所高校的教师和参赛选手400余人参加。

专业本科教学工作。保障教学运行和质量。完善教育教学制度体系，规范教学流程；坚持常规教学督导，督导团听课共75节；实施公开课教学，举办公开课11次；抓好“三教”落实，严把教学质量关口。促进教学建设与改革。申报备案法语(中法合作)专业，修订各专业课程教学大纲；优化师资队伍，推进教师团队和课程群建设；组织30余人次参加全国教学研究会议。推进英语国家级特色专业建设，实施“卓越中学英语教师培养计划”；推进《英语语言学概论》等网络课程建设；推进英语（师范）专业见习工作，稳定与专业实习单位协同育人关系。提升教育教学成果。“外研社杯”大学生英语挑战赛专业学生B类及以上获奖67人次。获批国家级大学生创新创业项目7项，完成率70%；获批省级大学生创新创业项目54项，完成率122.7%。

大学外语教学工作。加强大学英语内涵建设。制定17级艺体类大学英语教学改革方案。编写出版了艺体类《大学英语综合教程》和《大学英语听说教程》，共2套4册教材。注重教师教育教学能力提升。组织教师参加校第七届青年教师教学基本功大赛，1人获二等奖，2人获三等奖；获批省级质量工程项目1项；1人获“教学之星”全国微课大赛一等奖。重视学生综合应用能力培养。在2017全国大学生英语竞赛中，16位学生获特等奖。1位学生获2017年“外研社杯”全国英语演讲大赛一等奖；2名学生获2017年“外研社杯”全国阅读网络大赛特等奖，11名学生获一等奖。

学位与研究生教育：规范学位管理工作。完善学术型研究生和专业型研究生奖学金评选标准；规范研究生读书报告和开题制度。MTI学位点整改。完成并向教指委提交MTI学位点整改自评估报告；完成了Trados机辅软件的购置工作。促进培养工作。2人获得校级科研创新与实践项目立项、6项科研创新与实践项目结项；4人获得研究生国家奖，3人获朱敬文奖助学金；2017年大学生暑期社会实践重点团队1项；1人获人事部主办的英语笔译证书；2人获2017年校级优秀硕士学位论文；承办安徽省第二届研究生论坛。推进就业指导等学生工作。组织2次学生座谈会和2次导师座谈会，进一步落实导师第一责任人工作；就业率达到94.25%，1人获2017届研究生就业工作先进个人；认真落实研究生“三助”工作，全年共聘用66人。做好档案与信息管理。毕业生全部材料以及归档送交学校留档；整理读书报告并装订成册。

学生工作。以“绅士淑女”标准提升思政教育实效性。依托分党校和“青马工程”团学培训班，推进学生党员“两学一做”教育实践常态化、制度化，创新开展“为中华民族复兴而读书”团员教育实践活动；打造素质拓展精品活动，推进“三个课堂”联动育人，获评“十佳班集体”“十佳自强之星”等一批校级先进典型。以“四禁”“四暖”工程推进管理服务精细化。开展“最美教室”评选，严格落实安全工作“四项禁令”，营造良好班风、舍风和学风；坚持实地走访经济困难学生家庭、实施“四暖工程”，做到精准帮扶和资助育人，1篇论文获全省资助论文一等奖。依托“花津悦谈”个体发展辅导站，普及心理健康知识，促进学生身心健康。以“勇往职前”为目标落实毕业生就业指导个性化。举办就业创业指导系列活动18场，校园招聘活动13场，86家用人单位先后来校招聘，新建非师范生专业实习就业基地2个，毕业生初次就业率94.14%、国内外读研率27.34%，学院连续八年获评就业工作先进单位。

【师资队伍建设】 注重人才引进。学院在职在岗教职工157人，其中教授6人，副教授26人；引进英语、俄语、日语5人，其中有海外背景的博士1人，现共有博士（含在读）35人；柔性引进特聘教授1人，2人材料已提交人事处。加强培养培训。新增攻读博士学位3人，选派骨干教师赴国内访学4人；组织教师进行外出交流达130余人次，先后选派教师到美国、英国、俄罗斯等高水平大学进修或访学10余人，获批国家留学基金委项目2项。重视考核选聘。完成2017年教职工岗位聘期期满考核工作，落实《外国语学院教师全面考核评价暂行办法》；认真做好返聘退休专家教学科研考核；加强外籍教师选聘工作，力求保证数量，拓宽渠道，改善条件；评聘副教授1人，做好导师考核和拟增补硕士生导师4人。做好服务工作。充分利用经费，建立学院教学、科研奖励机制；做好职称评审以及相关后续工作；加强资料室建设，在专业资料上提供保障；给教研室、导师配备办公场所及设备。

【科研与社会服务】 加强科研制度建设。修订《外国语学院科研考核办法》《外国语学院教学、科研成果及研究课题奖励办法》等，出台《外国语学院优秀科研团队计划建设办法》，实施外国语学院教师外出教学科研交流申请制。提升科研平台建设。“伏尔加-第聂伯两江流域研究中心”获教育部备案，获批校级“维多利亚研究中心”，对学院的学科发展和团队建设起到推动作用。开展高水平学术活动。邀请曹顺庆、杨慧林、王向远、赵彦春等国内知名学者来院讲学；组织青年教师、新进博士等进行学术沙龙活动，活跃了学术气氛。举办学术会议。首次举办“力冈逝世二十周年纪念会暨文学翻译艺术研讨会”，举办了“第二届安徽省外语学科研究生学术论坛”。积极组织项目申报。2017年申报各级项目64项，立项16项，其中国家社科1项，省部级5项，厅局级4项，校级5项。提升成果质量。全院师生共发表论文100篇，教师论文32篇，其中C刊以上高水平论文9篇。出版专著(译著)3部。

加强社会服务。参与横向课题研究1项；6名教师与50名研究生参加了安徽省第二届第三方脱贫攻坚监测评估工作。完成了学校下达的各级、各类考试的试卷阅卷任务约32万份。组织完成了口译证书考试任务。完成了学校下达的成教函授、自考实践性环节等任务。

【对外交流与合作】 加大与美国布莱诺大学、俄罗斯米宁大学、彼得罗扎沃茨克国立大学的合作，推进中美“2+2”以及中俄“2+1+1”合作办学，提升人才培养的质量和国际化水平。加强与法国格勒诺布尔大学的联系，推进中法合作办学项目的进程。国培项目——示范性教师工作坊高端研修班(初中英语)获教育部继续支持；成功申报2017国培——新入职教师团队高端研修项目，中小学英语教师高端研修项目3项；成功申报合肥市高中英语骨干教师培训项目并完成培训任务，参训学员200余人。完成了口译证书的考试任务。

【党建与管理工作】 党群工作。党建与思想政治工作：加强队伍建设和党风廉政建设。坚持中心组学习制度、党政联席会议制度和“三重一大”议事制度。学院党委和各党支部配齐纪检委员，压实“一岗双责”的风险防控机制。扎实开展“讲重作”专题警示教育，组织3次专题讨论、2次红色教育基地实践教学，切实提高教育实效。推进基层党支部标准化建设。指导相关支部换届选举，落实党委委员联系指导支部制度，举办支部书记学习培训会6次。严格对标、自我加压、扎实推进党支部标准化建设，为每个党支部建成党员活动室。完成党内评优评先、党员信息统计、组织发展自查、党费调整等工作，教工第一党支部获评校“先进党支部”。规范做好党员发展工作。成功举办第4期和第5期党员教育培训班、第23期入党积极分子培训班工作，发展学生党员50人(其中研究生8人、本科生42人)。重视宣传和思想政治教育工作。以全国高校思政工作会议和党的十九大等重要会议精神学习为主，先后组织党委中心组(扩大)学习11次、教工集体学习9次。重视统战、群团、关工委及校友工作。发挥民主党派和无党派人士的监督作用；支持教代会和工会开展工作；开展关工委老党员与学生党支部结对共建工作，充分发挥“五老”作用。制定校友工作计划，注重发挥校友在学院办学和人才培养中的重要作用，筹划校友图书捐赠等。

完成二级教代会工代会的工作。选举了新的教代会执委和工会委员，我院提交的“在花津河畔增加休闲座椅”的提案已被学校采纳。帮助教职工排忧解难。共帮扶慰问教职工18人次。加强职工之家建设。积极参加校工会开展的各项赛事活动，组织学院特色活动，参与人数350余人次；组织教职工参与了学校教职工“扶贫日”捐款活动，筹得善款3 140元。个人获校级荣誉称号6人次，集体获校级荣誉称号7次。重视离退休工作和关工委工作。看望生病住院老同志；慰问经济困难的老教师；九九重阳节为每位离退休教师发放了慰问品。重视档案建设工作。学院有专门的领导分管，并有兼职档案员负责档案的归档工作。完成了2016年党代会换届及二级教代会的材料汇编。学院的文件按序号汇编成集，学院中心组、教职工的学习材料汇编成册。学院教学、科研、研究生等档案材料及时归档。

(外国语学院供稿)

（十）体育学院

【概　况】 体育学院设有体育教育、社会体育、运动训练、舞蹈表演、休闲体育5个专业和大学体育教学部；拥有国家体育总局体育文化发展中心下属的体育文化研究基地、国家体育总局安徽省特种行业职业技能培训基地、国家级社会体育指导员培训基地、安徽省一级社会体育指导员培训基地和安徽省体育产业研究基地。现有运动生物学二级学科博士点、体育学一级学科硕士点和体育教育训练学、体育人文社会学等6个二级学科硕士点。学院现有在职教职工142人（含皖江学院1人），退休教职工56人；其中专任教师126人、博士生导师1人、教授19人、副教授58人和省学术和技术带头人2名。在校学生1 552人，其中硕士研究生224人、本科生1 328人。

【教育教学】 调整专业结构和招生规模、恢复社会体育专业招生、稳定各专业招生规模、加大向应用型专业转变；修订本科生5个专业2016版人才培养方案，完成新版教学大纲等教学文件的制订；推进花津户外营地、身体功能训练实验室、专业舞蹈教室、北侧体育馆灯光等专业教学场地、器材的更新、升级；认真组织本科教学工程项目的申报和检查验收工作，体育教育专业获批校地方高水平大学重点建设专业，获批2016年省级质量工程项目3项，其中卓越人才培养计划1项，教学研究项目重大、重点各1项，获全国教育科学研究优秀成果奖三等奖1项，2人获校“三育人”先进工作者称号。组织教师参加安徽省第三届普通高等学校体育教师教学技能比赛，4人获一等奖；组织教师参加第七届校青年教师教学基本功大赛，2人获二等奖，3人获三等奖。舞龙、舞狮、龙舟等一批传统体育项目进入课堂；完成2013级毕业生的毕业审核、2015级学生学籍预警和2014级推免工作；完善学院三级听看课制度、定期召开师生座谈会、推进实践课教考分离；实行定点巡考、学生考风考纪得到扭转，教学秩序基本稳定，全年教学无事故、差错。积极选派组织学生参加各类专业技能比赛，获得校师范生教学技能大赛二等奖1项、三等奖2项；获批本科生优秀毕业论文（设计、创作）培育项目17项；1项创新创业训练计划项目获国家级立项、省级立项9个。在国家级大学生竞赛中获一个第一名，两个第二名，三个第三名；在省大学生比赛中获五个单项第一名，五个第二名，三个第三名；申报足球高水平运动队，获教育部批准挂牌成立安徽师范大学足球学院，获得2 000万元专项建设资金。

大学体育部教学。认真落实《2016版安徽师范大学大学体育课程实施方案》和《2016版安徽师范大学大学体育课程大纲总汇》的要求，遵守学校各项教学制度，保证大学体育教学部全年工作有条不紊地顺利开展。在阳光体育锻炼中心的管理下，全校1万余名学生通过手机锻炼App软件参与了阳光体育锻炼、及格率为99%；严格执行《国家学生体质健康标准》，认真落实体质健康测试成绩作为学生评优评先和研究生推免重要考核指标制度；圆满完成全校2万余名学生的体质健康测试工作。修订和出台了《校学生运动队管理办法》，加强和完善了主教练管理负责制和校运动队奖励机制。我校男子足球队、网球队、乒乓球队，女子羽毛球队以及武术队和田径队部分队员分别代表安徽参加全国学生运动会，其中王春雨同学获得女子800米金牌并代表安徽省参加全国运动会获得女子乙组800米金牌，这是我校学子获得的首枚全运会和全国学生运动会田径金牌。我校各运动队在省级以上的足球、排球、篮球、田径等体育比赛中，共获得金牌23枚、银牌21枚、铜牌12枚；主办全校学生足球、篮球、排球、乒乓球、羽毛球等项目联赛，院校两级体育竞赛和校园体育文化活动体系得到完善，丰富了校园体育文化活动。

学位与研究生工作。规范学位工作。修订与完善研究生培养方案、研究生预答辩制度、研究生实习考核制度、导师考核方案、研究生论文奖励与版面费报销制度、研究生论文大赛方案等工作。2017年共完成104名硕士研究生录取工作，其中全日制99名，非全日制5名。进一步发挥校外导师和联合培养基地的优势，强化应用型高层次专门人才培养；与英国班戈大学签订联合培养协议；完善与实施了研究生毕业论文开题、框架审核、初稿审核、预答辩等四个阶段动态监控制度等；82名硕士研究生顺利毕业并获得硕士学位。完成博士研究生学位点申报工作。推进就业指导等学生工作。积极组织学生赴南京体育场馆社会实践与调研工作；动员学生积极参与各类研究项目申报工作，全年共有5名学生获校研究生科研创新与实践省级奖学金。加强以宿舍为重点的学生安全工作；认真落实研究生“三助”工作，全年共聘用56人。做好档案与信息管理。加强研究生学籍和档案信息化管理，按时完成82名研究生学位档案与人事档案的建档与归档以及电子系统录入工作。

学生工作。重视辅导员队伍建设。2017年新聘任1位专职辅导员、1位研究生兼职辅导员；提升教育专题化和班会主题化，创新开展新生入学教育和毕业生绿色离校活动，引领学生践行社会主义核心价值观。成立学生宿舍管理办公室等4个机构，制定《体育学院本科生国家奖学金评选办法》等5份文件；组建“阳光体育”爱心夏令营团队32支，利用暑期参加专业社会实践服务群众5 500余人次；成功举办第29届“三好杯”篮球赛、奥运冠军进校园等34项素质拓展活动。野战运动大赛成功入选校精品素拓活动。依托“阳光驿站”心理辅导站开展心理健康教育，开展“体院之星”“体院希望之星”十佳大学生评选活动，2015级舞蹈表演专业获评校十佳班集体，蔡志鹏获校“十佳大学生”、马强获校“十佳创业之星”、沈芮芮获校“十佳青年志愿者”称号等。提高管理服务精准化，2017届毕业生安全文明有序离校。提升微信公众号“体育学院团委”影响力，全年推送文章230篇，浏览7万余人次，扩大学生组织在学生中的影响力和凝聚力。学工队伍全年深入课堂157人次，参与宿舍晚归不归检查132人次，开展各类安全主题宣讲5次，严守安全底线。公正、细致做好评优评先和“五特”学生帮扶工作，暑期走访经济贫困学生家庭8个。举办“安徽省体育人才专项招聘会”，毕业生初次就业率94.22%，其中考研录取率24.22%，实现了“六连增”，13人被“985”“211”高校录取，2人被爱丁堡大学、拉夫堡大学录取，学院获评学校就业工作先进单位称号。

【师资队伍建设】 注重人才引进。引进博士2人，聘请特聘教授2人、外籍教练1人；新晋升教授1人、副教授4人；新增国家级裁判2人，国家级社会体育指导员5人；国家职业技能鉴定师1人，在职攻读博士学位6人，有20余人次外出高访或接受短期专业培训；专任教师中现有教授22人、副教授61人；5人入选安徽省学术和技术带头人级后备人选。召开青年教师职业发展座谈会，关心指导青年教师成长进步；鼓励并支持7位中青年骨干教师赴国(境)外访问交流、20余人次外出短期培训；改善硕士生导师科研工作条件，增加经费投入，全年专项科研配套经费总投入20万余元。

落实校院两级管理体制改革要求，完善学院教师职称评审推荐办法；制定和实施体育学院关于教职工外出进修和业务学习、教学奖励、申报项目和奖项等激励措施，鼓励教师从事教学和科研；做好教职工医保社保工作；健全学院外聘教师、临时用工人员等人事管理制度，提高工作效能。

【社会服务】 国家社会体育指导员培训基地为全省培训一级社会体育指导员近300人、国家级社会体育指导员252人；完成了合肥市教育局教师培训招标中小体育教师培训方案的制定以及安徽省国培招标中小学体育教师培训方案的制定。完成2017年安徽省体育教师特岗考试、考编考试6 000余份试卷阅卷工作。承办阜阳市中小学足球骨干教师研修班培训。举办周末和暑期各项少儿培训班，游泳救生员、指导员培训班、体能训练教练员培训班的工作。完成了安徽省学生体质健康测试复检工作。

【学科建设与科研】 2017年体育学院人文社科全年共申报41项纵向课题，16项立项。自然科学全年共申报9项纵向课题，1项立项。校级项目申报8项，7项立项。其中，国家级课题有3项立项，省部级课题有4项立项，厅局级项目有9项立项。共发表学术论文29篇，其中，CSCD论文3篇，C刊论文6篇，SSCI论文1篇，中国人民大学报刊复印资料1篇；共出版专著4本，其中，导向性出版社专著2本，1本英文著作；在教师专业成果、实践业绩方面共获353项成果。在学科建设方面，加强体育文化研究基地、体育产业研究中心建设，积极申报“国家体育总局体育产业研究基地”，以及“2017年国家体育总局体育产业专家库人员”推荐；成功举办由教育部主办、安徽师范大学承办的2017年全国高校体育教育专业学生基本功大赛，成功举办“2017国际体育历史与文化学术大会”，积极推进“安徽省学生体质健康监测与研究中心”工作，努力打造“体育大讲坛”系列学术讲座品牌。在校特色优势研究领域建设项目支持下，在体育产业资源管理与开发、公共体育服务、民俗体育资源保护与开发的科研团队以及体院科研平台的基础上，申报安徽省领军人才团队“安徽体育文化产业研究中心”。全年共邀请国务院学位委员会体育学科建设评议组成员、国家社科基金评审专家王家宏教授等11位专家来我院举办学术报告、专题讲座和学科发展座谈等活动。

【对外交流与合作】 学院成功承办2017年“国际体育历史与文化学术大会”，全球13个国家和地区的400多位专家、学者参会；与英国班戈大学签订“1+1+1”研究生联合培养意向协议；接访英国朴次茅斯大学，不断提升人才培养的质量和国际化水平。

【党建与管理工作】 坚持中心组学习制度、党政联席会议制度和“三重一大”议事制度。全年召开院党委中心组学习会11次，全年有计划、有重点组织教职工政治理论学习9次，编印订制12份学习资料，为各支部组织党员系统学习提供支撑。圆满完成基层党支部换届工作，把教工党支部建在课程组之上，选优配强党支部书记；新一届教工党支部书记全部具有高级职称；建立院党委委员联系基层党支部制度，7位院党委委员分别联系1—2个基层党支部；按照要求推进基层党支部标准化建设。开展党支部书记工作培训4次，提高业务工作水平；结合专业特色和优势，开展党员进社区各类志愿服务活动30余次；表彰院级优秀党务工作者和优秀共产党员。全年培训115名入党积极分子和77名党员；全年发展党员62人。完成党员排查、党费清理、组织发展自查等党务工作。重视统战、群团和关工委工作。发挥民主党派和无党派人士的监督作用。帮扶慰问教职工及离退休人员14人次，发放慰问金9 100元；扶贫日捐款4 601元。加强职工之家建设，获校工会“特别贡献奖”。积极参加学校运动会，组织学院三八节趣味运动会、中青年教工足球对抗赛等特色活动。重视离退休工作和关工委工作。看望生病住院老同志，慰问经济困难的老教师。重视档案建设工作。

（撰稿：黄彦锴　审稿：袁德水　崔世兵）

（十一）新闻与传播学院

【概　况】 新闻与传播学院是中宣部、教育部实施的部校共建新闻学院10所试点先行的单位之一。学院现有新闻学、广告学、文化产业管理、摄影、动画、播音与主持艺术（含空乘与礼仪方向）、网络与新媒体7个本科专业，以及中韩动画、中英新闻等合作办学形式。新闻学、动画、摄影专业为安徽省特色专业，播音与主持艺术为安徽省综合改革试点专业。拥有新闻传播学、戏剧与影视学2个一级学科硕士学位点，新闻与传播、广播电视2个专业学位硕士点。建有安徽省重点人文社科基地——“创意产业发展研究中心”和安徽省校企合作实践教育基地——“传媒与艺术综合实验中心”、安徽经致科技文化传播有限公司等学术与实践平台。学院实验实训中心拥有33个各类专业实验室，设备总值2 000多万元。学院现有教职工93人，其中专任教师（含实验系列）79人，正高职称9人，副高职称27人（含行政、教辅），博士生导师2人，硕士生导师31人，兼职导师10人，具有博士学位的教师19人。全日制在校本科生1 542人，硕士研究生168人。

【教育教学】 本科生教学。本科教学工作审核评估顺利完成。《马克思主义新闻理论与实践》课程的网络化建设工作正在进行，刘杰新闻故事汇顺利开讲12讲。播音与主持艺术专业核心课程《播音主持概论》获得省级质量工程项目的大规模在线课程建设立项。编订2016版本科人才培养方案各专业的教学大纲。优化课堂教学考勤制度，实施课堂教学教师签到和学生点名的同步进行制度。实施学院本科教学周巡查制度。本科教学公开课观摩课全年共17场（校级2场）。举办第二届马克思主义新闻观教育“精彩一课”教学基本功竞赛，共24位青年教师参加，其中3人获一等奖，5人获二等奖，7人获三等奖，9人获优秀奖。4名教师参加学校青年教师教学基本功大赛，1人获校一等奖，3人获三等奖。举行最受欢迎的教师评选，评选出1位校级最受欢迎的教师，6位院级最受欢迎的教师。举办2场公派国（境）外进修、访学院内交流活动。积极拓展实习实训基地，先后与趣头条、一点资讯芜湖分公司、今日头条安徽分公司、新浪安徽、万家热线进行洽谈，并与上海蜀山文化传播公司签订协议。新闻学专业与英国哈德斯菲尔德大学的“2+2”项目首届招生28人，11月英方新闻系主任山德沃斯教授来学院宣讲。中韩合作动画专业2017年继续招生20人，2015级学生18人赴韩国。池州学院文化与传媒学院、贵州师范学院文化产业管理专业前来开展交流活动。第5楼读书会开展6期。众多著名专家学者、新传行业领军人物受邀为本科生开展讲座。举办一场省新闻工作者协会“送‘故事’进校园”专场报告会。2017年的大学生双创项目，最终获得国家级5项，校级14项。2017年，本科论文（创作、设计）培育计划项目，学院获得18项。本科生论文大赛获奖11篇。

研究生教学。实行双导师制，优化研究生教育。进一步推进新闻传播学、戏剧影视学2个一级学位点内涵建设，学院严格按照2016版人才培养方案进行研究生教育教学，规范研究生过程管理与培养。广播电视专业硕士点正式招生，招生分为全日制与非全日制，其中全日制招生10人，非全日制招生9人，2017年共录取研究生78人（含推免）。做好硕士生导师遴选与考核工作。新增硕士生导师9名，其中戏剧与影视学学硕2人、新闻与传播专硕4人（校内3人，校外1人）、广播电视专硕3人（校内3人）。推进研究生导师、学生教材建设，规范学院研究生教育《读书笔记》《讲座笔记》《指导记录》等记录本记录；推进戏剧与影视学建立了研究生教学课程群建设。实施了研究生学术研究能力提升计划，举办多场读书报告会，加强学术交流，“第五楼”“凯旋门”等品牌读书会常态化、规范化。开展了“与业界专家面对面”活动。举行2014级硕士研究生学位论文预答辩，严格控制研究生学位论文质量。研究生就业率层次不断提升，研究生获得用人单位的好评。完善历届学院研究生档案材料归档工作，完成2017年毕业硕士研究生学位申请相关工作，共49人获硕士学位。

学生工作。坚持“四动”机制，学生工作焕发活力。“塑魂工程”以思想建设为引领，强化学生理想信念。带领学生学习十九大和习总书记系列重要讲话精神，引导学子自觉践行社会主义核心价值观和马克思主义新闻观。2014级本科生党支部获评校优秀党支部，2015级广告团支部入选2017年高校共青团“活力团支部”创建遴选（全校仅三个）。14广告黄金花获评安徽省“三八红旗手”“2017安徽省青年先锋”和校“自强之星”。13动画赵泽当选校“十佳大学生”。14播音张书朋获校“十佳志愿者”称号。15空乘吴梦获校“优秀志愿者”称号。两名同学入选校研究生支教团。“专业驱动”：以学风建设为中心，强化学生专业能力。狠抓第一课堂到课率、专业考试通过率、专业竞赛参与率以及体育测试达标率，营造优良班风学风。“课堂联动”：以实践锻炼为抓手，强化创新创业能力。重视专业实习、专业采风和暑期社会实践这些练兵场，学子走进基层，走进一线，在实践中将四个课堂所学进行贯通领会。院领导、教授委员会主任、专业教师和辅导员老师随队下乡。学院连续第七年荣获暑期社会实践“优秀组织奖”。深入探索就业创业各方联动机制，在做好指导、服务、帮扶的同时，改进专业培养，提升学生创新创业能力。“管理推动”：以制度建设为基础，强化管理服务能力。进一步完善各项规章制度，定期开展防火防盗防骗安全教育。强化二级发展辅导站作用，加强对心理健康工作的引导，辅导站工作被在全校学工团队中交流。定期开展“四暖”行动以及诚信、感恩、理性消费教育，资助育人工作严明程序、公开信息，各环节规范有序，切实做到应助尽助。接受社会捐赠奖学金，首次在播音专业设立专业奖学金。全年安全管理零事故。“学生自动”：以队伍建设为保障，实现师生共同发展。院学生会再次获得校优秀学生会称号。获得国家奖助学金、被保送研究生、被发展成为党员的学生中，学生骨干占了三分之二以上。1人获第五届安徽省高校教师创业指导课程教学大赛二等奖，1人获安徽省演讲比赛获得一等奖，2人获辅导员职业技能大赛一等奖，学院连续第七年获辅导员职业技能大赛优胜杯。

【科研与社会服务】 由安徽省委宣传部部长曹征海牵头的“中国特色社会主义新闻传播理论的建构”研究获批“马工程”重大项目和国家社科基金重大项目，我院丁云亮、肖叶飞两位老师分别主持子课题项目。组织申报国家社科规划课题“中国特色社会主义新闻传播理论体系、教学体系与教材体系转换研究”。与省社科院联合举办“新媒体传播与舆情引导”全国学术会议。获批文化部、教育部“非物质文化遗产传承人研修和培训基地”；与新华网合作共建安徽舆情监测与研究中心；与马鞍山电视台共建媒体创新和内容研发基地。新传学院召开国家项目申报暨科研工作推进会，邀请马克思主义学院博士生导师王习胜教授做2017年国家社科基金项目申报指导讲座。成功举办“首届国家传播学高层论坛”“全国新闻学教学科研高级研讨班”“中国传播思想史芜湖论坛暨新闻传播学科建设研讨会”等全国性学术会议。全年共举办各级各类学术会议34场。申报各类纵向项目90余项（国家社科基金7项、全国艺术科学规划3项、国家艺术基金、全国教育科学规划、教育部人文社科、安徽省重点培育智库项目各1项），立项57项，其中国家社科立项1项、国家社科与马工程“双重大项目”子课题2项、省哲学社会科学重点立项1项、一般项目立项2项、省领导圈定课题立项1项、安徽文化发展研究院2017年度智库课题4项、省高校人文社科学研究重点立项6项、校级科研项目立项15项。完成项目中期检查和项目结项。本年度共完成项目结题9项、项目中检13项。全院教师在完成基本教学的基础上，积极开展科研，发表学术论文共发表论文数106篇，其中在CSSCI收录期刊上发表论文20篇，出版著作3部，获中国摄影教育红烛奖、突出贡献奖等奖项，共有6幅艺术作品参展各类艺术展览。同时积极推动了院、政、企产学研的合作。组织、指导学生参加第五届本科生科研论文大赛、第七届动漫及数字艺术大赛、第九届专利发明大赛。组织、指导80余篇论文参加第五届本科生科研论文大赛，获得奖项12项（一等奖1项，二等奖2项，三等奖3项，优秀奖6项），学院获组织奖；组织、指导112件作品参加校第七届动漫及数字艺术大赛，42件作品获奖；35项作品参加芜湖和学校专利发明大赛，4人入围芜湖市专利大赛，1人获奖学校专利发明大赛三等奖。全院获得5项国家专利获授权，共有13人次因授权专利获得学校突出业绩奖励。学院制定了《新传学院学科建设绩效办法（初稿）》；制定了《新传学院研究团队人才培育办法》，培育科研项目、资助丛书出版、举办学术报告及评议活动、展演实践作品及评议，进一步提高教师进行科学研究的积极性。2016年度立项24项，资助出版著作12部。

【学科与师资队伍建设】 学院秉承“发挥优势，注重特色，突出重点，强化应用”的建设原则，坚持“凝练学科方向，汇聚学科队伍，打造学科平台，提高学科水平”的发展思路，强化“人才是第一资源”意识，以“人品、特长、贡献”为人才标准，依托部校共建平台和资源，不断提高学科和教师队伍建设水平。继续强化“人才强院”战略，共引进1名硕士（高月）和1名博士（杨帆）；鼓励教师攻读博士学位和进修访学，7名教师（孙炜峰、陈接峰、吴浚、吴欣慰、徐丽娜、陈德洋、秦臻珍）攻读博士学位、4位老师（吴杰的、徐丽娜、肖叶飞、张泉泉）到国（境）外访学；鼓励中青年教师积极参加社会实践，先后共有8人参加；聘请中国报业协会常务副主席、国际市长联合会秘书长、亚洲电视文化传播有限公司行政总裁、澳亚卫视行政总裁汪家驷担任我院特聘教授；执行院长杨柏岭教授入选2017年皖江学者特聘教授。大力培养“双师型”教师，积极整合社会资源，聘请高端学者担任兼职教授。根据部校共建新闻学院协议，分别推荐广告学专业芮宏明、摄影专业李楠到芜湖日报报业集团挂职，不断提升教师的学历层次、专业水平和实践业务能力。省市级媒体选派3名副总编、高级编辑到学院新闻系挂职任教。组织教师申报专业技术职务评聘和专业技术岗位分级聘任工作。4人（罗铭、李楠、陈接峰、吴浚）晋升为副教授，1人（冯霞）晋升为高级实验师，4人晋升为讲师。科学编制2018年进人计划。完善学院教职工信息的核查和采集工作。

【党建与管理】 学院有4个教工党支部，6个党生党支部，在校学生党员182人，教职工党员68人。2017年，院党委扎实开展了“喜迎十九大”“学习十九大”“贯彻十九大”专题活动。坚持党要管党、从严治党要求，切实发挥党委的政治核心作用，严格遵循党政联席会议议事规则，坚持定期研判党建工作态势和师生思想情况，研究和推进党建重点工作。班子成员按党委委员职责分工，认真履行党建职责，带头落实党员领导干部联系基层党支部制度，指导党支部开展标准化建设、召开组织生活会和专题警示教育组织生活会。班子成员为所在和联系支部上党课14次，为学生党员上党课4次。认真组织开展“讲重作”专题学习教育，扎实开展了“三个一”活动和“讲、重、作”三个专题研讨。创新教育方式，结合“党员活动日”走进芜湖规划展示馆、红色教育基地参观学习并联系实际进行研讨。扎实推进了专题警示教育，赴芜湖县廉政教育基地现场接受党性党风党纪教育。切实强化党支部的主体地位和堡垒作用，深入开展支部标准化建设，严肃认真地做好支部标准化建设验收工作。认真落实“党员活动日”要求，进一步规范“三会一课”制度，建设了三个党员活动室，开辟了两块党务公开专栏，规范党费收缴，及时做好组织关系转接，确保了党建经费保障；继续落实专业主任进支委制度，选强配强支委。2014级本科生党支部获评优秀基层党支部，同时被学校确立为标准化支部建设试点单位，安徽先锋网还报道了新闻与播音主持党支部先进事迹。坚持正确的价值引领，及时更新学院网页，宣传报道学院的发展动态、办学成果和先进典型。精心设计和布置学院文化墙、文化区角，凸显学院核心文化、院训精神和办学思想，增强学院办院导向和人文气息。扎实做好统战和群团工作。推荐沈幼平老师当选弋江区政协委员，邀请民主党派成员和人士参与学院党员实践教育活动已经形成制度化，定期向他们通报学院情况并认真听取他们对学院党建及发展工作的意见和建议，发挥他们在事业发展和立德树人工作中的积极作用。切实关心退休教师的生活，推进关工委组织和队伍建设。成功召开了学院第二届教代会暨第二届工代会，开展了科级干部任期述职测评、支部书记年度述职考核等工作。严格按照两个“实施细则”规范发展党员，注重过程培养和全方位教育，着重引导学生思想入党和坚定理想信念。先后举办了第四期学生党员培训班、第十一期学生入党积极分子培训班，抓好培训班学风建设和过程管理，提升了培训质量.2017年共发展党员79名。建立了党支部书记年度党建工作考核制度和写实性党员民主评议制度。各支部对照标准化要求扎实开展自身建设，全面规范党建工作。

【重要活动和事件】

1.2月17日，在习近平总书记“2·19”重要讲话一周年前夕，省委常委、宣传部部长虞爱华在省委教育工委书记张岳峰、副部长兼省文明办主任贺懋燮及芜湖市委常委、宣传部部长段玉嘉等领导的陪同下，到我校专题调研部校共建工作。

2.2017年，继续组织“名记名编名主持进校园”系列活动。陆续邀请了央视著名主持人鞠萍、蜀山传播创始人及东方卫视大型电视纪录片《大爱东方》栏目组总导演胡朝辉、安徽网总编辑吴国辉、《江淮时报》副总编辑常河、铜陵日报社的记者钟灏、安徽新媒体集团的“网红主持人”王冰燕、淮南广播电视台记者徐沁、淮北广播电视台记者潘伟华等一批知名记者、编辑。

3.3月3日，安徽省纪念“三八”国际妇女节107周年暨表彰大会在合肥召开，会议对安徽省三八红旗手标兵、安徽省三八红旗手和三八红旗集体进行表彰。新闻与传播院2014级广告学专业学生黄金花成为今年安徽省唯一一位获得“三八红旗手”殊荣的在校大学生，并作为代表在表彰大会上发言。

4.在首届全国大学生无人机航拍竞赛中，新传学子聂朝鑫、杨陆城的影视作品《冬日起飞》获一等奖，并被授予了代表此次竞赛唯一最高声誉的“科德杯”。周仁熊、倪博昊的视频短片《EXPLORE》和组图《王的山田》分获三等奖。

5.5月14日，中央电视台新闻频道《新闻直播间》栏目报道第十三届深圳文化产业博览会展出代表作品——新传学院2013级动画学子赵泽的原创漫画作品《仓央嘉措》《捕蛇者说》。

6.2017年6月3日，第十二届“讯飞杯”全省大学生诗文朗诵比赛在安徽大学落下帷幕。我校播音与主持艺术专业郭雅迪、陶钧、李论、陈喆彧、阮从青、王可欣朗诵的作品《革命组诗》荣获专业组唯一一等奖。

7.6月4日上午，由安徽省教育厅主办的2017年“友道杯”中国大学生计算机设计大赛安徽赛区颁奖大会在安徽大学举行。新闻与传播学院动画专业学子喜获一等奖3项，二等奖4项，三等奖5项的优异成绩，同时获评优秀组织奖。

8.新闻与传播学院执行院长杨柏岭教授承担的《网络文艺工作存在问题及对策研究》、院教授委员会主任秦宗财教授承担《安徽文化产业供给侧结构性改革研究》安徽文化发展研究院2017年度智库课题顺利结项，研究成果被省委宣传部评为2017年度省优秀智库成果。

9.新传学院执行院长杨柏岭教授入选2017年皖江学者特聘教授。

（新闻与传播学院供稿）

（十二）数学计算机科学学院

【概　况】 2017年，学院现有生物数学、生物信息学等2个二级学科博士点，数学、计算机科学与技术、统计学等3个一级学科硕士点和9个二级学科硕士点，学科教学（数学）、应用统计等2个专业硕士点，数学与应用数学、计算机科学与技术、统计学、软件工程、物联网工程等5个本科专业，基础数学、应用数学等2个省级重点学科，应用数学、计算机应用技术等2个校级重点学科。设有数学与应用数学、统计、计算机科学与技术、软件工程、网络工程等5个系，高等数学、计算机基础公共课等2个公共课教学部，1个实验实训中心，1个教师教育中心，1个省级计算机基础实验示范中心，1个省级实验室，数学研究所、计算机科学与技术研究所等6个校级科研机构以及1个校级高端科研平台“随机分析与数理金融研究中心”。资料室藏有图书5万余册，建有传感网络实验室、通信原理实验室、嵌入式系统实验室、软件工程实验室、统计学实验室等10余个专业实验室，拥有各类高档品牌微机1 400余台。现有在职教职工160人，其中专任教师127人，专任教师中，教授28人，副教授52人，具有博士学历的教师68人（含在读13人），省学术和技术带头人及后备人选7人，省级优秀教师5人，返聘高级专家1人。在校生2 328人，其中，全日制硕士研究生230人，非全日制硕士研究生68人，本科生2 030人。多年来，学院为国家培养了大批优秀毕业生，如中国工程院院士王文兴、王如松，欧洲科学院院士曹进德，以及国家杰出青年基金获得者肖杰、田捷、朱江、徐飞、周先银、王启华、王凤雨、杨同海、章璞等。

【教学工作】 重视本科教学工作。完善专业负责人制度，加强教学质量工程建设，获批国家级大学生创新创业训练计划项目15项。获批教育部高等教育司2017年第一批产学合作协同育人项目3项。加强专业建设。加强本科生招生宣传。25名学生被推免至“双一流”高校和著名科研院所读研。组织完成校级本科教学观摩示范课2次，校级本科教学公开课4次。3位教师获得2017年安徽省高校数学微课程教学竞赛二等奖，1人获得安徽省“青年教师教学基本功竞赛”二等奖。完成本科教学审核评估工作。扎实开展自查、自评和自建工作，整改完成教学大纲、试卷、毕业论文等各类专项材料。完成2017年度本科教学基本状态数据采集工作。总结2007年水平评估以来办学成绩、特色、存在问题，做好专家组进校考察期间各项工作。

推进“实习、实训、毕业设计与就业”一体化进程。遴选知名公司进课堂，实施课程置换，探索工科专业“订单式”培养道路。师范类专业注重校内、外实习相结合，做实校内实战演练，加强教学技能培养。完善师范生技能培养体系，1人获第五届全国师范院校师范生教学技能竞赛二等奖。1人获2017年安徽省高等学校师范生教育技能竞赛一等奖，1人获二等奖。继续深化“两公”改革。计算机公共课和高等数学系列课程实施教考分离。完善分层分类教学模式，完成了《计算机基础I》的免修工作，继续完善《计算机基础I》的期末机考工作。高等数学教学部坚持对学生晚间辅导和答疑，提高学习效率，提高教学质量。推动教学管一体化进程。认真落实"三教"工作，加强课堂教学管理、考核、督导和监控，全年教学零事故。实现学生学籍学位预警常态化，多次召开学情分析和家长交流会，切实发挥专业负责人、辅导员的合力育人作用。

学科学位点建设进一步加强。积极组织开展数学博士点申报工作；组织制定非全日制专业学位研究生培养方案。积极配合学校开展第四轮学科评估工作。导师队伍建设办法进一步完善。完成本年度研究生导师增补及研究生导师考核工作，完成了学位点负责人年度考核工作。新增学术型硕导2人，校外专业型硕导2人。研究生生源质量进一步提升。2017年度共招收研究生新生100人，其中全日制学术型63人，全日制专业型24人，非全日制专业型13人。完成推免生接收工作，接收推免生1人。研究生培养的过程管理效果显著。完成研究生的"师生互选"工作，完成各类研究生项目的申报、结题组织工作，获批研究生科研创新与实践项目1项，4篇论文获校级优秀硕士论文。研究生资助和管理工作规范有序。完成了研究生各类奖助学金的评选工作和"三助"工作。积极组织研究生参加各类活动，3支研究生代表队获"第十四届全国研究生数学建模竞赛"三等奖，2名研究生获教育硕士教学技能比赛优秀奖。学籍档案整理和毕业资格审核学位申请工作认真规范。共移交档案106份，共毕业各类研究生96人并授予学位。

【科研和社会服务工作】 积极组织各级各类科研项目申报。共申报国家自然科学基金30项，立项3项（其中面上1项、青年基金2项），获批教育部人文社科一般项目2项，安徽省哲学社会科学规划一般项目1项。强化科研项目过程管理。邀请校内外专家进行国家级项目申报指导以及中期检查，5项国家自然基金顺利结项，4项省自然基金项目通过结题验收。积极开展科研经费规范管理专项工作，配合完成国家基金委对我院2项已结题的基金审计工作，安徽省自然科学基金委对2015年立项的7项省自然科学基金的审计工作，完成2013年以来50位老师137项课题的科研经费自查自纠工作，完成19位老师项目配套经费再使用申请工作。积极营造科研氛围，促进高级别科研成果产生。学院教师以第一作者（或通讯作者）发表学术论文103篇，其中国家级以上学术论文85篇，被SCI、EI和MEDLINE收录论文46篇。授权发明专利8项，授权实用新型专利14项，软件著作权授权61项。

积极开展学术交流工作。先后邀请陈国良院士、曹进德院士等40余位专家来院讲学，举行了"零壹论坛"开讲100讲纪念仪式。承办学校文津论坛3讲，举办学院"零壹论坛"29讲，随机分析与数理金融研究中心报告4讲，网络与信息安全安徽省重点实验室报告10讲，青年方程论坛5讲。承办了2017年安徽省数学会学术年会，第2届EAI国际工业物联网技术与应用会议。加大科研平台建设力度。进一步加强网络与信息安全安徽省重点实验室、随机分析与数理金融研究中心等高端平台的建设工作，组织校级科研平台的检查验收与新一轮建设申报论证工作。拓宽社会办学渠道。认真完成函授教学点教学、中小学教师招聘阅卷、自考阅卷等各类成人教育工作和全国计算机等级5000余人的考务工作。做好国培、省培项目，成功申报国培计划2项，完成了合肥市中小学数学教师培训和宿松县统计干部培训。

【学科与师资队伍建设】 完善学科建设管理制度。不断推进"生物数学"和"生物信息学"2个二级学科博士点的建设工作，积极组织申报数学一级学科博士点，加强科研团队建设、高端平台（团队）建设研讨。提高教师国际化水平和实践能力，加强师资队伍培养培训工作引进与稳定并举，选派20余位教师赴国（境）外大学和科研机构进修访学，10余位教师到企事业单位挂职锻炼、开展社会实践。充分发挥人才项目及柔性引进人才作用。在研的高校领军人才引进与培育计划项目稳步推进，柔性引进人才经常性来校开展交流和指导。创新机制做好引才稳才工作。用学院经费对引进人才进行安家费补贴，对水平高的引进人才安排研究生招生指标，积极协调解决人才配偶工作。新引进4位博士学位专任教师、1位专职辅导员，4人晋升教授，2人晋升副教授。提升师德师风素养。开展了新晋升高级职称及新入职教师的谈心活动，利用教职工大会、师德师风座谈会等形式，加强师德师风宣传教育,开展专项治理工作。1人入选省学术和技术带头人,1人入选省学术和技术带头人后备人选。2人获评校“三育人”先进工作者。1位老师获评省教科文卫体工会系统“师德先进个人”。

【学生工作】 以典型促引领。扎实推进校外政治辅导员制度,举办“与信仰对话”主题教育讲座,邀请安徽省“劳动模范”刘卫娣与青年学生谈坚守;注重学生典型选树,发挥榜样引领工作,2014级数学与应用数学专业汪健同学获第十二届中国大学生年度人物提名奖、中国大学生自强之星,1人获“师大骄子”十佳大学生,1人获校“自强之星”。1人获校“爱暖师大”十佳青年志愿者,1人获校优秀志愿者。2个班级获校“优秀团支部”称号。以竞赛带学风。办好“数计大讲堂”“师说新语”“企业家说”等论坛;邀请省内外知名高校开展考研指导;重视学科竞赛,在全国大学生数学建模、全国“密码数学挑战赛”、中国大学生计算机设计等大赛中,获得国际奖3项,国家级52项,省级107项,省级以上获奖297人次。学院多次荣获“优秀组织奖”。夯基础守底线。严格落实“四项禁令”和辅导员四进制度,加强校纪校规、安全、诚信等教育,强化学生日常行为管理和行为培养工作。做好各类奖助学金评定、评优评先工作。获得校“美丽教室”创建班级4个。树品牌创特色。整合发挥“五朵金花”品牌特色,志愿活动经常化、深入化、提升化。完善学院素质拓展活动方案,1个社团获校十佳社团,暑期社会实践重点团队一等奖1个和三等奖1个。学生在各类文体活动中斩获殊荣。促进就业创业。落实“一把手工程”,扎实推进全员就业,完善规章制度,组织专场招聘会,拓展市场,实现高质量就业,学院荣获“就业工作先进学院”,1人获“就业工作先进个人”。开展创新创业教育,举办模拟招聘会、数计创翼比赛等就业能力提升活动。1团队获校“十佳创业团队”称号。谋实效保精准。扎实开展“爱心助学工程”、家庭经济困难生回访等工作。建设学院发展辅导站“心悦小筑”,承办校“5·25”心理健康活动月系列活动。关心“五特”学生,实现贫困学生资助全覆盖。强队伍提能力。日常学习制度化,支持辅导员外出研习、交流,撰写论文、申报项目,1人获校级辅导员职业能力大赛二等奖,学院获校辅导员技能大赛优秀组织奖。

【党建与管理工作】 切实履行党建主体责任。将党建工作纳入学院工作要点,与各项事业同布置、同检查、同考核。不断推进领导班子任期目标的各项工作,认真落实《学院党政联席会议议事规则》,贯彻民主集中制,坚持每周召开1次党政联席会议。完善党委中心组理论学习制度,编印学习材料8期。完成学校第十次党代会代表的增补选工作。定期召开领导班子民主生活会。扎实开展党建重点工作。深入学习宣传贯彻党的十九大精神,各层面全覆盖,学院党委书记、党支部书记和辅导员分别宣讲,邀请专家作辅导报告,党员领导干部上专题党课。扎实推进“两学一做”学习教育常态化制度化,组织教工党员赴金寨开展主题教育实践活动。开展“讲、重、作”专题教育三个专题的研讨、“三个一”活动、专题组织生活会和民主评议党员活动,“七一”前夕开展了“五个一”活动。规范党费的收缴、使用和管理,每半年进行公示。夯实基层党建的基础。完善院党委委员联系党支部制度,党支部建在专业上,选优配强党支部书记,增选了纪律检查委员。稳步推进基层党组织标准化建设,落实“三会一课”、组织生活会等基本制度。设立党员活动室,配置必要设备。统一印制党支部会议记录本,党费收缴记录本,为每位党员发放学习记录本。学院党委对7个党支部进行标准化建设达标验收,做好省委教育工委党建督察组实地走访工作。开展党支部书记抓党建述职评议考核。办好分党校,培训学生入党积极分子183人、学生党员103人,继续实行发展党员答辩制度和预审制度,发展党员92人,预备党员转正77人,举行新党员入党宣誓大会。教工党支部与学生党支部结对共建,与南街社区开展校社共建活动,续签共建协议。推荐孙道清老师为江苏省科技镇长团成员,挂任如皋市人社局副局长、高新技术开发区管委会副主任。组织55名师生赴霍邱县开展脱贫攻坚第三方监测评估。1个支部获评校优秀先进基层党组织,6人获评校优秀党员,1人获评校优秀党务工作者。着力强化党风廉政建设。党委主要负责人和班子其他成员切实履行“第一责任人”责任和“一岗双责”,学院发展与廉政建设一起抓，每学期召开党风廉政建设专题会议。开展“讲重作”专题警示教育活动，组织党员观看警示教育片、赴芜湖县廉政教育基地开展警示教育，召开专题民主生活会。加强宣传思想工作。利用多种形式，认真学习习近平总书记在全国高校思想政治工作会议上重要讲话及全国全省高校思想政治工作会议精神，围绕立德树人的中心环节，把思想政治工作贯穿育人全过程。加强学院网站、新媒体等宣传阵地建设，积极选树宣传师生典型和学院改革发展成果，全年累计被校外各级各类媒体报道221次，其中省级以上媒体报道174次。

积极推进统战、关工委、退教协和校友工作。做好统战工作，孙国正教授再次当选民盟第十二届中央委员，推荐中国民主建国会会员许勇教授作为省政协委员，推荐祝玉军老师加入中国民主建国会。做好离退休工作，院退教协分会被评为“退离休工作先进集体”(并被推荐为省级先进集体)，1人被评为“退离休工作先进个人”。关工委老师走进院党校、新生中，与学生面对面谈信仰与人生规划，院关工委被评为学校“双创建先进集体”，1人被评为先进个人。及时维护、更新校友信息，完善基础数据，指导“师大印记”校友工作志愿者服务队，协助校友办和学院做好校友各项工作，培养“未来校友”理念。定期走访校友、邀请校友开设讲座、反哺校园招聘、热情服务校友返校、聘任校友联络员。加强民主管理。定期召开教代会年会和教执委会议，围绕评优评先、制度建设、津贴分配等问题开展审议，积极提交校教代会提案，获优秀提案1项。发挥各民主党派作用。关工委老师走进院党校、新生中，与学生面对面谈信仰与人生规划。切实关心困难职工生活，慰问生病住院、家庭困难的党员和职工。积极组织为我校对口帮扶村——宿松县凉亭镇三德村困难群众捐款。学院工会连续六年荣获教职工文化体育活动节“优胜奖”。举办元旦教职工棋牌比赛和教职工春季一日游活动，组织教职工赴弋矶山医院体检，邀请医院专家开展健康知识讲座。规范行政管理。认真做好经费预算、政府采购、资产清查等日常专项工作。严格按照“收支两条线”，统筹经费使用，执行分管初审和“一支笔”终审制度。加强实验实训中心建设和管理。强化档案管理和培训，保质保量完成档案工作。重视安全稳定工作。落实安全生产责任制，加强教育，定期开展安全生产大检查，维护学院政治安全和校园稳定，确保师生人身和财产安全。

【重要活动和事件】 1.学院年度工作荣获学校2017年度二级单位绩效考核一等奖。

2.3月25日，承办第2届EAI国际工业物联网技术与应用会议。

3.4月5日，陈国良院士莅临我院指导网络与信息安全安徽省重点实验室建设。

4.5月31日，我院杰出校友曹进德院士应邀做学术报告。

5.10月25日，数计学院隆重举行“零壹论坛”100讲纪念仪式。

6.10月27日，承办2017年安徽省数学会学术年会。

(撰稿：储　倩　牛忠梁　刘玉艳　审稿：陈树贤　任　永)

(十三)物理与电子信息学院

【概　况】 物理与电子信息学院设有物理学(师范)、电子信息工程、通信工程、光电信息科学与工程、自动化5个本科专业，其中电子信息工程专业是国家级特色专业，光电信息科学与工程专业、通信工程专业和物理学专业是省级特色专业，自动化专业是省级综合改革专业，物理学专业为地方高水平大学重点建设专业。建有理学实验中心、工学实验中心和工科实训中心，其中基础物理实验中心和电子通信实验实训中心为省级实验示范中心，物理与电子虚拟仿真实验教学中心为省级中心。拥有物理学一级学科博士点1个，光学工程一级学科硕士专业学位授权点，二级学科博士点2个，一级学科硕士点1个，二级学科硕士点10个(含一级学科覆盖点6个）。拥有光电材料科学与技术实验室安徽省重点实验室、低维材料物理及应用研究中心、原子分子光谱及动力学特色优势研究领域、原子与分子物理研究所、计算物理实验室、材料物理实验室等研究平台，原子与分子物理学科和光学学科为校级重点学科，理论物理团队为校级创新团队。大学物理团队为省级教学团队，《原子物理学》为省级精品课程，《网页与设计》《C语言程序设计》和《量子力学》为省级精品资源共享课程，大学物理团队为省级教学团队。共有教学和科研仪器设备总共6 593件（套），价值总计5 934万元。藏有中外文图书近13 180册，合订本期刊6 197多册，现刊73种。学院现有教职工125人，其中专任教师94人，教授22人，副教授40人，高级实验师8人，博士55人。在校生1 834人，其中研究生191人，本科生1 643人。

【教学工作】 本科生教学工作。学院紧紧围绕“立德树人”这一根本任务，牢固树立“提高质量、内涵建设”的核心理念，狠抓教风学风，凸显专业特色。以评促建做好本科审核评估工作。围绕五个“度”，进行了比较全面的本科教学数据填报、自查自评自改，并深度配合教育部专家组进校考察。完成了5个专业建设与人才培养标准的编制、教学大纲的编制，全面检查整改了2016—2017学年度试卷评阅、毕业论文、教学计划、实验记录等。重视质量工程项目申报与建设，获得省级质量工程项目立项6项，获教学成果二等奖1项，教学研究项目3项（含1项重点），智慧课堂试点项目、新工科实验与研究项目各1项；召开质量工程与振兴计划项目推进会暨年度检查结题报告会。组织了全省十六个市的物理教研员及中学一线物理教学骨干开展“中学物理教师的培养和发展”论坛。推进课程教学方式改革，实现文献检索课程进机房线上教学。完善课程设计，将学科竞赛成果纳入到课程设计，实现了一二课堂深度融合。强化实践教学工作，实行物理师范生见习制度，2015级物理学专业81位同学全部进入萃文中学进课堂见习，填补了长期以来的见习空白。实施驻点指导师范生实习工作，新建非师范专业实习基地2个、师范生实习基地2个，工科生参加学院组织安排的专业实习比例达90%以上。与通威太阳能集团签署联合培养协议，选送30余名学生赴校外实践基地（赛宝实验室）完成毕业设计。加强教学质量监控。成立学院教学质量监控队伍，重点开展学期初的教学秩序检查、学期中的教学质量检查、学期末的考试巡视、试卷、毕业论文和实验设备的专项检查等。坚持院领导、专业负责人和督导组听课、评课制度，召开了2次校院督导组工作会议和学生座谈会，听取了督导组成员对各专业课堂教学情况的反馈意见及学生对课堂教学的意见和建议。教师教学水平明显提升。开展校观摩课2次，校公开课2次。成功举办青年教师基本功大赛，实施青年教师教学导师制。教授和副教授给本科生上课比例达100%，学院教师课堂教学优秀率98%以上；评选出“最受欢迎的老师”院级10人、校级1人，获校卓越教学贡献奖1人。校教学基本功大赛一等奖1人、二等奖2人，三等奖1人；1名教师获得第五届中国电子学会“优秀科技工作者”称号；1名教师获得“全国高等学校物理基础课程青年教师讲课比赛”安徽赛区一等奖。1名教师获得安徽省高等学校教师教学发展联盟第一届同课异构教学竞赛二等奖。人才培养质量得到提高。开展了教育思想观念大讨论，巩固了人才培养的中心地位。完成了2016年人才培养方案修订工作，实施人才培养分类计划，凸显实践能力、创新能力训练。实施“基础+提升”第二课堂培养模式，搭建“雏鹰计划”“科技志愿服务”“高端学科竞赛”三大实践平台，为学生提供了多种锻炼机会，学生实践能力与创新能力显著提升。获批国家级大学生创新创业训练计划项目22项，省级大学生创新创业训练计划项目43项，本科生优秀毕业论文培育计划46项；在学校大学生专利发明大赛中，获一等奖2名，二等奖1名、三等奖4名；安徽省大学生电子设计大赛，获2个省级一等奖、1个省级二等奖、1个省级三等奖；“恩智浦”杯全国大学生智能车安徽省竞赛，获2个国家级二等奖，4个省级一等奖，5个省级二等奖；2017中国机器人大赛获2个省级一等奖，1个省级三等奖，1个优胜奖；2017中国旅游暨安防机器人大赛3个国家级二等奖，1个国家级三等奖；2017物理教学技能大赛获1个国家级一等奖；安徽省大学生物理实验设计与创新大赛获得1个一等奖、1个二等奖和2个三等奖；

2017年光电大赛获1个省级特等奖，2个省级一等奖，2个省级二等奖；2017年"互联网+"大赛获1个省级金奖。

研究生教学工作。进一步夯实研究生导师队伍，新增补学术型导师3名、专业学位型导师6名，包括学科教学校内2名、光学工程校内导师1名、校外导师3名。重视研究生培养质量，注重专业课程教学质量和学位论文的完成质量，完成物理学一级学科的年度质量报告（2016年度），汪慧兰、王桂丽、张季谦、冯霞四位老师的课程教学改革获得校课程建设优秀案例；以学科（科研）平台为单位，扎实开展研究生开题报告、研究生学术报告和毕业论文答辩等工作；举办第四届物电学院研究生学术沙龙活动，其中学院青年教师专场报告会和国家奖学金获得者专场汇报会首次进行，营造浓厚的学术氛围。2017年，2014级原子与分子物理专业王辉同学的毕业论文《慢电子速度成像研究对溴氟苯S1激发态光电离》和杨振丽同学的毕业论文《含氯、溴瞬变物种结构及光谱的理论研究》获得校级优秀硕士学位论文；2015级郑德志，2016级康骏、张云飞、陈露瑶、孙晴、张贺、邓亚颂获研究生科研与实践创新奖学金；2015级闻壹兵、张丽，2016级钱士峰获研究生课程创新项目立项；研究生作为第一作者发表四级以上学术论文23篇；在学校大学生专利发明大赛中，2015级崔海田、王启蒙分获一等奖，共计2项；2015级李亮、黄娜君、2016级陈露瑶分获二等奖，共计3项；在第五届芜湖大学生专利创新大赛中，2015级崔海田、2016级付贝贝分获一等奖，共计2项，2015级王启蒙获二等奖1项，2016级王先盛获三等奖1项；第七届"挑战杯"中国联通全国大学生课外学术科技作品竞赛2015级钱立勇获省部级一等奖1项；第十五届"挑战杯"中国银行全国大学生课外学术科技作品竞赛，2015级钱立勇、崔海田分获三等奖，共计2项；2017全国大学生与研究生物理自制教具与设计实验大赛2016级陈海兰获一等奖1项，二等奖1项；第五届"华夏杯"全国物理教学创新大赛2016级李陈乐、刘海波分获二等奖，共计2项；在"西门子杯"中国智能制造挑战赛中获省级三等奖3项；在2016中国机器人大赛中2016级康峻获三等奖1项；2017年钱立勇、霍宵、黄晓晓、周源、陈海兰5人获国家奖学金，刘冲冲获朱敬文特别奖学金；张佳丽等11名同学获2017年优秀研究生新生奖学金。

【学生工作】 学院招收本科生432名，本科毕业生378人，研究生招收72人，研究生毕业生40人，研究生就业率100%，获学校"就业工作先进单位"；本科生就业率98.28%（考研率34.9%）获得学校"就业工作先进学院标兵"称号。学院学生工作坚持"以生为本"，扎实做好学生教育、管理与服务工作，促进学生成人成才成功。2017年我院获校社会实践优秀组织奖，赴芜湖固高自动化技术公司专业实践团队、大学生创新创业培训班获校优秀重点团队三等奖；校规校纪考试先进集体；大学生学术科技竞赛"优胜杯"和"优秀组织奖"；2016级通信工程专业第1团支部和2015级电子信息工程专业第1团支部获优秀团支部；2017级通信专业固定教室获得"最美教室"称号；卫生服务队获省肺结核宣传防治三等奖。在校第46届运动会上获得甲组男子总分第一、甲组女子总分第七，总积分第二的好成绩，并荣获道德风尚奖。

【科研与社会服务工作】 科研工作。加强学术交流，共有100余人次参加国内外各种学术交流活动，作会议主题报告18人次。成功承办长三角三省一市及中部六省光学学会先进制造高峰论坛暨安徽省光学学会2017年度年会，光电材料科学与技术安徽省重点实验室第一届学术委员会议顺利召开，物理学一级学科博士点申报成功。邀请国家杰出青年基金获得者、国内外知名专家学者来学院做报告20场，学科科研平台有计划地组织院内资深教授、科研项目承担者、新引进高层次人才开展学术沙龙活动，进行内部学术交流。组织科研项目申报，2017年我院国家级项目立项4项、省部级项目立项8项、厅局（市）级项目立项7项、横向合作项目立项10项。科研立项经费约348.6万元。发表学术论文69篇，被SCI和EI收录论文37篇。其中一区论文4篇，二区论文9篇。申报各类专利84项。其中发明专利47项，授权发明专利11项，授权实用新型专利38项，软件著作权12项。

社会服务工作。为皖南地区参加奥林匹克物理竞赛的中学生提供了实验辅导68人次，完成郎溪县电子技术专业专科函授班52人教学工作。遴选55名师生志愿赴六安霍邱县开展扶贫攻坚评估工作。

【学科和师资队伍建设】 学科建设。学院重视学科科研平台建设，开展7个学科平台负责人和平台建设成效的考核工作；开展物理学一级学科博士点的申报工作。

师资队伍建设。学院坚持校外引进和校内培养相结合，加强青年教师培养，制定了青年教师培养计划，鼓励学院青年教师到国内外重点高校、研究所、企业访学、进修和攻读博士学位。2017年有2位青年教师博士毕业，3位应用型专业教师攻读博士学位，6位教师到国外做高级访问学者；接收3名优秀博士毕业生，引进2名高层次人才；新增教授2人，副教授3名，高级实验师1名；舒新文、吕建平入选2017年皖江青年学者，凤尔银入选安徽师范大学卓越教学贡献奖教师，刘小明入选中国电子协会优秀科技工作者。

【党建和管理工作】 党建工作。学院现有16个党支部，党员272人，其中在职教职工党员73人，退休教职工党员26人，本科生党员113人，研究生党员60人。按照建设学习型、创新型、服务型党组织的要求，贯彻实行中心组理论学习、党政联席会制度和民主生活会制度，凡涉及学院建设“三重一大”事项必须经过集体讨论决定。认真谋划学院发展，依据“十三五”事业发展规划和领导班子任期目标，制定年度工作要点。以“两学一做”制度化常态化为基础，完成“讲政治、重规矩、作表率”专题教育和专题警示教育活动，深入开展十九大精神学习与交流活动，通过党课、专题报告、知识竞赛、演讲等多种形式学习党规党章和十九大精神，领会新时代的内涵和任务，并以此指导学院发展和学生教育。

加强党组织建设。配强教工党支部书记，完成了新一届党支部委员调整工作，召开支部书记学习培训会6次。强化党员组织生活制度，编印学习资料，组织观看教育视频，组织学院党员去红色基地开展学习教育活动。学院党员先锋模范作用充分发挥，涌现出一批教学、科研、管理教职工党员骨干和优秀学生典型，多名师生党员自愿参与学校扶贫攻坚任务。开展支部书记抓党建工作述职评议考核、党支部和党员评优评先表彰活动。按照学校基层党组织标准化建设要求，学院党委和8个基层党支部申报标准化达标，经验收已纳入已达标基层党组织台账。实行动态管理，学院党委获“优秀基层党组织”。注重学院科级干部队伍的业务培训与管理工作。强化入党培训和党校管理，创新党课培训模式，开设了微型党课，本年度我院分党校培训了191人。规范党员发展程序，继续实行本科生党支部党员发展对象公开答辩制，共计发展学生党员76名，预备党员转正61名。

进一步推进党风廉政建设。认真落实上级部署和要求，把党风廉政建设纳入班子主要议事日程；加强领导班子党风廉政建设理论政策学习，强化“一岗双责”；全年召开2次专题会议，分析研究党风廉政建设情况；严格执行廉洁自律各项规定，杜绝“小金库”，严控“三公经费”支出；班子成员以身作则，率先垂范。扎实开展“四个专项治理”工作，围绕专项治理内容深入开展自查自纠，查找问题4个，目前都已整改到位。

大力推动和谐学院建设。将统战工作列入党委重要议事日程，注重听取党外人士的意见和建议。加强党对群团工作的领导，充分发挥学院二级教代会、教授委员会、学生组织、关工委、退教协等在办学治院中的积极作用。关心老同志生活，定期召开“院情通报会”，落实老同志“外出考察制度”等。加强职工小家建设，组织教职工积极参加各类文体活动；举办“双迎”文艺晚会和教职工新年联谊活动。分工会先后获校迎新年“通俗桥牌”比赛一等奖；“三八节”教职工集体趣味运动项目一等奖，女子排球赛二等奖，乒乓球团体赛二等奖，羽毛球团体赛二等奖；校文体节“优胜单位”等。

认真做好校友工作。更新校友信息库，收集、整理、完善有关校友重要资料，积极做好校友返校工作，暑期寻访87届校友汪卫华、宁芳青等杰出校友。校友捐赠爱心助学金和物品近4万元。

制定和完善相关管理规章制度。加强5个专业平台、3个实验(实训)中心、7个学科平台的考核管理，开展专业负责人、学科平台负责人、学位点点长年度述职考评，考评结果与年底绩效奖励挂钩。科学编制各类经费预算，严格按照预算使用，经费使用完成率近100%。规范资产管理，完成各类仪器设备的1 500万仪器设备招标采购和相应的实验室建设，完成实习实训中心大楼的搬迁。完成2016年行政档案和搬迁档案的归档工作，对赭山校区办公室、实验室等重要场所进行全面的摄影、摄像，留存影像资料，在学院搬迁过程中，对具有明显时代特征的仪器设备、教材、教具、电子元器件等进行了归类整理收藏，并在工科实训中心展示。落实全年安全责任制，明确安全责任人。通过教职工大会和学生班会等多种形式，加强对教职工和学生的安全宣传和教育，定期深入实验室、办公室、学生宿舍等重点场所进行安全检查，消除安全隐患，全年没有发生安全生产责任事故和群体性事件。

【重要活动和事件】

1.1月14日，举办首届青年教师发展论坛。

2.6月7日，召开教授委员会换届选举大会，会后召开了新一届学院教授委员会第一次全体会议。

3.11月，学院迎来教育部评估专家组莅临学院审核评估本科教学工作。

4.成功承办"长三角三省一市及中部六省光学学会先进制造高峰论坛暨安徽省光学学会2017年度年会"学术会议。

5.11月5日，我院召开光电材料科学与技术安徽省重点实验室第一届学术委员会。

6.成功申报物理学一级学科博士点。

（物理与电子信息学院供稿）

（十四）化学与材料科学学院

【概　况】 化学与材料科学学院设化学系、应用化学系、材料化学系、化学工程与工艺系和实验中心（四系一中心）5个本科教学单位。设有化学（师范）、化学（非师范）、应用化学、材料化学、化学工程与工艺5个本科专业，有机化学、分析化学、材料科学、应用化学、化学教育、理论化学6个研究所，拥有1个一级学科博士学位授权点（化学），7个二级博士学位授权点（无机化学、分析化学、有机化学、物理化学、高分子化学与物理、纳米化学、应用化学与环境材料），1个博士后流动站（化学），3个一级学科硕士学位授权点（化学、化学工程与技术、材料科学与工程），10个二级学科硕士学位授权点：有机化学、分析化学、物理化学、无机化学、应用化学、高分子化学与物理、材料物理与化学、材料学、课程与教学论（化学）、学科教学（化学）。

学院有1个国家级实验教学示范中心（化学实验教学中心），1个国家级特色专业（化学），1个国家级教学团队（分析化学），1项国家级专业综合改革项目（材料化学），1门国家级精品资源共享课程（化学教学论）。1个国家级高中化学骨干教师培训基地，2个省级重点学科（有机化学、分析化学），1个教育部重点实验室（功能分子固体教育部重点实验室），1个省级实验室（分子基材料实验室，省部共建重点培育），2个省级高校重点实验室（功能性分子固体实验室、化学生物传感实验室），1个省级教学改革示范专业（化学），1个省级基础课实验教学示范中心（基础化学实验教学中心），1个校级协同创新中心（新材料研发与应用），5门省级精品课程（分析化学、化学教学论、无机化学、有机化学、物理化学），1个安徽省政府设立的特聘教授岗位学科（有机化学），1个省级高中化学骨干教师培训基地，1个省级刊物（《中学生化学》），4个校级重点学科（分析化学、无机化学、化学教学论、材料化学），2个校级特优强专业（应用化学、材料化学），4门校级精品课程（化学教学论实验、化工基础、综合化学实验、有机波谱学）。

现有在岗教职工143人，专职教师97人，正高职称37人，副高职称35人，45岁以下青年教师59人，具有博士学位职工85人。其中有境外学习工作背景教师44人。拥有"新世纪百千万人才工程"国家级人选、教育部"新世纪优秀人才"、安徽省"皖江学者"特聘教授、安徽省首批"百人计划"特聘专家、省级学科带头人、省级骨干教师、享受政府津贴的专家62人次。现有全日制本科学生1 583人，硕士研究生405人，博士研究生28人。截至2017年年底，资料室藏有中外文图书14 073册，博、硕士学位论文1 360册，合订本期刊6 338册，现刊72种。实验室拥有仪器设备4 418台件，总价值7 389多万元，其中单价10万元以上的设备97台件，价值4 504余万元。

【教学工作】 学院组织开展了化学与材料科学学院“第九届青年教师讲课大赛”暨安徽师范大学“青年教师教学基本功大赛选拔赛”。组织开展了校、院两级教学观摩、公开课活动，其中校级观摩课、公开课2次（朱昌青、程瑶琴），院级观摩、公开课17次。组织开展了学院第六届“最受本科生喜爱的十大青年教师”评选活动，阚显文老师荣获校首届“最受欢迎的教师”荣誉称号。继续开展“化学名师、校长论坛”和“化工论坛”，先后聘请高校及中学一线名师5人次、企业工程师4人次来学院开展名师讲坛和化工论坛。探索了“观摩—见习—研习—实训—实习”五阶段特色实践教学体系，建立了“三师（高校教师、教育硕士、中学化学教师）结合”的教育实习指导制度，部分实习点采用了蹲点全程指导，强化实践教学过程管理，共完成103人的教育实习（含卓越理综10人，皖江13人），其中市内实习20人，市外实习93人。完成了37人的科研训练和269人（材化专业119人，化工专业57人，应化专业92人）的工科实习任务。并新增暑期实训，拓宽实践环节，2014级395名学生分两批次利用暑期赴南京科技职业学院产学研基地——南京紫光精细化工厂进行了为期一周的生产实训。在成果方面，申报省级质量工程项目8项，推荐1人（黄玉成）参加安徽省第三届普通本科院校青年教师教学竞赛校内选拔；组织申报校级优秀教材申报1项；组织申报校通识教育选修课程申报9项，获批3项。在“第八届东芝杯.中国师范大学理科师范生教学技能创新大赛”，1人（童彤）获“优胜奖；在“第七届“挑战杯”安徽省大学生课外学术科技作品竞赛”，1人（熊云芳）获特等奖；1人获“第十五届“挑战杯”全国大学生课外学术科技作品竞赛”三等奖；1人（武迪迪）获“第五届全国师范院校师范生教学技能竞赛”三等奖；在“第五届全国高等师范院校大学生化学实验邀请赛”中，获一等奖1人（王晨晨），二等奖1人（周孝元）；学院在“全国大学生化工实验大赛”华东赛区比赛，获团队二等奖（吴聪、王晓波、许世娣）。申报2017年大学生创新创业训练计划27项（其中获得国家级项目19项）。安徽师范大学2017年本科生优秀毕业论文（设计、创作）培育计划立项31项。本科生第一作者发表科研论文5篇。在“安徽师范大学2017年青年教师教学基本功大赛”中，获二等奖1人，获三等奖3人。

研究生教学方面，学院申报了化学工程与技术、材料科学与工程2个一级学科硕士学位授权点。2017年共培养毕业博士研究生5名、硕士研究生126名，2017年共招收研究生152名，其中博士生7名，普通硕士生145名，其中学术型硕士生121名，专业学位硕士生24名（含非全日制4名）。2017届研究生初次就业率达88%，共完成136人（上半年：硕士126人、博士5人；下半年：硕士3人、博士2人）论文答辩和学位申请工作。5篇论文获2017年安徽师范大学优秀博士硕士学位论文。

【科研工作】 学院积极组织教师申请各级各类科研项目，重点加强国家自然科学基金申报的动员、组织和论证工作。邀请专家辅导报告，组织校内外专家对申请书进行评阅并提出修改建议。2017年，共申报国家自然科学基金42项，10项获立项，立项数位列全国同等师范院校前列；申报安徽省自然科学基金项目13项，获批安徽省自然科学基金3项。共获批科研经费503万元。

2017年，学院共发表国家级以上论文147篇，其中SCI论文134篇（影响因子大于3.0的87篇，大于5.0的35篇），值得一提的是在国际顶级期刊*J.Am.Chem.Soc.*发表论文1篇、*Angew.Chem.Int.Ed.*上发表了3篇。2017年申报中国发明专利92项，获授权发明专利51项，授权实用新型专利2项。获安徽省自然科学三等奖1项。

组织召开了2017年金属氧簇纳米化学前沿学术研讨会。邀请钱逸泰院士、谢毅院士、英国皇家科学院院士Peter J. Sadler教授和Organometallics副主编、美国宾夕法尼亚大学Daniel J. Mindiola教授等国内外知名专家来学院做报告23场。全年学院近100人次参加国内外各种学术交流活动，10余人次在会议上作了报告。

【学科与师资队伍建设】 化学学科获安徽省国际一流学科奖补资金资助。加强分子基材料省重点实验室（省部共建重点培育）的推进力度，完成了分子基材料实验室的定期评估工作，在现场考察工作中得到了评估专家组的充分肯定，并在安徽省重点实验室定期评估中获优秀等次。推进李亚栋院士工作室的建设力度，通过实验室建设，期望能够不断强化学院稀土金属有机化学与材料、生物分析化学、能源纳米化学与材料的专业特色与优势。

选派8人出国访学、进修；新晋升教授2人，讲师1人，高级实验师1人，实验师1人；围绕学科、专业建设发展需求，引进了85后国内外著名高校优秀博士生5名，高层次人才4人；返聘校内退休高级专家4人，实行青年教师导师制。

【学生工作】 学院2017年共招生本科生380人，学位授予率96.9%。2017届毕业生初次就业率95.63%。考研率达45.6%，获校就业工作先进学院标兵。完成各类资助项目25项，资助人数达1587人次，学院发放各类困难补助达339 550元。开展主题教育50余场，开展专题讲座10余场。学院党员培训班共培训117名学生党员，入党积极分子培训班共培训134名入党积极分子，团员骨干培训班共培育120余名团员骨干。学院1个班集体获校十佳班集体，3个团支部获校优秀团支部，1人获校自强之星。学院1位同学第十五届挑战杯大学生课外学术科技作品竞赛全省特等奖、全国三等奖，12位同学在省级、国家级相关专业技能大赛中获奖。在2017年大学生暑期社会实践中，组建校级重点团队4支，院级团队30支，538名志愿者走进基层，行程遍布全省30多个县区。积极打造“江淮科普学校”“周末小课堂”等品牌志愿服务活动。1人获“安徽省高校十佳环保青年”称号。举办学生干部能力提升培训班1次，院学生会获校优秀学生会；环保协会获“高校节能7.0校园低碳项目”全国十佳优秀社团，获阿克苏诺贝尔大学生公益奖金奖；环保协会、就业促进与互助协会分别荣获“全国大中专最具影响力环保社团”与“全国大中专最具影响力双创社团”奖项。3人次辅导员积极参加教育部辅导员基地示范班和省教育工委高级研修班的学习，1人获全国最具影响力社团优秀指导老师，1人获得辅导员职业能力大赛一等奖。

【党建与管理工作】 制定学院党委、党支部及教职工政治理论学习计划，党委中心组集中学习11次，编制了党委中心组、党支部及教职工学习材料5辑，学院党委的新闻报道40篇，党支部的新闻报道23篇。制定了《化材学院推进“两学一做”学习教育常态化制度化的工作方案》，开展了“讲政治、重规矩、作表率”专题教育和专题学习讨论，组织学习十九大报告测试以及赴革命老区开展“重温入党誓词，做合格党员”革命传统教育实践活动4次。创建学习平台，通过建立微信群、QQ群构建“互联网+自学”的学习模式。抓好学院党校工作。开展党员和入党积极分子培训班2期，共培训入党积极分子134人，党员114人。抓好教职工政治理论学习，教职工学习10次，制定了2017年度党员发展计划，严格按照组织程序把好质量关，共发展党员87名，转正63名；做好党员组织关系转接，共转出125人，接收新生党员30人，教职工党员8人；开展19个党组织和294名党员的信息采集工作，共缴纳党费36 111.3元并公示。评选校级优秀党员6人，优秀党务工作者1人，化工系教工党支部被评为优秀党支部；校级“三育人”先进工作者2人。评选学院优秀党员9人，学院“三育人”先进工作者4人。完成了9名科级干部的考核工作。

为学院3位退休教职工举行欢送仪式。院工会积极推进“晚晴关爱服务社”志愿者活动，44名师生共同参与，帮扶特殊困难的离退休同志14人，切实解决“高龄、病残、空巢、独居”的离退休同志的特殊困难。“重阳节”组织离退休老同志参观学院新大楼活动并召开茶话会。2017年，化材学院分工会荣获得安徽省教科文卫体工会“模范职工小家”称号。院分工会获校“第六届教职工文化体育活动节优胜奖”单位。积极组织开展第三届丰富多彩的教职工“健康活动月”工作，组织在职和退休女教工外出踏青交流，参观宣城国家地质公园，邀请美妆老师做“彩妆”讲座，开展“师生友谊球赛”，组织学院“博士合唱团”“舞蹈队”积极参与学生毕业晚会。组织女教工走进女生宿舍关爱女生成长，“六一”儿童节给69位教职工子女发放慰问蛋糕券，慰问在职职工结婚、生病及生育等4人次，为全院53位退休职工订赠《老年报》，积极帮助我院职工申请困难补助和全体会员申报重大疾病互助保障计划，积极联系体检医院，筹措经费，为全院教职工提供身体健康检查套餐一次。继续发挥工会的民主监督作用，提交教职工关心的提案2件，均被评为优秀提案。

加强档案管理工作。本年度共整理和移交案卷145册，文件66册，照片36张，光盘和实物各3份，全部移交电子档案；强化实验室安全管理责任和安全检查制度，坚持要求所有学生需完成“实验安全网”考试方可进入实验室，邀请外聘专家开展安全培训工作。通过其他高校调研学习和学院实际，制定新大楼实验室安全防护方案并落实。出台《化材学院实验室气体和钢瓶采购与使用的管理规定》2个文件。完成了实验室信息化管理的方案论证，目前正在试运行；学院严格执行学校国有资产管理的各项规章制度，积极开展本单位占用资产的清查和统计上报工作。本年度完成约2 805万元（含学院和教师个人资产）的资产采购和入库；报废7批次2 787件固定资产，报废资产金额近400万元；调整、变更资产和家具6 717件。

做好搬迁工作。2017年，学院整体从赭山校区搬迁至花津校区新大楼。主动配合学校相关部门完成实验室二次装修的相关工作，涉及水电改造、台柜、通风系统、空调、维修等多方面的协调和落实，完成十余批次的实验室新设备采购、招标、安装和验收，并投入使用。学院整体搬迁从2017年4月初开始布置，到2017年9月10日历时5个月，制定和论证搬迁方案、招标搬迁公司，安全有序地完成了学院本科实验室、药品仓库及行政办公、图书资料等约6千平方米近2万余件各类仪器设备拆卸、打包、搬运、整理和安装工作，搬迁的药品试剂涉及200多种，分类整理装箱达500余箱。召开各类搬迁工作会议80余次，完成了大型仪器、化工工艺专业、化学药品仓库、化工生产实训中心等搬迁的招标工作。完成新理科实训大楼近2万平方米的内部文化建设，以及150余间本科实验室内部环境布置工作。

【社会服务工作】 进一步发挥科研和人才优势，加强社会服务工作，成为安徽省功能性金属浆料（粉体）高分子复合材料产业技术创新联盟成员单位。与安徽锐富光电科技有限公司、明基材料（芜湖）有限公司、上海交通大学和芜湖创科新材料科技有限公司共签订产学研合作横向课题4项，合同经费37.95万元，到账经费22.95万元。

组织完成2017年安徽省农村教师招考、特岗教师招聘、自学考试等阅卷任务；加强了现代测试中心和食品营养与安全检测中心建设，现代测试中心充分发挥大型仪器共享作用，承担院内外师生测试任务，还为本科生开展实验课，为研究生开展上级操作培训；CMA顺利通过国家质检总局和食品药品管理局联合组织的食品安全检验检测机构飞行检查，并新增检测项目112项，变更检测方法85项。在芜湖市相关部门的大力支持下，正在积极申报血醇检验的司法鉴定资质。

【重要活动和事件】

1.组织成立了“晚晴关爱服务社”。3月3日在学院会议室举行“晚晴关爱服务社”启动仪式。

2.3月28日，安徽师范大学“化学80春雨爱心基金”梯尔希医药助学金颁发仪式顺利举行。

3.4月9日—4月12日，由安徽师范大学和中国科学院福建物质结构研究所共同举办的“2017金属氧簇纳米化学前沿研讨会”在我校召开，副校长王绍武出席了研讨会并主持学术报告。

4.4月25日上午，省教育工会“模范职工小家”评估验收工作组对学院申报的省教育工会“模范职工小家”进行专项评估验收工作。

5.4月28日，安徽省劳动模范先进工作者和先进集体表彰大会在安徽大剧院隆重举行，我院夏云生教授获“安徽省先进工作者”表彰。

6.11月6日下午和11月7日上午，教育部本科教学工作审核评估专家、广西师范大学副校长苏桂发教授深入化学与材料科学学院，听取工作汇报并就本科教学工作进行深度访谈。

（化学与材料科学学院供稿）

（十五）国土资源与旅游学院

【概　况】 安徽师范大学国土资源与旅游学院成立于2000年4月，前身是成立于1952年的地理科，现设有地理科学、旅游管理、土地资源管理、地理信息科学、城乡规划、酒店管理6个本科专业。拥有人文地理学博士点，地理学一级学科、工商管理（联合申报）一级学科、自然地理学、人文地理学、地图学与地理信息系统、旅游管理、土地资源管理、区域经济学、资源与环境经济学、环境灾害学、饭店管理、区域发展与城乡规划、学科教学论（地理）等13个硕士点以及旅游管理专业硕士（MTA）、地理教育专业硕士点，旅游发展与规划研究中心省级人文社科重点研究基地、城市与区域规划研究中心、省高校资源环境与地理信息工程技术研究中心。

学院现有教职工95人，其中专任教师78人，博士生导师10人，教授18人，副教授及相应职称30人，具有博士学位45人、博士在读5人。在校生1 965人，其中，研究生308人（博士生30人，硕士生278人），本科生1 657人。

【教育教学】 本科生教学。规范做好各项日常教学管理工作。严格规范管理，教学活动井然有序，全年无教学事故。教授、副教授为本科生授课达100%，优秀教材选用率为96%。获国家级大学生创新创业训练计划项目10余项。做好人才培养方案修订工作。经过开展学生座谈会、校友访谈、教研室教师工作会议、教授委员会审核把关等多个环节，完成六个本科专业课程大纲的编写和人才培养方案修订工作。不断改善专业教学条件。实验室建设投入200余万元，教学条件得到明显改善，新增价值约5万元的图书资料，夯实人才培养的基础条件。狠抓教师教学水平提高，不断提升教师教学水平。开展本科教学示范观摩课系列活动12场，开展“教学基本功大赛”，1人次获得校青年教师基本功大赛二等奖，3人获校级青年教师教学基本功大赛三等奖。采取多途径塑造双师型教师队伍。大力提升学生实践技能。顺利完成5个专业的野外和专业实习，专业实习基地达36家，分两批完成集中实习300多人次。全院普及本科生专业实习导师制。推出院级大学生创新创业训练计划等精品项目。积极推进实践基地建设，优化调整专业实习基地。院教学督导工作规范有序，严格做到每学期初有计划、学期中间有跟踪、学期末有总结。本学期共听课22个班次共37节课程，全面开展期末考试试卷检查工作。学院本科课堂教学质量稳步提升。

研究生教学。2017年学院共毕业研究生105名，其中博士毕业生6人，硕士毕业生99人。高度重视和加强学位管理。2017年学院顺利完成地理学一级学科的评估工作，与相关学院联合完成管理学、公共管理一级学科的评估工作。制定了新一轮研究生培养方案，进一步规范了研究生培养环节和质量。开展研究生培养管理环节的信息化，研究生论文相似性检测、“双盲”评审以及答辩等规范有序。加强研究生档案建设，准确、完整、系统地收集保存毕业研究生学籍档案、学位档案。规范研究生招生环节。按照学校统一部署，高质量地完成了硕士、博士招生录取工作。推进招生录取信息“五公开”制度，没有出现违规违纪事件，圆满完成了学校下达的招生指标。强化研究生培养管理。规范研究生学籍注册工作，配备研究生专职秘书和辅导员，加强研究生思想政治和日常事务管理。修订了研究生培养经费管理办法，切实提升研究生学习和科研能力。加强专业学位研究生应用能力和实践能力培养，完成2017年MTA学员专业实习，高标准建立学科教学（地理）学位点实践基地。

学生工作。加强党团建设。创新开展学生党建活动，联合兄弟学院组织开展入团积极分子培训班，扎实开展理想信念教育、新生入学专业学业教育、毕业生文明离校教育、安全与心理健康教育等工作，开展“丹桂飘香迎新生”“栀子花开欢送毕业生”系列活动10余项，各类院级主题教育活动30余场。扎实推进“教学管”一体化工作，切实发挥本科生导师制在人才培养中的重要作用，邀请学界业界精英举办专业思想教育20余场，开展学风建设、诚信考试等教育活动70余场。学院获评校级“十佳班集体”“十佳事迹”“十佳大学生”“自强之星”“十佳志愿者”“十佳创业团队”“十佳创业之星”各1项，选送新疆维族学生穆萨艾力·多力坤参加安徽省“十佳大学生”评选。组织“四暖”资助行动，全年共发放校级奖助学金180.85万元，院级奖助学金26.15万，受益学生超过1 000人次。制定了就业工作方案、就业资助和奖励办法等制度，组织开展职业规划教育20余场次，组织“职海扬帆”“学业·就业·创业”系列报告会10余场，开展考公考研考编、求职技巧和就业安全等专题培训讲座14场，组织召开校园招聘会20余场。15人入围安徽省选调生面试选拔，5人被录取。创新设立“职旅天下”招聘会姊妹品牌——“职海扬帆”非旅游类跨专业联合专场招聘会，成功承办安徽省第二届“职旅天下”高校旅游行业政校企对接专场招聘暨第四届旅业发展高峰论坛，省内110余家企业，1500余名毕业生参会。承办校第九届大学生涯与职业规划大赛，推荐1名学生代表学校参加全省大学生职业规划大赛，并获银奖。2017年本科生初次就业率达到96.72%。强化素质拓展，推动“三个课堂”联动育人，2017年共获得包括“挑战杯”全国大学生课外学术科技作品竞赛三等奖、第七届全国大学生红色旅游创意策划大赛一等奖等国家级、省级以上奖项37项，获奖63人次，其中国家级48人次，获国家级大学生创新创业训练计划项目9项。加强社会实践和文化育人工作，学院与六安市旅游委员会合作共建大学生社会实践基地，3支社会实践团队分获团中央、国家旅游局、中国土地协会暑期实践项目立项，学院获2017年校暑期社会实践“优秀组织奖”。学校第一个互联网支教项目“川皖学堂”线上支教项目正式启动，获得《中国教育报》、教育部门户网站的专题报道。实施辅导员基础能力建设提升工程，提升专职辅导员队伍素质。辅导员队伍获校第七届辅导员职业能力大赛一等奖1项，三等奖3项，学院获先进集体“优胜杯”，辅导员发表专著1部，校本学生工作研究课题立项1项。

【科研与社会服务】 2017年我院共获得国家级项目5项，省部级项目3项，纵向课题累计经费达310万元，其中国家自然科学基金项目5项，教育部人文社会科学研究一般项目1项。出版学术专著3本，获得省部级奖项3项。2017年全院师生发表论文110篇，论文层次和质量逐年提高。先后邀请25位国内外一流专家来学院进行学术交流，包括亚伯大学副校长John Grattan、北京师范大学张强教授、中山大学薛德升教授等，扩大了我院的学术影响。大力支持教师参加国内外学术会议，拓宽了我院教师的学术视野，2017年有60人次参加国内外会议或访学。2017年，学院成功承办了第十六次全国青年地理工作者学术研讨会，来自全国50多所高校、科研院所的1位院士、2位长江学者和近300位代表参加了学术年会，大会取得了圆满成功，得到了主办方的高度赞誉，有力地提升了我院的学术声誉。

社会服务工作稳中有进，全年新到账横向课题62项，到账总金额1 175万元，再次突破1 000万元大关。获得11项软件著作权。社会服务的社会影响不断扩大。2017年学院成功申报安徽省旅游人才培训示范基地。完成了安徽省新任旅游局局长、湖州市旅委全域旅游时代下的旅游改革创新专题研讨班、芜湖市“美丽乡村”领导干部培训、肥东县2017年乡村旅游培训班、2017年芜湖市不动产登记业务（第一期，第二期）培训班，得到相关部门和地方政府的高度评价。

【学科与师资队伍建设】 加大教师培养培训力度。学院出台了鼓励教师出国深造、攻读学位、访学培训和参加学术会议的政策。2017年在职教师1人考取博士生，7位教师分别到美国和英国的著名大学进行访学培训。采取寻访院友和老师推荐，走出去请进来，大力引进人才。2017年引进博士（硕士）毕业3人。分别来自武汉大学、东南大学等985大学，师资队伍学缘结构进一步改善。

2017年学院教师1人晋升为教授，5人晋升为副教授。全院高级职称教师所占比例为63.1%。3名教师获得博士学位回院工作，全院现拥有博士学位的教师所占比例为55.8%，师资队伍的职称结构和学历结构进一步得到提高。

【党建与管理】 加强党的建设，思想政治保障得到新加强。严格执行国土资源与旅游学院党委中心组学习和教职工政治理论学习制度，组织开展多种形式的学习教育活动，深入学习宣传贯彻党的十八大、十八届历次全会和十九大精神，积极推动习近平总书记系列重要讲话精神和党中央治国理政新理念新思想新战略进课堂、进头脑。加强了领导班子建设和宣传思想工作，认真贯彻民主集中制，推进民主管理和发布“国旅2016院务公开”。深入学习宣传贯彻全国、全省和学校思想政治工作会议精神，加强教师思想政治工作和大学生思想政治教育。

加强基层党组织建设。推进“两学一做”学习教育制度化和常态化和“讲看齐、见行动”学习讨论和“讲重作”专题警示教育。各支部认真落实“三会一课”制度，不断提升政治理论水平和业务水平。加强党支部标准化建设，做好2016年基层党组织负责人抓党建述职点评问题整改。开展党员和入党积极分子教育培训。学院党委获评安徽省学习型党组织建设示范点建设单位，行政地信党支部获评校级先进基层党支部，3人次获校级优秀共产党员称号，1人次获校级优秀党务工作者称号。

加强党风廉政和师德师风建设。切实肩负党风廉政建设主体责任和监督责任，把党风廉政建设纳入领导班子主要议事日程，坚持从严治党、从严治院，深入开展党性党风党纪教育、廉洁从政教育、警示教育、师德师风和学术规范教育，严格执行中央八项规定和六大纪律等，全年没有违纪行为发生。

2017年完成了学院发展史编写，规划了学院院史展览馆，档案工作更加规范。严格执行学校各项财务管理制度，坚持集体领导下的“一支笔”审批制度。精心编制财务预算，严格执行财经纪律，进一步提高预算的科学性和执行率，最大限度地使得经费使用科学化、规范化、高效化。配合学校做好实验楼的整体维修和安全管理，以维修实验楼为契机，对学院内部公房、实验楼及实验设备等资产进行清理，加强资产管理，确保2018年1月建成交付使用，教学科研工作的顺利进行。

做好离退休职工、困难职工的帮扶工作和关心下一代工作。加强统战、工会、共青团、学生会工作。重视教授委员会、工会和教代会工作，健全教代会工作机制，重视民主协商、民主监督和民主管理，将统战工作列入党委重要议事日程，加强“职工小家”建设，1人次获评省级“文明家庭”荣誉称号。依托“职工小家”开展多彩工会活动，增强了学院凝聚力。关心老同志生活，注重发挥关工委老同志在青年教师培养和青年大学生思想政治教育方面的作用，2017年5月学院获学校关心下一代工作先进集体称号，陈仁钧老师获得先进个人称号。

【重要活动和事件】 1.3月4日至5日，学院承办的安徽省第二届“职旅天下”旅游行业政校企对接专场招聘会暨安徽省首届旅游业政校企合作高峰论坛，来自省内16所旅游院校的主要负责人、千余位高校学子和北京、上海、江苏、浙江等地及省内旅游知名企业105家参会。

2.3月13日，我院杨效忠教授在“数字丝路”国际科学计划(DBAR)世界遗产国际工作组(DBAR-HERITAGE)成立暨“一带一路”世界遗产研讨会上就《旅游廊道与中巴经济走廊遗产保护利用》进行了英文主题演讲报告。

3.3月19日，学院分工会组织女教职工赴无锡太湖开展三八节踏青赏樱活动，近30名教职工参与了本次活动。

4.4月9日，学院举办了主题为“‘四有’好老师养成计划”的报告会。马克思主义学院“全国师德标兵”“安徽省优秀德育工作者”路丙辉教授为2015级、2016级地理科学专业学生作报告。

5.4月10日，安徽省教育工会表彰2017年安徽省工会女职工工作先进集体和个人，学院方凤满教授家庭获评“文明家庭”。

6.4月12日，学院关工委获“安徽师范大学关心下一代工作先进集体”荣誉称号、陈仁钧常务副主任获“安徽师范大学关心下一代工作先进个人”荣誉称号。

7.4月22日至23日，我院承办的“科学研究与英文科技写作培训研讨会”。来自省内部分高等院校、研究机构的青年教师、博士、硕士研究生100余人参加了研讨会。

8.4月27日下午，学院举办“职海扬帆”土地.地信.城乡规划跨专业联合校园专场招聘会。学院2017届土地资源管理、地理信息科学和城乡规划专业毕业生参加了招聘会。

9.4月30日，学院77届地理系学生毕业四十周年返校座谈会在赭山校区田楼举行，学院党委书记贾冠忠、副书记乔静、副院长赵冬梅及部分77届授课老师与校友们进行了座谈。

10.5月21日，我院选送的5件作品在安徽省第八届大学生GIS技能大赛决赛分别获得三个省级二等奖、两个省级三等奖的成绩。指导老师高超、梁栋栋、吴庆双也获得“优秀指导老师”称号。

11.6月1日下午，学院举行首届院领导“对话·成长”冷餐会暨第二届“我的成长之路”青春故事分享会和2016—2017学年庄严奖助学金、雷忠平奖助学金、明达奖助学金颁发仪式。

12.6月5日上午，由孙鹏副教授、方凤满教授指导的温庆志、刘嘉敏等同学的作品《基于多源数据的淮河流域干旱监测模型构建及应用》在第七届“挑战杯·中国联通”安徽省大学生课外学术科技作品竞赛终审决赛中荣获大赛自然科学类数理专项一等奖。

13.6月7日下午，学院举行教授委员会换届选举大会，大会选举王朝辉、方凤满、苏勤、杨兴柱、杨效忠、麻金继、曹卫东、焦华富、程久苗九位同志为新一届教授委员会委员。

14.7月21日，学院党委组织党员来到了中国农村改革发源地——安徽省凤阳县小岗村进行党性教育主题活动，全院教职工党员近40余人参加了此次活动。

15.据国家自然科学基金委员会网站公布，学院2017年度国家自然科学基金共5个项目获得资助，资助经费282万元。

16.学院吴立副教授的最新研究成果在地学领域国际顶级学术期刊*Quaternary Science Reviews*上发表，该研究得到了国家自然科学基金项目(41401216)和和黄土与第四纪地质国家重点实验室开放基金项目(SKLLQG1422)的联合资助。

17.9月9日，省委书记李锦斌来到安徽师范大学调研，旅游发展与规划研究中心常务副主任杨钊教授做了旅游扶贫专题汇报。

18.9月14日，由我院梁宜人、李大利、沙昕威、张云和美术学院陈静等同学组建的“寻路”团队凭借作品《峰回路转——金寨县红色廊道旅游策划》和《红恋心电图——四川省红色旅游线路设计》在全国高校红色旅游校园行暨第七届全国大学生红色旅游创意策划大赛总决赛获“挖掘革命老区资源·开辟精准扶贫新天地”主题组决赛第一名并获得大赛一等奖。

19.9月18日上午，学校举行特聘教授聘任仪式，聘请北京师范大学博士生导师、国家杰青、洪堡学者张强教授担任我院特聘教授。

20.学院孙鹏副教授团队在国际顶级学术期刊*Journal of Geophysical Research:Atmospheres*上发表最新研究成果，该研究得到国家自然科学基金项目(41601023,51409002)、国家杰出青年科学基金项目(51425903)、安徽省教育厅高校自然科学基金(KJ2016A851)联合资助。

21.12月7日—15日，王朝辉教授研究团队应邀参加了“第二届中美旅游研究峰会”和“第四届世界旅游与接待业研究峰会”以及第四届国际事件会议，会议在美国佛罗里达州奥兰多市举行，共有来自50多个国家的300余位学者、研究生和业界人士参加。

(撰稿:赵冬梅　审稿:贾冠忠　苏　勤)

(十六)生命科学学院

【概　况】 安徽师范大学生命科学学院现有生物科学、生物技术、生态学、园艺、应用生物科学和生物制药6个本科专业；生物学博士后科研流动站；生物学一级学科博士点(下设10个二级学科博士点)；生态学一级学科博士点；生物学一级学科硕士点(下设10个二级学科方向)；生态学一级学科硕士学位授权点；教育硕士、专业硕士(学科教学:生物学；职业技术教育:农林牧渔)学位授权点；课程与教学论(生物学)硕士点；国家级高等学校特色专业1个；省级生物学基础实验示范中心1个；省级精品课程1门；省级重点学科3个；省级重点实验室2个。学院现有教职员工112人，其中专任教师81人。专任教师中，具有硕士以上学位者占95%，其中获得博士学位者64人，其中教授26人、副教授34人、副研究员2人、高级实验室4人，博士生导师26

人(含其他学院在本院学位点招生导师)、硕士生导师62人;教师中有教育部新世纪优秀人才1人,"皖江学者"讲席教授3人,安徽省"百人计划"人选1人;安徽省学术与技术带头人4人,安徽省学术与技术带头人后备人选5人,安徽省高校拔尖人才3人,安徽省高校中青年学科带头人7人,安徽省高校骨干教师7人,全国模范教师1人、安徽省优秀教师2人,十余位教师在国内外30个学术团体(机构)中担任职务。学院教学科研用房分布于学院楼、生化楼、生理楼、电镜楼,总面积13 000多平方米;图书资料总册数约9 000册;实验仪器总价值3 600余万元,其中10万元以上仪器达28台(套)。生物标本馆由4个分馆组成,展区面积达2 500平方米,馆藏标本共7万余件(套),是"安徽省科普教育基地",并被评选为安徽青年科技创新"双百示范点"中的"安徽青年科技传播示范点"。学院有各类在校学生1 719人,其中全日制普通本科生1 378人,学术硕士229人,学术博士34人,专业硕士78人(其中非全日制30人)。

【教育教学】 本科生教学工作。人才培养:各专业均制定"三位一体"的人才培养方案,保证实践环节比例;推行及时录入课程计划,安排好实验等实践环节;落实本科生导师制、院领导联系专业等制度;通过岗位聘期条件设定等方式,激励教师积极承担本科教学,教授100%为本科生开课;成功申报生物科学(中外合作办学)专业并招生,邀请外教授课;建立专业实习实践基地8个;制定专业年度工作计划,做好年度总结;落实实验课程和校内学生实习、实训工作,实验课开出率100%。创新创业教育:落实学校创新创业教学改革方案,将创新创业纳入培养方案体系;加强创新创业计划项目与学科竞赛的结合,以项目促进学科竞赛活动的开展,以学科竞赛活动促进项目的完成;加强学院大学生创新创业中心建设,开设相关课程。申报并获批国家级大学生创新创业训练计划31项、省级12项;所有的项目给予经费支持。获全国师范生教学技能大赛一等奖1项;全国大学生生命科学竞赛一等奖等20项;"华文杯"全国师范院校师范生教学技能大赛特等奖等10项;省大学生生物标本制作大赛一等奖等7项;校师范生教学技能大赛二等奖等3项;校本科生科研论文大赛二等奖等4项,校专利发明大赛一等奖等16项;本科生发表第一作者论文4篇,9人次获发明或实用新型专利授权4项。教学运行与管理:严格执行教学计划,落实教学任务,试行小班化教学改革;实行本科毕业论文全员查重、答辩,统一安排实习,严格控制自主实习;继续实行驻点指导实习;严格考试与成绩管理制度;学风端正,无违反考风考纪事项发生;加强教学督导工作,落实院领导定期听课制度;开展校院两级观摩公开课10次,做好优质课程的引导示范作用;积极组织申报"新工科研究与实践项目"。获省普通高校青年教师教学竞赛二等奖1项、校青年教师教学基本功大赛二等奖、三等奖各1项。

研究生教学工作。招生与管理:充分利用学校自主复试政策,共录取120名研究生,较去年增加20%;专硕生占比持续增长;一本生源率达52%,超过学校平均水平。修订并严格执行了一级学科培养方案和2个专硕生培养方案;完善了硕士生申请授予学位的基本要求;积极推进教学改革;加强考勤,规范培养过程管理,记录完整。积极开展学位点申报和各类评估工作;新增林业专业学位硕士点。严控学位论文质量,做好开题、中检、盲审、答辩等工作,完善论文质量监控体系;授予博士学位9人、硕士学位71人。加强对导师的管理、遴选和培训工作,通过了学院个性化导师考核方案,新增4名博士生导师,2人获校级优秀研究生导师荣誉。研究生素质拓展:积极开展各类科技、文化、体育活动,组织全体研究生党员前往三只松鼠廉政教育基地开展廉政教育;30余人次参加国内外学术会议,其中10余人次作学术报告,获校学术交流项目16项;在"我和我的导师"乒乓球赛中获得团体冠军;暑期实践活动获校"优秀重点团队";获各种奖励15项;2名博士、6名硕士获国家奖学金;获校优博论文1篇、优硕论文3篇;就业率91.17%,较去年提升了4.4%。三助岗位:非在职博士生助研岗位100%全覆盖,"三助"岗位96%以上覆盖率,居全校之首。积极推进国际化办学进程:招收了4名来自埃及和巴基斯坦攻读博士学位的国际留学生,国际化办学水平逐步提高。

学生工作。继续推进"教学管"新模式改革:作为全校"教学管"一体化工作新机制试点单位，一年来，充分调研、科学设计、精心谋划，建立本科生导师制、推动社会实践专业化、院领导联系专业等制度。为总结经验固化成果，3月2日，学院再次召开“教学管”一体化改革推进暨学生工作研讨会，力求把思想政治工作贯穿教育教学全过程，实现全程育人、全方位育人新局面。加强学团队伍建设：选聘补充1位专职辅导员，现有6名专职辅导员，3名兼职辅导员，配备1名团委书记、2名团委副书记。选派辅导员参加辅导员专业理论培训和心理咨询师培训。完成学校辅导员精品项目、校园文化研究、党建等项目3项。强化安全管理指导：严格请销假制度，坚持晚归不归、夜不归宿检查和零点报告制度。以学生宿舍为重点不定期进行安全隐患排查整改，开展书香寝室、入党积极分子和党员宿舍创建活动。加强校外住宿、暑期留校、野外实习、专业实习等安全管理。以加强课堂考勤、严格考试纪律、集体上晚自习等为抓手，加强院风学风建设，营造你追我赶浓厚学习氛围。做好考研动员、慰问、包车送考和精准就业帮扶，2017年考研录取率达42.76%，大多数学生考取中科院和985高校。毕业生初次就业率达92.76%。做好分类引导帮扶：公开公平公正做好各种奖助学金评定、学生先进个人和先进集体评比表彰和宣传工作。发挥专业学习、考级、考证、考研等经验交流会的引导作用，关爱“五特”学生，安排学生党员和学生干部结对帮扶。做好家庭经济困难学生的认定工作，发放生活补助、求职补贴、临时资助等32.2万元。扎实开展素质拓展活动：及早谋划、扎实开展暑期社会实践活动，获学校优秀组织奖，5人获评“优秀指导教师”、35人获评“先进个人”。指导学生会、学生社团换届和开展活动，获得“华为项目”资助7项。选树典型示范引领：组织开展学生先进事迹报告会、十佳大学生和自强之星评选，开展“两学一做”暨学生党员亮身份等活动。先后涌现出校“十佳大学生”1人、校“优秀团支部”2015级生物科学专业2班。党委副书记、毕业班辅导员获校本科生就业工作先进个人。

【科研与社会服务】 科学研究：获得各类纵向项目共21项，其中国家自然科学基金5项，安徽省自然科学基金项目3项，安徽高校自然科学研究项目6项（其中重大项目1项），校级项目7项，项目经费总额275.7万元（不含学校配套资金）；共发表科研论文88篇，其中SCI论文54篇，中文二级以上期刊20篇。申报专利42项，其中发明专利37项，实用新型专利5项。共获得授权专利19项，其中发明专利11项，实用新型8项，并成功转化2项专利；成功举办第三届“生命与健康”高端论坛，并承办了由安徽省遗传学会、动物学会和植物学会主办的2017年联合学会，2017年共邀请50余名专家学者来院讲学交流，其中1名院士，10名杰青，2名优青，9名中科院“百人计划”入选者，1名中组部“青年千人计划”入选者。

产学研合作：新签订横向项目合同11项，全院到账横向项目经费211.248万元；郑艳老师成功转化两项专利；以标本馆为依托，面向全市小学生举办了第6届“生命科学小博士夏令营”活动，培养了小学生热爱科学的兴趣，增加了学院美誉度和社会影响力。

【学科与师资队伍建设】 学科建设：顺利通过了生物学和生态学两个一级学科的学科评估，生态学学科排名B-，生物学学科排名C+，在学校九个学科的评估排名中靠前；学院组织召开了一流学科建设讨论会，韩斌院士、朱朝东研究员（杰青）、黄双全教授（杰青）、胡荣贵研究员（杰青）、李斌教授（杰青）、王桂荣研究员（杰青）、赵华斌教授（优青）共7位杰出校友应邀和学院学科学位点负责人、教授委员会成员一起，就科研团队以及学科、学位点建设方面进行了座谈交流，专家们为我院学科发展献计献策，并提出了指导性意见；以项目立项代资助，2017年学院设立了学科与学位点开放基金，并制定了相关申请和管理办法，严格课题管理；继续推进学科平台建设，按照《生命科学学院学科建设绩效奖励办法（暂行）》文件精神，实施学院科研奖励，重点支持3个ESI学科的发展。

师资队伍建设：新引进2名教师，离职2名教师，博士化比例为82.5%；晋升教授1人，研究员1人，副教授1人；落实青年教师导师制、助教制；2人获校教学基本功大赛奖项，1人获省级奖项；9名教师赴国外开展学术交流；组织教师参加高校教育教学论坛10人次。

【党建与管理】 党风廉政建设。全年共召开党风廉政建设工作会议3次，师德师风报告会

2次，扎实开展"讲重作"专题警示教育活动，组织学生党员赴三只松鼠公司开展廉政专题教育。班子成员自觉履行"一岗双责"。坚持理论中心组学习制度和党政联席会议制度，全年共召开中心组理论学习10次，党政联席会议34次，党委会会议10次。队伍建设。全年共召开支部书记会议9次，举办党务人员培训班1期，组织教师党员骨干赴安农交流党建工作经验、参观渡江战役纪念馆接受爱国主义教育，完成首次党支部书记述职评议考核。推进基层党组织标准化建设。全年共召开标准化建设专题工作会议5次；完成党支部标准化设置，本科生和教师党支部设在专业，研究生党支部设在学科（学位点）；党员领导带头过双重组织生活，党员领导均联系党支部；班子成员上党课8人次；落实"三会一课"和"党员活动日"。建立党员和退休教师结对帮扶制度；按规定收缴、使用、管理党费；培训入党积极分子120人、党员116人；党员信息采集及时、系统维护规范，转出党组织关系回执全部收回，完成转入党员档案审核；审批发展63名预备党员，转正49名党员，发展程序和党籍材料规范；2人获校优秀共产党员，动物生物学教师党支部获校先进基层党支部。思想政治教育工作上，全年共开展教职工理论学习8次，行知讲坛1次，认真学习党的十八大、十九大精神和习近平系列重要讲话精神。各支部集中学习28场次，各班级集中宣讲十九大精神22场次。宣传、文化和统战建设成绩卓著。成立文明单位创建工作领导组；学校网站报道89篇（其中师大新闻16篇）；中青网、安徽教育网等省级以上媒体报道9篇；学院网站全新改版；建成教授墙、历届校友墙和教职工风采展示专栏。召开统战工作会议2次，邀请统战部部长做统战工作实务指导。召开关工委会议4次；学院关工委获校"双创建"先进集体、1位领导获校"尊老敬老好领导"、1位退休老师获校"先进个人"。工会工作：积极组织师生参加各项文体活动，顺利举办第十三届"生命杯"乒乓球师生联谊赛；学院分工会获得省总工会"模范职工小家"、校"第六届教职工文化体育活动节"优胜单位；1位教授工作室被安徽省科教文卫体工会授牌"劳模创新工作室"，这是安徽省高校第一个全国劳模创新工作室；1位教师家庭获评"安徽省最美家庭"；学院荣获第二届"我和我的导师"羽毛球团体比赛冠军；1位老师被评为校"优秀工会干部"，三位老师被评为校"工会活动积极分子"。

（生命科学学院供稿）

（十七）环境科学与工程学院

【概　况】 2002年环境科学学院成立，2009年更名为环境科学与工程学院。学院现有环境科学、环境工程、食品质量与安全、食品科学与工程4个本科专业。拥有环境科学与工程一级学科硕士学位点，下设环境科学、环境工程、农业资源与利用3个二级硕士点；1个职业技术教育（资源环境方向）专业硕士学位点；安徽省水土污染治理与修复工程实验室；环境科学研究中心（拥有建设项目环境影响评价国家乙级资质）；环境工程研究所（拥有清洁生产审核资质）；分析测试中心；功能性食品研究所；水体整治与生态修复工程技术研究中心等教研平台。现有教职工69人。其中专业教师47人，教辅人员11人，党政管理7人，专职辅导员4人。现有全日制硕士生67人，本科生968人。

【教学工作】 顺利完成本科教学审核评估工作。学院制定了本科教学工作审核评估工作方案，撰写了学院审核评估自评报告（含支撑材料），填报了全国高校教学基本状态数据库数据，开展了期末试卷、毕业论文（设计）、教学大纲专项整理工作，在全院师生的共同努力下，顺利完成了审核评估工作。多措并举，强化教师培养力度。进一步完善了以开课试讲、本科教学示范观摩、青年教师"教学基本功"大赛、进修访学、专业培训为主要内容的教师培养体系。为学院教师提供了更多展示教学风采、交流教学经验的舞台，提升了整体教学水平（2016—2017学年专业课学生测评分全部在80分以上，平均分为91.2)。本年度,学院共举办8场本科教学示范观摩课,其中校级观摩课1场,校级公开课1场,并于课后组织了评议活动,起到了良好的教学示范作用,受到师生好评;2名教师参加了学校第七届青年教师教学基本功大赛,获三等奖。

积极组织动员专业教师组建科研团队,吸收本科生加入团队开展科学研究,指导学生申报各类科研创新项目和学科竞赛。2017年,学院共有20项大学生创新训练计划项目获学校立项,其中国家级9项;30项本科生优秀毕业论文(设计、创作)培育计划项目获学校立项;2015年立项的16项大学生创新训练计划和16项毕业论文培育计划项目均顺利结题。在专业教师的指导下,1支团队在第七届安徽省百所高校百万大学生科普创意创新大赛中获一等奖;5支团队在2017年安徽省大学生食品设计创新大赛中获一等奖1项,二等奖1项,三等奖3项;2支团队在2017"养乐多"全国高校食品创意大赛获优胜奖2项;1支团队在2017年"正大杯"全国高校学生畜禽产品加工创意大赛中获优胜奖;1组学生在芜湖第六届大学生专利创新创业大赛中获特等奖;13人次在学校2017年学生专利发明大赛中获一等奖1项,二等奖2项,三等奖6项,优秀奖7项;3人在校第六届本科生科研论文大赛中获二等奖1项,三等奖1项,优秀奖1项。

整合资源,积极开展教学研究。学院始终把省级质量工程项目和振兴计划项目作为改善办学条件,提升师资队伍整体教学水平,加强专业内涵建设,探索校企合作和人才培养模式改革的重要抓手。学院督促项目负责人,按照项目任务书制定的总体目标分解年度建设计划,召集相关教师落实任务分工,细化建设方案,为项目开展提供场地、实验仪器、资金支持,在项目建设过程中加强监督管理和检查,确保年度建设计划的实施和总体目标的完成。学院还组织教师外出参加教学研讨会,支持教师进行教学研究项目的申报和工作开展。本年度,学院共有3项省级质量工程项目立项,其中新工科实践与研究项目1项。

加强监管,完善专业实践教学体系。根据16版本科专业人才培养方案的要求,学院今年首次开设了金工实习和课程设计。通过工厂生产体验、企业见习等形式提高工科学生的实践动手能力,进一步凸显了工科专业特色。加强对专业实习的监管力度,注重过程管理和质量监控。2017年,我院共有243名学生参加专业实习,集中实习222人,占总人数的91%,其中,环境专业学生全部参加集中实习。

严把毕业论文(设计)质量关。2017届毕业生共245人,其中优秀论文47篇,占19.2%。论文选题比较规范,符合专业培养目标,其中基于实验、设计、调查型的论文共203篇,占89.8%。

继续积极开拓校外实习基地。本年度,学院先后与格丰环保科技有限公司、芜湖市农产品食品检测中心、安徽瑞驰兰德生物科技有限公司等企业签订了实习基地协议,共新增9家实习基地,双方还在人才交流、共同进行产品研发、联合申报科研项目等领域开展进一步合作达成了意向。

【研究生工作】 按照规范程序、严明纪律、阳光操作、准确无误的工作要求,圆满完成2017级研究生复试录取工作。研究生报录比首次超过100%,招生数量和质量较往年有明显提高。2017年,共招收研究生29人,其中学术型研究生24人,专业型研究生5人,在读研究生总数达67人。

赴安庆师范大学、淮北师范大学、宿州学院等兄弟院校积极开展2018年研究生招生宣传工作,发放宣传材料500多份,进一步扩大了研究生教育的知名度。出台《环境科学与工程学院研究生指导教师考核工作实施细则》和《环境科学与工程学院研究生指导教师考核指标体系》,规范导师考核。组织第二届研究生读书报告比赛,活跃学术氛围。进一步规范研究生学位论文预答辩、查重、答辩等关键环节管理,健全了研究生培养质量保障体系。

修订完善了各类研究生奖学金评选细则,保证评选工作公平、公正,全年研究生奖助工作实现零投诉。2017年,学院再次有2人获得研究生国家奖学金。召开"三助一辅"专题培训会,加强研究生三助管理与考核,全院三助体系基本实现全覆盖。加强研究生就业指导,2017届研究生实现100%就业,派遣就业率与往年相比大幅提高,学院获得"研究生就业先进单位"称号。

【科研工作】 2017年，学院共获得各类纵向科研项目15项，其中省部级以上项目9项。申报国家自然科学基金18项，立项4项，其中面上项目1项，青年项目3项，申报数和立项数均为学院历年最高。获安徽省自然科学基金2项，安徽省高校自然科学研究重点项目2项。学院申报2018年安徽省自然科学基金13项，推荐9项，为历年新高。申报2018年安徽省高校自然科学研究重点项目10项，立项5项。与合作企业联合申报重点研究与开发计划项目2项。2017年，共发表学术论文44篇，其中SCI(E)、EI论文18篇，出版学术专著1部，《芜湖市土壤污染防治方案咨询报告》被芜湖市政府采纳。获授权专利35项，其中发明专利7项，实用新型专利23项，外观设计专利5项，专利授权数与往年相比有明显提升。

鼓励和引导教师"请进来""走出去"，积极开展学术交流，扩大学院学术影响力。全年共组织高水平学术活动9场，邀请"千人计划"和"万人计划"特聘专家2人，"杰出青年"获得者2人，理海大学SenGupta教授和俄亥俄州立大学Peck教授等国外专家2人。组织"安徽省水土污染治理与修复工程实验室系列报告"4场，"文津论坛"5场。教师外出参加国内、国际等学术会议达21人次，做大会报告2场，分组报告6场。研究生参加学术会议28人次，学术交流场次和质量有明显提升，学术氛围日益浓厚。

【学科学位点建设】 2017年，学院按照学校统一部署，积极组织申报环境工程、食品工程两个专业学位硕士点和环境科学与工程一级学科博士点。由于国务院学位办对工程领域专业学位申报政策的调整，以及全校学位点建设总体战略布局的需要，两个专业学位点暂缓设立，环境科学与工程一级学科硕士点设立"农业资源与利用"二级学科，于2018年开始招生。博士点则作为培育，于2020年申报。我院目前现有硕士生导师22人，其中博士生导师3人，专业学位导师3人。2017年新增学术型导师4人，专业型导师6人。学院与格丰环保科技有限公司等5家单位签订了研究生联合培养基地协议，实践教学条件得到进一步完善。

学院在积极建设现有5个校级科研平台的基础上，组织骨干教师与合作企业密切配合，成功申报"安徽省水土污染治理与修复"工程实验室。该工程实验室实现了我院省级科研平台，零的突破。目前，实验室已完成LC-MS-MS等仪器设备的招标采购工作，组建了实验室建设委员会，凝练了6个主要技术方向，制定了近期和中远期建设计划，与合作企业落实分解了建设任务，开通了实验室网站。目前，正在组织技术委员会会议，制定相关管理制度和激励政策。

另外，在香港中文大学吴奇院士的积极推动下，与化材学院联合申报了"大分子科学与食品加工交叉研究中心"校级科研平台。

【师资队伍建设】 学院现有专业教师47人，具有硕士以上学位的47人，占专任教师总数的100%；具有博士学位的26人、在读博士7人，占专任教师总数的70.2%；年内有2名教师晋升教授，现有教授11人、副教授15人，占专任教师总数的55.32%，职称结构有较大改善。

【学生工作】 学院学生工作以科学发展观为指导，紧紧围绕学生培养目标，以思想政治教育为主导，以学风班风建设为抓手，以管理制度为保障，抓内涵，抓质量，抓效能，全面服务于学生的成人成才和学院的建设发展，较圆满完成各项工作任务。

制定《环工学院2017级新生思想政治教育活动方案》，开展10余场专题讲座。扎实推进思政工作进公寓，建设优美育人环境，成功举办第三届"最青春"主题寝室文化节。获评校十佳事迹1个、安徽省优秀大学生1人("师大骄子"十佳大学生)、"爱暖师大"十佳志愿者1人、校"自强之星"1人，评选环工之星10人。公开公平公正做好奖助贷补免工作，认定贫困生262人。发放校本奖学金27.16万元，奖励学生243人次。发放校本困难补助11.86万元，受助学生566人次。成功举办第四届DIY校园饮食文化节。学院"蒲公英环保学校"项目获第四届中国青年志愿服务示范项目创建提名奖，是全省高校系统唯一入围项目。获第七届安徽省百所高校百万大学生科普创意创新大赛一等奖1个、安徽省大学生食品设计创新大赛优秀组织奖和一等奖1个。2017年新建2个暑期实践基地，2015级学生100%参加实践，学院荣获校暑期社会实践优秀组织奖。2017届毕业245人，升研人数121人，升研率达49.39%(创学院历史新高，全校第2

名),其中考取211(含985)高校、科研院所和出国人数占升研总数的75%,就业率为95.92%,学院荣获校2016—2017学年"本科生就业工作先进学院"标兵称号。

【党建与思想政治工作】 扎实推进"两学一做"学习教育常态化、制度化。学院党委通过召开中心组扩大会议、党委会传达中央座谈会和全省"两学一做"学习教育常态化制度化电视电话会议精神,制定学院"两学一做"学习教育常态化制度化实施方案,扎实开展"讲政治、重规矩、作表率"专题教育。学院党委和各支部在深入学习的基础上,围绕"讲政治,我们怎么讲""重规矩,我们怎么做""作表率,我们怎么办"3个专题开展了集中研讨。学院党委从严从实开展"讲政治、重规矩、作表率"专题警示教育,召开专题民主生活会,结合思想、工作、生活和作风实际,认真对照检查、严肃开展批评,列出问题清单,建立整改台账,明确整改责任和完成时限,切实抓好落实整改。

有力有序推进基层组织标准化和党员队伍建设。按照要求,学院党委和所属8个党支部在搞好动员部署、开展摸底自查的基础上,对照相应标准,制定整改落实措施,从组织体系设置、班子队伍建设、党员教育管理、党内组织生活、工作载体、活动场所建设、工作运行机制、基本工作保障等8个方面广泛开展了基层党组织标准化建设工作,积极创争达标。本年度,学院党委根据学生党员队伍变化情况,对部分支部的支部委员进行调整,各支部增设纪检委员1名,全面落实学院领导联系支部制度。圆满完成了年初校党委组织部的下达指标。全年发展预备党员44人,其中本科生41人,研究生3人。组织90名同学参加了学院分党校第14期入党积极分子培训班学习,43名党员参加了分党校第4期党员培训班学习。圆满完成毕业党员和新进党员组织关系转接工作,及时做好了全国党员信息管理系统数据库更新和维护工作。组织教工党员赴金寨、嘉兴南湖开展党新教育,在学生党员中大力开展党员承诺践诺、党员示范床铺等活动。各支部建立"党员活动日"制度,严格落实"三会一课"、民主评议党员等基本制度,党内各项组织生活正常规范,党员的政治意识、大局意识、核心意识、看齐意识得到显著增强。

加强领导班子和干部队伍建设。认真执行党政联席会制度,贯彻落实学校各项议事决策和教职工代表大会制度,推进党务、院务公开。加强顶层设计,科学谋划学院事业发展规划,加强对处、科级干部的教育培训。

做好宣传和思想政治教育工作。严格落实党委意识形态工作责任制,牢牢掌握意识形态工作领导权和主动权。制定并执行学院中心组理论学习和教职工理论学习计划,学习宣传贯彻十九大精神、全国全省高校思想政治工作会议精神以及省委书记李锦斌视察我校讲话精神。积极开展争做"四有"好老师、争创党员示范岗等活动,引导师生积极践行社会主义核心价值观。

深入推进党风廉政建设。严格贯彻执行《中国共产党廉洁自律准则》和《中国共产党纪律处分条例》。全面落实党风廉政建设责任制,签订了新一轮《党风廉政建设责任书》,组织党员干部赴庐江监狱接受廉政警示教育。狠抓"四个专项"治理工作,加强教师的学术规范和学术道德建设,严格各类经费的使用管理,加强在招生、人才引进等方面的监督,扎实做好廉政风险防控工作。

加强校友工作。完善校友信息数据库,通过自荐和学院推荐的方法确定了6名2017届校友联络人,组织了2007届校友毕业十周年返校活动,赴上海、合肥等地看望慰问校友,充分挖掘和利用院友资源,服务学院建设发展。重视统战群团工作,将统战工作纳入重要议事日程。每学期召开1次党外人士座谈会,注重发挥民主党派和无党派民主人士建言献策和参与学院民主管理等方面的作用。支持工会、共青团、学生会、学生社团依照章程积极主动地开展工作,注意发挥关工委对青年教师和学生的教育指导作用。

(撰稿:鲁春玲 于红梅 童华卿 王根宝 卫正梅 审稿:王 峰)

十二、皖江学院工作

【概　况】 皖江学院现设有12个系部，46个本科专业，在校生9 110人，自聘教职工239人，外籍教师4人，特聘教授7人，基层党组织42个，党员561人。

【教学工作】 围绕“信息工程类、金融财经类、语言艺术类、现代服务类、设计传播类、工商管理类”六大专业群的建设目标，不断优化专业结构，2017年新申报网络与新媒体、德语两个专业。根据学院人才培养目标定位，突出问题导向和效果导向，以保证人才培养规格为基础，以强化实践应用能力为核心，以提升学生综合素质为目的，精心构建平台+模块的课程体系，全面修订实施了43个专业人才培养方案。根据《专业建设方案指导意见》，分别从师资队伍、教学内容、教学手段与方法、教学改革与教学研究、教学效果、自我评价、课程建设规划等七个方面，共评估与验收32门核心课程。认真落实中办、国办印发的《关于实施中华优秀传统文化传承发展工程的意见》，出台《关于中华优秀传统文化课程实施方案》，组建教学团队，将中华优秀传统文化课程列入公共必修课程体系。采取分级分类、项目教学、专题教学等方式，对《大学英语》《大学体育》等四大公共基础课进行改革，在满足学生个性化需求的同时，有效整合了教学资源，提高了教学效果。

严格教学管理。完善规章制度，修订和制定了《学分制学籍管理规定》《普通全日制本科新生入学资格审核等相关工作实施办法》《学籍信息变更管理实施办法（试行）》等教学管理文件。通过系部日常教学巡视与教务处教学督查相结合的方式，对教学状态定期通报，保障日常教学秩序稳定运行。积极开展教学督导和师生评课工作，持续加强考试管理和考风考纪建设，全年共安排督导听课60余节，发布写实性通报13次，处理教学事故3起。

加强实习基地建设，在调整巩固原有实习基地的基础上，新增芜湖市诺康生物科技有限公司、马鞍山市雨山实验学校、苏州尔家幼教集团等10余家实习单位。狠抓学科竞赛指导与管理，组织学生参加省级以上竞赛37项，共获奖项254个。加大实验室建设资金投入，在赭山校区新建3个公共计算机机房、2个专业实验室、2个语音室；在皖江校区改建专业舞蹈房、健身房等，教学条件得到了一定的改善。

【教科研工作】 积极组织申报各级各类教科研项目，注重教科研项目的过程管理，开展院教科研项目的检查验收工作。本年度，共申报立项国家级大学生创新创业项目33项，省高校优秀拔尖人才培育项目12项，省级人文社会科学研究重点项目7项，省级自然科学研究重点项目3项，皖江学院科研项目27项；共完成82个已立项的各级各类教科研项目的建档与经费下拨工作。青年教师的教科研意识与水平进一步增强和提高。

【师资队伍建设】 根据学院发展、学科专业建设、人才培养需要，坚持“控制数量，提高质量，明确方向，优化结构”的原则，顺利完成2017年教师招聘工作，共引进22名教师；顺利完成2017年度高校教师资格认定工作和中级专业技术职务自主评审工作，分别有13人获得高校教师资格，45人获得讲师任职资格。认真开展2017年上半年教师网络课程培训工作，组织2017年新进教师参加了安徽师范大学校本培训及学院内的院本培训。开展“三育人”先进集体和个人评选表彰活动和第33个教师节纪念庆祝活动，选派教师参加主题为“欢庆党的十九大，我看高教新变化”师德师风演讲比赛，推动师德师风工作。

【党建工作】 完善和加强党委中心组学习制度，本年度召开党委中心组学习会13次，认真学习贯彻十八届六中全会、习近平总书记系列重要讲话和十九大报告精神，进一步加强师生的思想政治教育，严格对各类讲座进行审批管理，牢牢掌握意识形态的领导权、话语权和主动权。出台《关于加强和改进新形势下思想政治工作的实施方案》，弘扬中华优秀传统文化和革命文化、社会主义先进文化。组织开展二级网站第五次评比，大力推进新媒体建设，完成QQ公众号的申报和开通工作。

扎实开展了"两学一做"常态化制度化、"管党治党宽松软问题"专项治理、"讲重作"专题教育、十九大精神学习贯彻等活动，指导34个党支部开展了"党员进社区""重温入党誓词""缅怀先烈、牢记宗旨"等一系列教育实践活动，进一步提升党员的党性修养；扎实推进基层党组织标准化建设，制定了《学院推进基层党组织标准化建设实施方案》，根据专业设置，对部分党支部进行了撤并调整，完成了7个党支部的标准化建设达标验收；认真落实"三会一课""党员活动日""双重组织生活会"、民主评议党员、领导干部上党课等制度，做好了党员组织关系接转、党费收缴管理使用、党内评优评先等专项重点工作；严格党员发展工作程序，继续推进手机"互联网+"群众满意度测评工作，举行新发展党员集中入党宣誓仪式，本年度共发展党员250名，完成了全年430名入党积极分子和242名党员教育培训工作；对党总支和党支部委员进行了增补改选，选优配强了各支部书记，通过召开党建工作会议、举办专题讲座、党支部书记培训班、集中学习研讨等形式，加大了对党员干部队伍的教育培训力度，对全院42个基层党组织书记进行年终述职考核；认真落实党风廉政建设责任制，加强对招投标、人员招聘等重点领域和关键环节的约束与监管。

【行政管理工作】 出台《教职工考勤管理办法（暂行）》《党政管理人员履职考核暂行办法》等管理文件，不断完善人事管理制度。进一步加强教职工日常考勤管理，首次在全院范围内实施电子考勤。加强财务管理。合理编制财务预算，严格执行董事会批准的预算方案。明确审批权限，规范财务行为，强化过程监管，严控经费使用，严格执行一支笔审批制度。加大各类资金收缴力度，确保学费缴交率达100%。认真开展小金库专项治理，配合做好相关税务检查。厉行节约，严格控制"三公"经费等消耗性支出。

开展招投标工作，严格执行招投标管理制度，严肃工作纪律，进一步规范招投标程序，制定了工程维修、资产采购、零星采购、零星维修等招标流程图，完善招标文件、各类合同等相关资料。先后完成了门面房、食堂、超市、教学楼多媒体、实验室、语音室等招标采购和部分资产报废处置工作，未出现一例投诉、质疑情况，确保了赭山校区顺利搬迁，保障了教学工作的正常运转和学生生活的基本稳定。

对皖江校区教学楼、学生宿舍、学生运动场地等进行了维修改造。组织大学生防震及消防疏散实战演练，建设校园门禁系统，更新校园安全设施，做好校园安全保卫工作。加强对食堂的监管，完善食堂管理制度，建立电子管理系统，顺利通过省教育厅高校学生食堂重点检查组实地检查。认真做好了新生及毕业生的体检以及门诊报销工作。全年无重大安全责任事故，皖江校区年度生均水电能耗支出控制在330元左右。

【学生管理工作】 认真落实学院《关于加强和改进新形势下思想政治工作实施方案》，积极推进主题班会系列化、规范化、项目化建设，扎实开展理想信念、爱党爱国、自立自强、诚信感恩等主题教育，通过组织无偿献血、学习雷锋活动月、国旗护卫队交流等活动，抓好学生思想政治引领和价值引领。制定新生军训和入学教育方案，组织日常管理、学籍学位、榜样引领和安全警示四场大型专题讲座，力促新生尽快适应大学生活。加强心理健康教育，通过举办心理健康活动月、心理知识竞赛、户外心理拓展等活动，推动心理健康知识普及。加强学生心理动态监测，主动关注和约谈需要心理支持的学生，不断增强心理健康教育效果。

对学生管理相关制度进行了系统补充和修订，进一步完善了学生管理制度体系。严格学生"一日常规"管理。坚持实施新生早操制度，强化课堂考勤，在三个校区全面实施课堂刷卡拍照管理系统，坚持新生集中晚自习制度，不断加强学风建设。加强校园安全管理，完善学生晚间手机签到管理制度，增设微信版签到系统，线上管理与线下管理网络逐渐完善。认真宣传心理安全、防非法宗教与传销、校园网贷防范等安全知识，严查在宿舍使用大功率电器、晚归不归等安全隐患问题。快速妥善处理了10余起学生失联等应急事件，防止了事态进一步升级，维护了校园稳定，全年无学生管理安全责任事故。详细制定校区搬迁方案，组建搬迁工作学生党员先锋队，分三批次顺利完成了三个校区的学生搬迁工作，实现了学生在校区间的平稳过渡。

注重以文化人以文育人。推进"皖江之星"文化艺术节和"一系一品"校园文化品牌建设，举办开学典礼、毕业典礼、学业颁奖典礼、18岁成人礼和运动会、迎新生迎新年晚会、欢送毕业生晚会等校园"四礼三会"活动，不断增强学生的自信感和仪式感。积极推进"皖江200"学生课外阅读活动，开展"半月一谈"读书交流，加强学生读书习惯养成。举办汉字听写大赛、端午经典吟诵活动，大力弘扬中华优秀传统文化。加强校友工作，为2017届毕业生发放毕业纪念品，积极推动毕业生"一元基金"建设，并依托社会实践团队，开展往届校友寻访工作，不断加深与校友的情感联络。

【招生就业工作】 招生工作。为充分应对二三本合并高招改革带来的影响，学院明确招生工作思路，科学合理地编制招生计划，积极调整招生专业，部分专业实行大类(设计学类、音乐与舞蹈学类、计算机类、新闻与传播学类)招生；与英国卡迪夫城市大学合作，首次开展中外联合培养；加大招生宣传力度，启动走进"百所优质生源基地"工程，组织专人参加由安徽青年报社、升学在线等举办的七十余场进中学辅导高考志愿填报活动，通过与考生面对面的交流答疑，及时向社会发布学院招生录取相关信息，为考生填报志愿提供指导与帮助；梳理录取流程，规范招生纪律，认真做好招生录取各环节工作；夯实前置教育，积极与新生沟通、交流、解惑、服务，以扎实的工作。2017年，学院生源质量有大幅度提升，文理科录取分数线均超出省控二本线20分以上，新生报到率达95.36%。

就业工作。强化创业指导，开设创业模拟实训培训班，提升学生的创新创业意识。拓宽就业服务宣传渠道，积极宣传公务员招考、事业单位招考、教师编制考试、西部计划、特岗计划、三支一扶以及预征入伍等国家就业项目。举办校园招聘活动近40场，来院参加招聘的单位近200家，提供就业岗位达3 000个。实行考研学生奖励办法，首次为考研学生送考。毕业生初次就业率达91.41%，考研率连续第二年突破10%，顺利完成2017届毕业生就业派遣与文明离校工作。

【对外交流与合作】 本年度，学院拓宽办学渠道，与英国的卡迪夫城市大学共创"2+2"联合培养项目。联合培养专业为视觉传达设计，采用"2+2"培养模式，人才培养方案由学院与卡迪夫城市大学共同制定并组织实施。2017年招生20人，实际报到12人。

【重要活动和事件】 1.2月24日，学院董事会、监事会召开会议，听取学院2016年年度工作汇报，研究并审议2017年财务预算和工作安排。

2.3月31日，第四届安徽省动漫大赛颁奖典礼在安徽大剧院举行。学院视觉艺术系副主任孙亮的作品《天仙配》获第四届安徽省动漫大赛院校组动画短片类金奖；视觉艺术系学生王书君的作品《生活》获得院校组应用动漫类金奖。这是学院连续四届在省动漫大赛上斩获金奖。

3.4月6日，《安徽青年报》07版"圆桌会议"栏目刊发整版访谈，院长李子华同来自省内的其它专家一起，就广大考生和教育工作者共同关心的问题，给出自己的思考和解读。

4.4月12日，安徽师范大学副校长毕明福一行深入皖江校园，就学院2017年部分学生搬迁实施计划进行视察调研并座谈指导。

5.4月25日，2017年安徽省国际标准舞教学研究会理事会议在学院召开。经深入交流，学院加入安徽省国际标准舞教学研究会高校联盟，成为其体育舞蹈(国标舞专业)人才储备基地，签订建立人才培养基地合作协议，构建毕业生人才定向输送机制。

6.5月25日，正值端午节前夕，2017年"浸润经典书香皖江"之纪念屈原经典吟诵会在学院孔子文化广场举行。

7.6月18日，学院2017届毕业生毕业典礼暨欢送毕业生文艺汇演在花津校区举行。

8.9月8日，学院在院学术报告厅举办第33个教师节表彰大会。

9.9月18日，学院2017级新生开学典礼暨军训动员大会在操场隆重举行。

10.9月29日,学院为2017级新生举行18岁成人礼。

11.10月18日,皖江广大师生通过电视、网络、新媒体等途径,积极收看收听十九大开幕会直播。党的十九大报告在广大师生中引起热议。

12.12月6日,学院举行"金茂凯德奖学金"签约仪式。上海金茂凯德(芜湖)律师事务所管委会主任奚玮和院长李子华共同在协议上签字,标志着皖江学院首个社会捐赠的奖学金正式诞生。

13.12月8日,学院2016—2017学年学业颁奖典礼暨2018年"迎新年、迎新生"文艺晚会在皖江校区大学生活动中心举行。

14.12月9日,学院2018年迎新年、迎新生文艺晚会在赭山校区大礼堂上演。

(撰稿:王　灿　葛保周　审稿:马三保)

十三、附属单位工作

（一）附属中学工作

【概　况】 2017年，学校坚持“做精做强，适度拓展，特色鲜明，追求卓越”的发展思路及“质量立校、教研强校、特色兴校、依法治校、文化宏校”的办学方略，围绕“立德树人”这一根本和“省内拔尖、国内一流、有一定国际影响力的基础教育名校”的发展目标，积极实施“双轮驱动，两翼齐飞”的发展战略，弘扬科学精神，浸润人文素养，推动教师和学生发展，从而促进学校发展，扎实推进“两学一做”学习教育活动，育人为本，立德树人。

学校现有工作人员187人（含上级委派1人）。有教师资格证161人，正高级教师1人，高级教师71人，一级教师52人，二级教师27人，未定级10人；特级教师9人（马林2002年、唐俊2006年、严景东2016年、毛宣海2016年、王为民2016年；宛炳生2002年、罗菲2009年、葛玉岗1994年、张君修1994年），其中在职5人；有硕士学位69人，其中全日制27人，教育硕士42人。现有高中47个教学班，其中高一16个班，高二17个班、高三14个班，2298名在籍学生。

【教学工作】 坚持“以生为本”，全方位提升教育教学水平。唐逸云、茅志鹏同学分获2017年芜湖一市四县高考文、理科状元。2017年，在参加高考的606人中，600分以上的共有79人，其中文史类14人，理工类65人。本科达线率勇攀新高，尤其是一本达线率，位居全省前列。文史类共176人参加高考，其中一本达线147人，达线率83.52%；理工类共有430人参加高考，其中一本达线367人，达线率85.35%。2017届共19名同学被美国加州大学伯克利分校、美国纽约大学、新加坡国立大学、南洋理工大学等国外知名大学录取。

持续打造科技创新和学科竞赛品牌。2017年附中学子在信息学、数学、物理、化学、生物五大学科竞赛中共获全国金牌3块、全国银牌5块，全国铜牌6块；省一等奖56人次。全国金牌总数和省一等奖人数再居安徽省第一。在科技创新大赛中，获国际金牌1枚；省一等奖2项，二等奖3项；2017届高三4名同学保送清华北大，保送人数位列全省第一。今年录取清华、北大首次突破两位数，达11人。多名学子在省、市级科技创新大赛中获奖，彭爽同学获全国科技创新大赛一等奖；汪月婷同学获第19届全国新概念作文大赛一等奖；在安徽省首届校园读书创作活动中，李卫群获省二等奖，朱世栋获省三等奖。另外还有多人获得芜湖市爱国主义教育读书活动一等奖。

【德育工作】 按照“德智双全、身心两健、文理兼融、学创俱能”的育人思路，不断夯实基础课程，拓展探究课程，丰富活动课程，着力提升学生“科学精神、人文素养和国际视野”。不断加强班主任队伍建设，建立学习型、服务型德育队伍；强化“文明班级”的创建评比，继续狠抓行为习惯养成教育；利用入学教育、开学典礼、升旗仪式、国旗下讲话、黑板报、橱窗、微信平台等宣传阵地，大力弘扬校园精神文明。心理健康发展中心落成，围绕心理健康教育开展各类活动，包括对2017级新生开展的心理普测工作等。

组织开展2017年学生男子篮球和女子排球春季联赛、春季学生野外体验性研学教育、以“弘扬中华文化，建设文化附中”为主题的第31

届艺术节、高一新生入学和国防军训教育、第45届田径运动会、以“传承·引领”为主题第18届科技文化节、第四届心理健康社团活动周等一系列中学生喜闻乐见的文体活动。高三(2)班、高三(9)班、高二(13)班荣获芜湖市先进班集体称号，高一(5)等六个团支部荣获市级团支部称号。附中社团获芜湖市中小学生艺术展演一等奖。附中演出节目《礼仪之邦》获2016—2017年度芜湖市中小学生经典诵读现场展演活动一等奖。2017年芜湖市第十六届运动会暨中小学生阳光体育篮球比赛，附中学生男子篮球队荣获芜湖市高中组篮球(含四县)亚军；在安徽省田径传统项目学校冠军赛中，附中学生田径队获安徽省第六名，创造了历史最好成绩。邓旻哲等3名同学获芜湖市中小学生器乐大赛一等奖；范文杰获安徽省青少年乒乓球锦标赛少年甲组单打第二名，一级运动员称号。附中教科研室主办的校报《凤凰枝》荣获安徽省“十佳校报奖”，附中获“安徽省级示范高中校报校刊联盟单位”称号。

顺利完成国家资助、学校奖助、社会资助等工作。2017年，发放国家助学金37.85万元，惠及学生582人次。减免学生学费361人次，共计13.88万元；奖励160人次，共计13.6万元，另外奖励学科竞赛优秀选手和中考优秀学生19人，5.9万元。发放赵薇奖、助学金1.76万元，发放“励志奖学金”1.2万元。寒暑假期走访慰问困难家庭学生17人次，共计13 600元。

【师资队伍建设】 注重构建教师培养机制，着力实施“一年合格、三年成熟、六年骨干、十年名师”的培养工程，着手制定并启动“领军工程”“卓越工程”培养机制。通过开展“常态化教研”“专项性教研”“课题式教研”等活动，历练“教学内功”，锤炼“教学策略”，提炼“教学思想”，努力搭建“学、教、研一体化”平台。同时，继续做好人才引进和培训工作，大力引进一流名校优秀硕士毕业生，大幅提升教师专业质量；加强学科竞赛教练员队伍的培养，着力打造学科竞赛团队；充分发挥本部名师的引领作用；继续做好西藏教师跟岗学习培训工作。马林荣获安徽省首批中小学正高级教师称号，刘纪春、何永保、鲁修林获得芜湖市第四批骨干教师称号。祖丹、张占丽分获安徽省数学、化学优质课大赛一等奖，侯远军获“中陶杯”第17届年会课堂教学大赛一等奖，王万元等11位教师作品在安徽省2016—2017年度“一师一优课、一课一名师”活动中被评为省级“优课”作品。黄燕等20位教师在芜湖市说课比赛和论文评比中荣获一二三等奖，其中一等奖7人，二等奖6人，三等奖7人。

【课题研究工作】 实施科研强校，健全科研机制。倡导“在研究状态下教学，在教学实践中研究”。以课题研究为载体，倡导教师积极申报课题，以科研促进教学工作再上新台阶，达到科研强校的目的。努力变“教学型”单强学校为“教学型”“教研型”双优学校，走“质量立校”“教研强校”之路。省级课题“高中积极心理教育的模式及实验研究”于2017年7月结题，市级课题“‘翻转课堂’教学模式在高中英语教学中的行动研究”于6月结题，市级课题“基于化学核心素养的高中化学特长生培养研究”于6月立项。

【后勤保障服务工作】 继续加大基础设施建设，进一步实施校园绿化、亮化、美化工作，全面完成数字化校园建设、实验室装备建设工程，建设心理健康发展中心、师生塑身中心、师生阅览中心，努力打造精美校园。在前期校园绿化基础上，积极实施校园亮化、美化工程，在学校操场、教学楼前安装了大型射灯，既亮化了校园，也为学生学习、锻炼提供了安全保障；对教师办公室、教学楼和行政楼里的绿化盆景定期进行维护和更新。变被动要求为主动服务，把服务前置，着力打造附中总务快速服务群，力争做到当日事当日毕，当天报修当天解决。自11月下旬开始，学校为所有在职在岗教职工提供免费早餐，让老师们共享发展成果，感受附中家文化的温暖。认真落实学校《突发公共事件应急处理预案》《预防和控制传染性疾病应急处理预案》《抗震减灾应急预案》，积极开展“防震逃生安全演练”和“火灾疏散逃生演练”等安全教育活动以及举办“学校安全宣传教育月”、各类安全讲座和观看安全防范录像片等，增强学生安全意识和提高自护自救能力。加强网络等信息平台管理，防止谣言传播和群体性事件的发生。配合学校相关部门，全力做好各种考试、教研活动、学生活动、校际交流等活动的后勤保障和安全保卫工作。

【党建与管理工作】 注重强化落实中心组

学习制度，扎实推进“两学一做”学习教育活动，深入学习贯彻落实党的十九大报告精神。附中党委理论学习中心组坚持示范带动学，要求全体党委委员原文研读党的十九大工作报告、新党章等；多次展开党委中心组扩大会议，组织全体支部委员集体学，然后向全体党员宣讲宣传学；开展党员亮身份为中高考保驾护航、到红色教育基地接受革命传统教育、重温入党誓词等系列活动；深入开展党风党纪教育，加强党风廉政建设，扎实开展“讲重作”专题教育活动，接受廉政文化教育，持续推进学习型、服务型和创新型党组织建设。附中党委组织全体党员干部赴芜湖市反腐倡廉教育馆；召开民主生活会、专题组织生活会、开展党员民主评议，评出先进树立典型，今年有5名党员受到大学党委表彰；切实加强班子和干部队伍建设，建立健全党建工作责任制，形成党委统一领导，党委书记负总责，各党委委员具体负责，各党支部抓落实的工作格局，充分发挥组织领导核心作用。2017年，附中党委对照标准，对教科研室和总务处副主任岗位进行了选拔任用，补充了新鲜血液；积极推动基层党组织标准化建设，1名教工党员按期转正；抓实“三会一课”制度，保证党员的专题学习和组织生活如期开展；积极组织基层党组织活动，行政支部赴“黄山文博园”，参观粟裕纪念馆，瞻仰革命烈士墓；退休支部到师大博物馆，参观精美馆藏品，激发文化自信；同时还根据教育厅文件深入开展中小学校和在职教师有偿补课专项治理行动。

工会开展了多彩的文体活动和慰问送温暖活动。三八节期间组织全体女教工到江苏高淳慢城一日游，六一节为小朋友送上精美小礼品。附中教工队今年再接再厉摘得师大系统乒乓球比赛一等奖、羽毛球比赛甲组二等奖、男女排一等奖。开展大大小小慰问送温暖活动30余次，定向捐款给宿松县三德村4 620元。

认真做好大学与宿松县人民政府、六安叶集区人民政府合作共建附属复兴中学、附属叶集中学的工作，积极贯彻省委、省政府关于教育发展的重大举措，关心支持革命老区、贫困地区和发展新区，充分发挥安徽师范大学附属中学在师资教育教学、科研、管理等方面的品牌优势及辐射、引领作用。8月底，以程六三为首的附中教育管理团队走马上任附属复兴中学，开启了新征程。

【重要活动和事件】 1.彭爽同学继获得宋庆龄青少年发明金奖、全国明天小小科学家一等奖、全国科技创新大赛一等奖后，2017年5月8日在美国休斯敦，又斩获国际机器人奥林匹克竞赛金牌（亚太地区唯一一枚）。

2.3月24日，安徽省九市高三化学教学研讨会在我校举行，省教科院办公室主任夏建华、市教育局副局长刘育红、教科所所长俞宏胜、校长马林出席，市化学教研员严增进主持。

3.8月16日，安徽师范大学教育集团与宿松县人民政府合作共建安徽师范大学附属复兴中学举行签约仪式。

4.10月28日，安徽省数学会2017年学术年会分组报告会议在我校召开，马林作题为《文化立校与教师发展》的报告。

5.11月20日，心理健康发展中心揭牌仪式举行，芜湖市教育局副局长刘育红、安徽师范大学教育集团主任江家发受邀参加并揭牌。

6.12月19日，安徽师范大学教育集团与六安市叶集区人民政府合作共建安徽师范大学附属叶集中学签约暨揭牌仪式举行，省委常委、六安市委书记孙云飞，安徽师范大学党委书记顾家山为附属叶集中学揭牌。

（撰稿：夏吉中　汪晨雨　审稿：马　林　胡和平　吴树烈　张祥云　章志学）

（二）附属小学工作

【概　况】 2017年，学校共有教职员工176人，其中校聘教师72人；省特级教师3名，中学高级教师4名，省教坛新星4名，芜湖市学科带头人及骨干教师10名；拥有55个教学班，在校学生3 152人。为进一步发挥附小优质教育资源辐射作用，“安徽师范大学小教集团”先后托管了碧桂园小学、凤凰城小学、乌霞山路校区（西校区）、文津东路校区（东校区）和城北银湖小学。一校六区在学校管理、教学科研等方面密切联动,各分校(区)快速发展。

【党团工会工作】 附小党总支按照大学党委的要求,规范中心组学习、党政联席会议及教师政治学习,强化新成立的四个党支部建设,培养发展了三名考察对象为预备党员。开展了"两学一做"主题教育、十九大报告学习交流、党总支委员及党支部书记讲党课,党员演唱革命歌曲、主题朗诵、重温入党誓词、参观革命老区等活动。工会组织教师参加大学开展的"书香三八""教工运动会"等比赛,并取得优异的成绩。

【教师培养工作】 为青年教师搭建成长平台,小教集团各校之间师徒结对146对,出师57人。2017年,市级以上比赛课、教学研讨课、对外展示课等各种开放课总数达800多节,组织112人次到市外参加各级各类学习培训活动,占全校教师的63.6%。

学校制定《安徽师范大学附属小学师德建设条例》,强化了全体教师的职业道德意识,提升了师德水平。制定和完善附小职称评定办法,56位校聘教师和5位区编、省编教师晋升或认定职称。骆正位、葛爱莲、姚金中、章启昌、宋玲、严慧六位老师被继续授予市级学科带头人称号。蔡水澜、程洁被继续授予市级骨干教师称号。肖荣、刘璟、汪建设三位老师被评为市级骨干教师。

【学生工作】 为更好地实施活动类课程,学校利用暑期开展问卷调查,并根据反馈进一步梳理活动类课程设置,强化过程管理,为学生提供活动课程门类达51个,一年级在本班进行绘本阅读课程,2—6年级共有2 578名同学走班重组了86个学习单位(班级)。由学校承办的全市小学生入队仪式、经典诵读活动取得了圆满成功。组织学生参加省市级各类比赛,成绩突出,团体及个人共有174次获奖。其中经典诵读节目《水之韵》继《月之吟》《亲恩颂》连续三年获得市级一等奖第一名,拉丁舞社团市级展演获得一等奖,信息素养市级大赛中四名队员皆获得一等奖,羽毛球市级比赛、航模省级比赛多人获得金牌或一等奖。

【教学及科研工作】 除开齐开足国家课程,合理设置地方课程,学校继续实行学科课程、活动类课程双线推进的办法,探索有利于发展学生核心素养的课程结构体系。信息技术和书法课程正朝着特色教育的方向迈进。信息技术方面,专职教师4人,教学科研水平不断提高,多人多次承担市级教研培训和国培讲座,学生对开设的信息技术、动漫、电脑绘画、机器人等课程兴趣浓厚,信息素养大赛成绩有所提升。书法方面,省市书协会员6人,13名老师成为安徽省高校书法协会会员,有近30位教师已经有较好的书法功底,学生在省、市级各类赛事中取得了优异的成绩,学校呈现出良好的书法学习氛围。

各科教学牢牢抓住"生本课堂"的理念进行研究,积极探索,在各级各类展示和比赛中取得了突出的成绩。教师依据"生本课堂"理念设计参加的各级各类教学比赛,获得国家级特等奖1次,省级一等奖2次、二等奖1次,市级一等奖4次,优课19节次。

先后申报了两项课题,一项为国家级课题《"自主合作,分享表达"课堂的构建及实施路径研究》;一项为省级课题《少先队主题活动研究》。两项省级课题结题,一项是骆正位主持的《专业读写与教师成长的实践研究》,一项是宋玲主持的《少先队活动课进课表的实践研究》。此外,申报获批了郁培林名校长工作室和姚金中书法名师工作室。这些项目的争取和实施,强化学术管理,提升办学内涵。

【后勤工作】 学校多方征求意见,规范申报、招标等手续,为路途较远的老师安排了校车接送,同时也恢复食堂对教师供应午餐。规范39家小饭桌出入学校的管理,建立12项安全工作(含安全报表)台账,做到了全年无一起重大安全事故发生。强化后勤的内务管理工作,资产入库、日常维修、活动保障、办公室内务、物品采购等方面的管理力度,进一步完善相关制度。响应大学档案建设工作的意见,积极推进档案规范化工作,开辟专门的场所作为档案室,安排专人负责,按照档案整理规则对现有的档案进行搜集、分类、整理、归档。

【集团办学工作】 制定了《安徽师范大学附属小学"十三五"事业发展规划》,对集团化办学进行了理念、方法、路径的梳理,为未来五年的工作指明了方向。三山区政府与教育集团再续合作,碧桂园小学托管协议再签六年。各分校(校区)在各地办学中成绩突出,受到学生家长及教育行政主管部门的好评,在芜湖市集团化办学评比中再次获得优秀。

(撰稿:尹娟娟　审稿:郁培林)

(三)附属幼儿园工作

【概　况】 2017年附幼有21个班级,670名幼儿,为芜湖市最大的公办园及最大的公办学前教育集团。目前,集团已有附幼总园、左岸分园、文津分园、碧桂园分园、平湖秋月分园、伟星城分园、芳菲分园、金域蓝湾、经开区城北分园9所幼儿园。集团现共有94个班级,2 999名幼儿。

随着办园规模的扩大和办园质量的提升,附幼的品牌效应也日益凸显。在加大校园文化建设和内涵建设的同时,不断丰富办园思想、注重文化引领、推进课程建设,在努力践行"办园宗旨、办园目标、培养目标、工作原则、教育理念"的基础上,又新增了"管理理念",即包容、尊重,持续成长、人尽其才、成就人,营造"越努力,越幸运"的成长环境。使附幼成为幼儿、教师和家长的幸福家园。

【课程建设】 以儿童为本,遵循儿童的发展水平、年龄特点及学习方式,持续推进课程建设,完善园本课程体系。已初步形成小、中、大三个年龄段的主题课程架构和园本课程内容,建立了相应的教学资源库。

践行"以幼儿为本,在生活中学、游戏中学、做中学"及"一日活动皆课程"的教育理念,优化园本课程,实现"三好"培养目标。科学规划幼儿一日活动时间安排,保证幼儿户外体育锻炼及自主活动时间,注重体能锻炼,为实现幼儿好身体的培养目标提供保证。其次,不断创新经典品牌项目活动。如,推广亲子科学小实验活动,策划编印小中大班三级《科学小达人》记录册。通过亲子科学小实验,激发对科学活动的兴趣,养成细心观察、思考探究、动手操作、及时记录等良好学习品质。此外,关注幼儿的学习过程,让儿童的学习过程看得见、可操作、重体验。如利用园区环境开设骑行课程,开辟车道,将交通规则和安全意识有机融入到游戏和课程中,让幼儿在游戏中体验和遵守各种规则。推行自主游戏,追随儿童兴趣与需要,把交往、合作、发现问题、解决问题等机会留给幼儿。

整合优质资源,优化实践活动。如参观航空模拟舱、消防队、特警队、印刷厂、超市购物、图书馆、植树等。让幼儿在开放、真实的生活情境和游戏情境中学习,使"在生活中学、游戏中学、做中学"的教育理念落地开花。

美术课程体系日趋完善,遵循儿童身心发展规律,鼓励儿童的涂鸦、剪、刻、缝纫、编织等活动,将感知、表达、创造的权利还给儿童。

拓展幼儿学习方式,设计工作纸。幼儿通过查找书籍、媒体、网络、访谈等方式开展体验式、探究式学习。尊重和保护幼儿的好奇心和学习兴趣,帮助幼儿逐步形成积极主动、认真专注、不怕困难、敢于尝试、乐于想象和创造等良好学习品质。

【师资队伍建设及教学管理】 2017年,集团有教职工405名,其中在编教职工39人,人事代理教师8人,自聘教职工367人;其中附幼本部教职工107人,自聘教职工76人;现有中学高级教师职称3名,安徽省特级教师3名,安徽省江淮好校长1人,芜湖市优秀校长2人,芜湖市教坛新星1名,芜湖市学科带头人3人,芜湖市骨干教师3名,省市级先进教师数十名,芜湖市名园长工作室主持人2人,专任教师100%拥有专科学历,其中本科学历教师占总数的63%,研究生学历教师占总数的4%(其中编制内教师本科率81%;研究生13%)。

继续加强教师队伍建设。制定师资队伍建设规划,有计划、有步骤地招聘在编教师,增加专任教师数量,优化教师队伍。实施人才引进计划,经过严格的招聘考核,安徽省教坛新星、安庆市学科带头人汪玲老师加入附幼团队。其次通过面向应届毕业生招聘考核,薛晴、王静、韩燕3名优秀毕业生进入到附幼教师的队伍行列,为附幼注入了新的活力。其次,建立"教师个人业务档案”，记录每位教师的专业发展进程。规范教师职称评定，在大学领导和校人事处的关心支持下完成了43名教师的中、初级职称评定工作。

根据“三年读懂儿童，五年初见成效，十年成为骨干”的青年教师培养目标，分设骨干教师、成熟教师和新任教师的三级培养方案，实现师资队伍的梯队建设。开展师徒结对活动，师徒之间通过共同备课、听课、读书等互相学习，共同进步；开展分级备课，青年教师每周按时上交纸质备课，成熟教师每月提交主题报告；开展教学大练兵，成熟教师设计优质原创课并参加评选与展示，青年教师从基础模仿课进行展示。

加强教师的各类培训，如职前培训、分层培训、以研代训、以考代训、以赛代训等多种方式，满足不同层次教师成长需要，让教师的专业水平和专业能力得到快速提升。增强教研趣味，丰富教研内容。利用教研活动搭建青年教师展示平台，通过读书分享，兴趣爱好展示，让青年教师走上舞台，大胆展示，表现自我，增强青年教师的自信心和归属感，让教研成为教师展示的舞台。开展读书分享交流活动，通过读书沙龙、共读一本书，营造书香校园，打造具有研学气质的附幼教师团队。多形式的教研活动有效促进了教师的专业发展，提高了教育教学水平和保教质量。

【课题研究】 继续开展全国教育科学规划课题《优质公办幼儿园举办分园的模式研究》（课题编号BHA130049）

【分园建设】 2017年，幼教集团对杰星左岸分园、文津分园、碧桂园分园、平湖秋月分园、伟星城分园、芳菲分园、金域蓝湾分园、经开区城北分园等8所幼儿园进行连锁管理。

【对外交流与合作】 2017年3月29日至31日，安师大幼教集团对屯溪教育局、屯溪市实验幼儿园、休宁县中心幼儿园、合肥海溪幼教集团等70多名幼教同仁开展了公开观摩活动，促进了安徽省区域内学前教育的交流和互动。

6月20日—21日苏州尔家幼教集团来我幼教集团观摩研讨，并观摩走访了杰兴左岸分园、伟星城分园及金域蓝湾分园。

6月22日—23日泰山职业技术学院教育同仁来园观摩研讨，在幼教集团艺术总监崔苓陪同下，参观了幼教集团首届暨附幼第十六届儿童艺术作品展“艺术陪伴成长”，随后又实地观摩了杰兴左岸分园和金域蓝湾分园。

9月26日马鞍山幼儿园园长高端深造研习班，以及余捷、陈海燕名园长工作室观摩研讨活动在金域蓝湾分园开展。

10月18日阜阳师范学院教育集团到附幼总园进行集团化办学现场调研。

11月21日—22日山东泰安市英雄山第一幼儿园来附幼总园参观学习。

12月8日—9日，由广东幼儿体育联合会主办的“2017幼儿园早操创编实战培训暨体育课例交流（安徽站）”在附幼举行，吸引了200多名来自省内外幼儿园、学前教育大专院校的一线教师、专职体育教师、教学管理人员参加了本次活动。

【重要活动和事件】 1.2017年2月，附幼原创幼儿舞蹈《我的篮球》受新加坡人民协会等邀请，出访新加坡参加“2017中国——东盟青少年舞蹈交流展演暨‘小荷风采’走进东盟”的演出活动。

2.7月1日，机关党委教育集团附幼党支部在安徽师范大学花津校区大礼堂，组织开展了安师大幼教集团2017届大班毕业义演活动。此次义演共770余名幼儿和部分家长参加了演出活动。筹集义演善款31 220元。所有的义演善款已全部存入爱心捐赠会专用账户。

3.9月9日，安徽省委书记李锦斌在副省长谢广祥、市委书记潘朝晖、安师大党委书记顾家山、安师大校长张庆亮陪同下来园调研。参观了园所环境、听取开学课程介绍以及余捷主任对集团化办学、名园长工作室、普惠园实施等工作的汇报。

4.10月11日，附幼教育集团党支部在总园二楼会议室组织开展了“支部换届选举大会”。此次换届选举将选出5名党支部委员，经过推选，余捷、陈海燕、徐莉、曹开国、苏璟5人当选为附幼教育集团新一届支委委员。

5.12月13日，国家教育部发展规划司田福元副司长等一行5人前往安师大幼教集团金域蓝湾分园调研《民办教育促进法》实施相关情况。

（撰稿：陈海燕　审稿：余　捷）

十四、安徽师范大学2017年大事记

1月

5日　省高校思想政治工作调研组到我校调研指导工作

16日　校党委领导班子召开2016年度民主生活会

2月

我校生科院校友韩斌院士研究成果入选“2016年度中国科学十大进展”

15日　省委副书记信长星专题调研我校思想政治工作

16日　学校召开2017年党风廉政建设工作会议

17日　省委常委、宣传部部长虞爱华一行来校调研部校共建工作

21日—22日　省委对我校领导班子和领导人员进行综合考核

22日　省高校“管党治党宽松软问题”专项治理联合督查组到我校开展督查工作

3月

李岚清同志深情为我校亲手镌刻校训印信

我校获批教育部首批“国防教育特色学校”

我校新增2个安徽省重点实验室

4日　央视名主持鞠萍走进师大畅谈32年童心之旅

18日　省委教育工委副书记王佩刚来我校指导足球学院筹备工作

29日　我校举办校友企业专场招聘会

4月

我校官方微信再入全国十强

7日　学校召开2017年全国博士、硕士学位授权点申报工作动员会

18日—19日　第六届全国高校辅导员职业能力大赛第六赛区复赛在我校成功举办

26日　学校召开本科教学审核评估工作动员大会

28日　我校在2016年度省委综合考核中获得“优秀”等次

5月

1日　中央电视台《等着我》栏目播出我校108位学子爱心接力事迹“五·一”特别节目

22日　学校部署2017年高考评卷工作

6月

4日　学校荣获“安徽省文明单位”称号

11日—20日　2017年高考文综、理综科目网评工作在我校全面开展

30日　学校举行“安徽师范大学足球学院”揭牌仪式

7月

7日　安徽省第三届普通高校青年教师教学竞赛在我校举行

8月

我校荣获“安徽省征兵工作先进单位”称号

我校跻身最受企业青睐高校前十强

3日　安徽师范大学召开教师干部大会宣布校长调整决定，张庆亮任安徽师范大学副书记、校长
16日　安徽师范大学教育集团与宿松县人民政府合作共建安徽师范大学附属复兴中学
29日　学校召开新学期工作布置会
31日　学校党委召开“讲重作”警示教育专题民主生活会

9月

我校获批首批安徽省高校心理健康教育示范中心
我校获评QQ智慧校园“全国示范院校”称号
6日　我校学子王春雨勇夺全运会女子八百米冠军
9日　省委书记李锦斌教师节前专程来校看望慰问师生
10日　学校隆重举行庆祝第33个教师节颁奖典礼
12日　学校举行2017级新生开学典礼暨军训动员大会
28日　学校召开90周年校庆工作布置会
30日　学校召开人才工作会议

10月

19日　学校召开体育工作会议
20日　学校召开思想政治工作会议
21日　2017国际体育历史与文化学术大会在我校召开
25日—27日　学校举办第46届田径运动会

11月

1日　学校成立“习近平新时代中国特色社会主义思想研究中心”
6日　学校举行本科教学工作审核评估专家组见面会

12月

11日　学校召开安全生产工作会议
13日　学校举行年度学生先进集体先进个人颁奖典礼
19日　芜湖市反邪教研究中心在我校成立
21日　力冈逝世20周年纪念会暨《力冈译文全集》首发式在我校隆重举行
我校实习实训中心项目顺利完成整体移交工作
23日—25日　我校顺利完成2018年全国硕士研究生招生考试考点工作
29日　学校召开十届党代会第四次会议暨八届教代会第三次会议

十五、获奖情况

(一)获得各级各类奖励的单位名单

国家级

“高校干部网络培训工作优秀组织单位”:安徽师范大学

全国妇联“全国巾帼建功先进集体”:校女教职工委员会

全国大中专学生暑期“三下乡”社会实践活动先进单位:安徽师范大学团委

2015—2016年度全国大学生志愿服务西部计划优秀项目办:安徽师范大学

2016年全国大中专学生社团影响力评选“优秀组织奖”:安徽师范大学

全国第五届大学生艺术展演合唱类:甲组一等奖《古丈茶歌》:安徽师范大学团委

省级

安徽省征兵工作先进单位:安徽师范大学

教育部2017年度军事课教学展示电磁频谱管控竞赛第二名:安徽师范大学代表队

安徽省首批高校心理健康教育示范中心:安徽师范大学

安徽省2016—2017年心理咨询工作先进集体:安徽师范大学

安徽省首届心理健康教育微课大赛“优秀组织奖”:安徽师范大学

“昆山花桥杯”第十二届安徽省大学生职业规划设计大赛暨大学生创业大赛“最佳组织奖”:安徽师范大学

第五届安徽省高校教师创业指导课程教学大赛“最佳组织奖”:安徽师范大学

“安徽省职工互助互济工作先进基层单位”:校工会

安徽省教科文卫体工会“女教职工工作先进集体”:校女教职工委员会

安徽省高校教职工乒乓球混合团体赛冠军:校工会

安徽省教科文卫体工会“展示职工风采,喜迎十九大召开”演讲展示“优秀组织奖”:校工会

安徽省教科文卫体工会第一届“书香天使”读书活动“优秀组织奖”:校工会

安徽省教科文卫体工会“模范职工小家”:化学与材料科学学院

安徽省教科文卫体工会“全国劳模创新工作室”:朱国萍(生科院)团队

安徽省五四红旗团委:安徽师范大学团委

全省大中专学生暑期“三下乡”社会实践活动优秀组织奖:安徽师范大学

“青春·理想”安徽省第五届大学生自创话剧展演:甲组一等奖:《雨伞下的你我他》(经管学院);乙组二等奖:《藤出新蔓》(新传学院);

安徽省第十一届青年志愿者“优秀组织”:新雷锋志愿者协会

安徽省第一届校园读书创作活动“优秀读书品牌活动奖”:安徽师范大学

安徽省第二届“国学达人”挑战赛优秀组织奖:安徽师范大学团委

安徽省第五届大学生艺术展演舞蹈类:甲组一等奖《青春筑梦》:安徽师范大学团委

校级

2017年先进基层党组织：文学院党委、历史与社会学院党委、物理与电子信息学院党委、组织部（党校）党支部、教育科学学院教育学教工党支部、外国语学院教工第一党支部、数学计算机科学学院计算机科学与技术系教工党支部、化学与材料科学学院化工系教工党支部、国土资源与旅游学院行政地信退休党支部、生命科学学院动物生物学党支部、图书馆花津校区读者服务部党支部、附属中学理科第一党支部

就业工作先进学院标兵：国土资源与旅游学院、化学与材料科学学院、物理与电子信息学院、环境科学与工程学院、教育科学学院

就业工作先进学院：美术学院、体育学院、马克思主义学院、外国语学院、数学计算机科学学院

大学生暑期“三下乡”社会实践活动优秀组织奖：文学院、音乐学院、新传学院、环工学院、国旅学院、教科学院、美术学院、法学院、物电学院、历社学院

（二）获得各级各类奖励的教职工名单

国家级

“高校干部网络培训工作优秀管理者”：朱琳

全国辅导员职业能力大赛二等奖：宫超

全国高校辅导员优秀论文评选二等奖：龚伟

全国大中专学生志愿者暑期“三下乡”社会实践“优秀个人”：张薇薇

“镜头中的三下乡”优秀指导教师：何涛

省级

安徽省辅导员年度人物：龚伟

安徽省优秀辅导员：刘振杰

安徽省辅导员职业能力大赛特等奖：宫超、瞿津津

安徽省高校辅导员优秀论文评选一等奖：龚伟

安徽省高校辅导员优秀论文评选二等奖：张春光

安徽省2016—2017年心理健康工作普及先进个人：金凤仙

安徽省首届心理健康教育微课大赛一等奖：杨穆龙

安徽省首届心理健康教育微课大赛二等奖：朱雨雁

安徽省总工会“五一巾帼标兵”：傅新球（历社学院）

“省高校师德先进个人”：詹绪左（文学院）、齐学梅（数统学院）、焦华富（国旅学院）、张正光（马克思主义学院）

安徽省妇联“最美家庭”：刘爱民（生科院）家庭、王鲜（美术学院）家庭

安徽省教科文卫体工会“女教职工工作先进个人”：曾小莉（体育学院）、孔文（教育集团）

安徽省教科文卫体工会“先进女教职工”：彭凤莲（法学院）、傅新球（历社学院）、黄武英（物电学院）

安徽省教科文卫体工会“先进女教职工之友”：余大芹（文学院）

安徽省教科文卫体工会“职工文明家庭”：方凤满（国旅学院）

安徽省教科文卫体工会“展示职工风采，喜迎十九大召开”演讲展示一等奖：张虹（新传学院）

安徽省第十一届青年志愿者“优秀个人”：张园园

第七届“挑战杯”安徽省大学生课外学术科技作品竞赛优秀指导教师：仇凤仙、路幸福、孙鹏、

方凤满、王广凤、杨咸月、甘伟、朱向冰

安徽省第一届校园读书创作活动：一等奖：胡宏昇《品味〈庄子〉的诗性之美》；特等奖：朱礼长《思想鱼（三章）》；优秀奖：杨四平《我与一本书的"肌肤之亲"》

团干部直接联系青年工作全国"最美青春故事"：张薇薇

校级

2017年优秀共产党员：杨四平、张雪莉、胡承佼、郭淑新、李祥兴、杨希、李路根、王兰、梁倩、马长伟、韩丽、张森、黄彦、韩家炳、卢建英、阮成武、过婴宝、葛燕、朱振国、顾海洲、张孝荣、邹华刚、汪昺、岳建军、花家涛、秦枫、杨国丽、张道祥、陈付龙、方群、赵春光、方明星、崔光磊、张季谦、苏桂琴、余楠、罗时忠、程先富、汪青、杨效忠、涂传林、聂刘旺、胡好远、方彩霞、汪启年、刘飞、吴兆峰、叶荣国、吴琼、操伊芬、袁学松、项家春、薛芳、刘婷婷、沈又民、江宁、俞发强、郑世兵、陶绍山、孟梅、郑燕红、方德乾、张银丹、陈晴晴、胡宏昇、马克山、王飞、伍德生、陈晨、赵耀、卢昌靖、汪建设、周新胜、戴玉珊、李运鑫、朱强军、王冬菊

2017年优秀党务工作者：王俊恒、王景旭、刘玉艳、安广虎、杨友谊、吴长义、余妍霞、罗铭、赵冬梅、宫超、费太秀、袁兴龙、桂晓骏、黄友生、喻磊、路丙辉、熊仲儒、瞿津津

安徽师范大学第十次"三育人"先进工作者："教书育人"先进工作者：潘晓军、郭理、吴俊明、朱立冬、薛军、花永、路幸福、全莉娟、李为民、魏本好、王艺兰、翟光勇、陈怀军、屈军、许新胜、张武、方凤满、阚显照、陈明林、陶海升、许迎春、叶国平、章伟、曹多保、刘莉、李元元；"管理育人"先进工作者：汪晶、汪贻洋、喻娜、王波涛、汪小丽、刘长生、朱玲玲、罗振、王超；"服务育人"先进工作者：沐小龙、宛凤英、李亚筠、秦骏、王在广

（三）获得各级各类奖励的学生集体名单

国家级

2017年全国高校"活力团支部"：文学院秘书学专业2015级团支部、新闻与传播学院广告学专业2015级1班团支部

第十五届"挑战杯"全国大学生课外学术科技作品竞赛：二等奖《中国网络借贷市场的区域差异及其信息引导关系检验》（经管学院）；三等奖《一种光利用率高、成本低的LED冷光源装置》（物电学院）、《基于HCR信号放大的无标记电致化学发光方法检测转录因子》（化材学院）、《基于多源数据的淮河流域干旱监测模型构建及应用》（国旅学院）

省级

安徽省优秀共青团员：余梦雅（新传学院）

全省大中专学生暑期"三下乡"社会实践活动"最具影响好项目"：赴岳西黄尾镇"聚焦扶贫攻坚，说好黄尾故事"社会实践项目；"深化改革行知录"：《沈阿昌：留守徽州的最后一名"三线"采购员》（王豪）；"下乡情怀好日记"：数学计算机科学学院向日葵零壹课堂"课堂融合"赴重庆暑期社会实践团队（刘睿冰）

第七届"挑战杯"安徽省大学生课外学术科技作品竞赛特等奖：《基于HCR信号放大的无标记电致化学发光方法检测转录因子》（化材学院）；一等奖：《基于多源数据的淮河流域干旱监测模型构建及应用》（国旅学院）、《中国网络借贷市场的区域差异及其信息引导关系检验》（经管学院）、《一种光利用率高、成本低的LED冷光源装置》（物电学院）；二等奖：《婚姻的砝码：农村高价彩礼问题研究》（历社学院）；三等奖：《情理难调：城市化背景下农村迁坟现象研究——以安徽省黄山市祁门县城郊村为例》（历社学院）

校级

2017年先进学生党支部：马克思主义学院思想政治教育专业本科生党支部、音乐学院学生艺术团党支部、新闻与传播学院2014级本科生党支部

2016—2017学年十佳班集体：文学院2015级汉语国际教育专业1班、新闻与传播学院2015级广告学专业1班、外国语学院2015级英语（师范）专业3班、国土资源与旅游学院2015级旅游管理专业1班、法学院2014级卓越司法实验班、化学与材料科学学院2014级应用化学专业1班、美术学院2015级视觉传达设计专业1班、马克思主义学院2014级思想政治教育专业1班、教育科学学院2015级教育技术学专业1班

2017级本科生军政训练优胜营：一团一营（文学院）、一团二营（外国语学院）、一团三营（经管学院）、一团四营（美术学院）、一团五营（历社学院）、一团六营（国旅学院）、一团七营（化材学院）、二团一营（马克思主义学院）、二团二营（法学院）、二团三营（体育学院）、二团四营（新传学院）、二团五营（数计学院）、二团六营（环工学院）、二团七营（物电学院）、三团一营（音乐学院）、三团二营（教科院）、三团三营（生科院）

2016—2017学年优秀学生会：文学院学生会、法学院学生会、经济管理学院学生会、音乐学院学生会、美术学院学生会、历史与社会学院学生会、教育科学学院学生会、新闻与传播学院学生会、化学与材料科学学院学生会、国土资源与旅游学院学生会

2016—2017学年十佳社团：读者协会、自行车运动协会、生命科学协会、安徽师范大学跑吧、青年法学社、新雷锋青年志愿者协会、数学建模协会、赭山史学社、食品安全与营养协会、五四爱心学校

2015—2016学年优秀社团：大学生保健协会、德育研究会、旅游爱好者协会、中国特色社会主义理论体系研究会、英语之角协会、环境与健康协会、大学生考研行动协会、职业规划与发展协会、大学生创业协会、公共关系协会

（四）获得各级各类奖励的学生名单

国家级

第十四届中国研究生数学建模竞赛三等奖：石岩、李尔冬、刘磊、陈方雪、位梦、张雪

全国全日制教育硕士研究生学科教学（语文）专业教学技能大赛二等奖：吴云云

全国高校第三届全日制教育硕士学科教学（历史）专业教学大赛决赛三等奖：欧阳淑南

全国大学生英语竞赛A类特等奖：戴亚芬；二等奖：戚秀芳、王文英

中国大学生自强之星：汪健

第十五届“挑战杯”全国大学生课外学术科技作品竞赛二等奖：杨何灿；三等奖：钱立勇、崔海田、王从柯、王先盛、高腾、熊云芳、温庆志、刘嘉敏

第十二届中国大学生年度人物提名奖：汪健

“镜头中的三下乡”优秀通讯员：蒋宇骏、金长巧

省级

2017年安徽省普通高校品学兼优本科毕业生：马一帆、王欣、顾逸然、田丽梅、周惠、张黎、程儒珺、程玉洁、丁艺婉、汪清、张宏艺、籍祥、沈露露、李佳、项依然、王慧楠、高晓晨、桂笑丹、宋照君、朱俊男、王智、魏建中、李文香、王婷、邱艳、李萨萨、毕肖雯、周海芹、刘佳佳、钱聪聪、刘亚岚、赵心慧、汪春雪、尹恒、吴丹、王雨田、黄颜颜、孙雯、苏雨、蔡瑞、何可、胡恩娜、刘楠堃、华夏夏、申靓雯、叶梦露、李荣祥、黄顺燕、蔡春雨、安源、王秋雯、濮永蓉、李月柔、吴菊苹、谢敏、陈大鹏、陶毛毛、郭淑云、秦雪、梅晶哲、柏安璇、何婷、侯晓丽、向逸可、李书婷、郭姝娟、姜慧敏、马腾飞、杨柳、周剑、张园、

李晨、王雅婧、陈琪、毛念琪、刘笑、严伟、吕金凤、刘睿、黄海洋、张雯静、曹青青、刘李冬、吴利亚、张佳佳、朱子钰、杭星、潘宇廷、席晓瑶、马晓洁、齐东博、涂婉、方媛媛、曹皓然、梁珊珊、随娜、陈格、金慧、邓明宇、唐文强、唐文波、秦婷婷、周鸣涧、金海鑫、陶涛、崔壮壮、胡方凯、李菲、汪润枝、岳明、王康景、吴萌、江银银、王奥亚、李勤勤、李改有、李亚、许薇、程润、周家成、张良、陈兰兰、耿竞、黄蓉、汪洋、张晓慧、郑小凡、赵强、缪远玲、孙凤、王雯静、刘新忠、刘胜男、余慧倩、赵丹丹、张梦翠、汪琪、吴文涵、龚亚男、刘燕妮、张可、王圣慧、王阳、季云媛、梁发涛、刘红蕾、潘川、丁文一、王正一、汪丹丹、李冰艳、曹远进、王静、胡文琪、吴蒙、马路遥、陈晓、岳菲菲、滕梦静、江玉婷、李琪孟

安徽省首届大学生心理健康教育微课比赛二等奖：朱雨雁

2017年安徽省大学生足球联赛一等奖：张显扬；二等奖：丁景景

2017年全省高校龙舟公开赛二等奖：刘笑、刘云

2017“西门子杯”中国智能制造挑战赛安徽赛区三等奖：孙晴、陈露瑶、郑德志

安徽省第三届“黄山杯”二胡、琵琶大赛成人组一等奖：王雪静、何梦颖

第九届全国大学生广告艺术大赛优秀奖：刘毅阳

2016年“安徽省十佳大学生”：谷静

2016年“安徽省优秀大学生”：耿竞、陈博群、黄海洋、汪健

第七届安徽省百所高校百万大学生科普创意创新大赛一等奖：李倩、李桩、张娜、陈倩、陈小燕、李光宇、朱子豪、张宇；三等奖：周琦、张娟、张海峰、章恒靖、杜道峰、王家亮、郑田甜、章恒靖、许倩倩、黄莹、洪发辉、芮昌胜；优秀奖：魏元奥、李可心、吴鑫、李猛、刘永攀、殷慧敏、程东强、刘春亭、洪发辉、叶浩宇、陈彪、李睿智

第七届“挑战杯”安徽省大学生课外学术科技作品竞赛特等奖：熊云芳；一等奖：温庆志、刘嘉敏、卜凡蕊、钱立勇、崔海田、王从柯、王先盛、高腾、杨何灿；二等奖：刘金金、吴晶晶、徐婧婧、于彤彤、刘雨、吕永鑫；三等奖：刘宇航、刘俊、施旋、段懿珂

安徽省第一届校园读书创作活动特等奖：鲍旭婷《我醉欲眠卿且去——读〈爱的艺术〉有感》；二等奖：朱方雨《隐士与侠客》、郑可儿《没有说完》、钟昱韬《悲天悯人》、张智学《〈美学散步〉读后感》

安徽省第二届“国学达人”挑战赛大学组“探花”：熊树星

安徽省第十一届青年志愿者“优秀个人”：余梦雅

校级

2017年优秀共产党员：顾逸然、刘文竹、汪凌汇、李佳、陈琪波、徐俊、谷莉、张志平、胡恩娜、欧槐顺、莫婷婷、杨琼、叶晓玉、梅晶哲、曹晓芹、柏安璇、陶勇、严伟、黄海洋、吴利亚、毕倩茹、岳明、郑合庆、何玲玲、王潇毅、杨培俊、明江、汪沁、丁翔、王阳、潘玲、曹莎莎、杨宁、邵学达、石毅、罗雪曼

第十三届“师大骄子”十佳大学生：蔡志鹏、刘雪飞、赵泽、孙雯、庄晓莹、叶品、吴洁、王阳、胡方凯、梅晶哲

“第八届“自强之星”：周惠、张继婷、王璐、殷慧敏、邵梦婕、黄金花、陈俊文、周月、穆萨艾力·多力坤、张慧君

第四届“爱暖师大”十佳青年志愿者：袁畅、吴梦婷、王天资、李维岩、张流舰、段传钦、张书朋、沈芮芮、陈亚楠、屈亚舒

2016—2017学年博爱环保奖学金：龙晓燕、辛凯敏、包雅倩、张雪婷、邓传玉、孙文静、俞文慧、徐媛媛、姚沐岑、陈亚楠

十六、附　录

（一）教职工名单（排名不分先后次序）

（一）校领导

顾家山　张庆亮　李琳琦　程　度　王绍武　朱家存　毕明福

（二）学校办公室

曾黎明　张师帅　张　伟　张　顺　操伊芬　王少仁　熊伯能　雷　桁　苏　军　王　涛
吴青山　黄振新　李　晨　孙　静　王　平　陈克华　黄恒强　李亚彬　苏　敏　王华忠
赵富元　朱代莲　潘　锋　宗汉喜　吴枝明　张仁猛　刘童标　钱　鹏　高小杰　潘成祥

（三）纪委办公室（监察处）

陈文兵　李叶青　王俊恒

（四）组织部（党校）

季爱新　谢超峰　胡培亮　黄友生　李古州　朱　琳　廖仲明

（五）宣传部（新闻中心）

李裕鑫　詹剑锋　徐成进　王俊荣　郗　强　袁黎平　张　鑫　叶荣国

（六）统战部（港澳台侨事务办公室）

王如意　王　方

（七）机关党委（机关工作处）

方　泓　张继红　张鹏云

（八）发展规划处

王　刚　江　宁　陈刚锋　孙　彦　王　婷

（九）人事处（人才交流服务中心）

朱为民　姜长付　王　标　芮先红　王波涛　杨礼玉　孙忠保　徐　彪　章姗姗　倪　建
李　艳　谢　康　王竹平　马三保　王传辉　叶旭萍　何承军　吕　琳　王光煜　尹　磊

（十）教务处（招生办公室）

席贻龙　黄　亮　宋　波　汪文文　童　静　曹　军　程啸天　汪启年　吕　军　袁素文
董书宝　李　进　周　攀　胡炜佳　陈　琪　刘四红　张　钢　周淑芳　钱　菊　范　雯

（十一）学生工作处（学生工作部、人武部）

台启权　聂全高　张玉新　杨一飞　左方敏　汪　婕　王亚男　孙良林　齐怀峰　陶金花
黄　妍　项家春　李成新　郭志春　崔玉凤　沈艳红　金凤仙　聂　余

（十二）保卫处

孙成岗　崔世兵　谭志安　周海燕　杨　敏　沈又民　王全民　王　凌　俞　南　陶运周
陈　旋　孙晓红　洪方明　钱孝东　柴芜宁　储　明　高　勇　刘彬彬　邵　军　宋兴华
滕海安　王　斌　尹金龙　郑小芳　郑雅灵　周　勇　茆振兴　曹方程　方　为　何　为

孙　栋　孙　仙　王　鹏　谢岸峰　臧　伟　张　飞　周健俊

(十三)科研处

陆　林　谭书龙　王士武　王　静　戴忠朝　杜　凤　汪小丽　沈　炎　姚莉莉

(十四)研究生院

胡传志　商永嘉　步献新　严　俊　付　勇　凌从祥　汪　勇　葛　睿　高媛媛　李检舟
李靖宇　刘　飞　于珊珊

(十五)财务处

王爱民　张　明　周玉柱　王成新　苏　菁　蒋利梅　汪红弟　张　鋆　潘　玲　徐朝晖
任立新　徐淑媛　韦芝菊　余国传　吴　萍　陈晓红　李俊秀　汤蓓娣　朱玲玲　华克进
吴彤珺　刘　晨　付海蓉　陈晓春　叶璐璐　余静蓉　孙艺文　郁佩艳　饶婷婕　冯萍萍
陈　欣　邱　蓉　慈爱荣　杨爱英　沈佳佳　张玲玲　童海云　曹　慧　华　露　周国良

(十六)审计处

吴春雷　郑继辉　王德荣　谢文珊　张兴平　缪红梅　刘婷婷　范琼琼

(十七)资产管理处

袁兴龙　朱　棣　吴　杰　李　玲　徐　飞　贾　瑞　王　云　赵庆华　张锡明　陈庆荣
杨利红　邹　艳　郑翔峰　唐　美　杨善群　施　勇　张志鹏　何　伟

(十八)离退休工作处

张树文　孙玉英　芮东华　刘治林　李　玲　檀巧霞　陶秀萍

(十九)后勤管理处

邵登辉　叶　丹　孔德新　吕幸华　张正重　桂晓骏　徐成文　王齐保　朱金云　陈光富
胡肆斌　方　龙　李　源　张晓明　张金才　程三娥　俞发强　端木译林　汤青森　徐延年
范大龙　邵长金　吴　艳　何朝德　韩光财　桂万宏　尹为民　胡一春　洪善斌　孟庆仁
钱必龙　奚东林　许贤峰　杨　群　王　可　吴剑波　陈春明　程云峰　窦昌轩　葛剑峰
解明金　李庆华　吕文忠　孙在好　谭　军　叶　峰　袁　镏　章　钢　鲍春生　康德州
陶绍山　陈雨龙　程荣康　冯明华　焦忠才　乐庆发　李　健　秦　龙　颜世云　杨善杰
杨善平　张正才　赵家珂　郑世兵　朱修成　江新誉　丁征勇　韩　枚　胡德贵　李红然
邵宇勤　王　艺　俞前根　恽庭启　周建国　陈平棋　程方伟　段大海　冯太保　乐家斌
乐家祥　邱小永　孙承文　王　军　王宗全　许新宇　薛廷松　袁之凯　赵　栋　赵　鸣
钟有华　周明青　金晓明　王　华　吴　俊　李学礼　程小峰　黄　辉　贾　敏　贾　强
浦幼文　王爱京　王　瑾　夏　成　杨维田　翟必惠　张德生　陈　华　陈寿红　刘金华
陶运军　魏国清　夏恩军　许从和　朱云峰　李亚筠　王勇亮

(二十)基建处(科创公司)

黄　强　罗　振　王沁峰　苏长凤　於　敏　张　健　赵国正　蔡　伟　孟　梅　谢泉水

(二十一)教育工会

赵　红　牧运前　吴佑平　李　平　金秀兰　方咏梅

(二十二)团委

梁　燕　张园园　汪　凯　刘长生　张薇薇　陈　骁　井方明　张海兵

(二十三)教授委员会

祝东进　朱家存　聂刘旺　朱昌青　焦华富　陆　林　胡传志　席贻龙　熊仲儒　彭启福
周俊强　伍旭中　汪海元　詹学军　吴晓萍　周兴国　梅晓娟　魏登云　陈新平　凤尔银
赵广超　葛　涵

(二十四)文学院

余大芹　储泰松　戴和圣　俞晓红　陈爱兰　王　昊　储晓军　何更生　夏家顺　张雪莉

戴长江 郭自虎 李建栋 鲁华锋 潘务正 汪亚君 王海洋 王　铁 吴　微 吴振华
武道房 叶帮义 邹春秀 胡承佼 陆昌萍 饶宏泉 汪红艳 温志权 熊仲儒 徐　莉
杨荣贤 詹绪左 周元琳 朱　蕾 潘晓军 常　清 陈　俊 李小荣 王茂跃 李丽芳
刘　萍 钱奇佳 张　磊 陈元贵 侯宏堂 江守义 李　平 乔东义 桑　农 夏　艳
项念东 章　池 方维保 郭传梅 许　德 杨四平 张公善 张应中 朱菊香 李定乾
刘　颖 芮　瑞 吴怀志 张　华 周俊明 宫　莹 刘　倩 汪　晶 余本玉 陈　霄
余红梅 张　敬 陈点春 韩震军 钱　芳 顾　军 李　伟 李　震 杨穆龙 赵　静
徐　建 程　维 胡传志 崔达送 马长安 叶文举 叶永胜 杨　惠 王　中 黄　静
张　勇 朱露露 尹　达 石润宏 何江波 孙霁雯 刘长悦 周青松 徐雅萍

(二十五)马克思主义学院

傅绪中 高正礼 梁齐军 汪盛玉 姚宏志 潘新安 陈九如 刘桂荣 晏　艳 方　敏
王玉侠 戴兆国 干成俊 郭应传 胡梅叶 季爱民 李冬冰 李晓明 李　新 彭启福
王　艳 王　艳 吴兴华 余在海 高文娟 胡安全 解　莉 李文婷 李祥兴 佘　君
沈燕培 许　磊 张奇才 张燕华 章征科 崔明海 葛为群 孔德萍 牛　菲 陶永华
王振钰 赵凤伟 汤小宾 陈　勇 温建萍 乐　程 李　卉 李　靖 管月飞 陈旭东
张　磊 张　涛 曹明臣 单传友 罗智国 佘亚斐 张正光 孙　亮 郭　理 戴家芳
杨　希 路丙辉 赵　冰 赵　平 王习胜 宣庆坤 王瀛培 刘　宏 周　楠 魏正山
高艳杰 董雪琴 孙　刚 夏盼盼

(二十六)法学院

马广见 彭凤莲 屈光峰 严　宏 周俊强 陈旭玲 邓劲松 高永周 何宏胜 李胜利
沈向华 万尚庆 张　翀 张素凤 赵建福 周哨龙 周　新 黄　莹 李光宇 雍自元
张　磊 胡桂芳 王虹圆 刘名成 陈　鹏 王焕炎 陈　勇 王义德 陈国强 胡旗保
冀　睿 李公国 李路根 陆在春 吴俊明 程　敏 江　琦 陶东平 吴世林 奚　玮
谢　浩 翟志文 冯万勇 吉　青 李　琦 彭　鹏 王　兰 许光大 刘晓峰 纪媛媛
徐步华 瞿津津 陈兴宇 李晓婧 朱启友 王宇松 陈银珠 周仁标 史国普 汪维才
余筱兰 郭敬东 王　琳 余　俊 韩　瀚 桂　彬 徐本鑫 武旭明 储梦凡

(二十七)经济管理学院

陈秀庆 周端明 李海燕 张廷龙 马　骥 张立新 陈小琼 戴家龙 何凤平 刘　冰
刘永珍 潘施琴 徐尚友 许仁青 张旺玉 万寒生 吴寿其 马丽荣 吴春玲 胡倩燕
彭树燕 龚基云 胡　敏 茆　巍 吴秀莲 严瑞丽 姚国荣 姚　韬 朱　兵 周桂琴
郭　斌 孔庆洋 李祖繁 钱瑞梅 唐志祥 余攀峰 蔡　敏 何建华 柯春生 刘　晶
倪　蕾 申建旗 孙　丽 孙雪霞 王文哲 闵继胜 史后波 汪　诚 胡承晨 徐　飞
汪华伟 梁　倩 胡小文 冷　昕 周尔凤 毛凌翔 马陵合 朱立冬 吕　易 伍旭中
汪　洋 张建华 张　琼 马长伟 潘雪艳 韩玉刚 杨　康 江争红 吴　方 花冯涛
李　臻 方　昶 安广虎 胡　娟 余吉祥 刘树利 罗　昆 于　琼 甘　伟 梅　春
张静荣 方　丹 李　敏 胡亮亮 吴敬之 吕　洋 苏莲莲 胡庆十

(二十八)音乐学院

王景旭 张建华 奚泰来 程炳杰 汪海元 汪健萍 王　旭 柴珂芙 王　琳 陈　星
范　劼 黄　萍 卢　鸣 马丽丽 许　凤 钟　明 周晓梅 陈　雷 冯　杰 何　静
孔静柳 刘　莉 刘咏莲 叶长春 张　毅 赵　洁 韩　丽 李红梅 李庆丰 陆　娟
逯治江 牛　林 邱　波 薛　军 袁　泉 张迎春 燕　杨 程　飞 戴剑武 金　莲
李　蔚 吕　茵 荣　蓉 王恩勤 王　妍 吴园园 杨　丽 朱小芸 倪　梅 叶　华
李翔宇 颜　洁 李　城 潘　竞 宋颐清 王文正 杨留兵 朱　敏 梁　超 涂金伟

王亚楠　崔　琨　姚　琦　高长春　程　慧　李春犁　张馨予　田　园　曲　磊　白　婧
单泓斐　石　磊　张旭良　余　鑫　耿劲松　孙艺辉　吴　静　张晓琳　方权一　曹艺阐
留　生　王瑞奇　张　淼　郭　威　高　爽　张博泽　陈　晞　陶　金　魏　蔚　张　崇
姜永夏　张美兰　高　燕　季　红

（二十九）美术学院

王继民　高　飞　张　韬　陈　琳　陈克义　刘曼玉　杜俊萍　韩燕梅　施兴国　汪　洋
刘　莉　汪　军　汪荣强　张　迪　赵文坦　赵　震　杨　涛　姚　玲　邓艺梅　方　政
胡祥龙　李　颖　钱　昀　盛　容　王　健　王　霖　王瑞云　杨晓芳　朱　鸣　朱镇涛
程　奇　贺　靖　胡　棋　花　永　裘　凤　宛俊勇　汪安康　熊言钧　叶　勇　余　超
周　群　胡　虹　黄　彦　施申兰　史　文　沈　乐　王　鲜　李　辉　郭兵要　谢传斌
林恩迎　王　旸　刘坛茹　张学峰　文　武　吴　桐　翁倩舒　李高举　巫　澜　袁　磊
王　屹　吴冬声　朱德义　詹学军　程国栋　盛　贤　公丕普　王春雷　周雅馨　刘　畅
刘　光　刘　超　鲍　涛　张　宇　鹿琳添　孙　蓉　李　品　徐九玲　谭小飞

（三十）历史与社会学院

顾　凌　徐　彬　胡悦超　赵怀娟　刘道胜　陈　挚　安建增　何　晔　吴翠萍　叶德明
钟　颖　朱丽霞　杜　英　方国学　韩家炳　蒋道霞　解光云　徐尚平　张士昌　周　军
成玉华　刘　丽　吕俊龙　秦　军　胡　婷　杨　静　梁仁志　卢建英　孙华莹　吴晓萍
杨善富　庄华峰　刘灿华　沈世培　宋曲霞　王彦章　蔡小冬　柴文杰　方　青　刘　玲
王　杰　王先进　张金俊　朱鲲鹏　陈爱如　李冰仙　路幸福　宋　标　项青松　沈喜彭
宫　超　丁建文　高修娟　朱小阳　丁修真　奚庆庆　胡　君　王建辉　刘　铮　吴金芳
胡　宁　仇凤仙　王平子　孙　静　王德民　傅新球　孔卫拿　康　健　夏　春　丁守伟
曹升生　林生海　金　捷　马　路　孙黎丽　许云云　周贤超　阮丽丽　谢余庆　李薇薇

（三十一）教育科学学院

刘晓宇　桑青松　张如华　李宜江　聂竹明　何海燕　丁晓云　高　宇　刘世杰　陶　佳
汪　坚　汪四清　王　清　熊仕阳　许之民　袁同庆　袁晓斌　张克松　张新明　过婴宝
柳丽娜　卞纲要　马　兴　孟庆娟　王道阳　孙东华　方双虎　付　梅　胡海燕　李小平
刘伟芳　徐胡燕　宣　宾　赵必华　郑筱妍　葛金国　金维才　孙德玉　王　芳　夏益军
姚运标　查晓虎　陈家斌　谈力群　徐　群　严开胜　张　丽　李晓博　梅养宝　童慧玲
王成刚　王芬莲　王　萍　赵学菊　丁园园　桂守才　郭振娟　胡荣华　罗兴根　全莉娟
张冬梅　周　策　周佳树　何元庆　席　鹏　龚　伟　吴钦金　吴文涛　葛　燕　张志华
尹建锋　孙文强　徐　赟　吴支奎　吴　玲　张更立　葛明贵　辛治洋　李子华　朱立新
段兆兵　周兴国　阮成武　周元宽　刘和海　马家安　李　卯　薛红莉　舒首立　王路曦
路宝利　杨晓奇　莫大贡　王礼军　黄引娣　叶方舟　谭茹轩　伍　华　刘延华

（三十二）外国语学院

余国升　张德让　汪贻洋　詹　蓓　张孝荣　吴世红　李碧鹰　王进波　程　琼　江　群
吕　瑛　马忠香　沈洁瑕　孙艳艳　汪春娣　张　涛　刘　丽　王　瑜　吴　颖　余方明
余　蕾　张瑰君　郑高红　周昆翔　朱　琴　方阿离　胡红梅　金　蕾　王桂英　张　舒
赵文珍　赵月娥　奚　晨　顾海洲　侯　超　胡祥鑫　赵　鹏　陈亚君　顾捷昕　郭　颖
黄朝俊　刘　钰　罗　奕　邱少波　盛　萍　汪精玲　王家根　吴海霞　徐　智　张圣素
张小琴　周　玲　蔡　静　陈郿娜　丁广华　董兰芬　端木霆　黄顺红　江柳英　江永霞
李光华　刘前进　孙　畅　孙玉莲　王木春　吴红芳　吴宗酉　夏月霞　俞维玲　朱振国
陈　丽　李永莲　林绪芹　钱　渝　时　慧　万初鸣　汪　宁　吴　平　吴晓燕　夏道静
夏　怡　杨　艳　杨　元　叶　红　虞惠红　张晓花　宋庆文　孙　勇　张　荷　赵江宁

裴学梅　孙　翀　汤国强　王幼军　谢　冰　张　萍　陈孝顺　付维贤　孔维晟　乔　媛
王昌玲　谢娅娴　叶　超　陈雪梅　胡婷婷　梅晓娟　翟红梅　张　洁　顾发良　李　菊
卢　路　孙　妮　谢劲秋　仰　鑫　刘建斌　陶春明　周俏华　郭　昕　胡成蹊　窦玉玉
张丽华　王奕涵　陈婷婷　魏巢凤　吴京京　赵华杰　王红丽　胡　迅　赵　娜　任立侠
管玲玲　周　艳　邱静娟　许炳坤　俞　珏　徐建国　耿丽萍　王　菲　韦　虹　姚　石
庄微微　仇文俊　熊义信　李　川　彭玉洁　宋　丹　郑甲申　李　昂　刘洪悦　刘　婧
李牧雪　张希然　曾庆枝　汪　燕

（三十三）体育学院

袁德水　席玉宝　黄德春　余　涛　金　涛　高　升　钟　晨　胡　斌　胡　飞　蒋先军
张　毅　王　芳　刘　波　宁　云　孙　影　王学坤　王逸群　吴爱兵　薛训水　袁海强
岳建军　赵德云　鲍东毅　方　敏　郭小苏　何也明　李伟勇　鲁　兵　孙家明　杨勇杰
尹　文　曾小莉　朱怀远　朱昭丛　柏友萍　陈香仙　黄徐根　舒迟发　王　莹　王运良
魏登云　袁　健　曹中江　陈建霞　郝利玲　鲁建仁　孙继龙　王艺兰　何章明　张伦之
方　斌　李立群　刘　应　娄道舰　魏本好　许俊柱　花家涛　李　伟　王方春　王少军
朱奋飞　公培红　李丽影　陈　实　仲　飞　贝迎九　丁俊生　倪瑞芳　王井洲　王俊智
杨向明　袁铜墙　张信春　程　燕　崇玉萍　董满秀　宫兵兵　李天珍　卢　玉　吕争荣
沈建文　许　杰　赵　芳　邹华刚　鲍　烨　陈晓明　崔　琼　郜贻红　葛　蓓　李帮华
刘徐军　骆午凤　石　旅　王卫荣　薛玉喜　张　清　赵俊红　丁俊武　宣海德　严　珺
杨　彬　高守东　戚玉楼　易明兵　张　雁　潘绪伶　尹　雷　吴家发　金　迪　蒋　莹
张海燕　张　楠　朱凯迪　孙永梅　王　敖　李景玲　叶世俊　让永钢　沈剑英　王国凡
梁　颖　周　燃　周　坤　王结春　王建琴　王家忠　刘　利　汪　矞　杨亮斌　何　标
徐梦涛　沈　伟　龚俊丽　蔡路路　蔡维敏　张　洁　毕　超　朱树笙　王云辰　江　洋
杨　叙　黄彦锴　王　净　刁文元

（三十四）新闻与传播学院

胡　靖　杨柏岭　宋　静　沈正赋　马　梅　周　伍　赵　昊　蒋向晖　冯明荣　杨国丽
张　力　孙　亮　冯　霞　胡亚宾　邓修斌　丁云亮　韩雪松　李商雨　马　原　王晓玲
王友群　翟光勇　张泉泉　周建国　黎泽潮　罗　铭　芮宏明　沈幼平　王宜春　魏　岚
吴来安　徐丽娜　李化来　李　楠　刘　刚　陆青霖　孙树群　张忠娟　梁晶晶　卢晓红
夏莹莹　左叶松　林　燕　秦宗财　王霞霞　焦庆争　陈　斌　赵忠仲　吴　浚　王玉洁
桂万保　朱罗莎　田　超　凤　鸣　昌　毅　肖叶飞　方　圆　陈德洋　孙　翔　吴杰的
杨瑾瑜　王　蕾　秦臻珍　陈若飞　马星宇　陈接峰　丁　薇　夏　亮　徐谨力　姜　皖
邵振奇　张军辉　秦　枫　张　荻　黄　辉　朱晓凯　孙月婷　张　虹　袁　琪　孙炜峰
卞祥彬　王恒乾　刘　佳　高郡隆　蔡　帆　余紫咏　项一挺　唐曼玉　张　超　高　月
王　旭　张　雁

（三十五）数学计算机科学学院

陈树贤　任　永　喻　娜　李汪根　汤　敏　罗永龙　储　倩　程海霞　郭要红　程　智
储茂权　陈　勇　刘　莉　朱　敏　雷　震　李玉洁　梁　峰　凌灯荣　聂晓冬　宋贤梅
孙翠芳　吴　俊　何春蕾　严　平　张道祥　郭明乐　瞿　萌　申广君　徐　静　祝东进
胡兰英　陈怀军　程美芳　费明稳　巩万中　何宗祥　李伯权　倪　玲　孙爱文　孙国正
汪义汉　王　敏　韦静华　张　慧　周　文　何国庆　刘　敏　宋卫东　张　量　葛雨生
韩丽丽　刘文涛　秦殿英　唐建军　汪　滴　王仕良　王　涛　吴　旭　叶丹辉　赵春光
周　红　高可飞　许建东　高勇钢　杭后俊　李　杰　罗晓萍　汪小寒　伍长荣　夏　芸
俞庆英　朱皖宁　陈克胜　邓凡茂　杨海东　曹亚文　徐　蔚　费晶晶　桂万云　郭良敏

李文利 凌宗虎 沈贤华 孙玉香 腾　莉 王敏生 征　宇 杜安红 胡桂银 接　标
李炳火 王涛春 赵传信 周有顺 左开中 陈传明 陈少军 董　尼 刘永斌 王　杨
赵　诚 郑孝遥 卞维新 程桂花 冯年荣 刘项洋 齐学梅 秦忠基 沈　展 孙道清
汪金宝 徐德琴 薛　峰 张　捷 丁新涛 方龙祥 黄旭东 李　芳 刘　晓 徐　林
张金洪 戴　扬 刘玉艳 牛忠梁 王建强 杨群广 王华明 崔　建 许晓峰 莫　霏
赵大东 郑大小 曹明响 方　群 周在莹 孙丽萍 崔　静 殷晓斌 许　勇 陈付龙
朱春蓉 王翠莲 祝玉军 何道江 黄守军 范锡良 张佩云 何　昕 谢　冬 王兴隆
李　妍 王云鹏 孟　丹 章一磊 张　雯 董　燕 韦永芬 王　程 张春光 王　宸
舒方平 沈家平 王金红 郑美琴 周　俊

(三十六)物理与电子信息学院

李　娟 崔执凤 吴长义 崔光磊 郑贤锋 张其芳 陈卫松 高　伟 胡寒筠 陈　鹏
李　辉 冯　霞 台德艳 陶文海 汪慧兰 王冬菊 王桂丽 王　芸 吴　彬 吴朝晖
晏　菁 张道秧 张　勤 屈　军 唐晓闩 汪茂胜 许新胜 凤尔银 黄万霞 梁　军
王中结 朱仁贵 王亚青 张法保 陈　浩 程小健 张　红 陈　瑾 高菲菲 葛有根
杨　峰 喻其山 翟从鸿 宫明艳 黄守芳 黄武英 李宽国 彭　湘 陶松涛 朱光来
朱慧霞 蔺玉柱 王家驷 冯友宏 韩凌云 何国栋 谢小娟 徐　治 杨凌云 叶新荣
陈庆园 黄佩俐 金　伟 刘广菊 彭雪城 钱长炎 陶圣荣 汪千凯 姚关心 叶　频
尹　杰 张先燚 邹文兵 蔡继盛 黄云飞 靳蓓蓓 汤萍萍 王元航 许长安 余瑞兰
仲志平 朱向冰 王梦晓 董国青 杜友武 卢　宁 高爱英 盛晓伟 袁扬胜 朱　骞
徐　玲 卢自宝 吕建平 郑　睿 郭宏艳 曲立国 周　勇 周正仙 甘　露 石建平
张持健 汪志荣 方明星 丁绪星 王再见 张季谦 王大理 秦正波 宁利新 张爱清
舒新文 左则文 张开拓 王长江 汪光麒 左万龙 高　芳 米佳佳 刘小明 俞　硕
杨新艳 姚　蕊 王晓霞 宋凤楼 张　杰

(三十七)化学与材料科学学院

王绍武 汪俊武 高　峰 余妍霞 周双六 张小俊 刘桂云 刘守华 江家发 桑　艳
王秀华 杜　俊 宋　波 张新明 张　萍 孙　影 宇海银 陈红旗 阚显文 李茂国
李永新 刘云春 王广凤 王海燕 张明翠 张玉忠 朱英贵 程瑶琴 阙荣辉 张四方
谷翠萍 何月珍 刘小网 沐小龙 盛恩宏 孙红霞 孙军勇 陶贵德 汪　祺 王　淦
王小龙 韦　芸 吴凤兮 叶　寅 余　楠 张德兴 张　武 赵成安 朱琼霞 余　锐
王昭昀 查庆庆 承　勇 方　臻 黄家锐 季长春 贾卫国 李世凤 陆晓晶 倪永红
彭　银 王正华 翟慕衡 张　莉 周映华 孙　健 许　名 张年荣 程　林 胡益民
孙礼林 谢美华 王　伦 晏利琴 杨高升 张丽军 苏桂琴 涂　薇 汪丰云 何心伟
李　伟 田瑞芬 王　俊 王伟智 王银玲 许发功 张洪涛 卓淑娟 罗时忠 张小璇
陈华茂 杜金艳 黄玉成 金莉莉 刘金水 沈伟丽 唐业仓 王素凡 吴正翠 叶世勇
周　涛 杨书蓉 赵长庆 李一梅 刘安联 王　华 王　露 吴孔林 张付强 赵全胜
柴　卓 云瑞瑞 袁青兵 陈　露 李　望 柳守杰 房彩虹 李　兵 章　青 郝二红
焦莉娟 朱昌青 耿保友 夏云生 朱先翠 商永嘉 许洋洋 于长江 程紫丹 江学凯
王　见 凌平华 蒋建伟 崔　鹏 张继坦 吴佳萍 盛　天 刘金云 宋晓晓 倪祁健
魏杰顶 崔治清 王国良 周建荣 信　欣 沈业青

(三十八)国土资源与旅游学院

贾冠忠 苏　勤 乔　静 方凤满 王朝辉 赵冬梅 程久苗 麻金继 方叶兵 房　莉
汪　勇 刘　莉 胡春生 刘学梅 孙叶根 尹元来 汪　青 张平究 王　原 鲍　静
王晓铃 刘雪梅 杨立辉 金　刚 余伶莲 施华转 王　群 周迎秋 程先富 凌善金

吕成文　曲乐安　吴庆双　张　运　黄剑锋　陆　林　王　莉　吴　悦　徐致云　杨　钊
尹寿兵　张　伟　蔡善柱　洪　娟　黄薇薇　刘云霞　钱　璐　王　咏　曹卫东　梁栋栋
鲁成树　沈　非　王满银　肖　瑛　朱永恒　徐玉婷　钱　程　罗　遥　张　玥　徐晓华
徐光来　姚景艳　苗雨青　朱玮林　陈　健　吴　立　孙　鹏　汪　左　包善驹　白　雪
韩会然　焦华富　韩卢敏　杨兴柱　杨效忠　赵春雨　费罗成　余　健　吴九兴　李俊峰
杨成凤　林跃胜　王雪微　李小文　支俊俊　李　陈　姜　伟　从　然　吴　辉　吉玫成
李婷君　王　美　黄秋实　宋晓晴　蒋鹏飞　王　杏　乔浩浩　刘阳阳　朱其静　曹　滨
彭慧红　许为刚　宋元丽　刘昌琪　李慧芳　董玮玮　冯逸飞　张　宇　梁兀铭　阮　慧

(三十九)生命科学学院

蒋学波　吴孝兵　刘振杰　胡好远　朱国萍　王立龙　蔡亚非　华田苗　黄永杰　李　晋
刘再群　鲁亚平　孙庆艳　谢湘玉　郝家胜　潘红春　邵美玲　张　杰　张　莉　薛　辉
严云志　晏　鹏　葛雅丽　李全发　李晓红　汪建中　王源秀　温新利　谢　萍　闫　浩
尹　吟　王金霞　李　真　刘　坤　周　科　陈九保　陆　卫　许冬冰　张　勇　汪倩倩
王　影　张文君　黄文江　李　君　李　影　涂传林　肖家欣　张晓平　高　轩　陈明林
邵剑文　师雪芹　王　晖　夏齐平　汪景兰　龚仁敏　柯丽霞　李　恩　刘爱民　刘必融
刘慧君　刘俊红　刘小锦　施　媚　杨安娜　储　玲　王友保　项贤领　杨世勇　卜兴江
陈冬生　程双怀　葛亚东　林　凌　聂刘旺　陶少武　汪　鸣　王宝娟　夏行权　张盛周
吕国胜　钱叶雄　曹正宇　惠　勇　陈夫贵　张　方　王　鹏　陆　鹏　杨红飞　何所惧
鲁　山　张　磊　赵　喆　姚　亮　刘洪明　袁　野　吴海龙　韩　菲　席贻龙　阚显照
郑　艳　陈绍兴　马晓艳　沈小鹏　朱　波　王　志　卢存龙　金莹莹　张　瑞　何馗馗
蒋婷婷　许岳慷　李羽如

(四十)环境科学与工程学院

王　峰　周守标　杨友谊　昝逢宇　杨如意　甘为民　王根宝　陶海升　段文松　范支東
刘荣琼　赵　冰　刘　畅　陶秀成　万　锐　吴　婷　伍永钢　叶良涛　左胜鹏　方彩霞
曹玉红　戴万宏　谢建春　杨文斌　周楠楠　胡进玲　李道叶　孟　菁　夏传俊　杨　耿
昝树婷　周宏标　徐苗青　鲁春玲　卫正梅　杨艳芳　杨周生　赵　娟　刘　辉　宋留丽
武晓果　程轶群　杭　华　张　帆　吴剑锋　于红梅　严　帆　李　宁　陈　潘　李霞光
童华卿　鲍士宝　程新峰　赵广超　董宗木　王　波　陈广银　吴江平　孟祥勇　汪昌保
袁自娇　王　嬴　申晓菲　朱　濛　陈亚力　方金武　贾其娜　李文文　宋　腾

(四十一)国际教育学院(外事办公室)

黄圣炯　刘东合　李　源　张银丹　陈海生　方　芳　荆　莉　史　文　黎　洪　刘克云
刘　水　马晓娜　汤　玲　许迎春　俞　燕　宛　勇　朱文佳　韩　笑　许凌虹　李振政
李一鸣　胡文婷　王曌婧

(四十二)信息管理中心

史铁杰　李士松　石从容　张　盛　黄远花　尹大旺　袁学松　方　舒　沈　卫　周文洁
刘　鲲　谌业滨　王正东　杜文涛　刘　超　刘　波　郑　卫　刘　奇　唐　亮　王肇逵
陈宗莲　金莉萍　冯亚萍　蔡广莲　钱　嘉　黄永兰　石德莉　滕　静　徐　娟　胡　露
杨　梅　周　睿

(四十三)继续教育学院

胡金戈　王学灵　贾会明　陆贤涛　朱升学　姜永清　李宁迈　吴　瑾　吴兆峰　高　炬
季　骠　鲁晓南　罗为群　董　明　高桂兰　赵代花　侯家红　刘培华　邢思景　张桂平
狄贵霞　徐小妹　府玉琴　叶青青　殷发康　戴玉琴

(四十四)图书馆

程文海 施才玉 刘和文 江增华 赵晓辉 刘卫东 王丽珍 康　琳 陈俊荣 梁新潮
朱　敏 吴萍莉 许晓明 杨文会 董家魁 潘杏仙 王会梅 俞　力 范家全 裴　农
张　琥 张　健 朱东妹 张霞云 周向华 沈卫鹰 胡安平 程红梅 何永辉 李　雷
李芝兰 林海燕 凌桂萍 邵中国 孙　彬 田迎玖 汪　宏 王凤华 王　珏 王　卫
魏雪苑 吴春红 邢胜生 张勤知 张　翔 赵　虹 朱峰柏 彭羽佳 张正莲 冯玉梅
高　洁 胡晓雪 黄　雁 金　杨 李革文 刘世良 马振武 钱广萍 钱　红 陶莉莉
宛凤英 王海安 王振亚 吴华勤 钟爱莲 胡宏昇 蒋顺友 王圣富 王　伟 王文娟
陈晴晴 张德莲 姚　虹 胡　琼 王艳红 章　丽 严　佳 殷楚健 梁红慧 潘　磊
朱　勇 奚亚男 段　钰 汤立媛 吴　翔 陶　丽 王　芳 程晓敏 杨　君 陈　红
鲍燕萍 董赫轩 陈小进 彭　丞

(四十五)档案馆

陈孔祥 彭　劲 朱　力 侯　彤 薛　芳 杜　勇 张　蓓

(四十六)学报编辑部

汪效驷 荣　梅 巩　劼 马乃玉 钱果长

(四十七)安徽师范大学出版社

吴顺安 袁肖波 郭行洲 吴毛顺 胡志恒 丁　立 谢晓博 孙新文 桑国磊 童　睿
潘　安 王维民 张德宝 董丹阳 任　彤 张培树 刘　佳 禹晓雪 沈　菲 汪　俊
姚　远 李克非 吴　琼 彭　敏 孔令清 舒贵波 房国贵 祝凤霞 何章艳 王一澜
胡志立 陈　艳 郭　宇 盛　夏 丁海琴 何蕾蕾 汪孝云 陈　凯 谢文茹 黄永红
杨　琴 邱向峰 潘晓霞 郑红晖 沙　超 邢思勇 王　玮 胡淇溦 方　栋 王洁萍
丁奕奕 汪碧颖 李　玲 辛新新 王　贤 崔龙健 蒋　璐 薄　雪 陈贻云

(四十八)校医院

唐俊生 王政霖 段　萍 项红雨 郑燕红 魏晓梅 李发芝 刘茂盛 陆晓玲 杨红田
张晓武 巫　娟 方跃芬 偰文婷 汪冰菊 王　崝 周花萍 詹晓红 童希琼 王余媛
洪　虹 何春莲 冯　涛 徐辉红 王　芳 徐　玲 吴　琼 赵　梦 秦　骏 胡　俊
卫先林 唐雅佩 李忠菊 全　丹 陶　琴 胡友泉 陈天萍 唐家院 王志萍 夏依琼
王璐璐 芮燕芳 洪　玲 严　萍 茆　芸 吴　俊 薛海燕 陈太丽 陈洋丽 方玉华
黄　梅 肖　伟

(四十九)教育集团

孔　文 范代宏 周惠强 申士宏

(五十)附属中学

马　林 胡和平 吴树烈 程六三 张祥云 白凌志 陈　晨 丁竹霞 李红梅 李　娟
高　伟 朱　力 董晓华 葛　耘 顾　幸 侯远军 刘纪春 吕李永 汤　漫 唐春山
王春燕 王　慧 熊慧平 严景东 杨　森 俞文莉 赵　荣 曹多保 程齐平 范方洪
费孝文 甘本娟 阚政平 李广琴 李　正 王立昌 伍德生 奚边柳 谢国忠 袁金龙
张家武 章　伟 祖　丹 安福高 顾江涛 李晓媛 刘　青 娄　超 吕吉萍 倪为群
倪英姿 潘劲松 孙海燕 孙　强 孙扎根 田　麓 王建华 王万元 王颖玮 徐　琼
许成启 杨支龙 张　蕾 张志英 周　珏 朱学涛 曹　亮 邓秀明 刘玉霞 卢先立
鲁传海 石奇印 谢　健 宣彦华 张　辉 张克余 张学付 朱德松 曹林翔 曹淑芳
储银球 黄　燕 阚道银 李　方 马学东 毛宣海 史永鑫 王国勇 吴兴华 许　敏
何礼群 何晓霞 何永保 李岚岚 李三军 王义忠 柯群帆 潘雪融 王为民 吴　傲
余　良 朱俊林 顾　涛 宋娇莲 王　飞 王永龙 吴宝军 余学丽 任红侠 王广宇

张红军　何晓娟　赵　峰　李剑平　姚俊芳　邓　蕾　方以龙　杨朝霞　杨　蔚　余华龙
郑继强　夏吉中　翟　佳　桂国胜　王金华　王胜明　章志学　孙中水　王汝洪　张祥保
程　莉　黄　笏　孙玉君　陶亚平　余春荣　鲁修林　杨惠群　喻　磊　谢　莉　顾学雷
焦　雷　李激扬　吴学贤　叶国平　郑云峰　马克山　郑冬梅　芮金龙　雷　冰　唐　俊
叶祥才　毛增辉　姚业辉　朱飞虎　张占丽　夏　菁　徐天保　张　静　芦景龙　朱海明
王　娜　唐淑云　姜　三　陆　蓉　周训宜　汪　炎　王　凯　李　燕　赵　杰　孙明娟

(五十一)附属小学

郁培林　费太秀　茆家祥　骆正位　蔡水澜　戴　戎　胡　玲　黄晓红　宋　玲　王军霞
王蒙慧　王玉莲　吴　燕　肖光宏　姚金中　尹丽峰　俞金叶　张露露　张　璇　郑　红
周　蓉　何　婧　尹娟娟　汪叔康　陆　军　赵　耀　查玲玲　郑　艳　陈爱萍　葛爱莲
葛　斐　林　科　凌　玲　刘　庆　卢昌靖　梅　梅　唐　晖　王立蓉　严　慧　晏　军
章启昌　魏　淞　吴　莎　毕晓霞　叶文波　张迎秋　胡飞翔　宋颐静　杨　玥　梅　玲
姚　琳　张　凡　周雅萍　范　莉　肖　荣　汪建设　朱　振　马　明　邢　悦　刘　琦
江　娜　赵　静　朱丽娟　程　洁　余　萍　王　剑　鲍婷婷　王田田　吴文丽　姚雅艳
叶喜娟　吴建涛　徐大志　叶良龙　刘　璟　盛景秀　唐　菲　何俊楷　王晨晨　管　璐
刘　莉　张　虹　陶　丽　吴　琼　胡婷婷　江　洋　方　芳　黄　燕　张　锐　张迎旭
张文宇　刘小亮　方凤霞　江　娟　黄婷婷　高　强　李　菁　李　菁　涂瑞云　谢祯祯
承　婷　耿天玉　汪丽玮　周　媛　宋　倩　徐　磊　马　静　张海伦　沈晓亮　张玉洁
陆　璐　韩　超　李　衡　王婷婷　高　丽　陈舒敏　倪　萍　吴　斌　王小璐　宋　玮
张　顺　吴云云　计　妍　宜晓龙　孙桢桢　方　醒　齐玲玲　鲁雅静　吴玲玉　王幸君
花景荣　张文鑫　刘绍君　张　龙　戴安娜　李　丹　姚能盛　王　颜　符　维　赵飒娜
曹圆圆　陈秋悦　张　羿　张　旭　江玲玲　孔　莉　姚　蓉　韩　鑫　周慧玲　王　理
王玮玮　李　西　汪超颖　王爱珍　吴子平　陈祖标

(五十二)附属幼儿园

余　捷　陈海燕　钱和平　徐晓蓉　笪　敏　费　芸　李　萍　李　烨　李　靖　陶小玲
汪红诚　夏春元　徐　莉　杨春燕　尹　芳　张小珍　周　静　周萍莉　朱宝珍　朱芃艳
李元元　杨红雨　朱美玲　刘大庆　郝　威　万丹丹　张翠翠　潘学成　张慧敏　张　旭
谢嘉筠　上官金曼　徐　璐　曹亚慧　苏　璟　蒋　含　欧阳昱　曹开国　汪　玲　薛　晴
周　莹　陈会云　程　芳　杨瑞凤　雷雅萍　张　璐　韩　艳　王　静　郑良敏　邹明慧
陶　波　陆素萍　蔡　建　吴云霞　凌　琪　吴坤莲　高　岚　殷爱香　顾　悦　赵礼萍
李文芝　靳　毅　阮晨宇　朱圣婷　蒋世芳　叶普红　梁能凤　周莉莉　甘义红　倪金花
詹　洁　陈策秀　夏世瑾　陈　隽　程　炜　胡心亭　郜婷婷　马　云　张华雄　葛梅丽
朱旻洁　李小梅　陈永红　周　慧　戴秀玲　张秀兰　王　英　杨　鹏　王世根　彭庆凤
朱毛鑫　俞建民　程轶雄　王桂华　汪乐怡　邢志蕾　王　颖　徐晓曼　韩　艳　江　婷
李　蕊　徐沛玉　王道龙　张九香　周桃玲　王立英　汪　瑞　朱基芳　石　瑾　李　璐
黄　艳　夏　慧　张　娜　杨艺原　王光萍　闫丽丽　李文莹　薛　丽　徐　超　柳　琼
温海潮　姚晓姝　潘　婧　管　婷　孙雪梅　昌　瑾　崔　苓

(五十三)安徽省高等学校师资培训中心

朱礼长　胡翠微　汪海燕　田滋军　程　恭

(五十四)皖江学院

陶金花　孙　蓉　王冬菊　孙　健　陶　丽　张　辉　黄　燕　刘　巍　方　新　郑　芸
施玉梅　胡卫涛　梁　隽　池程远　王　灿　刘　昊　叶元龙　严　谨　孙　娟　吴成龙
曹　莉　李文祥　刘　燕　张　铮　周新胜　张　利　王剑桦　王　霞　赵　宁　章敬峰

熊乐平　郑　勤　李颖勤　周　衡　黄朝晖　汪小青　严　华　王　蕴　程娟娟　顾　鹏
张春霞　光　霞　程方星　赵春华　葛　薇　陈　旭　李素贞　何淑懿　张先宏　张莹莹
倪映月　高　原　李　智　王　培　郎　郎　尹昌志　陈　林　沈玲玲　王炳江　王　璟
许丽云　俞晓艳　张世慈　章　瑀　卢　俊　田　甜　梁　娜　江徐玲　张　伟　开　璇
荣金金　李小佩　张文萍　王璟珺　刘云飞　胡婧娴　赵　婉　王　晔　刘　力　项　雯
董　梅　吴姗姗　汪　琳　颜　彦　武松林　邢　慜　韩　啸　左　苗　杜萍萍　程康勇
范雯娟　魏　静　赵菲菲　梁　瑞　俞珍珍　许丹丹　何　琼　钟　岚　韦　青　汤　扬
郑雪晨　马晨竹　肖　磊　张晓露　郁　海　胡　群　李祝青　李　莉　丁　伟　徐　强
张　斌　吴　扬　马　萌　李　云　孔德小雅　许　逸　刘雅莉　李斐斐　许　宁　苏园园
饶青华　李旭文　曹喜珠　谢　鹏　张　羽　朱小丽　张　伟　黎　凡　钱　全　赵　玲
黄　洁　邓玉蓉　甘国芳　蒋　捷　赵慧敏　杨　妍　吴辛佳　吴婷婷　宋　昀　孙琴琴
杨丽媛　方　强　樊　玲　李天容　项名翠　刘宏宝　戴玉珊　王　锋　王　雪　王　琦
褚凤琴　刘亚军　徐　洁　汪静波　李明丽　张　颖　袁　苑　聂益玲　吴琴琴　征　质
袁晓婷　姜晓丹　孔　亮　王晶晶　陈　勤　俞欣言　孙　为　唐叶剑　李　茜　高智林
李运鑫　朱言庆　侯　倩　高芳菲　李莉莉　何　川　陆姣姣　濮兆平　李　想　邵　敏
袁素红　张春花　胡一鸣　张　雷　李　丽　徐　宁　吉　慧　王海洋　袁文娟　赵　奎
刘　越　陶婧怡　邹　燕　张晓敏　李裕吉　王　超　荣姗珊　周　琢　朱强军　方芳(小)
潘丽君　侯婷婷　杨　群　李秀芳　罗　乐　李　璐　方芳(大)　赵雁鸣　周感平　汪惟宝
季　然　张贝贝　杨　韬　杜晓坤　朱　丹　吴　丹

(人事处供稿)

(二)2017级本科新生名单

汉语言文学(师范)(123人)

包玉婷　鲍弘婧　蔡焱林　曹　敏　陈嘉宇　陈思敏　程　琛　程　石　程　震　崔文瑞
戴琬婧　丁　宁　丁时红　董　琼　方　恺　方小倩　方　宇　房　媛　高燕婷　葛悦萌
耿严馨　谷　敏　谷　亲　管陈子　郝进芳　洪　倩　侯小杰　胡　璇　黄　晗　黄雅玲
姜梦圆　蒋惠敏　金　瑞　金　姝　吉　阚　连李琤　李翠香　李　璐　李　明　李　蔚
李心心　林　娟　刘名扬　刘　年　刘雨珊　卢运星　马君君　米倩倩　年云凤　潘　羽
潘雨琦　秦梦瑶　时　佳　宋丽丽　汤玉琴　汤祯怡　童茜茜　汪可欣　汪露露　汪锐锐
汪　燚　王玲娟　王孟园　王梦学　王娜娜　王晴晴　王鑫泽　王　亚　王　也　王玉国
王　芷　魏晚清　魏晓涵　吴佳怡　吴俊奇　吴诗宇　吴亚军　武娅娴　辛竟月　徐　航
徐夏莲　徐　星　徐修彤　许冰莹　杨　荷　杨维格　杨　翔　尹思雨　尹迎迎　岳辰星
曾锦莉　张俊红　张楠楠　张　宁　张　茹　张文静　张笑笑　张　喆　张芷茹　章　森
赵阳阳　甄　慧　郑　晨　陈联舒　陈　敏　陈　萍　陈雨佳　封小莹　冯　红　黄洁玉
钱加洋　邱玮文　苏金田　王斯妤　王筱婷　王叶浩　伍银莉　徐　柳　袁若兰　周玫伶
李晓雅　阿提古丽·麦合木提　穆妮热·阿卜杜如苏力

秘书学(60人)

陈启阳　代恒楠　单心怡　邓　雨　刁玮晗　丁玉莹　杜宜睿　高　玲　高　琴　龚晨璐
韩　玲　韩钰祺　胡彤彤　胡雅志　胡　怡　黄豆豆　江　暄　孔　林　李婉笛　李心平
李馨雨　刘　露　刘梦雪　刘　苗　刘天生　刘伟伟　娄玲玲　陆雨蒙　梅知寒　朋庆林

秦 悦 苏晓月 孙鑫婷 汪 宇 王路瑶 王 众 魏丙正 魏 磊 吴慧子 吴倩雨
吴 妍 夏俊杰 徐家琪 姚青苇 叶葆琳 张大磊 张 婷 张行军 张 荧 赵陈晨
赵士维 郑依然 周 敏 周馨怡 周 璇 周盈盈 朱广瑾 祝贵芳 何 山 陆 佳

汉语国际教育(78人)

操晓筠 陈 欢 陈天姣 陈语思 程梦芸 戴紫珺 丁宸娴 丁文杰 董紫云 高 慧
何赵蓉 黄晓珂 江 云 蒋 纯 蒋 薇 靳清苗 李红燕 李 静 李凌云 李梦如
李 燕 刘 洁 刘祥慧 刘 旭 刘云飞 陆成燃 陆琼琼 马娇娇 孟 祥 聂晓敏
宁星阳 潘玲玉 齐玲玲 秦 磊 尚心蕊 沈 宇 石海铃 宋雯雯 苏明圆 陶思萍
滕苏儿 王帮珍 王道云 王 会 王林清 王 琼 王师诗 王诗捷 王肖肖 王 欣
王绚绚 王雅兰 吴傲楚 吴 锐 项忱忱 徐海英 许龙珠 杨梦琴 尹 璐 尹言涛
余梦琪 张昌兰 张娇娇 张婉明 张晓迪 张 瑜 张雨鑫 章 钰 郑金芝 郑瑞雪
周 静 周萱清 周以成 朱小丽 陈欣怡 方诗雅 应卓昱 朱惟伊

汉语言文学(非师范)(98人)

卞姗姗 常久琪 陈 晨 陈文琦 陈 妍 陈 云 程静宜 程 蒙 仇家宁 崔 璨
丁 环 丁 健 丁 洁 董苗婷 杜雪琪 杜中强 冯 越 傅亚炜 高嫣然 葛曼琪
谷 澍 郭 诚 韩吉祺 韩明兴 洪淑君 胡梦林 胡珍琦 胡子晗 黄雪怡 雷玉瑾
李 傲 李格格 李 宏 李嘉慧 李 文 李 享 李瑶瑶 梁思宇 刘 珂 刘天朋
刘婷婷 刘雯静 吕纪远 马淑骅 毛少宇 彭正媛 戚家乐 任 洁 任文敏 沈程程
沈 娟 宋庆荷 孙 娜 孙 亚 陶 悦 汪 叶 王嘉慧 王杰民 王敏娟 王婷婷
王纤纤 王雪伟 韦从燕 吴森珍 项兴成 谢贝贝 谢颖惠 徐淑婷 薛 瑞 杨 曼
杨亚涛 杨钰锦 姚 婷 叶慧雯 叶雨阳 宜宇欣 殷彩云 于 璇 余梦娇 余 婷
曾其绒 湛娇娇 张 迪 张巧玉 张士睿 张天祺 张晓雨 张 欣 张雅倩 张艺萌
张雨仙 章 宇 赵 丽 赵 易 郑泰平 郑圆圆 周 琪 朱蓉怡

戏剧影视文学(40人)

昂静怡 卞雪岩 曹帅磊 陈 君 陈 冉 程治军 崔宝宝 丁聪富 丁梦梦 范晓冬
方 盼 方瑶男 傅澳华 何蓉蓉 胡晓鹿 胡茵梦 胡 玥 黄 静 黄鑫鑫 黄移兰
孔慧珍 李 辉 刘志超 陆应涛 秦 敏 尚之悦 宋梦雨 汤雪颜 王绍璇 吴艳婷
吴怡怡 吴志伟 肖雪梅 辛加乐熊 孙 倩 徐竹林 闫晓雪 姚云峰 张 鑫 周青青

思想政治教育(师范)(105人)

昂昭玉 蔡玉梅 操佳莹 陈 洁 陈俊芳 陈可欣 陈丝敏 陈依婷 程改华 程孟颖
崔瑞敏 代新月 董安琪 董贤莉 冯 媛 耿 文 郭振丹 洪 帆 胡 冰 胡雅莉
纪晓琳 李 靓 李小宇 李志琦 刘程程 刘 佳 龙雪南 陆勤洋 孟恩恩 彭 静
彭松仁 彭艳芳 彭子玉 任 蕾 孙 敏 孙 妍 陶婷婷 陶莹婷 陶智雯 童雅兰
汪 婷 王国洪 王海燕 王晗宇 王康平 王苗苗 王文英 王 洋 吴宝倩 吴 倩
吴亚丽 夏爱燕 夏雨蝉 夏子雄 谢雅亭 徐紫珩 许仁霜 杨 雪 叶钟昊 应文静
曾 赟 张 宝 张 静 张 琴 张 婷 张 亚 张宜宁 张 争 张紫薇 赵丹阳
赵 琳 周梦鸽 周 艳 朱 丹 朱 颖 陈洁莹 陈续松 陈奕铭 窦国娟 范思敏
方美钰 何金金 黄水丽 黄希敏 雷树林 刘坤鑫 刘鑫楠 罗 成 彭 玥 沈 芳
舒德云 王 冰 王 慧 王艺潼 谢 燕 徐婷婷 徐 颖 杨 静 杨梦霞 于 洋
张洪涵 张 睿 赵文涵 周翠翠 周 琴

法学(176人)

白桐嘉 鲍明慧 毕 静 蔡正文 曹 敏 曹 爽 曹雅璇 查珍珍 常明月 陈 澳
陈方静 陈灏雨 陈静婷 陈依铭 陈语欣 程少将 仇君实 储雯卿 储 源 崔小荣

戴雨浓　董立博　段国健　方俊棋　冯志文　冯子明　傅义海　高丽成　高　雅　葛高兴
葛　瑞　韩永琪　何含雨　何圣玉　洪俊雅　胡雨莹　胡　月　黄纬东　黄　愉　江芷阳
姜　丽　金　邑　琚柠宇　李博文　李连涛　李沫涵　李庆艳　李诗明　李诗情　李首荣
李晓巍　李晓玉　李欣然　李欣茹　李星星　凌金霞　刘成雨　刘呈飞　刘晶晶　刘紫言
鲁　缘　陆　锟　孟子琪　牛智辉　亓露露　钱乐乐　钱婷婷　乔楠楠　尚梦瑶　石飞飞
石莲子　石筱瑜　疏雅琪　孙荣光　孙志峰　汤梦圆　唐如昀　唐欣悦　汪　晨　汪尚尚
汪希凡　汪　雪　王　璁　王　林　王锐娜　王润广　王婉怡　王文清　韦克祥　魏长睿
温伊柔　吴　帆　吴集君　吴　克　吴佩佩　吴梓瑶　武保云　夏　蓉　项　尚　谢安丽
谢　椿　熊绍迪　徐言蓓　徐月宸　许靖绎　许日春　薛金苗　闫安东　杨　晨　杨晨光
杨带娣　杨　端　杨明霖　杨山林　杨思明　杨雯倩　杨小雪　杨新雨　姚思宇　俞　雪
庾灵芝　喻雯婕　曾博文　张安琦　张均瑶　张均媛　张　露　张　牧　张　鹏　张纾婷
张　烁　张　硕　张思雨　张万红　张雨晴　张雨婷　张沅沅　张云川　张壮壮　赵　帆
赵　芃　赵　雯　赵雨淇　郑亚洲　郑宇航　仲昭玥　周宝玉　周　荣　周远飞　周志豪
朱立妹　邹成广　陈方原　陈　佳　杜　欢　付苏琪　黄成建　黎雨星　李嘉宁　李鑫源
李　灼　刘　倩　孙媛媛　王　惠　王凌晨　王美然　王卫红　王震昊　徐璐瑶　阳　耀
杨小红　余清华　张　婧　招溢聪　周　彬　周　美

行政管理(含高水平运动员)(71人)

蔡家政　曹增文　陈欣颖　陈新俊　储召沛　方　慧　方正荣　龚　运　何甜甜　胡春妮
胡文婷　李晨曦　李　宁　李诗旭　李婷婷　李文清　李　勇　刘情谊　刘　璇　马　硕
秦修军　任津南　施晓倩　束　超　司　源　宋文静　苏金美　孙玉婷　陶　明　陶万蕾
王　菲　王　严　王　岳　韦　琪　魏梦娜　吴德超　吴小曼　吴　怡　熊　雄　徐诺言
许　婕　闫心蕊　羊燕花　杨玉兰　姚俊虎　姚　萍　叶　晴　曾　冉　张丽丽　张夕惠
赵　龙　郑圣贤　周京晶　周珊珊　平超慧　曾先青　张　晟　张双洋　张子健　代丽佳
吉旭冉　李晟昊　沐岚清　史松松　汤宇轩　唐旭林　王羿翔　魏钰桐　姚　倩　张茂英
张梦宇

经济学(62人)

鲍晓童　蔡　靖　操　鼎　陈勃宇　陈公兴　陈　巍　丁一昕　方　鑫　付　骏　傅　慧
高　峰　郭晨悦　郭　飞　韩深远　何文朔　胡巧巧　胡亚旗　凌寅龙　龙　璇　卢保国
卢艳春　马进文　马梦敏　孙　琴　谭天池　唐蔚庭　万立文　汪黎明　王润麟　王　珍
徐嘉利　许　明　薛　静　薛　萍　杨　琦　杨玉婉　姚　娟　袁玉霞　詹海霞　张　娟
张宽宏　张云香　章爱佳　赵　晗　周严荣　左幸福　戴鑫雨　董振飞　葛梦平　楼加银
倪　惠　牛戎璇　潘晓亭　钱宇婕　沈　琳　田亚雷　王笑晴　王一涵　吴昊雨　原　霖
张佳佳　张宗莹

财务管理(70人)

艾　馨　陈露露　陈晓夏　程　浩　褚昕怡　崔柯柯　崔　悦　段　云　方　婷　高守家
葛智杰　何华东　何　健　胡高琴　胡晓洁　黄　岚　黄美静　黄旭磊　季　薇　李　慧
李凯凯　李　理　李子涵　刘晶琦　马浩宇　马志倩　毛俊杰　聂文丽　聂小倩　潘玉洁
宋梦圆　苏倩倩　孙　雯　陶茜茜　汪梦姗　汪晓语　王淳宇　王　甜　王雨晴　吴　艺
吴逸舟　肖双振　徐　雯　许光真　闫　菊　杨柳梅　尤　雯　张吉兵　张继雯　张静园
张雯婷　张小东　张俞翎　张　宇　赵文婷　郑婉清　周　艳　朱佳佳　曹　晨　陈晓东
陈　雨　丁铃娜　郭瑞浩　韩文耕　姜　悦　刘诗琪　罗汝霞　王芷颖　叶谱胜　赵馨怡

人力资源管理(60人)

包　颖　陈　红　陈　巧　陈　通　陈　昕　陈余琴　丁　雯　方　雯　谷傲然　韩　溪

胡峰毓 胡静雯 胡盼盼 靳寿鹏 孔维婷 李荣荣 李瑞康 刘敏慧 刘婉莹 刘雨萌
刘征宇 牛芳婷 屈 荣 石葱琴 帅雅娜 孙璐瑶 王 晶 王理解 王宁楠 王天缘
王为玉 魏淑婷 吴 梅 夏珍珍 谢芙蓉 徐 萌 许才香 许 珂 颜世昌 余思淇
张广健 张克能 张 蕾 张雅静 张 言 赵静雯 郑宇剑 周星雨 贺成永 李 媛
李粤君 梁安琪 刘庆航 宁一阳 秦亚莉 邱喜芳 王鸿钰 夏 天 杨晓霞 张翔雁

会计学(70人)

毕良万 卜娜娜 陈 晨 陈家翔 陈 宇 陈玉婷 储 斌 邓丽沙 董 睿 方浩洋
方 兰 韩梦茹 胡庆庆 金灿灿 雷梦秋 李轲轩 李淑雯 李新宇 李雨生 李雨欣
刘聪聪 刘 艺 罗玲玲 马瑶瑶 倪 玥 施凌锋 苏 静 孙 浪 田 畅 汪璐玥
汪子木 王彩影 王 畅 王 玲 王 瑞 王 思 王 信 王 哲 吴文倩 谢雅晴
徐敏慧 徐芊芊 杨凌峰 杨 晴 姚慧文 姚佩华 余玉菲 喻 彤 岳博宇 张 辉
张 梦 张雯雯 赵俊杰 周恒峻 朱国民 邹琬钰 邓卓滢 金 喜 李博雅 刘玫琦
罗贝贝 申袁依 王春丹 王珺竹 韦宁宁 魏杰涛 吴骁凡 杨茂涛 张漫凌 赵丰阳

物流管理(62人)

陈 燕 陈 阳 陈宇晴 戴雪妍 邓东东 桂改超 何 双 何园园 侯梦园 黄 俊
黄 洋 季阿迷 李德旺 李韩宇 李磊磊 刘 启 刘援军 陆帮辉 齐 娇 邵瑞志
施成锴 汪 勃 王 兵 王杭徽 王凯丽 王清伟 王 婷 王 瞳 王晓宇 王 旭
王子怡 韦 淼 吴思贤 夏甜甜 徐 涛 许俊男 杨青海 尹绿萍 于 慧 张 漫
张旭东 赵 旭 周颖琪 朱东旭 朱天慧 陈关斌 陈禹希 范红梅 傅心竹 洪新乐
贾雯馨 李 婷 刘雨茜 任婷婷 王 涵 王 颖 杨新冉 张嘉丽 张静怡 张 漫
赵诺琴 郭梦楠

投资学(60人)

白 鹏 蔡梦婷 查袁袁 陈 诚 陈天娇 陈 雅 程晓雨 崔 平 崔赵濂 戴 帅
邓 超 丁伟豪 樊亚彬 范鹏飞 方世磊 桂 颖 郭丽娜 胡冬妮 胡文琦 惠梦雅
金一鸣 李福利 李 昊 李 瑶 芦雅文 欧思怡 裴佳佳 任靖萱 任瑞瑞 任婉婷
阮 帅 孙贞贞 唐小凡 田家升 汪鑫磊 汪义兵 王睿涵 王 威 卫 玉 吴航天
邢海洋 熊 慧 徐慧元 徐 钰 许琳琳 许昱玥 杨玉琦 尹孝豪 张晓翠 郑 妮
朱明睿 陈亚楠 顾雨晨 贺梦琪 刘 斌 孟珍菊 杨梓烨 张康迪 赵鑫宇 钟玉璇

会计学(中外合作)(30人)

毕 钰 陈 波 陈闻萱 范典舵 方 莲 方雪健 付宇阳 龚心瑶 桂昌承 韩 磊
何康仪 胡秋实 匡俊雅 李梦缘 李 姿 彭浩森 盛泽鑫 石逸秋 汪露露 王靖尧
魏含情 许东胜 杨钰轩 叶 欢 张 玮 张宇晴 周可悦 周 琪 周鑫子 朱书颖

人力资源管理(中外合作)(30人)

陈 凯 程光炎 杜欣越 方雨涵 高紫嫣 顾金汤 胡庆涛 黄睿哲 孔 涛 李晓平
刘雨话 邵 彤 孙济璇 陶晓曼 田毓婧 王孟先 王心茹 徐林婷 徐杨文轩 杨 燚
赵碧宵 郑毅铭 支博远 刘静伟 唐怡彤 王宇恒 熊 伟 杨文翔 杨晓雯 郑祎俊

音乐学(师范)(132人)

柏继成 曹闫萍 陈嘉裕 陈梦园 陈 敏 陈婉琴 陈晓楠 陈一珺 陈怡妙 陈雨时
程姝吉 丁逸文 丁雨杨 董 乐 董子玉 段继晨 段 平 方晓雨 方 燕 方屹林
冯小凡 伏冉君 傅宇婷 高贝斯 高旖旎 龚佳倩 广田庆丰 韩雨菲 何浩楠 何一佳
贺 瞳 洪家芮 侯博文 胡 佳 胡 洁 胡轲然 胡向凯 胡昕言 胡 璇 胡永玉
黄婷婷 解依婷 李晨希 李国威 李宏彬 李 睿 李一纯 李宇轩 梁攀月 林佳玥
刘逸文 刘雨晴 刘 悦 龙依森 陆风宜 陆英尹 吕冰冰 马盼盼 毛宇静 莫依琪

秦兰兰　秦子腾　荣婧如　邵　薇　沈春棚　沈雨琦　盛　霖　盛梦蝶　舒　敏　宋　词
宋雅洁　孙　晨　陶燕妮　童雪纯　万榕林　汪　杰　汪　崎　汪庭峥　汪钰棍　王东毅
王靖然　王　林　王瑞琪　王　禹　王语萌　王志杨　巫明昊　吴　蓓　吴　凡　吴书含
伍　梦　谢期文　辛侠宇　徐佳慧　徐　捷　徐梦颖　徐　晴　徐欣睿　许　媛　宣凌蕾
杨　杰　杨丽丽　杨梦鑫　杨瑞卿　杨　艳　杨欲秋　姚丹妮　伊　品　尹娇娇　余　琅
余　倩　余子聪　袁礼乔　张安娜　张铧强　张静贤　张俊彦　张凯杰　张　丽　张梦雪
张　沁　张婷婷　张　雪　张雨茜　赵　伟　朱国茂　朱锦文　朱　倩　朱文洁　朱尹杰
朱宇轩　亓雯娅

音乐表演(43人)

卜紫珊　陈佳琪　陈泽生　陈志棋　郭行晨　黄昊天　蒋承安　赖居满　雷天虹　李璐瑶
刘丹妮　卢梦凡　马宇豪　孟瑀婕　莫冬慧　邱康驰　汝虎威　时飞虎　孙道成　孙　森
汤　野　汪　斌　王厉群　王贞月　魏家齐　吴明娇　吴小瑕　徐睦馨　严士萱　杨　康
张　丽　张子涵　郑梦君　周文捷　范　洪　何鑫怡　罗元鸿　宁佳建　万红柳　王诣霏
余海亮　张琼方　周桂花

舞蹈表演(专业舞蹈)(37人)

陈　洁　陈新玲　陈逸超　付金戈　高　敏　郭慕洁　胡梦雅　赖佳蕙　刘　璇　骆琦嵩
王静雯　王明霜　王　平　王雪洁　吴梦瑶　徐诗嘉　杨亚茹　杨忠富　姚　婕　曾婧贤
张炜晔　朱　妍　曹晓瑞　韩　雪　李本乐　李国伟　李玉洁　李梓林　马　薇　苗宇涵
舒　磊　谭子怡　童紫莹　吴　菲　赵振杰　郑雪妍　周思琪

美术学(70人)

曹昕颖　陈邦国　仇洪杰　代启明　丁　冉　董书森　方奥林　伏　静　高晓慧　桂　强
雷　超　李劲东　李文静　李紫姚　潘恬钰　钱心童　沈娟娟　沈小玉　宋茜茜　陶　璐
田渭杭　涂贵荣　王瑞森　王小桐　王心诗　吴晶晶　吴宇明　熊　缘　徐　婷　徐逸贤
徐莹莹　杨　康　杨　丽　姚娴婧　于慧源　袁　文　张　奇　赵瑞雪　甄　旭　周华杰
周　珂　周林林　周　月　朱　梅　朱玉凤　邹　乐　陈凯伦　付宇新　高　琪　高　芹
洪诗煌　姜雨薇　康丽丽　赖楚楚　李　哲　梁夏莹　罗昭懿　丘艳芳　王　军　王书志
王　紫　魏俐媛　吴舒蕾　杨秀丽　杨滢婷　游婷捷　郑永杰　周嘉源　周金梦　庄　衡

设计学(117人)

卜凡玥　曹蒙恩　曹　蕊　陈　洁　陈静茹　陈世铃　程学志　崔宇鑫　杜新悦　范钟琴
葛宏虎　耿静静　郭雪娇　韩静静　何晓婷　何永康　洪　晴　胡玉琴　华　伟　冀珂珂
江玉婷　蒋力伟　焦金硕　晋　松　阚珺烨　阚舒文　郎春玲　乐明霞　李安琪　李红慧
李泓雨　李佳伟　李木子　李永强　梁　硕　刘鸿瑜　刘纪伟　刘静心　刘民昌　刘　鹏
刘　馨　彭静文　全翔宇　芮之春　沈　倩　石英锐　孙慧敏　汤玲玲　佟　璐　汪雪玲
王　茹　王瑞海　王　婉　王宇航　王雨洁　魏　春　闻　艺　吴开明　吴雪晴　伍丹丹
夏雨寒　谢春燕　谢秋媛　谢雨涵　熊美艳　徐　蕾　徐　冉　许欣茹　薛伟锋　严焕嫦
杨先兆　杨小小　叶建伟　余梦雪　袁　娜　张　洁　张　冉　张晓萌　张　雨　张雨晴
张卓玉　赵羽桐　郑梦茹　朱炳寿　朱珂欣　朱小蝶　邹　燕　陈　玲　陈翎轩　陈　梦
邓凡松　郭吴盈　黄　霞　江小妹　李皇辉　李晓雯　林靖翔　刘鹏波　潘洲俊　宋惠颖
宋美珍　王文辉　王晓敏　位红真　吴秀康　吴雨昊　谢雯霞　杨国伟　杨晓光　姚金茹
姚　强　张玉珊　郑茂媛　钟春晓　周　涵　邹　欣　左金子

环境设计(中外合作)(15人)

郭　歌　郭梦洁　黎丹妮　李琪璇　李心茹　刘汉森　吕　萌　齐香玉　任麟滨　徐成涛
羊　洋　杨司琪　叶婧媛　应慧敏　郑　旺

历史学(师范)(97人)

陈 萌 陈麒元 陈沁萍 程晓珂 程 玥 戴佳辉 方明珠 方晓雪 高 磊 巩如旗
关永卓 官晓茜 何 希 胡海燕 胡远苗 蒋凯瑞 金平洋 李 静 李宛臻 刘薇薇
刘仪瑶 刘懿斐 刘玉柠 吕春旭 马 锐 梅冰洁 孟欣晴 孟耀祖 桑宇旋 邵林斌
沈小舟 石文静 孙千惠 唐 灿 万金哲 万钦虹 汪建林 汪 悦 王诚诚 王传文
王灵瑜 王迎捷 吴秉镦 吴 靖 吴志红 夏天一 项 楠 谢 钰 徐珺璿 徐 璐
徐子娴 羊玉琪 姚嘉雯 姚 兰 张 静 张 琪 张万蕊 张鑫森 张志华 赵 珂
赵娜娜 郑佳频 郑宇航 朱骏峰 朱新玲 邹 晴 曹睿麟 陈思敏 崔月莹 杜屹鸥
黄 蓓 李恩琳 李茹菲 刘 灿 刘子琦 慕君毅 南迤柯 潘红梅 申宗书 孙 宁
唐 丽 王 璞 王万金 王永娴 谢 欢 熊婷婷 许 萌 闫洪菁 杨 华 尹蕊红
张超琦 张轩铭 郑妍妍 钟泳茵 朱雪琳 阿丽耶·阿卜杜艾尼 热依汗古丽·买提库尔班

社会工作(59人)

曹玉荣 陈嘉琪 陈 岩 崔业成 高阳阳 谷 雨 郭淑洁 郭志伟 胡 磊 江雨璇
蒋 莹 李正剑 刘 琼 马昌亮 任 豪 舒 蓉 孙 宇 唐 颖 田明星 汪 静
汪文华 汪啸风 王 娟 王 然 王 潇 吴佳敏 吴静怡 夏芳婷 肖 凯 谢咏琪
杨 倩 杨 宇 于伟玲 余欣元 张 茹 张珊婧 张 勇 赵海贝 朱 玲 安子端
白雅鑫 曹娜悍 陈一诺 崔 怡 戴星雨 东煜晨 郭天梦 梁尤军 唐田蒙 王 充
闫 博 杨邱怡 杨西西 叶 倩 余胡健威 余俊斌 张雯雨 张翌玮 周小雨

公共事业管理(65人)

鲍娟娟 蔡英焕 查伟东 丁 伟 费祖航 郭 艳 黄 雨 蒋 锐 解梓阳 柯 莉
李金玉 李锦程 潘淑靖 钱梦欣 秦梦露 隋玉洁 孙 乐 谈 秀 唐晶晶 汪 健
王定波 王敏杰 王吴迪 王雅茹 王 玉 文林林 吴贝贝 吴君琳 武佳英 夏翔宇
严文雯 余 晴 余文静 岳志伟 岳尊琴 张 承 张 敏 张 晴 郑家喜 周 杰
周文森 周悦怡 邹尔冬 曹淑雅 曹艺芝 陈夏宜 程胜荣 高晓丹 贺茂琳 胡 甜
刘蓉婕 刘 顺 刘翔宇 马蕴嘉 祁 爽 邱琳琳 邵士强 王 敏 王 游 肖思远
肖雅丹 张珺铭 赵怡宁 周宇航 朱 琳

社会学(30人)

查 慧 陈 志 程 珏 高 雅 黄 珊 李云芳 刘博文 刘赓祥 刘 佳 吕昊威
钱 成 任 敏 汪修凡 王建文 徐炜豪 薛亚茹 杨松涛 杨卫萍 曾连山 张 莹
张 煜 周天芳 朱 栋 陈泰宇 籍钰宁 刘丁华 司光宗 唐 雯 王 冲 姚金辛

世界史(40人)

蔡欣悦 常根青 常 诺 陈 涛 陈 旭 程雨欣 都 杨 管家俊 郭梦萍 郭文隽
洪宇翔 季 梦 姜梦圆 姜 彤 金 灿 况寅淇 李梦梦 李 敏 李 倩 李子琪
刘 颖 骆 敏 马 敏 毛彤彤 潘 欣 钱晓涵 沈 鹏 斯纪怡 陶伟豪 万 亿
汪 星 王 涛 吴 程 吴 贻 许巧业 许 媛 杨 睿 张 蕾 张雨萌 郑香怡

教育学(师范)(33人)

蔡婉玉 陈丹阳 符才珊 高丽丽 胡 畅 胡辰鸿 蒋光萱 蒋娜娜 刘晓旭 罗 鑫
祁 欣 孙文霞 唐 旭 王 瑞 王婉玉 王宇婷 王郁蕾 夏文凤 许一诺 余舒敏
张 蝶 张佩玉 张世钰 张甜甜 张雨路 郑传梅 郑焱峰 艾晶晶 卢晓艺 任旺旺
石 鸣 王萃民 张妍娟

教育技术学(师范)(36人)

程 凤 都文杰 葛文博 胡永康 黄少星 黄 勇 黎艺好 李珂欣 廖倩倩 林静娴
罗倩倩 濮楠楠 施羽晗 陶 哲 王 莉 王昭阳 魏晓童 武宇廷 谢 昊 徐 翔

于丹颖　曾纪媛　周燕如　陈思宇　陈　曦　陈祖繁　刘万琛　吕　琳　潘　靓　谭倩瑶
万新明　王雅慧　王镇山　叶韵欣　张浩伟　庄　典

学前教育(师范)(55人)

陈舒宇　陈燕萍　楚晓婉　董爱苹　樊子欣　范名丽　郭柔君　郝孟娜　胡明慧　黄　凡
黄靖惠　蒋　芝　李　月　林珊珊　蔺玉琨　刘宝林　刘　然　刘　艳　陆心怡　马媛媛
朋吕飞　饶芳芳　沈万婕　孙　慧　孙雨婷　宛亚静　王庆庆　王舒琦　熊星安　杨玉萍
杨悦琦　殷文翰　袁大亮　张　琳　张小方　张旖馨　周　畅　朱乔玉　成杰建　樊逸昕
管鸿宇　姜丁迎　李晓晨　龙春丽　申　昕　唐舒芸　汪诗媛　王嘉怡　王　巧　文倩雨
谢丹阳　熊烨璇　薛　璐　叶　彤　周思敏

心理学(师范)(38人)

曹新燕　陈　娜　陈　曦　程　纯　邓家祥　顾争光　解　孟　李祥龙　李雅馨　李　钰
林松福　刘怡畅　明　杰　潘　昕　钱韵雅　陶　兴　佟雷雨　汪凤仪　汪　茹　吴　凡
吴　梦　吴亦舒　徐　苓　张婧媌　章沁芸　周海森　周　政　朱先尧　邹焕玉　邓芷君
林卓宇　刘艳霞　孙　梦　王妍淇　王周盈　邢　瑶　严小芙　印宇威

小学教育(师范)(36人)

陈海平　陈　月　陈志兵　陈梓懿　程佳祺　董雷影　董曼洁　樊露敔　胡菲凡　胡雪燕
黄亦楠　焦雅琦　李竹茵　刘　标　刘清智　刘　瑞　刘雪芹　柳晓康　马　竞　邵雅茹
孙晴雪　王利群　吴楚桐　吴烈龙　夏亚南　杨　猛　杨　泽　姚　芳　叶雨婷　俞晓波
袁　媛　张　帆　张静静　张　冉　张欣月　周子豪

应用心理学(35人)

蔡妮霖　陈　杰　方　鑫　郭仁龙　何润霄　胡　强　纪雅宁　江天瑞　李祥胜　林　茜
刘晶晶　刘智好　马书煜　孙　威　王美晨　王梦婷　王沙沙　王　燕　许　阳　杨佳琦
叶　妍　张　曼　张新阳　张　旭　周家乐　胡悠悠　李超群　李新格　梁惠焯　庞媛媛
夏卓妍　谢观雨地　谢姝玥　郑孜晔　朱琪馨

学前教育(中外合作)(30人)

鲍学智　郭文静　袁　泉　陈嘉怡　陈吕娟　陈　夕　陈欣然　崔储涛　韩　硕　何新燕
贾　伟　江丽天　刘晨卉　刘　威　柳斐然　卢程程　马宇晴　宋家莉　孙梦君　孙雅倩
谭宁生　田雨晴　王晴晴　吴　杰　吴跃跃　尹男男　张桉桐　张慕清　赵智芳　郑梦飞

英语(师范)(50人)

鲍文路　蔡元清　陈婧卿　陈文婷　陈文雪　谌梓杭　程　盈　代丽华　费维秀　贺婧涵
黄傲雪　黄诗琪　纪雨婷　李　睿　李晓慧　李馨怡　李亚婷　李祝平　陆雯婷　吕福香
罗慧娟　孟令然　欧羡羡　钱　锦　沈小敏　束贵蓉　王宁玲　王　威　王　萱　吴　晶
吴胜利　吴文燕　谢浩成　徐　璐　许　鑫　殷　柔　尹　颖　喻欣然　袁　峥　张　琴
张笑妍　章　琪　郑　越　钟世睿　周昕宇　周　莹　黄　纯　欧阳丽茵　叶美珠　张佳星

日语(30人)

陈珊珊　程　雅　方红鑫　费雨婷　韩久宇　洪安然　侯超凡　黄莹莹　李　楠　李　欣
梁子茹　刘曼曼　陆　文　罗雅丽　孟沪生　牛雪杰　任奎玲　孙育玲　王舒嘉　王婷婷
谢红柳　杨　灵　尤清乙　余　敏　俞芙蓉　张娇娇　张　萌　朱亚林　程丽芳　沈　湘

英语(非师范)(60人)

陈秀秀　陈　烨　程　欣　崔静芸　代典雅　邓晓阳　杜雪琰　谷　威　郭高翔　郭伟强
韩丽娜　郝黎明　何玉婵　何媛媛　洪　荻　胡　睿　胡若菡　李德菊　李庭秀　李　政
刘冬梅　刘广凤　刘婉婉　刘晓霜　刘玉芹　罗嘉霖　马　铃　梅　婕　穆豪杰　欧阳皓月
钱莉娟　钱雨琦　秦倩倩　唐佳怡　汪玲玲　王邦跃　王广艺　王建军　王心玉　文　莉

吴蓓 吴慧 夏钦 谢邦顺 徐倩雯 徐小雨 杨雯 杨雨婷 尹静雅 袁芷若
张冰倩 张梦娜 张陶 张文文 张晓洁 张雅露 周琳 周梅燕 朱本荣 朱其曼

英语(中外合作)(30人)

陈琛 陈方迪 程智丽 方灵逸 高明璐 胡迎新 胡梓瑞 黄婷 江稳 姜幻琪
瞿晴晴 康若君 唐多多 汪悦 王宁远 王一石 魏雨萌 吴晶泉 武尊智 徐慧璇
徐子易 薛腾 叶帆 张开明 张乐涵 赵玉洋 朱丹丹 朱海洋 胡静娴 李灵君

俄语(中外合作)(30人)

胡虹宇 刘美 汪子又 王凌 王玮罡 杨烁 张可欣 郑悦雯 朱旭 崔倩倩
何静 洪豆 黄志伟 李翘楚 刘彦 卢思佳 潘丹丹 钱婧 冉甜 任佳乐
孙报勇 田野 童馨语 王旻升 杨忆洁 尹梦迪 张雪 张梓桐 周雪怡 朱守政

法语(中外合作)(30人)

昂晓陆 陈烁烁 耿芳 纪萱 李文昕 林淑慧 刘方圆 刘翊凡 吕星雨 史佳铭
史蕾 汪越欣 吴望梅 吴晓晓 薛一诺 杨敬晖 杨梦雨 杨秋蕾 叶江天 添苑又文
张建 张立铭 赵扬 郑钰 朱唱 朱传巧 朱文雯 程瑞 王雪蕊 张然

体育教育(师范)(80人)

蔡汝伟 陈建辉 陈旭 陈艺源 程思锐 程智辉 董少杰 董文华 段伟杰 凡鹏鹏
房文昌 封其顺 冯传帅 古凡 何梦凌 何绵川 胡聪 黄鲍盛 黄朝阳 黄杰
黄锐 纪青晨 金乃胜 金友华 孔翔 李阳 刘遗波 卢俊杰 卢强 鲁姜
聂林 欧开新 彭先灿 任朋友 芮峰 史册 孙大伟 孙艳艳 汪如月 王晨
王成虎 王聪 王丛 王杰 王世杰 王文君 王晓伟 王鑫睿 王杏 王永超
吴立正 吴正苗 夏一鸣 谢康立 信聪聪 熊炳程 徐明政 徐文闻 杨宇航 叶琼琚
尹忠秀 余汇川 湛飞 张乐 张云燕 章新宇 赵恒杨 郑恺 周旭昌 朱俊瑶
朱晓 范东伟 胡楠楠 蓝媛媛 李庆贺 马腾 任衍哲 王江昊 吴一帆 张俊杰

社会体育指导与管理(60人)

毕嘉成 陈满意 陈真真 程浩 崔手权 丁枭 方明 符显巨 高章俊 桂杨强
韩玉虎 何吉明 黄辉标 黄平安 孔顺 李爱强 李娟 李强 李芮 李小龙
李泽渔 刘勇 骆森孟 函苗 雨晨 牛翼 钱有原 孙明金 孙强 孙尉
田家乐 王超 王和章 王升 王西港 王峥 吴明 许健 杨超 杨飞
袁建 袁耀威 张安康 张文龙 张吴祥 张志远 章杰 赵凤光 赵家楷 赵浚锟
赵政瑞 周高应 周宏远 周子强 祝家保 庄亚伟 衡量 孟振宇 相一鸣 张浩冉

运动训练(60人)

蔡莹 曹文慧 陈佛雪 陈瑞 陈昭葳 仇博文 范业成 费巧云 冯时 何梦洁
黄程 程姜国骏 姜惠园 金永峰 李浩然 李明明 刘俊杰 刘庆瑞 刘欣乐 鲁静静
陆雅君 马涛 沈廷芳 舒文琪 苏照祺 孙毅 锁珊珊 汪嘉豪 王合港 王璐
王烛 魏俊杰 谢晓捷 谢雨鑫 徐士明 许涛涛 薛德雨 杨家豪 尤睿健 袁玉
张民佳 张心茹 张寅涛 赵廷凯 赵杨 郑晓晓 周睿 周雪倩 周雪婷 曹莹
李贺 李然 刘颖 卢迪玮 孙嘉欣 田开瑞 邢洪彬 徐宇轩 郑伟 朱艳

舞蹈表演(体育舞蹈)(80人)

陈浩 陈静杰 陈倩 陈文雅 陈娴 程梦冉 董谢婷 樊荣 方慧洁 方雪薇
冯子龙 管毓宇华 韩雪 郝庭萱 贺星星 胡梦媛 胡培成 黄淑娴 季雨欣 江雨廷
解明娟 金玉 孔德勤 黎逢锋 李佳慧 李家盛 李嘉健 李静 李莉 李润
李唯一 李文静 李燕 李玉洁 刘嘉敏 刘丽方 刘文龙 刘真悦 卢路 鲁豫
罗飞龙 马婷 茆星 穆晓庆 潘晓强 秦任悦 荣先卓 阮逸静 苏丹 苏晴君

孙明月 孙 雯 陶家靖 王 静 王巧灵 王昕澄 魏雨新 吴培茹 邢春晓 徐梦莹
许 艳 杨伴伴 杨 悦 杨子然 于娣纳 袁 荟 曾欢欢 詹海燕 张玲玉 张梅梅
张梦梦 张 瑞 张 睿 张栩琦 张 颖 周恩铭 周 洁 周雨晴 朱绍华 朱晓雪

休闲体育(60人)

艾晴阳 包 珺 陈 航 陈夏超 程浩东 仇宝跃 戴书轩 邓文涛 刁节祥 董玉杰
杜伟童 方 琦 干子飞 韩保礼 何逸飞 何志远 侯咨旭 黄 灿 蒋全虎 焦海波
李晨逸 李继鑫 李金宝 李 礼 李 珉 林友进 林振岳 凌 超 刘龙威 刘 蒙
刘星志 罗 岳 孟佚锦 潘杨吉 潘钰蓉 戚云飞 任晋朝阳 汪 峰 汪孟超 汪鹏飞
王秀玲 韦 杰 吴鹏飞 谢云扬 杨 成 杨 龙 杨荣富 杨 硕 叶瑞杰 尹超群
张梦雅 章务红 赵成昊 赵 阳 朱谦君 朱 习 高鹏浩 徐 闯 张家璇 宗智健

新闻学(54人)

陈 丹 陈佳一 储雯静 丁立群 董文华 龚梦雅 韩艳梅 黄爱兰 黄淑婷 霍思宇
姜 淼 李 旭 刘宇红 刘枝玲 陆丽霞 陆小凤 马梦婷 马 鑫 潘 静 秦晨思
饶璋诚 陶露露 田旭川 王慧芬 王思远 王 曈 王瑗瑗 王珍丽 吴宗伟 徐丽敏
闫 硕 杨利伟 尹 菲 张康来 张婉婷 赵志堂 钟子杨 朱海啸 曹云佳 陈惠艳
陈秋莉 堵歆悦 耿文英 韩路瑶 李若镁 梁 伟 路 安 王璐妍 谢 心 许 多
叶俏薇 张文睿 隋景鸿 徐婉婷

广告学(50人)

陈 琳 陈秦华 范芳静 冯 澜 高梦瑶 何玲玲 何小蝶 黄 妍 江 楠 李 君
李倩楠 梁 倩 刘思艺 梅星禹 任志成 申晓萌 孙天宝 完嫒玲 王善芳 王宇童
魏 娟 吴郁文 吴子怡 徐铭雪 徐玉雯 于润琪 余 涛 俞青松 张皖燕 张雨薇
张雨霞 赵 嫚 朱梦雨 朱小雪 朱媛媛 陈家琴 邓智超 杜 钰 李佩云 李文玉
沈佳海 生一迪 汤晨琛 王梦雅 杨婵姗 杨昕悠 原梦思 张 敏 张晓辰 赵雪莉

摄影(40人)

蔡 诚 程书苗 仇桢祺 楚天驰 崔小碟 窦圆圆 范本曦 方博文 何秀婷 胡 琳
黄楠楠 姜晓彤 李 昂 李 静 李梦琦 李晓琪 刘方成 刘 婧 刘 馨 毛 昊
孙国瑞 陶正康 滕媛媛 万梦琪 汪 健 王红亮 王 宇 王玉洁 王子鸣 杨思瑾
杨蕴慧 翟晓月 张薇薇 张芷媛 左 戈 丁虹月 李 跃 张 宁 张 琪 朱昌晓

动画(40人)

陈小亚 程福家 房晓羽 管 艳 何鹏飞 姬 祥 季 彤 贾漠若 金 成 李帮虎
李笑含 刘序凯 刘亦阳 刘玉玲 罗炳文 秦亚轩 戎 兴 尚真宇 时义格 孙立春
汪 敏 吴旭东 吴 雪 邢国炜 许晓青 姚宝虎 尹龙飞 詹新宇 张 昊 张 鲁
张文韬 赵婉娟 郑宝艳 周冠宇 左洪飞 淳于卜丹 梁晓宁 王旌勋 闫华辉 赵正琪

播音与主持艺术(36人)

程雅慧 费岚琦 贺 艳 侯 纪 胡戈阳 胡湘宁 江高顺 刘理睿 陆梦萍 罗敏成
史婧媛 吴艳芳 徐 凡 杨星语 尹洋洋 张 倩 周乃亮 陈沛如 丁新宇 郭雅茹
韩雪晨 郝偲含 姜雨男 阚振国 刘 迪 刘力恺 刘 楠 吕昀瑾 潘 埼 王佳阳
王少强 闫焕远 闫 涛 张一唯 周伯禄 朱桐喧

网络与新媒体(40人)

鲍洪玮 陈 洁 陈 燕 程 洁 程需凡 胡淑珍 华伟文 黄心雅 姜 楠 李 洁
李 想 刘静怡 刘璐璐 潘晓莉 钱雨晨 秦雨琪 容春烨 施 露 舒启波 宋诗雨
田光意 王 磊 王路路 王 天 王 微 王 燕 吴 献 谢伟杰 杨 涛 杨玉华
叶晓雪 于一帆 袁 棣 张庆庆 张秋芮 张寅雪 赵柳明 赵 璇 郑 睿 钟 瑞

动画(中外合作)(20人)

从 前 丁 瑀 葛黎明 黄 浩 黄挺松 焦圣涵 李 晓 李 玉 吕明杰 马珊珊
施浩然 时 浔 王 康 王馨雨 王禹琪 翁雅婷 杨孟然 袁 航 张博文 张雅涵

新闻学(中外合作)(30人)

鲍忠科 卜 凡 李韵寒 梁晨玥 林 雨 鲁 艺 罗维佳 马文裕 马欣月 许晓璐
张欣向荣 张艺菲 柏静武 邓冰倩 胡若凡 季行健 李海弋 李晓乐 李玉凡 齐蒙蒙
孙子怡 汪 畅 王子婕 徐文青 余 典 余慧敏 张豪杰 张阚旭 张雨辰 赵聪寅

数学与应用数学(师范)(123人)

陈百灵 陈登第 陈 敏 陈瑞君 陈晓薇 陈雪芹 陈子豪 程迎春 戴荣康 戴幸运
戴 钟 丁毓麟 杜 颖 高惠莲 高志伟 戈家云 谷云飞 洪清溪 胡洪祥 胡家慧
胡明辉 胡思雨 胡志强 华 可 黄 荣 江曼琴 江 婷 蒋方舟 蒋文蒙 蒋雨伶
金 波 柯明明 孔令山 兰若容 李 双 李筱璇 李 洋 李勇飞 李圆圆 刘 冬
刘佳璇 刘金鑫 刘旗旗 刘 雪 刘钰欣 吕俊伟 骆 梅 牛文静 彭亚龙 钱 慧
邱岚颖 阮唐军 沈新月 宋美丽 苏锦煌 孙方宏 孙宏宇 孙璐言 孙 宇 孙宇琦
孙云超 汤慧婷 王佳影 王姣姣 王露洋 王 濮 王苏帆 王 莹 王 玥 魏安国
吴肖雅 武庆澳 夏凡凡 肖 慧 谢登城 徐传银 徐金琳 徐树行 许 敏 闫明明
杨李闻莺 杨 泉 杨 欣 杨玉璇 于洪翔 余 锋 张洪泽 张渐升 张 浪 张婷婷
张文波 张鑫宇 张亚婷 张彦轩 张 宇 张真真 郑嘉宾 郑 馨 周思佳 朱思源
朱婷慧 朱 颖 陈君瑜 高 洁 李 活 刘金华 罗渝淋 蒲星鑫 沈 畅 王超凡
尧 禄 姚天德 应玲娜 周 玲 朱美珍 朱欣悦 卓润禾 邹柳敏
古再丽阿依·阿卜杜克热木 买然古里汗·买提于素甫 帕热旦·艾买日江 吐尔逊·麦麦提
亚库普·阿卜杜哈帕尔

统计学(71人)

蔡雨竹 曹雪儿 常 畅 陈 晨 陈诗雨 崔严岩 付金义 高静宜 戈志成 郭 洁
郭雅静 黄连松 黄 燕 李晨阳 李 凯 李雨顺 李云鹄 刘小雪 柳鑫宇 陆冰清
潘 浩 乔云娜 邵 琦 盛 宏 斯正源 孙欣雨 汤思敏 唐九莲 陶亚捷 田 凤
汪锦霞 汪 旭 王 持 王 旭 王雅婷 王 阳 王宇诗 吴晓晓 吴晓燕 夏迎庆
肖艳菲 谢雨婷 严 梦 阳文娟 叶 凡 尤叶林 张敬文 张静雯 张 凯 张 丽
张梦梦 张文清 张雪峰 赵澳奇 赵艳艳 周海君 周仁发 朱 睿 安家兴 曹 孜
常 玥 李秋萍 刘晓霞 刘 笑 刘宇航 潘忆韵 任永豪 王伟华 谢 林 杨旭涛
朱晨萱

计算机科学与技术(103人)

鲍 康 鲍中文 蔡扬帆 曹哲甫 曹梓城 陈秋华 陈 涛 陈筱彧 陈新宇 程徐鹏
程雨瑶 丁本志 丁慧慧 方亚婷 冯 明 傅海燕 宫小兰 管 越 郭玉雯 何 飞
胡青岳 胡晓鹏 黄嘉骐 黄世豪 贾宏涛 江汉伟 江 慧 姜晨雨 居彬彬 孔艳青
李 仓 李浩楠 李树伟 李涛涛 李兴旺 李子寒 刘宁宁 刘 义 刘 雨 龙少儒
鲁贤光 孟庆洛 齐 妙 邱克义 施嘉鹏 宋思宇 孙 奥 陶文星 陶 旭 汪 琪
汪 涛 汪 勇 王蔡锦 王 迪 王佩媛 王 赛 王一新 王亦豪 王宇翔 王忠下
王柱石 王子健 王子轩 吴亚玲 肖 杰 谢志浩 徐济宏 徐晓康 许永兴 杨孟琳
杨梦磊 杨绮涵 臧 豪 曾榕榕 翟嘉文 张聪聪 张为东 张志祥 赵丽丽 赵 强
郑如飞 周 杰 周雪松 左兰兰 崔保平 崔庆祥 崔雅涵 冯冬梅 孔 静 李辉义
李宗平 裴若萱 钱昱名 王佳敏 王 硕 王 振 魏小山 吴海章 吴泽楷 杨天之
尹世峰 章鸿毅 周天宇

软件工程(158人)

曹　略　曹新虎　陈　超　陈　绩　陈嘉伟　陈建镇　陈钱海　陈圣红　陈思凤　陈子然
程华睿　程馨慧　杜一鸣　方宇霜　费东侧　高建华　高　鹏　葛向阳　韩雪明　何碧玉
何德坤　贺新旺　侯闵龙　胡东旭　黄基祥　黄品超　黄　涛　黄振丁　江铠骁　兰　天
郎　潇　雷　浩　雷　昇　李多佳　李昊勤　李佳亮　李金旭　李连方　李梦龙　李　洋
李迎春　李　政　李志威　梁齐智　凌　涛　刘澳龙　刘汇坤　刘慧芹　刘加宁　刘　静
刘　磊　刘文强　刘亚飞　刘振冬　刘　政　卢　冯　鲁婷婷　路亚茹　马长保　马常春
马　靖　马昆昆　马庆森　马小明　穆　余　牛添锐　潘　奇　潘孝政　钱博涵　桑　永
商赛男　沈健康　沈　勇　沈云雷　史奇虎　宋云飞　苏子昂　孙浩冉　孙有为　谭庆华
唐　亮　唐千年　唐巍元　唐　鑫　陶毛毛　陶　园　汪　晨　汪　洋　王恩慢　王冈林
王君杰　王俊生　王奎德　王　坤　王倩倩　王　蕊　王胜玉　王　炜　王晓庆　王绪斌
王　杨　王　洋　王业春　韦胜男　温冠男　吴昊哲　吴洪伟　吴康乐　吴　玮　吴晓远
夏　彬　夏洪富　夏小雪　谢先锋　徐　逸　许继飞　许梦倩　宣占祥　姚　涵　叶胜奇
殷才梅　俞望年　袁晓兰　岳　威　张鸿远　张继顺　张　涛　张　伟　张文龙　张文强
张　义　张　颖　章梓雄　赵功鹏　钟孙健　周晨阳　周　翔　周绪鹏　周玉婷　朱莉芳
朱瑞林　朱善慈　朱文武　朱秀玲　曹　妍　段宗浩　顾淑婷　江波文　江炎达　蒋伟鑫
蒋玮萍　吕云峰　罗针涌　彭文军　唐可欣　王　静　赵紫萱　周杰钦

物联网工程(60人)

常小晴　陈贵山　陈　涛　陈晓篁　楚晨军　邓梦宇　丁皓天　杜鹏飞　高俊峰　高新宇
宫　瑞　桂双春　韩　颖　何运伟　胡明瑞　胡　涛　黄金成　黄　俊　贾　龙　贾先敏
姜友鹏　匡　成　李坤豪　李思远　刘梦宇　刘悦悦　宁丹丹　潘云峰　邵　强　史永锋
宋雪汝　苏德启　王　东　王　佳　王佳欣　王乐乐　王旭龙　吴方钱　吴方遒　吴　虎
吴婷婷　夏　敏　谢宏远　熊　沁　徐心怡　许　芽　杨小芳　杨逸飞　杨　懿　姚彦成
余宇澄　张　鑫　赵俊辉　郑嘉琪　郑　健　祝　飞　方　烨　刘　忠　徐慧婷　张亮路

物理学(师范)(90人)

曹明祺　车成龙　陈德亮　陈　功　陈纪超　陈　珂　陈　沭　陈　鑫　陈亦涵　陈钰婕
程亚庆　邓启慈　邓森宝　丁中正　董瑭忆　杜　彪　杜泽昕　方港阳　方　颖　葛振业
谷　颖　韩云霞　何经艳　何欣芮　胡欣雨　胡义涵　黄震洪　季玉辉　贾　莉　李飞祥
李洋波　李悦童　李志强　马　敏　孟浩然　孟　柱　倪子恒　钱子珩　秦雨霏　邱苍穹
任佳琪　任诗豪　圣赵宇　师昆鹏　时一凡　史永楠　苏　亮　汤潘君　唐　韩　陶豪宇
田　越　汪　帅　汪亚萍　王　晖　王金缘　王燕铎　王　羽　王　越　吴炳权　吴成诚
吴飞飞　吴　昊　吴心怡　夏傅豪　熊　浩　徐伟萍　徐玉茹　薛桂莹　薛霖瑞　薛壮壮
杨力维　杨明亮　杨培银　叶　鹏　叶雪晴　易　凯　易思佳　尹建才　尹　凯　张安馨
张冰心　张慧珠　张久健　张凯旋　张　宁　张义文　郑　虎　周冰清　周炯言　卓　晨

电子信息工程(110人)

曹　康　陈　荻　陈　列　陈青雨　陈徐倢　陈云高　陈治宇　程健新　程晟欣　程易辉
迟　琴　崔　然　代语赢　丁　臻　杜一晨　方吉旺　葛明昊　葛新军　郝　帅　胡超然
胡　松　黄先安　黄欣宁　解　鑫　李辰谌　李飞龙　李浩卿　李　杰　李　磊　李孟宇
李梦磊　李齐健　李　雪　李　珍　梁团结　梁志伟　刘　昊　刘圣园　刘婷婷　刘同宪
刘笑傲　刘钥远　罗非凡　罗文悦　马　旭　毛雅青　孟东东　彭正军　朴治原　齐腾飞
钱　强　戎成悦　尚国胜　沈德武　沈君宇　沈卫澳　沈　翔　石　远　见史有志　司　宇
宋子涵　汪佳佳　汪新伟　汪旭东　王辈辈　王传斌　王　芳　王海帆　王皓然　王宏坤
王京平　王小龙　王　鑫　王　旭　王亚茹　王云飞　闻余舜　吴良伟　吴漫云　夏云龙

谢雨婷 熊龙雨 徐博文 徐声健 徐　越 许宜欣 杨　光 杨　恒 杨　洋 尹梦成
余沛之 俞沁怡 袁　瑾 詹子涵 张彩云 张福明 张　鹏 张鹏飞 张师婉 张世寅
张　伟 张欣格 张艳阳 张宇超 张　跃 张　越 张志远 章航宇 章　鹏 朱勇进

通信工程(100人)

陈楚茨 陈飞宇 陈建翔 陈俊炜 陈逸凡 程　莹 程子谦 董德成 段佳迪 方成圆
方苗苗 冯学亮 龚建彪 郭　晴 郭志远 韩浩冉 胡力子 黄宥翔 黄珍珍 贾少峰
江　姜 李小豹 李芫芫 李　琰 李　悦 林庆庆 刘明慧 刘少杰 鲁哲宇 罗　璇
马艳慧 潘健健 庞春晖 庞　纪 彭　宓 彭文芳 桑　萌 邵　旭 施　伟 时肖肖
史浩然 宋王峰 苏　进 孙传林 孙启新 谭　啸 陶馨雅 童树凯 汪浩然 王成龙
王金鹏 王　可 王　敏 王　鹏 王　仆 王青松 王清政 王书芹 王小宝 王学研
王雨虹 王育伟 王　云 魏毅民 魏寅威 吴宏伟 吴剑平 吴祎玥 谢婉君 谢晓雨
谢逸彬 徐龙珠 徐孟启 徐　欣 徐智纬 许郑勇 杨灿灿 杨斐然 杨　葵 杨　澍
杨一帆 杨逸飞 于　影 袁　旭 张爱玲 张美玲 张盛羽 张小妍 张　莹 张　治
赵慧慧 赵　琳 赵　琪 钟丽萍 周德舜 周　望 周文骏 周学顶 周子逸 朱　婷

光电信息科学与工程(50人)

蔡兴瑞 陈　齐 陈宇慧 程子璇 崔明清 丁怡洋 杜　锦 樊　威 高　琼 高　锐
高永涛 何程程 何　妍 胡平安 胡圆圆 胡紫杰 黄仁涛 黄玉凤 李翰楠 李诗琪
李岩松 连宇航 吕　游 骆捍文 钱　颖 施彬琦 宋莉莉 孙　玥 汤　高 汤华宇
王　朝 王　楠 王　琦 魏　恩 吴昊佑 项　衔 谢　陈 邢陈陈 熊启森 许恒宇
杨　海 杨　锐 殷承宗 张国澳 张淼淼 张明新 张天乐 赵　杰 周天航 周　悦

自动化(80人)

薄婉琳 卜如峰 陈佑强 陈玉熙 程　超 丁士昆 冯志明 高　硕 耿　涛 龚志强
何若贤 胡正宇 胡　灼 黄　浩 江　彪 姜大双 金星灿 乐雨飞 李　晨 李　铖
李海辉 李文浩 梁丹丹 刘　畅 刘　畅 刘梦圆 刘明明 刘曙森 柳章启 鲁礼黎
陆文彬 罗时莉 罗序军 马甜甜 马雨昕 倪晋红 牛　森 祁良剑 齐晓豪 沈嘉豪
盛　琪 苏金州 孙逸尘 陶学文 汪　滢 王　淦 王　浩 王佳慧 王　杰 王梦哲
王彦章 王友政 王智超 魏潘晨 吴健芳 吴　疑 夏张凯 邢守业 徐承诺 徐靖林
徐智鑫 许德方 许林燕 许旭寻 许亚萍 薛松屹 严凤丹 严佳佳 杨陈晨 余健军
曾　昊 张传强 张　磊 张新月 张钰娴 郑海生 周仕研 周仲洋 朱定超 朱玉凤

化学(师范)(80人)

鲍　捷 毕桂月 卞兴康 卜伟彬 蔡佳庆 曹　瑞 陈本晴 陈　霞 陈心瑶 陈雪莉
池鹏程 邓冬平 郭　健 郭明秀 何世放 黄其鸣 黄　琪 霍雨佳 江雨辰 姜孜南
雷良辰 黎　薇 李辰阳 李　莉 李佩璇 李双双 梁梦婷 廖明臻 刘莉莉 刘强强
刘少林 刘婷婷 刘星宇 卢　晴 吕文超 吕梓炜 马会想 马　兰 马梁红 马皖珍
申　薇 沈雪晴 石心怡 孙多贵 孙　宁 孙雪晴 孙永兴 谭昌龙 唐莹莹 王　磊
王露瑶 王沐春 王钰婷 吴海娟 吴瑞发 吴芯茹 吴煜香 席祥睿 谢晓天 熊琪华
徐加雪 徐　珺 徐启迪 徐瑞明 许婧雯 许媛媛 杨　洋 于海丽 袁晓越 臧　璐
张静瑶 张　娟 张　林 张　琴 张夏晴 章秀玲 章　雨 朱成洋 朱　锐 左云慧

应用化学(100人)

鲍武尚 鲍　宇 鲍玉婷 操册敏 曹　骏 曹小雨 产春红 常　乐 陈　畅 程文婷
方文玲 房永强 费传琦 高芳芳 郭胜楠 洪晨静 胡　琪 胡欣欣 黄梦雅 黄　蕊
黄雪莲 纪明通 孔维茹 来　勇 雷彦杰 李　浩 李梦琪 李梦雪 李姝桢 李婉莹
李翔宇 李玉琪 刘绍欢 刘志豪 刘子豪 马　磊 马梦悦 毛诗宜 孟声超 欧　歌

齐　春　钱文丽　钱之苓　秦一帆　庆　雯　裘　忆　任鸣鹤　尚英建　沈子豪　施曼曼
史梦婷　唐　政　陶灵敏　宛欣鑫　汪亚琪　王　辉　王晶晶　王　坤　王鸣鹿　王若馨
王鑫雨　王邢洁　王雅茹　王紫薇　卫少婷　魏玲莉　吴芳芳　吴　娟　吴子璇　武保德
肖润哲　肖振宇　谢景佳　徐　莉　徐瑞晨　许平方真　许樱子　杨春伦　杨梦琦　杨子城
姚来翠　叶　心　尹雪儿　于博文　余子娟　袁高峰　曾尹飞　张　恒　张妮妮　张　琪
张世坤　张　雪　张　玉　章　俊　赵　卫　赵　岩　郑　杰　周林娟　朱思宇　祝　洁

材料化学(100人)

薄明成　操晶晶　陈　柔　陈世豪　陈媛媛　程伟博　崔明玉　崔世明　杜家伟　高嘉豪
耿苗苗　郭旭东　胡孟星　胡　琴　花剑宇　黄小碟　黄　银　蒋家迪　蒋素侠　蒋雪莲
金启仁　金紫悦　孔天羽　李梦晴　梁明宣　凌忍恶　刘安琪　刘辰宇　刘国聪　刘　蓉
刘杨枝　柳　含　毛雨迪　茆俊杰　梅舜禹　潘俊祺　彭文婷　钱雨薇　秦路路　秦若楠
任宇晴　邵晨阳　时玲玲　宋凯信　宋礼洋　苏澳旗　苏　妍　孙大猛　孙鸿超　孙凌云
汤玉坤　陶宇航　涂丽君　万超凡　汪英杰　王　兵　王　菲　王富荣　王　汉　王进昊
王姗姗　王思雅　王婷婷　王皖露　王　伟　王艳秋　王忆凡　王镇涛　魏　健　吴梦月
吴　倩　吴燕珍　吴永乐　吴　宇　吴宇豪　吴　樾　夏鹏程　谢　亮　修运程　徐怀俊
徐　玲　徐　欣　许　彪　宣海婷　姚　蓓　袁　周　岳粹雪　岳启虎　张宝琴　张光耀
张明颖　张少峰　张婷婷　张　雪　张籽言　章文静　赵佩微　赵子罡　朱润茹　左亚坤

化学工程与工艺(60人)

陈　龙　陈维丽　仇　鑫　邓　琳　刁玉婷　丁　屹　董经纬　杜家昊　杜水云　方子妍
韩孟秦　郝艾婷　洪亚健　洪玉文　黄　蕾　黄利玲　黄梦晨　黄世缘　黄　笑　蒋晓雪
李　娜　李倩楠　李　冉　李婉荣　李旭耀　梁前强　马宜麟　闵冰竹　钱婉萍　任文妮
沈欣怡　宋小娜　宋稚豪　孙　洁　田　晨　王　晨　王　昆　王乐言　王平辰　王　相
王　莹　魏路路　吴　飞　吴梦莹　吴　雪　许　倩　颜雨奥　杨伟超　尤浩园　俞秋帆
俞文泽　袁　迟　张　迁　张仁宇　章晓龙　赵　昕　周　伟　周　语　朱维伟　朱有朕

化学(英才班)(40人)

曹贺贺　曹雅男　陈　焱　邓　力　刁新雅　丁　珂　耿　成　郭　威　何　曈　胡　杨
黄殿扬　贾庆娜　蒋铭熙　居　虎　李　邵　李顺凡　李志斌　梅本星　戚明强　秦自力
宋存煜　宋　炜　汪国昱　王嘉琪　王　磊　王书律　王笑天　王　旭　吴　瑞　吴一凡
徐　杨　许顺康　薛　瑾　杨　旭　叶宏飞　张世宇　张　旭　张亚鹏　周　伟　周文庆

地理科学(师范)(93人)

蔡玲玲　蔡世奇　柴发波　陈申威　陈周尚　程　仪　邓莹莹　董繁凌　樊　英　甘雨欣
高宇凡　韩乐薇　胡家鹏　胡菁菁　简宁杰　江　雯　江卓洋　姜玲俐　孔玲玲　李安琪
李　进　李　露　李　蕊　李　欣　李仪冉　李影芝　梁君霞　凌天龙　刘凤仪　刘鸿瑞
刘　帅　刘婷婷　刘　颖　吕　婧　罗　奚　罗　勇　潘　鹏　乔欣瑞　尚晓凡　史新逸
苏良晨　孙　然　孙　思　孙夏路遥　孙小雨　汤有纯　屠　晓　汪恭举　汪天蕾　汪增磊
王明伟　王铭鸿　王　启　王　茹　王森雨　王庭宇　王欣畅　王　星　吴桂萍　吴　琪
谢诚诚　谢　龙　徐　琛　徐若曦　许岭怡　杨　玲　叶　平　张绪龙　赵淑贤　周佳雨
宾　艳　陈　颖　付媛媛　何芮熹　李海明　任庆雨　苏子钦　孙一凡　唐春霞　汪　静
王艳君　姚俊云　张钰奇　赵依凡　周天舒　朱　侃　宗　爽　朱萧蒙
布威佐合热·艾麦提哈力甫·沙吾提美合日妮萨·伊马木　怒尔东·吐尔逊　吐尔逊·艾尼

旅游管理(78人)

毕景宇　蔡　雯　陈　慧　陈谢芳　董倩倩　干康雅　郭颖秋　胡舒生　胡小芬　胡　艳
黄良燕　江宇航　蒋玮康　蒋紫姻　金　伟　李　露　李　娜　李庆兰　刘瑞瑞　刘云龙

刘紫崴　吕慧卉　马永梦　梅思洋　孟　雅　莫文靓　沈　娜　施　硕　苏浩宇　田　慧
王　卉　王晶晶　王　康　王旻钰　王秋妹　王盛芸　王晓雪　王瑜凡　王雨微　王运鹏
谢靖安　熊邦俭　徐　静　徐梦如　徐先芃　严梦晴　严世丽　杨天禹　姚永兰　叶筱慧
张　萌　张正梅　章瑶瑶　赵飞越　赵慢慢　赵燕燕　赵紫燕　郑梦阳　周子航　朱　凯
朱亚菲　代雅馨　顾圣吉　和志艳　胡文晓　姜晓琳　李超阳　刘新宇　权添齐　谭永东
田　博　王　倩　吴燕燕　许亚楠　詹雅舒　张玉鑫　朱阔阔　吴禹钒

土地资源管理(61人)

卞小武　蔡振滔　程　蕾　樊晓伟　方文正　方　鑫　高　航　高静静　高康康　宫　园
郭漉漉　胡　峥　姜佳惠　柯　楠　李　鼎　李昊明　李丽丽　卢雨佳　罗　耀　钱焕章
钱叶丞　沈晓宇　苏星辉　唐　鸿　唐梦想　王光浩　王　健　王歆恬　王烨茆瑀　王友森
吴桂娇　夏俊武　徐　晨　徐　玥　姚　瑶　殷如婷　余书帆　袁建勋　张梦颖　章　翔
周　环　周　睿　周　翔　祝　徐　储青青　丁嫣然　阚红云　李雨梅　骆皖毅　马占垠
邱　可　孙丽雯　谈心怡　谭舒泽　魏千舜　吴国强　吴钰杰　张怡凤　郑远远　朱星朵
庄　姗

地理信息科学(80人)

蔡晓伟　曹巧巧　曹钰莹　常　恒　常思成　陈智颖　程婷婷　褚向若　崔闰虎　樊月月
甘舒婷　高欣月　高　宇　耿睿萱　郭世豪　韩佳琪　韩瑞超　黄婵娟　黄　静　黄振华
李春雪　李嘉鑫　李翔洲　李正妍　梁子盟　林燕华　凌晓雪　刘蒙蒙　刘倩倩　刘诗捷
刘馨怡　鲁雅兰　马啸原　茆　红　孟　焕　彭可馨　秦淑洁　秦婷婷　盛骁宇孙　李家旺
孙　雨　唐周莹　王　芬　王慧丽　王慧明　吴　婧　吴雪琴　吴正曦　肖怡林　谢　京
邢紫晗　徐文翔　杨安澜　杨　辰　姚姣姣　姚新宇　叶浩宇　尹琦蕾　俞莎莎　张旭晖
张祉妍　章力伟　章莹莹　赵海萍　赵伦红　赵文晨　郑慧玉　朱慧玲　朱　涛　朱紫钰
何佳遥　康盈熙　刘梦蝶　潘俞奕卓　阮高才　唐海洲　万海霞　谢煜欣　张　波　朱文正

城乡规划(40人)

卜玥阳　陈　诺　范知非　高向文　管志文　洪　焱　李国珍　李　虎　李钧玮　李鹏振
李瑞清　李韵竹　李　真　林　涛　鲁瑞琴　毛理虎　时兆慧　王春雨　王　璞　王　颖
魏文静　谢旻彤　许倩雯　杨　敏　杨　萍　杨　研　余璇子　张冰心　张小莲　张　鑫
张一天　周　梦　代多巧　丁　颖　黄　娜　鲁莹莹　潘翠慧　冉雪平　谢婉琦　杨　凯

酒店管理(80人)

陈东旭　陈　卉　陈九恒　陈　乐　陈盼盼　陈正美　程道涛　杜存燕　范智星　方　虎
傅倩倩　管梦阳　何雯燕　胡清芳　胡玉娟　黄静雯　金晓函　李　琛　李路林　李思梦
李晓月　梁炎霞　刘　倩　刘思怡　刘婉婉　刘小青　刘怡莲　吕辰月　吕　甜　齐家军
尚睿思　沈昕玥　孙敏敏　唐婧瑜　陶珊珊　陶文武　汪杏燕　汪芷睿　王大勇　王宏燕
王秋月　王文清　王心怡　魏倩倩　夏　杰　谢　园　邢运瑶　杨晓冉　杨　雪　杨悦悦
叶永康　殷　伟　余文通　袁　静　张家桂　张　乐　张　玲　张梦晴　张雪廷　张宇哲
章淑敏　赵丹丹　赵霖玉　赵　洋　赵院红　赵云飞　郑盼盼　周文云　周星语　周　煜
朱俊龙　程紫娟　黄美楠　李　丹　李　卓　刘昊洁　孙晓丹　谭丽娟　谢颖婕　徐舒娜

生物科学(师范)(100人)

曹　超　曹幸茹　陈梦圆　陈民源　陈　瑞　陈湘仪　陈忠敏　窦艳艳　方　玉　冯坤德
高欣冉　耿肖涵　洪　杰　胡明阳　黄一凡　蒋成煜　蒋婧婧　金安研　金　宏　金姜苹
黎　楠　李娇娇　李克发　李　乐　李琳珠　李　琪　李三强　李　响　李晓雪　林甜甜
刘昌婷　刘宏伟　刘佳慧　刘　洁　刘文静　刘晓雅　刘　奕　罗淑萍　麻婧寒　马芳然
马劲雪　马　烺　沐　阳　牛　利　欧阳佳慧　潘建华　潘文静　庞　筱　钱媛媛　乔海星

秦明东 任淑婷 邵建荣 申向蕊 施 展 石子凡 司洪凡 苏雪妮 孙思源 汪欣然
王玲雅 王鸣泉 王雪纯 王雪莹 韦 净 魏晓丽 吴甘霖 吴子怡 夏悦悦 谢华娇
许滋铄 杨妍妍 杨云帆 尤振云 余 莉 詹吉祥 张 路 张 庆 张亚文 郑如意
郑晓梦 郑 智 钟文玲 周 唯 朱浩东 代金凤 柯涓涓 李建华 李丽萍 李思瑶
刘清馨 龙海萍 吕一平 穆诗卿 任烁烁 石亚冉 孙志艳 武子涵 杨雪妍 朱文杰

生物技术(79人)

鲍逸梅 曹峻楠 曹若冰 曹徐兵 程 璐 仇志锌 崔月悦 戴 怡 方 妍 方 正
高龙威 葛 飘 何 颖 胡诚诚 胡 婕 胡 洋 黄 耀 金克岚 金 雨 李 柯
李天颖 梁梦丹 梁孜婧 刘 未 满晓梅 茆瑞玲 祁洪刚 钱 蕾 钱世玫 邵孟茹
沈思程 沈新禹 施 念 王玢玮 王 浩 王胡瑶 王 楠 王雅美 魏婉月 吴程鹏
吴 涵 吴家敏 吴 婧 吴 曼 吴圣美 吴 悦 夏胜男 杨思贤 叶靓雯 尹雨婷
余 瑶 张 李 张 楠 张童欣 周 悦 朱澳云 朱涵墨 诸 昊 宫 雪 黄建鑫
江欣月 李 超 李 娟 李 通 刘 畅 刘 慧 刘孟文 刘 梦 刘 祥 孙艺函
王文宇 王亚丹 王一涵 吴雨芬 燕旋旋 翟梦燕 张 军 张齐齐 张 苏

园艺(60人)

陈怡丹 储雅娜 单玲玲 方 洁 高 慧 高泰昊 郭佳明 郭宇佳 黄金燕 黄 涛
蒋孟云 李子乔 凌晓庆 刘新月 慕志伟 倪培森 倪云舒 施丹丹 石 伟 史文杰
宋晶晶 田 倩 汪千骞 汪淑佳 汪思远 汪婷玉 王和磊 王俊杰 王 琼 王甜甜
王玉瑶 吴 迪 吴 芳 吴明仪 夏玉莹 邢远飞 徐望丁 余冬海 张 荻 张 静
章 寒 周静涵 朱晨晨 朱广瑞 朱骥文 邹仕丹 冯绮莹 付 博 巩宇星 贾婧怡
姜明璇 李苏婷 刘 瑶 田瑞平 王梦娇 杨梦雨 杨 然 张瑞妮 张天培 周文豪

生态学(30人)

陈雨雯 程景中 程 静 程 莉 高朋悦 郭晓蕾 胡文钟 李可邢 梅梦洁 施 陈
史宝春 宋兰萍 王欣雅 王 梓 吴贝贝 吴雨霏 严 格 尹 波 张雨嫣 赵暖暖
朱秀双 崔艺馨 邓云泽 李 娟 李艳丽 莫树莹 潘荟竹 彭佳淇 唐玉涵 周予羽

生物制药(81人)

卞雨婷 曹菲菲 曹金来 陈 康 程国峰 戴紫珊 房金鑫 付梦媛 高 杰 高 倩
葛苗苗 桂敏慧 贺诗浩 胡金华 黄书瑶 黄 一 计雨婷 姜小燕 孔学莲 李寒露
李千妍 刘 欢 刘 庆 刘镒涵 卢莹莹 罗秀丽 倪何颖 钱 乐 任涛涛 史雪源
孙光菊 唐子昇 汪许晶 王小凤 王心辞 王 旭 王玉娟 王圆霞 魏 峣 吴含香
吴佳静 吴小利 吴紫薇 徐兴琪 薛 瑞 严 苇 杨 璐 杨梦蝶 杨梦圆 叶洁忺
伊 然 余 帆 张虹宇 张 蕾 张李婷 张瑞琦 张文光 张星宇 张 烨 张媛媛
章忆楠 赵荪琦 赵雅晴 周龙凤祥 周梦锦 周啸天 朱文君 冯 洋 黎芃泛 李 月
李 征 罗皓博 马成坤 彭丽华 王姿懿 伍耀瑞 谢宏铃 杨婧嘉 张文敏 赵忠杰
郑 童

生物科学(中外合作)(30人)

丁梦雅 王 军 许梦雅 柏培巍 崔千苑 杜成凤 杜宜迪 冯兆一 黄 未 金 鑫
李洪恩 刘 璐 刘雯青 刘心雨 吕唯嘉 沐璟玮 钱 洋 宋刘美 苏敬雅 汪逸博
王全龙 吴声亮 吴维煜 杨 诚 杨倩灵 张 婷 张心怡 赵静如 朱凌云 朱曦慧

环境科学(71人)

包立旭 蔡燕辉 陈浩然 陈 婕 程安宁 程大荣 程楠楠 程一健 丁城城 董国庆
段金富 高凤辰 韩 欢 韩立瑞 黄从欣 江 玉 兰明岩 李灿灿 李春颜 李 瑞
李兆伟 刘加豪 刘静静 马 楠 马庆冉 潘 亮 潘 瑜 彭五庆 孙 鸿 檀姝娟

汪 童 王 丹 王 琪 吴辰智 吴 瑕 吴正杰 夏 睿 夏雨婷 许亚萍 杨斯翰
杨婉悦 张东帅 张家倩 张菊琴 张梦云 张萱萱 赵格格 赵俊杰 赵雅玲 赵 洋
赵知倩 郑嘉伟 周 燕 周远鸿 朱培蓓 陈子墨 段 钒 方贤慧 郭小红 郝小琴
雷济慈 陶 雪 王言放 王紫伟 尹家轩 余诗妙 张晶晶 张珏明 张可心 张欣雨
郑涵洲

环境工程(81人)

柏 洋 曹世伟 陈 庆 程君窈 程阳春 储星宇 代劲松 杜存涛 杜 平 高 雅
何 聪 黄 慧 黄佳乐 黄凯莉 黄 蓉 黄 崧 吉慧敏 江一凡 姜多婷 金玉红
阚凌宇 康 加 李 凡 李怀骄 李 静 李 清 李婉莹 李伟龙 李心月 梁小虎
刘 琨 刘思奇 刘欣宇 刘子琦 明晨曙 潘晨苗 潘 钰 秦幸敏 邵誉炜 施胜晖
宋沪生 宋俣友合 汪泽媛 王来春 王倩雯 王 冉 王晓迪 王信超 王玉楠 魏朋程
魏小宝 吴 彤 夏双双 徐 亮 徐兴芸 徐颐贞 杨 永 殷康健 张皖琪 张艺萱
赵 梦 周红梅 周 曼 冯家颖 付佳慧 李博文 李春婧 刘家乐 彭晶晶 邵倩玉
孙倩兰 孙兆欣 宛 俊 王一蓓 文 莹 吴梦琦 余香芬 张铭轩 张席侨 张志成
郑佳晨

食品质量与安全(70人)

查玉莹 陈 澳 陈宏健 陈 潜 崇贵玥 崇 敏 储 峰 戴寅贵 丁学凤 杜婕伟
方紫瑜 冯岑岑 洪婉悦 李 杉 刘 畅 娄秀萍 吕伟兵 毛博华 宋 昕 孙梦林
汪吉霞 汪俊杰 王曼玉 王梦茹 王姝凡 王昕玥 王祖未 吴俊楠 谢歆悦 谢 赟
邢海燕 徐 晗 徐 珂 颜家玲 杨明洁 杨子江 尤 嘉 於 露 翟雯萱 张 慧
张小凤 张 艺 章晋敏 章伟玲 赵永康 郑立勤 周文贝 周雪健 朱 静 朱梦雪
柏 雨 陈芳芳 陈 艳 陈雨姝 杜若滢 李 慧 李陆梅 李筱彤 李雪怡 李玉琳
刘嘉琪 罗慧敏 史智超 宋文君 唐文博 万 锋 吴晶晶 吴 颖 吴振明 徐冬雪

食品科学与工程(80人)

曹晶晶 曹 阳 曹雨婷 常欣怡 常馨雨 陈功慧 陈 可 陈路平 陈 雪 段金贵
段赵欣 方 岑 方慧婷 冯心月 桂雨婷 郭 晨 郭晨晨 郭红华 郭靖怡 韩明雪
洪以保 胡 进 胡 琳 胡懿萱 李慧敏 李伟群 李星慧 李 雪 梁雨晴 刘 静
刘 薇 刘 啸 柳雨欣 卢慧敏 马高歌 马雯瑞 茆哲钧 苗子健 聂晶晶 牛永鑫
钱 玥 任悦悦 史雅丽 孙娜佳 孙婉婉 檀珊珊 汤晓庆 唐永娟 陶田田 田 晴
王慧慧 王 菁 王 瑛 伍宇杰 邢明成 徐 瑞 徐雅琴 闫梦勤 杨荣荣 杨 州
姚 浩 张成俊 张 颖 章升霞 赵文萍 钟雅兰 朱剑荣 白艳芳 陈 思 丁虎成
郭孟辉 胡小莉 李书婷 李祉依 凌 利 盛义杰 提芳芳 曾莉媛 张 凤 张 宁

(教务处供稿)

(三)2017级研究生新生名单

博士研究生

马克思主义基本原理(4人)

刘丹丹 朱立冬 韩 旭 杨 皓

思想政治教育(7人)

汤小宾 陈德洋 郭婉绯 陈 薇 方 兵 井红波 王碧波

中国语言文学(12人)

余一力　黄诚祯　徐丽娜　申　辰　温志权　彭正生　王祎灵　张慧颖　汪　钰　唐佳女
南江涛　李小平

中国史(11人)

董晓艳　宋　杰　王建辉　王光煜　姚敏侠　王鹏程　张开宏　徐紫林　唐菡悄　马家安
范小虎

化学(7人)

秦国旭　葛　跃　汪　浩　罗　乐　吕　帆　缪　伟　黄　飞

人文地理学(8人)

黄华芳　李　敬　王金莲　刘　娟　刘　斌　李　龙　管　晶　李检舟

生物学(11人)

王凤各　张继辉　杨　帆　许　慧　丁　见　高继光　喻丽珍　吕　品　文　斌　刘　坤
何　萍

生态学(5人)

许　远　谈　凯　疏义林　张艳华　杨福林

硕士研究生

哲学(17人)

陈　欢　黄小燕　洪祖利　纪少文　朱李玲　叶　倩　丁　宁　鲍一飞　冀振缔　吴昕玥
刘健雄　黄克鸣　赵　蓓　邹　雯　王翔仟　杨柳青　胡雪莲

美学(6人)

张　甜　陈　晨　高　莹　李春霞　李　洋　时静静

理论经济学(11人)

姚怡彧　姚宏祺　刘　林　杨鑫萌　鲁　晨　沈洁婷　王武林　汪森芳　徐　明　许青霞
吴梦君

区域经济学(1人)

孙亚军

应用统计(17人)

陈宗兴　常　硕　徐　慧　宋宜欢　陈青青　余　迅　于雪雨　叶　迪　张　雪　杜萍萍
杨　绪　部洪营　张　昭　郝　时　丁照银　毛　艾　陈　东

法学(31人)

黄进晖　江　东　束蓓蓓　邱　梦　薛　鹏　黄世凯　洪　刚　姚德军　钱　景　周敬来
贺艳梅　储　瑾　薛　成　马　玲　栾　宁　陈　超　刘忠德　伍　昆　韩　勇　单春光
季　夏　吴镱俊　曹永军　卢颢月　孙佳佳　包　陈　王　涛　朱　煜　施　嫆　刘　璐
杜文秀

政治学(12人)

张佳慧　骆一凡　王　睿　张妍妍　李青文　吴巧巧　张　旗　程远涛　郑　坤　钟云飞
付薇韦　李思雨

中共党史(6人)

蒋夏潞　冯　晟　胡家其　樊晶晶　张　弓　郑仁璐

社会学(8人)

侯青青　刘　珺　翁　慧　杨智颖　王　韬　李　洁　芮　唱　张云伟

马克思主义理论(34人)

王　野　操英静　潘　昕　齐旭旺　杨淑蕊　陈新宇　蒋星星　金孙磊　胡啟斌　王英英

朱　夔　钟佩玲　王　燕　邓闪闪　侯永康　朱梦洁　钱亚琴　毕以然　张　璇　冯一硕
蔡　文　崔东方　高　雅　吴素娟　晏　然　曾　璐　邢盈盈　江琳琳　王岩岩　卢珊珊
陈　静　刘洋洋　张秀娟　丁　鑫

法律(非法学)(18人)

吴文琦　方宝华　罗远航　汪星池　李馨凝　陈艾文　赵　茹　任克鹏　周树天　王　桦
俞任仲　沃晓磊　周致远　孙国浩　汤桓苏　奚嗣顺　谢　霆　程淑颖

法律(法学)(17人)

杨　琪　丁亚萍　阮仁婕　白　洁　王　琪　黄婷婷　尹娜娜　张　莹　郑　耀　汪佳欣
刘　婷　杜　平　赵义丹　张　浩　刘成成　刘　慧　周建军

社会工作(27人)

潘瑞瑞　张新斌　钱玉瑾　武成威　徐莎莎　管秋爽　范静林　王宇珺　杨　阳　兀莹杰
韩雪雪　韩　月　陶晓举　许　培　查世豪　梁任坤　刘　俊　孙天骄　李天颖　贺明明
朱小俭　吴文卓　卜宇程　李　成　查晨晨　黄浪平　韩孟孟

教育学(30人)

李　雪　钱　慧　刘洪钰　房　聪　王七巧　陈　莉　夏　丹　徐　祎　潘　娟　唐佳丽
吴关霞　倪　健　李　艳　姚易彤　王清涛　施维瑞　汪　芳　丁自沁　侯　睿　吴巧娇
肖玉侠　邹冰璇　张江阁　苏　慧　李　灿　李东梅　刘　庆　陶尚文　陶秀兰　余　露

课程与教学论(17人)

夏　芬　杨　青　马红丽　徐　倩　鲍放琦　梁　俊　王　静　丁　畅　江媛瑶　董阳春
丁　珂　杜娅婷　丁婉婉　韩慧磊　夏　梅　方　健　许　梅

心理学(18人)

左晨毅　张　鑫　吴　锋　蒲　蓉　余明秀　康　琪　张云兰　邵杉杉　席　剑　王雅梅
李　光　陈少月　高　卉　吕碧君　叶舒婷　彭　程　程家琪　郭俊俏

体育学(32人)

何　希　芮瑶瑶　储　楚　王　倩　毕圆圆　刘　云　马　珺　方丹妮　伍　斐　任丽丽
许　鹏　靳克忍　曹　超　方孝文　冯亚林　高　蕊　洪　娟　金欣欣　林伟其　裴路雨
钱亚琴　邵徐亮　孙　林　王　越　张　欣　王金彤　王昱鑫　程　欣　刘新宏　石玉友
陶李郁　郑岚岚

教育管理(6人)

李　娇　周　健　李丽娜　柏洪全　焦存庆　陶小翠

学科教学(思政)(33人)

张典泽　陈春辉　陈　敏　余慧芬　刘一俊　钱璐瑶　谭彬彬　豆丽婷　丁　竹　纪明月
鲁　阳　彭泳力　沈婷婷　陶苗苗　王　娟　王　薇　徐露露　杨璐璐　袁　美　肖　瑶
张　莹　邢娇娇　徐银凤　吕碧如　杨　晨　徐翠红　李　莲　胡晓燕　胡银翠　丁　彤
汉帼君　周利民　葛鹭鹭

学科教学(语文)(69人)

陈国蓉　李艳艳　张文竹　王若男　张亚茹　戈明月　金　阳　卜　杰　陈晶晶　秦　燕
谷星茹　朱　云　鹿　瑶　邓卫玲　韩　艳　李　凯　潘菁云　苑万军　王玉静　周倩如
贺玉环　曹文涛　储宁静　黄　婷　李　娟　施　惠　隋忠静　孙方丽　吴云云　夏桐鑫
张　曼　章胜男　高　园　吴可儿　余　玲　马　静　杜婉秋　冯晓敏　李　曼　史国勤
杨振忠　管　芹　李春艳　王佳琦　吴科毅　韩甜甜　陈雅婷　叶卓然　汪珂芳　郑皓月
刘芳芳　费　柳　胡红霞　王　悦　辛换换　姚　清　周　凤　朱建秋　范国彩　张丽芳
杨少丽　刘春乐　谢中曼　杨　丹　杨　梅　李靖悦　胡　月　许　可　叶喜娟

学科教学(数学)(18人)

刘华夏　李纬明　徐　鹏　潘玉琪　张程程　杜　蕾　张绍霞　张　妍　姜楚楚　蔡　坤
王雪杰　韩丽君　徐　滔　戴云天　史寿青　张超杰　谢传会　徐浩宇

学科教学(物理)(11人)

郑满琴　蔡凯琴　蒋兴东　王靖雯　仲崇龙　苏银凤　葛林林　吴　桐　姚孝飞　金　政
姚　瑶

学科教学(化学)(23人)

张　莹　范丹丹　胡雨晴　付立平　李思晴　史立康　徐娟娟　姜　涵　汪燕勤　董亚玲
李小三　盛　荣　孙传文　李萧文　刘　昕　刘　禹　汪兵兵　黄晖晖　王旦旦　李媛媛
徐佳靖　王莲翠　朱敏芳

学科教学(生物)(26人)

胡天龙　万丽娟　陈丽娟　陈　茜　代亚楠　方晓芬　郭　萍　孟　蕊　宿方方　孙　磊
周美英　田星星　朱亚兰　刘红蕾　徐双双　牛浩然　戚欣霞　张淑霞　解明瑞　赵悦廷
王梦田　陶宝磊　文　秀　李　昊　李　元　方伟奇

学科教学(英语)(49人)

罗成云　方敏洁　胡轩琳　黄　荣　吴兴华　方　舟　杨华静　杨　翠　戴　敏　胡春云
谢　芳　吴雪琪　卞伟奇　于媛媛　焦明强　曹　琼　胡秀莲　蒋飞飞　李佳佳　李　莉
刘杰娟　刘　曼　马凌霞　潘慧辰　沈娜娜　汤佳乐　万　明　王　晔　张若微　赵　敏
朱梦圆　吕惠燕　黄　婷　翟广艳　张　梅　王露露　朱迎春　邓召弟　张诗情　郭贵贤
陆颖艳　仇　瑞　黄祺霖　冉萍萍　刘文静　段彭彬　何　阳　母文利　丁　耘

学科教学(历史)(30人)

臧　弦　朱　迪　陈大鹏　王　帅　彭杨杨　李高攀　刘蓉蓉　黄郝萍　刘　鹏　葛　立
张庆喜　佘璐晶　何宇辰　李雪柔　毛媛媛　宋晓静　吴倩南　杨　森　叶　枫　袁胜男
沈正娟　陈本朋　曹　敏　余　佩　常甜甜　杨天利　雷　琪　陈　瑶　余俊佳　蔡艳华

学科教学(地理)(15人)

何叶林　鲍凯利　张耀丹　吴　圆　马玉梅　杨　露　黄　斌　陈文静　陈　彦　付立萍
高　璐　魏中福　王　瑞　代梦云　张江涛

学科教学(音乐)(9人)

胡小莉　曹　源　房　润　罗云丹　潘晓艺　王　莉　周　颖　朱　文　郭希慧

学科教学(体育)(2人)

赵青松　程　贺

现代教育技术(13人)

伍　涛　朱梅萱　王楚楚　李梦婷　江　英　孙岩松　石桂云　金　辉　蒋美雪　王　晋
李　悦　刘　雨　程　茜

小学教育(37人)

查　严　张媛媛　徐国玥　张杏枝　张学洲　李　敏　丁　苗　高　娟　何　真　钱小燕
汪芳芳　张　蕊　朱　青　王　硕　赵子艳　张　瑞　杨　岩　方光惠　曾　艳　陈　婷
王　婷　李文丹　刘雨薇　都梦瑶　夏　玮　张月晨　王　杰　陈　露　黄红林　张梦娣
柯　宇　刘　阳　章智强　张海燕　陈　萍　陶　靓　朱钰婷

心理健康教育(35人)

姜　帆　蒋家秀　吴　玲　胡　哲　周　燕　柴　媛　陶文君　杜　梅　伍惠文　赵慧宇
刘凯庆　储亚琼　林　琳　吴晓敏　周新秀　胡迁迁　丁超凡　刘　萍　沈梦莹　王瑞雪
王天宇　周　兰　殷明敏　任雅斯　白营营　王　帅　朱千紫　王蕊艳　张　云　赵龙锦

黄亚桥　孔庆玲　徐　菲　宁　静　宁敏敏

学前教育(6人)

吴雅慧　韩留琴　李　瑞　张敏洁　刘　玉　徐　娟

职业技术教育(29人)

孙天慈　穆潘潘　张婉春　王　影　谢逸飞　邢　韵　刘　婷　丁文一　程　翱　刘婷婷
谢俊敏　陈何舟　杨　欣　余新爱　陈　鑫　王　浩　孙银玉　刘　丹　王　敏　宋　娇
赵　翔　王玉萍　何雅欣　何逸飞　徐艳利　袁小婉　王　芸　叶明江　李田丽

职业技术教育(公共管理与服务)(1人)

杨　娜

体育(61人)

朱婷婷　沈　威　徐晓艺　桂诗春　韩亚婷　杨　磊　王翔翔　章　杰　丁景景　董　科
葛锐涛　胡昭椿　李雨琪　魏　华　徐冬冬　闫少峰　朱仁杰　叶　宇　沙天德　周海琦
郭远冬　叶美玲　马　硕　郑　颖　江文琴　李　刚　陈　康　程慢莉　冯子璇　何瑞雪
焦　梅　李小杰　马　跃　梅　莹　申　圳　石灵珊　汤嘉敏　王　璐　王　毅　魏　伟
吴　婷　王小虹　于军莹　张一琛　陈旭光　付贤达　郭家耀　何　童　李井玉　刘　笑
宋优悠　王　昊　王俊鑫　吴弘霖　高婷婷　陈会康　华家明　张　旭　童彦章　胡皓男
吴兴强

竞赛组织(3人)

赵丹丹　蒋　玲　卢　杰

汉语国际教育(28人)

胡健禺　周　旭　陈京丽　杨　林　陈名月　卞雪瑶　汪　萍　夏冬梅　王　敏　庞银银
张　俊　吴珊珊　焦胜男　窦月月　郭　雪　孙小梅　王梦雯　黄　蓉　吴景岚　朱柳仿
彭少奇　刘一丹　彭云静　张依博　罗益民　赵飞飞　周超月　马　琳

中国语言文学(87人)

王娇娇　童　升　陆志倩　高婷婷　张仕洁　胡方舟　宋璨璨　张红红　许　蕤　刘　琦
张　雨　刘朝元　刘靖云　马圆圆　周义难　相　文　谢胜男　张艺静　黄　娟　张　艺
牛　鹏　赵　越　金　语　何泽鹏　周思璐　丁　宁　陈瑞雪　凤丹丹　李　静　代建园
黄培培　马淑雯　宋梦萍　汪　清　吴仕颖　张宁宁　王雪梅　潘盈帆　杜　锐　马亚琴
夏婉莹　冯璐瑶　韩　冰　李素萍　石康宁　余道兵　范夏勋　戴姝丽　华孟雅　计银银
彭　芳　桑冷燕　项　蕾　邢运欣　徐红杏　许　璐　杨　璐　张　振　唐　棠　何玉立
支琪皓　黄　慧　王长远　江　蓉　徐　扬　丁　璇　黄　洁　江紫睿　胡文芳　刘佳云
孙丽萍　徐雅丽　张坤坤　张丽君　寇莹莹　邓　鑫　贺　珍　倪亮亮　王　敏　盛婷婷
曹思远　刘香娇　董方子　孙　露　邝芙丽　刘蕾蕾　王　漫

比较文学与世界文学(1人)

赵田园

英语语言文学(16人)

阮文金　孙丹丹　高　敏　胡子怡　钱　玲　曾　环　陈婷婷　杨春莲　周娅子　徐青青
孙　悦　曹　清　王娜娜　殷夏兰　赵　莹　周声勇

新闻传播学(22人)

阮孟玥　朱飞虎　梁　嘉　钟　静　彭志全　刘诗捷　邓明丽　何艳霞　张　悦　鲍素娥
郑仁乐　王红梅　谭海燕　李雪婷　沈　宇　程馨媛　盛　洁　贺　甜　刘体凤　邵晓杰
蒋　敏　韩锦洲

新闻与传播(21人)

周文文 陈 康 丁娟娟 王亚鹏 王 夏 马 悦 董闻磊 黄涛艳 陶慧敏 刘梦然 叶志天 张 琪 陈 媛 方 颖 李居旖 梅 洁 缪 鹏 邵学达 张思梦 陈 玮 周吉林

中国史(28人)

常泽宇 万红康丽 王 芹 沈梦怡 蔡燕灵 黄 伟 杨 芳 朱传炜 余运生 杜曼秋 谷梦月 李艳艳 任小虎 刘 欢 翟自成 陈 俊 金 慧 江 聪 刘雪梅 孙方兴 汤兰兰 汪惟泽 李阿康 李依韩 辜 柔 曹 阳 周奕鑫 周婧楠

文献资源保护与利用(6人)

王 庆 方 炜 张雅玮 张 敏 谢琼羽 贾媛媛

世界史(15人)

汪兆祺 李学成 王 瑶 肖彦卿 吴胜钱 董保佳 阮 琪 毕权东 毕国栋 王志琨 黄 灿 郭 豆 孟 灿 马 翔 朱 颖

数学(28人)

徐文涛 周晓芳 周秀娟 郑纪文 位梦婷 肖瑞东 李露露 陈丽雪 江潮源 孟希望 王康吉 陈金琼 肖诚诚 秦 龙 李德恩 俞 荣 夏春萍 周倩倩 彭 菲 吴 丹 王 露 刘松松 郑 沁 赵惠妍 徐婷婷 何兆成 毕娜娜 邢 赟

物理学(44人)

凡佳囡 孙桂芳 王永为 许 娴 陈 康 崔婷婷 黄雨淋 贾 韧 李坤坤 李 强 叶 晟 张艳茹 李 治 孟玉洁 吴广成 徐婉婉 钱 静 周永帅 程龙阅 吴冉俊 刘 锐 余 童 陈 晨 戴 舒 方 鹏 胡 韧 李珺凯 刘聪聪 刘凯文 盛 宇 汪 晓 许晨晨 应世伟 李鹏飞 田 莉 张继前 陈孟磊 齐嘉馨 秦赛赛 周正兰 朱存远 张文杰 代贝贝 周 敏

化学(97人)

赵明英 洪礼锐 郑晓杰 李 梅 张星宇 李明霞 姜欢欢 于金金 李桂香 刘艳飞 李 娟 孙金霞 查 玲 秦海林 张 宏 朱昭阳 马婉娇 丁颖艺 刘飞杨 陈 唯 潘孟可 熊春艳 杨 程 曹会会 王 景 谢梦情 陈子行 胡 慧 庞莎莎 钱才华 汪 萌 杨 军 赵敬娟 万依菲 孙 飞 刘 源 黄 玉 杨飞虎 周 鑫 鲍慧娟 李瑞瑞 唐 强 杨小磊 朱劲劲 刘子萌 朱 翔 史 瑞 王文静 杨曼玉 陈康康 孙丽苹 王美臣 王 标 吴伟康 韩素军 杨 光 阚鹏飞 项 强 张媛媛 程孟莹 吴 勇 李晓蕾 丁 泱 连中宇 陈 希 王 鹤 柴 绒 陈雪莉 梁 好 刘 超 陆 靖 汪 文 王开倩 杨 磊 杨婷婷 杨雪萍 张 军 李晓悦 李龙宣 杜国亚 漆 玲 唐 冰 董若浩 钟向阳 高丽丽 郭子仪 李雪艳 张亚楠 韦让灵 杜腾腾 王 振 王相宇 杨 晨 崔 煜 姜 文 李 娜 范婷婷

地理学(58人)

袁 婷 何 好 余海啸 安 源 朱鹏程 赵 重 王 宁 汪晓弈 徐晶鑫 于 红 江海林 赵传慧 詹辉杰 张姗姗 汪 静 方莉莉 柏广言 刘红婷 宋 玉 杨万明 朱 昌 韦飞群 张 潇 贺亚楠 毛文权 张天然 汪剑飞 廖润霞 张经纬 解进飞 杨先成 曹 乐 夏 敏 张 硕 任申萍 任雅茹 王 月 周 慧 董晓宁 水宏伟 汤 志 彭 杰 韩红豆 黄 静 彭媛媛 汪明秀 夏晓圣 章群英 柏晶菁 余志超 章屹祯 李梦雨 王佳佳 杨青青 马志远 谢乙莹 何强弟 占得龙

生物学(61人)

陈可可 司成才 方苏萍 赵小静 李 蓓 余宏九 蒋凤娟 张 静 吴 爽 张 超

蒋凯丽　潘　登　杨　帅　赵艳芳　贺淑蕊　范舒晓　籍蓉蓉　时玲玲　黄　娇　任巧玉
邢　权　王　林　位诗棋　潘　川　王晓玉　陈明明　侯少林　孙思琪　程　前　陈　强
盛雅娟　胡　玮　江孝俊　陈雪霏　王　玉　王　静　鲍元天　丁恒武　段书龙　孙铭钟
王　剑　姚祥龙　王湘林　蒋璐璐　吴香恒　张　颂　任　刚　董锦绣　吴　深　完建永
郑全振　郭秀秀　冯登峰　夏　琴　常佳佳　周露纯　杨宜冰　徐　峰　林　博　衡武警

生物物理学(2人)

方婷婷　蒋亚飞

生态学(21人)

葛翠翠　罗　彤　张　坤　刘姝文　赵　昕　李　猛　马　冰　张慧娟　赵　旭　毛　娟
郑　露　陈孟芳　彭珊珊　孙玉洁　刘远辉　秦振杰　王　生　胡丹丹　乔加玲　唐　东
万　全

统计学(6人)

陈方雪　赵彦玲　黄文玉　刘环玉　胡译文　单思维

教育技术学(16人)

汪　颖　刘红艳　戴濛濛　唐怡新　汪　凡　杨宇霆　刘　婷　徐舒婕　许文齐　张翠翠
张高亮　崔福玲　潘　阳　周淑焓　王凯莉　胡倞茜

材料物理与化学(5人)

李　文　王吕旋　熊　瑞　李毛林　徐笑笑

材料学(5人)

汪清玉　毕　挺　刘洋洋　崔　鑫　何　鹏

计算机科学与技术(27人)

许闪闪　顾珺欣　梅　凡　慈　尚　林文诗　程　徐　赵启熙　黄　琤　张　琦　汪祥舜
李贺举　赵晨曦　李　童　陈绪凯　张泽培　王永录　丁玉祥　胡朝焱　金　鑫　孙鋆哲
张　道　朱楠楠　陈林烽　孙　回　王正东　王志刚　赵延年

物联网技术(5人)

李琦琦　黄　瑞　刘娅妮　钱隆彦　张有健

应用化学(12人)

李　雪　狄光源　钟　令　黄　超　徐俏俏　蒋　晨　李　茂　方　静　刘　倩　魏玉坤
范明丽　朱加明

环境科学与工程(24人)

张金铭　杨贝贝　程雅琳　章　慧　陈小云　李敬宜　胡林娜　田　伟　邢　琛　倪　冬
夏函青　陈　晨　姜珍珍　金　鑫　任才涛　崔嘉吉　温瑞庭　田　彤　王　昊　赵　璐
史鹏程　高　亢　李　带　刘瀚阳

光学工程(10人)

赵宏伟　李亚茹　汪　军　徐　静　陈加伐　吴　敏　陈　斌　李　源　易　伟　潘井宇

工商管理(16人)

胡润鸿　陈劼绮　曹苗苗　李桂莎　苏　会　徐佳慧　吴　臻　刘经涛　周　琪　武　涛
张小宁　朱仙玲　许　丁　朱守梅　崔之皓　许厚斌

社会保障(6人)

盛尔杰　胡玉乐　闻雨琪　王　蓝　张振宁　周婷婷

土地资源管理(6人)

王姣姣　张成龙　吕晓艳　朱　勇　洪德和　马丽君

会计(30人)

罗倩雯 徐汉伦 袁海云 梁 勇 李灵樨 王子惠 李文浩 黄 婷 李明哲 万双婷
汪维珊 金晓婕 周婷婷 江 昕 潘丽君 唐思婷 王琼雅 吴萌萌 谢 静 余克楠
周 可 祝文勇 梅雅静 徐紫薇 程明雪 胡健翔 宋雅婧 胡孝月 曾 微 张智琪

旅游管理(12人)

单文文 何 超 阮 娟 张 瑞 应 莹 丁 俊 黄 静 杨 烨 江建飞 余 婕
翟柳婷 刘成龙

音乐与舞蹈学(12人)

秦 晴 陈佩茹 徐 涛 李皞阳 孙玉楼 朱祎彤 杨 笑 李梦晨 张惠婷 张宇晨
牛晓静 梁学盈

戏剧与影视学(14人)

朱小冉 王思哲 闫 灿 陈奎奎 胡晓菲 胡亚男 申定阳 汪丽娜 李 萍 徐红群
汪家琪 闫路瑶 陈 幸 陶 凯

美术学(17人)

胡 洁 张静文 赵宜凡 贾 悦 余静洋 周姗姗 朱儒学 陈钰膳 杜 珊 陶海艳
仰 静 张宗成 李 欢 王泽源 方一飞 刘 勇 夏 坤

音乐(36人)

刘 畅 王光丽 蔡 瑞 涂芳芳 何梦颖 裴振屹 孙孟颖 李 珍 王秀红 曹 歌
崔雨薇 江吟歆 唐光华 王 玫 吴 静 席俊慧 杨 顺 叶小爽 臧友燕 张圆方
朱 曦 高 健 高 朋 申莹璐 王原驰 张 璐 冯小芮 孙 杉 吴 静 张菡语
胡恩娜 倪玥蓉 张静云 向 笑 韩 璐 刘碧洲

广播电视(19人)

孙苗苗 朱凯波 王媛媛 李 想 徐 景 董婷婷 贾 芮 徐亚兰 张文萍 盛 男
徐文文 武晓雪 姚 远 丁 剑 姜芦娜 丁英庆 孙 娟 程文香 李 解

美术(40人)

陈科宇 陈普育 丁 羽 韩 浩 姜 磊 凌 歆 芦 浩 马星星 钱 磊 谭 恺
王璐瑶 王 鹏 王苏静 王学丹 吴楠楠 谢玲玲 杨美玲 于依然 张 堃 张 艳
赵雨薇 郑 妍 周 欢 朱艺蕾 朱玉坤 鲍凌雲 黄冰清 黄 颖 江 露 刘含倩
马玉梅 邵珊珊 徐 果 杨任静 赵 洁 朱丽元 戴璟桥 汪亭云 周 芳 周 馨

艺术设计(21人)

余 敏 陈 林 付 玉 高伟飞 吉静艺 秦梦成 孙临风 汪玥婷 杨 芳 崔佳琪
蒋小蕾 罗逸飞 石 蕊 邢时姣 张洪亮 陈可若 郭 云 侯茹月 李月柔 王文婧
王孝苗

(研究生院供稿)

(四)2017届本科毕业生名单

播音与主持艺术(65人)

曹 娜 常梦雅 陈宇昕 邓惠君 凡鹏杰 方 园 付 阳 葛 畅 何馨怡 胡 坤
胡晓菲 黄悦雯 杨明月 李佳美 李 梦 李云舫 李泽召 梁泰宁 林 斌 刘 斌
刘倩倩 刘汪洋 刘雪纯 鲁 静 马晓洁 聂子贺 彭雅文 齐东博 邱天琪 檀孝文

唐　鑫　王　茹　王忆凡　王逸雯　吴文杰　夏　智　肖楚颜　谢昕彤　修　远　徐秋诗
徐唯玮　许晨阳　许正昊　杨雨欣　叶　娴　尹　涵　张　浩　张慧娴　张梦妮　张书琦
张　翔　张钰菀　章　涵　赵　婷　周锦慧　周梦澜　朱　玥　盖晨飞　鲁梦微　牛晓慧
盛　男　唐嘉垚　于　潇　刘　源　蓝天明珠

播音与主持艺术(空乘与礼仪方向)(207人)

杨倩倩　鲍凌峰　曹皓然　曹　培　陈莉萍　陈思诗　陈小燕　陈　影　程　澄　程胡璇
程　颖　程　卓　崔　娟　戴安娜　邓慧慧　邓培璐　丁超凡　丁　成　丁　佳　丁其麟
丁　玥　丁志康　杜皓韵　樊　琪　范　宁　方媛媛　方子剑　费茹蓉　冯　昊　冯　俞
高　峰　高　鹏　高跃南　葛筱韵　龚志远　谷欢欢　顾时语　管萍萍　郝巾雯　郝　静
胡　勐　胡梦云　胡　润　花茂林　花馨原　黄瑞雪　黄艺婧　江碧珍　金　晶　金　鑫
瞿丽娜　孔令珠　李朝夕　李良杰　李凌龙　李明泽　李幸雯　李雪鸿　李雅琦　李　严
李　钰　李蕴炜　李　哲　梁珊珊　梁　雪　刘　畅　刘　坤　刘　庆　刘　纹　刘小静
刘晓琴　刘　旭　刘逸雪　卢成跃　卢紫薇　罗　敏　马春辉　毛方园　茆　婧　梅发咏
梅佳妮　梅　洁　倪　琴　年青青　聂容玲　聂万翔　宁琪涵　潘　涛　彭杨洋　任冰冰
芮　翼　桑俊杰　施蓓蓓　石灵珊　石　爽　宋　健　宋　冉　苏心怡　随　娜　孙广煜
孙佳媛　孙　义　唐冰冰　唐子薇　陶　韵　涂　婉　万红雨　汪　晨　汪慧玲　汪琳子
汪自强　王彩云　王恩珠　王俊鑫　王琨煜　王乐乐　王令媛　王　倩　王　睿　王婷婷
王　彤　王旭鹏　卫海娇　邬晓芮　吴楚楚　吴凌峰　吴　倩　吴　玥　伍　芸　夏　萍
夏　云　谢佳明　徐鼎宜　徐　钰　徐　越　徐韵佳　许　乔　许　杨　许云霜　薛　瑞
严海珊　晏怀可　杨　珂　杨梦女　姚京京　姚　璐　姚淑娜　殷晔鸣　殷義仁　俞　敏
俞　勇　袁梦婷　翟　毅　张　成　张　慧　张　洁　张　瑞　张天虹　张玄侦　张　雪
张雪莹　张雅怡　张永晨　张永健　张雨梦　章婉莹　赵　澈　赵莉莉　郑少东　周　东
张　亮　周海梅　周婷婷　周亚楠　朱婧茹　朱小冉　朱晓雨　朱　漪　陈博群　陈　冲
陈　格　高晶晶　耿德伟　李姗姗　李逸峰　吕怡璇　王　芳　王芙蓉　王明月　杨颖颖
张海波　章鸿浩　洪　旭　李明达　李雅琴　王冬冬　王　慧　张　玥　赵思雨　刘震沛
马良静　孙孟进　王佩伟　徐信翔　张　恒　艾晋永皓　周陈元怡

材料化学(111人)

许　明　高　能　安浩伟　鲍慧娟　曹文健　查弘宇　陈长辉　陈海涛　陈兰兰　陈天昊
程淑敏　代继杨　戴　超　邓　兰　董若浩　方佳新　方甜甜　方　玮　房俊花　干天爵
高　月　葛宗跃　耿　竞　顾明政　桂仔航　郭　玉　韩　露　贺俊峰　胡　婧　胡　坤
胡雪纯　胡雪菲　胡志康　黄　菊　黄　蓉　计思涵　贾　雪　江丽华　江亚沁　蒋年新
李　欣　刘晨晖　刘传杰　刘邓辉　刘　苏　吕　丹　吕回回　梅胜适　苗　洋　明　江
戚灵莉　钱浩杰　乔士金　唐均均　陶　钦　万智慧　汪慧敏　汪　昕　汪　洋　王晨曦
王昊地　王　俊　王吕旋　王　毛　王　敏　王　武　王　欣　王雨乾　王玉成　吴浩洁
吴星辰　吴永慧　夏冬春　夏佳慧　肖　垚　邢平星　徐　刚　徐　军　徐康生　徐乐雨
徐泽明　许　文　鄢　雨　杨　倩　杨小磊　姚海生　叶云龙　尹　宇　袁海涛　张　凡
张明月　张　荣　张晓慧　张星汉　张雅婷　张　勇　张玉峰　赵　强　郑小凡　支蔓玲
周　衡　周　涛　周　鑫　朱加明　朱劲劲　卓凯锋　武茜茜　汤嵩建　吴　洲　戴森根
陈昌振

财务管理(93人)

黄晶晶　王　杰　洪倩宇　毕肖雯　蔡　敏　曹　琳　曹　霞　常　敏　陈淑慧　陈学茹
陈阳阳　陈　桢　代贝贝　丁明鑫　方　圆　冯媛媛　付腊梅　傅静怡　高　瑞　高雅倩
耿传荣　龚德瑞　郭晶晶　韩水玲　华玉婷　黄　旭　贾春连　江海波　蒋稷丰　金俊丛

孔小雨　赖凯伦　李大龙　李建萍　李汪洋　李　鑫　李玉倩　廉锦丰　林　霞　刘佳佳
刘　颖　刘园园　鲁　珊　马金娟　倪昌琦　潘　伟　秦加文　苏　鹤　孙　慧　孙亚泽
孙　闫　唐甜甜　汪宝珠　汪　倩　汪　云　王广洁　王海燕　王琳琳　王梦园　王　琴
王亚琴　王振龙　王　征　吴晶晶　吴　娜　夏　娇　夏晚莹　夏文宇　熊　军　杨　萍
杨淑君　杨新荣　杨亚娟　余晶晶　俞　美　袁　扬　詹倩文　张江萍　张仁东　张瑞雪
章安媛　赵国卿　赵梁爽　赵　颖　郑　剑　周海芹　周　玲　朱婷婷　李　晴　唐翊舜
徐伟皓　康兴瑞　欧阳雅婷

城乡规划(37人)

姚昊杰　鲍雅雯　陈　超　陈　昊　陈华东　程亚文　方云皓　冯逸飞　高　欣　何开玲
何云菲　洪　璐　华　兴　金冬安　李国傲　李思澈　梁发涛　刘自强　罗会达　蒙昭妍
史方波　水　馨　汪　强　王　彬　王　锐　王　帅　徐　宇　徐　玥　杨超宇　杨　夔
杨　艳　张国荣　张友刚　钟　晴　周　楠　朱明星　朱鹏祥

地理科学(96人)

陈　彦　付立萍　潘　柳　柏广言　卞世俊　陈华琪　陈孟奇　陈文静　陈奕欢　程　辰
程　诚　高　璐　葛　忍　韩　晗　韩红豆　黄　慧　黄运芬　计　超　姜伟胜　蒋　森
靳长飞　瞿美君　李春桦　李纪璇　李娇旸　李　娜　练晓丹　梁素颖　梁　雪　林玉雯
刘姝文　刘田欣　刘心砚　吕秀蕾　梅子江　庞　聪　彭晨阳　彭平平　任雅茹　尚广春
史秀贵　孙小玲　唐益友　陶飞扬　陶卫东　汪聪聪　汪　飞　汪　曼　汪　星　王丹青
王季元　王佳丽　王梦娟　王文莉　王文雪　王信凯　王　月　魏中福　翁天赋　吴德海
吴　林　伍枝婷　夏晓圣　徐　滢　许　勤　杨青青　杨　莹　余慧倩　余志超　俞小菲
张含笑　张佳玉　张明敏　张诗陶　张天然　张志成　赵丹丹　郑佳舜　周　慧　周　男
周树天　朱　昌　朱衡天　朱　媛　朱　越　赵　奎　鲍凯利　陈迪迪　宋　媛　张梦翠
陈丹丹　储姗姗　王　涵　阿依古丽·依斯玛依力　克迪丽亚·艾克拜尔　吾买尔·阿不拉

地理信息科学(61人)

方　健　曹　潇　常丽娜　单鑫宇　方　正　高芳娟　郭泽呈　何　好　何　洁　黄　静
金慧雨　金敏燕　郎　宇　李建豪　李艳阳　刘梦娴　刘艳萍　马新宇　庙　玲　倪茜瑶
彭媛媛　齐　慧　石文春　孙二昌　孙　蕊　汪　锴　汪明秀　汪　琪　王芳芳　王家丰
王　睿　王　元　王媛媛　韦云娇　吴思佳　吴文涵　夏　琦　邢　婧　徐允栋　徐志文
薛志超　杨　丹　杨尚文　杨晓玉　杨　欣　叶　可　殷如梦　余启杰　占得龙　张　乐
张　胜　张文静　章群英　郑凯旋　郑　磊　周　洁　周　萌　周雪梅　纵美美　邓　悦
齐晓蒙

电子信息工程(100人)

葛润景　姚一峰　周　艳　查　颖　陈孟儒　程学兵　丁　健　董　晴　樊炳国　方立军
方　涛　方　岳　顾　辉　韩乐乐　洪建旭　黄大鹏　黄万龄　江银银　李　超　李　岷
李培根　李鹏鹏　李勤勤　李月婷　李志恒　李子扬　刘明杰　刘婉萍　刘　祥　刘小双
刘娅妮　刘　义　陆秋硕　路文骏　马　慧　马　贤　潘文来　钱亚杰　饶文彬　盛伦辉
盛启明　舒　成　孙　凯　谈启明　檀　红　汤小伟　童　杰　汪　晶　汪俊琰　汪全浩
汪雄飞　汪叶梦　王奥亚　王道远　王笃学　王坤强　王　勇　王志强　吴　旭　夏　添
夏振国　熊毅超　徐从涛　徐茂东　徐清泉　徐文靖　徐　昕　杨　鹏　杨晓帆　杨　杨
叶思放　殷　磊　袁东华　张保俊　张　博　张登超　张确健　张森林　张申超　张　侠
张祥云　章良玉　赵　运　周　泓　周　龙　周亚蕾　周元诚　朱飞虎　朱文琪　陈　炀
陈思远　阮伟南　宣　月　吕泽伟　赵胜男　叶杨根　叶　凯　周宣勇　叶丙茂　檀凯文

动画(54人)

闫永亮　席晓瑶　陈　晨　陈传涛　陈　玲　程　吉　方　健　顾丽丽　郭　森　黄　腾
霍志佳　李潇嫚　刘梦琳　鲁　青　陆清清　陆　雪　潘宇廷　石芳芳　宋担担　汤静雅
王超智　王晶晶　王　锴　王黎明　王鹏飞　王文生　王宣光　王亚军　王　跃　邬建青
吴　楠　吴天赐　谢昌珺　徐　杰　许　妙　姚志豪　尹　健　余长水　袁斯卡　郑春晖
郑文翔　郑智嘉　钟　澎　朱志翰　陈万年　林晓杰　邱　清　宋忠波　颜星宇　赵　泽
郑丽敏　左安康　徐方朔　钱程久钰

俄语(24人)

卜秀亮　查博浩　陈海兰　丁仙雯　方　娅　何开凤　黄晶晶　黄　君　蒋蓝辉　梅青青
唐　威　王　瑞　王　阳　吴欢欢　杨绍兰　宇　烨　袁晓宇　张　悦　周　剑　朱　莹
高　静　姜玲鹤　刘　莹　丁琴萍

法学(197人)

余　成　孔雅雯　韩玉杰　朱婷婷　王　顺　陈　阳　钱立刚　杜　先　徐　帆　陈　玲
周瑞伟　白　洁　鲍　林　曹　红　查仁豪　陈化轩　陈　蒙　陈明敏　陈晓倩　陈晓宇
陈泳安　程俊科　程　垚　程　章　储　丹　丁庭威　丁亚萍　董荟会　杜浩鹏　杜　平
杜文秀　段长歌　方留靖　冯　伟　高晓晨　葛　影　桂笑丹　桂　阳　郭红梅　郭　闻
郭雪莲　韩秀莉　杭　帆　何　林　何子荷　洪祖强　侯千千　胡凡奇　胡君兰　胡庆薇
胡晓婕　胡星星　黄世凯　黄婷婷　江闻雨　焦　贞　金　敏　孔志衡　来永利　李剑锋
李　理　李　梅　李　平　李帅帅　李田丽　李鑫森　凌　琦　刘嫦嫱　刘成威　刘聪聪
刘金兰　刘婧茹　刘梦娜　刘　平　刘　婷　刘义文　刘迎迎　刘忠德　卢　昊　吕怿谦
马　琪　毛孝东　孟冉君　潘韵之　彭玉敏　强宏凯　强　翔　邱若莲　任　静　任　莹
施　嫆　施业祥　石红萍　宋婷婷　宋照君　孙　涛　孙　雨　孙　悦　谭　芳　汤　瑞
万　俊　万文静　汪　灿　汪丽瑶　汪盈怡　汪越媛　汪舟铃　王　畅　王蝶蕊　王尔雅
王方圆　王华婕　王　荟　王　磊　王齐生　王　琪　王　顺　王小娟　王　玥　王　智
魏建中　魏志强　吴程程　吴　井　吴笑天　吴忆琼　吴贞铮　席彤彤　夏胜君　夏新臣
项　瑶　肖　辉　谢璞金　徐　静　徐　俊　徐茜娜　徐晓雪　徐　鑫　许　飞　薛　迪
闫　昊　杨春婷　杨艺旋　姚　莉　叶成名　叶明江　尹俊超　尹娜娜　余育新　俞　颖
虞成铭　庾　笑　张汉桥　张　浩　张惠芸　张丽君　张林晗　张　琪　张显育　张晓霞
张学森　张　宇　张园园　张哲慧　赵义丹　郑　俊　郑　耀　周　辉　周建军　周康宇
周　亮　周　棋　周　勤　周师璇　周响来　周小凡　周逸群　朱俊男　朱　敏　邹文康
陈　超　陈　宸　古　藤　卢颢月　马洪梅　沙亚丽　童忠花　张　蓓　张小梅　蔡坦颖
毛文庭　施扬帆　张小平　汤乔乔　孙英格　张　超　陈望舒

法语(25人)

陈春明　陈梦迪　陈诗纯　陈淑君　程伟伟　丁建萍　黄　莹　黄永琪　梁倩倩　宋晶晶
孙兰美　汤殷情　汪晶琴　王梦茹　王　倩　王文静　谢大慧　杨　倩　杨　婷　于赫男
张梦琦　张　园　钟文霞　朱子璇　丝奇雪娃

工艺美术(28人)

安　源　陈梦琪　陈少凡　干婉琪　郭世伟　贺少康　解媛媛　李　杰　李君茹　李平平
刘雨瑶　倪　婕　邵博谦　史学伟　苏　珩　孙晨雨　童　培　王文婧　谢鹏程　徐畅悦
徐家星　徐士豪　徐　颖　张玲玉　张　权　赵莘茹　周玲玲　胡　琦

公共事业管理(53人)

毕蜜蜜　陈翻红　陈　慧　陈慧霞　陈　娟　顾昌梅　何云婷　洪宇菲　胡　慧　胡巧云
敬冬予　雷忠一　李淑君　李　怡　刘　进　卢　瑶　鹿　娜　彭慧鹏　浦　闯　秦　雪

孙天慈 陶凤霞 陶俊杰 汪梦玲 王彩虹 王从巧 王方园 王 晶 王 蒙 王小菁
吴德林 谢逸飞 徐 鸣 许佳颖 杨姗姗 姚增根 余 燕 张 芬 张 敏 张倩倩
张文惠 张 云 章 玉 赵 越 周 娟 朱欠欠 柴娜丽 郭淑云 庞宇洋 石 璐
覃洪英 姚 青 郝 畅

光电信息科学与工程 （49人）

陈孟磊 程 宇 杜 超 高金全 韩成飞 郝志鹏 胡 凯 江厚华 蒋亚飞 李灯好
李 广 李望晨 李亚茹 李自长 骆 杨 毛兆雅 孟德彬 潘井宇 秦赛赛 沈 刚
盛雅娟 宋 瑞 孙桂芳 孙 剑 万建伟 汪 军 王沪东 王 林 王佩鸣 王 硕
王永为 夏 雨 肖振东 许 薇 殷 萱 尹良刚 张 波 张道勇 张 雷 张梦杰
张鹏飞 张世伟 张媛媛 赵宏伟 周家成 周 敏 周正兰 朱存远 李 翀

广告学(37人)

李金山 甘红雪 陈凯歌 陈怡敏 储灵枝 邓潇楠 费珊珊 顾敏凤 何 娟 胡 泊
胡红梅 姜 红 焦丽丽 李昌耀 李 婷 罗 萍 孙贤凯 汪 晗 汪继菲 魏战奎
吴 瑕 熊延顺 徐陈翠 徐 颖 许淑婉 姚 佩 岳婷婷 赵仿华 周玉军 丁蒙蒙
杜 颖 陆楷凡 王佳雯 吴利亚 张佳佳 陈圆圆 俞家辉

广告学(广告设计方向)(1人)

许 标

汉语国际教育(84人)

卞雪瑶 陈 笛 陈浩瀚 陈京丽 陈一铭 丁雪芳 杜 鹃 方未已 高玲艳 高婷婷
顾逸然 韩 茹 韩 婷 韩知慧 郝秋瑶 何锦晖 贺 娟 胡健禺 胡晓燕 胡玉莲
黄琪敏 黄 湾 回士颖 姜月婷 蒋相林 李加英 李梦恬 李姁圣 李翌晗 刘 姗
柳昕婷 卢梦茹 陆 阳 梅雯忆 牛 艳 石纯玉 史艳红 孙苗苗 孙 珍 汤婷婷
田丽梅 汪 微 汪文秀 汪 勇 王佳琦 王晶晶 王 娟 王 娟 王露露 王璐瑶
王若兰 吴景岚 吴骏翔 杨 林 杨雨涵 仰雨薇 姚奕呈 余宜荣 张 晶 张 妮
张仕洁 张晓宇 张学澜 张 悦 赵博涵 周 洁 周钰莹 朱佩雯 韩 晴 林师喻
刘天奇 马 巍 庞 珍 苏 莹 夏婉婉 谢文泽 辛换换 周 惠 洪菀蔚 钟菲菲
李 暖 吴丹丹 徐妮娜 欧阳晓珊

汉语言文学(170人)

李萌萌 胡梦雪 卜倩倩 蔡梦帆 查 琴 陈惠惠 陈佳佳 陈嘉欣 陈 宁 陈如意
陈 鑫 陈雨知 程佳佳 储巧云 褚 磊 丁明瑞 丁雨晨 高康康 郜 珊 耿清芸
何 琪 侯文娟 胡 帮 胡梦缘 皇沁函 黄春清 黄 婷 黄玙璐 籍 祥 姜甜甜
姜 燕 蒋梦园 荆立娜 雷 霞 李梦欣 李晓凡 李梓琳 廖海飞 凌娇阳 刘 婧
刘 琦 刘 姗 刘姗姗 刘昱伽 龙 尤 陆天雨 陆维维 吕 安 吕雅婷 栾玲莉
罗良广 马亚丽 马圆圆 孟 月 潘婷婷 阮德海 沈 洋 舒彩妮 宋盈盈 唐亚琴
陶星星 万玉龙 汪 清 王洪方 王娇娇 王 科 王 坤 王梦梦 王梦云 韦 敏
韦柱兰 魏 澜 魏立杰 吴丹美 吴晓涵 吴 哲 吴宗仁 伍 娟 夏婉莹 邢海霞
徐红杏 徐晋晋 徐 娟 徐晓宁 禤思彤 严程程 杨夏琪 姚 斌 姚 卉 叶季芳
张舸瑶 张宏艺 张 慧 张 可 张坤坤 张 黎 张 宁 张晴晴 张文娟 张欣然
张 雨 张 桢 张 振 章胜男 周 娇 周妍洁 朱 艳 苏秀武 朱亚明 程嘉怡
信柏格 杨 恬 张一彤 周中祝 陈杨杨 黄 涛 马冰彦 王文杰 杨 光 金昱晨
何兆莉 胡夏莹 江 娜 刘靖云 刘 雨 沈露露 徐 杨 易 锐 赵文慧 程亭亭
李雪莲 马雁云 王 漫 郑智玉 郝婧文 凌海曦 易红丽 林 丹 曹文涛 杜 静
黄诗婷 刘佳云 刘香娇 刘 毅 施 惠 韦伍云 杨 璐 唐 甜 张含月 王东风

杨丹丹 张辰宇 曹竹萍 吴仕颖 吴太凡 侯佳慧 庄晓莹 罗 曼 彭 芳 张 力
户欢欢 王艳红 许惠玲 虞如勋 王 瑛 黄 瀚 邝芙丽 哈色依提·吐尔孙
莫丽德尔·吾热拜克 再努兰木·阿布都外力

汉语言文学(非师范)(100人)

陈 洁 曹文婧 陈丹丹 陈 栋 程家慧 程儒珺 程 耀 程玉洁 池新春 丁艺婉
董诗雨 杜 静 方 荣 冯 达 高芳芳 高佳佳 高 雅 郭利娟 韩 雪 胡方舟
计天馨 江崇雪 蒋 娜 蒋泽宏 柯荣荣 李洁欣 李 蕊 李秀雅 李 悦 凌 环
刘蓓蓓 刘炳坤 刘蕾蕾 刘文君 刘晓曦 鲁明月 马慧丽 彭静雨 彭利利 任付丽
沈 蕊 施萌萌 宋璨璨 宋 颖 苏 娴 孙可欣 孙小雨 唐欣雨 汪佩莹 王 晨
王建萍 王 群 王 雪 王雪丽 吴 娜 谢长黎 徐靳霞 许 璐 杨公友 杨 洁
杨素君 姚 艳 余亚如 袁利杰 张锦慧 张 玲 张 梅 张娜娜 张宁宁 张晓惠
张艳君 张 瑶 张永康 张远志 周 凤 周鑫路 周 雪 朱 惠 朱润芝 朱钰婷
宗程程 邹 婕 刘 迪 刘 箐 毛忠堂 牛梁燕 沈垠初 王 君 王梦雪 吴 双
李 媛 刘庆红 芮 涛 周秀娟 杨安娜 莫雪霈 谢 嘉 谢苗苗 张艺静 孙婧婧

行政管理(80人)

冯子璇 张莹莹 刘丽莉 陈祺瑞 陈涛涛 程传春 程秀菲 慈程程 崔 健 樊 浩
方梦园 付薇韦 宫 涛 顾娇娇 何 蕾 胡 飞 胡 宁 江 波 金肖店 阚淑锦
李锦霞 李 蒙 李思雨 李文香 李晓雯 李亚蕾 刘 娜 刘娜娜 刘晓林 刘永兆
陆 仪 马 艳 马雨夜 任克鹏 沈修武 史 豪 司艳娟 孙蓬勃 孙 照 汤伟良
王静双 王 娟 王 珂 王 婷 王修伟 卫平梅 吴健青 吴梦齐 吴 颖 奚慧萍
徐 慧 许冬冬 杨雯娜 杨玉瑾 余平平 张 力 张筱玉 张 幸 张妍妍 张园浩
章 磊 周前前 周潇丽 周雅馨 朱 晶 祖家琪 何 琳 李书莉 刘 丹 卢媛媛
曾飞飞 高 祥 谷 豪 侯 娟 宁正远 王康康 杜 硕 王 建 王琳琳 张立容

化学(102人)

程含露 何雨婷 鲍明云 鲍永平 毕 婧 毕秀芬 曹昊天 查文君 陈 晨 陈 茹
陈 宇 陈玉涛 程 彬 程 红 褚润璇 丁鹏鹏 丁 泱 樊高超 范 悦 方 松
韩 冰 韩慧磊 何 晴 侯冬艳 胡亚美 金 琦 孔 静 李金东 李 娟 李晓晴
梁庆淳 刘莉娜 刘胜男 刘 婷 刘雨婷 刘 禹 娄宇宁 孟 磊 孟晓龙 缪远玲
年二晴 钱才华 钱珊珊 任丽娟 宋倩倩 孙彩云 孙 凤 孙 正 唐 博 童 彤
汪 萌 汪文琴 王 芳 王 浩 王俊鹏 王莲翠 王思宇 王腾腾 王雯静 王 玥
韦莹莹 卫 媛 魏顺德 吴伟康 武 俊 谢 威 熊云芳 徐 放 徐辅明 徐思远
徐 仙 许 超 许 陈 杨 锐 姚心宇 殷芳馨 于艺哲 翟慧娟 张东星 张静娴
张兰兰 张 玲 张娜娜 张 茜 张 润 张为伟 赵晓娟 朱红涛 朱嘉玮 祝盼盼
李 静 刘培根 鲁 静 郑 祯 陈靖雯 程慧敏 薛璐洁 武晓晴 张玲玲 吴莲莲
储独俊 连顺珊

化学工程与工艺(56人)

曹顺利 陈 绘 陈庆彦 陈雪莉 陈迎迎 程 飞 程 瑜 崔新莹 邓晓康 方 昆
方 霖 龚自强 郭梁生 韩 艳 韩园园 胡 青 黄宜婷 贾 涛 贾雪莉 蒋那那
郎小波 李南南 李 珍 茆维鑫 潘 瑜 齐荣荣 邵 宁 舒 畅 宋春雷 宋德秀
孙 超 孙 靖 汪 璐 汪茂俊 王恩情 王 华 王 杰 王俊平 王 磊 王 宁
王青青 王 艳 吴旭东 吴玉利 吴元义 谢 秀 徐梦琦 徐宇环 许景丹 余 璐
张 璐 章 静 朱佳雯 朱梦钰 张桂芝 姚 颖

环境工程(74人)

金　遥　陈　丹　陈　宏　陈　晓　陈雪艳　陈　喆　程绍举　程雅琳　戴　艳　丁英志
丁禹豪　方　辰　房子柔　费媛媛　顾文君　管克兰　贺　伟　胡天赐　胡婷婷　胡雨蒙
黄慧慧　黄依源　吉宇尘　李　带　李　皓　李　顺　林　川　刘瀚阳　陆秀秀　孟　瑶
潘　文　潘　阳　裴舟韬　齐　济　石尚丽　舒　玲　汤　宁　唐梦蝶　田　彤　田莹莹
童顾建　汪文军　王大全　王迪芳　王　莉　王梦凡　王琦珣　王思远　王小雨　夏治文
辛正午　徐洁娜　杨　宁　杨孝勇　姚　尧　余　姗　岳菲菲　张春蕾　张弘毅　张　敬
张　培　周俊卿　周甜甜　姜雪怡　金　虹　梁晓宇　刘宏宇　刘美君　毛　娟　秦晓辉
冉佳婧　孙丽诗　谢　凯　赵川翔

环境科学(68人)

刘伟婷　曹梦婷　陈环环　陈金焕　陈　敏　陈心乐　陈鑫鹏　陈一鸣　褚德媛　方安琪
洪　慧　侯玉文　胡明涛　胡　谦　黄　鹂　黄雨馨　郎可蓉　李　静　李玉琴　林　梓
刘　盾　刘毛亚　罗妙英　马路遥　庞晴晴　皮振锋　钱　广　任才涛　任舒艳　沈　洋
石　芷　宋陆婷　汪　澜　王丹丹　吴　江　吴　蒙　吴　琦　吴若璇　吴玉莲　夏士勇
肖淑颖　邢　琛　徐怡婷　杨若男　余晨婷　俞海波　张秋月　张　威　张紫淇　章　慧
赵启强　郑　露　朱慧国　朱　健　朱一芝　刁秋萍　段文秀　丰　灿　付柏滋　李雪岩
马　竞　徐　创　许开婷　张金铭　张小丹　张焱超　陈文龙　王晓宇

环境设计(92人)

程　喆　崔燕琪　丁　娟　何　流　赫玉连　洪晨韵　胡　茜　胡　伟　黄　河　黄　琴
贾丹丹　金赛龄　蓝家华　李德胜　李凯悦　李攀攀　李文东　李文君　李月柔　李子健
林春芳　刘莉莉　吕晨歌　栾　奕　马晓玲　马星翠　马云凤　莫琴香　彭　浩　彭婉茜
濮永蓉　钱庆云　秦梦成　邵敞航　唐　琼　唐　祥　唐忠美　汪　凝　汪双玲　王　闯
王　丹　王浩宇　王莉月　王秋雯　王艳琴　王雨瑶　王珍珍　韦　敏　魏　伟　温蕾蕾
吴　迪　吴　迪　吴梦洁　吴　倩　吴文剑　肖检萍　许李军　许青洋　闫文文　杨　锦
杨　帅　杨　桐　杨晓旭　叶志宏　尹冰岩　于兴月　余　敏　袁　月　张安琪　张佳丽
张俊雄　张　妍　张祎敏　张泽涛　张志斌　周娟娟　周士琦　朱林杰　朱玉琦　曹礼岩
关雪妍　何兴强　井晨旭　逯艳杰　许茹娜　赵亚楠　李　玲　刘　旭　杨露露　周　燕
孙　钊　濮阳雪峰

会计学(91人)

方　媛　詹筱君　伍　立　卜　易　陈　婕　陈玲玲　陈晓露　陈雅妮　陈远楦　程萍萍
崔艺缘　邓赛春　杜存娇　方　标　方仲娴　冯宏志　甘学鹏　高丽红　葛晨蕾　郭冰倩
郭露梅　郝贝贝　何　欢　何远哲　洪佳成　胡　坤　胡星宇　黄洁玉　姬培培　贾婷婷
江孝红　焦明亮　李昌红　李文涛　李歆瑶　刘凯旋　刘文灏　刘雪瑞　罗俊超　马敬玲
马琼丹　潘心儒　潘喆慧　钱岑颖　钱立竹　钱伟家　乔培培　秦星烨　申　莹　石广雨
苏芬芬　苏　雨　孙　雯　汤思阳　汪　云　王丹璐　王　鹤　王红霞　王　婧　王龙龙
王　瑞　王婉秋　王文茜　王萧赫　魏　珍　吴彩丽　夏斐翔　夏文康　徐　立　许芳芳
许厚斌　杨俊玲　杨　柳　杨　奇　袁亚杰　臧　雅　张超男　张俊逸　张　敏　张　烨
张　优　张　悦　赵鹏飞　赵　云　郑　楠　周　健　周秋雨　朱天伟　扈潇潇　李晓迪
孔贝茜

绘画(24人)

蔡春雨　程　群　程雯雯　顾佳靖　韩晓宇　华振阁　江甜甜　李腾枫　马玉梅　庞孟利
钱　辰　汤　鹏　陶曼斯　王　宇　吴　学　谢晓风　于依然　张思思　张欣宇　周　楠
朱其玲　贾　茹　王海锋　施晓东

计算机科学与技术(非师范)(75人)

汪康鹏 徐立伟 边 浩 曹兴运 陈 浩 陈家名 陈凯权 陈恺翔 陈 帅 程 浩
崔广瑞 邓 泽 丁玉祥 董 康 樊 越 凤维杰 高 雯 戈 辉 耿于凡 郭 静
胡停生 黄 磊 黄志宏 江 乐 金海鑫 金 鑫 李中杰 梁 智 刘冬冬 刘 拿
刘楠楠 刘 鑫 吕 康 钱 俊 芮彬彬 苏江军 孙 回 陶 涛 万 川 汪淑萍
汪张苗 王 晨 王 根 王 晶 王礼朋 王 露 王晓倩 王 煜 王志刚 吴福志
吴 鸿 吴 健 许海明 薛满意 杨 帅 杨益权 叶艳芳 张芳婉 张璟瑞 张 鹏
郑 标 陈 阳 郭彩杰 施 宙 唐寿亭 王 佳 王 敏 俞文斌 张永娟 林文诗
姚晨飞 范庆宇 赵在化 朱本军 王 凯

教育学(28人)

柏安璇 陈 文 戴夕萌 方 艳 李 琴 李 雪 刘梦宇 刘 姗 罗家枝 商庆义
孙志成 王 桃 翁羽翔 吴乐娇 吴亚丽 闫高玲 杨秀秀 余 露 张名倩 周祖皓
祝晓文 符芳妮 魏慧慧 颜士鹏 曾俊梅 张贵洁 张亚南 周丽云

经济学(97人)

蔡 平 蔡子阳 陈 晨 陈 昊 陈佳佳 陈 茜 陈 涛 陈维倩 程 鹏 丁 启
丁左文 范晓旭 方慧敏 冯 涛 傅艺璐 桂 芳 过申雨 韩永杰 何 萍 侯丽娴
侯明轩 候咪咪 华 玉 黄慧慧 江玉琴 李晶晶 李文倩 李 雪 李 勇 林 慧
林 昕 刘亚岚 刘 艳 刘 燕 刘 悦 卢艳云 孟亚飞 潘炳根 潘子健 钱聪聪
阮志诚 沈佳伟 沈思远 石 璐 时小慧 史晶晨 束舒文 宋邦壹 宋 奇 唐 清
唐义骏 陶 成 汪 杨 王明明 韦 然 吴睿敏 吴小倩 吴修祥 谢琼羽 徐彩云
徐鑫燚 许青霞 阳业成 杨珺珺 杨晓艳 杨鑫萌 于苗苗 余海燕 余 琪 俞艳萍
虞 华 袁 林 袁文霈 张 晨 张海云 张 凯 张煜龙 张云初 张 智 赵 猛
郑 锐 周玲玲 周 梦 朱宏标 左延闯 丁学思 连一然 梁宏伟 隋雅倩 王沁昆
赵心慧 费 秦 滑金久 崔东方 刘 凡 徐 敏 徐振国

历史学(102人)

蔡艳华 曹梦君 曹清洁 曹 阳 陈 静 陈 茜 陈 瑶 迟雯雯 杜曼秋 高丹丹
高自友 谷梦月 郭 彤 韩 雪 何宇辰 洪 静 黄浩男 黄嘉福 季品磊 季 颖
贾文娟 金 铃 雷 琪 李 璐 李 肖 李艳艳 李依韩 李志忠 梁博麟 林 玲
刘奇琴 刘倩文 刘蓉蓉 糜红豆 潘闻博 屈 静 饶彬文 任小虎 石雨欣 孙梦雪
孙天一 汤兰兰 汪 静 汪兆祺 王 佳 王乐燕 王若微 王 帅 韦 颖 魏连连
吴菊苹 吴奇望 吴亚迪 夏 纳 谢 敏 许 桐 薛 雪 颜学珍 杨成旭 杨传倩
杨思凡 杨 围 杨文惠 杨雪琴 杨 宇 叶 枫 余 蓓 张翠翠 张冬梅 张恩秀
张佳佳 张 娟 张 涛 张文婷 张钟尹 章琴丽 章钰玲 赵晓艳 周慧娟 周 岚
朱晓炎 宗娇娇 何田田 李高攀 李洪彻 邱杨洋 田 沃 王佳丽 王 澎 郑 昊
陈大鹏 董宜凡 汪 健 王 琛 董 敏 张杏子 王 敏 郑舒琦 万红康丽
热汗古力·毛拉麦提 布阿米娜·艾麦提 塔依尔江·买提奴尔

旅游管理(130人)

莫秀蕾 产斯翔 陈 晨 陈 刚 陈 俊 陈 微 陈文乐 陈志卫 程 成 崔雨晴
戴玉习 丁 彤 董 科 董玮玮 方博雅 付刘洁 付 裕 高晶晶 葛冰瑶 顾立生
管昌墐 郭 飞 韩 晨 韩 雪 胡盛君 胡中敏 黄 倩 黄润梦 黄雅洁 季云媛
蒋玲梅 金红燕 金新悦 柯仙仙 李芳菲 李慧芳 李 敏 李 琪 李如意 李欣艺
李子曼 梁兀铭 刘红凤 刘 建 刘利华 刘群芳 刘五成 刘兴红 刘雨陪 刘玉婵
刘珠珠 罗可可 马清香 孟欣晴 彭 瑾 彭 娟 钱登峰 钱 坤 钱美玲 乔 磊

秦加文 邱文婷 阮慧 沈治国 宋冉 宋雨 苏会 孙同嗣 田少杰 田悦
汪甜甜 汪婷婷 王金鑫 王楠 王圣慧 王婷 王维能 王阳 王悦 韦铭红
魏小莉 吴凡 吴芙如 吴慧娟 吴乐宸 吴仔情 夏珊 夏尧敏 肖益琼 徐佳慧
徐心悦 许大萍 薛芳 杨康 杨丽丽 杨雨辰 姚琳 叶宇 叶志鹏 余结兵
余劲波 余梦莹 余志勇 喻海霞 翟新宇 张丹琦 张典意 张海 张贺 张佳萌
张可 张倩 张燕 张媛媛 章君 赵冰青 郑爽 周嘉雯 周晓莹 郗紫莹
常双蕾 黄孟格 李臣芳 孙艺航 王娟 王晓 杨甲甲 于春 于洪滨 王茹

美术学(59人)

崔越 丁羽 董雅妮 何文平 贺敏健 胡洁 黄顺燕 黄文 江帆 兰彩琼
李超 李倩 李曙绪 林勇仙 刘成 刘位东 刘卓 卢黎 马英明 莫璐琦
莫婷婷 彭晨 钱伦 秦浩 宋碧云 宋健中 陶珏 汪然 汪雅倩 汪舟
王涵 王娇 王雪莹 熊伟 徐磊 徐志刚 许美美 许宁静 许延伟 叶梦露
移星 余静洋 张阿芳 张洁 张晶 张志亮 周俊彦 周姗姗 陈惠殷 邓贞钰
杜珊 李春 林炜 刘炜湄 夏莹莹 徐东琦 仇玲玲 吴云飞 朱儒学

秘书学(67人)

杨瞿婷 毕密密 邓小梅 邓鑫 丁岚 高兰俊 郭阳 胡长燕 黄琦琦 黄怡
季雅兰 贾媛媛 解超 李珍 梁俊 刘海燕 刘静茹 刘霞 刘英 陆志倩
陆忠军 马京艺 马一帆 缪鹏 倪亮亮 彭炜和 钱程 任丽丽 司小玲 孙翠
孙如月 谭雪玲 唐迪 童升 屠婷婷 汪芳 汪海娟 汪楠 王洁琼 王金艾
王敏 王敏 王欣 吴焕成 夏华兰 谢小雨 徐亚琴 徐云芳 许程 杨敏
杨玉婷 殷梦茹 尹良苹 余琼琼 岳秀昱 詹三春 张敏 张世宇 张晓灿 张延
赵韵晨 郑一丹 周界国 朱姣姣 朱莹莹 朱兆君 谢萌萌

人力资源管理(73人)

丁贝贝 许娜 王夏 徐维伟 徐晓月 潘雅芳 程雨佳 王莉 阮志皓 文亚琴
郭金成 邱志伟 吴丹 吴佳 鲍家伶 陈玉婷 丁杰 杜敏 韩蔚 胡润贤
胡雨辉 李彬 李春雨 李君 李丽佳 李棚 李倩 李文慧 李洋 刘钦彦
刘寅秋 鲁臻寰 钱方飞 钱康靖 盛彩云 盛香草 孙淼 汪春雪 王斌 王晴
王双双 王昕 王昭君 吴蓉 夏欣欣 邢迎娣 熊飞霏 许意如 杨凯 易亚男
尹恒 于福成 喻晓雯 张婉春 张文峰 章阿燕 赵娇娇 赵晴 赵万斌 郑倩影
郑颖 周理波 朱锦程 朱妍 迟婧卓 蒋佳益 夏聆云 尹衍祺 张晶晶 邹俊杰
罗开慧 刘豹 叶凯

日语(59人)

柏星星 陈宝玉 陈俊仿 陈子新 樊义芸 高雅 桂俊 郭兰 黄蓉 金雪
柯红媛 李晨 李骞骞 李勇 刘娟娟 罗亚兰 潘爱玲 邵梦婕 沈安妮 沈福慧
沈孝红 陶奕诚 童红燕 汪茜 王丽娟 王丽媛 王润娴 王世杰 王雅婧 王彦戈
王轶男 王泽惠 邬登敏 吴倩倩 吴艳梅 吴贞 肖云云 徐广 徐佳佳 徐庆莹
许雅蓉 叶楠 张明睿 张培 张思颖 张雨 张悦 张悦 章小丽 赵磊
赵旖旎 周皖榕 周雅楠 朱晨露 姜许芸 章翔翔 陶文浩 韩大洋 程怡心

软件工程(92人)

张艳 曹伶俐 陈康 陈龙 陈雪锋 程勤 程子航 崔壮壮 邓智 范俊杰
高乐 高爽 宫继伟 何常徽 何小康 贺波 洪泉 洪鑫 胡方凯 胡志
江叶峰 蒋超 蒋杰 李菲 李金伟 李启祥 李哲浩 刘翠 刘罗成 刘世杨
刘帅 刘阳 卢金路 陆宝宝 陆畅 梅凡 欧程林 潘华飞 沈云云 盛昌

盛英豪　史恩德　孙君朋　陶旭昇　陶　治　汪涵潇　汪　琼　王宏宇　王　健　王　雷
王丽雯　王伦江　王　平　王婷婷　王　雨　吴梦雨　吴天功　吴文莉　吴文雪　吴　悦
夏　菁　徐江升　徐甜甜　徐文慧　许　欢　严　庆　杨传会　杨　康　杨延庆　姚　春
尹若朋　余小倩　张　津　张贤健　张泽培　张芝景　赵　钧　赵友标　甄　诚　郑　诚
郑亚莉　周　晖　周　磊　朱志园　石梦烨　张宇晖　吴宪鹏　徐升升　郑绪成　王　杨
朱自然　王　亮

社会工作(38人)

陈　成　陈　琳　方　娟　宫锦玲　洪丽丽　华海燕　黄孟圆　计玉婕　李　娟　李雪慧
梁楠楠　梁新航　孟彦言　任　欢　孙柯钰　孙艳萍　孙　政　唐露露　唐玉婷　陶毛毛
王宗喆　韦利芳　徐慧美　徐天仓　徐　馨　薛君宇　杨　静　杨　缘　姚旭霞　叶玫瑰
张　兰　张珊珊　张新斌　代　美　冯梦桃　万　蕊　王英平　徐　蕊

社会体育(体育表演方向)(2人)

储　莉　　杨　瑞

社会体育指导与管理(48人)

鲍莹莹　曹　超　陈　静　陈晓雪　程闻笛　程　欣　储玉婉　方思燚　高　蕊　葛锐涛
郭　颖　洪　娟　洪　玉　胡盼群　花　雨　黄海洋　黄　玥　金　幻　李茜茜　刘新宏
马　璐　毛希晨　裴路雨　钱亚琴　孙晓涵　谭　艳　万欣欣　汪　俊　汪雅芹　王　倩
王　越　吴兴强　项伟民　谢新佩　徐　珊　颜如月　杨琪媛　杨　艺　殷　茵　张雯静
章赢奇　赵路单　赵前鹏　赵　桐　郑　涵　钟　希　朱　莹　左施思

社会学(41人)

陈润倩　陈书怡　成　蓓　戴优升　方　垚　韩义飞　霍亚琴　李　洁　李　明　刘　丹
刘　颂　马成凤　马　瑾　马永超　梅晶哲　荣　琴　沈　洁　施颖倩　孙艳玲　唐晓琦
田思思　万晓洁　汪　洁　汪玉萍　王珏晋　王芸芸　吴　萍　谢雅雯　俞懿烘　张鑫磊
赵明成　赵雨薇　朱海华　朱彤彤　杜　海　符家伟　贾　月　邹清媛　倪海燕　张宁宁
朴峰俊

摄影(45人)

陈　欣　吴　伟　陈景皓　端心萍　方宏鑫　高昌武　高文哲　谷子晗　郭靖靖　杭　星
郝金华　胡宇田　季　勇　贾慧琳　贾梦晨　姜　丽　李　光　李圣源　廖　枫　刘佳慧
吕　玲　彭丹莉　阮冬梅　沈晓宇　石尔康　宋学飞　孙凌云　汪　腾　王万秀　王宇轩
魏鑫悦　文　雪　徐　星　许爱苹　余　玥　俞雅南　翟允枭　张　振　赵华馨　赵梓余
周璟琛　朱李勇　朱云媛　王晨光　汪　柯

生态学(37人)

陈晓蝶　陈治文　豆明珠　高欣星　何金琰　何乐平　洪晶晶　胡　伟　李冰艳　李海洋
李　玲　李婷婷　李　影　李玉婷　刘会梅　任　杰　孙潇文　孙潇雄　汪　晗　卫珍妮
徐　龙　余银姣　虞慎玲　詹　妮　张程程　张佳慧　张　静　张　梦　张文静　周　静
吕　丹　武佳敏　胡晨婷　缪燕露　王智怡　刘明昊　施安康

生物技术(66人)

袁如意　鲍元天　陈银平　丁恒武　丁　然　丁欣雨　董锦绣　段书龙　方苏萍　谷　晗
桂良仙　郭　萍　胡阿静　胡丹丹　胡梦莹　胡文琪　胡志康　黄志惠　蒋凤娟　金　瑞
金　鑫　刘偏偏　刘　巧　刘　涛　刘文静　刘小舟　吕　丽　吕　速　马银花　茅宇航
任巧玉　沙玲珑　沈　姝　谭　艳　汤雨静　唐　宏　王成倩　王惠兰　王　剑　王　静
王梦丽　王　倩　文习东　吴婷婷　吴　伊　吴　越　熊仕发　徐　峰　杨　凯　杨　明
于墨馨　张倩倩　张鑫慧　赵　丽　赵秋影　周婷婷　周　扬　黄　娇　蒋璐璐　孟　蕊

肖　冰　尹凡凡　张　旭　周亚婷　赵列军　崔丹军

生物科学(114人)

钱　鑫　范静竞　汪　沁　刘雪飞　曹　雪　陈宁宁　陈倩倩　陈素仪　陈婷婷　陈　欣
陈贞贞　程　璐　方　丹　傅　婧　关琳燕　何定伟　何佳佳　何立松　何珊珊　侯　俊
华洪樱　黄会兰　黄　琳　黄盼盼　黄越佳　孔娜娜　李　昊　李丽凤　李美倩　李　苹
李　倩　李易韬　梁继色　刘红蕾　刘慧慧　刘倩茹　刘唐燕　刘宇慧　刘玉杰　刘智慧
卢海烽　鲁希溪　吕成莹　吕伟玲　罗　彤　马本秀　马煜捷　潘　川　彭萍芳　任丽雅
邵　野　石胡江　石　皖　司　秦　宋树宿　孙思颖　陶兴隆　万丽娟　汪丹丹　王福林
王海香　王　林　王梦田　王文雅　王正一　吴秋媛　吴　深　吴香恒　吴小菲　吴学雁
吴　燕　吴正阳　武梦园　夏腾飞　谢毓玲　徐　立　徐　冉　杨　洁　杨　夏　姚雪峰
叶永明　袁保勤　袁　奇　张海燕　张家慧　张　颂　张艺璇　赵　曼　赵　皖　赵小静
郑　丹　周陈超　朱继光　朱潇琳　朱亚如　陈志英　贾乃心　李　锦　刘毫飞　田晶晶
王锦乙　王丽雪　王　淼　杨欣宇　张　珊　彭普传　魏春雪　杨紫暄　王　雁　于晨晨
吴文娟　章晋秀　王泽源　范钰文

食品科学与工程(56人)

鲍　敏　蔡苗苗　曹　强　陈　勇　程爱迪　笪丹丹　杜雪梅　范安妮　范含云　方　勇
付沉思　韩启明　韩义君　洪　深　胡梦洁　胡　睿　黄海潮　黄小霞　纪　莹　江玉婷
李程程　李琪孟　李文红　李月梅　刘　芳　刘丽萍　吕　周　明荣荣　倪婷婷　彭瑶瑶
史高兰　孙小芹　唐鹏飞　汪自慧　王轶群　王　韫　闻志莹　吴尚尚　吴文双　武　悦
徐丹妮　徐国旆　徐　汝　徐晓飞　叶云芳　曾嘉斌　张佳慧　张　甜　张维军　张亚茹
赵静静　郝　雪　李婷婷　刘佳倩　刘映昳　张皓玥

食品质量与安全(50人)

陈秀英　陈元元　单平平　方　芮　方　祥　胡慧敏　黄晓芳　季扶云　贾韵凡　蒋凯丽
姜　玉　李丹丹　李巧凤　李圣楠　李　伟　李亚琦　戚宇慧　饶以婷　孙思琪　滕梦静
田　宇　涂　幸　万丽君　王菲菲　王　璐　王　然　王欣宇　魏晓蕾　吴乔羽　吴晴晴
吴润琪　许　敏　许敏南　许仁雯　曾　红　张　军　张培培　张启凤　张媛媛　章　雨
赵　帅　朱玉钢　邹金友　郭晓宇　唐　静　于　倩　赵　妍　陈彦年　姜　文　何李晔紫

视觉传达设计(49人)

卞士成　曹　琦　陈可若　陈　乾　陈淑娟　陈　莹　崔佳琪　戴　悦　郭　冉　郭　云
贺　律　胡青青　胡中丽　黄　楷　黄斯佳　江　萍　雷宗鸣　李　斌　李　惠　李　云
李　泽　李正坤　刘孝华　倪士昌　平　峰　齐　嵩　石雅平　孙笑笑　陶奕如　汪敏敏
汪平静　王　凯　王丽君　王利娟　王　曦　王孝苗　王肖男　韦　伟　邢时姣　徐少凯
杨　婕　杨幼彬　余文倩　袁小燕　岳腾堃　张泽星　邹洪波　李荣祥　牛鲁倩

数学与应用数学(140人)

高　地　葛　瑞　李淑娟　安谨夫　卜应明　查曼玉　陈　汉　陈进贤　陈召弟　程　翔
崔晓莉　崔志翔　戴　婷　邓明宇　董春雨　杜　蕾　段洪坤　范晶晶　方　芳　冯　旭
高诗榕　管　蕊　侯　婷　黄晨晨　黄　婷　江　敏　金　慧　孔志强　雷　真　李春丽
李丹丹　李德恩　李葛明　李换换　李静茹　李　凯　李灵峻　李文德　李　游　林　化
刘晶晶　刘心蕙　刘亚楠　陆　魁　罗　志　马　燕　毛　俊　蒙　源　孟希望　聂世如
潘弘毅　潘珂凡　潘立耀　彭　晨　彭　莉　石小慧　宋席席　汤丹丹　唐文波　唐文强
陶鹏程　汪　敏　王丹琳　王　欢　王立壮　王盼盼　王悦悦　韦庐城　韦育曦　位梦婷
邬宗国　吴青青　吴万旭　吴文浩　吴星辰　吴雨伦　夏晓宇　肖瑞东　熊学武　颜梦婷
杨明轩　杨锐凌　杨　洋　余贝贝　曾佳梦　张春梅　张　丹　张　药　张　泓　张科伟

张仕善　张舒贻　张　涛　张婷婷　张文静　张新康　张　雪　张　哲　张志浩　赵　强
赵婉君　钟　丹　周龙邦　周　怡　周　悦　朱存光　朱京元　朱培雯　朱文慧　朱玉凤
陈亮杉　彭秋颖　邵宝仪　孙临阳　阿满太　吴　婷　张玮琪　张　召　陈思琪　郜玉琪
钱　蕾　任晶莹　潘晶晶　崔静云　邢阿洵　杨朵朵　蔡　陈　邓小妹　宋平平　王　玮
张　艳　王　盛　王晓燕　刘　夏　刘　涛　张少丰　刘永彪　阿则古丽·艾力
巴克热古丽·努来克　米日班·艾尼瓦尔

思想政治教育(102)

安　琪　卞明镜　蔡　文　陈丹丹　陈　欢　陈　睿　陈妤迪　崔　露　丁晨晨　丁　浩
丁　鑫　董莹莹　冯　晟　冯裕国　付翰文　高　杰　高　沛　高　玮　高　雅　葛甲颖
葛丽丽　葛鹭鹭　桂　虎　洪晋晋　后开悦　胡家其　胡银翠　黄　菲　黄显娜　黄小燕
纪明月　荆　晶　孔德丽　李红梅　李慧慧　李　佳　廖梅君　林右湉　刘　辉　刘甲星
刘梦茹　刘　婷　刘洋洋　刘　影　鲁恒情　马　婧　马云龙　农子漫　潘　越　庞　会
普泓熙　仁冬梅　汝倩倩　石王晨　宋秀华　唐　蓉　万　健　汪慧芳　王慧楠　王　瑞
王　婷　王婷婷　王笑笑　王　元　吴方霞　吴燕琴　夏文豪　项依然　谢春芳　徐翠红
徐　丹　徐紫滢　杨　磊　杨璐璐　杨婷婷　姚佳宇　叶惠玲　叶　倩　尤明睿　余雪峰
张寒梅　张继慧　张家帮　张　萌　张　琦　张莎莎　张　鑫　张　宇　赵　宝　赵　敏
郑仁璐　郑娓娜　朱玉泉　蔡义涛　韩　双　李　婷　马垚鑫　彭泳力　王闪闪　岳　婷
陶苗苗　李海波

体育教育(107人)

侯　帅　刘培城　李继传　王子豪　路　恒　鲍　凯　鲍　腾　蔡舫铭　曹　奇　苌松松
常　硕　陈　静　陈　康　陈　召　程　坤　丁景景　董　科　段　沼　樊　进　方咪咪
高　澄　何　超　胡　巨　胡启明　江日兰　江　睿　蒋　臣　金欣欣　金子涵　李　浩
李家佳　李少峰　李树管　李雨琪　林伟其　刘乃兵　刘　睿　刘玉坤　陆江生　吕金凤
罗　成　罗　文　罗志鹏　梅庆海　孟陈露　彭德彪　芮瑶瑶　邵国栋　邵徐亮　申　圳
沈乾昀　石玉友　宋　雨　苏　泽　孙洪鹏　孙　林　陶小强　汪春宝　汪　涛　王海涛
王　娟　王　明　王　鹏　王　琼　魏　华　吴　方　吴国栋　吴　莉　吴响鸣　夏　健
宣杨扬　闫少峰　严　伟　杨　坤　杨　磊　杨　丽　杨路路　杨苏皖　杨　宇　俞皓天
喻　熠　张　超　张　健　张金勇　张可可　张　磊　张孟城　张　茜　张胜强　张　帅
章明明　赵宇航　甄　荣　郑明标　周向伟　朱胜涛　朱文培　宗伟杰　纵　克　毕圆圆
戴荧清　李　萍　苏俊锋　尹富强　张　超　张　娟　赵宁东

通信工程(94人)

张金亮　宋得文　余　灿　鲍施锡　卞易婕　陈　东　陈　键　陈　蕾　陈　敏　程　露
储席亮　单　勇　丁俊杰　付碧阳　傅振宁　高双喜　光昌国　郭　胜　韩　宇　何　健
何　晔　胡　琴　胡　月　胡志杰　黄　瑞　蒋成鑫　金　瑶　阚晓东　李嘉民　李克冲
李琦琦　李玉年　刘嘉兴　刘洁莉　刘帷韬　鲁　逸　马　超　闵福蓉　潘　程　庞海艳
彭光宇　彭媛媛　祁　婷　秦梦雅　秦少杰　桑泽遥　孙城林　谭　聪　谭宏伟　汤世珍
田培婷　汪　橙　汪东升　汪克军　汪雪婷　王安妮　王宝慧　王　冠　王贵听　王康景
王世银　王侠帅　王钰豪　吴聪聪　吴佼华　吴　萌　吴秋丰　吴献丰　吴逍遥　夏　超
肖玉闫　徐　彬　徐席文　徐晔晔　许　洁　许明明　杨晓娇　应　鑫　岳　恒　张　城
张　宏　张凯顺　张　力　张　薇　张　旭　张　雨　赵静静　郑　群　周东方　周　毅
周郅皓　朱　俊　朱子龙　谢玉龙

统计学(60人)

产星星　常　硕　陈　玮　程　鹏　邓　娟　邓玉洁　丁慧敏　广兴成　郭　丽　郝　时

何霜宁	何依静	何梓祥	胡敏梦	胡再静	黄林娇	姜维	金璐	李帆	李梦婷
李倩芸	刘弋铭	刘颖	刘宗贵	卢亚琪	罗珊	毛艾	倪维	欧书佳	秦婷婷
沙学豪	石晓婷	孙甜	谭思雨	汪春琳	汪圆圆	王洁	王梦洁	王诗梦	吴丹婷
吴婷婷	肖少鹏	姚俊雅	姚紫元	尹婷婷	袁文志	张莉	张琳	张若南	张雪
周杰	周鸣涧	周芮	周璇	陈方雪	李青	叶豪特	朱瑾超	李欢欢	潘玉婷

投资学(78人)

开欣	江博	陈晨	邹洁尘	刘晨	陈悦	曹楚君	佟彤	徐雅妮	章梦雅
马茂鑫	胡孝中	强雨婷	王楠	黄颜颜	李娴娴	范雯颖	秦坤	曹鑫沁	丁颖
范振君	方莉	高洋	桂成东	何怡欣	胡艳蓓	胡扬艳	胡弋然	姜玥	金培培
李云霞	马思琪	潘响婷	彭琪琦	蒲雪艳	沈小鹏	苏米兰	唐春阳	汪梦琴	汪少伟
王佳胜	王键	王丽	王曼曼	王艳	王雨田	王喆	王之瑞	吴昊	伍超群
谢路文	谢珍	徐胜宇	徐文娟	徐莘	徐言	杨林莉	杨玉欣	余承娜	翟博文
张亭亭	张小豹	张亚男	张瑜	张宇	张羽	张玉兰	张悦	章亚男	赵为红
郑奇	周言	周雨婷	朱伶	朱牧	王凯	李帅帅	汪吴竹君		

土地资源管理(49人)

曹蕴	陈丹枫	陈小冬	陈亚军	陈颖	程苗苗	崔钰	董敏	方钰	高晨曦
龚亚男	顾甜甜	何倩	洪德和	花颖	华心如	江军	金永杰	李宸	刘燕妮
刘媛媛	刘周	鲁滔	马丽君	马文茹	倪润秋	裴陵丽	彭鹏	钱珊珊	邵颖颖
唐鸿辉	卫磊	吴楚月	吴天航	徐凯旋	徐曼琳	薛志文	杨晓燕	姚玉峰	叶飞
曾余盼	张慧	张俊杰	张林	赵影	朱雅玲	朱勇	陈琛	钱榛	

文化产业管理(39人)

曹娜丽	陈超	陈潭潭	高梦雪	顾雁	胡孝梅	贾蓓	蒋敏	金欢	刘东方
陆惠阳	毛世姣	任暮寒	盛勇	唐宇	王迟	王静	王如祥	王思哲	王汪兵
王晓霞	魏文文	吴婷婷	徐素田	杨大伟	余娟	袁梅	张俊杰	张敏	张韬雯
张志达	章海峰	钟静	钟强	周菲	朱李玲	朱婷	朱子钰	左溢丹	

舞蹈表演(17人)

柏浩	曹慧敏	戴心洁	丁世伟	方蕙	房暑	韩冬冬	蒋国文	蒋梅林	骆双双
孟亚男	邵敏	申靓雯	王璐	尤珍妮	张璇	仲昭伊			

物理学(85人)

缪恒	崔乔雨	高佳	高旺	谷秋艳	刘新忠	王朋飞	王笑	杨伟东	匡敏
胡苏苏	马仁洁	蔡凯琴	蔡亚芬	常鑫	陈典煜	陈康	程润	冯雪丽	高超
贡宝连	何佳	洪灿	胡雷雨	胡璐颖	胡伦珍	黄小云	黄媛洁	纪晓璇	贾韧
江婷婷	雷涛	李成	李坤坤	李梦雪	李朋朋	李启远	李强	李赛	李治
刘勇	孟玉洁	戚楠楠	任红梅	沈烨	施汉雨	孙乐妍	孙瑞	童大振	王德文
王东方	王靖雯	王瑞	王迎敬	王志忠	吴广成	吴环宇	吴汪华	徐婉婉	许梦琪
闫首铭	闫卓	杨君杰	杨婷	姚瑶	尹政	余鑫	袁晨	岳君瑞	张良
张琴	张甜甜	张元馨	张志红	赵强	仲崇龙	周宝林	周胜林	朱瑞	朱文露
朱晓翠	黄雨淋	崔婷婷	王紫宇	俞振华					

物联网工程(60人)

白瑞	蔡鹏程	曹旭	陈静	陈立功	储可欣	董梦杰	关东	赫文宁	洪永良
胡爱斓	贾兵兵	金亚男	李同生	李维	李宇	刘君	卢浩然	苗羽中	宁洋洋
欧美玲	齐新	钱浩	钱琨	沈鹏飞	宋瑞雪	孙辉	唐磊	陶全莉	汪润枝
王广友	王良正	王娜	王伟峰	王啸	吴亚强	项德意	谢文斌	徐杰	徐胜

徐　天　徐义俊　徐　颖　杨梦溪　杨玉荣　姚东瑾　余生辉　余　璇　郁正清　岳　明
詹志强　张　华　张秀英　张颖辉　张　勇　赵嘉文　赵婷真　赵政伟　郑君曼　朱正杰

物流管理(85人)

王晴晴　吴志鹏　储修月　刘英健　王明明　魏益东　卞　然　陈开美　陈瑞章　陈婷婷
陈　雪　陈　艳　董成成　杜凤娇　方明明　付登云　高甜甜　耿建国　耿　群　龚　侠
韩　笑　何楚楚　何可琢　何田辛　胡文倩　胡卓群　胡子健　黄　安　贾永萌　李萨萨
李雨晴　李　云　刘娟娟　刘　磊　刘明珠　刘倩倩　卢　鑫　鲁　昊　陆其威　马国庆
毛　峰　聂晓丽　潘　云　裴志龙　蒲海瑶　钱伟钰　邱　艳　任昌云　圣玉祥　宋　鑫
汤　闯　唐　赛　童　伟　汪嘉乐　汪　洁　王兰兰　王其礼　王汝洋　王子圩　魏　冉
吴跃东　项君君　谢朝阳　谢雅茹　荀元林　杨蒙蒙　杨锐锐　杨　燕　姚　运　袁　帅
翟　斌　张　健　张　强　张　胜　张文强　张　祥　周京京　王　越　陆　伟　朱　琳
程　晨　丁宇翔　刘自强　王家俊　倪忠俊

心理学(39人)

陈　果　陈紫薇　储砚田　范姗姗　费梦梅　高　卉　郭俊俏　何　婷　贾玉洁　姜　帆
孔　皓　李春荣　李倩茹　李　唐　廖　丽　陆淑真　吕碧君　马晓雅　孟晓雨　南文燕
钱　红　桑雅静　沈倩倩　宋　巍　王俊丽　王　露　王雨晴　王玉洁　吴　健　杨　柳
尹思琪　于漫丽　詹　聪　张雨涵　章　玲　赵　剑　周　燕　朱　诚　左青青

新闻学(67人)

费汉元　刘钰菡　王明智　童　辉　杨　硕　朱　颍　曹　悦　陈静静　陈　累　陈雪莉
陈永雪　程晓琴　储　楚　代璐蔓　丁　峰　丁怡心　房媛媛　巩　凌　韩静静　侯亚菲
纪婉莹　季　婷　李　雪　李雪莲　刘李冬　刘素萍　刘　益　孟　艳　潘衡芷　阮　婷
邵牧艺　汪冰洁　汪文霞　王艾琦　王海南　王　炜　魏　国　魏　军　吴培丹　徐　丁
薛　慧　严若飞　杨　勇　姚倩倩　张　慧　张静莹　张晓容　张　燕　张一鸣　张　俞
张子铎　钟媛媛　周静思　邓骐佳　符才玉　吕世丹　孟　畅　汪　清　武晓雪　曹青青
胡　臻　胡慧玲　李辰琦　李瑞英　沈晓婷　王　康　宣梦迪

学前教育(69人)

贾宏运　王婉馨　艾瑞雪　安红琴　曹　菁　陈家雪　陈　洁　陈　凯　陈晓燕　程　佳
戴翠萍　杜小雅　侯晓丽　江雨寒　江展霞　孔婷婷　李　莉　李　娜　李淑颖　李晓清
李　燕　李雨珊　梁慧宇　林淑君　刘　菲　刘良燕　刘　晴　马俊梅　马倩楠　宁　超
潘显敏　彭文秀　宋星辰　孙雪凝　唐丹莉　陶海影　陶　慧　汪琦琦　王　慧　王晶晶
王娜娜　王蓬雪　王斯敏　卫晓林　吴　森　吴向文　向逸可　徐林芳　许营营　杨丽婷
杨　妍　叶清华　余　杰　张　欢　张金鑫　张　俊　张　雅　张亚囡　张逸云　张玉婷
周涵静　周　倩　朱　琳　朱　露　陈汝芳　羊姑女　池梦丹　戴　润　孙婷婷

音乐表演(33人)

曹　源　陈梦杰　凤维佳　高　翔　何梦颖　华夏夏　刘雪莹　刘逸囿　吕天怡　罗云丹
马　恒　倪慧欣　潘晓艺　商　琪　师　嘉　孙　琪　田　原　汪　泓　汪梦洁　王　岚
吴　巧　吴奕昕　谢林佚　杨梦茹　杨晓彤　尹泽玮　张　璐　张新靓　张　莹　郑梦远
周　航　周　蕊　朱　惠

音乐学(120人)

刘雅柔　汪静璇　吴　璇　徐　晔　乔　钰　鲍慧琳　蔡晶晶　蔡　瑞　曹孝洁　陈　蓉
陈雪莹　程韵桐　丁雅璐　丁雨晨　杜　炜　方　圆　方　正　冯正卿　付汝慧　高　健
高　朋　高　斯　顾竹雅　郭晨晨　郭梦妍　韩慧婕　何　婧　何　可　胡恩娜　胡　颢
胡　雯　胡小莉　华艺璇　黄梦妮　黄麒麟　计淮婷　季晶晶　江瀚森　康晓乐　柯懿嘉

雷琬钰 李茜 李晟 李书琪 李昱辰 李珍 刘畅 刘晨典 刘璐 刘楠堃
马辰辰 倪玥蓉 潘怡 濮玉清 钱亚静 涂芳芳 王光丽 王湫婷 王凯元 王玫
王明豪 王倩倩 王歆玙 王玥 王政贤 吴丰 吴静 夏李卫 夏清源 谢鸿飞
辛林勇 徐亮 徐煜忻 徐源 严正宇 杨杰 杨林蔚 姚佳琪 余宏伟 余婧如
郁皓亮 张惠惠 张惠婷 张静怡 张雨桐 张圆方 张之影 赵晨爽 周梦鸣 周颖
朱赤凯 朱容稹 朱文玉 朱益成 邹韵蓉 蔡凝 陈沁沁 陈思汗 陈宇 耿金淑
胡杨谦 黄芷凌 李静卿 李倩文 李天骄 李小荞 汪滢 王迪 肖雄 叶宁
张艳雪 朱璨华 王紫樱 刘蔚兰 张兰君 郑圣希 王鑫 时鸣宇 王秀川 刘跃

英语(92人)

张琪 陈萌萌 汪倩倩 郁亮 卞秋彦 蔡渊 陈国娟 陈航 陈倩茹 陈辛
陈鑫灵 储晶晶 邓欣欣 邓钰 丁梅心 郭姝娟 韩见文 何爽 胡曼曼 姜慧敏
蒋光艳 李成 李莉 李仙文 李阳阳 梁雨 刘爱 刘潺潺 刘丹 刘曼
刘于馨 罗司棋 马坤 马凌霞 马梦薇 裴筱筱 时倩倩 孙曼莉 孙雪 王晨
王佳瑶 王茨茨 王瑞雪 王晓东 王心怡 王馨蕊 王晔 王玉莹 卫丹丹 吴金贤
谢慧 谢凌芯 谢桃桃 张丽 张修嘉 张秀兰 张雪茹 张燕玉 张宇 章爱军
周婧宇 周利静 庄玮嘉 李纯 于洋 陶心怡 徐志帮 万若霖 伍倩倩 徐文丽
张晶 周颖 董倩 刘欢 胡朝凤 吕晓雪 李梁钰 潘晶晶 陈璐 马腾飞
汪春云 李佳佳 沈娜娜 宋美慧 张豪 赵昕蓓 郑娜娜 陈士明 张睿 刘蝶燕
梁洁 何银平

英语(非师范)(57人)

俞肖云 操田奇 陈连 段贵雅 范雪芹 方蕊 龚嫚嫚 郭亚如 胡云佳 华雅南
黄晨晨 黄雨 季豪 蒋小萍 解羽晴 孔令紫 李林 李娜 李世鹏 凌燕
刘春晓 苗婷婷 潘玉秀 钱玉荣 饶玉竹 苏珊 孙伟 孙亚楠 唐克青 童娟
童雨娟 汪淼 汪洋 王吉如 王莉 王悦 韦亚南 吴建 吴宁 吴清清
吴文杰 肖波 徐芳芳 许黎芳 杨柳 叶晴 叶如霞 叶玉青 余文馨 张慈
张玲 张硕 张伟 周洁 朱倩倩 朱守青 朱越越

应用化学(94人)

包继友 操晶晶 曹瑞 陈灿 陈金姣 陈梦圆 陈贞 程皖燕 程雅倩 程云
崔琪琪 戴子昊 党倩 邓世超 邓雅琴 狄光源 董小菲 方颖兰 冯艳 高亚芳
葛华启 郭雪 何苗苗 胡慧 黄天雄 及倩倩 蒋昊 金锁 张怡文 孔彩云
李冲 李瑞瑞 梁康 林琳 林娜 刘慧荣 刘佳伟 刘嘉 刘亮亮 刘难难
刘霄 刘艳飞 刘玉莲 刘源 刘媛 陆娟 路玉婉 罗巧玲 骆燕 马伟丽
潘虹 庞莎莎 齐珍珍 乔炳晟 秦凯旋 阮浩 沈军 史东敏 史亭亭 孙悦
汤云云 陶文凤 童晶晶 涂毛毛 汪如海 王建 王静 王莉 王涛 王欣
吴成新 吴亮 武柯旭 谢东 徐秋童 许凤妮 严婷婷 杨军 杨婷婷 杨晓会
于小飞 袁海洋 岳瑞瑞 张萌萌 张梦迪 张苗 张群霞 章惠芳 章星娟 周行
周月 朱婷 陈晓龙 黄世豪

应用生物科学(52人)

曹远进 陈楠 陈茹 程剑秋 邓海琴 丁多多 杜姗姗 高健 杭宇航 郝君霞
胡玮 江鑫 蒋逸帆 李玲 李梦成 廖艳 刘洪刚 刘凯 刘晴晴 刘须龙
陆有权 马光明 马幼成 潘利来 润萌萌 桑梦慧 施可 苏祥彬 田凡凡 汪涛
汪燕南 王彩云 王己强 温文杰 吴德华 吴海荣 吴艳 谢晋 杨倩倩 叶敏慧
张春红 张国宏 张宛莹 章雨晨 赵晨 赵德旺 赵政 周沁 周姗姗 朱顺涛

邹 琳 范 鑫

应用心理学(42人)

曹晚君 成蕾蕾 丰婷婷 高 婷 谷 雨 郭媛媛 胡筱骐 黄勇志 黄媛媛 兰 茜
李 露 李书婷 李 轩 孟小续 彭 程 齐晨昕 施 蓓 唐 傲 田 姚 田 悦
汪 超 王淑婷 王思雨 王韦唯 王晓庆 王 颖 吴 晗 吴婷婷 徐露露 徐晓宇
姚传会 余芳芳 展小飞 张雪哲 赵雪玲 朱文丹 曹媛媛 郭健英 雷 琴 徐梦娜
周 凡 王天宇

园艺(38人)

蔡雄兵 马玉涛 蔡晓东 陈家启 程志华 代亚楠 邓兰兰 丁文一 方玉兵 付德莉
龚 慧 郭梦影 金 环 金张雅 李楚翘 李青华 李思佳 李思林 刘喜仙 芦翠萍
倪自航 潘双云 邵 婷 宿方方 孙 磊 王楠楠 吴斯婕 熊 慧 徐双双 许 婷
杨 勇 张李燕 赵丽利 周 欣 祝文勇 崔凤娇 丁前程 周美英

运动训练(102人)

胡民明 卢逸潮 张 超 许 伟 郭峻廷 陈 庆 毛念琪 毕家曌 卞忠源 卞壮壮
陈 凤 陈会康 陈 琪 陈 群 陈旭光 陈旭鹏 池雨彤 储 楚 崔敏泽 崔树伟
戴 慧 杜子豪 范祥雷 付贤达 傅 杰 葛 蕊 葛怡章 桂 宇 何 希 胡锦超
胡 婧 华家明 黄 瑜 姬安琪 江 程 蒋 蓓 金嘉俊 晋欣欣 柯建敏 李 凤
李森冉 李先州 李炎桐 李振威 梁之强 凌 志 刘 畅 刘 超 刘东铭 刘 念
刘 笑 罗 雯 麻墨浓 牛亚东 逄 博 齐博文 齐 琳 邱 静 施敏婕 孙鼎哲
陶慧敏 田 蓉 童佩瑶 童雨格 宛昌盛 王淳叶 王佳旭 王静茹 王军豪 王 茜
王少卿 王婷婷 王晓宇 王娅璐 王 毅 吴弘霖 吴 洋 肖 芳 谢玉猛 徐 超
徐 志 杨 阳 姚雄敏 张婷婷 张雪然 张 阳 张 振 赵 杰 赵 宁 周光来
周昊天 周慧敏 朱世文 朱祥甫 左翰明 方 波 刘春雨 王克宇 张奥林 白昊雨
何 炜 何 洋

自动化(60人)

盛 逊 昂朝鹏 蔡月超 查梁兵 常钰娟 陈君扬 程 玲 单 宇 丁 娇 方 越
古明思 韩 亮 何丽君 何思远 黄民德 黄 征 江治国 李改有 李 吉 李 伟
李 亚 刘想想 刘远征 马存斌 马巧春 马 姚 齐飞燕 齐 欢 屈 峰 史明超
陶 瑞 汪 平 汪 洋 王 亮 王先欢 魏佳佳 魏旭东 夏同飞 邢凯锋 徐尔立
杨 波 杨 姜 姚 亮 尹朋飞 尹向阳 应世伟 余光超 袁 杰 张 超 张志豪
赵红涛 赵壮壮 周长新 周谦临 朱 敏 朱 萍 姬凯健 盛雨婷 王 恒 贾庆杰

作曲与作曲技术理论(5人)

宋青风 孙光磊 王礼经 许 晴 郑 毅

(教务处供稿)

(五)2017届研究生毕业生名单

博士研究生

马克思主义基本原理(3)人

陆在春 冯万勇 马广见

思想政治教育(6)人
张筱荣　戴家芳　李　涛　薛保红　杨　希　张师帅
文艺学(1人)
汪　倩
中国古代文学(4人)
韩文涛　卢　娇　周翔飞　熊红菊
汉语言文字学(1人)
徐　茗
徽学(1人)
吴兆龙
中国近现代史(2人)
陈爱如　李　飞
中国古代史(1人)
赵忠仲
化学(5人)
张家星　王　骏　曲泽华　孙军勇　胡琦艳
分析化学(2人)
陈结霞　姚有智
人文地理学(1人)
朱　棣
动物学(1人)
张瑞东
生物化学与分子生物学(2人)
吴明彩　王运良
生态学(3人)
湛孝东　韩　菲　张　烨

硕士研究生

哲学(13人)
刘玲玲　朱　喆　徐　倩　孙　丽　程亮亮　张学安　臧　炜　金　永　王　丹　黄　欢
王青媛　杨　柳　邢　莎
美学(8人)
樊　竞　张沐阳　方夏卉　杨　芳　李　瑞　郭盼盼　范学芹　胡一乐
理论经济学(11人)
胡　琦　肖庆玲　张玉婷　徐　慧　王　鸽　韩　坤　刘永胜　杨　珂　王　慧　丁俊雅
艾　非
区域经济学(4人)
刘斌全　杜　席　钱正云　曹安娜
应用统计(12人)
段微微　江　娟　李双锋　缪舒阳　时俊颖　汪　伟　汪　宣　王变变　吴　雪　许　浩
赵　凯　周梦菊
法律史(2人)
李开源　谢广俊

宪法学与行政法学(5人)

朱名扬 刘 露 任俊琴 鲍 亮 刘 炎

刑法学(12人)

李航天 于 典 徐子盼 刘 傲 李庆欢 王凤婷 汤文新 周传保 王孟贤 方庆凯 赵 悦 黄义洋

民商法学(9人)

吴 婷 潘雪松 鲍琪玮 吴 婷 叶 子 姚 远 胡君瑶 张菊香 曹 锦

诉讼法学(6人)

周 垚 刘 鎏 干崇舟 王雅文 卢秀云 周 琦

政治学理论(6人)

汪金玉 晋雅雯 李新科 龚露露 谭思敏 刘 丹

科学社会主义与国际共产主义运动(2人)

缪 睿 夏娟娟

中共党史(7人)

陈 思 胡道俊 汤 举 胡书君 沈利成 叶 云 曹飞宇

地方政府学(2人)

周卫卫 卢志峰

社会学(8人)

郑 航 朱明瑞 黄 悦 甘婷婷 曹牧瑶 洪 睿 刘 玥 张桂蕊

马克思主义基本原理(9人)

张晓宁 张 敏 王砰强 何玉健 王文娜 王 非 尚 叶 胡良沛 王雅婕

马克思主义中国化研究(10人)

孙 潇 田天亮 王 婷 梅新影 魏 静 张玥晨 吴 晓 汪莹莹 王 宏沈丹

思想政治教育(19人)

穆世欢 宋丹丹 陈寿弘 吴建红 张春光 王 群 张雪梅 王 利 马炜华 祝 静 杨永磊 陈玮亚 董 菡 刘 艳 卞 云 陈 静 胡爱玲 马子龙 夏 青

法律(法学)(11人)

胡 菲 解之浩 刘建伟 刘 节 牛芬晓 檀丹丹 王 超 王静谊 王 敏 吴栋栋 向 红

社会工作(32人)

陈 辰 陈尔曼 陈 洁 陈丽媛 陈 瑞 陈玉珍 程 璨 方德松 冯晓丽 冯长凯 胡祁祺 列柳旭 刘慧慧 任义轩 唐 南 王春明 王 芳 王 露 王孝丹 王辛怡 吴 娱 吴 越 伍雪枝 伍 杨 武淑萍 萧雪明 徐阿慧 姚瑞芬 俞婷婷 张成瑶 张慧敏 朱俊挺

教育学原理(7人)

位 涛 张燕倪 江 欢 邵 晓 周 珂 应盼盼 陶萍萍

课程与教学论(教育)(9人)

金祝慧 罗 菊 郭 振 胡小雯 葛倩玲 郃文秀 杨倩倩 查 忆 高 敏

课程与教学论(语文)(6人)

耿俐如 李传会 徐留风 汪仁洁 孙曼曼 刘元元

课程与教学论(外语)(3人)

郭 燕 万佳瑶 仇佳佳

课程与教学论(数学)(4人)

高　欢　李会会　岳　亮　王闪闪

课程与教学论(化学)(1人)

张英杰

课程与教学论(地理)(1人)

潘　伟

教育史(教科)(5人)

陈　滔　刘大卫　杨　玲　臧春婷　顾园园

学前教育学(3人)

钱昶臻　单宁波　李　馨

高等教育学(5人)

秦　琼　束　静　芮自平　郝祥梅　张玉东

少年儿童组织与思想意识教育(2人)

陈　曦　曹志山

基础心理学(6人)

开　进　西　明　徐宏格　李明珠　潘　欣　王晓露

发展与教育心理学(6人)

赵雅卉　李海澜　黄雅君　孙　利　童张梦子　张小莉

体育人文社会学(9人)

李　娜　樊远兵　张繁繁　雍驰骋　赵媛媛　叶佳佳　金珠梦托　张家林　王菲菲

运动人体科学(2人)

王莹莹　吕　品

体育教育训练学(22人)

姚　远　张亚楠　江　旺　彭　熠　肖登高　吴　成　吴　勇　邹　超　刘　方　曹　玥　袁　浩　吴　琳　张皓月　赵振红　张晓媚　宋　超　张佳男　张　杰　汤　倩　林　潺　马　骏　何　静

民族传统体育学(3人)

张　娟　程　桢　黄二青

体育产业运营(3人)

迟以恒　尹　晴　黄彦锴

大众体育学(1人)

邢毅然

学科教学(思政)(18人)

丁丽云　冯　颖　高晓琼　郝展飞　李　涵　刘永利　刘雨晴　穆箫瑶　宋芳明　孙　婷　王阿霖　王　君　王　婷　杨方玉　岳丹丹　张慧子　张梦溪　章慧芳

学科教学(语文)(51人)

李华栋　孙　丁　唐　南　陈静云　陈婷婷　陈　霞　樊倩倩　范文锐　方　洁　付海云　贾全侠　江　沙　姜幼君　金　倩　阚　婷　柯凯丽　李梦楠　李　娜　李双双　李　想　李园园　陆　蓉　罗　晨　马楠楠　史红燕　孙阳青　唐汝娟　涂小方　王　洪　王嘉琪　王　敏　王淑丹　王银平　伍　敏　夏　慧　夏西玲　徐艳娟　杨　丹　杨　浩　余梦君　袁　晗　张刘芝　张　舒　张文静　张文怡　赵雪微　郑　玉　周训宜　朱嘉佩　朱　丽　朱丽娜

学科教学（数学）（3人）

白　杰　焦青云　赵以源

学科教学（物理）（6人）

陈丹丹　胡　超　蒋婷婷　孙芳芳　汪　嫚　曾　锐

学科教学（化学）（15人）

曹森宝　郭兴坤　侯思维　李　嵚　梁康梅　刘　晨　刘萌萌　刘青华　刘雪明　盛培培
孙逸棋　谭红晓　杨海平　张　晗　张瑜琪

学科教学（生物）（11人）

程　涛　杜春艳　房　芳　李婉丽　罗巧玲　宋丽丽　汤　玮　王亚楠　杨马荣　赵　森
谭晓彤

学科教学（英语）（40人）

朱志玲　安云朋　陈山山　陈　艺　程胡秀　丁　燕　方　卉　方　伟　高　荣　洪　蕊
胡　添　李　娟　刘　楠　刘　佩　刘倩倩　卢大朋　孟慧芳　彭梦芹　强兰兰　宋兰玲
孙莉莉　孙梦玲　孙　秀　唐霖媛　田　琦　王　群　王　如　文晓云　夏　婷　谢　雷
谢晓敏　杨苗伟　翟成敏　张翠婷　张　玲　赵　慧　周　秀　朱　平　朱媛媛　卓贵贵

学科教学（历史）（16人）

薄　雪　陈关兰　陈砚如　冯立军　郭　倩　刘　琼　罗　恒　马晨皓　孙德来　汪　庚
王巧琴　谢　杨　徐　伟　尤　敏　张家杰　章璐瑶

学科教学（地理）（19人）

白金风　曹佩菊　戴雷雷　戴美仙　高宏骥　何　成　李　吉　林　超　王群盈　夏玲玲
谢雪芬　徐菡琼　徐何涛　杨　廷　余辛育　元杨芳　翟荣程　张丹娟　赵希宁

学科教学（音乐）（9人）

刘苗笛　贾晓雨　罗　倩　谢　添　张银琴　周美好　周心源　陈　慧　史良璇薇

现代教育技术（12人）

程业桉　代云飞　丰大程　贾　俊　李金龙　廖娟娟　时光洁　孙成磊　王银萍　章　丽
吕林云　祝保见

小学教育（19人）

徐会敏　陈　欢　丁向鸣　高　婧　何　罂　康梦宇　李梦婷　聂寒莹　王　丽　王　璐
王伟玲　徐晓晴　闫晶晶　杨逢彬　张　莉　章子超　赵芹芹　祝　琳　孙亚弘

心理健康教育（26人）

程苗苗　程　媛　董玉娟　高佳敏　管　璐　何艺蒙　江　夏　马　欢　钱　俊　秦　怡
沈宏艳　宋　冉　苏　旭　田　甄　万贝奇　汪玉琼　王玉思　徐家耀　薛雨婷　杨利萍
杨　秀　张格旋　周兰婷　周　政　邹梓成　胡冉冉

学前教育（6人）

凌　瑶　秦雅慧　邱心欣　王　琳　吴叶君　谢楠楠

体育教学（25人）

邓　涛　刘　倩　刘若冰　刘小龙　石　洁　孙庆浩　孙瑶瑶　王　存　王树喆　王志齐
武克媛　徐　飞　许倩倩　张　超　张　蕾　张　伟　张　羿　郑雨萌　周　静　周刘成
朱　菲　卓泽侠　邹翔宇　张晓健　纪　忆

运动训练（15人）

计　杨　郑浩森　陈　爽　程丽洁　经大鹏　李启瑞　李　双　李晓晴　李　洋　刘　畅
邵家伟　孙　赛　王盖天　赵尚琦　朱树笙

社会体育指导(4人)

宫兵兵　李　明　刘　宜　吴斯琪

汉语国际教育(19人)

章自华　郭振邦　储超前　杜福荔　贾　佳　江盼盼　李奥宇　李　仁　刘文竹　马继梅
孙美琪　王　佳　熊晓明　徐　敏　许晶晶　张　佳　张玲莉　章珊珊　郑　晶

文艺学(8人)

孙　璐　李欣鑫　彭　菲　林　玲　黄婷婷　范贝贝　林振园　吕　洋

语言学及应用语言学(4人)

卢　琼　郭　霞　张安杰　卢　捷

汉语言文字学(9人)

刘丽娟　陈玉兰　桂萍萍　韩秀娟　曹思洁　陈玉飞　马彦君　张　燕　昂旭晨

中国古典文献学(4人)

葛小禾　方　翠　庞晚婧　唐佳女

中国古代文学(27人)

卢　洁　张小燕　李皖晶　焦　妍　苏悟森　张　荣　方皖皖　查小飞　姚　琪　赵　晨
张慧颖　韦凤杰　崔　璨　桂　敏　邵珍珠　何　敏　汤东亮　赵　敏　刘丽玮　卢　琦
魏星星　汪凌汇　程冬星　孙车龙　张美琰　徐雅萍　刘雅竹

中国现当代文学(14人)

张书婷　张文斌　崔智佳　陈大晨　董迪哲　刘雨茜　梁娟娟　许松君　李文思　侯云霞
李雅文　胡子沛　李萨萨　孔德曲鸣

比较文学与世界文学(5人)

刘珠凤　汪　盼　孙玲玲　孔少生　李依宸

秘书学与应用写作学(5人)

苏蔓琪　赖　莹　朱丽丽　何燕宁　陈　儒

英语语言文学(28人)

程甜甜　魏欣悦　杨　玲　杨　芳　汪　曼　金晓茹　张　璇　何亚菲　钟　明　刘合春
孙　俊　黄礼慧　丁玉莲　佘牡丹　朱园园　黄　艳　王　静　陈芳芳　孟　红　郭晨曦
卫　丽　崔　捷　俞凤芸　王　雪　王　艳　王　静　马雪雪　王全龙

新闻传播学(22人)

余静荷　姚　瑶　童　心　胡巧云　王曦云　张珺琢　卞修涛　张洁琼　俞　雷　夏　冬
韩　芳　俞　涵　李珍珍　张丽茜　赵冬冬　魏　健　陈爱丽　夏峰琳　宋亚萍　黄姗姗
何志国　夏　琪

英语笔译(13人)

陈　静　丁　爽　杜可文　高　风　韩健平　江　娜　李利萍　李亚财　唐　丹　夏晓晨
叶　双　殷　艳　岳星辰

新闻与传播(16人)

王　楠　鲍伟平　蔡志丹　陈余枫　方贝贝　傅　敏　李雪梅　宋　健　汪　园　王　月
吴义务　杨梦瑶　杨　爽　张　陈　张　蕾　章丹丹

专门史(1人)

刘京虹

中国史(26人)

冯　超　黄　凯　孙小蕾　张　媛　周海波　晁　鸽　安　君　徐伟琪　王　娟　徐　燕
张阳阳　蒋　璐　程建轩　都　辉　陆霆霆　李海潮　宋英杰　张勇超　翟玉花　龙　兰

卢昌牛　胡楚清　孔康平　王之朋　操宇晴　杨　波

世界史(8人)

周　芸　戴丽雯　冯　春　管栋臣　胡洪武　汪　烽　王学玢　张永立

基础数学(10人)

高汉鹏　张子珩　孙　伟　焦志敏　苏　曼　刘大俊　章东青　何　超　李鑫颖　李璐璐

计算数学(4人)

陈法龙　李静文　曹　杨　王雯慧

概率论与数理统计(7人)

金良广　谷元芳　常强强　余　迁　荣文萍　王晓月　梁秋菊

应用数学(11人)

段双双　肖　丽　汪瑶瑶　钱媛媛　吴书韬　程　航　郭晓菲　徐良玉　昂蓉蓉　冯　涛
王德常

运筹学与控制论(3人)

张海波　阳芬芬　张　斌

理论物理(3人)

谢满红　赵国任　台启佳

原子与分子物理(5人)

王　辉　程　冬　李　亚　何玲玲　任　蕾

凝聚态物理(3人)

纪晓雯　黄振侠　谷　川

光学(7人)

杨　超　张彦华　刘冲冲　魏家彬　康贤取　翁士瑞　周　浩

无线电物理(5人)

郑奎昂　傅　赟　程　靖　邹鹏飞　朱强军

光电信息科学与工程(4人)

赵小童　方梦瑶　杨宏运　桑　坤

无机化学(20人)

俞　洁　陈　蕾　张　台　李雪雪　曾培源　凌　硕　魏园园　许冯敏　刘　坤　陆迪灿
刘贤文　毛晓庆　何博文　黄欢欢　胡青青　道逍遥　刘　龙　王笑笑　徐雅飞　关文梅

分析化学(34人)

余　景　蔡方平　王俊春　万　靖　费白露　曹以婷　李艳艳　沈　碧　胡小娟　许　申
代云龙　刘　赛　郭蒙蒙　郭进进　宫素芹　张　慧　陈　露　刘　勇　高　妮　赵　敏
周思了　甘　露　马元会　吴秀娟　张丽平　范丽梅　诸　林　部中玲　王　蕾　郝　焕
洪　璐　李安娜　盛非凡　王　岩

有机化学(19人)

闵德文　洪东京　张文兴　查　超　史田超　马　杰　陶佳佳　吕　双　杨　成　贾　晶
李　紧　李停停　郁　杨　刘　珍　蔡晓婷　江杨阳　曹恒祥　杨鹏飞　李　阳

物理化学(16人)

范子豪　何　琼　李静静　王　彬　赵　俊　付　阳　冒　鑫　周丹玫　陈　茜　王彩玲
许美姣　张　凯　梁　震　王静怡　张子俊　张亚丽

高分子化学与物理(5人)

陈　清　史　梦　张功静　梁楚珩　吴　咤

自然地理学(13人)

王　祥　吴红宝　戴梦琴　陈　星　汪　强　韩燕青　朱文静　武家园　张　月　罗小瑞
王世举　丁　翔　王甜甜

人文地理学(23人)

夏云岭　高凌宇　裴银平　季雅洁　徐褒琳　朱　琳　李　龙　毛建泽　张小军　查晓莉
丁　玲　余　阳　陈金霞　管　晶　李保超　张晓玲　朱　跃　毕学成　李光慧　张　宇
张丽丽　张国旺　李　颖

地图学与地理信息系统(9人)

张　静　魏铁男　姜卫祥　高一博　黄　晨　彭　佳　卢凌雯　钱梦茹　康海迪

环境灾害学(2人)

朱　哲　张丹龙

区域发展与城乡规划(5人)

叶　雷　黄　琪　刘金郝　黄　莲　杨新宇

植物学(8人)

李晴晴　刘　金　徐　娜　马志慧　张　红　吴昊天　宋丽雅　张丽芳

动物学(6人)

孙　龙　刘　凯　孙洪计　王明胜　王　雨　卜倩婷

微生物学(4人)

王　莹　董德武　李志雅　尚　璐

神经生物学(1人)

周佩玲

发育生物学(1人)

王　剑

细胞生物学(9人)

李　军　彭　飞　刘　涛　管玉鑫　张丽娟　石　琼　郑　媛　王　双　章　勤

生物化学与分子生物学(11人)

丁　颖　郑　斌　汪玉芹　曹　燕　李新晨　文　斌　魏世祥　王　雪　司慧杰　陈磊磊
许燕燕

生物物理学(1人)

高　升

生物数学(3人)

赵李鲜　刘　娇　瞿　佳

生态学(10人)

陈莹莹　朱晔璘　阮奇策　余红宇　崔　超　文　竹　詹海霞　葛延妍　李羽如　邱雪莹

统计学(4人)

汪燕琴　戴　钰　盛玮芮　夏　林

应用心理学(12人)

董晶晶　王亚飞　张文溪　郑雪吟　张玉雪　李妍瑶　聂　余　曹果果　许明星　殷　欣
辛新新　王静娴

环境科学(10人)

李方方　王思权　汪燕南　于跃刚　严丽丽　方章顺　李　婧　邵宗圆　张晓艳　张　唤

教育技术学(13人)

戴　玮　王青青　杨一捷　李少鹏　魏成成　孙　翱　随小莉　李　云　徐明芬　薛瑞昌

徐宏进　程晓露　刘钊颖
材料物理与化学(3人)
赵贵丽　张叶慧　张恩平
材料学(7人)
王文海　王克克　刘小四　夏厚勇　高　杰　刘锦锦　余方流
计算机系统结构(2人)
朱君茹　祖　婷
计算机软件与理论(3人)
尚　宁　邓劲松　司继来
计算机应用技术(7人)
柯梦雅　姚　兴　孔　洋　徐　欣　葛丽娜　徐　畅　吕慧芳
物联网技术(4人)
王兵兵　崔婷玉　黄薛龙　王　宸
应用化学(8人)
董圣晔　陈　娜　金广夏　常　飞　王晓佳　徐晓龙　项立伟　徐刘洋
环境工程(8人)
张方芳　查雪琴　刘书路　鲁正伟　王朝阳　肖　喆　高顺峰　常锦利
光学工程(4人)
焦　垚　荣双全　王从柯　王壬德
野生动植物保护与利用(1人)
常强强
工商管理(14人)
王丹丹　孙　倩　徐　姣　单亚琴　胡少帅　陆　园　郭肖云　张　慧　方　坤　李小静
王　慧　缪　玲　郑倩倩　丁荣萍
旅游管理(5人)
许　艳　仇婷婷　丁希芬　储小乐　王　美
社会保障(9人)
黄　曦　韩　寒　于雅楠　闫　妍　刘明月　何　阁　汪燕萍　汪德贤　史金平
土地资源管理(4人)
金　晶　徐　鹃　胡祥伟　王柯江
旅游管理(4人)
孙　凡　黄彩虹　谢　佳　黄宁宁
艺术学理论(10人)
芮元元　黄诚祯　戚　蕊　梅　莹　高　爽　赵逸伦　吴皎洁　刘　洋　傅　慧　章　慧
音乐与舞蹈学(27人)
周凯迪　朱云洁　林雪瑾　丁姗姗　胡晶晶　唐　珺　郭贝贝　赵玉红　万雅雯　卢梦蝶
陈艾君　刘正伟　谭　敏　谷　文　陈泓伶　许秋实　姚　懿　宋　迪　蒋　薇　许静雯
高　燕　杜珊珊　周　菡　苏　田　陈妍秋　张霏霏　赵　妍
戏剧与影视学(23人)
汤英苗　唐　丹　尚　文　李金生　方　方　刘志慧　毕倩茹　吴亦文　高起凡　徐紫林
张正康　程　洁　申曼丽　葛保周　王丽娟　周慧丽　宛玲玉　柏　阳　李　智　张　翔
姚　曦　武晶晶　徐景艳

美术学(23人)

胡安琪　李淑娟　吴　杨　张　明　钟海鲜　房　俊　谢　颖　江思雨　倪　莹　杨　倩
周武军　李缓缓　高孟妮　朱玉婷　康　娟　黄燕玲　许　昕　钟凯旋　杨　蓉　杜晓坤
杨　哲　刘媛媛　刘　婷

音乐(24人)

时妍妍　李雪莹　杨　帆　孙珂珂　王梦珂　魏　玮　苏曹璁　李孟媛　张　倩　吴　卉
郑丽娟　方　婧　王赛娜　许　荃　苏　芮　李晓彤　杨雪莲　郦芮雯　王玉娟　张晓露
胡　萌　胡梦佼　凌忆春　叶徐斯琪

美术(43人)

何静雯　张祥兵　王　红　王　伟　吴　琨　宋粲璨　刘豆豆　李　鑫　张碧川　叶　训
姚　丹　汪　婧　杨　璐　范利平　许晓凤　汪　仁　王曼曼　沈丹丹　王亚军　詹秀海
徐笑梅　张　格　田　禾　沈　娴　孙小影　黄晓姝　龚丽芸　翟羽鹏　张薇薇　向珂佳
蒋　骏　王金凤　黄雅楠　卞杨杨　田莉娟　翟　盼　吴梦柯　李梦园　田　甜　景　梦
苏　煜　张泽天　王乐乐

(研究生院供稿)